企业纾困重组之道

Bailout and Restructuring
An Enterprise's Rebirth

主编 屠朝锋 牛永伟
副主编 梁伟荣 刘红丽 刘 鹏

法律出版社
LAW PRESS·CHINA
北京

图书在版编目（CIP）数据

企业纾困重组之道 / 屠朝锋，牛永伟主编. -- 北京：法律出版社，2024. -- ISBN 978-7-5197-9383-8

I. F271.4

中国国家版本馆 CIP 数据核字第 2024US8133 号

企业纾困重组之道
QIYE SHUKUN CHONGZU ZHIDAO

屠朝锋　牛永伟　主编

策划编辑　田　浩
责任编辑　田　浩
装帧设计　汪奇峰

出版发行　法律出版社	开本　787 毫米×1092 毫米　1/16
编辑统筹　法商出版分社	印张 32　字数 587 千
责任校对　王　丰	版本 2024 年 9 月第 1 版
责任印制　刘晓伟	印次 2024 年 9 月第 1 次印刷
经　　销　新华书店	印刷　三河市兴达印务有限公司

地址：北京市丰台区莲花池西里 7 号（100073）
网址：www.lawpress.com.cn　　　　　　　　销售电话：010-83938349
投稿邮箱：info@lawpress.com.cn　　　　　　客服电话：010-83938350
举报盗版邮箱：jbwq@lawpress.com.cn　　　咨询电话：010-63939796
版权所有·侵权必究

书号：ISBN 978-7-5197-9383-8　　　　　　　定价：146.00 元

凡购买本社图书，如有印装错误，我社负责退换。电话：010-83938349

主 编 简 介

屠朝锋

二十余年资深企业纾困重组与不良资产管理实务专家。广州德赛资产经营集团主联合创办人，广东南国德赛律师事务所高级合伙人，德赛企业重组重整中心主任。中山大学EMBA硕士，拥有基金从业、律师执业、并购交易师、上市公司独立董事等资格。组织创办广州市资产管理协会、广州市高端服务业发展促进会并担任秘书长、执行会长、粤港澳大湾区特殊资产重组重整机制（联盟）执委会主任。第十二届广东省律师协会并购重组法律专业委员会副主任，第十届广州市律师协会执行与资产处置业务专业委员会主任，第十四届中国最佳并购专项奖专家评委。业务领域：长期带领专业团队管理与处置规模化的金融不良资产包，重组盘活中大型困境地产与实体产业项目，搭建境内外机构管理处置重组的跨境特殊资产，曾担任多家国际知名特殊机会基金项目顾问，拥有特殊资产运营领军能力。

牛永伟

著有《不良资产实操指引》，现任广东金唐专家咨询委员会委员、广州市资产管理协会不良资产研究院副院长。曾先后就职于《财富》世界500强旗下全国性股份制商业银行、招商局集团旗下持牌不良资产管理公司。十余年来长期从事商业银行对公授信、贷后管理、资产保全，以及不良资产尽职调查、投资管理、处置回款、商务谈判等一线工作，积累了丰富的实务经验。尤其擅长设计企业纾困、债务重组、资产重组、股权重组、经营托管等系统性一揽子解决方案，帮助危困企业应对和化解债务危机，汇聚财智、重塑辉煌。业务领域：危困企业尽职调查与风险诊断，企业纾困重组方案设计，企业重组化债方案落地指导，企业托管（包括经营托管、资产托管、债务托管等）统筹实施，企业财务、税务、法务合规辅导，企业重组并购项目咨询，企业破产财务顾问，不良资产投融资与交易结构设计，企业商账债权专业清收。

副 主 编 简 介

梁伟荣

德赛破产管理团队负责人，有丰富的特殊资产投资处置及重整重组经验。任广州市破产管理人协会秘书长，广州市资产管理协会副会长，山西法学会破产与重组研究会副会长，广东南国德赛律师事务所高级合伙人律师，德赛企业重组重整中心常务主任。

刘红丽

资深法商律师。广州市第十三届、十四届政协委员，广州市高端服务业发展促进会会长，中南财经政法大学 EMBA 硕士，广州德赛资产经营集团联合创办人，广东南国德赛律师事务所合伙人律师。

刘　鹏

资深金融法律专家。广东省第十四届人大常委会财经咨询专家，广州市高端服务业发展促进会副会长，广东南国德赛律师事务所高级合伙人律师。

序　言

欢迎您关注企业纾困重组。如何汇聚资源，拯救危困企业，让企业涅槃重生，是一个略显神秘且专业的话题。

笔者常年深耕不良资产与企业纾困重组领域，每每接触到危困企业的当家人或者是与同行机构交流座谈，常感叹既往经管学科教材中惯教"企业成长发展之法"，鲜见系统阐述危困企业如何快速、高效地摆脱困局？危困企业如何有策略、有步骤地实现浴火重生？企业家在面临困境时，缺少系统的理论指导，无法保持解决问题的能力，常常一筹莫展或者是"病急乱投医"，或者表现出损耗撕扯与一溃千里。

企业纾困重组专业人士犹如"企业医师"。他们不仅是专业知识的拥有者，更是解决复杂问题的实践者；他们不仅提供一时的纾困救助和重组盘活，更着眼于为企业家的妥当善后与企业长远发展服务。他们凭借精湛的专业技能、深厚的行业经验和前瞻性的智慧洞察，深入企业脉络，精准把脉，为企业量身定制纾困之策。在他们的帮助下，企业能够拨云见日、柳暗花明，重新找回发展的活力和方向，实现困境中的华丽转身、重获新生。

近年来，从事企业纾困重组的机构与人士日趋增多，特别是新进入该专业领域的人员，往往难以找到全面系统的参考资料和专业书籍，常惊叹于茶余饭后听闻个别纾困案例的"神来一笔"，而当自己独立面对企业纾困重组复杂场景之时，又常感仅凭一孔之见而有心无力，囿于知识结构、行业认识、资源配置等因素，难以制订出有效、系统、具体、可操作且令人信服的企业纾困总策略。

为此，笔者结合多年行业的丰富实务经验，以及参加论坛与讲座交流中的知识总结，联合专业人士创作《企业纾困重组之道》，主要观点：

第一，"法律+资本+资源+资产+产业"——"五位一体"企业纾困重组模型的构建，不仅汲取了境内外纾困重组的专业理论精华，更融入了丰富的实务案例的深度剖析，让每一次纾困重组都仿佛有了前人的足迹可循。这一模型旨在为企业提供一套全面、系统、无死角的纾困重组方法论和策略论，特别强调解决方案的整体性和实操性。通过这一模型，我们将理论和实践紧密结合，为企业量身打造切实可行的纾困重组方案，在复杂多变的市场环境中为企业提供有力、有效的指导。这不仅是一次纾困重组，更是一次凤凰涅槃、重获新生的机会！

第二，企业困境，犹如一场突如其来的风雨，有的企业只是稍显狼狈，有的却已摇摇欲坠、大厦将倾。为了更好地"把脉问诊"，我们根据"病情"将这些企业划分为四大类："困难型企业"——暂时受挫，但仍具活力与价值的企业；"困境型企业"——陷入危困，必须动"大手术"，急需援手的企业；"绝境型企业"——命悬一线，躺进"ICU"，亟待救援的企业；"出清型企业"——手握宝藏，却未能发光发热的企业，正在面临资产剥离的命运。以上是根据企业陷入危机的不同程度与时间前后进行递进式划分的，统称为"危困企业"。而通过这种分类，我们不仅能够避免"大病小治"和"小病大医"的误区，更能为每一类"病患"量身定制出最合适的纾困方案与策略，助它们早日重振旗鼓，再现辉煌。

第三，不同的行业，不同的企业，犹如一个个独特的生态系统，各有各的生命力与魅力。因此，在探讨纾困之道时，我们不能"一刀切"，而要"因材施教""因地制宜"。于是，在这本书中，你会看到上市公司如何巧妙地进行纾困重组，实现降本增效、华丽转身；并购投资又如何成为危困企业的一束光，成为企业突围的出路；还有困境房地产企业，它们又该如何在风雨中负重前行、转危为安。这些案例，不仅充满智慧与策略，更是一部部生动的企业发展史。而企业破产重整的特殊知识与应用场景，更是为那些在困境中挣扎的企业提供了一把打开新世界的钥匙。

第四，在企业纾困与重组的复杂过程中，特殊机遇投资犹如隐藏的宝藏，等待有眼光的投资者去发掘。成功的特殊机遇投资不仅能为投资者带来显著的收益，更展现了投资者在复杂环境中的智慧和决断。笔者长期服务于境内外各类特殊机遇投资机构，深知此领域的投资精髓：发掘价值、规避风险。这本书深刻揭示了投资者在特殊机遇投资中所必备的核心素养：敏锐的市场洞察力、丰富的投资经验、广泛的人脉网络以及出色的风险管理能力。为了捕捉稍纵即逝的投资机会，投资者必须时刻保持对市场动态的高度关注，从政策风向的微妙变化到行业趋势的深层演绎，再到企业重组的复杂过程中寻找价值洼地。但投资领域的真理是，高收益往往与高风险相伴相生。因此，在追求投资回报的同时，投资者更应如履薄冰，强化风险意识，在波谲云诡的投资世界中少走弯路、稳健前行。

期望此书能如一盏灯、一束光，在茫茫商海中为企业纾困重组照亮前行之路，启迪读者：

对于危困企业及其企业家来说，通过阅读这本书，获得一种信念："万事皆有法"

"明天的太阳会照常升起",无论企业遭遇多大的危机,都不应慌乱、盲从,更不能自我放弃、选择"躺平"。我们鼓励企业家时常研读《论持久战》《孙子兵法》等经典名篇,汲取智慧与力量;同时,积极向企业纾困重组专业机构寻求帮助,掌握解决不同企业困境的规律与策略。只有这样,才能在风雨飘摇中保持定力,从容应对,最终汇聚各方资源,制定出有效的解决策略方案。

对于拟参与投资重组危困企业的投资机构与人员来说,这本书将提供一份宝贵的指南。通过阅读本书,他们将初步了解到在重组危困企业过程中可能遇到的难点与痛点,从而做到未雨绸缪、运筹帷幄、避免踩坑、发现企业价值之光。书中将探讨如何构建重组解决方案的支撑体系,使投资机构与人员更加敬畏市场周期的同时学会顺势而为,同时理解并把握不同时期、不同项目中的"选择与努力"。

而对于那些从事企业纾困重组的专业服务机构与人员来说,这本书更是一本不可或缺的工具书。书中将详细介绍企业在不同困境场景下所对应的专业工具与解决方法,帮助他们夯实专业能力、丰富知识结构,并提升对产业并购的认识。通过阅读本书,他们将学会如何持续积聚行业资源,善于搭建沟通桥梁,深度理解危困企业与企业家、企业高管、债权方、金融机构、法院、政府相关部门、产业并购方等各方利益相关者的存在价值与利益诉求。运用投行思维与方法,他们将更加注重整合资源、协同不同机构,为危困企业制定出复杂场景下的整体解决方案。

总之,我们期望这本书能成为危困企业及深陷泥潭的企业家、投资机构和专业服务机构的手头工具书,为他们提供智慧、勇气和行动指南。让我们携手共进,助力企业纾困重组,实现企业涅槃重生。

最后,亦期望社会各界理性对待危困企业,不污名那些暂时性债务违约而身陷泥潭的企业家,崇尚企业家精神,汇聚资源,固本开新,助企纾困。

企业纾困重组工作往往存在跨专业、跨境、跨时空,同时涉及法律、金融、财务、商业、管理、产业等知识与经验的相互交织,且不同时期政策与法律、产业与行业会发生变迁,导致书中观点与案例或者难以紧随现实。笔者虽扎根行业奋战多年,亦时感电量不足,尽管竭心尽力完善内容,难保有挂一漏万和不足之处,望读者海涵,批评指导,共同进步。

目 录 Contents

引 言 ·· 1

▶ 第一篇 开启企业纾困之路 ◀

第一章 企业危困成因与主要纾困场景 ·· 7
 第一节 企业风险预警信号 ·· 8
  一、风险预警的作用和价值 ·· 8
  二、财务预警信号 ·· 10
  三、人力资源预警信号 ·· 12
  四、管理与运营预警信号 ·· 13
  五、技术与创新预警信号 ·· 15
  六、市场竞争与品牌声誉预警信号 ·· 17
  七、环境与社会责任预警信号 ·· 18
 第二节 企业危困主要成因分析与情形 ·· 19
  一、产品产业尚好，资金意外短缺 ·· 19
  二、核心资产优质，却深受历史问题困扰 ···································· 21
  三、转型产业向好，转型能力却显薄弱 ·· 23
  四、盲目多元扩张，资产流动陷入僵局 ·· 24
  五、产业周期困难，经营管理挑战 ·· 26
  六、股东纷争不断，协调陷入僵局 ·· 27
  七、经营周转勉强维持，不当担保暴露危机 ································ 30
 第三节 企业纾困重组主要适用场景 ·· 31
  一、中大型企业纾困重组 ·· 31
  二、上市公司纾困重组 ·· 32

	三、危困地产项目盘活	33
	四、双非双资剥离项目	34
第二章	**危困企业价值发现与分析**	**36**
第一节	企业与资产常见定价方法	36
	一、常见企业资产类型	36
	二、企业真正价值详析	40
	三、常见估值分析方法	48
第二节	债权估值定价	50
	一、债权估值定价概述	50
	二、债权资产估值主要路径	58
第三节	危困企业估值定价	60
	一、危困企业价值分析	60
	二、危困企业估值主要陷阱	64
第三章	**不良资产行业与企业纾困**	**69**
第一节	不良资产行业	69
	一、不良资产投资概述	70
	二、不良资产投资策略	73
	三、不良资产经营管理与处置模式	75
第二节	危困企业各方博弈主体分析	78
	一、揭秘企业债务逾期后的多方力量博弈	78
	二、企业家	81
	三、亲朋好友	82
	四、股东	83
	五、员工	84
	六、供应商	86
	七、银行等金融机构	87
	八、资产管理公司	89
	九、不良资产投资人	90
第三节	全方位解读企业纾困	92
	一、不良资产收购处置与企业纾困	92
	二、企业纾困重组关键策略	94
	三、企业纾困重组目的	96

第二篇　企业纾困重组之道

第四章　企业纾困重组策略规划 ……………………………………………… 103
 第一节　投行思维概述与应用 ………………………………………… 103
  一、投行思维概述 ……………………………………………… 103
  二、投行思维应用分析 ………………………………………… 104
 第二节　专业力量推动纾困重组 ……………………………………… 106
  一、专业能力 …………………………………………………… 106
  二、专家经验 …………………………………………………… 106
  三、综合专业解决方案 ………………………………………… 107
 第三节　汇聚优势资本的策略方法 …………………………………… 107
  一、内源融资 …………………………………………………… 108
  二、债权融资 …………………………………………………… 109
  三、股权融资 …………………………………………………… 113
  四、结构化配资 ………………………………………………… 117
  五、产业资本 …………………………………………………… 120
 第四节　资源协同助力高效纾困重组 ………………………………… 121
  一、深度挖掘与整合社会资源 ………………………………… 122
  二、紧密协同生态圈上下游渠道资源 ………………………… 122
  三、精心构建与维护关系资源网络 …………………………… 123
  四、全方位挖掘与培养人才资源 ……………………………… 123
  五、精细化管理与深度挖掘分析信息资源 …………………… 123
  六、创新策略以灵活筹措与调配资金资源 …………………… 124
  七、产业资源的优化配置与深度整合 ………………………… 124
  八、品牌资源的全方位保护与增值 …………………………… 125
  九、技术资源开发与成果转化 ………………………………… 125
  十、文化资源的深入挖掘、传承与创新 ……………………… 126
  十一、知识资源的系统积累、高效共享与智慧化应用 ……… 126
  十二、市场资源的精细拓展与深度开发 ……………………… 127
  十三、组织资源的柔性优化、动态调整与高效能变革 ……… 127
  十四、网络资源的全方位整合与跨界融合 …………………… 128

十五、合作资源的广泛拓展与共享共赢 ·············· 128
　　十六、创新资源的持续驱动与引领发展 ·············· 129
第五节　产业联动并购与企业纾困 ·················· 129
　　一、产业链资源的优化配置与纾困重组 ·············· 129
　　二、实体产业的整合与纾困重组 ··················· 130
　　三、收购并购与危困企业的纾困重组 ··············· 130
　　四、利用收并购策略实现纾困重组 ················ 130
第六节　善用政府政策实施纾困重组 ················ 132
　　一、政府政策的核心内容与影响 ··················· 132
　　二、策略性利用政府政策的关键路径 ··············· 134
　　三、成功案例与失败教训 ······················· 135
第七节　综合性经典案例分析 ······················ 136
　　一、不良债权深度处置，盘活低效用地案例 ·········· 136
　　二、低效资产剥离并助力企业脱困与发展案例 ········ 140
　　三、房地产纾困项目债权收购、重整盘活案例 ········ 143

第五章　困难型企业救助 ························· 150

第一节　困难型企业融资与预警 ···················· 150
　　一、中小企业融资现状与挑战 ····················· 151
　　二、民营企业融资解决方案建议 ··················· 152
第二节　传统融资方式与策略 ······················ 154
　　一、银行贷款：稳定现金流企业的首选 ············· 154
　　二、信托融资：满足中长期大额资金需求 ··········· 155
　　三、股权质押融资：释放股东资产价值 ············· 155
　　四、私募融资：助力未上市企业发展 ··············· 156
　　五、保理融资：应收账款变现利器 ················ 156
　　六、商业汇票贴现：供应链金融的利器 ············· 157
　　七、政策性银行贷款：政策红利的释放 ············· 157
　　八、典当融资：短期周转的应急之选 ··············· 158
　　九、知识产权质押贷款：创新价值的转化 ··········· 158
　　十、内源融资：挖掘内部潜力 ··················· 159
　　十一、联合贷款与银团贷款：汇聚多方力量 ········· 159
　　十二、夹层融资：灵活补充资金 ··················· 160

十三、预售与预收款融资：危困企业非标融资新方式 …………………… 160
　　　十四、担保公司担保贷款：借力融资新路径 …………………………… 161
　　　十五、债转股融资：卸下包袱、轻装上阵 ……………………………… 162
　第三节　创新型融资方式与策略 …………………………………………… 163
　　　一、供应链金融：链接资金流 …………………………………………… 163
　　　二、租赁融资：缓解设备更新压力 ……………………………………… 164
　　　三、资产证券化：释放资产潜力 ………………………………………… 165
　　　四、企业上市或者并购融资：实现企业跨越式发展 …………………… 166
　　　五、企业破产中的共益债融资：雪中送炭，助力企业绝境逢生 ……… 167
　第四节　融资策略的选择与实施要点 ……………………………………… 168
　　　一、剖析企业实际状况，精准选择合适的融资方式组合 ……………… 168
　　　二、为困难型企业量身定制的融资策略框架 …………………………… 169
　　　三、融资方案、成本预算及资本最优化 ………………………………… 169
　第五节　案例 ………………………………………………………………… 172
　　　一、供应链金融之光：某制造业企业短期资金缺口的解决之道 ……… 172
　　　二、债权收购与股权投资并举：某上市公司违规担保引发债务违约的
　　　　　处置策略 …………………………………………………………… 173

第六章　困境型企业重组 ……………………………………………………… 175
　第一节　重组与突破 ………………………………………………………… 175
　　　一、万物皆可重组 ………………………………………………………… 176
　　　二、企业危困与重组成本的考虑 ………………………………………… 179
　　　三、庭外重组的关键因素与专业指导 …………………………………… 180
　第二节　资产重组 …………………………………………………………… 181
　　　一、资产重组的意义和目的 ……………………………………………… 181
　　　二、资产重组产品介绍 …………………………………………………… 182
　　　三、抵债资产与低效资产剥离 …………………………………………… 184
　　　四、资产重组关键环节 …………………………………………………… 185
　　　五、案例 …………………………………………………………………… 186
　第三节　债务重组 …………………………………………………………… 188
　　　一、债务重组概述 ………………………………………………………… 188
　　　二、债务现状与全面评估 ………………………………………………… 191
　　　三、债务优化策略与主要作用 …………………………………………… 193

  四、债务重组产品介绍 ································ 196
  五、债务重组注意事项 ································ 198
  六、案例 ·· 199

第四节 股权重组 ·· 201
  一、股权重组的意义及适用性 ·························· 201
  二、股权重组多元策略与关键步骤 ······················ 202
  三、挑战与风险应对 ·································· 203
  四、案例 ·· 205

第五节 资产分割 ·· 206
  一、资产分割的目的与意义 ···························· 206
  二、资产分割步骤 ···································· 206
  三、资产分割注意事项与风险应对策略 ·················· 207
  四、案例 ·· 208

第六节 资产置换 ·· 208
  一、资产置换的概念 ·································· 209
  二、资产置换的价值体现 ······························ 210
  三、资产置换关键环节 ································ 211
  四、面临的挑战与解决策略 ···························· 213
  五、案例 ·· 214

第七节 债转股 ·· 217
  一、债转股的基本原理与适用条件 ······················ 217
  二、债转股的实施步骤与注意事项 ······················ 218
  三、债转股的挑战与应对策略 ·························· 219
  四、案例 ·· 219

第八节 企业分立：拆分与独立发展的策略 ················ 221
  一、企业分立概述 ···································· 221
  二、企业分立应用策略 ································ 222
  三、企业分立实施步骤 ································ 224
  四、企业分立注意事项 ································ 228
  五、案例 ·· 229

第九节 企业合并 ·· 231
  一、企业合并价值与意义 ······························ 231

二、企业合并特殊考量	233
三、案例	235
第十节　业务重构	236
一、业务重构概述	236
二、业务重构基本原则	237
三、案例	238

第七章　绝境型企业拯救	240
第一节　破产程序基础知识	240
一、破产概述	240
二、破产财产管理与处置	244
三、纾困策略选择与启示	245
第二节　破产重整	246
一、破产重整概述	246
二、中介机构角色与作用	248
三、破产重整基本流程	252
四、重整计划草案设计要点	263
五、案例	276
第三节　破产重整中相关问题	293
一、目标筛选与评估	293
二、破产申请与初步程序	301
三、债权与资金问题	303
四、利益相关方权益与管理	308
五、法律与风险	313
六、信息披露与公众关系	319
七、社会与环境责任	321
八、重整计划与执行	322

第八章　出清型企业资产盘活	336
第一节　出清型企业概述	336
一、出清型企业识别与评估	337
二、低效无效资产处置与变现	338
三、释放资源的优化配置	338
第二节　核心生产要素识别、保留与出清	339

　　　　一、核心生产要素 ··· 339
　　　　二、出清策略制定与执行 ··· 341
　　　　三、资产剥离 ··· 342
　　　　四、资产盘活 ··· 344
　　第三节　司法拍卖 ··· 347
　　　　一、司法拍卖概述 ··· 347
　　　　二、司法拍卖主要流程 ··· 347
　　　　三、司法拍卖注意事项 ··· 348
　　　　四、案例 ··· 348
　　第四节　清算程序 ··· 349
　　　　一、清算概述 ··· 349
　　　　二、清算程序关键步骤 ··· 350
　　　　三、清算的挑战与解决方案 ·· 350
　　第五节　破产清算 ··· 351
　　　　一、破产清算概述 ··· 351
　　　　二、破产清算注意事项 ··· 353
　　　　三、案例 ··· 354
　　第六节　承债式收购 ·· 356
　　　　一、承债式协议转让概述 ·· 356
　　　　二、承债式协议转让的动因及实施条件 ······································· 357
　　　　三、承债式协议转让的操作流程 ·· 359
　　　　四、案例 ··· 360

第九章　脱困型企业固本开新 ··· 362
　　第一节　脱困型企业概述 ··· 362
　　　　一、公司治理问题 ··· 362
　　　　二、优化公司治理策略 ··· 363
　　　　三、案例 ··· 364
　　第二节　信用恢复与融资重生 ··· 365
　　　　一、企业信用不良与恢复 ·· 365
　　　　二、恢复信用融资能力 ··· 366
　　　　三、案例 ··· 367
　　第三节　内部控制与风险管理 ··· 369

  一、内部控制核心作用 ………………………………………………… 369
  二、建立和完善内部控制体系的方法与工具 ……………………… 370
  三、反向风控理念与应用 ……………………………………………… 371
 第四节 引入产业资本与战略投资者 …………………………………… 373
  一、引入产业资本的意义和价值 …………………………………… 373
  二、选择合适的产业资本和战略投资者 …………………………… 374
  三、案例 ………………………………………………………………… 375

▶ 第三篇 特殊机遇投资 ◀

第十章 企业纾困中的特殊机遇投资 ……………………………………… 379
 第一节 不良资产投资业务模式与企业纾困 …………………………… 379
  一、不良资产投资主要业务模式 …………………………………… 379
  二、不良资产投资对企业纾困的作用 ……………………………… 383
  三、案例 ………………………………………………………………… 383
 第二节 危困企业债权收购与资产盘活 ………………………………… 390
  一、收购债权 …………………………………………………………… 390
  二、债权受让"托管+回购" ………………………………………… 391
  三、案例 ………………………………………………………………… 392
 第三节 上市公司纾困重组 ………………………………………………… 397
  一、特殊机遇投资者的角色与作用 ………………………………… 397
  二、实施产业链并购策略的路径与影响 …………………………… 400
  三、案例 ………………………………………………………………… 401
 第四节 不良资产基金管理与投资 ……………………………………… 403
  一、不良资产投资基金的核心功能与优势 ………………………… 404
  二、不良资产投资基金实操流程 …………………………………… 404
  三、案例 ………………………………………………………………… 405

第十一章 特殊机遇投资风险识别与控制 ……………………………… 409
 第一节 风险识别与控制 …………………………………………………… 409
  一、风险识别框架的细化与扩展 …………………………………… 409
  二、风险控制策略与措施 …………………………………………… 410
 第二节 不良资产管理公司风控实操指引 ……………………………… 412

一、上市公司破产重整投资风控要点清单 ……………………… 412

二、其他纾困重组项目风控要点清单 …………………………… 416

▶ 第四篇　特殊行业/企业纾困重组 ◀

第十二章　危困地产项目纾困重组与盘活 ……………………… 421

第一节　房地产危困成因与主要纾困盘活模式 ………………… 421

一、常见地产类型及其陷入危困成因 …………………………… 421

二、地产项目资金短缺情形与纾困盘活模式 …………………… 424

三、商业资产流动性困境与纾困盘活模式 ……………………… 431

四、政策限制下的地产运营与产业纾困模式 …………………… 434

第二节　地产盘活的核心关键要素与策略 ……………………… 437

一、专业能力与团队建设 ………………………………………… 437

二、资本运作与风险管理 ………………………………………… 438

三、资产流动性强化策略 ………………………………………… 439

四、把握纾困政策与市场趋势 …………………………………… 440

第三节　困境地产纾困投融资方式与策略 ……………………… 441

一、项目举债融资 ………………………………………………… 441

二、股权并购融资 ………………………………………………… 442

三、资产剥离出售融资 …………………………………………… 443

四、委托代建融资 ………………………………………………… 444

五、资产证券化融资 ……………………………………………… 445

六、债务重组式融资 ……………………………………………… 446

七、共益债务融资 ………………………………………………… 448

八、项目司法重整融资 …………………………………………… 450

第四节　困境房地产纾困盘活主要模式 ………………………… 453

一、小股东操盘与融资代建的探索 ……………………………… 453

二、"转股+招募实力开发商+联合开发"方式 ………………… 456

三、债务重组盘活模式 …………………………………………… 459

四、司法拍卖出售盘活模式 ……………………………………… 461

五、地产项目破产清算拍卖式盘活 ……………………………… 463

六、"破产重整＋共益债融资"盘活地产 …………………………… 464
　　七、"破产重整＋招募重整投资方"盘活地产 …………………… 466

第十三章　上市公司纾困 … 468
第一节　上市公司危困成因 … 468
第二节　上市公司危困应对方式 … 471
　　一、融资策略 … 471
　　二、并购重组策略 … 475
　　三、经营管理策略 … 477
第三节　上市公司司法重整 … 480
　　一、上市公司司法重整的触发因素 … 480
　　二、上市公司破产重整要点 … 481
　　三、案例 … 491

跋 ………………………………………………………………………………… 495

引 言

随着全球经济的深度融合和市场竞争的日益激烈,企业在经营过程中面临的风险和挑战也日益增多。债务危机这一问题跨越企业、个人及政府层面,构成了一个相互交织的债务链,其中任何一环的脆弱性都可能触发连锁反应,蔓延为系统性的金融风险。要维持经济稳定,就必须统筹应对这三个领域的债务问题,让每一环都能得到有效管理和化解,以防止单点危机演变成全局性动荡。

一旦企业陷入危困,不仅可能影响自身的生存和发展,还可能对股东、员工、供应商、金融机构及民间借贷债权人等利益相关者造成重大损失,甚至增加对社会不稳定的因素。因此,如何有效地进行拯救危困企业,盘活不良资产,恢复其经营活力,成为当今商业世界的重要议题。

企业纾困并非易事,它涉及复杂的经济、法律、财务、金融、商业、评估等多方面的问题,需要专业的知识、丰富的经验以及全方位的资源匹配。"纾"是舒缓、缓解的意思,而不是"解除"的意思。"纾困"只是手段,"解困"才是目的!

本书旨在为企业家、投资人、债权人、政府决策人员、企业纾困重组领域专业服务机构等相关人士提供一套全面、系统、实用的纾困方法和策略。全书分为五篇,分别从不同的角度和层面探讨企业纾困的各个方面。

第一篇开启企业纾困之路,主要分析了企业陷入危困前的风险预警与危困成因,危困企业价值发现,以及不良资产行业与企业纾困的关系。该篇内容通过剖析不同类型的企业困境,提出了相应的纾困策略和措施,为读者提供了一些有益参考和启示。

第二篇企业纾困重组之道,进一步阐述了企业纾困原则与理念:投行思维=法律+资本+资源+资产+产业。这是一个关于企业危困处理和复兴的递进式过程,从困难型企业救助到困境型企业重组,再到绝境型企业拯救,再到出清型企业资产盘活,最后到脱困企业固本开新,按照企业危困程度和时间前后层层深入,识别问题、对症施策,帮助危困企业走出泥潭,并防止再次陷入危困。早谋划、早布局、早介入、早行动。

对于困难型企业，首要的任务是识别并理解其面临的难题，主要包括但不限于市场压力、管理问题、财务困境、股权纠纷、税务风险、法律风险、企业家个人涉刑风险等，主要从不同融资路径救助危困企业，解决企业融资难题。

当企业陷入更深的危困局面时，已经不仅仅是融资能够解决了，否则会治标不治本。这时候，企业不得不进行全面的重组，主要包括但不限于业务重组、资产重组、债务重组、股权重组、资产置换、业务重构等，同时引入新的管理理念和经营模式，以恢复企业的运营能力和偿债能力。

对于绝境型企业，常规的融资救助和重组措施可能已经无法奏效，此时需要更为激进的拯救措施，善用破产工具，汇聚资源、先立后破、向死而生，以使危困企业得以生存延续、涅槃重生。

当企业面临出清的境地时，资产盘活就显得尤为重要。针对那些长期亏损、资不抵债、丧失自我修复能力和发展潜力的企业，通过一系列的手段和措施，将其低效或者无效的资产进行处置和变现，将企业的资产转化为现金流，同时释放其占用的资源并重新配置到更高效的领域，从而实现社会资源的优化配置。

最后，对于已经脱困的企业，优化存量、扩大增量、"双量发力"、固本开新是关键。在稳定现有业务的基础上，企业需要寻找新的增长点，创新业务模式，提高核心竞争力，以防止再次陷入危困。

以上困难型企业、困境型企业、绝境型企业、出清型企业、脱困型企业是笔者根据企业陷入危机的不同程度和时间前后进行递进式划分的，统称为危困企业。

第三篇特殊机遇投资，从投资者的角度分析了企业纾困中的特殊机遇投资业务模式及其风险识别与控制。该篇内容通过揭示特殊机遇投资的本质和规律，帮助投资者在危困企业中寻找投资机会、发现价值潜力，实现资产增值。

第四篇特殊行业/企业纾困重组，针对特殊行业和企业的纾困问题进行了深入研究。该篇内容以危困地产项目和上市公司纾困为例，探讨了这些特殊行业和企业在纾困过程中面临的特殊挑战和机遇，提出了相应的纾困策略和解决方案。

总体来说，《企业纾困重组之道》是一部集理论性、实践性和可操作性于一体的实用指南。它通过分析企业陷入危困的原因和纾困的策略方法，为企业家、投资者、政府决策部门、企业纾困重组领域专业服务机构等相关人士提供了一套相对完整的纾困解决方案，帮助企业家实现保护资产、保护经营现金流、保护实控权、削减债务的最终目的。本书的内容丰富、结构清晰、语言简练，既有理论的深度，又有实践的广度，对于推动企业走出困境、实现可持续发展具有一定的指导意义。

危困企业面临前所未有的竞争压力和风险挑战，然而，正如本书所揭示的那样，只要我们有足够的智慧和勇气，就能够找到走出困境的道路。

我们相信：

"山重水复疑无路，柳暗花明又一村。"

"沉舟侧畔千帆过，病树前头万木春。"

通过学习和借鉴本书中的纾困方法和策略，我们相信更多的企业及企业家能够在激烈的市场竞争中转危为安、立于不败之地，实现自身长期发展。

第一篇

开启企业纾困之路

当企业陷入危困，面临经营困难、财务危机，甚至濒临破产，处于生死存亡之际，如何化解危机、重获新生、重拾辉煌，成为摆在企业家面前的前所未有的重要课题。

企业纾困重组，旨在针对危困企业采取一系列拯救措施，旨在保护企业现金流、恢复企业正常运营、盘活不良资产、重振市场竞争力，这既是一项艰巨的任务，也是一次机遇。企业纾困并非易事，但是透过商业模式底层逻辑、真实法律关系、公司治理、经营管理数据、财务报表的迷雾，通过重新发现、分析并挖掘危困企业的潜在价值，为其带来一线生机，这也是企业重启新生之门的关键。

第一章

企业危困成因与主要纾困场景

企业在运行过程中，由于种种内外部原因，可能会陷入危困。这些风险的产生并非一蹴而就，而是会有一些早期的预警信号。例如，财务报表上应收账款的非正常增加、资产负债率的悄然升高，都可能是企业资金链紧绷的预兆；损益表中销售额和利润的下滑，或许意味着市场竞争力的下降或产品需求的减少；而现金流量表的异常，尤其是经营活动产生的现金净流量出现负值，更是企业流动性风险的直接体现。此外，经营管理上的混乱、管理人员的异常行为、核心人员离职率陡增等，也可能是企业内部风险积累的信号。

导致企业陷入危困局面的成因多种多样，从市场环境变化、经营管理不善，到过度扩张和对外不当担保，都可能是导致企业陷入困境的罪魁祸首。这些原因既包括宏观经济波动、行业周期变化等外部因素，也涉及企业内部管理瑕疵和战略决策失误等内部问题。

在对企业进行纾困重组时，我们需要高度警觉并识别企业面临的这些风险预警信号并分析其陷入危困主要成因。一旦发现苗头不对，就应迅速借助专业服务机构进行介入，利用市场机制、法律手段、资金支持、资源导入、资产注入、产业并购等手段，形成多方合力来纾解企业困境。如果企业在出现危机预兆时仍选择"坐等靠"、掩耳盗铃、闭门造车、夜郎自大，在未彻底调查清楚因果的情况下而盲目采取自救行动，往往可能缘木求鱼、抱薪救火，甚至火上浇油。

因此，我们应明辨企业危困成因，针对具体情况制定具体清晰的相匹配的纾困策略，借助"法律+资本+资源+资产+产业"——"五位一体"企业纾困重组模型，以真正让企业摆脱危困、开创新生。

第一节　企业风险预警信号

　　企业风险预警信号是企业在运营过程中可能出现的预示其经营状况恶化或面临潜在危机的迹象。这些信号可以从财务、市场、管理等多个维度进行识别，及时发现并应对这些信号对于预防企业陷入危困至关重要。

　　识别并监控这些预警信号，企业可以更早地采取措施，调整战略，加强管理，或者是寻求外部帮助，以避免或减轻危机带来的影响。通过综合运用法律、资本、资源、资产和产业并购等手段，企业可以在面对挑战时更加从容不迫，防患于未然。

一、风险预警的作用和价值

　　预警的核心价值在于及时识别潜在风险，以便企业能够迅速调整策略，规避或减少风险带来的影响。企业的风险预警、规避，是一个层层递进的体系。通过预警机制，企业可以实现以下目标：

　　第一，及时发现并规避、应对风险。企业的运营和管理与个人的健康管理有着异曲同工之妙。正如中医所强调的"治未病"理念，即在疾病出现之前就进行预防和调理，企业也应该建立起一套完善的预警机制，通过跟踪关键业务指标和数据，设置关键风险探针，实现风险的早期发现与应对。

　　中医"治未病"的理念，强调的是预防重于治疗，通过调理身体、增强抵抗力来避免疾病的发生。同样，企业也需要通过密切关注自身的运营状况，及时发现并解决潜在问题，从而保障持续稳健地发展。

　　在实际操作中，企业可以借鉴中医的"望、闻、问、切"四诊法，来建立和完善自己的预警机制：

　　"望"：即通过观察来发现问题。企业应该建立一套完善的数据监控系统，实时跟踪关键业务指标和数据，如销售额、库存周转率、客户满意度等。通过对比分析历史数据和行业数据，企业可以洞察市场趋势和自身运营状况，从而及时调整策略以应对潜在风险。

　　"闻"：即通过听取各方意见来获取信息。企业应该建立起有效的沟通渠道，鼓励员工提出意见和建议，同时积极与客户、供应商等利益相关者保持联系，及时获取市场动态和反馈。这些信息可以为企业预警机制提供重要的参考依据。

　　"问"：即主动询问以了解更多情况。企业应该定期进行市场调研和内部审查，主动发现问题并寻求解决方案。同时，通过与其他企业的交流合作，可以借鉴他们的经验教训，提升自身的风险防控能力。

"切"：即深入分析问题的根源。当企业发现潜在风险时，应该迅速组织专业团队进行深入分析，找出问题的根源并制定相应的解决措施。这要求企业具备强大的问题解决能力和快速反应机制。

通过建立这样一套基于中医"治未病"理念的预警机制，建立企业风险预警机制，跟踪关键业务指标和数据，企业可以在问题出现早期就及时发现并采取应对措施，从而避免风险进一步恶化。

第二，风险拆解与提高风险管理效率。在企业管理中，企业决策层、管理层、执行层等不同层级的人员对于业务指标及其风险阈值的关注点往往存在差异。企业决策层可能更关注整体战略目标的实现和市场竞争格局，而管理层则可能聚焦于具体业务部门的运营效率和成本控制，执行层则更注重日常工作的顺利执行和问题解决。因此，建立完善的预警机制，能够拆解风险并实现分级预警，对于提高风险管理的针对性和效率至关重要。

通过建立预警机制，企业可以将整体风险拆分为不同层级和部门可管理的具体风险。这样，每个层级和部门都能更加清晰地了解自身面临的风险，并根据预警级别采取相应的应对措施。这种拆解风险的做法不仅有助于企业各层级人员更好地理解和管理风险，还能避免单一核心指标导致无法识别潜在风险的可能。

当风险被拆解后，各层级人员可以更加专注于自身领域内的风险管理，从而提高风险应对的及时性和有效性。此外，分级预警还有助于实现风险信息的快速传递和响应，在风险事件发生时能够迅速做出反应，降低损失。

第三，培养全员风险意识。除了建立预警机制外，企业还需要通过定期的预警报告和培训来加强全员的风险和危机意识。预警报告可以定期汇总并分析企业面临的各种风险，向全员通报风险状况和应对措施，从而提高员工对风险的认知和理解。

同时，企业应该组织定期的风险管理培训，提升员工的风险识别、评估、应对和监控能力。通过这样的培训，员工可以更加敏感地捕捉到潜在的风险信号，及时采取措施进行防范和化解。

培养全员风险意识不仅可以提高企业的抗风险能力，还能促进企业文化的健康发展。当员工都具备强烈的风险意识时，他们会更加谨慎地处理工作中的每一个环节，从而减少人为失误和潜在风险的发生。同时，这种意识也有助于员工在面对突发风险时保持冷静和理性，采取正确的应对措施。

二、财务预警信号

在企业的日常运营中，财务预警信号就像是一盏盏交通信号灯，时刻提醒着管理者企业的财务状况。这些信号不仅能帮助管理者及时发现潜在的财务风险，还能为企业的战略决策提供有力支持。

（一）成本异常增加

当企业的成本突然飙升，超出正常范围时，这往往意味着某些环节出现了问题。除了前面提到的生产效率下降、原材料价格上涨和内部浪费严重等原因外，还可能是由于供应链管理不善、员工流动率过高或质量控制不严导致的返工率增加等因素所致。

为了更精确地识别成本增加的原因，企业可以进行成本分析，将成本细分为直接材料、直接人工和制造费用等部分，并逐一排查。同时，加强与供应商的合作与沟通，保障原材料的稳定供应和成本控制。此外，优化生产流程、提高员工技能和效率，也是降低成本的有效途径。

（二）资产减值迹象

当企业的固定资产、无形资产或存货出现明显减值时，这通常意味着这些资产的市场价值或未来收益能力已经下降。除了技术进步和市场需求变化外，资产减值还可能与企业的管理决策有关，如过度投资、错误的市场预测或不当的资产管理策略等。

为了避免资产减值带来的损失，企业需要建立完善的资产管理制度，并定期进行资产评估和减值测试。一旦发现资产存在减值迹象，应立即采取措施进行处理，如计提减值准备、出售或报废减值资产等。同时，加强市场调研和产品开发，保障企业的资产能够适应不断变化的市场需求。

（三）预算超支

预算超支是一个常见的财务问题，它可能源于多个方面，如预算编制不合理、成本控制不严或业务变化等。预算超支不仅会影响企业的盈利能力，还可能对企业的资金流和运营稳定性造成威胁。

为了解决预算超支问题，企业需要从预算编制、执行和监控等多个环节入手。首先，要保障预算编制的科学性和合理性，充分考虑各种可能的风险和变化因素。其次，在执行过程中要加强成本控制和费用管理，避免浪费和不必要的支出。最后，要建立有效的预算监控机制，及时发现并纠正预算超支问题。

（四）应收账款及坏账率非正常增加

应收账款非正常增加可能意味着企业的销售策略存在问题或客户信用管理不善。

长时间未收回的账款会占用企业的资金资源，增加坏账风险和财务成本。

为了避免应收账款风险，企业需要建立完善的客户信用管理制度和收款流程。在签订销售合同前，要对客户的信用状况进行全面评估，保障客户的支付能力和信誉。同时，要加强与客户的沟通和协调，保障账款的及时回收。对于逾期未付的账款，要采取积极的催收措施，并考虑通过法律手段进行追讨。

（五）资产负债率上升

资产负债率上升可能表明企业的负债规模在扩大，这会增加企业的偿债压力和财务风险。除了过度举债外，资产负债率上升还可能与企业的投资策略、经营效率或市场竞争状况有关。

为了降低资产负债率，企业需要优化资本结构和债务管理策略。首先，要合理控制负债规模，避免过度借贷导致的财务风险。其次，要加强资金管理，提高资金使用效率，保障企业的偿债能力。最后，要积极寻求多元化的融资渠道和合作伙伴，降低对单一融资方式的依赖。

（六）利润率持续下滑

利润率持续下滑可能意味着企业的盈利能力在下降，这会对企业的长期发展和市场竞争力产生负面影响。利润率下滑的原因可能包括成本控制不力、销售策略不当或市场竞争加剧等。

为了提高利润率，企业需要从多个方面入手。首先，要加强成本管理，降低生产成本、销售成本和管理费用等，提高整体盈利水平。其次，要优化销售策略和定价机制，保障产品的市场竞争力。最后，要加强市场调研和产品创新，开发高附加值的产品和服务，提高企业的盈利能力。

（七）现金流紧张

现金流紧张可能导致企业无法按时支付债务、员工工资和供应商款项等，进而影响企业的正常运营和信誉。现金流紧张的原因可能包括销售回款缓慢、投资决策失误或资金管理不善等。

为了改善现金流状况，企业需要加强现金流管理和预测。首先，要优化收款和付款流程，加速资金周转速度。其次，要加强资金预算管理，保障资金的合理使用和调度。最后，要积极寻求外部融资或合作伙伴的支持，以缓解现金流压力并保障企业的稳定运营。

（八）存货积压

存货积压表明企业有大量的产品未能及时转化为销售收入，这会导致资金占用、资产贬值和滞销风险增加。存货积压的原因可能包括市场需求预测失误、产品定价过高或销售策略不当等。

为了解决存货积压问题，企业需要加强市场调研和销售策略的制定。首先，要密切关注市场动态和客户需求变化，及时调整产品结构和定价策略以适应市场变化。其次，要加强销售渠道的开发和维护，提高产品的市场覆盖率并扩大销售量。最后，通过促销活动、打折销售等方式刺激消费者需求并加速存货周转速度。同时，企业还应建立完善的存货管理制度和预警。

三、人力资源预警信号

在企业的运营管理中，人力资源预警信号就像是航海中的指南针，为管理者指明人才管理和团队建设的方向。这些信号有助于企业及时发现人力资源方面存在的问题，从而采取相应的措施来保障组织的稳健发展。

（一）关键人才流失

关键人才的流失是一个重要的预警信号，它可能预示着企业核心竞争力的削弱。当核心团队成员或重要技术人才频繁离职时，除了可能带走宝贵的知识和经验外，还可能对团队的稳定性和项目进度造成严重影响。这种情况可能源于员工对薪酬、职业发展机会或工作环境的不满。

为了应对这一预警信号，企业应定期进行员工满意度调查，了解员工的需求和期望，并据此调整人力资源管理策略。同时，建立有效的激励机制，提供具有竞争力的薪酬待遇和广阔的职业发展空间，以留住关键人才。

（二）员工满意度下降

员工满意度的下降是另一个关键的预警信号，它可能表明企业内部环境或管理策略存在问题。当员工对工作环境、工作内容或管理方式感到不满时，他们的工作积极性和效率可能会受到影响，甚至可能引发更严重的员工流失问题。

为了提高员工满意度，企业应积极倾听员工的声音，及时解决他们面临的问题和困扰。同时，营造积极向上的工作氛围，加强团队建设，提高员工的归属感和忠诚度。

（三）招聘困难

招聘困难可能意味着企业在人才市场上的吸引力不足。这可能是由于企业的品牌形象不佳、薪酬待遇不具竞争力或职业发展机会有限等原因造成的。长期招聘困难可能导致企业无法及时补充所需人才，进而影响业务的正常开展。

为了解决招聘困难的问题，企业应加强品牌宣传，提升在人才市场中的知名度。

同时，优化招聘策略，制定具有吸引力的薪酬福利政策，以吸引更多优秀人才加入。

（四）员工绩效下降

员工绩效的明显下降可能源于工作环境的恶化、激励措施的不足或培训机会的缺乏，不仅会影响企业的运营效率，还可能导致客户满意度的降低和业务的下滑。

为了提高员工绩效，企业应定期对员工进行绩效评估，及时发现并解决存在的问题。同时，建立完善的激励机制，提供必要的培训和发展机会，以激发员工的工作热情和创造力。

四、管理与运营预警信号

在企业的管理与运营过程中，存在一系列预警信号，这些信号就像是航海时的灯塔，为管理者提供着前行的指引，并警示着潜在的风险。深入理解和敏锐捕捉这些信号，对于企业稳健发展至关重要。

（一）高层管理人员频繁变动

当高层频繁变动时，这不仅可能反映出企业内部存在的管理或战略分歧，更可能对企业的整体稳定性和长期发展造成不良影响。频繁的高层变动可能导致企业战略方向不明确，员工士气低落，团队的凝聚力和执行力大幅下降，甚至影响企业的业务连续性。

为了避免这种情况，企业需要明确长期战略，加强内部沟通，保障所有成员对企业的发展方向有清晰的认识。同时，建立有效的激励机制，留住关键人才，减少不必要的人员流动。

（二）内部控制体系失效

当财务造假、内部监管松懈等问题出现时，可能造成公司的股价大幅下跌，投资者信心受挫，业务合作伙伴也纷纷避而远之，企业的声誉和长期发展都会受到严重影响。这不仅可能导致企业面临法律风险，还可能损害企业的公众形象，进而影响其市场竞争力。

为了保障内部控制体系的有效运行，企业需要定期进行评估和完善，通过加强内部审计和监督，及时发现并纠正任何违规行为。同时，培养员工的合规意识，保障所有业务活动都符合相关法律法规和企业规章制度的要求。

（三）投资决策失误与资源浪费

过度扩张、选址不当、盲目投资或不当投资等失误决策都可能导致企业资源的浪费和财务压力的增大，给企业带来巨大的经济损失，不仅会影响企业的现金流和盈利能力，还可能危及企业的生存和发展。

为了避免投资决策失误，企业在进行投资决策时需要充分考虑市场状况、项目回报期及自身的资金状况，建立科学的投资决策流程和风险评估机制，保障每一项投资决策都经过深思熟虑和充分论证。同时，加强项目执行过程中的监控和管理，保障投资项目的顺利进行并取得预期收益。

（四）企业文化与团队协作问题

当员工士气低落、感到压力过大、离职率居高不下、承担工作怠慢、团队协作氛围松散并互相甩锅时，这往往反映出企业文化和团队协作存在问题。

为了改善企业文化和团队协作，企业需要关注员工的需求和感受，积极营造和谐的工作氛围，通过定期的员工培训、团队建设和激励机制，提高员工的满意度和忠诚度。同时，鼓励员工之间的沟通与协作，打破部门壁垒，形成共同发展的合力。

（五）法律与合规风险

频繁的法律纠纷或违反法规行为不仅会给企业带来经济损失，还可能损害企业的声誉和形象。如个别企业在生产过程中违反了相关法规，被监管部门处以巨额罚款。

为了避免这些风险，企业需要加强合规意识培训，保障所有业务活动都符合相关法律法规的要求，通过加强合规管理和风险防范，降低企业面临的法律风险。同时，建立专业的法务团队或寻求外部法律顾问的帮助，为企业提供全面的法律咨询和风险评估。

（六）供应链稳定性问题

当关键原材料或产品的供应受到干扰时，会导致生产中断、客户满意度下降等一系列问题，企业不得不寻找新的供应商并重新调整生产计划，企业的生产和销售都会受到严重影响。

为了保障供应链的稳定性，企业需要与供应商建立长期稳定的合作关系，并定期进行风险评估和制订应急计划，通过多元化采购策略、加强供应商管理和库存控制等手段，降低供应链中断的风险。同时，建立有效的信息共享和沟通机制，保障企业与供应商之间的信息畅通无阻。

（七）决策流程烦琐与低效

决策流程的烦琐和耗时过长会导致企业错失市场机会或增加运营成本，往往会让企业错过最佳的市场进入时机，失去了先机并面临激烈的竞争。

为了提高决策效率，企业需要简化决策流程、明确责任分工并加强跨部门协作，通过建立扁平化的组织结构、优化决策机制和引入先进的信息化技术，提高企业的决策效率和响应速度。同时，培养员工的高效决策意识和能力，保障企业在面对市场变化时能够迅速做出正确的决策。

（八）信息安全与数据泄露风险

企业信息系统存在安全漏洞或被黑客攻击的风险增加，可能导致重要数据泄露或系统瘫痪等严重后果，不仅会影响企业的正常运营，还可能对客户的信任和企业的声誉造成长期损害。

因此，企业需要加强信息系统的安全防护措施，保障重要数据不被泄露或遭到恶意攻击，通过建立完善的信息安全管理制度、加强网络安全防护和引入先进的数据加密技术，提高企业的信息安全水平。同时，定期对员工进行信息安全培训，增强员工的信息安全意识。通过建立应急响应机制和灾难恢复计划，保障企业在面对信息安全事件时能够迅速应对并恢复正常运营。

五、技术与创新预警信号

在快速发展的商业环境中，技术与创新是企业持续发展的核心驱动力。然而，当企业在技术与创新领域遭遇挑战时，一系列预警信号就会浮现。这些信号不仅关乎企业当前的市场地位，更预示着其未来的竞争力和生存能力。以下是对技术与创新预警信号的深入探讨，旨在帮助企业及时识别并应对这些潜在风险。

（一）研发投入不足

研发投入是企业保持技术领先和创新活力的关键。当企业的研发投入长期低于行业平均水平时，这就是一个明显的预警信号。投入不足可能直接导致企业技术落后，无法跟上行业发展的步伐。在竞争激烈的市场中，技术落后意味着失去了先机，难以在产品质量、性能或成本上取得优势。

为了改善这一状况，企业需要审视自身的研发策略，保障有足够的资金投入。同时，也要优化研发流程，提高研发效率，保障每一分投入都能产生最大的效益。

（二）新产品开发缓慢

新产品开发的速度是企业响应市场变化能力的重要体现。如果企业新产品推出的速度明显慢于竞争对手，或者市场响应速度慢，那么这就是一个值得关注的预警信号。在快速变化的消费者需求面前，新产品开发的缓慢可能导致企业错失市场机遇，甚至面临被市场淘汰的风险。

为了加快新产品开发速度，企业需要深入了解市场需求，明确产品定位，同时优化研发流程，提高团队协作效率。此外，引入敏捷开发等先进方法论，也可以帮助企业快速响应市场变化。

(三) 知识产权争议

知识产权是企业的重要资产，也是技术创新成果的保障。然而，频繁的专利侵权诉讼或版权纠纷不仅会影响企业的品牌形象，还可能拖慢研发进程，造成不必要的经济损失。当企业陷入知识产权争议时，这就是一个明显的预警信号。

为了避免知识产权争议，企业需要建立完善的知识产权管理体系，保障自身的创新成果得到充分保护。同时，也要尊重他人的知识产权，避免侵权行为的发生。在面临争议时，应积极应对，寻求合理的解决方案。

(四) 技术快速迭代

在科技飞速发展的今天，技术迭代的速度越来越快。如果企业的技术更新速度跟不上市场的步伐，那么产品很容易过时，失去竞争力。技术落后不仅会影响产品的市场表现，还可能导致企业被边缘化。

为了应对技术快速迭代带来的挑战，企业需要保持敏锐的市场洞察力，及时捕捉行业趋势和消费者需求变化。同时，加大研发投入，推动技术创新，保障产品在技术和性能上保持领先。

(五) 技术泄露风险

核心技术或商业秘密的泄露可能对企业的竞争优势和市场地位造成毁灭性打击。当企业发现自身技术存在泄露风险时，必须高度重视这一预警信号。泄露风险可能源于内部管理漏洞、员工泄密或外部攻击等多种原因。

为了降低技术泄露风险，企业需要加强知识产权保护和管理措施。这包括建立完善的保密制度、加强员工培训、实施访问控制以及采用先进的加密技术等手段。同时，也要与合作伙伴和客户签订严格的保密协议，保障技术信息的安全传递。

(六) 研发团队协作问题

研发团队是企业技术创新的核心力量。然而，当团队内部出现协作问题或人才流失现象严重时，这就会成为一个明显的预警信号。协作问题可能导致研发进度受阻、创新能力下降以及团队士气低落等一系列负面影响。

为了解决研发团队协作问题，企业需要加强团队管理，建立良好的沟通机制和激励机制。通过定期组织团队建设活动、提供专业培训以及实施绩效考核等措施，增强团队凝聚力和创新能力。同时，也要关注员工的职业发展路径和福利待遇，降低人才流失的风险。

六、市场竞争与品牌声誉预警信号

在商业环境中，市场竞争与品牌声誉的细微变化都可能预示着企业的未来走向。这些预警信号如同航海中的风向标，敏锐捕捉并解读它们，将有助于企业及时调整策略，稳固市场地位，保护品牌资产。

（一）市场份额下滑

当企业发现自身在目标市场中的份额出现下滑，这绝不仅是一个简单的数字变化，而是背后隐藏着深层的市场动态和竞争格局的改变。这可能意味着竞争对手通过创新的产品特性、更高效的供应链管理或者精准的市场定位，正在逐步蚕食企业的市场份额。

此时，深入分析销售数据、消费者反馈及市场动态至关重要。企业需要重新审视自身的市场策略，找到与竞争对手的差异点，并通过有针对性的营销活动重新吸引消费者。

（二）消费者偏好转移

消费者是市场的核心，他们的偏好和需求直接影响着产品的销量和企业的市场策略。如果消费者开始转向其他品牌或产品，这通常是企业产品或服务未能满足市场变化的明显信号。

为了准确捕捉这一变化，企业需要定期进行市场调研，通过问卷调查、访谈等方式深入了解消费者的真实需求和期望。同时，企业也应加强与消费者的线上互动，通过社交媒体等渠道收集消费者的即时反馈，以便及时调整产品特性和市场策略。

（三）品牌声誉受损

品牌声誉是企业在消费者心中的信任度和忠诚度的体现。一旦品牌声誉受损，将直接影响消费者的购买决策和企业的长期发展。社交媒体上的负面评论、消费者投诉的激增或涉及企业的负面新闻报道，都可能是品牌声誉受损的预警信号。

为了有效应对，企业需要建立一套完善的危机管理机制，包括实时监测社交媒体和新闻动态、及时回应和处理负面信息、加强与消费者的沟通以及通过正面宣传和品牌建设来重塑品牌形象。

（四）营销策略失效

营销策略是企业与消费者之间的桥梁，一旦策略失效，将导致企业与消费者之间的脱节。如果企业的营销活动未能引发消费者的共鸣和响应，或者销售数据未达到预期目标，那么可能是营销策略已经过时或不符合当前的市场环境。

为了避免资源的浪费和错失市场机会，企业需要深入分析营销策略的每一个环节，从目标市场的定位、产品特性的宣传到销售渠道的选择等，都需要重新进行评估和调整。同时，企业也可以尝试引入新的营销手段和工具，如社交媒体营销、内容营销等，以更精准地触达目标消费者并激发他们的购买欲望。

（五）新竞争者的出现

新竞争者的出现往往会给市场带来新的活力和创新，但同时也可能打破现有的市场格局和竞争格局。特别是当这些新竞争者拥有独特的产品或服务、雄厚的资金支持或颠覆性的营销策略时，企业需要保持高度的警惕性。

为了应对新竞争者的挑战并保持自身的竞争优势，企业需要加强自身的创新能力、提升产品或服务的质量和性价比、巩固与现有客户的合作关系并拓展新的销售渠道。同时，企业也应密切关注新竞争者的市场动态和策略变化，以便及时调整自身的市场策略并做出有效的应对。

七、环境与社会责任预警信号

环境与社会责任日益成为企业不可忽视的重要因素，其中一些预警信号已经逐渐浮现，提醒着企业必须正视这些挑战。

（一）环保违规

如企业因环保标准不达标或污染事件被处罚，可能严重影响企业声誉和可能面临高额罚款。环保违规所带来的后果远不止罚款那么简单。一旦企业因环保问题受到处罚，这一信息很快便会在公众中传播开来，导致消费者对企业的信任度大幅下降。例如，某化工企业曾因违规排放被曝光，不仅被重罚，其产品销售也受到了严重影响，许多合作伙伴和消费者纷纷选择与其断绝关系。此外，环保违规还可能导致企业被列入环保"黑名单"，从而受到更加严格的监管和限制，这无疑会给企业的运营带来巨大压力。

为了应对环保违规的风险，企业应该建立完善的环保管理体系，保障所有生产活动都符合国家和地方的环保法规。同时，加大环保投入，引进先进的环保技术和设备，降低污染排放。此外，定期开展环保培训和演练，增强员工的环保意识，形成全员参与环保的良好氛围。

（二）社会责任缺失

员工福利的忽视可能会引发员工的不满和抵触情绪，进而影响工作效率和团队合作。更重要的是，这种不满情绪很容易通过社交媒体等渠道传播出去，进一步损害企业的公众形象。同时，对社区贡献的不足也会使企业在当地社区中失去支持。一个缺乏社会责任感的企业很难获得社会的广泛认同和支持，这对其长期发展是极为不利的。

针对社会责任缺失的问题，企业应重视员工福利，提供合理的工作条件和薪酬待遇，关注员工的职业发展和培训需求。同时，积极参与社会公益事业，通过捐款、志愿服务等方式回馈社会，提升企业的社会责任感。加强与政府、行业组织、社区等各方的沟通与合作，共同推动社会的可持续发展。

（三）社区关系紧张

企业与社区之间的紧张关系可能源于多种原因，如噪声污染、交通拥堵等。这种紧张关系不仅会影响企业的日常运营，还可能引发更大规模的社会问题。例如，某工厂因噪声污染问题与周边居民发生严重冲突，导致居民集体抗议并要求工厂搬迁。这一事件不仅给工厂带来了巨大的经济损失，还严重影响了其社会声誉。为了避免类似情况的发生，企业需要积极与社区进行沟通，了解并解决居民的合理诉求，努力营造一个和谐共处的社区环境。

为了缓解与社区的紧张关系，企业应主动加强与社区的沟通和互动，及时了解并解决社区居民的关切和问题。可以定期组织社区活动，增进彼此的了解与信任。同时，企业在制定发展规划时，应充分考虑对社区的影响，保障企业与社区的和谐发展。

第二节 企业危困主要成因分析与情形

本节通过剖析企业困境的根源，列举七种常见的危困局面情形，识别危机、分析成因，并运用合理的方法探寻有效纾困重组路径。

一、产品产业尚好，资金意外短缺

许多企业尽管拥有市场认可的产品或者身处具有发展潜力的产业，但仍然可能因遭遇一系列不可预见的挑战而陷入经营困境。其中，资金流的意外短缺往往成为压垮这些企业的"最后一根稻草"。

以建筑类企业为例，这类企业通常拥有雄厚的技术实力和广泛的市场触角覆盖，但由于受宏观经济调控、房地产市场周期性波动以及行业竞争加剧等多重因素影响，不少建筑企业开始感受到前所未有的资金链压力。具体来说，甲方资金拨付的滞后，犹如一把无形的枷锁，束缚住了企业的现金流；原材料价格的持续攀升和人工成本的节节上涨，则如同两座大山，不断挤压企业的利润空间。

更甚者，部分企业在急于扩张规模的冲动驱使下，承接了大量垫资项目，应收账款堆积如山，现金流日渐枯竭，使资金压力雪上加霜，濒临断裂边缘。

同样，在生产制造领域企业中，相似的问题亦屡见不鲜。这些企业或许拥有在市场上声名鹊起的产品，甚至曾经在国际舞台上也占据一席之地。然而，国际贸易环境的风云变幻，如境外客户付款周期的拉长、汇率波动等，以及国内原材料采购日趋严格的现款结算要求，使这些企业的现金流变得紧张。在提升产能、引进先进技术所需的大额投资面前，资金需求犹如无底洞，一旦规划失误、处理不当、稍有不慎，极易引发现金流断裂的危机。

他们中有些企业曾凭借精准的市场洞察与卓越的执行力，有幸踩对赛道，抓住风口，在天时、地利、人和都具备的情况下快速拿到结果，短时间内赚得盆满钵满。但是，他们在辉煌时刻未能保持清醒，固守既有经营管理模式，而忽视市场环境的动态变化，幻想一成不变并对旧经验死守不放，违背"道可道非常道"的规律，最终把过去多年的盈利亏了回去甚至负债累累。

只有极少数幸运儿，在享受风口红利的同时，或者是持续深耕细分领域，勇猛精进，提升核心竞争力；或者是审时度势，适时退出，及时收手，在巅峰时华丽转身、急流勇退，在接下来的日子里慢慢考察，摸索下一个好机会的出现，静待下一个机遇的到来。

对于这些危困企业而言，陷入危机的原因并非单一因素所致，而是市场环境、企业战略决策与内部管理等多方面因素共同作用的结果。

例如，无论是房地产市场的周期性起伏，还是国际贸易环境的不确定性，均对企业资金流产生深远影响。市场波动带来的甲方资金延迟、原材料价格飙升、汇率波动等现象，直接加大了企业的资金压力。

面对资金短缺的危困局面，企业需要通过优化现金流管理、寻求外部资金支持和加强产业链合作等多个方面入手，采取切实有效的措施逐步摆脱危困。

首先，优化现金流管理是关键。拖欠款一直是悬在各类企业头上的达摩克利斯之剑。企业应强化应收账款的催收力度，科学调整应付账款周期，降低成本支出，提升资金使用效率。同时，建立健全风险管理体系，对投资与扩张项目进行全面、审慎的风险评估与控制，避免盲目投资、盲目冒进和过度扩张。

其次，寻求外部资金支持是纾困的另一重要途径。积极与各类金融机构、产业基金等资金提供方建立合作关系，争取优惠的信贷条件或者专项基金支持。此外，引入战略投资者不仅能带来资金"输血"，更可引入先进的管理理念与丰富的市场资源，助力企业长远发展。

最后，加强产业链合作也是企业纾困的有效手段。通过与上下游企业建立更紧密的合作关系，企业可以共同应对市场变化带来的挑战，实现资源共享和风险共担。同时，这种合作模式还有助于提升整个产业链的竞争力和稳定性。

当然，企业出现问题，也不全是资金的问题，在解决资金问题之前，首先要做的是彻底找到问题根源，梳理全面破局之道，这时候往往需要借助企业纾困重组领域专业服务机构的力量。

二、核心资产优质，却深受历史问题困扰

一些企业尽管坐拥极具价值的核心资产，但却因历史遗留问题而步履维艰，比如资源型历史老国有企业，它们陷入危困的原因往往并非资产质量问题。具体而言，这些历史遗留问题主要包括但不限于以下几个方面：技术设备陈旧、员工结构老化且人力成本负担沉重、债务累积、环保及社会责任压力等。这些问题如同一座座大山，压得这些企业喘不过气来，严重阻碍了它们的转型和发展。

以某国有煤炭企业C为例，该企业不仅拥有丰富的煤炭资源，还拥有先进的采矿技术和设备，然而，这些优势在市场经济的冲击下却显得"捉襟见肘"。

第一，技术设备陈旧。在科技日新月异的当下，企业的一些生产设备和技术未能与时俱进，导致生产效率低下，产品质量难以满足市场需求，增加了运营成本，削弱了竞争力。

第二，员工结构老龄化严重且人力成本负担沉重。企业家除了要考虑员工各类人力成本支出和运营成本之外，还要考虑企业愿景与员工能力的匹配程度，一边降本增效、轻装上阵，另一边加强培训、优化组织结构。

第三，环保及社会责任压力。随着国家对环保和社会责任的高度重视，企业必须加大投入进行环保治理和履行社会责任。然而，一些企业因历史原因在这方面欠账较多，使当前环保投入压力巨大，如何平衡经济效益与环境保护成为一大挑战。社会责任也要求企业要像保护眼睛、对待生命一样保护生态环境。

第四，债务累积如山，资金链紧张。在过去追求规模扩张与技术升级的历程中，该企业累积了数额庞大的债务。每一笔债务不仅是财务报表上的数字，更是对企业现金流的无情抽离，犹如一根根无形的绳索，紧紧束缚住企业资金链的命脉。这种"债山压顶"的状况，不仅造成了企业财务费用的大幅攀升，侵蚀了本已有限的利润空间，更对企业的资金链安全构成了严重威胁。债务利息、本金偿还的压力如同滚雪球般越来越大，使企业在日常运营中捉襟见肘，无力应对突发的市场变化或者应对潜在的投

资机会。同时，高企的负债水平也降低了企业的信用评级，进一步限制了其在金融市场获取新增融资的能力，形成了恶性循环。

第五，市场竞争激烈，盈利空间被压缩。虽然该企业拥有优质的煤炭资源和技术设备，但在市场经济环境下，面临来自国内外众多竞争对手的激烈竞争。由于历史遗留问题导致的成本高昂和管理效率低下，使该企业在市场竞争中处于不利地位，盈利空间被严重压缩，"积重难返"。

为了帮助危困企业转危为安、涅槃重生，我们可以从以下几个方面着手：

第一，债务重组，对债权进行科学分类，并针对不同类型的债权采取相应策略，以实现更高效地应对和管理。

第二，深化企业内部改革，优化运营机制。通过精简机构、优化人员结构、提高生产效率等手段降低运营成本，提升市场竞争力。同时，推动内部管理创新和技术升级，激发企业活力和创新力。在面临严重困境之时，如果不"自我革命"，就会"被市场革命"，企业必须主动求变，否则将被市场淘汰。"鸡蛋从内部打破是生命，从外部打破是食物。"

第三，积极寻求政府相关部门支持和政策优惠。与政府相关部门保持密切沟通，争取在税收、环保、专项资金补贴等方面获得一定的政策支持和优惠。这些政策支持和优惠可以帮助企业减轻负担，增强发展动力。

第四，引入战略投资者，优化股权结构。通过引入战略投资者，共同发展核心业务，为企业注入新的资金和资源，优化企业的股权结构和管理模式。战略投资者的引入不仅可以带来资金和资源的支持，还可以带来新的市场机会和管理经验，优化企业的股权结构，提升企业的治理水平。

第五，加强产业链合作，实现共赢发展。与上下游企业建立紧密的合作关系，共同应对市场变化和挑战。通过产业链合作，可以降低运营成本，提高行业竞争力，实现共赢发展。

第六，利用资本市场融资，拓宽资金渠道。通过重组、并购、上市、发行债券等方式在资本市场融资筹集企业发展所需的资金。资本市场的融资功能可以为企业解决资金短缺问题提供有力支持，同时也可以帮助企业优化资本结构，提升市场价值。

总之，对于核心资产优质但受困于历史遗留问题的企业来说，要想实现可持续发展和价值最大化，就必须充分利用内外资源、深化改革创新、拓宽发展空间。只有这样，这些企业才能在激烈的市场竞争中立于不败之地。

三、转型产业向好，转型能力却显薄弱

随着市场竞争的日益加剧，企业转型已成为适应新环境、谋求新发展的必由之路。然而，在这一过程中，部分企业虽然明智地选择了前景光明的产业方向，却由于自身转型能力的不足而陷入了种种困境。

以某电子公司 D 为例，该公司曾是一家传统的电子产品制造企业，由于市场竞争激烈和成本上升，经营陷入危困。为了摆脱困境，公司决定向智能制造领域转型。

然而，在转型过程中，该公司遇到了以下问题：

第一，战略定位模糊，缺乏差异化优势。在转型之初，公司需要明确自身的战略定位，以便在新的产业领域中形成差异化竞争优势。然而，该公司只顾"埋头耕耘"，不管"抬头看路"，在制定战略时未能进行深入的市场调研和可行性分析，导致战略定位模糊不清。公司试图在多个智能制造领域同时发展，但没有形成明确的差异化优势，导致资源分散，难以形成核心竞争力。

第二，组织架构僵化，难以适应新环境。由于历史遗留原因或者管理惯性，该公司的组织架构过于僵化，"山头主义"固化，"饭圈文化"盛行，团队及团队成员之间"貌合神离"，内部沟通成本高企，决策效率较低，缺乏集中统一的坚强领导，经常出现资源调配不当和决策缓慢的情况，严重影响了转型进程的效率。这种组织架构的滞后性不仅阻碍了公司的转型进程，还可能导致公司在市场竞争中处于不利地位。

第三，技术创新滞后，研发能力不足，仍处于"低水平的重复"。转型产业向好通常意味着企业需要在新领域进行技术创新和产品研发。然而，该公司在技术创新方面的投入不足，或者缺乏必要的技术积累和人才储备，导致在新产品的研发上进展缓慢。这种情况下，公司不仅难以在新的产业领域中占据有利地位，还可能因技术落后而面临被市场淘汰的风险。一旦创新不足，会导致公司的核心竞争力逐渐丧失。

第四，人才培养乏力，人才储备不足。公司转型需要具备相应能力的人才支持。然而，该公司在人才培养和引进方面投入不足，导致企业内部缺乏具备新领域知识和技能的人才。这种人才"瓶颈"不仅制约了企业的转型进程，还可能影响长期发展潜力。

针对以上困境及成因，建议采取以下措施帮助企业成功转型：

首先，企业需要制定清晰的战略定位。这要求企业在企业纾困重组领域专业服务机构的帮助下，进行深入的市场调研和分析，明确自身的核心竞争力和差异化优势，以便在新的产业领域中形成独特的竞争优势。

其次，企业需要调整组织架构以适应新的战略定位。这主要包括优化组织结构、加强各部门和团队之间的协同和沟通、建立灵活高效的决策机制等，"令出一孔"，保

障资源能够有效调配，提高转型进程的效率。

同时，企业需要加强技术创新投入，积累必要的技术和人才储备。这主要包括加大在新技术和新产品研发上的投入、建立技术创新团队、与高校和研究机构合作等，以加速新产品的研发和推广，提升企业在新的产业领域中的竞争力。

最后，企业需要建立人才培养体系并加强人才引进。这主要包括完善内部人才培养机制、提供多样化的培训和学习机会、建立激励机制以吸引和留住人才等，保障企业拥有具备新领域知识和技能的人才支持转型进程。

四、盲目多元扩张，资产流动陷入僵局

多元化扩张是企业追求增长和市场份额的常见策略。然而，许多地产公司在这一过程中往往盲目冒进，结果不仅未能如愿以偿地实现预期收益，反而导致资产流动性降低，甚至陷入严重的财务困境。

盲目多元扩张在地产行业中尤为显著，其背后主要存在以下三大推手：

第一，对规模与速度的过度追求："做大做强"的执念真害人。在激烈的市场竞争中，部分地产公司为迅速扩大规模和抢占市场份额，不顾一切地进行多元化扩张。这种以牺牲资产流动性为代价的扩张方式在短期内看似取得了显著成果，但实则埋下了巨大的风险隐患。

第二，盲目跟风与投资决策失误："利令智昏"，部分地产公司在投资决策时缺乏深入的市场调研和风险评估，仅仅因为看到其他行业或者领域的高额利润就盲目跟风。这种缺乏理性分析的投资决策往往导致资金损失惨重。其实，外行看外行，往往表面上机会很多、很大，但掰开揉碎后风险也很多、很大。

第三，政策驱动的盲目扩张：地产公司的经营活动受到政策的深刻影响。在某些政策的密集出台或者鼓励下，一些地产公司不顾自身实际和市场环境，盲目进入新领域。然而，政策的多变性和不确定性往往使企业面临巨大的市场风险。

以某知名地产公司 E 为例，该公司在多元化扩张过程中涉足了多个非地产领域，如电影、酒店等。然而，由于缺乏对新领域的管理经验和市场认知，这些投资并未带来预期收益，反而引发了一系列严重问题：

第一，资金链紧张。资金被分散投入多个领域，导致地产公司 E 的资金链处于紧张状态。一旦某个投资项目出现问题或者市场环境发生变化，就可能引发连锁反应，导致整个企业陷入财务困境。

第二，主营业务受损。忽视"基本盘"而选择"多元化"。盲目多元扩张使地产公司 E 忽视了主营业务的发展。在新领域投资失败、回款落空的情况下，主营业务收

入受到影响，进而削弱了企业在房地产市场的竞争力。

第三，资产负债率攀升。为了支撑多元化扩张，地产公司 E 不得不大量举债。这使企业的资产负债率不断攀升，偿债压力日益增大，财务风险随之加剧。

第四，品牌形象受损。盲目多元扩张导致的投资失败和财务困境使地产公司 E 的品牌形象受到严重损害。市场对企业的发展前景产生疑虑，投资者信心不足，不敢为你买单，"用脚投票"，进一步加剧了企业的危困局面。

针对盲目多元扩张带来的问题，地产公司 E 需要采取以下措施来应对困境并寻求转机：

第一，回归主业并重塑竞争优势：地产公司 E 应重新审视自身的核心业务和市场定位，聚焦主营业务的发展。通过提升产品质量、优化服务水平等措施重塑竞争优势，稳固在房地产市场的地位。李嘉诚曾分享了他的一个成功秘诀："我有一个坚定不移的信念，那就是始终要拥有一个能够稳定盈利的生意。这样，即便面临再大的危困局面，你也能依靠它来维持生计，甚至东山再起。"他的这番话强调了在创业或者经营过程中，拥有一个可靠且持续盈利的核心业务至关重要。这个"摇钱树"般的项目不仅为你提供了稳定的经济来源，还是你抵御风险、拓展新领域时的坚实后盾。只要有了这个"下金蛋的鸡"作为"压舱石"业务，你就有了不断尝试、勇往直前的底气，即便遭遇挫折，也总能迅速恢复，继续追寻更大的成功。

第二，审慎投资决策并避免盲目跟风：在进行多元化扩张时，地产公司 E 应坚持审慎的投资决策原则，借助第三方专业机构的力量，对新领域进行深入的市场调研和风险评估，保障投资决策基于充分的信息和理性的分析。避免盲目跟风和投资决策失误。

第三，优化资本结构并降低财务风险：地产公司 E 应积极寻求多元化的融资渠道，降低对单一融资方式的依赖。同时，优化资本结构以降低资产负债率，从而减轻偿债压力并降低财务风险。这将有助于提升企业的财务稳健性和抵御市场风险的能力。

第四，完善风险管理体系并提升应对能力：地产公司 E 应建立完善的风险管理体系，建立完善的风险预警和防控机制，对投资项目进行持续的风险评估和监控。及时发现和解决潜在问题，保障资金的安全性和资产的流动性。此外，还应加强内部控制和审计机制的建设，提升企业对风险的应对能力。通过有效的风险管理，企业能够更好地应对市场变化和不确定性带来的挑战。

第五，强化品牌管理与市场营销：在多元化扩张过程中，地产公司 E 应加强对品牌形象的维护和管理。通过统一的品牌传播策略和市场营销活动强化品牌认知度和美誉度。同时，根据不同业务领域的市场特点制定针对性的营销策略。

第六，制定明确的战略规划与退出机制：地产公司 E 在进行多元化扩张时，应制定明确的战略规划，明确企业的发展方向和目标市场。同时，建立有效的退出机制，以便在不符合战略规划或者表现不佳的业务领域中及时止损并剥离不良资产。这将有助于企业更加灵活地调整业务布局和资源配置，提升整体运营效率。

总之，地产公司在追求多元化扩张的过程中必须保持清醒的头脑、理性的判断和精细化的推演。通过审慎投资决策、优化资本结构、完善风险管理体系以及制定明确的战略规划与退出机制等措施，企业能够更好地应对盲目多元扩张带来的风险与后果。

五、产业周期困难，经营管理挑战

在经济发展的长河中，各行各业都不可避免地要经历产业周期的洗礼。对于钢铁等重工业领域的企业来说，由于其产业链纵深、资本密集且周期性显著，它们更容易受到产业周期波动的影响。更为严峻的是，这些企业在经营管理上的短板往往会在产业周期的低谷期被放大，进而使企业陷入深重的危困局面。

比如钢铁行业，作为典型的周期性行业，其盛衰与宏观经济形势、政策导向及市场需求变化紧密相连。在经济繁荣时期，钢铁行业通常受益于旺盛的需求和上涨的价格，企业的盈利能力也随之增强。然而，一旦经济进入下行周期，钢铁行业就会面临需求萎缩、产能过剩和价格下跌的三重压力，企业的盈利能力会大幅下降。

以某大型钢铁企业 F 为例，该企业在经济繁荣时期盲目扩张，忽视了产业周期的潜在风险。当经济转冷时，其面临的问题如下：

第一，产能过剩的危困局面：在经济高峰期，F 企业大举投资扩张产能，建设了多条生产线。但随着经济的降温，需求急剧萎缩，导致大量设备闲置、产能严重过剩。这不仅造成了巨大的资源浪费，还使企业背上了沉重的固定成本负担。单个个体无法窥测整体市场和经济环境的温度。

第二，资金链的紧绷：由于产品销售不畅和库存积压，F 企业的现金流受到严重挤压。同时，前期的大规模投资使企业背负了巨额债务，现金流"动脉"不断失血，进一步加剧了资金链的紧张状况。

第三，盈利能力的衰减：在经济下行期，钢铁产品的价格大幅下滑，而 F 企业由于产能过剩和库存高企，不得不降价销售，"造血"功能不断减弱，这进一步压缩了其利润空间，甚至导致了亏损。

第四，经营管理的短板：F 企业在经营管理方面存在明显不足。首先，其管理理念和方法相对落后，难以适应快速变化的市场环境，认知升级速度跟不上"奔跑速度"；其次，技术创新投入不足，导致企业在市场竞争中缺乏核心竞争力；最后，成本控制不力，造成生产成本居高不下和资源浪费严重。

为了应对产业周期困难和经营管理挑战，钢铁企业需要采取一系列措施：

第一，加强市场洞察和预测：企业应建立完善的市场调研和预测机制，密切关注宏观经济、政策变化和市场需求动态。通过及时的市场信息反馈和分析，企业可以调整产品结构和产能规划，降低产能过剩的风险。

第二，推动技术创新和产品升级：在市场竞争日益激烈的今天，技术创新和产品升级是企业生存和发展的关键。钢铁企业应加大在新技术、新工艺和新材料方面的研发投入，提升产品质量和附加值，增强市场竞争力。

第三，优化成本控制和资源管理：企业应建立全面的成本控制体系，从原材料采购、生产过程到产品销售等各个环节实施严格的成本控制。同时，降本增效，加强资源管理，提高资源利用效率，降低生产成本。

第四，深化改革和内部管理优化："长痛不如短痛"，钢铁企业应积极推进体制机制改革，优化内部管理流程和组织结构，提高企业的决策效率和执行力。同时，加强人才培养和团队建设，为企业的发展提供有力的人才保障。

总之，面对产业周期的困难和经营管理的挑战，钢铁企业需要积极应对、主动求变。通过加强市场洞察、推动技术创新、优化成本控制和深化改革等措施，企业可以不断提升自身的竞争力和适应能力。

六、股东纷争不断，协调陷入僵局

在企业的成长过程中，股东纷争往往如同一场无形的风暴，悄无声息地席卷而来。若纷争不断、协调无果，其对企业，尤其是优质民营企业的打击将是致命的。

以某优质民营企业 G 为例，该企业从创业初期的几位股东共同出资，到逐步发展成为行业领军者，其历程可谓辉煌。但由于后来企业内部的股东纷争愈演愈烈，协调机制几乎失效，复杂关系盘根错节，导致 G 企业的发展受到了前所未有的阻碍。

具体而言，该企业股东纷争的主要成因：

第一，股权结构分散：G 企业的股权并非集中在少数几位大股东手中，而是相对分散。这种结构在决策时容易导致意见不统一，各股东难以形成合力，导致公司实际决策结果不是根据公司整体利益，而是"小团体利益"。

第二，利益诉求迥异："三个和尚没水喝"，不同的股东在企业中的利益着眼点不同。有的关注短期财务回报，有的则看重企业的长期战略发展。这种差异使得在关键决策时刻，各方难以达成共识。

第三，沟通机制失效：有效的沟通是解决纷争的基础，但在 G 企业，股东之间的沟通渠道不畅，信息不透明，误解和猜疑不断滋生，加剧了股东之间的矛盾。

股东纷争不断，协调陷入僵局，这对于企业的正常运营犹如一场内耗严重的慢性病，其负面影响广泛而深远，具体体现在以下几个关键领域：

第一，决策效能严重削弱，坐失商业良机。股东纷争如同一道无形的屏障，阻滞了企业对市场变化的敏锐感知与快速响应。G企业原本应当有灵活敏捷的决策机制，在股东间对立情绪的笼罩下，变得迟钝而低效。重大决策的讨论与制定过程被无休止的争议、反复的磋商和相互否决所充斥，导致决策周期大幅延长，甚至陷入停滞。这种决策滞后不仅使企业在瞬息万变的市场环境中错失抢占先机的宝贵时机，如未能及时调整产品线以迎合消费者需求变化，或者延误关键项目的启动以应对竞争对手的挑战，而且在瞬息万变的商业环境中，这种决策迟缓可能导致企业坐视商机流失，市场地位逐渐被侵蚀。

第二，企业士气与凝聚力骤降。内部员工是企业运行的基石，股东纷争的持续发酵如同乌云笼罩，对员工的工作情绪和职业忠诚度造成严重打击。员工们在日常工作中不断感受到高层股东间的紧张气氛、矛盾公开化以及对未来发展方向的不确定性，这种"一地鸡毛"的混乱局面极大地挫伤了他们的工作积极性和创新精神。优秀人才出于对职业发展前景的担忧，可能会选择离职另谋高就，导致企业人才流失率显著上升。更糟糕的是，低落的士气和频繁的人事变动进一步削弱了团队协作效率，影响项目执行质量和客户服务水准，形成恶性循环。

第三，业务发展受阻，竞争力下滑。股东纷争如同一道无形的屏障，阻隔了企业聚焦核心业务、把握市场机遇的能力。在股东纷争的漩涡中，企业资源被大量消耗在内部纠纷解决上，管理层不得不将大量时间和精力用于调解股东矛盾，而非专注于产品研发、市场拓展、供应链优化等关乎企业生存与发展的核心任务。这种情况下，企业不仅难以集中力量推动业务创新与升级，还可能因为无法及时捕捉市场趋势、错失关键合作机会，导致市场份额缩水，竞争力下滑。原本具备良好市场基础和竞争优势的项目，也可能因为股东间的互不信任和资源争夺，而无法得到充分支持和有效实施，使一手好牌被糟蹋，企业陷入被动防守的危困局面。

第四，品牌形象受损，商誉减值。股东纷争如同一场公开的家庭纷争，一旦被外界知晓，将对企业的公众形象和市场信誉造成毁灭性打击。投资者、合作伙伴、客户乃至社会公众，往往会将股东间的矛盾视为企业内部治理混乱、管理能力不足的标志，进而质疑企业的长期发展潜力和投资价值。媒体的关注和负面报道，可能导致企业的商誉急剧下滑，影响股价表现，加大融资难度。此外，客户出于对服务连续性和企业稳定性的顾虑，可能会转向竞争对手，进一步削弱企业的市场地位。这种品牌形象的损害往往难以短期内修复，对企业的长期发展构成重大威胁。

为了有效打破股东纷争的僵局，G企业亟须采取一系列系统化、针对性的措施，从根本上调整股东关系，提升治理效能，保障企业重回稳健发展轨道。具体策略如下：

第一，优化股权结构，引入战略投资者。危困企业应通过并购重组、股权转让、增资扩股等手段，对现有股权结构进行深度调整。一方面，鼓励或者引导矛盾显著、合作意愿低的股东有序退出，实现"腾笼换鸟"，减少内部冲突源头；另一方面，积极引入具有战略眼光、资金实力与产业资源的战略投资者，为公司注入"新鲜血液"，增强股东间的协同效应。战略投资者不仅能够带来资金支持，更重要的是能够以其专业视角和行业资源，助力公司战略规划与业务发展，促进股东间形成更加均衡、互补的利益格局。

第二，构建透明高效的沟通机制。危困企业应定期、规范地召开股东会议，保障所有股东都能及时、准确地获取公司运营状况、市场动态、财务数据等关键信息，为理性决策奠定基础。同时，建立完善的公司信息披露制度，严格遵守法律法规要求，主动、全面、及时地向全体股东公开相关信息，提高企业透明度，减少因信息不对称引发的误解、猜疑与摩擦。通过透明沟通，降低股东间的沟通成本，增进互信，为解决分歧创造良好的对话环境。

第三，统一利益目标，强化战略共识。明确并强化企业的"最高任务"，即长期发展战略和短期经营目标，最高目标和日常目标，保障所有股东在共同愿景与利益基础上形成合力。通过深度研讨与充分沟通，促使股东对企业的核心价值、市场定位、业务布局、盈利模式等达成共识，将个人利益与企业整体利益紧密绑定，降低股东间因利益诉求差异引发的冲突。同时，制定科学合理的股东回报机制，保障股东在公司成长中分享到合理的收益，进一步巩固利益共同体的稳定性。

第四，引入第三方专业调解，公正化解矛盾。在股东间矛盾难以自行解决时，危困企业应适时邀请具有公信力、专业调解能力的第三方机构介入，如主管单位、律师事务所、咨询公司或者行业专家等。第三方机构能够以客观、中立的角度审视问题，运用专业知识与丰富经验，协助股东厘清事实、明确责任、探寻解决方案，避免矛盾升级。通过公正、专业的调解，有助于股东间达成妥协，化解深层次的矛盾，为公司恢复正常运营创造条件。

第五，加强团队建设与企业文化塑造。危困企业应注重提升内部团队的专业能力与协作精神，强化员工对企业的认同感与归属感。通过组织培训、团队建设活动、绩效激励等方式，提升员工综合素质，增强团队执行力。同时，培育积极、健康、包容的企业文化，弘扬合作共赢、开放创新、诚实守信的价值观，塑造良好的企业形象，提升员工士气，增强企业的内部凝聚力与对外竞争力。

七、经营周转勉强维持，不当担保暴露危机

担保链是指多个企业在融资过程中相互提供担保形成的一种连带责任关系网。在这个链条中，每个企业既是被担保者，也是担保者，彼此之间通过担保承诺来增强各自的信贷信誉，从而更容易从银行或者其他金融机构获得贷款。

中小企业受限于规模、资金实力及信用评级，在公开市场融资面临重重障碍，银行贷款遂成为它们重要的资金来源。举例，企业 A 为 B 提供贷款担保，作为交换，B 也可能为 A 或者链中的其他企业 C、D 等提供担保。这样，一旦某个企业遇到财务困难，理论上其他企业会介入帮助偿还债务，降低单一企业违约的风险。

然而，在融资操作中，企业间的互保现象普遍而复杂，形成一种错综复杂的担保网络。企业既为他人提供担保，同时也依赖他人的担保获取资金，这种"你中有我，我中有你"的模式虽增强了单个企业的融资能力，却也埋下了系统性风险的隐患。一旦担保链中的某一点发生违约，风险便会迅速蔓延，如同"多米诺骨牌效应"，不仅影响链上其他企业的资金健康，还可能冲击金融市场稳定，甚至波及国家经济安全。

曾经某地区有多家制造业中小企业陷入担保链出现危机，他们曾因扩张过快、资金链紧张，形成了紧密的互保关系。当一家核心企业因市场萎缩和成本上升导致资金链断裂，无法偿还银行贷款，其违约迅速触发了担保链反应。多家为其提供担保的上下游企业被迫代偿债务，导致自身现金流枯竭，经营难以为继，最终引发了区域性的信用危机，多家银行贷款质量恶化，地方经济增长受阻。

下面对担保链问题进行剖析：

第一，现金流短缺：企业主营业务收入减少或者成本上升导致现金流紧张，不仅削弱其直接偿债能力，也降低了其作为担保人的有效担保价值，一旦被担保企业违约，现金流不足的担保方难以履行代偿责任，加速风险传播。

第二，债务杠杆过高：在债务额度受限背景下，企业通过相互担保放大杠杆，当市场环境变化或者资金链收紧，借新还旧策略失效，债务问题暴露，担保链成为风险传导的高速公路。

第三，业务同质化风险：同行业企业构建的担保链因业务模式相似，易受相同外部冲击，一旦行业整体遇冷，多家企业同时陷入困境，缺乏互补性缓冲，担保链迅速崩溃。

为防范担保链风险，需要企业与金融机构的共同努力，具体可以采取以下措施：

第一，企业应强化内部控制，合理评估对外担保的风险，并避免过度担保行为，

以防止因担保链问题而引发的金融风险。

第二，企业应优化资本结构，提高自有资金的比例，保障现金流充沛，从而提升自身的风险抵御能力。

第三，金融机构需严格审查担保链内企业的资质，实施差异化的风险管理策略，并建立全面的风险监测和预警系统，以便及时准确地识别出潜在的担保风险点。

第四，从长远来看，应鼓励企业拓宽融资渠道，减少对单一融资方式的过度依赖，从而实现风险的分散。

第五，若遇到涉及违规或无效担保的情况，企业应及时咨询专业机构并采取各种措施进行担保剥离，从而降低由不良担保带来的连锁风险。

通过以上这些基础措施的实施，可以在一定程度上缓解或预防由担保链所引发的风险，具体情况具体分析。

第三节　企业纾困重组主要适用场景

在不同场景下，企业纾困重组的方式灵活多变，旨在解决债务、资金、治理等问题，助企业重获新生。无论是受外部环境冲击，还是内部矛盾纠纷，基于企业纾困重组领域专业服务机构的深入调研、详细诊断，纾困重组可提供定制化的综合问题解决方案，使企业进退有序、先立后破、固本开新。

一、中大型企业纾困重组

中大型企业，通常指的是在经济规模、员工数量及市场份额等关键指标上均达到一定水准的企业。这些企业不仅是行业的佼佼者，而且对国民经济产生着深远的影响。

具体而言，中大型企业的显著特点主要包括：庞大的经济规模，体现为雄厚的总资产、高额的年营业额及稳定的利润水平；众多的员工数量，这要求企业在人力资源管理和员工福利方面承担更多责任；领先的市场份额和品牌影响力，彰显了企业在行业内的领导地位；以及完善的组织架构和管理体系，支持企业开展复杂的业务运作和决策。

这些企业在国民经济中发挥着举足轻重的作用，是推动经济增长、创造就业机会以及促进技术创新的重要力量。然而，当面临困境时，中大型企业往往需要寻求专业财务顾问服务机构的帮助，以实施有效的纾困和重组策略，从而重塑竞争力和稳固市场地位。

中大型企业纾困重组的适用场景主要包括以下几种情况：

第一，资金链断裂与债务危机：当中大型企业面临资金链断裂、债务危机等财务困境时，需要进行纾困重组。通过重新安排债务、引入战略投资者或者合作伙伴、剥离非核心资产等方式，企业可以重构财务稳健，恢复正常运营。

第二，跨界转型与产业升级：为了适应市场变化和消费者需求，中大型企业可能需要进行跨界转型或者产业升级。纾困重组可以帮助企业剥离传统业务，收购或者投资新兴产业，实现战略转型和产业升级。

第三，跨国企业本土化战略调整：跨国企业在进入新市场或者进行本土化战略调整时，可能会遇到种种困难。在这种情况下，纾困重组可以帮助企业剥离不符合本土化战略的业务，收购或者合作本土优势企业，更好地融入当地市场。

第四，应对突发风险与危机事件：当中大型企业面临突发事件、自然灾害、法律法规变化等不可预测风险时，需要进行纾困重组以应对危机。通过调整业务结构、优化资源配置、引入外部支持等方式，企业可以降低风险、恢复正常运营，并抓住市场机遇。

第五，复杂股权关系与治理结构调整：对于股权关系复杂、治理结构不合理的中大型企业，纾困重组可以优化股权结构、改善治理结构、提高企业透明度和管理效率。这有助于增强投资者信心、吸引更多资本支持，提升公司实力，支持企业财务安全和业务发展。

二、上市公司纾困重组

上市公司是指股票在证券交易所公开上市交易的股份有限公司。这类公司已经通过证券交易所的严格审核，并符合各项上市标准。作为公众公司，上市公司必须严格遵守证券法律法规、证券交易所的上市规范，并全面履行信息披露职责，以保障公司运营的透明度与合规性。

上市公司拥有广泛的股东群体，其股价波动受多种因素综合影响，主要包括市场供需状况、公司经营业绩以及宏观经济环境等。同时，上市公司因其高知名度和较强的融资能力，通常能够通过发行股票、债券等多元化融资渠道，有效支持企业的财务安全和业务拓展。

然而，在复杂多变的市场环境中，上市公司也可能遭遇各种挑战和风险，如市场竞争加剧、业绩下滑、股价大幅波动等。为应对这些问题，上市公司可能需要考虑采取纾困和重组措施，如资产重组、债务重组或者股权结构调整等，以重塑竞争力、稳定市场地位。

上市公司纾困重组的适用场景通常主要包括以下几个方面：

第一，重大违法违规与信任危机：当上市公司涉及重大违法违规行为，如财务造假、内幕交易等，导致投资者信任受损、股价暴跌时，纾困重组可以帮助公司重建声誉和信任。通过更换管理层、加强内部控制、赔偿投资者损失等措施，上市公司可以重新获得市场认可并恢复股价稳定。

第二，主营业务衰退与转型需求：随着市场竞争和消费者需求的变化，上市公司的主营业务可能逐渐衰退。为了保持竞争力并实现可持续发展，上市公司需要进行转型。为其纾困重组可以帮助公司剥离衰退业务、置换新兴产业或者进行业务创新，实现战略转型和产业升级。

第三，股权质押风险与控股股东危机：当上市公司控股股东面临股权质押风险，可能导致控制权转移或者股价崩盘时，纾困重组成为解决方案之一。通过引入战略投资者、优化股权结构、提供流动性支持等措施，上市公司可以化解控股股东危机、维护股价稳定。

第四，行业整合与优化配置：在诸如钢铁、煤炭、化工、光伏、风电等存在产能过剩、市场竞争白热化的行业中，上市公司往往面临经营困境。此时，通过实施纾困重组，上市公司能够积极参与行业整合进程，通过并购重组、产能置换、产业链延伸等方式，优化产业结构，提升行业集中度，实现规模化、集约化经营。

三、危困地产项目盘活

危困地产项目是指由于各种原因未能或者预计不能按时完工的地产项目。这些项目往往因为资金链断裂、开发商破产或者其他原因而陷入危困。我们可以通过借助企业纾困重组领域专业服务机构的力量，通过引入新的投资者、重新规划项目、优化设计方案等措施，如烂尾楼项目可以被盘活，成为有价值的资产。

危困地产项目盘活的适用场景主要包括以下几个方面：

第一，不良资产处置：地产开发商或者投资机构可能持有一些不良资产，如闲置土地、低效物业等。通过与专业机构合作，进行不良资产的处置和盘活，改造升级，可以释放资产价值，提升资产运营效率。

第二，债务重组与债权转让：地产项目陷入危困往往伴随债务问题。通过与债权人进行债务重组或者债权转让，可以缓解开发商的还款压力，同时为项目引入新的资金来源，实现项目的盘活。

第三，合作开发与品牌输出：危困地产项目可以通过与其他开发商或者品牌进行合作开发，共同投入资金和资源，实现项目的盘活。此外，知名品牌还可以通过品牌输出，为危困地产项目提供品牌支持和管理经验，提升项目的价值和知名度。

第四，政策支持与优惠：政府相关部门在特定时期可能会出台针对危困地产项目的政策支持和优惠措施，如税收优惠、土地供应政策等。地产开发商或者投资人可以充分借助资源优势，利用这些政策支持和优惠，降低项目成本，提升项目价值与竞争力，实现危困地产项目的盘活。

第五，资产证券化与REITs：通过将危困地产项目进行改造升级，使之能够产生稳定的现金流，再进行资产证券化或者发行房地产投资信托基金（REITs），可以引入更多的机构投资者和公众投资者，为项目提供持续的资金支持，实现项目的长期稳健运营和价值提升。

第六，跨界合作与产业升级：危困地产项目可以通过与其他产业进行跨界合作，引入新的商业模式和业态，实现产业升级和转型。例如，将危困地产项目改造为文化创意产业园、科技创新园、小微企业园等，引入相关产业和企业，提升项目的经济效益和社会效益。

四、双非双资剥离项目

"两非"指非主业、非优势业务，"两资"指低效资产、无效资产。

"双非双资剥离项目"原指国有企业在深化改革过程中，主动或者在政策指导下，有计划、有步骤地剥离非主业、非优势业务，以及低效、无效资产的专项改革行动。这种剥离通常是为了提高企业运营效率、优化资源配置、降低风险或者实现战略转型。尤其对危困企业来说，双非双资剥离犹如"快刀斩乱麻"，能有效盘活存量资产，推动企业脱困重生。

在双非资产剥离项目中，企业对其资产进行全面评估，确定哪些资产属于非核心、非主营业务，然后制订剥离计划。剥离计划通常主要包括资产出售、股权转让、资产置换等方式，以实现资产的剥离，让市场出清。

双非资产剥离项目的适用场景主要包括以下几个方面：

第一，清理非主业、非优势业务。当企业拥有一些与主营业务不相关或者不具备竞争优势的业务时，这些业务可能占用大量资源，影响主业发展。通过剥离这些非主业、非优势业务，企业可以集中资源发展核心业务，提升竞争力。

第二，处置无效资产、低效资产。企业中可能存在闲置设备、库存积压、不良投资项目等无法产生经济效益或者效益低下的资产。通过剥离这些无效资产和低效资产，企业可以提高资产周转率，优化资产配置，提升运营效率。

第三，减轻财务负担，改善财务状况。剥离非主业、非优势业务和无效资产、低效资产，可以降低企业的运营成本和财务风险，改善企业的财务状况。这有助于企业更好地筹集资金，扩大核心业务。

第四，调整产业结构，转型升级。剥离非主业、非优势业务可以为企业调整产业结构、转型升级提供契机。通过剥离不具备竞争力的业务，企业可以聚焦主业，加大对核心业务的投入，推动产业升级和创新发展。

第五，提升企业价值，实现股东利益最大化。通过剥离非主业、非优势业务和无效资产、低效资产，企业可以提升核心业务的盈利能力和市场竞争力，进而提升企业整体价值。这有助于实现股东利益最大化，增强投资者的信心。

第二章

危困企业价值发现与分析

处于困境中的企业往往蕴藏着难以觉察的价值与机遇。我们需要穿透复杂的表面现象，深掘其潜在的资产价值，这不单是为了精确地评估企业当前状况，更是为了找到最适宜的纾困与重组路径。

尽职调查工作并非简单地计算企业"坛坛罐罐"的静态价值，而是需要依据发展的逻辑，全面而深入地厘清企业的发展状况，多元化维度评估企业价值。

在这一过程中，我们将逐步展现企业的真正价值核心，并通过细致入微的价值挖掘与分析，精准判断企业的资产价值，从而为其量身定制存量资产盘活方案，采用最合适的纾困与重组策略。

第一节 企业与资产常见定价方法

一、常见企业资产类型

(一) 不动产及权利

建设用地使用权：作为企业进行生产经营的基础，其价值取决于土地位置、面积、用途、规划限制、市场供求关系等因素。地理位置优越、面积较大、用途广泛、规划允许的开发强度高、市场需求旺盛的建设用地使用权价值更高。其价值可通过土地出让金、租金收入、土地增值收益等方式体现。

集体土地所有权：对于农业、林业、农牧业等涉农企业，集体土地所有权是其核心资产之一。其价值主要体现在土地资源的开发利用潜力，如土地肥力、水资源、气候条件等对农产品产出能力的影响，以及政策补贴对经营效益的提升。土地面积大、肥力强、水资源丰富、政策扶持力度大的集体土地所有权价值更高。

房屋等建筑物和构筑物所有权：作为企业生产、办公场所，其价值由地理位置、建筑质量、使用年限、功能布局、市场需求等因素决定。位于繁华商圈、交通便利、建筑结构稳固、装修精美、使用年限适中、符合市场需求的房屋等建筑物和构筑物所有权价值更高。其价值可通过租金收入、房地产交易、抵押贷款等方式实现。

小产权房：虽然产权性质特殊，但在特定区域仍具有一定的市场价值。其价值主要取决于地段、建筑质量、配套设施、政策风险等因素。位于城市边缘、城乡接合部、旅游景区的小产权房，因其独特的地理位置和较低的价格，往往具有较高的市场吸引力。其价值可通过私下交易、租赁等方式实现。

军方认可的军产房：此类房产具有特殊属性，其价值取决于军事用途、地理位置、市场稀缺性等因素。位于城市中心、周边配套设施齐全、军事用途明确的军产房，因其稀缺性和特殊性，往往具有较高的市场价值。其价值可通过租赁、转让等方式实现。

森林、林木和林地所有权：对于林业企业，其价值主要体现在木材产量、生态价值、碳汇交易、旅游开发等方面。林木种类丰富、生长状况好、生态价值高、碳汇交易活跃、旅游资源丰富的森林、林木和林地所有权价值更高。

土地承包经营权、宅基地使用权：对于涉农企业和个体农户，此类权利是其重要生产资料。其价值取决于土地质量、种植效益、政策支持等因素。土地肥沃、种植效益好、政策支持力度大的土地承包经营权、宅基地使用权价值更高。

抵押权、质权、地役权：作为债权保障，其价值取决于被担保债权的价值、抵押物/质押物的价值、债权人的信用状况等因素。被担保债权金额大、抵押物/质押物价值高、债权人信用状况良好的抵押权、质权、地役权价值更高。

海域使用权、海岛使用权、滩涂使用权、矿产权：对于海洋、矿业企业，此类权利是其核心资产。其价值取决于资源储量、开采条件、市场价格、政策环境等因素。资源储量丰富、开采条件优越、市场价格高、政策环境友好的海域使用权、海岛使用权、滩涂使用权、矿产权价值更高。

(二) 动产

机动车、非机动车、船舶、航空器：作为运输工具，其价值取决于品牌、型号、车况、使用年限、市场需求等因素。品牌知名、型号先进、车况良好、使用年限短、市场需求旺盛的机动车、非机动车、船舶、航空器价值更高。其价值可通过租赁、二手车交易、运营收益等方式实现。

机器设备：作为生产工具，其价值取决于设备类型、性能、使用年限、市场需求、技术更新换代等因素。设备类型先进、性能优良、使用年限短、市场需求旺盛、技术更新换代快的机器设备价值更高。其价值可通过设备租赁、二手设备交易、运营收益等方式实现。

原材料、半成品和成品：作为生产资料和产品，其价值取决于原材料品质、半成品/成品的生产成本、市场需求、价格波动等因素。原材料品质优良、生产成本低、市场需求旺盛、价格稳定的原材料、半成品和成品价值更高。其价值可通过销售、库存融资等方式实现。

办公用品、收藏品和奢侈品：作为办公和生活用品，其价值取决于品牌、品质、使用价值、市场需求、保值增值能力等因素。品牌知名、品质优良、使用价值高、市场需求旺盛、保值增值能力强的办公用品、收藏品和奢侈品价值更高。其价值可通过自用、租赁、二手交易等方式实现。

农作物、畜禽、海产品：作为农业生产成果，其价值取决于产量、品质、市场需求、政策支持等因素。产量大、品质优良、市场需求旺盛、政策支持力度大的农作物、畜禽、海产品价值更高。其价值可通过销售、期货交易、政策补贴等方式实现。

（三）现金及类存款形式资金

人民币现金、外币现钞：作为企业持有的最直接、最具流动性的资金形态，人民币现金与外币现钞的价值等同于其面额。它们无须任何转换即可直接用于支付交易，不受市场波动、金融机构信用风险等因素影响，具有极高的即时支付能力和无风险特性。

银行存款：企业存放在银行的活期存款或者定期存款，其价值主要取决于本金金额及银行提供的存款利率。本金越大、利率越高，存款价值越高。定期存款通常提供高于活期存款的利率，但需在一定期限内锁定资金，牺牲了一定的流动性。

大额存单：面向企业和个人的大额定期存款凭证，起存金额通常较高，但相应提供高于普通定期存款的利率。大额存单具有较好的流动性和收益性，可通过二级市场转让，也可提前支取（可能需支付一定罚息）。其价值同样取决于本金金额与约定利率。

信用卡额度：虽然信用卡额度本身不直接产生利息收入，但它代表了用卡主体在一定期限内可透支使用的信用资金，某种程度上也可以用于资金周转。

银行保管箱：银行提供的实物资产存储服务，其价值并非直接体现在资金收益上，而是体现在对贵重物品、重要文件的安全保管，避免损失风险。保管箱的租金、保险费用等成本应纳入考量，优质、安全、便利的保管箱服务有助于提升企业资产的安全保障价值。

第三方支付机构电子钱包余额：如支付宝、微信支付等电子钱包内的余额，虽不产生利息，但具有高流动性，可方便快捷地用于线上支付、转账、理财投资等。其价值体现在便捷支付工具的角色，以及通过关联理财产品实现资金增值的可能性。

互联网金融产品资金余额：主要包括 P2P 网贷、互联网理财、货币基金等产品的账户余额。其价值取决于本金金额、产品收益率、风险等级等因素。高收益产品通常伴随较高风险，而低风险产品如货币基金则提供相对稳定的收益。选择合适的风险收益比，保障资金安全并获取合理回报，是提升此类资金价值的关键。

商品房预售资金监管账户：房地产开发商在预售阶段收到的购房款需存入专门的监管账户，由监管部门监督使用。这部分资金虽不能随意支配，但其价值在于保证了项目资金链的稳定，对维持企业正常运营至关重要。在符合监管规定的情况下，合理调度使用预售资金，有助于降低财务成本，提高资金使用效率。

企业及个人退税款：主要包括各类税收退还、政府补贴等尚未到账的款项。虽然尚未到账，但属于企业可预期的现金流入，其价值体现在增强企业现金流、改善财务状况、用于再投资等方面。密切关注并及时追讨应退款项，有助于提升企业资金周转效率。

（四）有价证券

股票、期权、可转债、期货、信托、基金、债券、保险、外汇、理财产品、有价票据、保证金：作为投资类产品，其价值取决于市场行情、发行主体信用状况、投资期限、预期收益等因素。市场行情好、发行主体信用状况佳、投资期限适中、预期收益高的股票、期权、可转债、期货、信托、基金、债券、保险、外汇、理财产品、有价票据、保证金价值更高。其价值可通过买卖、分红、利息收入、赎回等方式实现。

（五）债权

债务人信用状况好、债权金额大、偿还期限短、预期收益高的到期债权、未到期债权、预期性收益、急于履行的债权价值更高。其价值可通过催收、转让、诉讼、抵债等方式实现。

（六）财产性凭证及权利

发行主体信用状况佳、权益内容丰富、有效期长、市场需求旺盛的仓单、提成、购物卡、会员卡、预付卡（消费卡、储值卡）、拆迁安置房购置权、因工龄取得的房改优惠价值更高。其价值可通过消费、转让、兑现等方式实现。

（七）收益权

收益来源稳定、收益稳定性好、预期收益高、市场风险低的股权（包含自有或者代持上市交易股、限售股、干股、虚拟股等)、合作（合伙）权益、金融资产收益权、特许经营权收益权、不动产收益权价值更高。其价值可通过分红、转让、回购、运营收益等方式实现。

（八）知识产权、无形资产及带来的收益

知识产权创新性强、市场应用价值大、保护期限长、市场需求旺盛、政策环境友好的专利权、注册商标专用权、著作权（财产部分）、域名、商业秘密、冠名权、特许经营权、数据所有权、碳排放权、排污交易权、特许权使用费收益价值更高。其价值可通过许可使用、转让、诉讼赔偿、运营收益等方式实现。

（九）虚拟财产

虚拟财产：虚拟财产是指存在于数字世界中，具有经济价值和法律地位的非实体性财产，如网络游戏道具、虚拟货币、数字艺术品、NFT（非同质化代币）、社交媒体账号、数字版权等。

车牌：车牌作为车辆登记的法定标识，其价值主要取决于地域限制、带有吉祥数字等特殊组合的稀缺性号码、政策影响等。车牌的价值可通过官方拍卖、私人交易、继承等方式实现。

电话号码：电话号码作为一种通信资源，其价值主要取决于带有吉祥数字等特殊组合的稀缺性号码、不同运营商提供的套餐、行业与文化因素等。电话号码的价值可通过运营商购买、私人交易、拍卖等方式实现。

二、企业真正价值详析

（一）企业基础资产价值

从商务人士角度看，企业的价值包含有形资产和无形资产。

有形资产主要包括流动资产、固定资产和其他资产。流动资产主要包括现金、应收账款、存货等，具有较强的流动性。固定资产主要包括土地、建筑、机器设备等，是企业长期运营的基础。其他资产可能主要包括投资、预付款项等。

无形资产则主要包括专利权、商标权、著作权、土地使用权、特许权、金融资产、知识产权、结构资本等。这些资产没有实体形态，但对企业的价值和运营至关重要。例如，专利权可以保护企业的技术创新，商标权可以保护企业的品牌形象，著作权可以保护企业的创意作品等。这些无形资产通过法律手段进行保护，并可以在市场上进行交易。

当企业面临困境时，充分发掘并有效利用有形资产和无形资产是实现脱困的重要手段。

在有形资产的具体利用方面,主要包括但不限于资产评估与出售、资产租赁、抵押贷款、资产重组。

资产评估与出售:企业应进行全面的有形资产盘点与评估,主要包括但不限于土地、建筑物、生产设备、库存商品等。对于那些与核心业务关联度低、不再产生显著经济效益或者未来发展前景不佳的资产,可以考虑通过公开或者私下交易的方式进行出售,以快速回笼资金,缓解财务压力。

资产租赁:对于暂时闲置或者利用率不高的有形资产,企业可探索将其租赁给有需求的其他企业或者个人,通过收取租金获取稳定的现金流。这种方式既能避免资产闲置造成的资源浪费,又能减轻企业的运营成本负担。

抵押贷款:利用有形资产的市场价值,将其作为抵押物向金融机构申请贷款,以获取所需资金。这种方式适用于企业面临短期资金紧张,但有形资产价值较高且未来现金流可预期的情况,通过合理利用资产杠杆,解决短期资金问题。

资产重组:通过资产的重新配置、整合或者剥离,优化企业的资产结构,提高资产使用效率,降低运营成本。例如,将非核心业务资产剥离出售,集中资源发展核心业务;将分散的资产进行集中管理,提高运营效率;通过资产置换、重组等方式,优化资产配置,提升资产整体价值。

在无形资产的具体利用方面,主要包括但不限于品牌价值、知识产权、客户关系网络、人力资源、技术优势、商誉和信用。

品牌价值:如果企业拥有知名的品牌,可以考虑通过品牌授权、合作经营、品牌转让等方式,将品牌价值转化为实际收益。此外,强化品牌营销,提升品牌知名度和影响力,也有助于吸引潜在投资者和消费者,提升企业整体价值。

知识产权:企业应充分挖掘专利、商标、版权等知识产权的价值,通过知识产权转让、许可使用、合作开发、知识产权质押融资等方式,将知识产权转化为经济效益。同时,加强知识产权保护,防止侵权行为,维护企业合法权益。

客户关系网络:利用已有的客户资源和关系网络,开发新的销售渠道、拓展市场合作、引入战略投资者等,增加收入来源。例如,通过客户推荐、交叉销售、联合营销等方式,挖掘客户价值潜力;利用客户关系网络引入战略投资者,实现资源共享、优势互补。

人力资源:对于拥有高素质员工队伍的企业,可以考虑开展知识咨询服务、培训服务、技术输出等业务,实现人力资源的市场化运作,增加收入来源。同时,优化人力资源配置,提升员工工作效率,降低人力成本。

技术优势：利用企业的技术优势，开展技术研发、产品创新或者与其他企业合作开发新产品，提升市场竞争力。通过技术转让、技术许可、技术合作等方式，将技术优势转化为经济效益。同时，加强技术研发投入，保持技术领先地位，为企业的长远发展提供技术支撑。

商誉和信用：良好的商誉和信用是企业的重要无形资产。企业应积极维护商誉，提升信用等级，以此获取金融机构的贷款支持、供应商的优惠条件、客户的信任等，降低融资成本，提高经营效率。同时，通过信息披露、社会责任履行等方式，提升企业社会形象，增强公众对企业的认同感。

实现资产有效利用的关键步骤：

第一，全盘、详细、深入核实企业基础资产价值，包括但不限于不动产、动产、特许经营权、品牌、专利、关键技术、优质客户群等，它们具有稀缺性、增值性和长期性的特点。借助企业纾困重组领域专业服务机构的力量，进行全面的资产盘点、评估，明确每项资产的市场价值、使用状况、潜在收益等信息，准确识别并有效整合核心资产，对于重塑企业市场形象、提升经营效率和恢复投资者信心至关重要。

第二，制订详细的资产利用计划。根据资产价值评估结果，制定具体的资产利用策略，主要包括资产处置、租赁、抵押、重组、品牌利用、知识产权转化、客户关系开发、人力资源市场化、技术商业化等，明确目标、时间表、责任人，保障资产利用工作的有序进行。

第三，寻求外部合作伙伴或者专业机构的支持。通过与金融机构、咨询公司、审计机构、行业协会、政府机构等外部合作伙伴建立联系，获取资金、技术、市场信息、政策支持等资源，提高资产利用的效率和价值。

审计机构帮助我们对企业现有资产进行全面盘点，主要包括无形资产和有形资产，识别出具有核心竞争力的资产。独立的专业机构帮助我们对核心资产进行价值评估，保障购买决策的科学性和合理性。

第四，不断调整和优化资产利用策略。根据市场变化、企业经营状况、资产价值变动等因素，及时调整和优化资产利用策略，保障资产利用与企业战略目标相一致，实现资产价值的最大化。

第五，保障合规性，规避法律风险。在资产利用过程中，严格遵守相关法律法规，尊重知识产权，保护消费者权益，避免因违规操作引发法律风险。同时，建立健全内部风险防控机制，加强审计监督，保障资产利用的合规性和透明度。

通过以上主要策略和步骤，企业有望充分发掘并有效利用有形资产和无形资产，实现资金回笼、降低成本、提升竞争力、增加收入等多重目标，从而逐步走出困境。

(二) 社会产业链核心节点价值

第一，维护供应链稳定。危困企业往往是产业链中不可或缺的一环，其正常运转对于保障供应链的连续性和稳定性至关重要。这类企业一旦出现危机，可能导致原材料供应中断、生产停滞、产品交付延迟等一系列连锁反应，直接影响上下游企业的正常运营，甚至波及整个产业链的稳定。因此，即使面临困境，危困企业对于维护供应链的稳定作用仍不容忽视。

第二，促进产业升级和转型。危困企业往往面临技术落后、管理不善、产品竞争力弱等问题，这些问题在一定程度上反映了所在行业的结构性矛盾和转型升级需求。通过对其进行重组和改革，引入先进技术和管理模式，优化产品结构，可以推动企业乃至整个行业实现技术升级、管理创新和产品迭代，提升整个产业链的竞争力，为社会创造更多价值。

第三，保护投资者和债权人利益。危困企业往往牵涉到众多投资者和债权人的利益，一旦破产清算，可能导致投资者的投资损失、债权人的债权无法回收，对金融市场稳定和投资者信心造成冲击。通过合理的纾困重组，可以最大限度地保护投资者和债权人的权益，避免金融风险扩散，维护金融市场秩序和稳定。

第四，防止资源浪费。危困企业往往拥有一定的固定资产、无形资产、技术专利、客户资源等有价值资产。若企业被迫破产清算，这些资产可能因处置不当而被低价贱卖，造成资源的严重浪费。通过重组和再利用，可以充分挖掘和发挥这些资产的价值，实现资源的有效配置，为社会创造更多财富。

第五，推动经济复苏。在经济下行时期，危困企业的存在可能对整体经济增长产生负面影响。通过对其进行纾困重组，帮助企业恢复正常运营，不仅可以避免企业破产带来的负面效应，还有助于提振市场信心，带动相关产业复苏，促进经济增长。

(三) 产业趋势价值

危困企业作为产业脉络中的一环，其困境不仅映射出自身的问题，更揭示出产业整体的趋势与价值。危困企业在产业趋势中的独特价值有：

第一，揭示产业风险。危困企业的出现往往是产业风险的预警信号，反映出所在产业存在的结构性问题、竞争压力、市场变化等深层次风险。通过对危困企业的剖析，可以揭示出产业面临的共性问题和潜在风险，为其他企业提供警示和借鉴，促使其及时调整战略，规避风险。

第二，推动产业整合、升级创新。企业通过并购、重组等手段，资产整合、剥离非核心业务、引入战略投资者等操作，旨在优化资源配置，提升资产利用效率，推动产业结构调整和升级，将危困企业的资源重新配置到更具竞争力的企业或者产业中，提高产业集中度，优化产业结构，提升整体产业效率，提升整体经济竞争力。同时，整合过程也可能催生新的产业巨头，进一步推动市场格局的重塑。

第三，加速产业创新。面对困境，危困企业往往被迫寻求创新突破以求生存。这种创新可能涵盖技术创新、产品创新、商业模式创新、管理创新等多个层面，不仅有助于企业自身走出困境，也可能推动整个产业的技术进步、产品升级、模式创新，引领产业变革。

第四，培育新兴产业。部分危困企业可能具备转型或者进入新兴产业的潜力。通过对其重组和改革，引导其向新兴产业或者领域发展，可以催生新的经济增长点，推动产业结构调整和升级，为经济发展注入新动能。

第五，激发市场竞争。危困企业的存在可以打破市场原有的垄断格局，引入新的竞争者，激发市场活力。当危困企业通过改革和创新重新参与市场竞争时，不仅增加了市场的多样性，也促使原有企业提高自身竞争力，推动市场形成良性竞争态势。

第六，创造就业机会。尽管危困企业面临困难，但其庞大的员工队伍仍是宝贵的劳动力资源。通过救助和重组，不仅能够保护现有就业岗位，还可以通过业务调整、技术创新等方式创造新的就业机会，对缓解社会就业压力、维护社会稳定起到积极作用。

在评估危困企业的趋势价值时，以下几个核心要素尤为关键：

第一，行业前景与增长动力。对行业的深入理解是评估危困企业价值的基础。投资者需要分析行业的发展趋势、市场规模、竞争格局以及政策环境等因素，以确定行业未来的增长动力和潜在机会。例如，对于正处于技术转型或者市场需求变化中的行业，那些能够适应新趋势的危困企业可能具有更高的投资价值。

第二，管理团队的素质与愿景。管理团队是企业能否走出困境、实现价值重塑的关键因素。投资者需要评估管理团队的领导能力、行业经验、战略规划和执行力等方面，以确定他们是否能够引领企业应对当前的挑战，并抓住未来的发展机遇。

第三，技术创新能力与市场需求匹配度。在快速变化的市场环境中，技术创新是企业保持竞争力和实现增长的重要驱动力。投资者需要关注危困企业在技术创新方面的投入和成果，以及这些创新是否能够满足市场的新需求或者创造新的市场需求。例如，对于那些能够通过技术创新提升产品性能、降低成本或者开拓新市场的危困企业，其潜在价值可能会得到市场的重新评估。

（四）低成本融资工具价值

在企业运营中，尤其是在面临资金短缺或者资本结构调整需求时，企业运用银行信贷、商业票据、融资租赁、债券发行、股权融资、政策性金融支持等低成本融资工具，不仅能帮助企业获取所需资金，还能通过政策性补贴等方式降低融资成本，减轻财务负担，提升资金使用效率。

当危困企业持有不动产资产或者其他资产时，在低成本融资方面尤为便利，下面以停车场等资产作为举例。

第一，抵押价值。停车场等不动产资产可以作为抵押物，为危困企业提供低成本融资，同时通过期间现金流收益覆盖融资期间成本，可赚取差价。由于不动产具有较高的市场价值和稳定性，银行或者其他金融机构通常愿意以较低的利率提供贷款。例如，一家危困企业拥有一处位于市中心的停车场，可以将该停车场作为抵押物，向银行申请贷款用于企业运营或者债务重组。

第二，资产证券化。通过将停车场等不动产资产进行证券化，危困企业可以获得低成本融资。资产证券化是指将一组资产（如停车场收费权）转化为可交易的证券，通过发行这些证券来融资。例如，危困企业可以将停车场的未来收益权转让给特殊目的载体（Special Purpose Vehicle，SPV），由SPV发行基于停车场收费权的资产支持证券（ABS）进行融资。由于资产证券化能够将资产的未来现金流提前变现，因此可以为危困企业提供低成本的资金来源。

第三，售后回租。售后回租是一种将资产出售后再租回使用的融资方式，适用于危困企业的不动产资产。通过售后回租，企业可以将停车场等不动产资产出售给租赁公司或者金融机构，获得一笔现金流入，然后再以租赁的形式继续使用这些资产。这种融资方式不仅可以帮助企业解决资金短缺问题，还可以降低负债率和改善财务状况。

第四，政府相关部门支持。在某些情况下，政府相关部门可能会提供针对危困企业的低成本融资支持，主要包括优惠贷款、税收减免、利息补贴等。例如，为了支持危困企业的发展和稳定就业，政府相关部门可能会推出针对不动产资产的优惠贷款政策，降低企业的融资成本。此外，政府相关部门还可能提供针对停车场等基础设施建设的补贴或者奖励，降低企业的投资成本。

第五，合作改造、价值增长。危困企业可以通过与其他企业或者机构建立合作伙伴关系，共同开发和利用停车场等不动产资产，实现低成本融资。例如，一家危困企业可以与一家知名的商业地产开发商合作，共同开发停车场项目。通过合作开发，企业可以分享开发成本和风险，同时借助开发商的品牌和资源优势，提高项目的市场认可度和融资能力。

（五）利用时间价值实现脱困

在投资界，有句箴言叫"找到最好的公司，做时间的朋友"。人们往往感慨，投资最贵的不是钱,而是时间。当企业陷入危困时,如何利用时间价值实现脱困就显得尤为重要。

"今天的太阳晒不到明天的衣裳"。时间是一个巨大的杠杆,有人通过"时间换空间",顺势而为获取巨额财富;有人瞄准某些不良资产然后耐心拖延时间,持币等待,等资产贬值、预期降低后再出击,实现既定投资目的;也有人"打眼"看错了资产价格走势,从刚开始的绝不贱卖资产,到后来没人敢接这个"烫手山芋"。

怎样利用时间价值实现脱困呢?主要包括以下几个方面:

第一,快速响应市场变化,抢抓新机遇。危困企业应密切关注市场动态和竞争态势,及时调整战略和业务模式。例如,当竞争对手出现问题时,危困企业可以迅速抢占市场份额;或者当新的市场需求出现时,企业可以迅速调整产品线满足需求。这种灵活应对市场变化的能力,能够帮助企业利用时间差,快速实现业务转型或者扩张,从而提升资产价值。

第二,优化内部运营流程,提高管理效率。通过简化决策程序、加强团队协作、优化资源配置等措施,企业可以在短时间内降低成本、提升运营效率。这将有助于企业在竞争激烈的市场中重新找回竞争优势。优化运营流程不仅能够提升企业的运营效率,还能节省时间和资源,为企业的未来发展赢得更多时间。

第三,加强财务风险管理,保障掌控一定时间段之内的稳定资金流。通过加强应收账款管理、控制库存水平、降低负债等措施,企业可以降低财务风险,保障企业在脱困过程中不会因资金问题而陷入更深的危困局面。良好的财务风险管理能够有效避免资金链断裂,为企业的长期发展提供稳定的资金支持,从而实现资产价值的稳步提升。

第四,重建品牌信任和市场形象。通过加强产品质量控制、提升客户服务水平、加大品牌宣传力度等措施,企业可以逐渐恢复消费者对品牌的信任度。这将有助于企业在竞争激烈的市场中重新站稳脚跟。重建品牌信任和市场形象不仅能够提升企业的市场地位,还能吸引更多的客户和投资者,为企业的未来发展创造更大的发展空间。

第五,利用窗口时间,寻求外部合作与支持。危困企业可以通过寻求外部合作与支持来加速脱困进程。与政府相关部门、金融机构、产业链上下游企业等建立合作关系,共同推动企业发展。例如,可以与金融机构合作,获得低成本的资金支持;与产业链上下游企业合作,共同降低成本、提高产品质量等。寻求外部合作与支持不仅能够为企业带来更多的资源和支持,还能为企业创造更多的合作机会,为企业的未来发展打下坚实的基础。

第六,在恰当时间内利用法律手段维护权益。如通过申请专利保护、商标维权等措施，防止其他企业侵犯知识产权；通过法律途径解决债务纠纷、合同违约等问题，降低法律风险。利用法律手段维护权益不仅能够保护企业的合法权益，还能为企业创造更多的商业机会，为企业的未来发展创造更好的法律环境。

第七，在较短时间内持续改进与创新，提升企业竞争力。通过研发新产品、拓展新市场、引入新技术等措施，企业可以不断满足市场需求，提升竞争力。持续改进与创新不仅能够提升企业的竞争力，还能为企业创造更多的商业机会，为企业的未来发展创造更大的发展空间。

第八，利用时间换空间，静待资产价值上涨，货币贬值。在企业面临困境时，有时需要采取"以时间换空间"的策略，即通过等待市场环境改善、资产价值自然回升、货币贬值等因素，逐步缓解企业的财务压力。这一策略需要企业具备足够的耐心和对市场趋势的准确判断。例如，当市场处于周期性低谷时，企业可以选择持有优质资产，等待市场回暖时资产价值自然上升；当面临高企的债务压力时，可以利用通货膨胀效应，通过时间推移使实际债务负担减轻。此外，企业还可以通过优化资产结构、剥离非核心资产、引进战略投资者等方式，加速资产价值的提升。

所有企业债务危机处理都经历愕然、漠然和坦然的过程，企业内部的老板、管理层、员工层，企业外部上游的金融债权人、供应商，下游的经销商、消费者（含购房户），以及隐藏在企业背后的政府，都接受了危机的洗礼和考验。等时机到位，各方情绪从感性转变为理性，预期从云端回落到现实的时候，彼此对立也就有机会转化为合作，各种要素才有机会重新开始组合进入下一轮发展。

（六）社会价值

对危困企业纾困重组的社会价值主要体现在以下几个方面：

第一，维护社会稳定。危困企业通常拥有大量员工，其经营状况直接影响到众多就业岗位的存续。一旦企业陷入危机，可能导致大规模裁员、供应商欠款、消费者权益受损等社会民生问题，不仅使员工失去收入来源，也可能加剧社会经济压力，影响社会稳定。通过实施纾困重组，企业能够维持运营，避免大规模失业，保障供应链稳定，保护消费者权益，从而有效维护社会稳定，减少社会矛盾和风险。

第二，保护投资者和债权人利益。危困企业的债务重组、股权调整等措施，旨在优化债务结构，降低债务负担，保障企业的偿债能力，从而最大限度保护投资者和债权人的权益。通过协商达成的重组方案，可以避免债权人因企业破产而遭受重大损失，维护金融市场的公平和秩序。

第三，增加财政收入。危困企业恢复正常运营后，将产生稳定的税收贡献，增加政府财政收入。同时，政府在实施纾困政策时，也可以通过设立专项基金、提供税收优惠等方式，引导社会资本投入，促进资金流向实体经济，进一步拉动经济增长，提高财政收入。

第四，维护金融市场稳定。危困企业的纾困重组有助于降低金融机构的不良贷款率，缓解金融系统风险，维护金融市场稳定。同时，通过设立纾困基金、发行专项债券、引入社会资本等方式，可以引导资金流向实体经济，支持企业融资，促进金融市场与实体经济的良性互动。

第五，树立企业重生典范。成功的纾困重组案例，能够为其他面临困境的企业提供借鉴和参考，树立企业逆境重生的典范，增强市场信心。这些案例可以激励更多企业积极面对困难，主动寻求重组解决方案，推动市场自我修复和优化。

三、常见估值分析方法

在企业纾困重组的过程中，估值定价是一个至关重要的环节。精准且恰当的估值定价能够为企业争取更多的利益和更好的发展前景。

（一）资产基础定价法

1. 账面价值法

账面价值法以企业的会计报表为基础，将资产的账面净值作为定价依据。会计报表中的资产账面价值通常是按照历史成本减去累计折旧或者摊销后的金额计算得出。该方法适用于资产流动性强、市场活跃，且其账面价值与市场价值较为接近的企业。

优点：账面价值法简单直观，易于操作，数据来源清晰可靠，能够快速反映资产的历史成本。对于资产流动性强、市场价值波动较小的企业，其账面价值往往能较准确地反映资产的当前市场价值。

缺点：账面价值法未能充分考虑资产的市场供求关系、物价变动、技术进步等因素对资产价值的影响，可能导致定价偏离实际市场价值。尤其是对于老旧、过时、市场价值大幅下降的资产，以及市场价格波动剧烈、折旧摊销不足或者过度的资产，单纯依赖账面价值定价可能存在较大误差。

2. 重置成本法

重置成本法以当前市场条件下重新购置或者建造一个与被评估资产相同或者类似的全新资产所需的成本为基础，扣除被评估资产的实体性贬值、功能性贬值和技术性贬值后，确定资产价值。该方法适用于资产具有特定价值、难以替代，且市场条件相对稳定的情况下。

优点：重置成本法考虑了资产的现行购置成本，能够反映资产的现实价值，尤其适用于评估特殊定制设备、专有技术、特定土地使用权等具有独特价值的资产。

缺点：重置成本法的计算过程复杂，需要对市场条件、技术水平、材料价格、人工成本等多方面因素进行深入研究。此外，由于市场条件、技术进步等因素的快速变化，重置成本法的计算结果可能存在滞后性，导致定价偏高或者偏低。

3. 市场比较法

市场比较法通过收集市场上近期发生的类似资产交易案例，对比分析其成交价格、交易条件、资产状况等因素，以此为基础调整计算被评估资产的价值。该方法适用于市场化程度高、信息透明、交易活跃的行业，且存在大量可比交易案例。

优点：市场比较法直接反映了市场对同类资产的定价水平，具有较强的客观性和说服力。当市场上存在足够数量且条件相似的交易案例时，市场比较法能够较为准确地评估资产价值。

缺点：市场比较法对市场数据的依赖性强，如果市场交易案例稀少、信息不透明，或者交易条件差异较大，可能导致比较结果的可靠性降低。此外，市场波动、信息不对称等因素也可能影响定价的准确性。

（二）收益基础定价法

1. 折现现金流法（DCF）

折现现金流法即通过预测企业未来的自由现金流，并将其按适当的折现率折现至当前价值，以此计算企业的整体价值。该方法适用于盈利稳定、现金流可预测，且未来经营状况受外部因素影响较小的企业。

优点：折现现金流法以企业未来盈利能力为核心，能够全面反映企业的内在价值，不受市场短期波动影响，尤其适用于长期投资决策。同时，该方法考虑了资金的时间价值，能够对不同时间段的现金流赋予不同的权重。

缺点：折现现金流法的计算过程复杂，需要对未来现金流、折现率等关键参数进行合理预测，而这受到宏观经济、行业环境、企业管理、市场竞争等多方面不确定因素的影响，可能导致预测结果的误差。此外，对于现金流不稳定、未来前景不明朗的企业，折现现金流法的应用效果可能不佳。

2. 相对估值法（如 PE、PB 等）

相对估值法即通过比较目标企业与同行业或者类似企业的市盈率（PE）、市净率（PB）、市销率（PS）、企业价值倍数（EV/EBITDA）等财务比率，间接评估目标企业的价值。该方法适用于行业相对成熟、可比企业较多，且企业价值主要受行业平均水平影响的情况。

估值步骤：

（1）确定可比公司：选择与目标企业主营业务相似、规模相当、财务数据可得的上市公司作为可比公司。

（2）观察可比公司市场估值：计算可比公司的市盈率、市净率等财务比率，分析其历史走势、行业平均值、市场认可度等，确定合理的估值水平。

（3）将估值应用于目标企业：根据目标企业的财务数据，计算相应的财务比率，并与可比公司的估值水平进行比较，据此调整目标企业的估值。

优点：相对估值法操作简便，易于理解，能够快速得到企业的相对价值，反映出市场对同类企业价值的认可程度。同时，通过比较不同财务比率，可以更全面地评估企业的价值。

缺点：相对估值法依赖于可比公司的选择和市场估值的合理性，如果可比公司选择不当或者市场估值存在泡沫，可能导致估值结果失真。此外，相对估值法未能直接反映企业的内在价值，对于行业特性、企业竞争优势、未来成长性等因素的考虑不够充分。

第二节　债权估值定价

一、债权估值定价概述

质疑"债"，理解"债"，利用"债"。债权作为重要的金融资产，其准确的估值定价对于投资者、金融机构以及整体经济的稳定具有至关重要的作用。下文将通过探讨债权估值定价中的几个关键概念，主要包括债权打折转让、债权估值陷阱、"面粉比面包贵"的情形，以及假设开发法和剩余法的应用，旨在帮助读者更全面、准确地理解和把握债权价值。

（一）债权估值定价前期准备

在进行债权估值定价之前，我们首先需要明确估值的目标，收集相关的基础数据。无论是债权转让估值，还是账面价值调整，抑或债权收购估值，都要根据待估值的债权类型、金额和期限、企业的状况等情况进行分类管理，分析主要包括债权的基本信息、企业的基本信息、抵质押物信息以及市场信息在内的估值要素，综合考虑各种因素选择适当的估值方法，不同的估值方法适用于不同的场景。

通过对这些数据的深入分析，我们能够更好地了解债权的特点和企业的状况，从而为后续选择合适的估值定价模型提供依据。

债权总额：明确不良资产包中所有债权的总金额，这是衡量资产包规模和潜在回收价值的基础。

本息比例：分析本金与利息各自占债权总额的比例，理解债务负担的构成，判断本金偿还的优先级以及利息减免的可能性。

债权集中度：考察债权是否集中在少数几个债务人或者行业，高集中度可能意味着风险更大，但也可能带来批量处置的优势。

行业结构：了解不良资产所涉债务人的行业分布，不同行业的景气程度、复苏前景及政策环境会影响资产的回收价值。

区域结构：分析债务人的地域分布，地区经济发展水平、司法环境、地方政策等区域特性对资产处置效率和回收率有直接影响。

诉讼比例：统计已进入司法程序的债权占比，评估法律追索途径的成熟度和预期效果，以及诉讼费用对回收价值的侵蚀。

抵质押比例：计算有抵押或者质押担保的债权比例，以及担保物的质量和流动性，担保物的存在往往能提升资产的回收价值。

例如，某资产管理公司欲出售一个包含多家房地产开发企业债权的不良资产包。首先，通过对资产包进行"画像"，发现债权总额为10亿元，本息比例约为7∶3，债权集中度较高（前五大债务人占比80%），行业结构单一（均为房地产），诉讼比例约30%，抵质押比例达70%，且大部分抵押物为在建工程和土地使用权。明确估值目的是交易转让定价。

在估值过程中，采用假设清算法为主，结合现金流偿债法对有重组可能的个别债务人进行估值。通过查阅大量文件、实地走访部分债务人，并参考近期类似资产交易案例，进行深入分析。计算结果显示，在极端情况下，通过资产清算预计可回收约5亿元；而对于部分仍有经营现金流的债务人，通过重组有望回收额外的1亿元。

最终，综合考虑当时房地产市场的低迷态势、潜在买家的风险偏好以及债权人公司急于处置资产的需求，意向投资人将资产包的初始报价定为4.5亿元，为后续谈判留出空间。随着市场环境变化和谈判进展，转让方可能会适时调整报价或者交易条件，保障交易的顺利进行。

（二）债权打折转让的考量

债权打折转让是指债权人以低于债权面值或者市场价值的价格将其债权权利转让

给第三方的行为。这一策略常出现在债权人亟须快速回笼资金、减轻风险敞口或者调整投资组合的情况下。

合理地打折转让债权不仅能够加速资金周转、提高资金使用效率，还有助于优化社会资源分配，为市场参与者创造新的投资机会。

折扣率的设定是债权转让的核心环节，它综合反映了债权的流动性、信用风险、市场环境、处置难度等多种因素。下面详细阐述债权打折转让时需考虑的关键要点：

第一，债权的流动性。在债权流转过程中，买卖双方通常需要评估市场活跃度，即债权转让市场的活跃程度和投资者需求，活跃市场通常能承受较低的折扣，反之则可能需要较大折扣吸引买家。另外，不同类型与性质的债权（如信用贷款、抵押贷款、担保贷款等）的市场流通性各异，影响其转让的难易程度和所需折扣幅度。

第二，信用风险及底层资产评估，主要包括债务人偿债能力与担保情况。应分析债务人的财务状况、经营业绩、行业地位等，判断其按时足额偿还债务的可能性。另外，需要考察是否有有效担保物，担保物类型、抵押物价值、抵押物附着权利负担、抵押物相关税费、变现难易度及法律效力，有优质担保的债权通常折扣较小。

第三，市场环境因素，主要包括宏观经济状况、行业周期与景气度等。经济增长、利率水平、政策导向等宏观经济因素影响投资者对债权投资的整体信心和风险偏好。债务人所在行业的发展趋势、竞争格局、盈利预期等直接影响债权价值。

第四，处置难度与成本，主要包括法律追索与管理维护成本。应评估债权涉及的法律关系清晰度、诉讼进程、执行效率等，复杂的法律纠纷可能导致更高的折扣。预估接收债权后进行管理和催收的直接成本和间接成本，主要包括人力、时间、法律费用等。

第五，投资者预期回报，主要包括收益率要求与风险溢价。投资者应根据自身风险承受能力、投资期限、机会成本等因素设定最低收益率要求，这将影响其愿意接受的折扣水平。投资者可能要求对潜在风险（如债务人破产风险、市场风险、流动性风险等）给予补偿，体现在更高的折扣率上。

第六，转让策略与时机选择，主要包括一次性转让与分批转让、市场特殊窗口期等。应根据市场反应和资金需求，决定是否将债权整体或者拆分转让，以优化折扣率和转让效率。同时，把握市场情绪、供求关系的变化，选择有利于转让的时机，如市场流动性充裕、同类债权交易活跃时期。

例如，某商业银行拟将其持有的一个由多家制造业企业贷款组成的不良资产包转让给不良资产管理公司。该资产包总额为5亿元，包含10笔债权，平均逾期时间为2年，抵押率为60%，且部分债权已进入司法程序。银行在进行打折转让时考虑以下因素：

流动性：由于制造业不良资产市场相对活跃，且部分债权有明确的抵押物，预期有一定的市场接受度。

信用风险：债务人多为中小型企业，受行业周期影响较大，部分企业经营困难，但部分抵押物具有较高市场价值。

市场环境：宏观经济处于温和复苏阶段，制造业政策扶持力度加大，投资者对行业前景有所期待。

处置难度：部分债权已进入司法程序，法律追索路径较为清晰，但剩余债权需投入资源进行催收和管理。

投资者预期：考虑到资产管理公司通常追求较高收益率，可能要求较大折扣以覆盖预期风险和处置成本。

综合上述因素，银行在与潜在买家协商后，锁定保留价与起拍价，最终通过公开竞价程序以面值的 4 折（2 亿元）将资产包转让给不良资产管理公司。不良资产管理公司接手后，通过专业化管理、积极的债务重组以及二次转让等多元化处置手段，成功收回了超过 2.5 亿元的资金，实现了较高的投资回报。

从另一个角度观察，债权人名义上持有 5 亿元的债权总额，但最终实际上只获得了 2.5 亿元的清偿，剩余债权账面余额预计可受偿金额基本可以忽略不计。债务人将近 5 亿元的债务总额通过部分清偿、部分和解等方式完全可以实现通盘解决，彻底卸下债务包袱，轻装上阵甚至东山再起。

（三）警惕债权估值陷阱

债权估值陷阱通常源于信息的不对称或者估值方法的不当选择。主要包括以下几个方面：

第一，过分依赖单一的估值方法。如果只使用一种方法进行估值，可能会忽略其他重要信息，导致估值结果的偏颇。比如，在抵押物估值中，市场比较法、收益法与重置成本法的差异较大。市场比较法是基于市场上类似抵押物的交易价格来确定估值，而收益法是基于抵押物未来预期收益来确定估值，更多地关注了抵押物的未来收益能力和风险情况。市场上的交易价格受到供需关系、市场情绪等因素影响，抵押物的未来收益预期受到经济环境、行业趋势等因素影响。重置成本法是基于重新购置或者建造与抵押物相同或者相似资产所需成本来确定估值。当抵押物的技术特性、功能或者市场环境发生变化时，重置成本法的估值结果可能会与其他方法产生较大差异。

例如，某资产管理公司在评估一笔房地产抵押贷款债权时，仅采用了市场比较法，即参考近期同地段、类似房产的交易价格来确定抵押物价值。然而，市场比较法忽略了该房产的特定优势（如地理位置优越、配套设施完善）以及潜在风险（如产权瑕疵、租约纠纷），导致估值结果偏高。若同时运用收益法（基于房产未来租金收益预测）和重置成本法（估算重建类似房产所需成本），则能更全面地评估抵押物价值，降低估值偏差。

第二，忽视重要的市场信息。市场信息的不对称或者不完整都可能影响债权估值的准确性。比如，在债权估值的过程中，评估债务企业潜在的应收账款的价值是一个重要的信息不对称因素。应收账款代表了企业未来可能收到的现金流入，在未来一年内能够转换为现金，对于企业的整体价值和债权估值都有直接的影响。应收账款代表了债务企业已经提供服务或者销售商品但尚未收到的款项，这些款项一旦收回，将直接增加企业的现金流。在债权估值中，未来现金流的增加能够提升企业的偿债能力，从而对债权的价值产生正面影响，反之则形成坏账，常常导致企业陷入危机。

例如，在评估一家制造业企业债权时，投资者未充分关注其应收账款的构成和回收风险。企业应收账款主要来自某大型集团下属子公司，看似有较强偿付能力，但深入调查发现，该集团内部资金链紧张，子公司间存在大量互保、资金拆借现象，导致应收账款实际回收风险较高。若忽视这一重要市场信息，可能高估企业现金流和偿债能力，从而高估债权价值。

第三，复杂的债权结构。某些复杂的债权结构可能掩盖潜在的风险，使得估值变得困难。比如，三角债和关联公司债权结构都可能对债权估值产生重要影响。三角债通常涉及多方之间复杂的债务关系，这可能导致资金流动性问题。一方可能无法及时收回款项，从而影响其偿债能力，导致整个债务链条的稳定性受到威胁，进而降低相关债权的价值。在关联公司债权结构中，不同债权可能具有不同的优先级，而且关联公司之间可能存在内部交易和转移定价行为，这可能影响债权的实际价值。如果内部交易价格不公允或者存在欺诈行为，可能导致相关债权被高估或者低估。关联公司之间可能存在相互担保和连带责任的情况。这意味着当一方出现问题时，其他关联方可能需要承担相应责任，从而影响相关债权的估值，同时导致外部投资者难以准确评估相关债权的价值，增加投资风险。

例如，三角债陷阱：某物流企业持有 A、B、C 三家公司间的三角债债权，A 欠 B 货款，B 欠 C 货款，C 又欠 A 货款。由于三角债关系复杂，一旦其中一家公司出现资金链断裂，可能引发连锁反应，导致债权难以回收。投资者若未能深入理解这种复杂债权结构及其潜在风险，可能低估债权的回收难度和风险溢价，高估债权价值。

例如，关联公司债权陷阱：某集团内部存在复杂的关联公司债权结构，子公司间存在大量内部借款、担保和关联交易。投资者若仅根据各子公司单独的财务报表进行估值,可能会忽视内部资金占用、转移定价等问题,导致债权价值被高估。只有深入了解关联公司间的资金往来、担保关系和交易真实性,才能准确评估债权价值。

第四,其他或有陷阱。

法律风险陷阱:某公司持有某债务人的抵押债权,但未对抵押物的法律状态进行详尽调查,导致在后期执行过程中才发现抵押物存在查封、重复抵押等法律瑕疵,严重影响债权回收。投资者在估值时必须充分考虑法律风险,保障债权的法律保障有效。

政策风险陷阱:某投资者购买了某地方政府平台公司的城投债,但由于对地方财政状况、政策变动等信息掌握不足,未能预见地方隐性债务清理、融资平台整顿等政策影响,导致债权价值大幅缩水。

经济周期陷阱:在经济周期下行阶段,部分行业面临需求萎缩、产能过剩等问题,可能导致企业盈利能力下降、偿债能力减弱。若投资者未能及时调整估值模型,考虑经济周期对债权价值的影响,可能导致估值结果偏高。

总之,避免债权估值陷阱需要综合运用多种估值方法,充分挖掘和分析市场信息,深入理解债权结构及其风险特性,同时密切关注法律风险、政策风险和经济周期等因素。只有这样,才能尽可能平衡债权估值的准确性和可靠性,有效防范投资风险。

(四)"面粉比面包贵"的情形解析

在估值实践中,"面粉比面包贵"这一现象通常指资产或者权益的估值超过了其实际产生的收益或者现金流。这一反常现象在房地产领域尤为显著,表现为土地(面粉)价格高于其上建筑物(面包)价格。

在房地产领域,"面粉比面包贵"的情形通常指的是土地(面粉)的价格高于其上的建筑物(面包)的价格。主要包含以下几种情形:

第一,土地稀缺性导致的高价。在某些特殊地区或者城市核心地段,由于土地供应有限,土地变得非常稀缺。这种稀缺性可能推高土地价格,使其超过其上建筑物的价值。

例如,以一线城市的核心商务区为例,由于土地供应极其有限,土地成为稀缺资源,其价格往往远超建筑物本身。如上海陆家嘴金融中心,土地价格高昂,使得新建写字楼项目的土地成本远超建筑成本。在这种情况下,即便建筑物本身价值不菲,但由于土地价值的极度凸显,"面粉"(土地)的价格显著超过"面包"(建筑物)。

第二,土地开发潜力和预期收益。有时候,土地的价格可能被高估,因为它被认为具有巨大的开发潜力或者能够产生高额的未来收益。投资者可能愿意支付更高的价格来购买这样的土地，寄望于未来的开发项目能够带来可观的回报。

例如，在城市新区或者规划中的热点区域，土地因其潜在的开发价值和未来收益预期，价格可能超出现有建筑物价值。又如，某城市近郊一块荒地被规划为新的科技产业园区，尽管目前仅有少量简易建筑，但由于预期未来将吸引大量高新技术企业入驻，土地价值飙升，使得"面粉"价格远超现有"面包"价值。

第三，政府政策和规划影响。政府的土地政策和城市规划对土地价格具有显著影响。

例如，政府宣布将某一区域划为自贸区或者高铁新城，政策利好消息刺激下，投资者预期该区域未来将快速发展，土地需求激增，导致土地价格快速上涨，可能出现"面粉"价格超过现有"面包"价值的现象。

第四，市场供需失衡。在房地产市场繁荣时期，需求可能超过供应，导致土地价格上涨。开发商可能竞相购买土地，推高了土地市场的价格水平。

例如，在2009年往后的十几年里，部分城市的房地产市场，购房者恐慌性购房，开发商争先恐后拿地，土地拍卖价格屡创新高，出现了"面粉"价格明显超过"面包"价值的现象。

应对策略：

理性投资：投资者应理性看待"面粉比面包贵"的现象，充分评估土地的真实价值、开发潜力、风险因素等，避免盲目跟风、过度炒作。

政策引导与监管：政府应适时出台调控政策，通过调整土地供应、加强市场监管、打击炒地行为等方式，防止土地市场过度泡沫化，维护房地产市场的健康稳定。

多元化投资：对于开发商而言，可通过多元化投资策略，如参与城市更新、旧改项目、商业地产运营等，降低对高价土地的依赖，分散投资风险。

创新开发模式：探索土地开发新模式，如共享产权、长租公寓、联合办公等，降低土地成本在项目总成本中的比重，提高项目整体收益水平。

总之，"面粉比面包贵"的现象在房地产领域并非罕见，其成因多样，主要包括土地稀缺性、开发潜力、政策影响、市场供需失衡等。面对这一现象，投资者、开发商及相关主体应采取理性投资、政策引导、多元化投资、创新开发模式等策略，以应对土地价格过高带来的挑战。

（五）综合运用多种估值方法，保障估值结果的准确性和可靠性

在复杂的金融市场中，债权估值定价是一项极具挑战性的任务。由于市场状况的不断变化和债权本身的多样性，单一的估值方法往往难以全面、准确地评估债权的真

实价值。因此，为了保障估值结果的准确性和可靠性，投资者需要综合运用多种估值方法，并结合具体案例进行分析。

以一家房地产公司的项目资产评估为例，该公司拥有一块待开发的土地，并计划在未来几年内将其开发为住宅项目。

在准备阶段，需要对资产所在的市场进行深入分析，主要包括市场趋势、供需状况、经济周期等，详细了解资产的物理特性、位置、使用年限、维护状况等，同时考虑法律和监管环境对资产价值的影响，如税收政策、土地使用权、环保法规等，这些因素都会对资产价值产生影响。

为了评估这块土地的价值，投资者可以采用以下三种估值方法：

比较法：投资者可以寻找市场上与待估土地相似或者可比的土地交易案例，了解这些土地的成交价格、地理位置、规划条件等因素。通过对比分析，投资者可以初步估算出待估土地的市场价值。使用历史数据对估值模型进行回溯测试，验证模型的准确性和可靠性。

收益法：投资者可以参考可参考项目案例，预测该住宅项目开发完成后的未来现金流，主要包括销售收入、租金收入等。将这些未来现金流折现到当前时点，以估算土地的开发价值。选择合适的折现率是收益法估值中的关键，且折现率应反映市场利率、资产风险等因素。在预测未来现金流时，投资者需要考虑市场需求、竞争状况、开发成本等因素。

成本法：投资者可以估算该住宅项目的开发成本，主要包括土地购置成本、建筑成本、管理费用等。将这些成本加上适当的利润，得到土地的成本价值。在估算开发成本时，投资者需要充分了解当地的建筑市场行情、政策法规等因素。

在估值过程中，要进行构建不同的情景，如最佳情景、预期情景和最差情景，以评估资产价值在不同情况下的表现；也要进行敏感性分析，了解关键假设变化对估值结果的影响，以评估估值的稳健性。同时，可以咨询行业专家的意见，他们的经验和见解可能会提供额外的洞见。

在综合运用这三种估值方法后，投资者可以得到三个不同的估值结果。为了确定最终的估值，投资者需要对这三个结果进行加权平均或者进行其他形式的综合处理。在处理过程中，投资者需要考虑每种方法的适用性和可靠性，以及市场状况和其他相关因素。

此外，投资者还可以结合其他辅助性信息进行综合分析，如市场调研报告、行业趋势分析等。这些信息可以帮助投资者更好地了解市场状况和行业发展趋势，从而更准确地评估债权的价值。最后，应编制详细的估值报告，记录所有假设、方法选择、数据来源和计算过程，以供审查和审计。

总之，综合运用多种估值方法并结合具体案例进行分析，投资者可以更全面地了解标的资产的真实价值和潜在风险，从而做出更明智、更稳健的投资决策，让资产估值结果更具准确性和可靠性。

二、债权资产估值主要路径

债权资产估值作为金融决策中的核心环节，其精确性对于债务企业实控人、投资者而言具有不可估量的价值，直接关系到投资者的风险和收益。各种方法都有其适用场景和优缺点，甚至同一个物业，不同的估值方法，产生不同的结果。

因此，估值过程中应综合考虑债权特点、市场环境等因素来选择合适的方法。实际操作时，也需要结合专业知识和经验进行判断和调整，以保障估值结果的合理性和可靠性。

随着金融市场的日益复杂化和创新步伐的加快，债权资产估值的方法和技术也在不断演进，旨在为投资者提供更加准确、全面的决策支持。以下将详细阐述债权资产估值的两种主要途径和五种具体方法，以及它们在实际应用中的要点、细节和扩展内容。

（一）主要途径一：基于债务人或者债务责任关联方的配合及资料提供

1. 假设清算法

原理与操作：该方法假设债务人或者债务责任关联方进行清算，通过对其整体资产的评估，识别并剔除不能用于偿债的无效资产，同时确认有效负债。在此基础上，结合优先债权的受偿顺序，分析债权在特定基准日的受偿比率。

适用考量：特别适用于那些非持续经营或者净现金流较小的企业，因为这些企业的偿债能力主要取决于其现有资产。

数据需求与挑战：主要依赖债务人或者债务责任关联方的资产负债表。然而，对于非上市债务人，获取真实、完整的资产负债表可能较为困难。

实际应用中的调整：对于上市公司，假设清算法通常作为测算其还款能力的参考，尤其是在破产重整等情境下。但需要注意的是，由于假设较多，该方法提供的估值往往只能作为参考指标。

2. 现金流偿债法

原理与操作：通过对企业未来一定年限内的自由现金流、可偿债现金流进行预测和分析，结合其经营成本，计算企业的还款能力。

适用考量：适用于有稳定现金流产生能力的持续经营企业。此外，该方法还要求企业的财务资料规范，以便进行准确预测。

数据需求与挑战：需要债务人或者债务责任关联方的历史财务报表以及偿债期限内的预测财务报表。然而，对于不良债权债务人，由于缺乏稳定现金流和真实有效的财务报表，该方法的应用受到限制。

实际应用中的调整：在使用现金流偿债法时，评估师可能需要根据债务人的具体情况，对预测数据进行乐观、中性和悲观情景下的调整，以提高估值的准确性。

（二）主要途径二：基于市场交易案例或者专家判断

1. 市场交易案例比较法

原理与操作：选取与被评估债权资产在债权形态、债务人性质、市场状况等方面相似的近期交易案例，通过对比分析各种因素，对债权资产价值进行估算。

适用考量：适用于存在可比交易案例的情况。然而，由于债权资产的复杂性，找到完全可比的案例往往非常困难。

数据需求与挑战：需要获取债权市场交易数据和债权基本信息资料。但由于缺乏公开、统一的不良资产交易市场，该方法的应用受到限制。

实际应用中的调整：在使用市场交易案例比较法时，评估师可能需要对不同案例进行权重分配和因素调整，以更准确地反映被评估债权的特点。

2. 专家打分法

原理与操作：通过征询专家意见，对影响债权价值的因素进行定性分析，并结合专家的经验和判断进行估值。

适用考量：适用于存在大量不确定因素、难以进行定量分析的债权。但需要注意的是，不同专家对同一债权的价值判断可能存在较大差异。

数据需求与挑战：主要依赖专家的经验和判断。在实际应用中，可能需要通过多轮打分和统计分析来减少专家之间的分歧。

实际应用中的调整：在使用专家打分法时，评估机构可能需要建立一套科学的打分体系和权重分配机制，以提高估值的准确性和客观性。

3. 综合因素分析法

原理与操作：综合考虑影响债权回收价值的各种因素，主要包括抵押物价值、债务人还款能力、保证人还款能力等，通过综合分析确定债权潜在价值。

适用考量：作为目前通用的做法，适用于各种类型的债权估值。特别是对于那些存在大量不确定因素、难以采用其他方法进行定量分析的债权，该方法具有较强的适用性。

数据需求与挑战：需要收集抵押物、债务人、保证人的相关资料，并进行深入调查和分析，即债权估值＝抵押物偿债估值＋债务人偿债估值＋保证人偿债估值。在实际应用中，可能面临数据收集困难和估值结果主观性较强等挑战。

实际应用中的调整：在使用综合因素分析法时，评估机构可能需要根据具体情况调整各因素的权重和分值，以提高估值的准确性和合理性。同时，还需要注意避免过度依赖经验值和历史数据，以免忽视市场变化和新因素的影响。

总之，债权资产估值是一个复杂而重要的过程，需要综合考虑多种因素和方法。在实际应用中，投资者和评估机构应根据具体情况选择合适的方法进行估值，并注意不断学习和掌握新的估值技术和方法，以适应不断变化的金融市场环境。

第三节　危困企业估值定价

危困企业，指的是面临财务困境、经营困难或者市场前景不明的企业，其估值定价结果直接决定了能否进行重组、重组时间、重组方式等一系列方法论。因为企业进行重组的前提是其持续经营的价值大于清算所能实现的价值。

危困企业的估值也决定了有多大的"馅饼"可以在现有的索偿要求中进行分割和分配，还决定了如何对未来的支付义务和偿债款项进行规划。

即使企业在市场状态良好、使用的估值方式完善恰当的情况下，不同的利益相关方得到的企业估值结果也经常会有很大的差异。预测本身充满了不确定性，再加上博弈各方价值评估或者高或者低，可能有利益的差别和冲突在起作用。

相对可靠的估值定价根据是对危困企业未来创造现金流的能力的预测，以及对可比公司和交易的观察。

一、危困企业价值分析

根据前文所述，企业的真正价值主要包括但不限于其基础资产价值、社会产业链核心节点价值、产业趋势价值、低成本融资工具价值、相关资产时间价值以及社会价值等。这些价值在不同行业、不同类型的企业中可能有所侧重，但在危困企业中，它们往往都扮演着非常重要的角色。

在评估危困企业的价值时，我们必须从多个维度出发，全面地分析和判断企业的真正价值所在。这不仅是对其财务报表上的数字进行简单的解读，更是要深入挖掘企业背后的各种隐性和潜在价值。

（一）危困企业价值的主要体现

第一，实物资产，如设备、存货、房产等，以及应收账款等可以直接观察或者通过财务报表明确计量的资产类别。即使被认为是不值钱的"破铜烂铁"，也可以通过市场资源匹配实现变现。

第二，行业地位和行业前景。危困企业的行业地位和行业前景是评估其价值的重要指标。如果企业所处行业具备广阔的发展前景和增长潜力，且企业在行业内具有显著的竞争优势和市场份额，即使目前面临困境，其长期价值仍值得期待。例如，一家身处新能源汽车制造行业的危困企业，尽管短期内遭遇经营困难，但鉴于全球绿色能源转型的大趋势以及该企业在电池技术、车型设计等方面的领先优势，其未来价值依然可观。

第三，经营状况与潜力。尽管危困企业短期内可能面临经营困难，但其长期盈利能力、运营效率、市场份额、客户群体、供应链稳定性等因素，是评估其价值的重要考量。如果企业具备持续发展的潜力，且通过重组自救、管理改善、技术创新等手段有望改善经营状况，其困境只是暂时的，价值依然存在。

企业积累的客户基础，主要包括客户信息、交易历史、消费习惯等，构成了有价值的商业秘密。稳定的客户关系有助于保障企业收入的持续性。另外，如独家供应协议、长期服务合同、特许经营协议等，这些合同赋予企业在一定期限内享有特定商业活动的独家权利或者稳定收入来源。

例如，一家面临财务困境的高科技制造业企业，若其核心技术领先、市场需求稳定、供应链体系健全，且通过引入战略投资者、优化管理团队等方式有望扭转颓势，其价值不应被低估。

第四，资质与牌照价值。在特定行业，如金融、电信、能源等领域，特定资质或者牌照是企业运营和发展的关键门槛，具有极高价值。危困企业若持有稀缺的金融许可证、特许经营权、网络频谱资源等，这些资质或者牌照价值有时也是行业壁垒，具有稀缺性，将显著提升其整体价值。相关质量认证如 ISO 认证、行业标准认证等，证明企业产品或者服务质量达到一定标准，增强市场信任度。

例如，一家陷入财务困境的电信运营服务商，若持有珍贵的无线频谱资源和全国性电信相关增值业务牌照，其价值远超其账面资产，成为潜在投资者和重组方关注的重点。

第五，品牌与市场认知。品牌是企业的无形资产，代表着企业的知名度、声誉、客户忠诚度和市场认可度。即使在困境中，一个强大且深入人心的品牌仍能为企业带来价值，为后续重整和复苏奠定基础。例如，一家历史悠久、品牌影响力深厚的零售企业，即使面临短期财务压力，其品牌价值、庞大的客户基础和市场影响力，使其在重组过程中具有较高的吸引力。

第六，技术创新与知识产权。危困企业若在技术创新、知识产权方面拥有显著优势，如专利技术、专有技术、软件著作权等，这些无形资产将成为企业重整的重要支撑，为企业创造新的增长点、确立市场独占地位、获取经济利益。

企业内部掌握的、未公开的、具有商业价值的技术知识、工艺流程、配方等，虽未取得专利保护，但对维持企业竞争优势至关重要。

例如，一家生物科技公司，尽管面临财务困境，但其拥有多项国际领先的生物制药专利技术，这些知识产权价值极高，可能成为吸引投资者、推动企业重组的关键因素。

第七，社会公共价值。涉及国家安全、关键基础设施服务等领域的危困企业，其社会公共价值可能超越其经济价值。这类企业在面临困境时，更易获得政府、监管机构及社会各界的支持与援助，为重整和复苏创造有利条件。例如，一家提供关键能源供应、公共交通服务的国有企业，其在保障社会民生、维护社会稳定方面的角色，使得政府及相关部门更倾向于提供政策支持、资金援助等，助力企业渡过难关。

（二）重组潜力评估

在评估危困企业的价值时，除了关注其基本面特征外，还须探讨其重组潜力，这涉及债务结构、债权人合作意愿、法律环境及管理团队能力与经验等多个关键因素。

第一，股权结构：控股权集中的企业在重组时确实可能遇到较小的内部阻力。实控人拥有较大的决策权，因此在推动重组计划时，能够更快速地做出决策并减少内部的分歧和阻力。这有助于重组计划的顺利执行和快速落地。

第二，债务结构：合理的债务结构是企业顺利推进重整的关键。理想的债务结构应具备以下特点：

债务规模适中：企业负债规模应与资产规模、盈利能力相匹配，过高负债可能导致企业财务负担过重，影响其偿债能力。例如，某制造业企业总资产为10亿元，负债总额若超过7亿元（负债率＞70%），可能面临较大的财务风险，需要通过重组降低负债水平。

期限结构合理：短期债务与长期债务应保持适当比例，避免期限错配导致的流动性风险。如某企业长期债务占比过低，短期债务到期压力大，可能导致资金链断裂。

通过调整债务结构,增加长期债务占比,可以缓解短期偿债压力。

融资成本较低:企业债务的利率水平应尽可能低,以降低财务成本。若企业负债中高利率贷款、高息债券占比较大,可通过债务置换、利率调降等方式降低融资成本。

担保充足:担保资产是企业偿债的重要保障,充足的担保可以增强债权人信心,降低重组难度。如某企业拥有大量优质固定资产作为担保,即使面临困境,其债务重组的可行性也会更高。

例如,某能源企业负债总额虽高,但其负债结构中长期债务占比较大,利率水平较低,且大部分债务由优质矿产资源作为担保,这种情况下,企业通过债务重组实现脱困的可能性较大。

第三,债权人合作意愿:债权人的态度直接影响企业能否成功进行重整。债权人若展现出积极的合作意愿,如同意债转股、延期偿债、减免利息等措施,将极大地提高重整成功率。反之,若债权人强烈反对重组,可能迫使企业走向破产清算。

例如,某房地产公司在面临资金链紧张时,其主要债权人银行表示愿意将部分贷款转为股权,同时给予一定的利息减免,这为该企业通过债务重组脱困创造了有利条件。

第四,法律环境:良好的法律环境为企业的重组提供了制度保障。

具体主要包括但不限于完善的破产重整法律法规为企业的重组提供了清晰的法律依据,有助于各方明确权利义务,减少法律争议;当地司法环境良好时,公正、高效的司法审判有助于保护各方权益,高效审理能够加快重组进程,减少企业因长时间陷入危困导致的资产贬损,避免因司法拖延导致企业错过最佳重组时机;专业的破产管理人能够协助企业制定科学的重组方案,协调各方利益,保障重整顺利进行。

第五,管理团队能力与经验:管理团队的专业能力与经验是推动企业成功重整的核心力量。理想的管理团队应具备以下特质:

准确识别问题:能够快速识别企业面临的问题,如财务困境的根源、市场定位的偏差等,为制定有效重组策略提供依据。

制定有效重整策略:具备制定并执行切实可行的重组计划的能力,主要包括资产处置、债务重组、业务调整、成本削减等措施。

协调各方利益:具备较强的沟通与谈判能力,能够有效协调债权人、股东、员工、政府等各方利益,达成共识,推动重组进程。

危机处理经验:有过成功带领企业度过危机、实现扭亏为盈的经验,能够在压力下保持冷静,做出正确决策。

二、危困企业估值主要陷阱

在危困企业的估值过程中，往往充满了诸多陷阱，需要投资者和债权人谨慎应对。

（一）企业家个人风险

危困企业估值过程中，企业家个人风险是不可忽视的重要因素，尤其是刑事责任风险和道德风险，这些风险因素可能对企业的经营稳定性、声誉、资产价值乃至重组前景产生深远影响。在进行估值时，对企业家个人风险的深入分析和合理量化至关重要。

1. 刑事责任风险

评估企业家是否可能存在违反刑法相关规定的行为，如涉及经济犯罪（如欺诈发行股票、债券，挪用资金，非法吸收公众存款，逃税，侵犯知识产权等），以及可能触犯的其他刑事罪名。

检查企业是否存在财务报表操纵、虚构交易、隐瞒重大事项等财务舞弊行为。财务造假不仅可能导致企业遭受严厉的法律制裁，还可能引发投资者信心丧失、融资困难、市场价值大幅缩水等一系列负面影响。

考察企业内部控制制度的建立健全和执行情况，评估企业家是否在制度框架内行事，是否存在滥用职权、绕过内部控制的行为。良好的内部控制可以降低企业家个人行为对企业造成的潜在风险。

在企业家个人行为与企业行为交织的情况下，厘清各个相关主体之间的人格混同状况、个人责任与公司责任的边界，判断企业家个人的违法行为是否足以构成对公司整体价值的实质性损害。

分析企业家可能面临的刑事责任（如罚款、罚金、有期徒刑等）对企业经营、声誉、资产处置、重组进程的具体影响，预测刑事责任后果。考虑可能的赔偿责任、资产冻结、禁入市场等附加后果。

2. 道德风险

考察与评估企业家个人的诚信历史，主要包括是否存在商业欺诈、失信被执行记录、个人信用违约等行为；评估企业家在企业运营中的职业素养、职业道德，是否存在滥用职权、利益输送、关联交易、损害公司利益等行为；企业家个人的声誉往往与其领导的企业紧密相连，负面事件可能迅速波及企业品牌形象。上述问题可能影响投资者、债权人、合作伙伴对企业的信任和态度，对重组进程造成阻碍。

（二）政策风险

危困企业估值中，政策风险是影响企业价值评估准确性与投资决策的关键因素之一。政策环境的变动,特别是与企业经营密切相关的法规调整、产业政策变化以及税收优惠政策的变动,均可能对企业的经营状况、财务表现、市场竞争力乃至未来发展产生深远影响。以下是对部分主要政策风险的说明与简要举例:

1. 法规调整风险

直接法规影响:政府针对特定行业或者领域的法规调整,如环保标准、安全生产、产品质量、数据安全、反垄断等,可能直接增加企业的合规成本、整改支出或者罚款风险。例如,环保法规趋严可能导致化工、钢铁等高排放行业企业需投入大量资金进行设备改造、技术升级或者环保设施建设,以达到新的排放标准,否则将面临停产整顿甚至巨额罚款,这些都将显著影响企业的财务状况和市场价值。

间接法规影响:某些法规调整可能改变行业竞争格局或者市场需求,间接影响企业经营。如消费者权益保护法的修订,可能提高消费者对产品质量和服务的要求,迫使企业提升产品标准、增加售后服务投入,以适应更严格的市场环境。

法规不确定性风险:政策法规的制定、修改与执行过程中可能存在不确定性,如政策出台时间、具体条款解释、执法尺度等,这些不确定性可能使企业难以准确预测成本、规划投资,增加经营风险。例如,新出台的数据安全法可能对互联网企业的数据采集、使用、跨境传输等方面提出严格要求,但具体实施细则和执行力度尚不明朗,企业需为此预留额外的合规成本和应对措施。

应对策略:密切关注政策法规动向,与专业法律顾问合作深入解读政策影响,评估法规变动对企业成本结构、盈利模式、市场份额等方面的潜在影响,以便在估值时充分考虑这些因素。

2. 产业政策变动风险

行业扶持政策变动:政府对特定行业的扶持政策(如补贴、税收优惠、低利率贷款等)的调整或者撤销,可能削弱企业的竞争优势,影响其盈利能力。例如,新能源汽车行业曾享受高额购车补贴,一旦补贴退坡或者取消,可能导致市场需求下滑、企业利润空间压缩。

行业限制或者淘汰政策:政府出于环保、能耗、产业结构调整等因素,可能对某些行业实施限制或者淘汰政策,如产能过剩行业的去产能、高污染行业的限产停业等,这些政策可能导致相关企业面临经营困境甚至破产风险。

新兴产业政策导向:政府对新兴产业的大力扶持(如科技创新、数字经济、绿色发展等)可能改变市场投资热点,使传统行业企业面临资金抽离、人才流失的压力,影响其估值。

应对策略:密切关注国家及地方层面的产业政策导向,分析政策对企业所在行业的影响，评估政策变动对企业市场份额、盈利模式、投资回报率等关键指标的潜在影响，适时调整估值模型。

3. 税收优惠政策变动风险

税收优惠政策变动或者取消：政府对特定行业、地区或者企业的税收优惠政策（如高新技术企业所得税优惠、出口退税、研发费用加计扣除等）的调整或者取消，可能直接影响企业的税负水平，降低净利润，进而影响企业估值。

税制改革：如增值税税率调整、企业所得税法修订等系统性税制改革，可能改变企业的整体税负结构，对不同行业的企业产生差异化影响。

应对策略：跟踪税收政策动态，评估税收优惠变动对企业税负、利润水平、现金流等财务指标的影响，及时调整估值模型中的税务假设。

（三）税务风险

税务风险是危困企业估值中另一个需要关注的重要方面。由于企业经营困难，可能存在偷税漏税、欠税等问题，这些都可能导致企业面临巨大的税务风险。具体来说，税务风险主要包括以下几个方面：

补缴税款：企业如果存在偷税漏税行为，被税务机关查处后需要补缴税款和罚款，这将增加企业的财务负担。

滞纳金和利息：企业欠缴税款会产生滞纳金和利息，进一步增加企业的财务成本。

信誉损失：税务违规行为会导致企业信誉受损，影响企业的市场形象和融资能力。

为了应对税务风险，投资者和金融机构需要充分了解企业的税务状况，主要包括历史欠税情况、补缴税款记录以及是否存在税务违规行为等。同时，还需要对企业的税务合规性进行合理评估，以避免陷入税务风险的陷阱。

（四）市场风险

市场风险是危困企业估值中不可忽视的重要因素，它涵盖了由市场环境变化引发的各类风险，直接影响企业价值的评估。具体来说，市场风险主要包括以下几方面：

第一，市场竞争风险。危困企业可能面临市场竞争加剧的风险，导致市场份额减少和盈利能力下降。

行业竞争加剧：危困企业可能因创新能力不足、产品老化、运营效率低下等原因，在激烈的市场竞争中逐渐失去优势，导致市场份额萎缩、盈利能力下降。例如，传统零售企业面临电商崛起的冲击，若未能及时转型，市场份额可能被线上平台大量蚕食。

竞争对手策略调整：竞争对手的战略调整（如降价促销、新品发布、并购整合等）可能挤压危困企业的生存空间，影响其市场地位和盈利能力。例如，某家电制造商在主要竞争对手大幅降价促销后,销量骤减,盈利能力大幅下滑。

新进入者威胁:新兴企业或者跨界竞争者的进入,可能带来颠覆性的商业模式、技术或者产品,对危困企业构成威胁。例如,共享出行平台的兴起,对传统出租车行业造成巨大冲击,部分出租车公司陷入经营困境。

应对策略:深入分析行业竞争格局、竞争对手动态、潜在进入者威胁,评估危困企业在市场竞争中的相对位置和应对策略,合理调整估值模型中的市场份额、毛利率等关键参数。

第二,消费者需求变化风险。消费者需求的变化可能导致企业产品过时或者失去市场,从而影响企业的盈利能力。

消费趋势变迁:消费者偏好、购买行为、价值观念等随社会发展、科技进步而不断变化,可能导致危困企业的产品或者服务过时,市场需求萎缩。例如,随着健康意识的提升,消费者对高糖、高脂肪食品的需求减少,部分食品制造企业面临产品滞销、库存积压的问题。

技术革新影响:新技术、新产品、新业态的出现,可能改变消费者需求,对传统行业构成冲击。例如,智能手机普及导致传统相机市场需求大幅下滑,部分相机制造企业陷入危困。

应对策略:关注消费者需求变化趋势,分析危困企业产品或者服务的市场需求、生命周期、替代品威胁等因素,评估其适应市场需求变化的能力,适时调整估值模型中的营收预测。

第三,供应链风险。危困企业可能面临供应链中断或者成本上升的风险,导致经营成本增加和盈利能力下降。

供应链中断风险:原料供应短缺、供应商破产、物流中断等供应链风险可能导致危困企业生产受阻、成本上升,影响其经营稳定性。例如,芯片短缺导致汽车制造企业减产、成本增加,部分企业出现亏损。

供应链成本波动:原材料价格、物流费用、关税政策等供应链成本因素的波动,可能直接影响危困企业的成本结构和盈利能力。例如,铁矿石价格大幅上涨,导致钢铁企业生产成本上升,利润空间压缩。

应对策略:梳理危困企业的供应链结构,分析供应链风险点、成本敏感性,评估其应对供应链风险的能力,如备选供应商管理、成本转嫁能力等,合理调整估值模型中的成本预测。

(五)物业租赁风险

对于拥有物业资产的危困企业来说,物业租赁风险是影响其现金流和价值的重要因素。主要包括：

空置率上升风险：由于企业经营困难、市场需求变化、物业设施老化等原因，物业资产可能面临空置率上升的风险，导致租金收入减少，影响现金流。例如，购物中心因电商冲击、商圈迁移等因素，商铺空置率升高，租金收入下滑。

租金下降风险：市场竞争加剧、租赁需求减弱、租户议价能力增强等可能导致物业租金水平下降，影响物业资产的收益能力。例如，办公楼市场供应过剩，租金连续下跌，写字楼业主面临租金收入缩水。

租客违约风险：租户经营不善、资金链断裂、提前解约等情况可能导致租金收入损失，甚至引发法律纠纷。例如，受特殊时期经济形势或者疫情影响，部分餐饮、零售租户无力支付租金，拖欠租金或者提前退租，对物业业主造成损失。

应对策略：详细了解物业资产的租赁状况，包括租户结构、租约期限、租金水平、续租率等，分析未来租赁市场的供需形势、租金走势，评估物业资产的租金收入稳定性及潜在风险，合理调整估值模型中的租金收入预测。同时，关注物业资产的升级改造、业态调整等策略，评估其提升租金收入、降低空置率的效果。

企业脱困往往需要通过更长时间的物业租赁获取更多现金流收入，维持基础生存，以便后续从"止血"到"造血"。

（六）时间风险

时间风险是指由于时间推移导致企业价值下降、核心资产面临强制执行拍卖等风险。对于危困企业来说，时间风险尤为突出。

随着时间的推移，企业的经营状况可能进一步恶化，负债可能进一步增加，资产价值贬损，债务企业作为被告方面临司法程序强制执行等情形，重组机会窗口缩小，增加企业破产清算的风险，这些都可能导致企业价值的下降。甚至，面对小部分恶意债权人的步步紧逼，债务企业的现金流被逐渐蚕食殆尽。

经营状况持续恶化：随着时间推移，危困企业可能面临市场需求萎缩、竞争加剧、成本上升、现金流紧张等多重压力，导致经营状况持续恶化，营业收入减少，亏损扩大，进一步侵蚀企业价值。

第三章

不良资产行业与企业纾困

不良资产与企业困境紧密相连。危困企业经营难以为继时，会产生较难回现的货款、积压库存等不良资产，加重企业负担。而企业脱困后，这些资产又能更高效变现。

不良资产行业不仅处理金融坏账，还涉足非金融不良资产，专业机构通过专业管理、处置这些不良资产，实现企业价值最大化，助其解困。

第一节 不良资产行业

有一个主妇买鱼的故事，说的是在市场上有个卖鱼的，活鱼8元，死鱼3元，然后鱼贩看到一位主妇蹲在鱼摊前盯着一条喘气的鱼看，鱼贩问："你看它干吗"，主妇答："我在等它咽气"。

站在鱼贩的角度，卖不上价的死鱼就是不良资产；而站在旁观者的角度，救助危困企业就像拯救一条喘息的鱼，我们能做些什么呢？

首先，识别问题，紧急干预，精准施救。如同主妇发现鱼正在喘息，我们应迅速识别企业面临的危机，如债务负担过重、资金链断裂、资产盘活未果、市场竞争力下降、内部管理混乱等。一旦发现问题，立即采取紧急措施，如借款展期、加强商账清收、临时注入流动资金、调整经营策略、加强内部管控等，以稳定企业基本运营，防止情况进一步恶化。

其次，分析病因，对症下药。像医生诊断病人一样，深入了解企业陷入危困的原因，可能是行业环境变化、商业模式过时、创新能力不足、领导力缺失等。针对具体病因，制定针对性的解决方案，如调整市场定位、引入创新技术、优化组织架构、更换管理团队等。

再次，资源整合，寻求支持。正如需要寻找水源或者氧气来拯救垂死的鱼，我们应积极整合各方资源（如投资人、政府机构、行业协会等），提供必要的"股权＋债权"等形式的资金援助、政策扶持、技术指导、市场渠道等，帮助危困企业恢复生机。

最后，重组优化，减轻负担。若企业存在大量不良资产或者冗余业务，如同鱼身上附着的寄生虫或者伤口，应根据企业具体情形通过资产剥离、债务重组、股权重组、业务整合等多元化方式，减轻企业负担，提高运营效率。这可能主要包括出售非核心资产、重组债务结构、关闭亏损业务等措施。同时，建立风险预警与应对机制，预防类似危机再次发生。

一、不良资产投资概述

（一）不良资产的定义、分类与特性

不良资产，从字面上理解，是指那些质量不佳、难以为持有者带来预期收益的资产。在金融市场和企业管理中，它特指金融机构或者企业因各种原因无法按时、足额收回本金和利息的债权、股权等资产。这些资产通常因借款人违约、担保物价值下降、市场环境变化、政策调整等原因而面临价值损失的风险。

为了更好地理解和管理不良资产，我们可以从多个维度对其进行分类。从来源维度进行分类，主要包括银行不良资产、非银金融不良资产、企业不良资产。银行不良资产主要来源于银行贷款、信用卡欠款等金融业务。非银金融不良资产主要包括了信托、租赁、保险、证券等非银行金融机构所持有的不良资产，这些机构在业务运营中也可能因为各种风险因素而积累不良资产。企业不良资产指的是企业在生产经营过程中，由于市场变化、管理不善、技术落后等原因，可能导致部分资产无法为企业带来预期的经济利益，从而形成不良资产。

在银行业监管和实务中，按照风险程度通常采用五级分类法进行划分，即"正常类、关注类、次级类、可疑类、损失类"，后三类为不良资产。这是一种国际通用的、以风险为导向的资产质量分类标准，旨在及时识别、评估并控制信贷风险。以下是具体内容：

正常类（normal）：资产质量良好，借款人有能力按时足额偿还贷款本息，没有明显的偿债风险因素。债务人财务状况稳定，还款意愿强烈，未出现逾期或者欠息情况。贷款担保充分有效，不存在影响债权实现的重大法律瑕疵。

关注类（special mention）：虽然借款人目前仍能按时偿还贷款本息，但存在一些可能影响其未来偿债能力的不利因素，如行业景气度下降、经营状况下滑、财务指标弱化等。债务人还款意愿正常，但还款能力面临一定不确定性，如出现短期逾期或者

欠息现象，但已及时补救。贷款担保存在一定瑕疵，如担保物价值下降、担保人信用状况恶化等，但仍能提供一定保障。

次级类（substandard）：债务人的还款能力明显减弱，依靠正常收入已无法保证按时足额偿还贷款本息。贷款已逾期或者欠息，且逾期天数超过90天（含），但不超过180天。贷款担保出现严重问题，如担保物价值大幅缩水、担保人丧失代偿能力等，可能影响债权的完全实现。

可疑类（doubtful）：债务人还款能力严重削弱，贷款本息偿还极有可能发生实质性损失，但尚未达到完全不能收回的程度。贷款已逾期或者欠息，且逾期天数超过180天（含），但不超过360天。贷款担保基本丧失，即使通过法律手段清收，预计收回的金额也将显著低于贷款本金。

损失类（loss）：债务人已无法偿还贷款本息，贷款已形成事实上的损失，即使采取一切可能的措施，预计也难以收回全部或者大部分贷款本息。贷款已逾期或者欠息，且逾期天数超过360天，或者已符合核销条件。贷款担保已完全丧失，且债务人已破产、解散、失踪等，基本无任何财产可供清偿。

从类型维度进行分类，主要包括实物资产、股权资产、债权资产。实物资产主要包括房地产、机器设备、存货等。这些资产可能因为市场价值的下降、技术更新或者损坏等原因而变为不良资产。股权资产即当企业持有的其他公司股权因为被投资公司经营不善、市场环境变化等原因导致价值下降时，这些股权就可能成为不良资产。债权资产主要是指企业或者个人作为债权人，因债务人无法按时偿还债务而形成的不良资产，该类资产在不良资产处置中占据了很大的比例。

在企业不良资产中，按产生原因分类主要有：

市场风险导致的不良资产：如因市场需求变化、竞争加剧、产品过时等市场因素导致的销售困难、存货积压、应收账款难以收回等。

信用风险导致的不良资产：如债务人违约、破产、重组导致的贷款、应收账款、担保责任等无法按期收回。

操作风险导致的不良资产：如内部管理不善、违规操作、欺诈行为等引发的资产损失。

法律风险导致的不良资产：如合同纠纷、诉讼失败、行政处罚等导致的资产损失或者价值贬损。

按不良资产处置难度分类主要有：

易于处置的不良资产：如具有明确市场价格、市场需求良好、权属清晰的资产，可以通过快速变现、拍卖、转让等方式处理。

中等难度处置的不良资产：如需进行一定程度的整理、修复、改良或者寻求特定买家的资产，处置过程可能涉及一定时间和成本。

难以处置的不良资产：如权属争议大、法律障碍多、市场接受度低、处置成本高的资产，可能需要通过诉讼、重组、长期持有等方式逐步消化。

按不良资产形态分类主要有：

有形不良资产：如生产设备、库存商品、房地产等实体资产。

无形不良资产：如无效的专利、商标、版权、商誉等无形资产，以及无法收回的应收账款、预付账款、其他应收款等债权性无形资产。

按不良资产账龄分类主要有：

逾期不良资产：指未按合同约定时间偿还的资产，通常分为逾期1—3个月、3—6个月、6个月以上等不同级别。

呆滞不良资产：指逾期时间较长，经催收仍未偿还，且短期内收回可能性较小的资产。

呆账不良资产：指已确认无法收回，需进行核销处理的资产。

不良资产具有几个显著特性：首先，它们的市场价值通常低于账面价值，反映了资产质量的下降；其次，不良资产的流动性较差，难以在短时间内以合理价格变现；最后，不良资产的管理和处置需要专业的知识和技能，以最大限度地减少损失并寻求价值恢复的可能性。

（二）不良资产投资的多重意义

不良资产投资并非简单的"垃圾捡拾""秃鹫猎食"，而是一种复杂的金融活动，具有多重意义和战略价值。它不仅关系到单个金融机构或者企业的健康发展，更对整个金融市场的稳定与发展产生深远影响。有效的不良资产处置方式能够优化资源配置，拯救危困企业，提高金融市场的运行效率，推动经济的转型升级。

首先，不良资产投资有助于提高金融市场的效率。通过专业化的投资机构对不良资产进行管理和处置，可以加速金融市场的资金流转，减少资源浪费，提高整体经济运行的效率。

其次，不良资产投资在防范金融风险方面发挥着重要作用。及时识别和处理不良资产，可以防止风险在金融系统内部累积和扩散，维护金融市场的稳定和健康发展。

此外，不良资产投资还能推动经济转型升级。在处置不良资产的过程中，往往需要借助法律、金融、财务、会计、评估、营销、谈判、心理分析等专业服务，这些服务行业的发展间接促进了经济的转型升级。同时，通过不良资产投资，可以引导资金流向更具发展潜力的领域和企业，推动经济结构的优化和升级。

最后，实现资产价值最大化是不良资产投资的根本目标。通过运用专业的投资技巧和管理手段，投资机构可以在不良资产中发现并挖掘潜在价值，实现资产价值的最大化提升。这既有利于投资机构获取可观的投资回报，也有助于提升整体经济的价值创造能力。

举个常见例子，某投资机构成功收购了一家陷入危困的企业的不良债权。通过深入分析和精心管理，采取各种非诉催收和诉讼清收等措施，该投资机构不仅成功收回了债权本金和利息，还通过债务重组、资产重组等手段改善了企业经营管理状况，使该企业重新焕发生机并实现盈利。

以上充分展示了不良资产投资在实现资产价值最大化方面的巨大潜力，实现了资产价值最大化、保护债权人利益、促进企业再生等目标，有助于将"死资产"转化为"活资本"，为金融机构和企业带来新的生机与活力。

二、不良资产投资策略

（一）尽职调查与信息收集

尽职调查作为不良资产投资的起点，其深度和广度直接决定了投资策略的成败。投资者在进行尽职调查时，应秉持细致入微的态度，对目标资产展开全方位的剖析。可以聘请专业的法律顾问团队对业务进行合规性审查和风险提示，不仅能够对业务进行日常的合规性审查，还能在复杂交易、争议解决和风险管理方面提供专业意见。

首先，通过不良资产生态圈获取近来多年的不良资产交易信息，更新资产流动信息，精准掌握相关资产动态和价值实现情况，选择出拟投资目标资产。

其次，要了解目标资产的历史沿革，主要包括其原始形成、后续变动及当前状态，这有助于投资者把握资产的整体脉络。其次，要深入挖掘目标资产的法律关系，如债权债务关系、担保情况、诉讼纠纷等，以识别潜在的法律风险。此外，还需对目标资产的债权状况进行详尽分析，主要包括债权金额、债权期限、还款方式等，从而准确评估债权的价值。

在信息收集方面，投资者应关注与目标资产相关的各类信息，如行业报告、市场数据、竞争分析等。这些信息有助于投资者判断目标资产所处的市场环境和行业趋势，进而为投资决策提供有力支持。

关键操作：

第一，确定调查目标和范围。明确目标资产：确定需要调查的资产包或者单个资产。界定调查范围：根据资产类型、地理位置、行业等因素确定。

第二，收集基础资料。从资产出售方获取资产清单、财务报表、合同协议等。从公共渠道收集行业报告、市场数据、法律法规等。

第三，进行现场调查。实地查看资产状况，如不动产的地理位置、使用情况等。与相关人员（如债务人、担保人）进行访谈，了解实际情况。

第四，法律尽职调查。审查资产的权属证明、担保文件、诉讼记录等。评估法律风险，如债权纠纷、执行难度等。

第五，财务尽职调查。对目标资产进行财务审计，核实资产价值。分析现金流、利润表等财务数据，评估盈利能力。

第六，整合和分析信息。将收集到的信息进行分类整理。通过数据分析、比较等方法，识别潜在问题和机会。

（二）资产评估与定价策略

估值和定价是不良资产投资中的关键环节，直接决定了投资者的收益水平。在制定估值和定价策略时，投资者应充分考虑目标资产的特性和市场环境，采用多元化的方法进行操作。为保障评估的准确性和公正性，应借助有丰富实战经验的资产评估团队。这个团队应具备丰富的行业经验和专业知识，能够运用多种评估方法和技术手段对不良资产进行全面、深入地分析。评估过程中，还需特别关注资产的权属状况、担保情况、市场前景等因素，以保障评估结果的真实性和可靠性。

估值方面，除了传统的现金流折现法、市场比较法和重置成本法外，投资者还可以根据实际情况采用其他估值方法，如期权定价模型、蒙特卡罗模拟等。这些方法能够更准确地反映目标资产的价值，为投资者提供更可靠的决策依据。

定价方面，投资者需要综合考虑目标资产的流动性、风险性和收益性等因素。对于流动性较差的资产，可以采用折扣定价策略以吸引买家；对于风险较高的资产，则可以通过提高收益率来补偿风险。此外，投资者还可以利用金融衍生工具进行风险对冲，以降低投资风险。

关键操作：

第一，选择合适的估值方法。根据资产类型和特性选择现金流折现法、市场比较法或者重置成本法等，也可以根据实际情况考虑使用期权定价模型等高级方法。

第二，进行初步估值。利用选定的方法对资产进行初步价值评估。根据市场情况和资产特性调整估值结果。

第三，制定定价策略。综合考虑流动性、风险性和收益性确定资产定价。考虑使用折扣、收益率调整等手段吸引买家或者补偿风险。

第四，与市场进行比较。将定价与市场类似资产的价格进行比较，根据比较结果调整定价策略。

（三）投资组合构建与风险管理

投资组合构建和风险管理是降低投资风险、实现收益最大化的重要手段。

在构建投资组合时，投资者应运用现代投资组合理论和方法，如马科维茨投资组合理论、资本资产定价模型等，对不同类型的资产进行科学配置。既要配置能够实现超额利润的中长期项目，也要配置能够稳定实现现金流的"短平快"项目，这有助于应对市场不确定性、实现风险的分散化和收益的最大化。

风险管理方面，投资者需要建立完善的风险管理体系，主要包括风险评估、监控和预警机制等。风险评估可以采用定性和定量相结合的方法，如风险矩阵法、敏感性分析等，及时发现潜在风险点；风险监控则需要对投资组合进行实时跟踪和调整，以保障风险控制在可承受范围内，实时掌握风险状况；预警机制则能够及时发现潜在风险并采取相应措施进行应对。

完善内部控制体系和风险防范机制。内部控制体系和风险防范机制是保障业务稳健运行的两大基石。内部控制体系应覆盖业务的各个环节和岗位，保障各项操作符合法律法规和公司内部政策的要求。同时，通过建立健全的风险防范机制，可以及时发现和识别潜在的法律风险和其他风险，并采取相应的措施进行防范和应对。这主要包括建立风险预警系统、制定应急预案、定期进行风险评估和审计等。

合规培训和文化建设是提升全员合规意识和能力的有效途径。通过定期的合规培训，可以使员工深入了解不良资产投资与经营管理所涉及的法律法规和政策要求，增强合规操作的自觉性和主动性，为不良资产投资业务发展提供有力保障。

此外，投资者还可以利用金融科技手段提升风险管理效率。例如，利用大数据和人工智能技术对市场数据进行实时分析和挖掘，以发现潜在的投资机会和风险点；利用区块链技术对交易过程进行透明化记录和追溯，以降低欺诈和违约风险。

三、不良资产经营管理与处置模式

不良资产经营管理处置模式是指金融机构或者企业在面对不良资产时，为实现风险化解、价值回收所采取的一系列策略和方法。主要模式如下。

（一）主要传统模式

不良资产经营管理的传统模式主要包括清收、处置和重组等方式，这些方法在金融机构或者企业中得到了广泛应用。

1. 清收

清收是指通过非诉或者诉讼、执行等手段向债务人偿还债务。处置周期通常较长，且回收率受到债务人偿债能力、法律环境等多种因素的影响。

直接催收：通过电话、信函、上门等方式直接向债务人催讨欠款，适用于债务金额较小、债务人联系方式明确、还款意愿较强的案件。

司法清收：通过提起诉讼、申请仲裁、申请执行等法律手段，强制债务人偿还债务或者实现担保物权。如通过法院判决、裁定，依法查封、扣押、冻结、拍卖债务人财产，以回收资金。

2. 处置

处置是指将不良资产转让给其他机构或者进行拍卖等方式变现。这种方式可以快速地将不良资产从原持有者手中剥离，降低风险敞口。然而，处置价格往往受到市场供需关系、资产质量等因素的影响，由于存在"打折"等惯例，可能导致原持有者面临较大的价值损失。

一对一转让：将单个不良资产债权直接转让给第三方，如资产管理公司、投资机构或者个人投资者，适用于债权清晰、债务人偿债能力明确的案件。

打包转让：将一批同类或者关联的不良资产打包出售，便于买方集中处理，提高处置效率。如银行将某一行业或者地区的不良贷款打包，整体转让给资产管理公司。

3. 重组

债务重组：通过调整债务本金、利息、期限、担保方式等，改善债务人的偿债能力。如债务展期、减免利息、债转股等。

资产重组：对债务人企业进行资产、业务、股权等方面的重组，优化资产结构，提升盈利能力。如出售非核心资产、引入战略投资者、进行业务整合等。

股权重组：对公司股权结构进行调整和优化的过程，包括但不限于股权转让、增资扩股、股权回购、股权激励、股权合并、股权分拆、债转股、股权稀释、优先股转换、股东结构优化、战略投资者引入等。

(二) 主要创新管理模式

随着金融市场的发展和技术的进步，不良资产经营管理模式也在不断创新。

1. 企业自救重组与破产重整

自救重组：鼓励债务企业通过内部资源整合、资产剥离、业务调整、引入战略投资者等方式自我救赎，改善经营状况，偿还债务。

破产重整：针对可能或已经具备破产原因但又有维持价值和再生希望的企业，经由各方利害关系人的申请，在法院的主持和利害关系人的参与下，进行业务上的重组和债务调整，引入新投资者、出售非核心资产，以帮助债务人摆脱财务困境、恢复营业能力，实现企业重生。相比破产清算，破产重整更注重保留企业运营价值，尽可能减少资源浪费。

2. 资产租赁与经营

回租：金融机构将不良资产（如设备、房产等）出售给第三方，同时与买方签订回租协议，继续使用该资产并支付租金。这种方式既可以实现不良资产的账面出表，又能继续利用资产创造现金流。

经营性重组：对于具有经营价值的不良资产，如酒店、商场、工厂等，可通过引入专业运营商进行经营性重组，改善经营状况，提升资产价值，为后续处置创造有利条件。

3. 以物抵债

债务人以其所有的财产或者权益抵偿其所欠债务，而非以现金形式进行偿还。这种方式在债务人资金紧张、无法按时足额偿还债务，而其拥有具有一定价值的实物资产或者权益时，可作为一种有效的债务清偿途径。

债务人自身拥有或者能够轻松获取某些有一定市场价值的商品，且能够覆盖或者部分覆盖债务金额。抵债资产类型广泛，包括但不限于房产、土地使用权、生产设备、库存商品、应收账款、股权、知识产权等。债权人对以物抵债方式表示认可，愿意接受抵债资产作为债务清偿方式。债权人需对抵债资产进行价值评估，保障其符合自身利益。举例，某债务企业用一批酱香白酒抵债，某房地产企业以土地使用权抵债，某制造企业以设备抵偿供应商货款。

4. 债转股

将债权人对债务企业的债权转换为股权，使金融机构成为企业的股东，通过分享企业未来收益来回收投资。这种方法适用于有一定发展潜力但暂时面临流动性困难的企业，能够减轻其债务负担，帮助其恢复正常经营。

5. 资产证券化

将一组同质化的不良资产打包，转化为可以在金融市场上交易的证券，如债券、信托受益权凭证等。这种方式可以将不良资产转化为流动性更强的金融产品，吸引更多的投资者参与，分散风险，提高资金回收率。

6. 综合运用多种处置方式

"清收＋处置＋重组"联动方式：针对同一不良资产，灵活运用多种处置方式，如先进行债务重组，再通过公开竞价处置部分资产，最后对拒不配合的债务人采取司法清收。

跨领域合作：与专业财务顾问、律师事务所、会计师事务所、评估机构、投资银行等专业服务机构合作,发挥各自专业优势,共同推进不良资产处置。

第二节 危困企业各方博弈主体分析

一、揭秘企业债务逾期后的多方力量博弈

企业家创业后,历经形成、发展、成熟等阶段,部分企业因经营不善、市场环境剧变、战略失误等原因导致现金流紧张,无法按时偿还银行贷款,进入债务违约状态,面临债务危机、走向衰亡。

在这个过程中,资金紧张时首先会向银行业金融机构融资,用公司或者个人名下的不动产或者动产办理抵押贷款,不够用时则转向信用贷款、刷信用卡,还不够用时向股东拆借、员工拆借、民间拆借。前期债务到期时,借新还旧、短借长用、借高还低、借熟还生、借内还外、借亲还远。不够还时,则贱卖部分商品、贱卖部分设备、转让部分经营、以物抵债、以股抵债、停工停产等。债务危机持续恶化,资金彻底被掏空,停息断贷后,面临电话骚扰、上门催收,所有财产被财产保全,败诉后被强制执行,净身出户,甚至有更恶劣的情况,如果借不到钱,就可能铤而走险去骗钱。

爆发债务危机后,企业家曾经违反法律法规及其他不规范的具体行为也可能被"掘地三尺"而浮出水面。以下是一些企业家可能触犯的刑事犯罪罪名:

非法吸收公众存款罪:在融资活动中,如果未经批准,非法吸收公众存款或者变相吸收公众存款,可能触犯此罪名。

职务侵占罪:企业家或者企业员工利用职务上的便利,侵占公司财产,可能构成此罪。

拒不支付劳动报酬罪:如果企业故意不支付员工工资,可能会触犯此罪名。

虚开增值税专用发票罪:涉及开具虚假的增值税发票,进行偷税、漏税等行为,可能构成此罪。

合同诈骗罪:在商业合同中进行欺诈,导致对方财产损失,可能触犯此罪名。

挪用资金罪:企业家或者企业员工挪用公司资金进行个人使用,可能构成此罪。

行贿罪和受贿罪:在商业活动中,给予或者接受贿赂,可能触犯行贿罪或者受贿罪。

非法经营罪:未经许可,擅自经营法律、行政法规禁止经营的项目,可能构成此罪。

逃税罪:故意逃避缴纳税款,数额较大或者有其他严重情节的,可能触犯此罪名。

重大责任事故罪：在生产、作业中违反安全管理规定，发生重大事故，可能构成此罪。

非法占用农用地罪：违反土地管理法规，非法占用农用地，改变土地用途，可能构成此罪。

生产销售伪劣产品罪：生产或者销售不符合标准的产品，可能触犯此罪名。

虚假诉讼罪：在诉讼过程中，故意提供虚假证据、作虚假陈述等，可能构成此罪。

串通投标罪：在招标投标过程中，相互串通损害他人利益，可能触犯此罪名。

对非国家工作人员行贿罪：向非国家工作人员提供贿赂，以获取不正当利益，可能构成此罪。

滥用职权罪：国有企业家可能因滥用职权，导致国家利益遭受重大损失，而触犯此罪。

签订、履行合同失职被骗罪：在签订或者履行合同过程中，因严重不负责任导致被诈骗，可能构成此罪。

非法采矿罪：未取得采矿许可，擅自采矿，可能触犯此罪。

生产销售有毒有害食品罪：生产或者销售对人体健康有害的食品，可能构成此罪。

敲诈勒索罪：使用威胁或者要挟手段非法索取财物，可能触犯此罪名。

非法拘禁罪：非法剥夺他人人身自由，可能构成此罪。

强迫交易罪：以暴力、威胁或者其他手段强迫他人与其进行交易，可能触犯此罪名（见图1）。

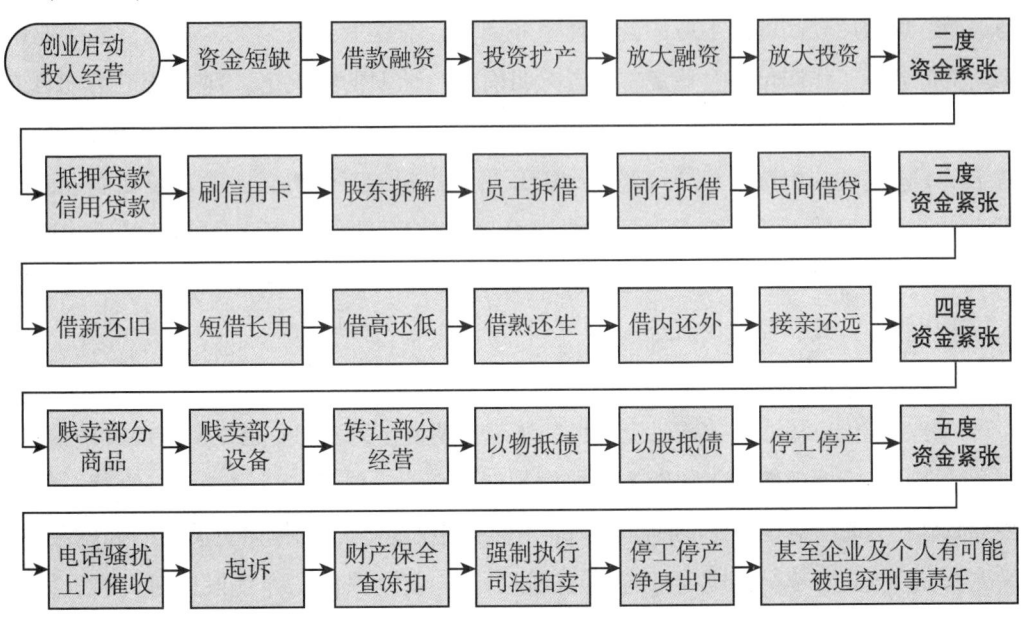

图1 个别企业家债务逾期后的曲折人生与多方博弈

企业债务危机爆发后,各方主体的态度和行动会因其立场、利益关系及对危机的认知不同而有所差异。

企业家的亲朋好友中,有的可能表示出关切与支持,也有的可能保持距离,更有的可能反目成仇、财产保全。亲朋好友可能会给予企业主或者高层管理者情感上的支持,理解其面临的压力,提供倾诉的渠道,帮助缓解精神压力。他们在个人能力范围内,提供临时资金援助、人脉资源介绍、业务咨询等实质帮助,尤其是对关系亲密且经济条件允许的亲友。另外,也有一部分亲友可能担心债务危机波及自身,选择保持一定距离,避免牵涉进企业债务问题。若亲友与企业有财产关联(如共同投资、借贷等),可能采取法律手段保护自身财产不受企业债务影响,如要求企业提前偿还借款、解除担保关系等。

企业债务危机爆发后,企业股东可能积极介入与挽救,也可能快速止损退出。大股东或者有实力的股东可能注入额外资金,帮助企业渡过难关,尤其当他们认为企业仍有复苏潜力或者不愿承受投资损失时。同时,推动企业进行战略重组、业务调整、成本削减等改革措施。也有一部分股东可能选择出售股份,及时止损,避免进一步损失。这可能发生在小型私人股东或者对企业发展前景持悲观态度的大股东身上。在企业濒临破产且无望复苏的情况下,甚至有一部分股东可能推动企业申请破产保护或者直接破产清算,以合法程序分配剩余资产,结束经营。

企业债务危机爆发后,企业员工可能坚守岗位,与企业家共渡难关,也可能跳槽与离职。忠诚度较高的员工可能会选择坚守岗位,与企业共渡难关,尤其是在企业承诺薪资待遇、工作岗位相对稳定,或者有明确重组计划的情况下。部分员工可能自愿接受降薪、绩效或者福利削减等牺牲,以帮助企业降低成本,展现共度时艰的决心。对未来不确定性的担忧可能导致部分员工开始寻找新的工作机会,尤其是在企业前景不明朗、薪资发放不及时或者裁员风险增大时,这无可厚非。面临欠薪、社保中断等问题时,员工可能组织起来,通过工会、劳动仲裁等方式维护自身权益,甚至引发罢工等集体行动,我们要客观面对。

企业债务危机爆发后,企业的供应商可能表示继续合作与支持,也可能对企业家追讨欠款与断供。核心的关键供应商可能基于长期合作关系和对企业未来恢复的信心,同意延期收款、调整账期,帮助企业缓解现金流压力。维持或者调整供应策略,保障关键原材料或者服务的持续供应,助力企业维持生产运营,如提供更灵活的采购条件、优先供货等。也有部分供应商可能加大催收力度,甚至采取法律手段追讨欠款,如发送律师函、提起诉讼、申请财产保全等。在欠款长期未结、企业信誉严重受损或者自身财务压力下,供应商可能选择停止供应,迫使企业尽快解决债务问题,防止损失扩大。

企业债务危机爆发后，企业逾期未还的贷款本金及利息构成银行的逾期债权。根据监管规定和银行内部风险管理政策，达到一定期限且预计难以收回的逾期债权将被分类为不良资产。银行等金融机构的资产保全部门采取各种追偿手段后，会将相关企业的逾期债权作为不良资产对外转让，由资产管理公司等相关专业机构收购。

资产管理公司对不良资产进行详尽的尽职调查，根据抵押物状况评估债权真实性和回收可能性，分析债务人偿债能力与偿债意愿，与银行协商确定收购价格，或者通过公开竞价程序投标报价。签订转让协议，办理债权转移手续，按照一次性买断或者分期付款等不同方式支付转让价款。

最后，资产管理公司往往通过诉讼追偿、资产包拆分、资产租赁、债务和解、债务削减、债务豁免等多元手段推动资产处置，实现不良资产投资回款。

二、企业家

（一）企业困局与应对

在现金流严重不足的情况下，企业应暂时搁置偿债计划，首要任务是寻找有效的盈利模式。企业需先找准盈利途径，才能为后续整体实现偿债创造可能。在此过程中，企业应学会先申请暂停或延缓支付利息，集中力量恢复元气；如同先"止血"后"造血"，必须先遏制利息成本的持续增长，进而逐步减轻负债压力。最终，通过纾困与重组的策略，企业可以逐步恢复自身的"造血"功能，实现稳健的财务复苏。

（二）企业家怎样有效识别与防范债务风险

企业家需采取全方位视角，融合财务与非财务指标，主动识别并应对债务风险，保障企业稳健前行，避免危机的发生，保障可持续发展。

第一，深化财务洞察力。企业家需持续聚焦企业财务基本面，密切监视收入、成本、盈利、资产负债等核心指标。定期审视利润与损失表、资产负债表及现金流量表，可及早揭示潜在的财务挑战。例如，持续亏损状态或者高企的负债比率，皆为债务危机的预警信号。

第二，优化债务架构管理。精细化管理债务结构，平衡短期债务与长期负债的比例，合理配置利息负担，是风险防控的关键。高比例短期债务或者高额利息支付，均可能加剧偿债压力，预示债务风险累积。

第三，紧跟市场与政策风向。动态追踪市场趋势、政策导向及竞争格局，对经营环境保持高度敏感。市场收缩、政策紧缩或者竞争加剧均可能对企业的财务健康构成威胁，提前预警债务危机。

第四，强化偿债能力评估。通过流动比率、速动比率等财务工具，定期检验企业的短期偿债准备；同时，结合盈利潜力、资产周转效率等长期视角，综合评判企业的债务承受力。强化这一能力，是防患于未然的基石。

第五，重视非财务警示迹象。关注企业内外部的非财务信号，如供应商款项延期、薪资发放迟滞、人员结构调整等，这些往往是财务压力初现的微妙提示。企业家个人行为的变动，如非正常资金调动，也是值得警觉的信号，可能暗示企业资金链紧张。

三、亲朋好友

亲朋好友在企业家的生活和事业生涯中起到了至关重要的作用，不仅提供情感支持，还在企业家走投无路之时给予实质性的救济帮助，同舟共济，助其应对危机。

(一) 精神与心理层面的支柱

压垮一个人的不是事物本身，而往往是情绪！

当企业家深陷不良资产的危困局面时，亲朋好友是他们在精神与心理上的重要支柱。面对压力、焦虑甚至挫败感，亲朋好友的倾听、理解与鼓励，为企业家提供了宝贵的心理支持。他们的陪伴与关怀，使企业家能够在逆境中保持冷静与坚强，进而以更加积极的心态去解决问题。

(二) 资金层面的实质性援助

亲朋好友在资金层面上的帮助，对于解决不良资产问题具有实质性的推动作用。他们可能通过以下几种方式提供资金支持：

个人资金出借：亲朋好友可能会直接出借个人储蓄，以解企业家的燃眉之急。这种借款往往是基于深厚的信任与情感纽带，有时甚至是无息或者低息的。

协助获取贷款：如果亲朋好友拥有良好的信用记录或者资产，他们可能会作为共同借款人或者担保人，帮助企业家从银行或者其他金融机构获取贷款。

投资或者购买资产：在某些情况下，亲朋好友可能会直接投资企业家的项目，或者购买其不良资产，从而帮助企业家盘活资金、减轻负担。

(三) 资源与网络的共享

亲朋好友的社交网络是企业家解决问题的重要资源。他们可以推荐投资者与合作伙伴，提供专业建议与服务，分享行业信息与机会。通过他们的社交圈子，为企业家介绍潜在的投资者和合作伙伴，从而拓宽企业的融资渠道和业务范围。如果亲朋好友中有专业人士，如律师、会计师或者金融顾问等，他们可能会为企业提供专业的建议和服务，帮助企业更好地应对不良资产问题。亲朋好友可能会分享他们所在行业的最新动态和商机，为企业家提供有价值的市场信息和商业机会。

（四）法律咨询与风险规避

对于涉及法律问题的不良资产处置，亲朋好友中的法律专业人士能提供宝贵的法律咨询与风险规避建议。这包括帮助企业家审查与不良资产处置相关的合同和协议，保障其合法性和有效性，从而避免潜在的法律纠纷；提供法律风险预警，并制定相应的应对策略，帮助企业在不良资产处置过程中规避法律风险；如果不良资产处置过程中涉及争议或者诉讼，亲朋好友中的法律专业人士能为企业提供有力的法律支持，保护企业的合法权益。

（五）家庭与生活的稳定器

企业爆发债务危机可能会对企业家的家庭和生活产生负面影响。亲朋好友在这方面也发挥着重要作用：

家庭关系协调与支持：他们可以帮助企业家协调家庭关系，处理因不良资产问题而引发的家庭矛盾，保障企业家在应对危机时能得到家庭的支持和理解。

生活关怀与照顾：在企业家忙于处理不良资产问题时，亲朋好友可能会在生活中给予关怀和照顾，如帮助照顾家人、处理家务等，以减轻企业家的生活压力。

精神鼓励与陪伴：他们会陪伴企业家度过困难时期，提供精神上的鼓励和支持，帮助企业家保持积极乐观的心态。

四、股东

股东，作为企业的核心投资者，其态度与行动在企业面临不良资产挑战时显得尤为重要。他们的决策不仅关乎企业的生死存亡，还深刻影响其投资回报与风险。

（一）积极介入与支持

面对企业不良资产的危困局面，有信心又有远见的股东会选择积极介入，运用各种策略来稳固和提升企业的市场地位。

追加投资：大股东或者财力雄厚的投资者可能会选择向企业注入更多资金，尤其是在他们深信企业具备长期潜力和市场前景时。例如，一家初创科技公司在产品研发的关键阶段遭遇资金短缺，其主要股东决定追加5000万元的投资，以保障项目的顺利推进。

提供或者担保贷款：股东还可能利用自身信用或者资产，为企业提供贷款或者贷款担保，帮助企业渡过现金流难关。比如，某制造企业因应收账款延迟而面临短期资金压力，其股东以个人名义为企业提供了一笔过桥贷款，保障企业正常运营。

引导业务转型：股东可能利用其行业经验和资源，引导企业进行业务模式的转型或者创新。如一家传统零售企业在电商冲击下业绩下滑，股东建议并帮助企业向新零售模式转型，结合线上线下优势，重塑市场竞争力。

优化管理与团队：股东还可能推动企业改善内部管理，包括引进新的管理团队、优化组织架构、提升运营效率等。例如，一家餐饮连锁企业在扩张过程中遭遇管理瓶颈，股东推动其引进了一位经验丰富的 CEO，并优化了管理流程，显著提升了企业绩效。

(二) 风险规避与止损

当然，并非所有股东都愿意或者能够承担无限的风险。在面对难以逆转的危困局面时，股东可能会选择更为保守的策略。

寻找新的投资者：股东可能会积极物色新的投资者，将自己的股份部分或者全部转让，以降低风险。一家生物医药公司在临床试验失败后市值大跌，其部分小股东选择将股份转让给了一家专注于生物医药领域的投资基金。

有序退出：为了避免市场恐慌和股价崩盘，股东可能会选择有序退出策略，逐步减少持股比例。例如，某互联网公司的早期投资者在公司上市后逐步减持股份，实现了良好的投资回报并降低了风险。

在企业面临严重的财务危机，但仍有复苏可能的情况下，股东可能会推动企业进入破产重整程序，旨在帮助企业重组债务、优化资产结构，并为企业提供新的发展机会。它不同于破产清算，更注重企业的持续经营和价值最大化。他们可能需要与债权人、法院、管理人等各方进行多轮协商和谈判，以达成重整共识。

当企业无法通过其他方式摆脱困境，且已无望复苏时，股东可能会同意企业进行破产清算，旨在通过出售企业资产来偿还债务，保护债权人利益，并结束企业的法人资格。在清算过程中，股东需要配合清算组的工作，提供必要的文件和信息。他们可能需要面对投资损失的现实，并接受清算结果。

五、员工

员工是企业最宝贵的资源，当企业面临不良资产问题时，员工的反应和应对策略是复杂多样的，但对于企业的稳定和发展至关重要。当企业面临困境时，许多忠诚和有责任心的员工会选择坚守岗位，积极应对挑战。然而，面对不确定的未来，部分员工可能会选择寻找新机会或者采取自我保护措施。当员工认为自己的权益受到严重侵犯时，他们可能会采取集体行动来维权。

企业应密切关注员工的动态和需求，积极与员工沟通，共同应对困境，以维护企业的稳定。

（一）坚守岗位与积极应对

岗位坚守：有些员工对企业有深厚的归属感，他们选择坚守岗位，不离不弃。例如，某餐饮连锁品牌面临经营困境时，其门店经理依然坚守岗位，带领团队努力提升服务质量，以吸引更多顾客。

主动担当：在逆境中，员工可能会主动承担更多责任，助力企业渡过难关。例如，某家电商平台在遭遇市场竞争压力时，其技术团队主动加班加点，优化平台功能，提升用户体验。

技能提升：为了适应企业转型或者业务调整的需要，员工可能会主动学习新技能。例如，一家制造业企业在转型过程中，生产线工人接受职业技能培训，学习操作新的生产设备。

跨部门协作：在困难时期，员工可能更加注重跨部门协作，以提高工作效率。例如，某家服装公司在市场低迷时，设计部、生产部和销售部紧密合作，快速响应市场需求，推出新款产品。

（二）寻求新机会与自我保护

职业规划与调整：员工可能会重新评估自己的职业规划，寻找更稳定或者有更大发展空间的工作机会。例如，某金融公司员工在感知到行业风险后，开始关注其他行业的职位和未来发展机会，并最终成功转行到教育行业。

建立人脉与信息网络：为了获取更多的职业机会，员工可能会积极建立人脉关系，加入行业社群，以便及时获取招聘信息和行业动态。

储备金积累：为了应对可能的失业风险，员工可能会开始储蓄更多的资金，减少非必要支出。例如，某公司员工在得知公司可能裁员的消息后，开始削减个人开支，为未来的失业生活做准备。

法律咨询与准备：面临潜在的劳动纠纷时，员工可能会寻求法律咨询，了解自己的权益和应对策略。例如，某家企业在裁员过程中引发员工不满，部分员工咨询律师，了解自己的合法权益并做好劳动仲裁等维权准备。

（三）集体行动与维权

建立维权群体：员工可能会通过社交媒体、即时通信工具等渠道建立维权群体，共同商讨应对策略。例如，某家企业因欠薪问题引发员工不满，员工们通过微信群组织起来，共同商讨维权事宜。

联络工会与法律援助：为了增强维权力量，员工可能会联络当地工会或者寻求法律援助。例如，某家工厂的工人在遭遇欠薪和恶劣工作环境后，联络当地工会并寻求法律援助，最终成功维护了自己的权益。

"罢工"与抗议：为了引起社会关注和企业管理层的重视，员工可能会采取罢工、抗议等实际行动。例如，某家快递公司的员工因不满工作条件和薪资待遇而"罢工"，要求公司改善工作环境并提高薪资水平。

利用社交媒体施压：员工可能会通过社交媒体平台发布维权信息，给企业带来舆论压力。例如，某家餐饮企业的员工在社交媒体上曝光企业存在的卫生问题和欠薪情况，引发社会广泛关注，翻牌率下降，最终促使企业采取措施解决问题。

六、供应商

当企业陷入危困，尤其是财务或者运营上的难题时，供应商作为重要的合作伙伴，其态度和策略选择直接影响到企业的稳定与复苏。供应商在企业困境中的应对态度和策略因合作关系、企业实力、市场前景等多种因素而异。企业应充分了解并尊重供应商的利益和诉求，积极沟通协商，以寻求最佳的合作方案。

（一）积极地合作与支持

对于那些与企业有深厚合作关系或者对企业未来持有乐观态度的供应商，他们可能会选择积极地合作与支持，接受财务上的灵活调整和供应策略的优化等变动，并提供相应增值服务与支持，犹如"雪中送炭"。

延期收款与分期付款：为了缓解企业的现金流压力，供应商可能不仅同意延期收款，还可以提供分期付款的方案。例如，原本一次性支付的款项可以分摊到几个月内支付，降低企业的短期财务压力，缓解其现金流压力。

利息减免：对于长期欠款，供应商可能考虑减免部分或者全部利息，帮助企业降低财务成本。

优先供货：在原材料紧张或者生产受限的情况下，供应商可能会优先为困境中的企业提供所需的原材料或者产品，保障其生产不受影响。

定制化供应方案：根据企业的实际需要，供应商可以提供定制化的产品或者服务，以满足企业在特殊时期的特定需求。

技术支持与培训：为了帮助危困企业更好地使用产品或者服务，供应商可能提供额外的技术支持、培训或者咨询服务。

市场拓展协助：利用自身的资源和网络，供应商可能帮助企业拓展市场、寻找新的客户或者合作伙伴。

(二) 谨慎地应对与风险防范

然而，不是所有供应商都会在企业困境中无条件提供支持。部分供应商可能会更加谨慎地应对，实行严格的信用评估和供应链风险管理，并积极准备法律手段，以防范潜在的风险。

信用额度的调整：部分供应商可能会重新评估企业的信用状况，并根据评估结果调整信用额度或者收款条件。

要求提供担保：为了保障欠款的回收，部分供应商可能要求企业提供额外的担保或者抵押物。

多元化供应：为了降低对单一企业的依赖风险，部分供应商可能会寻求与其他企业的合作，实现供应链的多元化。

库存管理与风险预警：加强库存监控，保障在企业出现支付问题时能够及时调整供应策略，降低损失。

合同条款的明确：在与企业签订合同时，部分供应商可能会更加注重合同条款的明确性和法律约束力，以便在出现纠纷时有明确的法律依据。

法律追诉的准备：一旦企业出现违约行为，部分供应商可能会迅速采取法律手段来追讨欠款或者维护自身权益。

七、银行等金融机构

在企业债务危机爆发后，银行等金融机构主要采取自行清收、平移、债务重组、债转股、联合清收、委托处置、证券化、债权转让等多种手段处置逾期债权。甚至，还有部分商业银行设立"坏账银行"，即无牌照的不良资产管理公司，独立于资产保全部门，专注债务重组与催收业务，旨在实现不良资产价值最大化。

(一) 自行处置清收

常规手段：通过电话、邮件、上门催收等方式进行常规清收。

司法催收：通过申请实现担保物权、支付令、公证强制执行、起诉追偿、判决、拍卖抵押物等司法途径进行催收是核心手段。

核销处理：在穷尽所有清收手段后，通过计提损失将不良贷款转入资产保全部门另册登记。清收过程中，银行需权衡财力、人力、时间、风险与机会成本。

(二) 平移

在原债权人无法或者不愿继续承担债权管理和追讨的情况下，将一笔贷款从原债权人转移至其他机构进行管理和处置。其目的通常是降低贷款利率、缓解还款压力，通过向其他银行机构申请贷款，借新还旧来实现。在这个过程中，借款人需要注意相关手续的办理，如贷款合同的签订、原银行机构书面同意角色转移等事宜。

贷款平移也可能涉及通过向不良贷款代偿方发放等量新增贷款形式收回不良贷款，从而化解信贷风险。但这种做法需要谨慎处理，以避免掩盖资产质量的问题，且平移操作需警惕法律风险，如操作不当可能导致新的违约风险。

（三）债务重组

在债务企业经营正常但短期还款压力大，或者原贷款法律文件有瑕疵、担保不足的情况下，通过协商延期还款、二次分期还款、无还本续贷、借新还旧、展期、利息转本金、减免、豁免等方式调整债务期限、担保方式等要素，匹配借款人还款能力，提供供应商融资方案，追加担保。债务重组有利于保护债权人、股东、职工等多方利益。

（四）债转股

对具有一定资产规模且陷入周转难题的危困企业实施债转股，再通过提升资产价值，获取股权处置收益和股利收入，通过资产置换、并购、重组、上市等方式退出。

（五）组建联合清收小组

由贷款项目经理、法律专家、财务顾问、房地产专家、行业专家、外部催收专家、信贷风险经理等组成专业团队，针对不良资产关键大案和复杂个案制定方案、统一部署，发挥各专业领域优势，形成清收合力。

（六）委托处置

银行通常依据管理能力、行业地位、经营声誉、技术实力、服务质量、突发事件应对能力、信息安全保障机制等综合指标，以及业务规模、优势资源、代理效果、报价及付费方式等具体能力，筛选第三方催收公司或者外包律所作为合作方，委托其进行处置。

（七）不良资产证券化

银行通过发行个贷、信用卡等不良资产发行证券化产品，实现不良资产真实出表，优化资产负债结构、提高资产流动性。

（八）债权转让

将贷款转让给资产管理公司，实现快速处置回款或者洁净出表。在转让过程中明确转让方式（如协议、拍卖、竞价等）、权利义务（如代理权、决策权、配合事宜、抵债情形、税务负担、款项结算等），避免假转让等违规操作。债权转让是银行最主要的处置方式之一。

资产管理公司作为投资人参与银行发行的不良贷款资产证券化产品投资，或者直接参与不良贷款的批量转让业务，进行收购。

八、资产管理公司

资产管理公司在银行等金融机构将不良资产转让后，肩负着对这些债权进行分层分类、精细化管理、制定并执行多元策略与手段的重任。资产管理公司将结合市场环境、债务人状况等因素，灵活运用多种处置策略与手段，有效控制风险，实现资产价值最大化。

（一）债权分类与评估

资产管理公司依据资产类型（信贷、债券、股权等）、债务人行业属性、资产规模、债务性质（逾期、呆滞、损失等）、担保情况等标准，对不良资产进行细致分类，便于精准施策。

对每笔债权进行深入尽职调查，涵盖债务人经营状况、偿债能力、市场前景、抵押物价值、法律风险等因素。运用现金流折现法、市场比较法、成本法等专业估值模型，确定债权合理价值。

（二）处置策略制定与执行

自主清收：对偿债意愿与能力较强的债务人，资产管理公司通过直接谈判、法律诉讼、申请执行等手段进行自主清收。运用灵活还款安排、债务重组、减免罚息等策略，激发债务人偿债意愿。

委托/外包处置：对于地域广泛、专业性强或者规模较小的债权，资产管理公司可能委托或者外包给专业催收公司、律师事务所等进行处置，利用其地方资源、专业优势提高清收效率。

资产重组：对于有重组价值的债务企业，资产管理公司可能参与或者主导企业重组，包括引入战略投资者、调整资本结构、优化经营模式、处置非核心资产等，以恢复企业经营能力，提升债权回收率。

抵押物处置：对有实物资产抵押的债权，资产管理公司通过拍卖、变卖、以物抵债、资产证券化等方式处置抵押物，实现债权价值的实物化。

债转股：在特定条件下，资产管理公司将部分债权转为对债务企业的股权，参与企业经营决策，待企业经营好转或者上市后通过股权退出实现收益。

诉讼追偿：针对一小部分严重违约、恶意逃废债的债务人，资产管理公司积极运用法律手段，通过诉讼、仲裁、申请破产等方式追偿债权，借助法院执行系统，加大对资产的查封、扣押、拍卖力度。

（三）风险控制与损失准备

风险识别与评估：实时跟踪债权动态，识别并评估市场风险、信用风险、操作风险、法律风险等，保障风险可控。

风险隔离与缓释：通过设立SPV、内部防火墙等机制，隔离不良资产与资产管理公司其他业务，防止风险传染。运用担保、保险、信用增级工具，降低潜在风险。

损失准备与核销：按照会计准则和监管要求，计提充足损失准备金，对预期无法收回的债权进行核销，保障财务报表真实反映。

（四）资源整合与协同处置

行业合作与联盟：与银行、信托、证券、保险等金融机构，以及地方政府、行业协会、专业服务机构等建立紧密合作关系，共享信息、资源互补，建设不良资产行业生态圈，共同推动不良资产处置。

平台建设与技术应用：搭建不良资产交易平台，利用大数据、人工智能、区块链等技术，提升资产信息透明度，提高处置效率和成交概率。

产业链延伸与增值服务：涉足不良资产上下游产业，如评估、拍卖、咨询、托管、投资管理等，提供"一站式"解决方案，提升服务附加值。

资本运作与金融创新：发行ABS、设立私募基金、引进战略投资者等方式，引入社会资本参与不良资产处置，创新金融工具和交易结构，拓宽融资渠道。

九、不良资产投资人

在企业债务危机的处置过程中，资产管理公司与不良资产投资人的作用日益凸显，双方可以共享资源、互通信息，共同寻找最佳的处置方案。

资产管理公司除了采取债权转让等方式处置不良资产之外，通过其专业的处置策略与精细化手段，为企业提供量身定制的解决方案；而不良资产投资人则依靠其敏锐的市场洞察力和独特的投资策略，从资产管理公司处收购二手不良资产包项目。

（一）民间投资人的市场洞察与优势发挥

一些资深的个人不良资产投资人凭借其丰富的行业经验和扎实的实操能力，能够迅速识别并抓住市场中的投资机遇，通过独立运作实现资产增值。例如，某位在业界享有盛誉的个人投资人，面对一家因经营不善即将倒闭的机械制造厂，果断出手收购。投资人深入了解行业趋势，引入全新的管理团队，优化生产流程，调整产品结构以适应市场需求，同时强化市场营销与品牌建设。在短短两年内，该厂不仅扭亏为盈，还实现了市场份额的显著提升，投资回报率远超预期。

一些专注于特定资产类别或者行业领域的民营不良资产投资机构，具备强大的资源整合与精细化运营能力。他们与银行、法院、律所、评估机构、处置服务商等市场参与者建立紧密合作关系，形成信息共享网络，能够精准评估资产价值并挖掘潜在投资机会。以某专注于商业地产的民营投资机构为例，面对一座因原业主破产而导致空置率高企的大型购物中心，机构果断收购并进行全面改造。通过引入国际知名品牌入驻，调整业态布局，提升购物环境，举办各类营销活动，该购物中心迅速恢复生机，租金收入与资产价值均显著提升，成为区域商业标杆。

一些依托自身产业资源与实体企业运营经验的产业型不良资产投资人，对债务企业的经营状况、行业发展趋势有深入理解，能准确预测其未来经营能力和还款能力。他们通常通过投资不良资产，实现产业链整合、业务升级或者多元化发展。例如，某大型钢铁集团在行业低谷时期，陆续收购了多家因市场波动而陷入危困的上游矿石供应商和下游装备制造商。通过优化供应链管理，提升整体运营效率，整合研发资源，集团不仅成功盘活了不良资产，还进一步巩固了产业链地位，增强了市场竞争力。

（二）投资策略的制定与执行

市场洞察与投资决策：不良资产投资人需密切关注宏观经济形势、行业政策变动、市场供需状况等信息，结合自身投资理念与风险承受能力，制定符合市场环境的投资策略。如在房地产市场调控趋紧的背景下，投资人可能选择规避住宅类不良资产，转而关注商业、办公、旅游地产等非住宅类资产的投资机会。同时，投资人需具备独特的市场洞察力，善于识别被市场低估或者忽视的优质资产，把握最佳投资时机，实现价值挖掘。

资金管理与流动性安排：鉴于不良资产投资周期较长且不确定性较大，投资人需科学规划资金使用，保障投资期内具备足够的流动性应对市场波动或者突发事件。这包括合理配置投资组合，分散风险；设立应急资金储备，应对突发资金需求；适时运用杠杆工具，提高资金使用效率；通过资产证券化、引入合作方等方式，加速资金回笼。

经济周期与市场情绪把握：不良资产投资与宏观经济周期紧密相关，投资人需敏锐捕捉经济周期转折点，适时调整投资策略。在经济下行阶段，市场信心低迷，不良资产价格往往被低估，此时是投资人逢低布局的良好时机。而在经济复苏阶段，投资人应积极寻求资产变现，锁定投资收益。同时，关注市场情绪变化，如投资者信心、行业预期、政策风向等，灵活调整投资策略，有效规避市场风险。

第三节 全方位解读企业纾困

企业在上升期顺风顺水的时候，企业家、股东、债权人、供应商、员工等各利益相关方对企业的发展及对自身利益的诉求预期较高。甚至，企业刚刚爆发危机的时候，企业家也被各方面寄予厚望，幻想他既然能从无到有，即使企业破败了，他还有从无到有的能力，力挽狂澜。但真的能凭一己之力让危困企业重拾辉煌吗？

一、不良资产收购处置与企业纾困

（一）企业纾困的策略与价值

企业纾困，是针对陷入危困的企业所采取的一系列救援措施。这些措施旨在帮助企业恢复正常运营，重新找回市场竞争力。根据不同的危困局面原因以及陷入危困的不同程度，纾困策略主要依赖于"法律+资本+资源+资产+产业"——五位一体企业纾困重组模型，根据不同情况采取财务重组、债务优化、资产并购、管理改进、市场拓展、破产重生等具体策略。

企业纾困的目标也具有多元性。在短期内，它旨在缓解企业的资金压力，防止企业破产倒闭；在中期内，它致力于帮助企业恢复正常的生产经营活动，稳定市场份额；在长期内，它则追求推动企业的战略转型和产业升级，提升企业的核心竞争力和市场地位。这些目标相互关联、相互促进，共同构成了企业纾困的完整目标体系。

企业是市场经济的主体，其稳定运营对于保障就业、维护供应链稳定、促进经济增长具有重要意义。通过有效的纾困措施，不仅可以帮助单个企业及企业家摆脱困境，实现纾困重组目标，更能产生示范效应，提振企业家再次创业信念及市场投资者信心，维护整个行业的稳定发展。此外，企业纾困还有助于避免社会资源的浪费和减少社会矛盾的激化，为构建和谐社会提供有力支持。

（二）不良资产收购处置策略与企业纾困需求的契合点

不良资产收购处置与企业纾困，两者看似独立，实则紧密相连，互为补充。它们之间的协同作用，不仅能够有效化解金融风险、优化资源配置，还能推动企业走出困境、少踩雷、走得更远，为危困企业带来新的生机。

不良资产收购有助于企业优化资产结构。投资者通过收购不良资产，对企业资产与债务进行重新评估和配置，剥离无效或者低效资产，注入优质或者高效资产，同时削减债务。这种资产优化过程，不仅有助于危困企业恢复正常的生产经营活动，还能为危困企业的长期发展奠定坚实基础。同时，不良资产投资还可以促进资源的优化配置和高效利用，推动经济结构的调整和产业升级。

不良资产投资为企业提供了宝贵的资金支持。这种支持并非简单的"输血"，而是更注重"造血"功能。投资者在注入资金的同时，往往还会引入新的管理理念、技术资源和市场渠道，帮助危困企业提升自我发展能力。这种资金支持与"造血"功能并重的模式，有助于帮助危困企业走出困境。

不良资产处置旨在通过一系列策略和方法，将失去流动性或者价值贬损的资产转化为具有经济价值的资产。而企业纾困则侧重于通过外部支持或者内部调整，帮助企业摆脱经营麻烦、恢复市场竞争力。

这两者之间的内在逻辑在于：通过不良资产处置释放出的时间、资源和空间，可以为企业纾困提供必要的条件和支撑；反过来，企业纾困成功后的稳定运营和盈利能力提升，也将为不良资产处置创造更有利的环境和更高的价值回报。

（三）不良资产收购处置策略在企业纾困中的主要应用

资产收购与债权重组：不良资产管理公司可以折价收购第三方债权人对债务企业的债权为突破口，参与债务企业的破产重整投资。针对债权收购部分获得部分货币清偿，另外可以股抵债拿到股票；针对财务投资部分，债务企业实控人可承诺协调让不良资产管理公司获得破产重整财投份额，通常为收盘价 5 折至 6 折，折价空间较大，具有良好的获利预期，同时作为交换条件，不良资产管理公司可豁免该实控人的担保责任。锁定期结束后通过集中竞价或者大宗交易退出。

资产转让：在企业不良资产处置中，以相对低价进行资产转让是一种常见的方式，可以快速获得现金流，实现资产价值的最大化。

资产重组与盘活：通过将企业内部的不良资产进行剥离、重组或者引入新的投资者，可以优化企业的资产结构，提升资产质量。这种策略不仅有助于恢复企业的正常运营，还能为企业带来新的增长点。

债权转股权：对于债务负担沉重的企业，可以通过将部分债权转化为股权的方式，减轻企业的债务压力。这种策略有助于改善企业的财务状况，同时引入新的股东和资本，增强企业的市场竞争力。

（四）企业纾困策略对不良资产处置的推动作用

提升资产价值：企业纾困成功后的稳定运营和盈利能力提升，将直接提升不良资产的价值。这使不良资产处置更加容易实现价值最大化。

优化债务结构：通过企业纾困策略中的债务重组、延期还款等方式，可以优化企业的债务结构，减轻偿债压力。这有助于稳定企业的财务状况，为不良资产处置创造更有利的条件。

引入战略投资者：企业纾困过程中往往会引入新的战略投资者或者合作伙伴。这些新的力量不仅可以为企业带来新的资金和资源支持，还能为不良资产处置退出提供更多的选择和可能性。

（五）协同作用下的共赢局面

不良资产处置与企业纾困的协同作用将带来多方面的共赢局面：

金融机构风险化解：通过有效的不良资产处置和企业纾困策略的结合应用，可以化解金融机构面临的风险和挑战，维护金融市场的稳定和健康发展。

企业脱困与转型升级：危困企业在获得外部支持和内部调整后，可以逐步摆脱困境并实现转型升级。

优化资源配置与提升市场效率：不良资产处置和企业纾困的协同作用有助于优化资源配置、提升市场效率。通过盘活存量资产、引入新的资本和技术等方式，可以推动经济的高质量发展和转型升级。

二、企业纾困重组关键策略

在企业纾困重组这场债务化解中，我们的战略指导思想同样遵循这一核心原则，即"保资产、保经营、保实控权、降债务"。

（一）深入调研现状，明确战略目标

深入调研现状，包括但不限于经营风险、法律风险、投资风险、资金风险、债务风险、税务风险、融资风险、破产风险、企业股东及高管个人担保风险等多维度风险。有些债务企业明明已经没有偿还能力，仍然欺骗存量债权人或者不知情的投资人，最后因为债权处置成本过高或者涉及刑事责任问题，导致无法在短期内实现债务重组、实现重生。

危困企业在面对各种压力时，要保持战略上的定力，同时在战术上灵活应对。危困企业应顺应经济周期规律、市场行情规律、企业经营发展规律、不良资产运作规律，不能忽视客观规律而一意孤行，更不能为了表面上的光鲜亮丽而故弄玄虚、"打肿脸充胖子"。

明确、具体的战略目标是纾困重组成功的关键。许多企业家在企业陷入泥潭后，一直没想清楚是"要名",还是"要利",这是一个值得深刻思考并量化评估的问题。如果"要名",继续维持信用、摆阔气、充面子,不仅浪费现金流,而且可能大幅增加最终化解债务所需成本;如果实事求是、精打细算、理性行动,不仅减少现金流消耗,更重要的是降低债权人未来预期,并进一步降低最终化解债务所需成本。危困企业必须基于深入的市场调查和内部分析,设定清晰、可衡量的短期与长期目标,制定清晰的重组政策和策略,并通过内部沟通保障企业核心管理层都能理解并执行。

自 2014 年起,万科就开始高呼"白银时代",不断强调黄金时代的逝去。2018年,万科再次在内部定调"活下去",这一决策几乎是在所有人高歌猛进的时候选择了谨慎扩张,然而即使极具危机感的万科却依旧无法阻挡危机的到来。

(二) 抓大放小、集中优势、重点突破,制定多元化策略

"不谋全局者,不足谋一域。"市场环境千变万化,企业在制定纾困重组策略时,应从多个角度思考问题,需灵活调整策略以适应变化,制定多元化的解决方案。

在债务化解中,遵循矛盾论,企业需抓住主要矛盾,解决关键问题,同时兼顾次要矛盾,避免顾此失彼。如面临债务危机,首要任务是保全核心资产、现金流,保障企业生存与正常运营;同时,需关注实控权保护、债务削减等次要矛盾,保持对企业的控制,逐步减轻债务负担。在处理矛盾时,既要坚持全面性,看到问题的全貌,避免陷入片面;又要坚持发展性,预见问题的发展趋势,及时调整策略;更要坚持本质性,抓住问题的核心,制定针对性解决方案。

(三) 善用人才,共克时艰,借助专业机构的力量

企业领导者需具备慧眼识珠的能力,识别并重用在困境中展现忠诚与才华的员工,让他们成为企业扭转乾坤的关键支持力量。企业应营造一种积极向上、同舟共济的文化氛围,让员工在困难时期依然保持乐观态度和坚定信念。鼓励员工"穷且益坚不坠青云之志",境遇虽然困苦,但意志应当更加坚定,熬过苦难就能重新开始。通过透明沟通、共同决策,赋予员工更大的参与感与责任感,激发员工归属感与创造力。让员工充分参与企业的纾困重组过程中,他们的智慧与力量将为企业带来意想不到的创新与突破。

另外,企业纾困重组领域的专业财务顾问服务机构如同战场上的智囊、军师、幕僚,凭借深厚的财务知识与实战经验,为债务企业制定主动出击的策略,通过保全资产、优化经营、维持实控权、削减债务等手段,打破被动局面,实现化被动为主动,最后实现多方共赢。

(四) 精简高效与成本控制

在企业纾困重组中,企业应构建简单高效的运营模式,通过组织架构简化、业务

流程优化、低效及僵尸资产剥离、精简主业等措施，有效降低管理成本，提升运营效率，为成功走出困境打下坚实基础。

企业应审视现有组织架构，剔除冗余层级，推行扁平化管理，减少决策链条，提高信息传递效率。例如，撤销职能重复或者交叉的部门，合并职能相近的岗位，保障每个部门和岗位职责清晰、高效运转。通过精简组织架构，企业能够降低管理成本，提升决策速度，使企业更敏捷地应对市场变化和债务危机。

对业务流程进行全面梳理和诊断，识别瓶颈环节和低效步骤。比如，通过流程再造，去除不必要的审批环节，缩短项目周期；通过引入标准化作业，减少人为因素导致的错误和延误；通过信息化手段，实现数据自动采集、传输和分析，提升决策依据的准确性。通过业务流程优化，企业能够提高工作效率，减少浪费，提升客户满意度，为债务重组赢得时间和空间。

企业应对资产进行全面盘点，识别并剥离低效资产和"僵尸"资产。低效资产通常指投入产出比低、占用大量资源却无法带来显著收益的资产，如闲置设备、低效生产线、亏损子公司等。"僵尸"资产则是指长期亏损、无望扭亏为盈，却又无法顺利退出的资产，如不良投资项目、无效专利等。通过出售、租赁、转让、注销等方式剥离这些资产，企业可以回笼资金，减轻财务负担，聚焦核心业务，提升资产质量。

企业应明确并聚焦主业、精简主业，对非核心业务进行剥离或者收缩。通过梳理现有业务，识别与企业核心竞争力、战略目标关联度较低的业务板块，采取出售、合作、外包等方式进行剥离或者瘦身。精简主业有助于企业集中资源，强化核心竞争力，提高主营业务的盈利能力，为债务重组提供更坚实的财务基础。换言之，如果没有"相当于债务总额一两折"的灵活资金，那就"真没辙了"。

三、企业纾困重组目的

企业纾困，旨在助力企业摆脱经营困境、恢复生机与活力，具体要通过"保资产、保经营、保实控权、降债务"的原则来实现。保资产主要包括合理处置与保护核心资产、资产结构调整等多种手段；保经营主要包括经营策略调整、现金流管理、供应链优化等多种手段；保实控权主要包括股权结构优化、管理层稳定等多种手段；降债务主要包括债务重组、融资结构调整、谈判协商等多种手段。

（一）合理处置与保护核心资产

资产分类评估：对企业资产进行全面梳理，区分核心资产与非核心资产，评估其市场价值、盈利能力、战略价值等因素。如某企业通过资产评估，发现其拥有的先进生产线和专利技术为核心资产，而闲置的老旧设备和非核心业务的子公司为非核心资产。

核心资产保护：优先保障核心资产的安全，如知识产权、核心技术、关键设备、优质不动产等，保障企业核心竞争力不受损害。例如，企业通过设立专门的知识产权管理部门，加强对专利、商标等无形资产的管理和保护，避免因债务危机而被债权人扣押或者流失。

非核心资产处置：通过出售、出租、转让等方式剥离非核心资产，回笼资金，减轻财务压力，同时聚焦核心业务。如某企业将其非核心业务的子公司股权转让给第三方，所得款项用于偿还部分债务，同时减少了管理负担，集中精力发展主营业务。

优化固定资产布局：调整产能过剩、效率低下或者与发展战略不符的固定资产，提高资产使用效率。如某制造业企业关闭部分落后产能生产线，转而投资升级先进生产设备，提升生产效率和产品质量。

流动资产优化：合理控制库存，加快应收账款回收，保障现金流稳定。如企业通过引入先进的库存管理系统，实时监控库存水平，避免过度积压造成资金占用；同时加强对应收账款的催收管理，缩短账期，增加现金流入。

另外，具体将根据企业家诉求采取合法合规的其他保护资产措施，保持资产的稳定性且长期可使用，并最终化解债务问题。

（二）保护经营

市场定位与产品线优化：聚焦核心市场和优势产品，砍掉低效或者亏损业务，提升盈利能力。如某手机制造商在面临竞争压力时，果断砍掉低端产品线，聚焦中高端市场，成功提升了产品利润率。

成本控制与效率提升：实施精细化管理，压缩非必要开支，提高生产、运营效率。如企业通过引入精益生产理念，消除生产过程中的浪费，提高生产效率；同时通过集中采购、节能降耗等方式降低运营成本。

强化应收账款管理：加快账款回收，减少坏账损失，保证现金流入。如企业通过设立信用管理部门，加强对客户的信用评估和账款催收，有效降低了应收账款逾期率。

严格支出控制：制定严格的预算管理制度，严控非生产性支出，保障现金流出合理可控。如企业实行严格的费用审批制度，对每一笔支出进行事前预算、事中监控、事后审计，有效遏制了非必要的费用支出。

供应商管理：与优质供应商建立长期稳定合作关系，降低采购成本，保障原材料供应稳定。如某汽车制造商通过与核心零部件供应商签订长期合作协议，锁定价格和供应量，有效降低了原材料价格波动风险。

库存管理：实施精细化库存管理，减少库存积压，提高资金周转率。如企业引入实时库存管理系统，实现库存数据的实时更新和精确管理，有效降低了库存成本，提高了资金使用效率。

另外，具体将根据企业家诉求采取合法合规的其他保护现金流措施。

（三）保实控权

股权集中：通过回购、增发等方式调整股权结构，保障控股股东或者实际控制人对公司的控制力。如某上市公司通过定向增发引入战略投资者，同时控股股东同步增持股份，有效巩固了实控人的控制权。

防恶意收购：设置反收购条款或者其他防火墙措施，维护实控人权益，防止控制权旁落。如企业在公司章程中设置"毒丸计划"等反收购条款，当面临恶意收购威胁时，可迅速稀释收购方股权，保护实控人权益。

核心团队激励：通过股权激励、绩效奖励、其他资产补充、对赌条款等方式留住关键人才，保障管理层稳定，保持战略连续性。

董事会治理：强化董事会职能，保障重大决策符合实控人利益，防止内部权力争夺。如企业通过设立独立董事制度，提升董事会决策的独立性和公正性，同时实控人通过委派董事，保障其在重大决策中的影响力。

另外，具体将根据企业家诉求采取合法合规的其他保护股权措施。

（四）降低债务

债务重组作为企业纾困的重要手段，涉及与债权人的深入协商和精细化管理。企业通过与债权人重新安排债务条款、优化债务结构，以减轻偿债压力并改善财务状况。延期支付作为债务重组的一种形式，通过延长债务偿还期限、降低每期偿还金额，有效缓解企业的现金流压力。

在实施债务重组与延期支付时，企业需充分考虑自身经营状况、债权人利益以及市场环境等因素。

债务清理：对现有债务进行全面梳理，分类处理，优先解决高成本、高风险债务。如企业通过与债权人协商，将部分高息债务转为低息债务，有效降低了财务成本。

债务展期：与债权人协商，延长债务偿还期限，减轻短期偿债压力。如某企业与银行达成协议，将即将到期的大额贷款展期两年，为公司赢得了宝贵的喘息时间。

债转股：将部分债务转化为股权，降低负债水平，改善资本结构。如某企业与主要债权人达成债转股协议，将部分债务转为公司股份，既减轻了债务负担，又引入了新的战略投资者。

增加长期债务：替换短期高成本债务为长期低成本债务，降低财务风险。

引入股权融资：通过发行新股、引入战略投资者等方式，增加权益资本，降低资产负债率。通过与具有实力和资源优势的外部合作方建立紧密关系，企业可以获得资金支持、技术转移、市场拓展等关键资源，从而改善经营状况、提升竞争力。在选择战略投资者或者合作伙伴时，企业应注重双方的战略契合度和资源互补性。

企业纾困还可以通过其他多种方式实现，如政府援助等。政府援助主要包括财政补贴、税收优惠等措施，旨在为企业提供直接的资金支持或者减轻经营负担。

另外，具体将根据企业家诉求采取合法合规的其他削减债务措施。

第二篇

企业纾困重组之道

企业纾困重组之道,乃是在市场经济环境下,企业应对危机、走向复兴的重要路径。这一篇内容旨在为身处困境的企业提供策略指引与实践参考,帮助企业化解风险、实现自救与脱困。

本篇详细剖析了企业纾困重组的策略规划,针对困难型企业、困境型企业、绝境型企业以及出清型企业等不同类型,分别提出了救助、重组、拯救与资产盘活等具体方案。每一策略皆基于深入的企业研究与实践经验,以保障其可行性与有效性。此外,对于已成功脱困的企业,通过"固本开新"实现稳固基础、增强竞争力,实现可持续发展。

"与其苛求环境,不如改变自己"。企业纾困重组的理念旨在传递一种积极的信息:即使身处困境,只要策略得当、执行有力,企业及其企业家仍有可能重获新生、重新开始、再创辉煌。

第四章

企业纾困重组策略规划

在商业领域，企业发展到一定阶段之后，出现不同程度的困境和危机是不可避免的部分，然而，通过企业纾困重组，我们可以将挑战转化为机遇，使企业重新焕发生机。纾困重组不仅是为了解决眼前的危机，更是一门关乎企业生死存亡的策略科学。

重组的首要目标是减轻债务人的负担，通过重新配置和优化公司的资产和资本结构，使企业能够暂时摆脱困境，继续运作。然而，真正的成功重组需要超越短期的应急措施，构建可持续的财务和经营健康，让企业在未来能够避免重蹈覆辙。

第一节 投行思维概述与应用

一、投行思维概述

在企业纾困的过程中，投行思维起着至关重要的作用。我们作为企业纾困重组领域专业服务机构，秉持一种全面、系统的投行思维，而非片面的、零散的应对策略，不是"头痛医头、脚痛医脚"、单点突破。我们的目标不仅是解决当下的问题，更在于构建一套具备长远眼光和战略高度且满足客户核心诉求的解决方案。

投行思维强调团结一切可以团结的资源。我们与债务企业、财务投资人、产业投资人、政府相关部门决策者、破产管理人等各方建立深度的战略合作关系，共同形成一个有序、协同的生态系统。这种生态系统的构建，让我们能够从容应对各种复杂的挑战，为企业提供全方位的支持和帮助。在高手与业余者的较量中，关键在于是否拥有某一领域的完整方法论体系；而在高手之间的对决中，则更看重系统的层次性、全面性以及精细度。

我们的打法具备体系性、计划性和步骤性。每一个决策、每一次行动，都是基于深思熟虑的策略分析，旨在实现最大化的效益和最小化的风险。我们不仅关注企业的现状，更着眼于企业及其企业家的未来发展，通过优化资源配置、提升资产效率、推动产业创新等方式，助力企业少走岔路、向宽处行。正所谓"择高处立，就平处坐，向宽处行"。

在这个过程中，重组操盘方作为企业纾困重组领域专业服务机构，担任着运筹帷幄、统筹协调的总指挥角色，负责全局的掌控和决策。而律师、财务顾问等其他参与者，则作为我们的突击队、敢死队和大刀队，他们在各自的领域里拥有深厚的专业知识和实践经验，为企业的纾困提供有力的支持和保障。

投行思维主要包括五个核心要素：法律、资本、资源、资产和产业，五位一体。这些要素在企业纾困重组中发挥着不同的作用，共同构成了一套完整的解决方案。

法律：在企业纾困重组中，需要具备法律、财务、税务等方面的专业知识，以便对企业的现状进行全面、深入地分析，找出问题的根源，提出有效的解决方案。

资本：资本是企业纾困重组的重要支撑。通过引入战略投资者、进行股权融资等方式，为企业注入新的资金，帮助企业摆脱困境。

资源：资源是企业纾困重组中不可或缺的一部分。主要包括相关政府资源、产业资源、客户资源等，这些资源能够帮助企业扩大市场份额、提高竞争力，实现企业的转型升级。

资产：资产是企业的重要组成部分。在企业纾困重组中，需要对企业的资产进行优化配置，提高资产效率，降低运营成本，增强企业的盈利能力。其中，不可避免会出现不良资产"打折"转让等操作，最终目标是保留核心资产，剥离出清非核心资产，并为整个过程保驾护航、排忧解难，逢山开道，遇水叠桥。

产业：产业是企业纾困重组的重要考虑因素。需要结合产业的发展趋势和市场需求，对企业的产业结构进行调整和优化，甚至需要通过并购重组方式引入产业投资人。

总的来说，企业纾困方案是一个全面而系统的工程，它结合了投行的专业思维、丰富的资本和资源、优化的资产配置以及前沿的产业视角。我们相信，通过这样一套方案，我们能够帮助企业及其企业家汇聚资源、摆脱困境、涅槃重生。

二、投行思维应用分析

以某大型制造企业为例，该企业由于市场竞争激烈、产品更新换代慢、产品同质化严重等问题，导致经营陷入危困。为了摆脱困境，该企业在企业纾困重组领域专业服务机构的辅导下决定进行纾困重组，优化存量、扩大增量，"双量发力"。在这个过程中，投行思维发挥了至关重要的作用。

专业研判：在纾困重组之前，该企业在企业纾困重组领域专业服务机构的帮助下，对主要包括但不限于注册风险及股权价值、投资风险及投资价值、资产风险及资产价值、融资风险及融资成本、资金风险及现金流回款、债务风险及财务费用、应收账款清点及回款管理、税务风险及相关筹划、财务风险及合规管理、法律风险及执行应对、破产风险及保护措施、企业股东及高管个人担保风险及担保债务剥离、企业法定代表人限高风险及解除限高、企业转型与传承风险及危机应对等几十上百个关键风险方面进行评估分析、风险预判、统筹安排和辅导落地，确定纾困重组目标。通过深入地分析，找出了众多让企业陷入危困的问题根源。然后根据问题根源，在"法律+资本+资源+资产+产业"——"五位一体"企业纾困重组模型的指引下实施具体策略。

资本引入：为了解决企业的资金问题，该企业积极寻找各种投资者进行债权、股权等多元化融资。在与多家投资机构进行深入沟通后，成功引入了一家具有丰富行业经验和资源的战略投资者，为企业注入了新的资金。

资源整合：在引入战略投资者的同时，该企业还积极整合政府资源、产业资源和客户资源。通过与政府相关部门建立战略合作关系，获得了政府在税收、土地等方面的指导与支持；与上下游企业建立紧密的合作关系，降低了采购成本和销售费用；在企业纾困重组领域专业服务机构的介绍下，与更多客户建立长期的合作关系，提高了客户黏性和满意度。

资产优化：为了提高资产效率，该企业对生产线进行了升级改造，提高了生产效率和产品质量；对闲置资产进行了处置变现，降低了运营成本；对研发投入进行了增加，推动了新产品的研发和市场推广。另外，企业所负担的银行债务，由企业纾困重组领域专业服务机构进行"打折"收购，然后经过相关运作，实现债务和解、债务豁免、解押解封及物权融资、以物抵债等操作。

产业调整：结合产业的发展趋势和市场需求，该企业对产业结构进行了调整和优化。引入战略投资者；加大了对新能源、智能制造等领域的投入力度；剥离了低效益的传统业务；拓展了海外市场和服务领域。

通过对该企业的纾困重组过程进行剖析，我们可以发现投行思维在其中发挥了至关重要的作用。未来，随着市场环境的不断变化和企业竞争的日益激烈，投行思维将在更多领域得到应用和发展，成为推动企业转型升级和持续发展的重要力量。

第二节　专业力量推动纾困重组

随着市场环境的快速变化和竞争的加剧，企业纾困重组已成为许多陷入危困企业的必然选择。在这个过程中，专业力量的参与和推动显得尤为重要。下文将从法律视角出发，结合专业能力、专家经验和专业方案三个方面，探讨专业力量如何推动企业纾困重组。

一、专业能力

在企业纾困重组中，专业能力尤其是法律专业能力至关重要。这主要包括对企业法律风险的准确识别、对法律法规的深入理解和应用，以及对法律程序的熟练掌握等。

以某陷入财务困境的上市公司为例，其在纾困重组过程中面临着复杂的法律问题，如债务纠纷、股权争议、监管合规等。为了有效应对这些问题，公司在企业纾困重组领域专业服务机构的帮助下，通过深入调查和分析，准确识别了公司面临的主要法律风险、投资风险、资金风险、债务风险、税务风险、融资风险、破产风险、企业股东及高管个人担保风险等多维度风险，并制定了相应的应对策略。他们熟练运用法律法规，与债权人、股东和监管机构进行多轮沟通和协商，最终成功推动了公司的纾困重组进程。

在这个过程中，法律专业能力的发挥起到了关键作用。它不仅保障了公司在纾困重组中的合规性，还为公司的长期发展奠定了坚实的法律基础。

二、专家经验

除了专业能力外，专家经验、智慧与策略也是推动企业纾困重组不可或缺的力量。具备丰富经验的专家能够根据企业的实际情况和市场环境，灵活运用法律知识，制定切实可行的纾困重组方案。

以某大型企业集团为例，其在面临严重财务危机时启动了纾困重组程序。在这个过程中，企业在企业纾困重组领域专业服务机构的帮助下，召集了一批具有丰富法律实务经验的专家参与重组工作。这些专家凭借多年的实践经验和对市场动态的敏锐洞察，为企业量身定制了一套科学合理的纾困重组方案。他们不仅妥善处理了企业的债务问题，还通过优化股权结构、引入战略投资者等方式提升了企业的整体竞争力。

在这个过程中，专家经验的发挥为企业纾困重组提供了有力的支持和保障。他们的智慧和策略不仅帮助企业渡过了难关，还为企业未来发展设计了一整套、一系列"防火墙"机制与措施。

三、综合专业解决方案

在纾困重组的道路上，一个基于专业能力和深厚经验制定的系统、全面且专业的综合方案，无疑是企业能否成功翻盘的决定性因素。此方案需严格遵循法律框架进行设计和推进，以确保企业在解决眼前困境的同时，也能为长远发展奠定坚实基础。

以某危困中的制造企业为例，其纾困重组策略便是一个融合了法律、财务、金融、业务调整、不良资产处理以及产业发展规划等多个维度的全方位方案。在法律层面，该企业委托了业内知名的企业纾困重组财务顾问服务机构，为整个重组过程提供法律方面的指导和监督，从而确保每一步操作都严格符合法律法规。在财务优化上，企业通过重塑债务结构和降低成本，显著改善了自身的财务状况。而在业务布局上，企业也积极应对市场变化，调整了产品结构和市场策略。这一全方位的策略不仅得到了有效执行，还助力企业在短时间内实现了业务的全面复苏。

这一综合专业解决方案的精心设计和成功实施，不仅确保了企业在纾困重组过程中的法律合规，更为其后续发展注入了新的活力，提供了坚实的保障。

第三节 汇聚优势资本的策略方法

中小企业融资难题，犹如一座固若金汤的壁垒，始终矗立在企业发展道路上，其核心痛点表现为"难"与"贵"两个方面。尽管政策层面不断释放暖风，诸如放宽信贷条件、提供财政补贴、引导利率下行等宽松措施纷至沓来，但在现实中，企业往往在急需资金的紧要关头，却发现这些政策犹如雾中花、水中月，难以转化为实实在在的信贷支持。

究其原因，银行作为资金供给端，对中小企业的信用评估与风险把控有着天然的谨慎态度，它们难以仅凭政策导向就轻易放下对企业还款能力与担保品的严格审视。另外，企业自身在向银行展示经营状况、发展前景与偿债能力时，也常常面临信息不对称、信用记录缺失等问题，难以充分证明自身的偿债可靠性。这种供需双方的信息壁垒与信任鸿沟，如同一道无形的屏障，使得政策红利难以穿透，中小企业融资难、融资贵的现象因此历久弥新，成为业界长年热议与探讨的焦点议题。

商场如战场，若融资环节滞后，就像战场上弹药供不上，无论多么先进的武器都会沦为烧火棍，无法发挥其应有的效能。

在企业纾困重组领域，不仅需要专业的知识和经验，更需要大量的资金支持，资金来源是解决问题的关键，其重要性不言而喻。然而，传统的融资方式往往难以满足企业的需求，没钱了，不要只会找银行！融资难的问题，本质上反映了企业在融资渠道上的局限性。当企业仅依赖有限的融资途径时，一旦遭遇资金需求高峰或者市场环境变化，资金链紧张的局面便难以避免。

因此，如何拓宽融资渠道，创新融资方式，有效地汇聚优势资本，就如同为企业发展打开多扇"财门"，能够在很大程度上缓解资金压力，既是一门艺术，也是一门科学，成为企业纾困重组的重要课题。

一、内源融资

从现代资本结构理论的优序理论视角出发，企业融资应遵循内源融资优先、外部债务融资次之、股权融资殿后的顺序。内源融资作为外部融资的基础，具有成本低、风险小、操作灵活的优势，有助于企业有效控制财务风险。缺乏稳固内源融资基础的企业，过度依赖外部融资尤其是债务融资，可能因负债率过高而面临破产风险。相较于债务和股权融资，企业内源融资的资金使用效率通常最高。

内源融资形式多样，包括留存盈余、资产折旧及变卖、经营租赁、租赁融资、资产典当、自有资金、应付税利和利息、未使用或者未分配专项基金、应收账款、票据贴现、商业信用等。企业在选择融资渠道时，首要任务是深挖内源融资潜力，将其视为融资战略的基石。

内源融资的本质在于企业持续将自身积累（如折旧和留存盈余）转化为投资，这是企业强化自我积累、提升内生增长能力的体现。因其主要利用企业已有的闲置资产，不涉及所有权和控制权转移，无须支付额外成本，无须承担还本付息压力，因而具有原始性、自主性、低成本、零风险等显著特征。

以资产折旧及变卖为例，这两种方式均能有效转化为内源融资来源。固定资产折旧是企业长期使用过程中对固定资产损耗的财务反映，其折旧费用逐步积累，可用于未来的固定资产更新改造。在实际更新改造之前，这部分资金处于企业自由支配状态，具备转化为内源融资的可能。从融资角度审视，固定资产折旧的运用蕴含两大技巧：

折旧方法选择：常见的折旧方法为直线法，其计算简便，易于理解。然而，若采用加速折旧法，如双倍余额递减法，能在早期计提较大折旧，从而提前释放资金，更有利于内源融资。

折旧年限设定：折旧年限直接影响每年计提的折旧额，合理设定折旧年限有助于平衡各年度的现金流，避免因折旧过大导致某一时期现金流紧张，或者因折旧过小而未能充分利用折旧资金进行投资。优化固定资产折旧年限的策略，实质在于通过合理地减少折旧年限，从而有效地增加当期的折旧额度。这样的调整不仅能够降低企业当期的应纳税额，还能增加企业的可用资金流。

资产变卖是企业为了筹集所需资金，将部分资产以市场价格出售的策略。这些资产可能包括固定资产、存货，甚至无形资产。类似于个人在财务紧张时出售不再需要的物品，企业通过资产变卖不仅满足了融资需求，也实现了资源的有效管理和利用，从而提升了资产的整体效益。

资产变卖的融资方式主要具有下面几大显著优势：

高度的自主性：与债务融资相比，企业无须受制于外部金融机构的条款和条件，拥有完全的决策自由。

资源优化：通过变卖，企业可以重新审视和调整其资产组合，将资金从低效或者未充分利用的资产中解放出来，投资于更有前景的项目。

成本效益：在某些情境下，持有某些资产的成本可能高于其租赁成本，此时变卖这些资产不仅能解决资金问题，还能最大化经济效益。

实施资产变卖融资通常包括以下步骤：

第一，精心策划：全面盘点并确定哪些资产可以变卖，明确变卖的标准和原则。

第二，价值评估：对计划出售的资产进行专业评估，保障其市场价值与企业的融资需求相匹配。

第三，市场定位：通过市场研究或者中介机构寻找潜在的买家，并评估他们的购买意愿、支付能力和信誉。

第四，交易执行：与买家进行商务谈判，达成协议后完成资产交割。

然而，企业在资产变卖时必须谨慎行事，避免低估某些资产的长期价值。有些资产虽然现在看起来价值有限，但未来可能带来巨大的经济回报。过早地出售这些资产可能会导致企业失去未来的盈利机会。这就像卖掉一只还能继续产蛋的母鸡，一旦它恢复产蛋，企业可能会后悔不已。因此，企业在决策前应深入评估资产的潜在价值，以保障不会因短视而错失宝贵资源。

二、债权融资

债权融资作为企业常用的融资手段，其稳定性和成本效益备受关注。为了实现债权融资的多元化，企业可以积极开拓多种渠道，主要包括以下几个方面。

（一）银行贷款

与多家银行建立合作关系，利用不同银行的贷款产品和政策优势，降低融资成本，包括不动产抵押贷款、无形资产质押贷款、应收账款质押贷款、存货质押贷款、收费权等权利质押贷款、反担保贷款等。

银行贷款因其相较其他融资方式来说成本低、期限长、风险小、方式灵活多样、资金到账迅速且供应量充足的优点而广受企业青睐。此外，其利息可作为企业成本，还具有一定的节税效应。

为了构建稳固的银企关系，企业应掌握以下四个关键策略：

首先，企业应在资金充裕时就与银行建立良好的沟通机制，而非仅在资金短缺时才寻求银行帮助。这样做可以避免给人留下"用人朝前，不用人朝后"的负面印象。

其次，企业应尽量选择在同一家银行开设账户，并开通代发工资等多项业务。这样做不仅能提升对银行的综合贡献度，还有助于银行更全面地了解企业的资金流动状况。通过将所有资金集中于一家银行，企业实际上在向银行传递一个明确的信号："我们高度信任您，并在遇到困难时依赖您的支持。"

再次，由于民营企业资产与老板的个人资产往往界限模糊，银行在提供贷款时必然会更加谨慎，以防资金被个人挪用。因此，企业在申请贷款时，往往被要求提供企业主的个人担保，即将个人资产与企业资产相捆绑，以增进信用。

最后，企业应精心选择贷款时机，尽量避免在季末和年末等银行资金紧张时期申请贷款。这是因为银行贷款受到规模控制，若企业在这些时期申请贷款，可能会遇到银行资金不足的情况。因此，有贷款需求的企业应提前与银行沟通，做好贷款安排，避免"临时抱佛脚"的尴尬局面。

（二）债券发行

通过发行企业债券、可转换债券等，吸引更多投资者参与，扩大融资规模。

企业债券，是由企业按照法定程序发行的、承诺按约定条件偿还本金及支付利息的债务凭证。这类债券主要由中央政府部门所属机构、国有独资企业或者国有控股企业发行，中小企业通常不具备发行资格。企业债券中，常见的是普通企业债券和可转换债券。

可转换债券是一种特殊类型的企业债券，它允许在特定条件下转换为普通股股权。若持有者选择不转股，则企业需在债券到期时偿还本金。这种债券融合了债券和股票的双重特性。

然而，并非所有企业都能发行可转换债券。由于它具有股票性质，因此发行企业需同时满足债券和股票的发行条件。具体来说，企业需要满足以下条件：最近3年的加权平均净资产利润率至少为10%（某些特定行业可略低，但不低于7%）；发行可转换债券后，资产负债率不得超过70%；如果是上市公司，发行前的累计债券余额不得超过公司净资产的40%，发行后的累计债券余额不得超过公司净资产的80%；债券利率不得超过银行同期存款利率，发行额至少为1亿元人民币，期限为3—5年，且债券发行6个月后才能转为股权。

可转换债券更多被视为上市公司的再融资渠道。其融资成本相对较低，利息低于银行存款利率，且若成功转股，则债权变为股权，实现低成本融资。但需注意，若融资投入生产后股价达到转债提前回售条件，可能面临挤兑风险；同时，转股会改变公司股权结构，稀释主要股东持股比例。值得一提的是，与配股和增发新股不同，可转换债券的发行价格可以高于股价，从而筹集更多资金并减少对原有股权的稀释。

（三）资产证券化

将企业的应收账款、存货等流动资产证券化，转化为可在市场上流通的证券，从而快速回笼资金。

资产证券化是一种独特的融资方式，它以特定的资产组合或者现金流为支撑，发行可交易的证券。简单而言，这种方式能将原本流动性较差但预期有稳定收入的资产，通过在资本市场（如证券交易所、银行间市场等）发行证券，转化为流动资金，从而极大地提高了资产的流动性。

与传统的股票融资相比，资产证券化的基础并非企业本身，而是特定的资产池。根据这些资产的性质，资产证券化可以分为不动产证券化、应收账款证券化、信贷资产证券化等多种类型。此外，根据现金流的来源，还可分为住房抵押贷款证券（MBS）和资产支持证券。

资产证券化特别适合那些拥有稳定现金流的企业。这种稳定的现金流通常意味着企业已经成熟或者具有较大的资产规模，有助于对资产中的风险和收益进行更精细的划分和定价。

在操作过程中，发起人会将需要证券化的资产出售SPV，然后由SPV将这些资产汇集起来，形成一个资产池。以这个资产池产生的现金流为支持，SPV会在金融市场上发行证券进行融资。最后，使用资产池产生的现金流来偿还这些证券。

这种方式的优势在于，它不仅能增强企业的借款能力、提高资本充足率、降低融资成本，而且不会干扰企业的正常经营决策。无论是大型企业、中小企业，还是个人，都能通过这种方式实现融资需求，显示了其广泛的适用性和灵活性。

（四）供应链融资

供应链融资，这一"信义值千金"的现代商业实践，正是基于商业信用的深度挖掘与巧妙运用。在供应链这张由供应商、制造商、分销商等多个环节紧密连接的功能性网络中，每个节点都不仅承载着物流与信息流的交汇，更蕴藏着资金融通的无限可能。

剖析"一批压一批"这一传统商业模式，我们不难发现其背后的供应链融资逻辑。当商品生产周期长、库存积压严重，或者市场价格波动大时，资金占用问题便随之而来。而供应链融资，正是以商品为媒介，巧妙地实现了借贷资金的流转，从而有效缓解了企业的资金压力，降低了整体交易风险。

在供应链融资的四大类型中，每一种都有其独特之处，且能相互补充，共同构建起一个多元化的资金融通体系。

首先是应付账款融资，这种"赊账"方式允许企业在一定期限内延迟付款，从而节省了资金占用。供货方为了加速资金回笼，往往会提供如"2/10，n/30"等折扣政策，鼓励购货方尽早结清货款。这里的"信用期"不仅是一个时间概念，更是企业融资期限的重要参考。

商业票据融资则依赖于票据的无条件付款特性，通过票据的背书转让，企业能够迅速获得所需资金。与票据贴现相比，这种方式更为简便快捷，且不受贴现利率等因素的影响。

预收货款融资向购货方预收部分或者全部货款，相当于以货物为抵押的借款。这种方式在产品供不应求或者生产周期长、资金占用大的情况下尤为适用。通过预收货款，企业不仅能够保障购销合同的顺利履行，还能在一定程度上解决资金困难。

分期付款融资则是买方在征得卖方同意后，将原本应一次性付清的货款改为分期支付。这种方式既减轻了买方的资金压力，又为其提供了更多的融资时间和空间。

除了上述四种基本类型外，供应链融资还衍生出了许多创新模式，如存货质押融资、仓单质押融资等。这些模式以存货或者仓单等动产为质押物，为企业提供了一种新的融资渠道。

此外，供应链融资还涉及多个参与方，包括银行、物流企业、核心企业等。这些参与方在供应链融资中扮演着重要角色，共同构建了一个多方共赢的生态系统。银行提供资金支持并获取利息收入；物流企业负责货物的存储与运输，保障质押物的安全；核心企业则通过供应链融资优化资金流，提升整体供应链的效率和稳定性。

（五）租赁融资

在现代商业环境中，企业时常需要特定的设备或者运输工具来支持其运营。然而，高昂的购买成本和资金流的压力常常让企业望而却步。此时，租赁融资便成了一种灵活且经济的解决方案，为中小企业提供了强大的支持。

租赁融资，作为现代金融业务的一种创新模式，融合了金融资本和工业资本，通过租赁公司这一桥梁，实现了信贷环节的相互融通。它超越了传统租赁的限制，使企业能够更轻松地获取所需的设备、土地或者运输工具，无须承担购买的全部成本和风险。

租赁融资的优势显而易见。首先，它解决了企业资金短缺的问题，使企业能够以较小的成本获得所需设备的使用权。其次，租赁融资不会增加企业的负债，从而优化了企业的资产负债表，为未来的设备更新和扩张留下了更多灵活性。最后，租赁融资还能够帮助企业应对市场变化和技术更新的挑战，因为企业可以根据需要灵活地调整租赁设备和期限。

在进行租赁融资时，企业需要精心策划和核算。首先，要选择信誉良好、服务优质的租赁公司进行合作。其次，要根据企业的实际需求和财务状况来确定租赁设备的类型、数量和期限。最后，在签订租赁合同之前，企业要仔细阅读合同条款，保障自身权益得到充分保障。

值得一提的是，租赁融资的对象并不仅限于设备。根据企业的实际需求，还可以包括土地、房产、运输工具等。这种多元化的融资方式为企业提供了更多的选择和发展空间。

三、股权融资

股权融资不仅可以为企业提供稳定的资金来源，还能引入战略投资者和合作伙伴，带来丰富的行业经验和资源。

（一）吸收投资

吸收投资是指非股份制企业通过协议等方式，接纳来自政府、法人、自然人以及国外资本的直接投资，从而增加企业的运营资本。由于是非股份制形式，这种投资并不涉及股票的发行。具体来说，在合伙制企业中，两个或者更多人员的共同注资即被视为吸收投资；而在中外合资或者合作企业中，这可以看作对中方或者外方的投资吸纳；对于有限责任公司而言，吸收的投资者会成为公司股东，但股东人数需控制在50人以内。在股份制企业中，情况则略有不同：若为发起设立，则投资人直接成为发起人；若为募集设立，则发起人只能认购部分发行股份。重要的是，所有这些投资的性质（股权或者非股权）都应在具体协议中明确界定。

其中，职工持股作为一种特别有效的融资手段，在上市公司和非上市公司中均得到广泛应用。职工持股计划（employee stock ownership plan，ESOP）不仅是对员工的长期激励，更因为其需要员工认购公司股权，实际上起到了出资的作用。上市公司中的职工持股主要是为了分享公司的发展成果，其具体的操作规定和流通方式都有明确的规定。对于非上市公司，尤其是中小企业，职工持股的实施更为灵活，可由企业自主决定，但也需精心策划。

（二）股权出让

股权出让是中小企业通过转让部分股权来筹集资金的方式。这里的股权指的是狭义上的企业产权。显然，股权出让实际上是产权交易的一部分，其交易对象是狭义上的产权。因此，股权出让融资不仅涉及资金的融入，更可能引入新的合作者，从而对企业的发展目标、经营管理方式产生深远影响。例如，引入新的战略投资者可能加速产品创新，提升企业内部管理水平，改变市场策略和盈利模式等。

股权出让的关键点主要集中在以下两方面：

确定出让对象：选择新的合作伙伴是至关重要的。出让对象可能包括大型企业（以获取其开发、生产、市场能力）、产业投资基金（提供股权投资）、政府投资（扶持中小企业发展）、个人投资（包括内部职工和社会人员）以及外商投资。

确定出让形式：股权出让的形式多样，可以按股权出让的价格划分为溢价、平价、折价出让；按股权出让的比例则可分为全部、大部分或者小部分股权出让。在此过程中，企业的财务状况、发展前景以及品牌形象都是影响股权价值的重要因素。因此，为了获得更好的出让条件，企业可能需要进行适当的"包装"以提升其市场吸引力。

（三）增资扩股

增资扩股融资是通过增加企业的注册资本来吸纳新的资金，这种方式获得的资金作为企业宝贵的自有资本，与借入资本相比，更能有效地壮大企业实力，显著提升企业的资信度，进而增强其借债能力。此外，企业可以依据自身的经营状况来灵活决定向投资者支付的报酬，从而避免了固定支付所带来的压力。

然而，任何融资方式都有其两面性。增资扩股虽然能够为企业带来诸多好处，但也存在潜在的风险。其主要缺点是可能会分散企业的控股权，并且资金成本相对较高。更为关键的是，一旦控股权被过度分散，企业管理层可能形成强势的内部控制，导致所有者的代理成本大幅上升，这种情况在上市公司中尤为常见。

事实上，增资扩股融资的极致表现就是企业上市。尽管把公司推向股市是许多中小企业的梦想，但这未必总是最佳选择。上市公司股权的广泛分散，很可能导致企业管理层形成强大的内部控制，这时，作为所有者的你可能会发现，维护自己的权益需要付出高昂的代理成本。这也是近年来管理层收购趋势兴起的一种反映。

对于许多中小企业而言，增资扩股不仅是一种推动企业发展的必要手段，更可能是一种权衡与抉择。一方面，企业可能需要通过股权换取宝贵的资金来支持其成长；另一方面，这种融资方式又很容易使企业丧失绝对或者相对控股权，从而可能阻碍企业创始人的初衷和人生价值的实现。不幸的是，有些企业在增资扩股后，由于股权结构的改变，导致决策过程变得复杂和耗时，许多精力被耗费在满足不同出资者的利益诉求上，对此，许多企业主表示后悔不已。

（四）并购融资

并购融资，即通过企业间的兼并、收购或者被兼并、被收购等方式，实现资金的流动和优化配置。这种融资方式不仅涉及资金的融通，更关乎企业战略的调整、资源的整合以及市场竞争力的提升。

兼并，通常指的是一家实力较强的企业吸收合并另一家或者多家企业，组建成为一个新的经济实体。而收购则是一家企业通过支付现金、发行股份或者其他有价证券的方式，获取另一家企业的资产或者股权，从而取得对该企业的实际控制权。这两者的核心区别在于，兼并后目标企业法人资格消失，而收购后目标企业依然保持独立法人资格。

并购融资根据资金来源可分为内源融资和外部融资。内源融资主要依赖企业自身的留存收益和折旧等内部资金进行并购，展现了企业雄厚的自有资金实力。而外部融资则是通过向银行、非银行金融机构等外部渠道筹集资金，或者通过发行证券等方式筹集资金，以满足并购的资金需求。

当并购融资涉及跨国交易时，便演变为跨国并购。如今，跨国并购已成为企业拓展国际市场、获取先进技术和管理经验的重要手段。然而，由于跨国并购涉及两个不同国家之间的政治、经济、文化背景差异，其复杂性和风险性也相对较高。

跨国并购包括跨国兼并和跨国收购两种形式，是指一国企业通过购买另一国企业的资产或者股权，实现对目标企业的实际控制或者管理。这种并购方式不仅可以帮助企业获取更多的市场份额和资源，还可以促进国际间的资金流动和技术传播。

值得注意的是，并购融资并非单向的资金流动。无论是主动并购其他企业，还是被其他企业并购，都是企业融资的一种有效方式。通过出售部分或者全部资产、股权，企业可以获得所需的资金，实现资金融通，支持企业的持续发展或者战略转型。

（五）杠杆收购

杠杆收购融资，是一种高效的资本运作方式，允许企业通过少量的自有资金，结合大量的债务资本,来收购目标公司的股权。这种方式的核心是利用目标公司的未来现金流量来偿还债务,从而实现企业的快速扩张。

在杠杆收购中,企业通常只需投入收购总额的10%~15%作为自有资金,剩余的部分则通过借贷筹集,主要是银行贷款。这种高负债的收购方式使新组建的公司负债率通常超过85%。然而,这正是中小企业实现跨越式发展的捷径,以较小的投入实现大规模的资产控制。

杠杆收购融资自20世纪80年代在美国兴起以来,已形成了经典的金字塔融资结构。其中,一级银行贷款占据最大比例,约60%;夹层债券(或者称垃圾债券)约占30%;而收购方的自有资金仅占10%。这种结构有效地放大了自有资金的效用,实现了以小博大的效果。

实施杠杆收购融资需要精细地策划和执行。首先,企业需制定详尽的收购方案,并与目标公司进行多轮谈判,同时初步规划融资安排。在此过程中,可行性研究至关重要,它涉及收购的必要性、资金需求量、企业的收购实力、预期收益等多个方面。

其次,企业需要衡量自身是否具备进行杠杆收购的条件。这包括较高的资本运作和经营管理水平、稳定的经营状况和获利能力、具有市场优势的产品和技术、良好的财务状况以及低负债率等。同时,在偿还收购债务期间,企业应保障没有其他大额资金项目投入,以免影响偿债能力。

在选择目标公司时,企业应关注其被低估的价值、稳定的现金流量、较低的资产负债率、降低运营成本的潜力以及与公司主营业务或者未来发展目标的关联性。同时,对目标公司的资产价值进行合理估价也是必不可少的步骤。

一旦满足上述条件并完成估价,企业便可以开始筹集资金并执行收购。这通常包括准备自有资金、向银行申请过渡性贷款以及向投资者发行债券等步骤。收购完成后,企业将进入整改阶段,通过优化资产结构、提高盈利水平来偿还债务并降低风险。

(六)私募股权

私募股权融资,是指以非公开方式向非上市公司进行权益性投资,并在未来通过上市、并购或者管理层回购等方式实现资本增值并退出。这种融资方式不仅为中小企业提供了资金支持,更带来了专业的管理建议、市场渠道和战略合作伙伴。

私募股权的"私密性"体现在其基金是私下发行的,主要面向少数机构投资者和高净值个人募集资金。这种非公开性使得私募股权基金在投资决策、资金运用等方面具有更大的灵活性,同时也不需要像上市公司那样公开披露交易细节。

私募股权融资可以分为广义和狭义两种。狭义上,它主要投资于已形成一定规模的企业；广义上，则涵盖从公司初创到公开上市前的各个阶段。这种融资方式的专业性极强，对中小企业的经营管理进行全面的诊断和咨询，即使融资不成功，企业也能从中获得宝贵的经验和建议。

要吸引私募股权基金的投资，企业需要具备良好的管理制度、稳定的经营记录、有潜力的产品以及高预期投资回报率。此外，企业未来的上市前景也是私募股权基金考虑的重要因素，因为这关系到其最终的退出机制。

在申请私募股权融资时，企业需要提交商业计划书以展示自己的市场潜力、管理团队和财务状况。经过私募股权基金的审查后，双方会就投资条款进行多轮洽谈，最终达成协议并签订合同。

值得注意的是，私募股权融资的成交价格对企业至关重要，它直接影响到企业的资产价值和股权结构。因此，双方需要在价值评估的基础上确定成交价格，并保障与投资回报及风险承担相匹配。

私募股权融资不仅为中小企业提供了长期稳定的资金支持，还带来了专业的管理建议和市场渠道。与此同时，企业也可以利用私募股权基金的资源甄选合作伙伴，为自身的长远发展奠定坚实基础。

最后需要指出的是，私募股权投资基金与私募基金在投资对象上有所不同：前者专注于未上市公司的股权投资；而后者则主要投资于证券市场。尽管私募股权投资基金与风险投资在投资阶段、规模和理念上存在差异，但在实践中两者的界限已逐渐模糊。

在股权融资过程中，企业应至少注重以下几点：

选择合适的投资者：除了考虑资金实力外，还应注重投资者的产业背景、技术实力和市场渠道等因素。

设定合理的股权结构：根据企业的实际情况和发展需求，设定合理的股权结构，保障企业与投资者之间的利益平衡。

充分利用投资者资源：与投资者建立紧密的合作关系，充分利用其资源和优势，推动企业的快速发展。

四、结构化配资

结构化配资作为一种高度定制化的融资手段，旨在满足企业特定的财务需求、风险偏好及市场环境适应性。其核心理念在于通过对资本结构的精心设计与配置，实现风险与收益在不同投资者群体之间的合理分配，从而最大化融资效益，增强企业资金运作的灵活性与效率。具体操作中，企业可采取以下策略：

深度合作金融机构：企业应积极寻求与专业金融机构的战略协作，利用其在金融产品设计、市场洞察、法规解读、风险管理等方面的深厚专业知识与广泛资源网络。金融机构能够为企业提供定制化的咨询服务，协助分析融资目标、梳理财务状况、识别潜在风险点，并在此基础上构建符合企业特性的结构化配资方案。这种合作不仅限于传统商业银行，还可以包括投资银行、私募基金、信托公司等多元化金融中介，以充分利用各自在资本市场的独特优势，为企业的结构化融资提供全面支持。

精准量化风险与收益：在制定结构化配资方案前，企业必须进行严谨的风险与收益评估。这包括对自身的风险承受能力进行全面剖析，考量财务状况、经营稳定性、行业地位、市场前景等因素，以确定企业在特定融资期限内可接受的风险阈值。同时，结合宏观经济走势、行业动态、市场竞争格局等外部环境因素，精确预测融资项目的潜在收益，保障预期回报能够覆盖融资成本并创造价值增量。运用专业的风险评估模型与工具，如敏感性分析、压力测试、情景模拟等，有助于企业更加科学、精细地衡量风险与收益的平衡关系，为制定合理的融资结构提供数据支持。

动态调整融资组合：鉴于市场环境与企业经营状况的不断变化，结构化配资方案需具备足够的灵活性以应对不确定性。企业应定期复评风险承受能力与收益预期，根据评估结果适时调整融资结构，如调整债务与权益的比例、优化负债期限结构、引入新的投资者或者调整现有投资者权益分配等。此外，企业还应密切关注金融市场动态，利用利率波动、信用利差变化等市场信号，适时进行债务置换、提前还款、发行新债等操作，以降低融资成本或者锁定有利条件。在必要时，企业可引入金融衍生工具，如利率互换、货币掉期、信用违约互换等，以对冲市场风险，进一步强化融资组合的稳健性与适应性。

强化信息披露与沟通：结构化配资涉及多个层级的投资者，且往往伴随复杂的权利与义务安排。为保障融资活动的顺利进行与投资者关系的和谐稳定，企业需强化信息披露的透明度与及时性，定期发布财务报告、业务进展、重大事项公告等信息，使投资者能够充分了解企业的运营状况与融资动向。同时，建立有效的投资者沟通机制，通过股东大会、业绩说明会、一对一交流等方式，增进与投资者的互动，听取其关切与建议，及时回应市场关切，共同维护融资结构的稳定与投资者信心。

合规与风险管理：在实施结构化配资过程中，企业须严格遵守相关法律法规与监管要求，保障融资行为合法合规。这包括但不限于遵循资本充足率、杠杆率、关联交易、信息披露等监管指标，以及遵守反洗钱、反欺诈、投资者保护等相关法规。同时，建立健全内部风险管理体系，强化对市场风险、信用风险、操作风险、流动性风险等的识别、计量、监测与控制，保障风险在可承受范围内，并与投资者风险偏好相匹配。

例如，某城市更新项目债务重组结构化配资模式。

(一) 项目背景

某市某房地产开发有限公司（以下简称项目公司）负责的城市更新项目，原由某知名地产集团主导，位于某市繁华区域，周边商业、交通设施完备。项目已进入实质性开发阶段，完成了主体确认、回迁合同备案及土地出让合同签署，支付了部分地价款，并已具备总包进场条件。然而，因主导地产集团突发财务危机，导致项目资金链断裂，工程被迫暂停。

(二) 债务状况与债权构成

项目所面临的债务主要包括：某商业银行分行提供的并购贷款与拆迁贷款累计金额；某知名不动产投资机构以明股实债形式注入的资金；某私募基金的投资款。此外，上述机构及项目公司原股东各自持有一定数额的历史债权，共同组成优先级份额。这一系列债权构成了项目错综复杂的债务结构，急需进行重组。

(三) 纾困方案与交易结构

为解救项目公司于资金困局，该知名不动产投资机构提议引入外部投资者进行纾困。某资产管理公司积极响应，计划投资一定金额，通过设立财产权信托参与债务重组。其出资将被设定为优先级受益权，享有优先退出权。另一潜在合作方拟投入现金，并负责支付剩余地价款及后续项目运作。商业银行的存量债权作为中间级，不动产投资机构与私募基金的债权作为次中间级，原地产集团作为原股东处于劣后级。

交易结构设计中，为保障重组顺利进行，优先级结构预留了部分额度以满足各债权人快速回收资金的需求。考虑到项目尚有部分地价款及延期税费未结清，资产管理公司与合作方将分工协作，前者负责施工资金与过渡期安置费用，后者负责剩余地价款、滞纳金的缴纳及与政府部门的沟通。

首笔利息按年支付，后续利息按季付息，先息后本，销售款项优先用于向资产管理公司支付（见图2）。

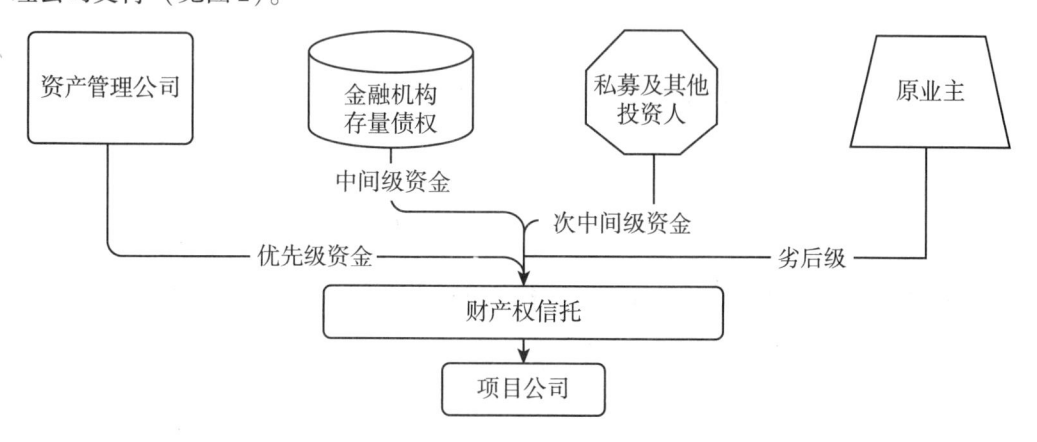

图2 债务重组结构化配资模式

（四）项目评估与风险控制

资产管理公司对项目进行了深度尽职调查，全面考量项目价值、债务清理、合作方实力、决策制度、风险控制等多个核心要素，重点考察项目公司财务状况、债权关系、合作方资质、交易结构合理性、现金流预测等方面，保障投资决策的稳健与风险的有效管理。主要包括以下方面：

市场价值与去化风险：项目总建筑面积较大，住宅部分占比显著，包含保障房与商品房，且商品房中有一部分用于回迁。商业与办公部分主要用于回迁，仅少量可售。资产管理公司要求核实可售物业价值，保障项目净现金流足以覆盖投资本金及收益。

债务清理与涉诉风险：要求调查项目公司除已知债务外的其他融资行为、潜在或者有负债及法律纠纷，同时清理并解决项目公司及其股东股权质押、冻结问题，以扫除对项目后续开发的障碍。

合作方资质与操盘能力：对于与潜在合作方的合作，强调在合作方与债权人达成共识的前提下，若合作未能实现，资产管理公司将寻求与其他拥有充足资金、强大开发能力和良好品牌的开发商合作，以保障项目销售能力。

决策机制与管控措施：鉴于项目牵涉多方利益主体，资产管理公司要求明确项目公司的决策程序、僵局解决办法以及资产管理公司对项目运营、销售、资金使用的具体管控手段，以维护自身投资权益。

预售资金监管政策影响：研究并评估预售资金监管政策对资产管理公司未来退出时资金回收的影响，保障操作符合政策规定，不影响投资回报。

综上所述，该城市更新项目的债务重组，是运用设立财产权信托、吸引战略投资者、优化债务结构等手段，成功对遭遇困境的企业进行有效救助的典型实例。

五、产业资本

产业资本，作为源于产业链上下游企业或者相关产业的资本投入，不仅是资金的注入，更是一种战略资源的整合。通过引入产业资本，企业可以显著加强与产业链上下游企业的联系与合作，从而实现资源共享、优势互补，共同构建稳固、高效的产业生态链。

为充分利用产业资本并推动企业长期稳健发展，可从以下几个维度切入：

第一，多元化拓展产业链合作。

联合研发与创新：与上下游企业共同设立研发中心，针对行业痛点进行技术攻关，推动产品创新。

供应链协同：通过信息共享和流程优化，提高供应链的响应速度和灵活性，降低库存和运营成本。

市场拓展与合作：携手产业链伙伴共同开拓新市场，利用各自优势资源，实现市场份额的快速增长。

第二，积极拥抱产业投资基金。

资金与资源的双重支持：产业投资基金不仅为企业提供必要的资金支持，还能引入行业内的优质资源，如技术、人才和市场渠道等。

战略指导与运营支持：产业投资基金通常拥有丰富的行业经验和专业团队，能够为企业提供战略规划和运营管理的专业指导。

降低财务风险：与产业投资基金的合作可以帮助企业优化财务结构，降低财务风险，为企业的稳健发展提供保障。

第三，探索产融结合新模式。

金融创新与产业升级：结合金融资本的创新能力和产业资本的实体基础，共同推动产业升级和转型。

资本市场对接：利用金融资本的市场化运作经验，帮助企业更好地对接资本市场，实现融资渠道的多元化。

风险管理与防控：通过建立完善的风险管理体系，实现产业与金融的良性互动，有效防控各类风险。

此外，产业投资基金进入中小企业的方式相较于传统的银行贷款更具灵活性和实效性。产业投资基金通过参股入股、参与管理等多元化渠道深入企业运营，与企业共同成长，共同应对市场风险。这种合作模式有效降低了中小企业的融资门槛，为其提供了更为广阔的发展空间和机遇。

相较于发行股票或者债券等传统融资方式，吸引产业投资基金的手续更为简便快捷。企业无须提交繁杂的项目或者企业材料给政府部门审批，从而大幅降低了运作成本和时间成本。对于许多无法达到股票或者债券发行条件的中小企业而言，产业投资基金无疑是一种更为切实可行的融资选择。这种灵活的融资方式不仅解决了中小企业的资金需求，更为其注入了新的发展动力和活力。

第四节　资源协同助力高效纾困重组

在企业纾困重组的征途上，我们不可避免地要触及"资源"这一核心概念，资源的整合与协同运用构成了成功的基石。资源的种类繁多，涵盖了社会资源、生态圈上下游渠道资源、关系资源、人才资源、信息资源、资金资源、产业资源和品牌资源等，每一种资源都拥有其独特的价值和潜力，有待我们去挖掘与利用。

如何巧妙地将这些资源结合在一起，发挥出最大的效应，是企业纾困重组领域专业服务机构与企业本身需要共同深入探索的课题。在明确目标后，应有效整合资源，为达成目标创造有利条件。在此过程中，必须遵循客观规律，保障所有关键要素得以满足。如同治理大国需精心调配，如烹小鲜般谨慎，我们在追求目标时也应量力而行，稳扎稳打，做到尽力而为，恰到好处。

一、深度挖掘与整合社会资源

以政策扶持为例，政府为了推动中小企业的发展，常常会出台一系列优惠政策。这些政策不仅为企业提供资金支持，更为其营造了更加公平的竞争环境，从而助力企业在商海中脱颖而出。

某制造业中小企业的经历便是一个生动的案例。该企业曾一度面临资金链断裂的危机，生产活动几乎陷入停滞。然而，正是通过积极参与行业交流，深入了解并成功申请了政府的相关扶持政策，该企业才得以获得宝贵的创业基金支持。此外，他们还借此机会与行业领军企业建立了稳固的合作关系，获得合作背书，并争取到了股权投资、贷款延期、减税降费等优惠政策。这一系列的举措，使该企业得以重新启动生产线，逐步走出了困境，迎来了崭新的发展篇章。

二、紧密协同生态圈上下游渠道资源

在复杂的商业生态系统中，企业与上下游伙伴的关系就如同生物链中的各个环节，环环相扣、相互依存。当企业与供应商、销售渠道等合作伙伴建立起紧密的协同关系时，便能在市场风云变幻中迅速调整战略、优化资源配置，从而在困境中寻找到突破口。

以某家居用品企业为例，他们曾遭受市场环境变化的严重冲击，传统销售渠道陷入困境。然而，正是通过与上游供应商和下游分销商的紧密合作与协同，该企业成功探索出了新的市场机遇。他们联合推出了独具特色的定制化家居解决方案，精准满足了消费者日益增长的个性化需求。同时，通过改进供应链管理、拓展线上销售渠道等举措，该企业顺利实现了业务的转型与升级，焕发出了新的生机与活力。

三、精心构建与维护关系资源网络

关系资源，作为连接企业与各方利益相关者的重要桥梁，其战略价值在企业的关键时刻显得尤为突出。这些精心培育的关系，有可能在企业遭遇困境时成为扭转乾坤的关键力量。通过与客户、合作伙伴乃至竞争对手建立起基于互信与互助的深厚关系，企业能够在逆境中获得更多的外部支持和援助。

以航空业为例，某知名大型航空公司在疫情肆虐的时期，深刻体会到了关系资源的重要性。面对前所未有的经营挑战，该公司正是依靠过去与多家国际航空公司建立的稳固合作关系，成功实施了代码共享、航班互换等一系列互助策略。这些举措不仅显著降低了运营成本，更为公司赢得了宝贵的缓冲时间，得以有序进行内部结构的优化和战略方向的调整。

例如，某供应链企业在资金链面临断裂的紧要关头，凭借其长期以来与多家行业领军企业建立的良好合作关系，迅速获得了紧急资金注入和关键订单的支持。这些及时的援助，使该企业成功渡过了危机，继续稳健发展。

因此，对于企业而言，精心构建并持续深化维护关系资源网络，不仅是在顺境中加速发展的助推器，更是在逆境中稳住阵脚、寻求突破的救命稻草。

四、全方位挖掘与培养人才资源

人才，作为企业最宝贵的资产，其重要性不言而喻。在企业遭遇挑战时，如何灵活调整人力资源策略，深入挖掘并有效培养内部人才，成为每个企业亟须解决的核心问题。通过为员工提供多元化的培训机会、实施轮岗制度以及鼓励内部创业等举措，企业能够充分激发员工的创造力与创新精神，为企业注入新的活力和发展动力。

以某科技企业为例，当面临市场萎缩的严峻形势时，该企业明智地采取了内部选拔与培养的策略。他们成功挖掘出一批具备高度创新能力的技术精英，并通过一系列精心设计的内部培养计划和激励机制，不仅成功研发出一款引领行业潮流的新产品，更培育出了一批忠诚度极高、能力卓越的核心团队。这些核心人才在企业的后续发展中扮演了举足轻重的角色，为企业的持续壮大奠定了坚实基础。

五、精细化管理与深度挖掘分析信息资源

在信息化日益发展的今天，信息资源的战略地位越发凸显。对企业而言，能否及时捕捉并分析市场的微妙变化、竞争对手的最新动向以及客户的真实需求，直接关乎其能否精准制定和实施有效的纾困策略。借助大数据、云计算等尖端信息技术工具，

企业现在可以更加便捷、高效地整合和分析海量信息，从而为企业的战略决策提供坚实的数据支撑。

举例来说，某知名电商企业在面对白热化的市场竞争时，巧妙地运用了大数据技术来深入分析用户的消费行为和购物偏好。基于这些精准的数据分析，该企业成功推出了一系列高度个性化的商品推荐与营销活动。这些举措不仅显著提升了用户的购物体验，还进一步扩大了该企业在市场上的份额，展现了信息资源高效收集与分析的巨大商业价值。

六、创新策略以灵活筹措与调配资金资源

资金作为维持企业运转的核心要素，其筹措与调配在纾困重组中占据举足轻重的地位。随着金融市场的不断演变，现代企业必须跳出传统银行贷款的框架，积极探索更多元、更灵活的融资渠道与方式。通过利用资本市场，如发行债券、股票等金融工具进行融资，不仅能够降低企业的融资成本，还有助于进一步优化企业的资本结构，提高企业的财务稳健性。

以某制造企业为例，当其遭遇资金流紧张的困境时，该企业并未仅依赖传统的银行贷款，而是采取了更为创新的策略。他们通过发行绿色债券，这一环保且低成本的融资方式，成功筹集到了一部分资金。同时，通过引入具有行业资源和经验的战略投资者，不仅进一步缓解了资金压力，还为企业的长远发展注入了新的活力。凭借这些资金，该企业顺利完成了生产线的升级改造，有效提升了生产效率和产品质量，并成功拓展了市场份额，实现了企业的转型升级。

七、产业资源的优化配置与深度整合

在全球化浪潮的推动下，企业必须具备前瞻性的全球视野，对产业资源进行精细化管理和优化。这要求企业在全球范围内精确搜寻与匹配优质原材料，努力压缩制造成本，积极拓展销售市场，以及高效整合全球产业链上的各种资源。

某国际知名食品企业就是这方面的佼佼者。该公司通过精心设计的全球采购战略和生产基地的战略布局，实现了原材料和生产成本的显著降低。同时，他们还通过高效整合全球产业链资源，有效地提升了产品在全球市场的竞争优势。这种全球化的资源配置和整合能力，不仅优化了企业的生产运营，还进一步增强了其市场适应性和抗风险能力。

八、品牌资源的全方位保护与增值

品牌不仅是企业的宝贵无形资产，更是其在市场竞争中的核心优势。在经历纾困与重组的挑战时，企业应全面加强品牌保护，不断提升品牌价值，并积极推动品牌的全球化布局。为实现这一目标，企业需要构建完善的品牌管理体系，明确品牌定位，精心塑造品牌形象，并通过有效的品牌传播策略和危机公关机制来维护和强化品牌在公众心目中的印象。

为了进一步扩大品牌的影响力并提升市场份额，企业可以采取品牌延伸、寻求品牌合作或跨界联名等创新方式。这些举措有助于引入新的消费群体，为品牌注入活力。同时，随着品牌国际化的步伐加快，企业必须充分考虑不同国际市场的文化特性和消费习惯，制定并执行符合当地市场的品牌营销策略，以确保品牌信息能够精准触达目标受众，并推动品牌的全球认知度和接受度。

举例来说，某知名服装品牌在面临品牌形象老化的挑战时，果断采取了品牌重塑和国际化扩展的策略。通过重新定义品牌理念，更新产品线，以及加强与国际设计师或品牌的合作，该品牌不仅成功提升了自身形象，还显著扩大了市场份额，顺利实现了向高端市场的战略转型。

九、技术资源开发与成果转化

技术是推动企业持续发展的核心引擎，尤其在纾困与重组的重要阶段，其关键作用更为凸显。为了不断为企业注入新的活力，企业应显著加大对技术研发的投入力度，以驱动产品的持续创新与技术升级。同时，要密切关注跨界技术的最新动态与趋势，勇于探索技术融合所带来的新业态与新模式。

以特斯拉为例，该公司通过巧妙地融合电池技术、自动驾驶技术及智能互联技术等多个领域的前沿科技，不仅成功引领了电动汽车产业的革命性变革，更树立了技术跨界融合的典范。

然而，技术的研发与创新只是第一步。如何将这些技术成果有效转化为实际的市场竞争优势，才是企业真正面临的挑战。为此，企业需要构建一套完善的技术成果转化与应用机制。具体而言，可以通过建立产学研紧密结合的合作模式，加速科技成果从实验室走向市场的进程，实现其商业化应用；同时，搭建起技术交流与交易的平台，促进先进技术成果在行业内的流通与共享，从而放大其价值；此外，与产业链上下游企业建立紧密的合作关系也至关重要，这有助于推动技术创新在整条产业链中的快速传播与广泛应用，进而形成强大的产业集群效应。

十、文化资源的深入挖掘、传承与创新

企业文化不仅是企业的核心灵魂，更是其稳健发展的精神基石，尤其在纾困与重组的关键时期，其影响力更为显著。为了夯实这一基石，企业应细致挖掘并传承那些构成企业文化精髓的要素，如企业精神、核心价值观以及员工行为准则等。这些要素共同构成了企业文化的核心，引领着企业的方向并激发员工的归属感。

然而，仅仅传承是不够的。随着时代的演变和市场的变迁，企业文化也需要与时俱进，进行必要的创新。这意味着在保留传统文化精髓的基础上，结合当前的市场趋势和发展需求，为企业文化注入新的活力和时代感，从而构建一个既深厚又具有独特吸引力的文化体系。

此外，在全球化的大背景下，随着企业越来越多地涉足国际市场，跨文化融合已逐渐成为企业文化建设的前沿议题。面对来自不同文化背景的员工和管理挑战，企业必须展现出更高的文化敏感性和包容性。为了实现这一目标，建立有效的跨文化沟通桥梁和管理模式显得尤为重要。这不仅可以增进员工间的相互理解与协作，还能为企业文化的多元化和深度发展提供有力支持。

举例来说，某知名跨国公司在应对文化差异所带来的挑战时，采取了积极的策略。他们组建了跨文化的工作团队，并通过组织各种文化交流活动，成功地促进了来自不同文化背景的员工之间的深度沟通与紧密协作。这不仅强化了团队之间的凝聚力，还为企业文化的多元化发展奠定了坚实基础，展现了文化资源深入挖掘、传承与创新的实际成果。

十一、知识资源的系统积累、高效共享与智慧化应用

知识资源，作为推动企业不断进步的核心动力，其重要性在纾困与重组的过程中显得尤为突出。为了确保这一资源的持续增值和高效利用，企业应着重于知识的系统积累、广泛共享以及智能化应用。

为了实现这一目标，建立完善的知识管理体系成为首要任务。通过构建清晰的知识分类和存储结构，企业能够确保每一份知识资产都得到妥善保存，并为未来的快速检索和应用提供便利。同时，倡导学习型组织的建设也是关键，它不仅能够鼓励员工自主学习与分享，还能促进企业内部知识的自然流通和外部新鲜知识的及时引入。

搭建协同创新平台是进一步释放知识资源潜力的有效手段。通过与产业链上的合作伙伴、研究机构以及高等院校建立紧密的产学研合作关系，企业能够加速技术突破和商业模式的创新，从而确保在激烈的市场竞争中保持领先地位。

此外，随着大数据和人工智能技术的日益成熟，将其应用于知识管理已成为趋势。利用这些先进技术，企业可以实现对知识资源的深度挖掘和智能化应用，为管理决策提供更加精准的数据支持。

以某咨询服务企业为例，他们通过建立一套完善的知识库和专家网络系统，成功地促进了跨领域的知识共享与协同创新。这不仅显著提升了服务的质量和效率，还为客户带来了更加专业和深入的解决方案，充分体现了知识资源积累共享与智慧化应用的实际价值。

十二、市场资源的精细拓展与深度开发

市场资源是企业实现持续增长和价值提升的关键基石。在纾困与重组的复杂过程中，企业必须对市场资源进行更为精细地拓展与深层次的开发。这涉及几个核心方面：对市场需求进行精准捕捉、对目标客户群体进行详尽的分析，以及对市场未来趋势的敏锐洞察。

为了开发出真正符合市场需求的产品和服务，企业必须深入了解消费者的真实需求和偏好。这要求企业不仅进行广泛的市场调研，还要运用先进的数据分析工具来挖掘消费者的潜在需求。通过这样的方式，企业可以确保自己提供的产品和服务能够紧密贴合市场，从而有效地提升市场份额并增强自身的竞争力。

举一个实例，某知名快消品企业进行了深入的市场细分研究，并仔细分析了消费者的购买行为和消费习惯。基于这些研究，他们成功地开发出了一系列专为特定消费群体设计的新产品。这些产品不仅满足了消费者的独特需求，还迅速赢得了市场的青睐，从而推动了企业销售收入的显著增长。这个案例充分展示了如何通过精准拓展和深度开发市场资源，来为企业创造更大的商业价值。

十三、组织资源的柔性优化、动态调整与高效能变革

组织资源作为企业运营的核心架构，对于支撑企业内部结构和流程的高效运转具有不可替代的作用。特别是在企业进行纾困与重组的关键时期，对组织资源进行柔性的优化和高效的变革显得尤为重要。

为了构建一个更加响应迅速、灵活多变的组织体系，企业应聚焦于几个主要方面：首先是组织结构的动态调整。这意味着要打破传统的、可能已变得僵化的组织框架，根据企业当前的发展需求和市场环境，进行适时的结构重组和优化。其次是内部流程的精简与优化。通过剔除不必要的流程环节、简化复杂的操作步骤，可以显著提升工作效率，减少资源浪费。最后，不可忽视的是员工激励与团队协作机制的改进。只有

充分激发员工的积极性和创造力，才能实现团队整体效能的提升。

举一个实际案例，某知名电器集团在家电市场竞争日趋白热化的背景下，勇敢地进行了名为"人单合一"的组织变革。他们通过下放决策权，使员工能够更直接地对接和满足用户需求，同时鼓励创新与快速响应。这一变革不仅大幅提高了企业对市场的敏感度和反应速度，也显著增强了其创新能力。最终，该公司成功地实现了组织资源的高效协同，为企业创造了巨大的价值。这一案例生动地展示了如何通过柔性优化和高效变革，使组织资源在纾困重组过程中发挥最大效用。

十四、网络资源的全方位整合与跨界融合

随着互联网科技的日新月异，网络资源已经演变成了企业纾困与重组过程中的核心支柱。为了充分利用这一战略资源，企业必须重视网络资源的全面整合以及跨界创新融合，涵盖互联网平台、社交媒体、大数据技术和人工智能等多个前沿领域的应用。

借助这些尖端的网络技术和工具，企业能够突破地域的束缚，开拓新的市场渠道，显著提升运营效率，同时驱动产品创新和服务品质的升级。举例来说，众多传统零售企业在电子商务浪潮的冲击下，积极采纳互联网技术，通过构建线上商城、尝试直播带货、开展社交电商等多元化方式，成功地融合了线上线下业务。

这种对网络资源的深度整合和跨界融合战略，不仅为企业打开了新的市场空间，拓宽了销售渠道，更为企业带来了运营管理的高效化和客户体验的优质化，帮助企业在激烈的市场竞争中脱颖而出。

十五、合作资源的广泛拓展与共享共赢

在现今的商业环境下，企业间的协同合作与资源共享已然成为推动企业走出困境、实现重组的重要策略。企业需要特别关注合作资源的广泛搜索与深度挖掘，这主要涉及与上游供应商、下游分销商、行业内的竞争对手以及科研机构等建立稳固的合作关系。

通过资源的有效共享、技术的联合研发以及营销策略的协同合作，企业不仅可以显著降低运营成本，还能大幅度提升运营效率，从而在市场中获得更强的竞争力，实现与各合作方的共同发展与共赢。

举例来说，某知名新能源汽车制造商便成功实施了这一策略。他们与多个关键供应商建立了紧密的合作关系，共同致力于新技术与新材料的研发。同时，该制造商还在营销渠道上与多家分销商进行了深度合作。这种策略的实施，不仅帮助该制造商大幅度降低了原材料的采购成本，还显著提升了其产品的质量与环保性能。

显而易见，这种对合作资源进行广泛拓展与深度挖掘的策略，为企业带来的不仅仅是成本与风险的降低。更重要的是，它为企业开辟了更为广阔的市场空间，并为其带来了持续、稳定的价值增长。

十六、创新资源的持续驱动与引领发展

创新，作为企业蓬勃发展的核心引擎，始终是推动企业不断前行的关键力量。特别是在企业进行纾困重组的重要阶段，对创新资源的深入挖掘与持续驱动显得尤为重要。这不仅涵盖技术创新，更包括管理模式的革新以及商业模式的重塑。

为了形成源源不断的创新能力和构建难以复制的竞争优势，企业必须不断地探寻、培养和优化创新资源。同时，建立健全的创新激励机制，营造鼓励尝试、宽容失败的文化氛围，也是至关重要的。这些措施能够确保企业在变革的浪潮中始终保持领先，甚至引领整个行业和市场的变革方向。

以亚马逊为例，这家科技巨头在面对传统零售业的竞争时，展现出了其卓越的技术创新能力和敏锐的市场洞察力。通过推出 Prime 会员制度、打造领先的云计算服务等一系列创新策略，亚马逊不仅成功颠覆了传统的商业模式，更一跃成为全球最具价值的科技企业之一。这种对创新资源的深度挖掘和持续驱动，不仅让亚马逊稳固了市场领导地位，还为其开辟了更为广阔的发展前景和市场份额。

创新资源的持续驱动与引领发展策略，不仅能助力企业在激烈的市场竞争中脱颖而出，更能确保企业在不断变化的市场环境中始终保持领先地位，开创更加辉煌的未来。

第五节　产业联动并购与企业纾困

对于陷入危困的企业来说，纾困重组往往是一个关键的选择，而产业联动并购在这一过程中扮演了重要的角色。通过我们专业的引导和操作，利用产业链的优化、实体产业的整合以及并购等手段，可以有效地帮助企业摆脱困境，走向复苏。

一、产业链资源的优化配置与纾困重组

危困企业通常面临资源匮乏、效率低下等问题。通过对产业链上下游资源的整合与协同，优化产业链资源配置，企业可以降低成本、提高效率、重新激发活力、增强市场竞争力，实现纾困重组。

例如，一家陷入危困的汽车制造公司通过深入分析产业链，发现自身在零部件供应和销售渠道上存在"瓶颈"。在纾困过程中，该公司积极与上游零部件供应商和下游销售渠道商建立紧密的合作关系，实现了资源共享和优势互补。通过产业链的优化配置，该企业成功降低了成本，提高了生产效率，最终实现了减负增效，完成了自救重组。

二、实体产业的整合与纾困重组

实体产业是危困企业的根基所在，通过对实体产业的整合与提升，企业可以重塑竞争力，提升竞争地位。

例如，一家面临严重亏损的钢铁企业通过兼并重组的方式，与另一家具有技术优势和市场资源的钢铁企业合并。通过产能的优化配置、技术升级和管理协同，该企业成功提升了自身的产业集中度和市场竞争力。兼并重组不仅带来了协同效应和成本降低，还使该企业实现了从亏损到盈利的华丽转身。

三、收购并购与危困企业的纾困重组

收购并购是危困企业快速获取资源、拓展市场、提升竞争力的重要途径。通过收购并购，企业可以实现资源互补、优势叠加，助力纾困重组。

例如，一家陷入危困的电商平台通过收购其主要竞争对手，成功扩大了市场份额，提升了品牌影响力。收购后，该平台对原有资源进行整合优化，降低了运营成本并提高了用户体验。这一举措不仅帮助该企业走出了困境，还使其在竞争激烈的市场中占据了有利地位。

另外，跨国并购为危困企业提供了拓展全球市场、获取国际资源的机会。通过跨国并购，企业可以迅速进入目标市场，获取关键资源和技术支持，推动全球化纾困重组。

例如，一家面临技术落后和市场萎缩的科技公司通过跨国并购的方式，收购了一家具有先进技术和国际市场份额的海外公司。通过技术整合和市场拓展，该企业成功实现了技术升级和市场扩张。跨国并购不仅带来了技术上的突破和市场上的增长，还使该企业重新焕发了生机和活力。

四、利用收并购策略实现纾困重组

当企业陷入危困境地时，收并购策略成为一种有效的手段，能够迅速整合资源，重塑企业竞争力。

（一）明确战略目标与纾困重组方向

在启动收购并购之前，企业必须清晰定义纾困重组的战略目标。这主要包括确定期望通过此次操作达到的具体成果，如技术升级、市场拓展或者成本优化等。明确的目标不仅为整个纾困过程提供方向，还能保障每一步的决策都与整体战略保持一致。

（二）深度调研，锁定优质目标

初步筛选：根据企业战略和市场分析，初步确定可能的收购或者并购目标。这通常涉及对目标企业的行业地位、财务状况、技术实力等进行初步评估。

尽职调查：对潜在目标进行深入的尽职调查，了解其真实的业务状况、法律风险、知识产权等关键信息。这有助于发现潜在的风险和问题。

市场分析：对目标企业所处的市场环境进行深入研究，主要包括竞争对手、客户需求、市场趋势等，以评估其市场潜力和增长前景。

协同效应评估：分析目标企业的资源、技术和市场渠道等是否与收购方存在互补性，以及合并后能否产生协同效应，如成本降低、市场份额扩大、产品创新加速等。

（三）评估交易的风险

财务风险：仔细审查目标企业的财务报表和审计记录，识别任何潜在的财务风险，如债务负担、不良资产或者会计问题等。

法律风险：调查目标企业是否涉及任何法律诉讼或者监管问题，以及其知识产权是否清晰。

运营风险：评估目标企业的运营效率和供应链稳定性，了解其依赖的关键供应商和客户关系是否稳固。

市场风险：分析目标企业所在市场的竞争态势和未来发展趋势，以判断其在市场中的地位和增长潜力。

文化整合风险：评估双方企业文化的差异和兼容性，以及合并后可能出现的文化冲突和整合难题。

（四）精心策划，保障交易顺利

制订周密的收购并购计划是保障交易成功的关键。这涉及确定交易结构、支付方式（现金、股权交换或者混合支付）、定价策略等多个方面。此外，为保障交易的顺利进行，还需要制定风险管理策略和应急预案，以应对可能出现的各种风险和问题。考虑到法律、财务和税务等方面的复杂性，企业应保障所有细节都得到妥善处理，从而避免潜在的风险和障碍。

(五) 资源整合与深度融合

成功的收购并购不仅仅是交易的完成，更在于后续的资源整合与协同。企业应迅速而有效地整合双方资源，主要包括技术、市场、人才等，保障并购后的实体能够迅速形成合力，实现"1+1>2"的效果。具体主要包括：

技术整合：将双方的技术资源进行整合和优化，提升整体技术实力和创新能力。

市场整合：利用双方的市场渠道和资源，共同开拓市场，扩大市场份额和品牌影响力。

人才整合：保留并激励关键人才，同时促进双方员工的融合和合作，共同推动企业的发展。

文化融合：积极推动双方企业文化的融合，形成共同的价值观和愿景，增强企业凝聚力。

(六) 持续监测与优化，应对市场变化

纾困重组并非一劳永逸的过程。企业应不断监测市场动态和行业趋势，灵活调整战略和业务模式。同时，内部创新和技术研发的持续投入也是保持竞争力的关键。具体主要包括：

市场监测与调整：持续关注市场动态和竞争对手动向，及时调整市场策略和业务模式以适应市场变化。

持续优化运营：不断优化内部运营和管理流程，提高效率和降低成本。

人才培养与引进：重视人才培养和引进工作，打造高素质团队。

第六节 善用政府政策实施纾困重组

在企业的纾困重组过程中，政府政策扮演着重要的角色，发挥着举足轻重的作用。在企业纾困重组领域专业服务机构的加持下，善用政府政策，不仅可以为企业带来资金支持、税收优惠等实质性帮助，还能引导企业向更加符合国家政策导向的方向发展。

一、政府政策的核心内容与影响

通常，政府相关部门为了促进经济发展和社会稳定，制定了一系列涉及财政、货币、产业、竞争、贸易、劳工、环境和区域发展等方面的政策。这些政策不仅为企业提供了宏观环境的支持，还直接和间接地影响着企业的纾困重组策略。以下是对政府

政策影响企业纾困重组的进一步详细解析和补充。

(一) 财政政策深化

财政政策在降低企业负担、增加企业现金流方面发挥着重要作用。除了直接的财政补贴和税收减免，政府还可以通过加速折旧、延期纳税等手段，为企业提供更加灵活的财务支持。这些措施能够有效缓解企业的资金压力，为企业纾困重组提供有力的财务保障。

(二) 货币政策的灵活运用

货币政策通过调控市场利率和货币供应量，影响企业的融资环境和成本。在纾困重组过程中，政府可以通过定向降准、再贷款等手段，引导金融机构为困难企业提供低成本的资金支持。此外，发展债券市场和股权融资市场，也能为企业提供更多的融资渠道和选择。

(三) 产业政策的精准引导

产业政策在推动产业转型升级和优化产业布局方面发挥着重要作用。政府可以通过制定产业发展规划、建立产业投资基金等手段，引导资源向高效、环保、创新的产业流动。这不仅能够提升产业的整体竞争力，还能为企业的纾困重组提供有力的产业支撑。

(四) 竞争政策的公平保障

竞争政策旨在维护市场公平竞争秩序，防止市场垄断和不正当竞争行为。在纾困重组过程中，政府应加强对市场竞争行为的监管，保障所有企业都能在公平的市场环境中参与竞争。这不仅能够提升市场效率，还能为企业的纾困重组创造更加公平的市场环境。

(五) 贸易政策的国际视野

贸易政策在影响企业国际贸易环境和市场竞争力方面发挥着重要作用。政府可以通过签订自由贸易协定、降低关税和非关税壁垒等手段，为企业拓展国际市场提供便利。同时，政府还应加强对国际贸易规则的研究和运用，为企业应对国际贸易摩擦提供有力支持。

(六) 劳工政策的和谐稳定

劳工政策在保障劳动者权益、促进劳动关系和谐稳定方面发挥着重要作用。政府可以通过完善劳动合同制度、加强劳动监察等手段，保障劳动者的合法权益。同时，政府还应加强对企业用工的指导和服务，帮助企业降低用工成本、提高用工效率，为企业的纾困重组提供稳定的人力资源保障。

（七）环境政策的绿色转型

环境政策在推动企业绿色转型、促进生态文明建设方面发挥着重要作用。政府可以通过制定严格的环保法规和标准、推广绿色技术和产品等手段，引导企业向绿色生产方式转型。这不仅能够提升企业的环保意识和环保水平，还能为企业的纾困重组注入新的动力。

（八）区域发展政策的协同推进

区域发展政策在优化区域资源配置、推动区域经济协同发展方面发挥着重要作用。政府可以通过制定区域发展规划、建立区域合作机制等手段，引导企业向特定区域集聚发展。这不仅能够提升区域经济的整体竞争力，还能为企业的纾困重组提供更加广阔的区域市场和发展空间。

二、策略性利用政府政策的关键路径

（一）政策洞察与前期准备

建立政策监测机制：企业应设立专门的政策研究团队或者委托第三方机构，实时跟踪政府发布的各类政策动态，主要包括产业政策、财政政策、科技创新政策等。

深度解读政策：通过对政策的详细分析，了解政策的背景、目标、实施细则和期限等信息，识别出与企业发展紧密相关的政策机会。

评估政策影响：预测政策实施后可能对企业产生的正面和负面影响，以及可能带来的市场变化，为企业制定应对策略提供依据。

（二）策略对接与定制化方案

结合企业发展战略：企业应将政府政策与自身的发展战略相结合，保障企业目标与政策导向的一致性。

制定定制化策略：根据企业实际情况和政策要求，制定符合政策导向的定制化策略，如调整产品结构、优化市场布局、加强研发创新等。

建立项目库：针对各类政策，建立企业的项目库，提前储备和策划符合政策要求的项目，以便在政策发布后能够及时响应。

（三）申请与执行管理

构建高效申请流程：企业应建立简洁、高效的政策申请流程，保障在政策有效期内完成申请工作。

加强内部协同：企业内部各部门应加强协同，保障政策申请材料的真实性和完整性，提高申请成功率。

合规执行政策：企业在享受政策优惠的同时，应严格遵守政策规定和相关法律法规，避免因违规行为而引发风险。

（四）效果评估与策略调整

设定评估指标：企业应设定合理的评估指标，主要包括财务指标（如收入、利润等）和非财务指标（如市场份额、技术进步等），以全面评估政策效果。

定期评估与反馈：企业应定期对政策执行情况进行评估，及时向政府反馈执行中遇到的问题和建议，为政府完善政策提供参考。

灵活调整策略：根据评估结果和市场变化，企业应灵活调整策略，保障与政策走向保持一致，实现政策效益最大化。

三、成功案例与失败教训

（一）成功案例

在国内，许多企业通过成功利用政府政策实现了纾困重组和持续发展。

新兴科技企业：一些新兴科技企业在国家创新政策的支持下，通过加大研发投入、引进高端人才、拓展国际市场等措施，实现了技术创新和市场拓展的双重突破，迅速崛起为行业领军者。他们通过了国家高新、专精特新"小巨人"、单项冠军等相关认证和资质。

传统企业转型升级：一些传统企业在面临市场萎缩、产能过剩等困境时，积极响应政府产业政策，通过引进新技术、开发新产品、拓展新渠道等方式进行转型升级，成功实现了涅槃重生。

这些成功案例表明，紧密关注政策动向、精准对接政策需求、高效执行政策方案以及及时调整策略方向是企业成功利用政府政策的关键所在。

（二）失败教训

然而，也有一些企业在利用政府相关部门政策的过程中遇到了挫折和教训。

过度依赖政策：一些企业过于依赖政府政策的支持，忽视了自身核心竞争力的提升和市场变化的应对，导致在政策调整或者退出时陷入危困。

不合规行为：一些企业在申请和执行政策过程中存在弄虚作假、违规操作等行为，不仅未能享受政策红利，还遭受了法律处罚和声誉损失。

这些失败教训提醒我们，在利用政府政策时要保持清醒头脑，注重长期发展和自身实力的提升；同时要严格遵守法律法规，保障合规经营。此外，企业还应加强与政府的沟通与协作，积极参与政策制定和执行过程，为自身发展争取更多的话语权和资源支持。

第七节　综合性经典案例分析

一、不良债权深度处置，盘活低效用地案例

(一) 内容提要

在面对传统债权处置手段近乎失效的危困局面下，S公司的不良资产管理项目团队凭借其敏锐的洞察力，发现了小微企业园区开发经营政策与债权项下抵押物的潜在关联。

基于此，团队以创新为引领，巧妙地结合股性思维和投行策略，开启了一场由债权向物权、再进一步延伸至园区开发的深度处置之旅。经过不懈努力，他们成功将抵押物转化为充满活力的小微企业园区。此举不仅盘活了存量低效用地，提升了土地利用效率，而且通过建设中小微企业园区为实体企业的发展提供了有力支撑，从而实现了"法律+资本+资源+资产+产业"这"五位一体"投行化思维的有机融合和高效运作。

(二) 项目背景概述

S公司，前身为一家国有企业，在经历快速扩张阶段后，一度被誉为行业的领军企业。然而，由于主营业务难以支撑沉重的债务负担，公司资金链最终断裂，导致生产经营活动全面停滞。随后，S公司在某银行的2亿元贷款也相继违约，进入不良资产状态。该笔贷款的抵押物是位于某市工业园区的200亩土地及厂房，这一重要资产随后被资产管理公司接手。

(三) 债权处置的危困局面

不良资产管理公司在接手S公司债权后，立即通过法律途径查封了抵押物，并在获得司法判决后申请了抵押物的司法拍卖。得益于当地政府相关部门的支持，抵押物被划分为六个地块进行分别拍卖。但遗憾的是，经过两轮拍卖，所有地块均流拍。传统的处置方式显然已无法满足不良资产管理公司的回款需求，甚至可能无法覆盖其持有债权的成本。

(四) 项目的创新运作

面对这一困境，项目团队决定采用更加创新的方式来处置这一不良资产。他们充分利用了当地政府相关部门的政策，深度挖掘了抵押物的潜在价值，并运用股性

思维和投行化手段，成功引入了产业合作方，为项目提供了必要的资金支持和风险托底。

1. 项目的发掘与机遇把握

在认识到传统处置方式的局限性后，项目团队开始着眼于抵押资产的深层次价值。他们通过市场调研发现，将抵押物开发为小微企业园不仅可以有效满足中小微企业的生产经营需求，还能提高土地利用率，符合政府的经济发展需求。同时，这种开发模式也具有成熟的市场承接主体和较好的市场需求预期。

小微企业园以其灵活的开发运营模式，在优化资源配置、服务实体经济发展方面展现出显著优势。这种园区不仅体量适中、可租可售，能满足中小微企业在生产经营方面的基本需求，为其提供坚实的支持，还高度符合政府的宏观经济政策和经济发展需求。在土地供应日益紧张的背景下，当地政府通过推广小微企业园运营模式，旨在提高土地利用率、增加单位土地产出，进而深化供给侧结构性改革的实践。

小微企业园在市场上拥有广泛的承接主体，无论是销售还是自持出租，都展现出良好的市场需求前景。其项目开发及运营模式已经相当成熟。考虑到中小微企业，尤其是小微企业在资金实力和土地获取方面的限制，小微企业园为它们提供了理想的解决方案。与此同时，各地政府纷纷出台相关政策支持园区发展，金融机构也提供相应的融资支持。经过广泛的市场调研，我们发现这类资产的市场需求非常旺盛。

当地政府在政策层面对小微企业园给予了大力支持。这些园区被视为解决小微企业"低散乱"问题、破解土地制约、提高土地利用效率的关键途径。政府相关部门提出了一系列细化的指导措施，主要包括坚持规划先行、完善基础设施、规范项目审批流程、鼓励多元化开发以及规范租售管理等。

总之，这些有利条件为S公司债权的深化处置和底层资产的价值挖掘指明了方向，同时也为项目的投行化运作和开发经营提供了坚实的政策保障。

2. 各方利益诉求及协同工作策略论证

在债权向物权转化并进行后续开发经营的过程中，除不良资产管理公司作为债权人之外，产业合作方和当地政府的角色亦不可忽视。由于各自立场和关注点的差异，各方自然带有不同的诉求与考量。然而，经过多回合的深入商务谈判和利益整合，我们成功凝聚了共识，创新了思路，最终形成了一套高效且统一的资产盘活运营策略。

第一，各方核心诉求解析。面对存量低效的工业用地，当地政府渴望实现资源盘活和效益提升，期望将这些紧缺的生产要素更高效地配置给企业，进而促进地方税收增长和就业机会扩大。但受限于行政手段和资源配置能力，政府期望引入更为灵活、市场化的资本力量来推动这一进程。

对于不良资产管理公司而言,传统的债权处置手段在当前环境下已显捉襟见肘,且处置预期的回报面临较大不确定性,甚至存在亏损风险。因此,保障债权的安全退出并尽可能减少损失成为其首要任务。在这一过程中,深入挖掘抵押物的潜在价值成为一条值得探索的路径。

产业合作方虽具备打通债权、物权到小微企业园区开发经营全链条的能力,但资金瓶颈限制了其施展空间。他们希望以项目参与者的身份加入,同时希望不良资产管理公司能够提供一定的决策灵活性和项目管理上的宽松度,以保障项目开发运营的自主性和效率。

第二,全面盘活策略概述。为有效应对上述挑战和诉求,不良资产管理公司决定以经过市场验证的价格——公开挂牌转让流拍价格——将S公司债权转让至与产业合作方共同设立的SPV。随后,SPV将以其债权人的身份向法院申请以司法拍卖流拍价格获得物权,并完成资产腾退和清场工作。最终,SPV将主导小微企业园区的开发运营工作,以实现资产的最大化利用和价值提升。

3. 交易结构设计与整体方案策划

在深入沟通、多轮论证,并充分结合各方利益诉求和项目实际需求的基础上,我们创新性地运用了股性思维与投行手段相结合的策略。在保障风险可控、还款来源明确的前提下,产业合作方提供了股性出资,并设立了对赌条款以锁定和托底过程风险,从而具体负责项目的盘活推进工作。不良资产管理公司则主要在资金层面给予项目关键支持。整体方案巧妙地平衡了不良资产管理公司对底层资产的掌控力与产业合作方作为项目运营管理团队的经营自主性。此外,项目还结合了后期的银行开发贷款支持,保障从债权到物权、再到开发运营、最终销售变现退出的全流程顺畅进行。

第一,混合所有制主体设立。为保障项目的高效推进和风险的合理分散,不良资产管理公司与产业合作方共同设立了有限合伙企业,作为SPV1。随后,SPV1与不良资产管理公司指定的主体进一步合作,成立了SPV2作为项目公司。在这一结构中,产业投资方负责SPV2的日常经营活动,而不良资产管理公司则通过参与重大决策和派驻人员对项目进行共同管理,以防范潜在风险。

第二,债权转让与物权抵债。SPV2在受让S公司债权后,通过以物抵债和部分抵债款项的支付,成功从债权人转变为资产产权方。为保障项目的顺利进行和风险的合理控制,不良资产管理公司与产业合作方约定了一系列对赌条款。这些条款主要包括限期取得小微企业园区开发的相关政策、限期取得符合小微企业园区规划条件的出让土地产权,以及在一定期限内完成一定比例的销售并保证销售均价的底线。这些措施有效地化解了项目过程中的主要风险。

第三，资产收储、挂牌与变身。政府向SPV2收储资产并进行规划调整后，再次挂牌出让。SPV2积极参与政府出让挂牌竞价，并成功重新受让取得土地资产。经过规划调整后的新工业用地具备了可分割销售、可按揭贷款等有利于变现退出的规划及开发条件。这一步骤为存量低效的工业用地提供了脱胎换骨、华丽转身的宝贵机会。

第四，园区建设与销售。根据相关政策对新竞得并经过规划调整的土地进行开发销售。这主要包括分割销售、配套辅助业态的规划以及不少于20%的自持物业等。在整个开发销售过程中，不良资产管理公司需要更深入地直接参与SPV2和项目的各项管控中，以保障项目的顺利进行和最终的成功退出。

在整个项目的运作过程中，不良资产管理公司不仅成功地盘活了不良资产，还通过深入参与项目的各项管控工作，增强了自身在不良资产处置领域的专业能力和市场竞争力。

4. 方案实施

第一，债权转让策略。鉴于债权盘活与园区开发销售回款紧密相连，不良资产管理公司决定将S公司债权转让给SPV2。此举允许转让价款以分期方式支付，期间仅需承担资金占用费，从而减轻了即期支付压力。

第二，政策落地与协同。属地政府相关部门在审视小微企业园区政策时极为审慎，综合考虑招商对象实力与地方产业布局。对存量低效用地的盘活增效，政府部门坚持工业用地应发挥更大的社会和经济效益。通过产业合作方的积极沟通，属地政府最终以会议纪要和《投资协议书》的形式明确了政策支持。

第三，以物抵债与资产过户。在受让债权后，SPV2成功向法院申请执行主体变更，并获得以物抵债的裁定。尽管法律层面上SPV2已成为抵押资产的所有权人，但实际过户过程中遭遇了税费缴纳等问题。经过多方沟通协调，SPV2以垫付税款等方式顺利完成了资产过户，实现了从债权到物权的转换。

第四，腾退清场挑战与应对。前期的司法执行异议之诉为腾退清场带来了重重困难，尤其是与S公司实控人有关联的"钉子户"问题。面对厂区内管理混乱、安全隐患严重等挑战，项目团队通过逐家商谈、签订腾空承诺书等方式，经过大半年的努力，最终成功完成了腾退清场工作。

第五，资产收储与重新竞得的平衡术。与政府关于收储价格的谈判涉及多重考量，在保障覆盖前期成本的同时，还需考虑重新竞得的可能性和工业园区开发成本。经过多轮商谈，最终根据政府聘请中介机构的资产价值评估报告，SPV2与属地政府签署了收储协议。两个月后，SPV2在公开平台上成功竞得该资产。

第六，园区开发销售与规范运营。小微企业园区的开发销售与传统工业用地存在显著差异。在开发过程中，项目团队严格遵守规范要求，避免了前期民营资本参与时的不规范操作。虽然销售情况未达预期，但在银行贷款的支持下，项目建设得以完工。同时，不良资产管理公司的债权转让款项和全部债性出资款项已实现回款退出，项目现金流进入健康状态。未来，项目将根据市场情况和周边旧改需求调整销售招商节奏，追求更好的经济效益。

（五）项目效果及意义

1. 显著的经济效益

不良资产管理公司不仅全额收回了债权转让的全部价款以及债性出资资金，还实现了债权处置的额外收入及可观的资金收益。随着项目的持续推进，销售收入的逐步实现以及自持物业的招商出租经营，该项目将为合作各方带来更为长期、稳定的经营收益，为股东创造更大的价值。

2. 广泛的社会效益

第一，盘活低效工业用地，释放土地潜能。

通过该项目的实施，低效的工业用地得以重新规划和高效利用，实现了土地的迭代升级。这不仅提高了土地的容积率和使用效率，还吸引了更多的企业入驻，从而增加了税收、就业岗位和地块的整体综合效益，为地方经济的可持续发展注入了新动力。

第二，助力小微企业成长。

为因缺乏合适生产场所而不得不租用厂房或者自建作坊的小微企业提供了一个集中、规范、高效的发展平台。这不仅有效解决了小微企业"低小散"和产业环境"脏乱差"的问题，还有利于安全生产和统一管理，进一步推动了小微企业的改造提升和转型升级。

第三，优化服务配套，提升园区品质。

小微企业园在提供高质量的基础设施建设的同时，还注重完善生活服务配套设施，为入园企业打造了一个便捷、舒适的工作环境。此外，园区还引进了专业的服务机构，为入园企业提供政务代办、政策法律咨询、财务代理、人才培训等全方位的服务支持，有效地提升了园区的服务品质和企业的运营效率。

二、低效资产剥离并助力企业脱困与发展案例

（一）内容提要

K 公司，作为国内专用设备行业的领军上市企业，一度面临退市危机。在这一关

键时刻，不良资产管理公司凭借其"法律+资本+资源+资产+产业"的投行化思维与风险化解能力，通过低效资产剥离和保壳重生等策略，成功帮助 K 公司恢复市场活力。

(二) 项目背景与战略实施

1. 龙头企业遭遇退市风险

K 公司曾以其行业领先地位和卓越表现著称。然而，受人力成本上涨及投资的农业公司业绩不振影响，连续两年的亏损使其面临交易所的退市警告。尽管主营业务依旧稳健且具备高度竞争力，但连续三年的亏损将触发强制退市机制。K 公司的危困局面不仅威胁到其自身生存，更可能引发区域金融风险，进而波及地方经济的稳定发展。

2. 纾困与重生战略

在宏观经济去杠杆的大背景下，上市公司普遍面临资金链紧张和资产剥离等挑战。为降低资产负债率、优化股权结构并化解退市风险，不良资产管理公司积极与产业投资人、中介机构及合作方沟通协作，深入了解资本市场动态，发掘合作机遇。

针对 K 公司的特殊情况，当地政府及相关部门迅速响应，采取了一系列自救措施。依托不良资产管理公司的专业优势，制定了"保壳、整合、重生"三步走的纾困策略。通过这一系列精准有效的措施，K 公司成功实现当年扭亏为盈，避免了强制退市的命运。这一成功案例不仅彰显了不良资产管理公司的专业能力，也为类似困境中的企业提供了宝贵的经验借鉴。

(三) 项目运作过程

1. 临危受命，肩负重任

面对 K 公司迫在眉睫的纾困需求，以及严峻的"保壳"形势，不良资产管理公司被委以重任。公司充分发挥风险化解职能，决心帮助 K 公司渡过难关，以维护地方经济社会的稳定。

2. 精心策划，优化交易结构

在交易结构的设计过程中，不良资产管理公司汇聚了律师、审计等专业团队的智慧，通过多轮深入研讨，从控制潜在债务风险、保障合法合规、规划安全退出方式等多个维度出发，精心打磨并优化了交易结构。在保障交易结构能有效化解 K 公司退市风险的同时，也充分保障了本公司的资金和收益安全。

针对 K 公司数额较大的低效资产——三笔本息合计达 6 亿元的应收债权（主要包括应收股权转让债权、应收往来款债权以及应收信托受益权债权），项目团队经过探讨，决定由不良资产管理公司自身收购这三笔应收债权，以实现低效资产的有效剥离，帮助 K 公司在当年扭亏为盈，从而避免强制退市的风险。

经过反复论证和周密计划，不良资产管理公司最终以商定的价格收购了这三笔应收债权，并结合上市公司的其他相应措施，成功助力 K 公司实现了业绩的扭亏为盈。

3. 专业应对挑战，赢得客户信任

在项目实施过程中，由于 K 公司的上市公司身份及其信息披露规定，原纾困方案在股东大会审议环节遭遇了挑战。面对这一困境，项目团队迅速反应，积极与交易所沟通咨询，明确了新的解决思路，并经过进一步协商确定了最佳方案。最终，不良资产管理公司及其子公司以协议转让的方式成功收购了 K 公司的三笔应收债权，并顺利通过了投决会的决策。

4. 协同合作，方案成功落地

在方案通过后，不良资产管理公司克服时间紧迫等困难，积极与各方协作，全力推动 K 公司的风险化解工作。公司从维护整体利益出发，发挥专业优势，多措并举地推动方案的成功实施，为 K 公司的脱困与发展奠定了坚实基础。

（四）项目效果及其深远意义

1. 专业优势凸显，成功化解退市风险

经过项目团队前期的深入盘查，发现 K 公司前些年的巨额资产减值损失主要源于特定信托受益权的转让以及某公司股权转让款的减值计提。通过该项目的实施，成功剥离了这些低效资产，使 K 公司的归母净利润转正，达到了 4000 多万元，从而避免了退市的风险。这一成果充分展现了"资本市场纾困 + 不良资产收购"策略的专业性和实效性，为化解民营企业退市风险提供了有力支持。

2. 聚焦核心业务，巧妙化解困境

不良资产管理公司通过本次对 K 公司的实质性纾困救助，成功实施了"收购债权 + 资产剥离"等一系列精准措施。通过派出专业团队、聘请法律和审计专家，对 K 公司的资产和利润进行了重新盘活，提供了必要的纾困资金。这不仅是对上市公司纾困业务的一次成功实践，也展现了不良资产管理公司在聚焦主责主业、化解复杂困境方面的专业能力。

3. 创新模式引领，推广价值显著

K 公司成功化解退市风险的案例在资本市场上引起了广泛关注。这一案例不仅验证了"上市公司纾困 + 不良资产收购"相结合模式的有效性，也为其在未来更多困境上市公司纾困救助方案中的应用提供了有力支撑。该模式的成功运用和推广，对于促进资本市场健康发展和优化资源配置具有重要意义。

4. 经济效益与社会效益双赢

该项目的实施不仅为K公司保留了优质资产、剥离了低效资产，提升了其经营效益，也为不良资产管理公司带来了可观的经济效益。同时，作为当地中型制造业上市公司和受政府全力支持的优质民企，K公司的成功纾困对于维护区域金融稳定、保障地方企业员工就业以及推动社会经济发展产生了积极的影响。这一案例的成功实施，为上市公司纾困和化解退市风险提供了宝贵的经验和借鉴。

三、房地产纾困项目债权收购、重整盘活案例

（一）内容提要

某房地产项目公司因担保过重、以房抵债等负面因素，导致项目烂尾长达6年，引发购房者集体维权。在地方政府协调复工无果后，项目进入破产重整阶段。此时，项目组果断采用"不良收购＋投行化处置"策略，积极参与项目纾困，成功引进专业地产投资机构和品牌代建方，为项目注入新活力。通过政府、法院与债权人的紧密合作，重整计划草案获得通过，项目实施得到有效监管，避免二次风险。不良资产管理公司在收购债权一年后，与产业资本联手参与重整投资，提前全额收回本息，同时债权端也顺利退出。该项目成为不良资产管理公司成功运用"不良收购＋投行化处置"模式的典范，为探索业务创新及投后管理退出提供了宝贵经验，赢得了政府、市场和经济效益的三重认可。

（二）项目背景

1. 民营企业房地产开发商资金链断裂，破产重整陷入危困

该住宅楼盘项目中，一期已交付但未办理房产证，二期项目部分已售房产因开发商资金链断裂而长期停工，已售房屋无法按时交付。受实控人负面影响，该项目在当地报道中频频曝光，存在大量异常担保、以房抵债现象，以及总包方因工程款拖欠不配合的问题。剩余资产价值可能不足以覆盖后期施工投入，导致该项目在当地无人敢接盘。政府协调复工失败后，购房者开始大规模上访，成为地方政府主要维稳对象。楼盘烂尾长达6年之久，给当地社会和经济发展带来了严重影响。

在法院裁定受理重整申请后，管理人面临复杂的债权申报和处理工作。其中主要包括多笔工程款优先债权、其他优先债权、税务债权以及购房户和职工欠薪等问题。尽管当地政府、法院和管理人付出了大量努力，但仍未能找到合适的解决路径。此时，该项目的前景堪忧，所有参与方均面临巨大压力和挑战。在当地的投资人均对该项目恢复不抱有希望，按这样的思路实施，所有参与该项目的各方全部都是输家。

然而，在项目组的积极推动下，通过创新运用"不良收购+投行化处置"手段，成功引进专业地产投资机构和品牌代建方。这不仅为项目注入了新的资金和资源，还提升了项目的品质和价值。同时，政府、法院和债权人的紧密合作也为项目的顺利实施提供了有力保障。最终，该项目实现了盘活再现生机的目标，为所有参与方带来了可观的收益和回报。

2. 存在的风险

（1）宏观经济环境与国家政策风险

鉴于债务规模庞大，重整计划的实施不可避免地会面临宏观经济波动、区域经济变动、法规政策可能的重大不利调整、行业周期性萧条以及市场价格变动等宏观环境风险。这些外部因素的变化可能对重整计划的执行产生重大影响。

（2）项目销售不确定性风险

考虑到项目主体虽已基本完工，但由于长达6年的停工烂尾，市场口碑已受到较大影响。后续建设规划团队需与前期工程紧密衔接，同时项目产品的提升和销售工作需从零开始。因此，市场是否能够接受并认可该项目产品存在较大的不确定性。

（3）二期项目资产独立处置风险

房地产项目公司的母公司拥有三块主要资产，且每块资产均有各自的抵押权人。其中，该住宅项目是被认为具有较高重整价值的资产之一。然而，目前法院、管理人以及各债权人对于是否同意该资产独立于其他两块资产进行处置的意见尚不明确，这增加了资产处置的复杂性和风险。

（4）利益相关方对重整进程的阻挠风险

项目的处置将不可避免地触及原有利益方的利益，而重整进程的拖延以及房地产市场行情的变化都可能带来无法预见的风险。例如，在重整过程中，债务人可能会根据相关人员资金往来的银行记录制造障碍，意图阻挠或者恐吓意向购买人；同时，掮客也可能通过向意向购买人或者债务人提供虚假信息来获取不正当利益。这些情况都需要依靠地方政府和人民法院的支持来固定证据，并坚持职业操守以保障不良债权处置工作的顺利进行。

（5）无法获取项目启动资金风险

由于项目的复杂性，当地房地产开发企业和市场投资主体都希望在项目债权债务清偿干净后再入场接手开发。然而，这与项目重启和资金到位的要求存在矛盾，增加了无法获取项目启动资金的风险。

（6）财务风险

在项目公司进入重整程序之前，由于财务管理不规范导致财务信息不准确的情况可能存在。因此，管理人在编制本重整计划期间不排除因未出现的原因而导致重整计划不准确的可能性，这将影响重整计划的执行。

（7）税务风险

一旦人民法院批准重整计划，项目公司将因破产程序而豁免部分债务。根据《企业会计准则解释第5号》第6条的规定，企业接受代为偿债、债务豁免或者捐赠等符合确认条件的收益应当确认为当期收益。对于这部分企业所得，计提损失后应按照25%的税率缴纳企业所得税。如果未能进行有效的税务筹划，项目公司可能面临被征收债务重整收益税费的风险，这将导致项目收益测算无法平衡。

（8）债权不确定性风险

目前，银行债权的数额尚未得到管理人的核定，仍处于待定债权状态。这种债权的不确定性可能给重整计划的执行带来额外的风险和挑战。

（三）项目执行流程

1. 项目契机解析

首先，不良资产管理公司从银行手中收购了抵押债权，进而跃升为担保债权的最大债权人。这一身份转换，不仅为其在后续与众多债权人的沟通中奠定了坚实基础，同时也增强了其在协调各方利益时的话语权。

再者，该公司作为本土的资产管理机构，对当地的市场环境、政策导向有着深入地了解。这使其在与当地政府、法院建立紧密的府院联动机制时，能够更加得心应手，为项目的顺利推进提供了有力的制度保障。

此外，鉴于该项目已烂尾长达六年，一直未能吸引投资人介入。不良资产管理公司的及时出现，无疑为这一僵局带来了转机。其牵头作用不仅得到了各方的普遍认可与支持，更为其在破产项目投资领域树立了良好的声誉和口碑。

同时，该项目的复杂性也为其带来了一定的挑战。然而，不良资产管理公司凭借其专业的判断和丰富的经验，成功地将这一挑战转化为机遇。其积极参与的态度不仅赢得了地方政府、法院、管理人、购房者及其他债权人的广泛支持，更为项目的成功重整奠定了坚实基础。

值得一提的是，经过实地踏勘，该公司发现该房地产项目虽然在设计、规划和户型方面存在一定的问题，但其区位优势、周边丰富的学校资源以及大面积的中央绿地都为其增值潜力提供了有力支撑。

更为重要的是，不良资产管理公司与产业方及各资源方的深入沟通，为项目的成功重整汇聚了强大的合力。各方均表示支持不良资产管理公司与产业资本合作，以重整投资人联合体的身份介入该项目。这一举措不仅为项目的后续开发提供了资金保障，更为其引入了品牌方代建、改造及专业物业管理公司等优质资源，以弥补老楼盘在设计、规划方面的不足。同时，不良资产管理公司还凭借其专业的服务能力，为项目复杂的债权债务关系处理及针对性地提出破产重整思路和方案提供了有力支持。

2. 以合理价格获取项目核心债权

不良资产管理公司通过从债权银行处收购优先债权、其他普通债权以及项目施工方债权，成功成为该项目土地抵押、在建工程的唯一抵押权人和普通债权人、项目施工方债权人。这一身份的转变，使其在后续的沟通交流中更加具有主动性和话语权。

凭借这一身份优势，项目团队与政府、法院、管理人、各债权人和潜在社会投资人进行了充分的沟通交流。这不仅为项目的顺利推进创造了良好的外部环境，更为其在后续的重整过程中争取到了更多的支持和理解。

3. 逐一梳理项目重整难点

在面对新施工方与原施工方的利益诉求矛盾、真实购房者与不受法律保护购房类型的合理诉求与项目顺利开发的矛盾、项目烂尾现状与政府相关部门支持的矛盾等多重问题时，不良资产管理公司展现出了极高的协调能力和专业素养。

为解决上述矛盾问题，当地政府专门召开了该房地产项目有关问题协调会。会议中，多家相关部门及管理人、投资人代表以及部分债权人、购房者代表共同参与了讨论，并形成了《房地产项目有关问题协调会备忘录》。这一会议文件的出台，对关注的相关项目建设标准及交付后管理问题、该项目一期竣工验收标准问题以及管理人负责原施工单位项目资料交接、证件补办等一系列问题予以了明确。这不仅为项目的后续开发提供了有力的政策保障，更为不良资产管理公司在解决类似问题时提供了宝贵的经验借鉴。

4. 精细化的工作策略部署

（1）为保障后续表决及分配的顺利进行，不良资产管理公司根据管理人编制的债权表对收购的债权进行了细致的核定和分类。这一举措不仅提高了债权管理的效率，更为后续的利益分配提供了有力的数据支持。

（2）通过让渡部分抵押债权分配权益的方式，不良资产管理公司成功获得了各方的支持。这一策略的实施，不仅保障了真实购房者的利益、保障了工程建设债权人的款项分配，还使普通债权人的受偿率优于清算模式下的受偿率。同时，税收债权人、新投资人也分别获得了相应的税收收益和投资回报。而当地政府及法院也在解决项目维稳问题的过程中发挥了积极作用。最终，不良资产管理公司项目团队也取得了合适的项目利润。

（3）在重整计划草案的表决过程中，不良资产管理公司积极配合管理人做好相关利益方的谈判工作。以一定的对价补偿各类债权人，成功获得了各类债权组对重整方案的表决通过。同时，针对原实控人不积极配合的情况，政府相关部门采取了适当的方法督促其投票表决，有效保障了重整方案的顺利通过。

（4）经过法院、管理人、债权人代表的充分交流，各方对房地产项目母公司的三块资产处置思路进行了统一。优质项目被单独重整，其他两块资产则按照法律规定进行后续处置。这一举措极大地提高了项目重整的推进速度，为项目的早日复苏创造了有利条件。

（5）为保障项目的重新启动和顺利推进，不良资产管理公司积极引入适格的社会投资人解决资金问题、强品牌代建方解决成本、品质、销售问题以及第三方中介机构解决投后管理实操问题。同时，还设计好了项目现金流的闭环监管流程以避免项目资金外溢。这些举措的实施，不仅重新启动了项目的开发建设，更为后续避免因资产管理公司的债权处置及支持重整资金的退出而形成二次烂尾提供了有力保障。在投后管理过程中，不良资产管理公司还设置了宽严相济的监管政策对项目进行闭环管理。在严控预售资金的同时给予项目公司适度的资金支配权用于员工工资、差旅报销等日常开支。这一管理方式既保证了项目的正常推进和销售，又避免了出现二次不良的情况。

5. 确立全面性的整体方案

尽管该房地产项目陷入了困境，但其所开发的烂尾楼盘项目仍被普遍认为具有较高的重整价值。因此，管理人在多次面向社会公开招募重整投资人后，经过严格的评审流程，最终选定了合适的重整投资人。而重整范围也被明确为房地产项目的未销售房产部分。

在获得重整投资人资格后，不良资产管理公司展现出了其高度的责任感和使命感。其不仅将实际重整投资人资格指定给了某建设公司还出资与其共同设立了SPV（特殊目的载体）以联合体的形式参与该项目重整投资并开发续建该房地产项目。这一举措的实施不仅为项目的后续开发提供了强大的资金支持更为其通过后续销售回笼资金并获取利润创造了有利条件。

总之，该不良资产管理公司在面对这一复杂项目时展现出了其开创性的思维和精细化的处置能力。其通过详细的尽调和堵点梳理，结合不良资产行业生态圈资源征求专业房产投资机构、品牌代建方的建议设计出了完善的交易方案和交易条件。同时借助府院联动机制和公司品牌影响力成功促使债委会表决同意实施重整计划。这一系列举措的实施不仅为项目的成功重整奠定了坚实基础更为不良资产管理公司在未来的发展中提供了宝贵的经验借鉴。

6. 交易结构策略设计

（1）风险管控机制的确立

在保障整体风险可控的前提下，不良资产管理公司根据重整项目的总货值提供了相应比例的资金支持。即便在后续投资人资金未能及时补足或者面临其他费用支出时，公司仍会追加必要的建设资金及费用，保障预计销售货值与总出资比保持在可接受的范围内，从而有效地控制整体风险。

（2）精细化的交易架构设计

a. 设立有限合伙 SPV1：优先级和劣后级资金方按照约定份额进行认购，以解决重整对价的支付资金来源问题。

b. 构建有限合伙 SPV2：同样由优先级和劣后级资金方认购约定份额。SPV2 作为名义上的重整投资人，负责一次性支付重整计划所规定的重整对价，进而获得房地产公司的股权及项目二期资产，实现对重整项目的实质性管理。

c. 资金流转安排：SPV1 将资金以股东借款的形式提供给 SPV2，同时房地产公司作为 SPV2 的共同还款人承担相应的还款义务。

d. 引入专业代建方：与某城公司签订代建管理合同，利用其品牌影响力促进工程建设的高质量发展，并通过高质量保证销售，从而保障重整计划的顺利进行。

e. 强化监管机制：不良资产管理公司委托第三方中介机构与中鹏建设或者其指派的人员共同进行监管。监管范围涵盖全部章证照、财务资料原件以及印鉴和证照的使用情况。同时，对印鉴和证照的使用实施"报备类"与"审批类"的分类管理。

f. 设立日常资金账户：为满足项目公司日常运营需求，同意房地产公司单独设置日常资金账户，并设定账户最高保留额度。该账户主要用于支付人员工资、差旅报销等日常费用，并由中鹏建设负责监管使用，不纳入整体监管范围。

g. 预售资金监管：在项目预售前，在银行设立专门的预售资金监管账户。该账户预留不良资产管理公司指定人员的名章和网银复核权限密钥，以保障资金的安全和合规使用。

以上交易方案的设计及交易条件得到了当地政府、法院、管理人及各类债权人的广泛认可和支持。

不良资产管理公司针对项目中的难点和痛点问题，积极与地方政府相关部门、人民法院及破产管理人进行多层次、多渠道的沟通。通过向地方政府和人民法院致函等方式，成功解决了税款滞纳金和普通债权的核定问题，以及相关部门和人员违约金、滞纳金的普通债权核定问题。同时，在地方政府的协调下，说服主债务人及其关联公司支持重整方案。此外，还召开协调会就房地产二期项目的竣工验收、项目资料交接、企业信用修复等问题达成一致意见。原施工方也给予了积极配合，新投资人提供了合理的报价和资金支持。基于这些合理因素设计的重整方案为管理人提供了参考，并得到了各类债权人的理解和支持。

随后，管理人提交了重整计划草案交债权人分组表决并获得通过。法院出具了民事裁定书，裁定批准房地产公司的重整计划并终止了其重整程序。在 SPV2 与管理人签订重整投资协议并支付对价后，该房地产项目的重整工作实质性启动。随着项目的进展和现金流的产生，相应的矛盾得到了解决，不良资产管理公司的重整配资及先期收购的债权也得以顺利退出。

（四）项目成效与深远影响

1. 社会价值的彰显

该项目的成功实施不仅有力维护了真实购房者、工程建设者等相关方的切身利益，还成功化解了困扰当地政府长达四年之久的社会维稳问题，为维护社会稳定作出了积极贡献。

2. 经济效益的凸显

不良资产管理公司通过债权的溢价退出和重整配资获取了可观的收益。在同一项目上同时开展了传统不良收购处置及投行化处置两种业务模式，实现了较好的经济效益。

3. 行业创新的引领

作为优先级投资人，不良资产管理公司与劣后级投资人合作设立了 SPV，并以联合体的形式参与重整投资提供增量资金。这一创新模式为困境地产项目的重整投资提供了新的思路和解决方案。建设资金的及时注入使项目得以重新启动并销售产生现金流，在重整配资项目投放后一年内实现了存量债权的处置退出和重整优先级资金的提前退出。公司运用投行化处置手段充分挖掘了存量资产的重整价值，实现了公司利益的最大化。

此外，不良资产管理公司通过设计准确高效的项目管理方式，并聘用专业的会计师事务所作为监管方对项目要素进行全方位监管，保障了项目的顺利进行和风险的有效控制。这种以专业项目经营及风险管控为核心的项目管理方式为解决项目效率与风控要求之间的矛盾提供了有效手段。

该项目还通过加强各方合作、发挥各自优势、深耕不良资产产业链、打通业务资源渠道等方式围绕"法律 + 资本 + 资源 + 资产 + 产业"的业务思路打造了生态圈。这不仅探索出了可复制的"困境地产重整投资模式"，还为不良资产管理行业的创新发展和困境地产项目的有效处置提供了宝贵的经验和借鉴。

第五章

困难型企业救助

在当下复杂多变的经济环境中，企业时常面临各种挑战与危机。企业初涉困境时，犹如步入一片看似寻常的湿地，尽管脚下略有松软，但尚能凭借过往长期积累的企业家人格魅力、上下游客户关系、资金实力、资源整合能力、融资能力、市场口碑和品牌等负重前行。此时，困难尚处于表层，如果能够获取融资支持、应收账款回款，企业就能喘一口气，及时排解问题、扩大订单销售、维持正常运营。笔者称该类企业为"困难型企业"。

企业时常会遭遇前所未有的危困局面，而这些困境如同深不见底的沼泽，让其陷入其中难以自拔。而在这个关键的时刻，融资如同甘甜的清泉，成为企业挣脱困境、实现重组的重要动力。而不同的融资渠道和工具如同不同的钥匙，需要精准匹配才能打开企业重生的大门。

因此，我们将分别分析债权融资、股权融资、"股+债"融资、结构化融资等多种融资方式的优劣与适用场景，帮助企业找到最适合自己的融资路径，为困难企业注入生命之水，雪中送炭。同时，融资不仅是解决短期资金缺口的手段，更是重塑企业竞争力、实现可持续发展的关键。通过巧妙的融资策略，企业可以优化资本结构、降低财务风险、增强市场地位，从而在未来的竞争中转危为安、少走弯路、少犯错。

第一节 困难型企业融资与预警

对于那些处于困境中的企业来说，融资问题往往成为制约其发展的瓶颈。资金短缺、融资难、融资贵等问题不仅限制了企业的扩张与创新，甚至威胁到企业的生存。关键时刻，往往出现"一文钱难倒英雄汉"。因此，如何有效获取资金，成为众多困难型企业迫切需要解决的问题。

一、中小企业融资现状与挑战

许多企业，尤其是那些处于困难状态的企业，经常面临资金短缺的问题。其背后涉及众多复杂的因素。除了企业自身的管理、技术和市场等问题外，宏观经济、行业环境、政策法规、金融市场以及社会信用体系等方面都对企业融资产生着深远的影响。

（一）宏观经济波动与"当铺思维"

由于中小企业规模较小、信用记录不足、缺乏核心竞争力等原因，往往难以获得银行等传统金融机构的贷款。

所谓"当铺思维"，实际上指出了中小企业融资环境中的一种普遍现象：在经济下行或者不确定性增加时，金融机构往往更倾向于提供抵押贷款而非信用贷款，这无形中增加了许多轻资产企业的融资难度。

这种思维模式下，企业的融资能力与其抵押物价值紧密相关，而非其真实的经营状况和未来发展潜力。

（二）行业周期、竞争与融资空间

不同行业在发展过程中会经历不同的生命周期阶段，如初创期、成长期、成熟期和衰退期。在初创和成长期，企业往往需要大量的资金用于研发和市场拓展，但由于风险较高，融资难度也相对较大。而在成熟期和衰退期，虽然企业风险降低，但由于市场竞争激烈和利润空间压缩，其融资需求可能无法得到充分满足。

（三）政策法规调整与市场适应性

政府对经济的干预和调控是影响企业融资的重要因素之一。环保政策的收紧可能导致高污染行业的企业融资受限；而产业政策的调整则可能使某些行业的企业获得政策性融资支持。然而，政策的频繁调整也可能导致企业难以适应市场环境的变化，从而增加其融资难度。

（四）金融市场融资效率低、融资渠道单一

我国金融市场在近年来得到了快速发展，但仍存在一些结构性问题。国内金融市场的发育尚不成熟，直接融资渠道相对有限。虽然我国股票市场和债券市场快速发展，制度不断完善，但对于大多数困难型企业而言，上市或者发债仍然遥不可及。

许多企业的融资渠道相对单一，主要依赖于银行贷款等间接融资方式。然而，银行贷款的审批流程烦琐、时间长，且对贷款用途有严格限制。这限制了企业根据市场需求灵活调整资金用途的能力，也增加了企业的运营风险。

(五) 社会信用体系与信息不对称

在企业融资过程中,信息不对称是一个普遍存在的问题。由于企业内部管理的不规范、不透明等原因,金融机构往往难以全面了解企业的经营状况、财务状况和信用状况,导致贷款审批过程中的信息不对称风险增加。这可能导致金融机构对企业做出错误的信用评估,进而影响企业的融资结果。

(六) 风险管理日益受到重视

企业在融资过程中需要充分考虑市场风险、信用风险、流动性风险等因素,制定合理的风险控制策略。同时,金融机构也在加强风险管理体系建设,提高风险识别和评估能力,以保障融资活动的安全性和稳健性。

(七) 融资成本高

除了融资难外,融资成本高也是企业面临的一个重要挑战。由于金融机构对中小企业的风险评估标准较高,因此往往会提高贷款利率或要求更严格的担保条件。这使得企业在获得资金的同时,也需要承担更高的融资成本和严格的还款条件,有时候甚至需要向助贷机构支付较高的融资服务费,增加了企业的财务负担,从而影响了企业的盈利能力。

二、民营企业融资解决方案建议

(一) 提升企业自身实力与信誉建设

为企业配置或者注入资产:将具有稳定收益或高增长潜力的资产注入需要融资的实体中,这可以增强该实体的财务实力和盈利能力,改善企业的资产负债结构,降低财务风险,提高信用评级,从而提高其融资能力。

股权重组:通过企业股东结构、持股比例或公司治理结构的调整和重构,包括但不限于股份的转让、增持、减持或引入新的战略投资者等操作,债务企业的股东结构得以优化,引入更具战略价值的投资者,或者为企业带来更多的资源和资金支持。债务企业也可能会选择将某些经营资产注入目标公司中,以增加其股权价值,并作为吸引新投资者的筹码。这些经营资产可能是生产设备、技术专利、销售渠道等,它们能够直接增强目标公司的业务能力和市场地位。债务企业通过整合来形成规模效应或协同效应,进而提升整体竞争力并更容易获得融资支持。

业务整合:在股权重组的基础上,通过整合企业内部或企业间的业务资源,实现业务线的优化和协同,包括但不限于产品线的整合、销售渠道的共享、研发资源的集中利用等。如果注入的资产是一个与目标公司主营业务相辅相成的产品线,那么通过整合两者，可以扩大市场份额，提高生产效率，降低运营成本，从而增强企业的整体竞争力。

规范财务管理：建立健全的财务制度，保障财务报表的真实性和准确性。通过第三方审计机构进行定期审计，提高企业财务信息的透明度。

增强信用意识：按时偿还贷款，避免逾期或违约行为，以建立良好的信用记录。

提升品牌影响力：借助新媒体平台，通过优质的产品和服务提升品牌知名度，进而增强金融机构对企业的信心。

（二）多元化融资渠道策略

随着金融市场的不断创新和发展，除传统银行贷款融资外，越来越多的融资渠道逐渐兴起，如股权融资、结构化融资、债券融资、供应链金融等。这些新兴的融资渠道为企业提供了更多的选择，有助于缓解企业融资难的问题。然而，这些新兴融资渠道也存在一定的风险，企业需要谨慎评估和选择。

鼓励直接融资：支持符合条件的民营企业通过主板、创业板、科创板上市融资，或在新三板、区域性股权市场挂牌交易，拓宽直接融资路径。

创新金融产品：鼓励金融机构开发适合民营企业的金融产品，如知识产权质押贷款、应收账款融资等，降低对传统抵押担保的依赖。

发展民间投资与风投：优化创业投资和私募股权投资政策环境，引导社会资本流向有潜力的民营企业，特别是高新技术企业和初创企业。

（三）充分利用政策优惠与扶持

关注政策动态：及时了解政府发布的融资扶持政策，如贷款贴息、担保补贴、保险补贴等，降低融资成本。

申请专项资金：针对特定行业或项目，政府会设立专项资金进行扶持。企业应积极申请，争取获得资金支持。

参与政府引导基金：政府引导基金旨在引导社会资本投向特定领域。民营企业可以通过参与这些基金，获得低成本资金和资源整合的机会。

（四）深化与金融机构的合作

为满足企业的多样化融资需求，金融机构也在不断创新服务模式。例如，部分银行推出了针对中小企业的特色信贷产品，简化了贷款审批流程，提高了贷款效率。此外，金融机构还积极开展与担保公司、保险公司等机构的合作，共同为企业提供综合性的金融服务。

建立长期合作关系：与金融机构保持密切沟通，了解其融资政策和产品创新，以便及时获取融资支持。

定制化融资方案：根据企业的经营状况和融资需求，与金融机构共同设计个性化的融资方案。

参加银企对接活动：政府或行业协会组织的银企对接活动为企业和金融机构提供了直接交流的平台。企业应积极参加，展示自身实力和发展潜力，吸引金融机构的关注和支持。

开展金融知识培训：组织金融知识和风险管理培训，帮助企业负责人和财务管理人员提升融资能力和技巧，合理规划融资结构，避免过度负债。

（五）积极利用金融科技，自主提升融资能力

挖掘数据价值：民营企业应主动收集、整理和分析自身的经营数据和交易信息，利用大数据技术进行深度挖掘，形成有力的信用证明，为金融机构提供可靠的信用评估材料。

拥抱线上融资：主动寻找并利用互联网金融平台，通过线上渠道提交融资申请，以简化流程、缩短审批时间，提高融资成功的效率和可能性。

利用智能融资顾问：借助先进的智能投顾系统，民营企业可以获得更为个性化的融资建议和风险管理方案，从而做出更明智的融资决策。

（六）主动拓展国际合作，开辟跨境融资渠道

寻求国际资金支持：民营企业应积极探索"一带一路"等国际合作项目，主动寻找国际资金市场上的融资机会，以扩大资金来源，降低融资成本。

搭建国际合作桥梁：民营企业可以通过参加国际会议、展览等活动，与国外金融机构建立联系，寻求合作机会，为自身融资创造更多可能性。

第二节　传统融资方式与策略

对于困难型企业而言，如何选择合适的融资方式并成功获得所需资金，是其生死攸关的问题。下面将探讨困难型企业在部分不同适用场景下的传统融资方式与策略，并简要结合实际案例进行分析。

一、银行贷款：稳定现金流企业的首选

适用场景：

银行贷款是众多企业中最为常见的融资方式，特别适用于那些拥有稳定现金流或

者可提供抵押物的企业。这些企业通常具有相对成熟的业务模式和市场地位，能够通过银行贷款获得相对低成本的资金支持，用于日常运营、扩大生产、技术研发等。

案例：

一家中小型零售企业，在经历了一段时间的市场低迷后，希望通过银行贷款来扩大经营规模和进行品牌升级。该企业凭借过去几年的稳定经营记录和良好的银企关系，成功从银行获得了低息贷款。

策略：

企业需积极维护与银行的关系，及时了解并利用政策窗口，以获取优惠利率的贷款。同时，保持健康的财务状况和透明的财务信息，应充分展示自身的还款能力和信用记录，提供完整的财务报表和抵押物评估报告，有助于提高企业信用评级，从而增加贷款申请的成功率，获得更优惠的贷款条件和更快速的审批流程。

二、信托融资：满足中长期大额资金需求

适用场景：

信托融资作为一种灵活的融资方式，主要适用于有中长期大额资金需求的企业，如基础设施建设、房地产开发等。这些项目通常需要大量的资金投入，且回报周期较长，通过信托融资可以获得相对稳定的资金来源。

案例：

一家基础设施建设公司承建了一项重要工程，项目周期长且资金需求大。为不影响其他项目的正常运作，该公司选择与一家信托公司合作，共同设计了一款针对该项目的信托产品。该产品成功吸引了投资者，为企业筹集了所需资金。

策略：

企业应与信托公司紧密合作，共同设计风险可控、收益稳定的信托产品。同时，通过有效的市场推广和投资者教育，提高产品的市场接受度。企业在选择信托融资时，应重点关注信托公司的信誉和实力，保障项目的顺利进行和资金的按时到位。同时，合理规划资金的使用和还款计划，避免出现资金链断裂的风险。

三、股权质押融资：释放股东资产价值

适用场景：

股权质押融资主要适用于股东拥有有价值且可质押股权的企业。通过这种方式，企业可以在不稀释股权的情况下获得资金支持，满足临时性的资金需求或者进行新的投资。

案例：

一家上市公司因市场波动导致股价下跌，面临短期资金压力。公司大股东通过将其持有的部分股权质押给银行，成功获得了所需的短期流动资金。在股价企稳后，大股东赎回质押的股权，保住了对公司的控制权。

策略：

股东应在合适的质押率下进行操作，保障在获取资金的同时不失去对公司的控制权。同时，密切关注市场动态和股价表现，避免质押风险。企业在选择股权质押融资时，应谨慎评估质押股权的价值和风险，保障质押率合理且不会对企业经营产生过大影响。同时，与质权人保持良好的沟通和合作关系，保障质押过程的顺利进行和股权的安全。

四、私募融资：助力未上市企业发展

适用场景：

私募融资主要适用于未上市但具有成长潜力的企业。这些企业通常处于快速发展阶段，需要大量的资金支持来扩大市场份额、提升品牌知名度等。通过私募融资，企业可以获得相对灵活的资金支持，且无须承担上市带来的高昂成本和严格监管。

案例：

一家初创科技公司在研发和市场拓展方面需要大量资金支持。通过引入知名私募机构作为战略投资者，企业不仅获得了所需资金，还得到了私募机构在管理和市场方面的专业指导。在私募资金的助力下，企业迅速发展壮大并成功上市。

策略：

企业应积极寻找与自身发展相契合的私募投资者，并在引入资本的同时保持对公司的控制权。私募机构的选择和谈判技巧对于实现双赢至关重要。企业在选择私募融资时，应充分展示自身的市场前景和盈利能力，吸引投资者的关注。同时，选择合适的私募机构和投资者，保障融资过程的顺利进行和资金的有效利用。此外，企业还应注意保护自身的知识产权和商业秘密，避免在融资过程中泄露重要信息。

五、保理融资：应收账款变现利器

适用场景：

保理融资主要适用于有大量应收账款的供应链上游企业。这些企业通常面临现金流紧张的问题，而应收账款作为企业的重要资产，却往往难以及时变现。

案例：

一家生产型企业 A 公司，其主要客户为大型零售商 B 公司。由于 B 公司的付款周期为 3 个月，导致 A 公司应收账款大量积压，现金流紧张。为了解决这个问题，A 公司与一家保理公司合作，将应收账款转让给保理公司。保理公司在对 B 公司的信用状况进行评估后，同意为 A 公司提供保理服务。通过保理融资，A 公司提前回收了 80％的应收账款，有效缓解了现金流压力。

策略：

企业在选择保理融资时，应重点考虑以下几个方面：首先，选择信用良好的保理公司，保障应收账款能够顺利转让；其次，合理评估应收账款的价值和风险，以确定合适的转让价格；最后，建立完善的应收账款管理制度，保障应收账款的真实性和完整性。

六、商业汇票贴现：供应链金融的利器

适用场景：

商业汇票贴现主要适用于供应链中的核心企业。这些企业通常具有较高的商业信用等级，能够通过开出商业汇票为上游供应商提供资金支持。上游供应商可以将商票贴现给银行或者金融机构，提前获取资金支持。

案例：

C 公司是一家大型制造企业，其在供应链中处于核心地位。为了支持上游供应商的发展，C 公司开出了一张商业汇票给供应商 D 公司。D 公司由于需要资金周转，将商票贴现给了银行。银行在核实了 C 公司的商业信用后，为 D 公司提供了贴现服务。通过这种方式，D 公司提前获取了资金支持，同时 C 公司也巩固了与供应商的关系。

策略：

企业在使用商业汇票贴现时，应注意以下几点：首先，保障自身商业信用良好，以便开出具有较高信誉的商业汇票；其次，与供应商建立良好的合作关系，保障供应商愿意接受商业汇票作为支付方式；最后，选择合适的贴现机构和贴现利率，以降低融资成本。

七、政策性银行贷款：政策红利的释放

适用场景：

政策性银行贷款主要适用于符合国家或者地方政策导向的企业。这些企业通常能够享受低利率和长期贷款期限的政策优惠，从而降低融资成本、支持企业发展。

案例：

一家专注于新能源技术研发的企业，其研发项目符合国家的绿色能源政策导向。为了支持 E 公司的研发工作，国家开发银行为其提供了一笔政策性贷款。该贷款具有较低的利率和较长的贷款期限，为 E 公司的研发工作提供了稳定的资金支持。

策略：

企业在申请政策性银行贷款时，应注意以下几点：首先，深入了解国家和地方的政策导向和贷款条件；其次，充分展示自身项目的政策符合性和市场前景；最后，与政策性银行建立良好的沟通渠道和合作关系以保障贷款的顺利申请和使用。

八、典当融资：短期周转的应急之选

适用场景：

典当融资主要适用于拥有易于估值且变现能力强的资产的企业。这些企业在面临短期资金周转压力时可以通过典当高价值资产获取资金支持。

案例：

F 公司是一家珠宝销售企业由于市场波动导致短期资金周转困难。为了缓解资金压力 F 公司决定将其库存的一部分高价值珠宝典当给典当行。典当行在对珠宝进行估值后为 F 公司提供了相应的短期贷款。通过这种方式 F 公司成功渡过了资金危机并在市场回暖后赎回了典当的珠宝。

策略：

企业在选择典当融资时需要注意以下几点：首先保障典当资产的估值公正合理避免资产低估；其次了解典当行的信誉和服务质量保障典当过程的安全可靠；最后合理规划典当期限和赎当计划以保障能够按时赎回典当资产。

九、知识产权质押贷款：创新价值的转化

适用场景：

知识产权质押贷款主要适用于拥有高价值专利或者商标的企业。这些企业可以通过将知识产权质押给银行获取相应的贷款额度从而将其创新价值转化为资金支持。

案例：

一家专注于生物医药研发的创新型企业，其拥有一项具有重大市场前景的专利技术。为了加快技术研发和市场推广 G 公司决定将其专利技术质押给银行获取贷款支持。银行在评估了专利技术的价值和市场前景后为 G 公司提供了一笔知识产权质押贷款。这笔贷款不仅支持了 G 公司的研发工作还帮助其成功开拓了市场。

策略：

企业在申请知识产权质押贷款时应注意以下几点：首先充分了解和评估自身知识产权的价值和市场前景以便制定合理的质押方案；其次与银行建立良好的合作关系保障知识产权能够得到充分认可和保护；最后合理规划贷款使用和还款计划保障贷款的有效利用和风险可控。

十、内源融资：挖掘内部潜力

适用场景：

内源融资主要适用于那些已经具备一定盈利能力且拥有稳定留存收益的企业。这些企业通过优化内部运营和管理，可以释放更多的资金用于再投资或者扩大经营。

案例：

某互联网龙头企业在创业初期，通过优化内部管理、降低运营成本等方式实现了快速的内源融资。随着业务的快速发展和盈利能力的增强，这家公司继续依靠内部资金进行投资和扩张，不仅成功上市，还逐渐发展成了全球电商领域的领军企业。

策略：

企业应通过精细化管理和高效运营，持续挖掘内部潜力并降低运营成本。同时，制定科学合理的财务规划，保障内部资金能够满足企业长期发展的需求。此外，还可以通过实施员工持股计划、利润分享等激励机制，激发员工的积极性和创造力，共同推动企业的发展。

十一、联合贷款与银团贷款：汇聚多方力量

适用场景：

当单个银行无法满足企业的大额贷款需求时，联合贷款与银团贷款为企业提供了另一种有效的解决方案。这种方式能够汇聚多家银行的力量，共同为企业提供稳定的资金支持。

案例：

为了加快物流基础设施建设，某互联网电商公司提出了巨额的投资计划。面对如此巨大的资金需求，单一银行难以满足其贷款条件。因此，这家公司选择了联合贷款的方式，与多家银行共同合作，成功获得了所需的资金支持。这不仅保障了公司物流建设的顺利进行，也进一步提升了在电商领域的竞争力。

策略：

企业应积极与多家银行建立合作关系并共同制定贷款方案。同时提供充足的抵押

物和担保措施以降低银行的贷款风险。此外引入第三方担保机构或者政府相关部门支持等方式也可以提高贷款申请的成功率并降低融资成本。

十二、夹层融资：灵活补充资金

适用场景：

夹层融资适用于那些需要额外资金支持，但又不希望稀释股权或者增加过多债务负担的企业，如成长型企业、创业公司等。这种方式可以在保持企业控制权的同时为企业提供灵活的资金支持。

案例：

某个领先的本地生活服务平台在快速扩张的过程中需要大量的资金支持，为了保持控制权的稳定，公司选择了夹层融资的方式成功引入了多家知名的夹层投资者。这不仅提供了所需的资金，还帮助其实现了业务的快速发展和市场份额的进一步扩大。

策略：

在实施夹层融资时，企业应谨慎选择夹层投资者并明确双方的权利和义务。制定合理的还款计划和风险管理措施，以便保障夹层融资的顺利进行是关键所在。此外，通过设置股权回购条款等方式，为未来的资本运作预留空间，也是企业在实施夹层融资时应考虑的重要因素之一。

十三、预售与预收款融资：危困企业非标融资新方式

适用场景：

预售与预收款融资是专为那些在市场上已建立一定知名度或者拥有创新性产品的困难型企业量身定制的融资策略。这类企业通常面临资金"瓶颈"，但他们所拥有的独特产品或者服务正是打开融资之门的钥匙。通过预售，企业能够提前锁定消费者需求，从而获得宝贵的现金流，为企业的持续发展注入动力。

案例：

某家致力于推广环保家居产品的初创企业，虽然其产品在市场上具有高度的独特性和创新性，但由于缺乏资金支持，企业在推广和扩大生产规模上遭遇了诸多挑战。面对这一困境，该企业决定尝试预售融资模式。

他们首先通过社交媒体、环保论坛和线下活动等多渠道进行产品预热，向潜在消费者展示产品的环保优势和独特设计。随后，他们发起了为期一个月的预售活动，提供限量的早鸟优惠和定制礼品，以吸引消费者的关注。

令人惊喜的是，预售活动在短短一周内便达到了预期的销售目标，为企业带来了可观的现金流。这不仅缓解了企业的资金压力，更为其后续的产品研发和市场拓展提供了有力支持。

策略：

第一，精准定位与创新驱动：保障产品具有独特性和创新性，以满足消费者的个性化需求。同时，精准定位目标消费者群体，提高预售活动的针对性和有效性。

第二，全渠道营销传播：利用社交媒体、线上平台、线下活动等多种渠道进行产品预热和预售宣传，扩大品牌曝光度，吸引潜在消费者的关注。

第三，强化消费者沟通与信任建立：在预售过程中，与消费者保持实时沟通，及时解答疑问，提供个性化的服务。通过建立良好的信任关系，提高消费者的购买意愿和忠诚度。

第四，风险管理与应对策略：在预售前充分评估潜在风险，如供应链问题、市场变化等，并制定相应的应对策略，以保障预售活动的顺利进行。

通过精心策划和执行，该企业成功利用预售融资模式打破了资金"瓶颈"，为企业的发展注入了新的活力。

十四、担保公司担保贷款：借力融资新路径

适用场景：

担保公司担保贷款适用于那些信用记录不佳或者缺乏抵押物的困难型企业，是专为那些信用记录不佳或者缺乏足够抵押物的困难型企业设计的融资解决方案。这些企业在传统金融体系中往往面临贷款难、贷款贵的问题。通过与担保公司建立合作关系，这些企业可以获得宝贵的融资支持，从而走出困境，实现可持续发展。

案例：

一家小型制造企业由于经营不善和市场竞争激烈，陷入了资金困境。由于缺乏足够的抵押物和不良的信用记录，该企业无法从银行获得贷款。然而，他们找到了一家专业的担保公司并成功获得了担保贷款。

担保公司对该企业的业务计划、市场前景和还款能力进行了全面评估，并为其提供了担保服务。凭借担保公司的支持，该企业成功从银行获得了所需的贷款资金。这笔资金帮助企业渡过了难关，稳定了生产运营，并逐步恢复了市场竞争力。

策略：

第一，精准匹配担保公司：全面了解不同担保公司的业务领域、服务质量和费用标准，选择与企业发展阶段和融资需求相匹配的担保公司进行合作。

第二，强化申请材料准备：提前整理和完善企业的财务报表、业务计划、市场前景分析等关键材料，保障申请材料的真实性和完整性，提高申请成功率。

第三，建立风险管理机制：从企业内部出发，建立健全风险管理机制，优化内部控制体系，提升企业的稳定性和还款能力，为获得更优惠的贷款条件奠定基础。

第四，深化银企合作与沟通：积极与银行和担保公司保持紧密沟通与协作，及时了解政策变化和市场动态，争取更有利的贷款期限和还款方式安排。同时，严格履行还款义务，维护良好的信用记录，为企业未来的融资活动创造更多可能性。

十五、债转股融资：卸下包袱、轻装上阵

适用场景：

债转股融资对于那些短期内遭遇资金瓶颈，但拥有长期成长潜力的困难型企业来说，是一剂救命良药。当传统贷款途径因各种原因受限，而债务压力又日益增大时，债转股成为一种独特的解决方案。它不仅能够迅速缓解企业的资金困境，还能为投资者提供一个参与企业未来发展、分享增长成果的机会。

案例：

某家专注于环保技术研发的困难型企业，由于前期研发投入巨大且市场回报周期长，导致企业资金链紧张，面临严重的债务压力。尽管这家公司拥有领先的技术和广阔的市场前景，但短期内难以实现盈利，因此难以通过传统贷款方式获得资金。

在这个生死攸关的时刻，这家公司与主要债权人达成了债转股的协议。债权人同意将其持有的部分债权转换为这家公司的股权。这一策略性举措不仅即刻减轻了这家公司的债务负担，还为其注入了新的资金活力，支持企业继续推动环保技术的研发和市场应用。

经过一段时间的努力，这家公司成功实现了技术突破和市场拓展，盈利能力逐渐显现。债权人通过持有这家公司的股权，不仅分享了企业成长的果实，还获得了比原有债权更高的投资回报。这一案例充分证明了债转股融资在助力困难型企业凤凰涅槃、实现可持续发展过程中的重要作用。

策略：

第一，精准识别时机：困难型企业需准确判断自身状况和市场趋势，保障在具备成长潜力和有利市场条件的前提下实施债转股。

第二，强化沟通与信任建立：积极与债权人沟通，充分展示企业的发展前景和潜力，争取其信任和理解，为债转股的顺利实施奠定基础。

第三，制定切实可行的脱困计划：制定全面而具体的业务调整和发展规划，展现

企业的盈利能力和长远价值,为债权人提供充足的投资信心。

第四,谨慎管理风险:充分考虑债转股可能带来的股权结构变化和未来偿债压力,制定合理的风险管理策略,保障企业稳健发展。

第五,寻求专业协作:与专业律师、会计师和财务顾问合作,保障债转股方案的合法性、可行性和有效性。

第三节　创新型融资方式与策略

在当下这个日新月异、竞争激烈的市场环境中,传统的融资手段已逐渐显露出其局限性,对于众多处于不同发展阶段的困难型企业而言,他们迫切需要寻找更加灵活、高效且富有创新性的融资策略。幸运的是,随着金融科技的日新月异和金融市场的不断深化,一系列创新型融资方式如雨后春笋般涌现,为这些企业提供了全新的解决路径和思路。

本节所示部分创新型融资方式不仅为企业带来了各种创新型融资工具和资金上的支持,有效缓解资金压力,更在战略层面为企业打开了新的视野和可能性。它们要求企业在融资过程中更加注重策略规划和风险管理,以最大化融资效益并实现企业价值的持续增长。

一、供应链金融:链接资金流

适用场景:

供应链金融为供应链中的核心企业及其上下游合作伙伴提供了一种创新的融资解决方案。当供应链中的中小企业面临资金短缺,而又因为抵押物不足或者信用记录不完善而难以从传统银行获得贷款时,供应链金融便成了一个有效的选择。

案例:

某公司品牌是中国知名的运动品牌,其供应链涉及大量的中小企业,主要包括原材料供应商、制造商、物流服务商等。随着市场竞争的加剧和消费者需求的多样化,该公司面临巨大的挑战。为了保持竞争优势并推动供应链的协同发展,该公司决定引入供应链金融模式。

通过与银行合作,该公司搭建了一个供应链金融平台,将其上下游企业紧密联系在一起。这个平台通过数字化的方式,实现了信息的实时共享和透明化,提高了交易的可追溯性和可信度。基于真实的交易数据和应收账款,该公司的供应商和制造商可以在平台上申请贷款，而银行则根据该公司的信用背书和交易数据进行风险评估和贷款审批。

这种合作模式不仅缩短了供应商的融资周期，降低了融资成本，还提高了供应链的稳定性和效率。同时，该公司也通过与银行共同承担风险和提供信用担保等方式，进一步增强了与供应链伙伴的合作关系和互信。

通过供应链金融的实践，该公司成功地将自身的品牌优势和资源延伸到了整个供应链中，与上下游企业共同成长。

策略：

相关行业供应链中核心企业应积极与银行合作，共同搭建供应链金融平台；同时，引入大数据、区块链等先进技术保障交易信息的透明度和可信度，降低融资风险；此外，核心企业还可以为上下游企业提供信用担保或者共同承担风险，从而增强整个供应链的稳定性；通过培训和指导等方式提高上下游企业的财务管理水平增强其对供应链金融的理解和应用能力；不断优化和完善供应链金融模式以适应市场变化和满足供应链伙伴的多样化需求。

二、租赁融资：缓解设备更新压力

适用场景：

租赁融资对于那些设备更新需求迫切的企业来说，是一个极具吸引力的选择。这类企业往往面临着激烈的市场竞争，需要不断更新设备以保持其竞争优势。然而，由于资金短缺或者不愿一次性承担高额的设备购置成本，他们可能会选择租赁融资作为解决方案。通过租赁，企业可以在不增加负债的情况下，以相对较低的成本获得所需设备的使用权，从而迅速应对市场变化。

案例：

一家位于广东的制造业企业，主要生产高端电子产品。随着技术的进步和市场需求的变化，企业现有的生产设备逐渐陈旧，导致生产效率低下，产品质量不稳定，市场竞争力下降。为了扭转这一局面，企业决定引入先进的生产线设备。

然而，新的生产线设备价格昂贵，一次性购买将对企业的资金流造成巨大压力。经过综合评估，企业选择了租赁融资作为解决方案。他们与一家专业的租赁公司签订了租赁合同，以相对较低的租金获得了先进生产线设备的使用权。

通过租赁融资，该企业成功引入了先进的生产线设备，生产效率得到大幅提升，产品质量显著改善，市场竞争力明显增强。同时，企业得以将有限的资金用于其他关键领域的发展，如研发、市场营销等，进一步推动了企业的整体发展。

策略：

市场调研与选择：在选择租赁融资前，企业应充分了解租赁市场的行情和不同租赁公司的实力、信誉和服务质量，以便找到最合适的租赁合作伙伴。

租赁方式与租期规划：根据企业的实际需求和财务状况，选择合适的租赁方式（如经营租赁、融资租赁等）和租期。保障租赁方案既能满足企业的运营需要，又不会对财务状况造成过大压力。

设备管理与维护：建立健全的设备管理制度，保障租赁设备的正常运转和高效使用。定期对设备进行维护和保养，以延长其使用寿命并降低维修成本。

合同管理与风险防控：仔细审查租赁合同条款，保障合同内容明确、合理且符合企业利益。对于可能存在的风险点，如租金调整、设备损坏赔偿等，应提前与租赁公司协商并明确责任划分。同时，建立合同履行的监督机制，保障双方按约履行义务，减少纠纷发生的可能性。

三、资产证券化：释放资产潜力

适用场景：

资产证券化不仅适用于那些持有稳定现金流但流动性不足的企业，如房地产开发商、基础设施管理者，而且对于任何希望优化资产负债表、加速资金回笼和提高资产周转率的企业都大有裨益。通过此方式，企业可以将预期内稳定且可预测的现金流转化为即期的流动资金，从而为企业注入新的资金活力。

案例：

以某知名房地产企业为例，当其面临现金流紧张的情况时，巧妙地采用了资产证券化的策略。企业精心挑选了部分核心地段的商业地产，将这些地产未来一段时间内的租金收益权打包，并以此为基础发行了资产支持证券。这一举措不仅迅速回笼了一大笔资金，有效地缓解了企业的资金压力，而且还成功地将部分风险转移给了投资者，实现了风险的分散化。更重要的是，这一策略为企业的后续扩张和项目开发提供了强有力的资金支持。

策略：

企业在考虑实施资产证券化时，应首先对自身资产进行全面梳理，挑选出那些能够产生持续、稳定现金流的优质资产进行打包。同时，企业还需加强与投资者的沟通与交流，通过提高信息披露的透明度和证券的信用评级来增强其市场吸引力。此外，企业还应密切关注市场动态和投资者需求的变化，以便及时调整证券的发行策略，保障资产证券化项目的成功实施。

在这个过程中，企业还可以考虑引入专业第三方服务机构，以保障整个流程的合规性和专业性。通过这些措施，企业不仅可以成功实施资产证券化，还可以为自身的长远发展奠定坚实的基础。

四、企业上市或者并购融资：实现企业跨越式发展

适用场景：

上市融资是企业发展的重大跨越，它为企业开辟了更广阔的融资渠道和市场平台。企业可以根据自身条件和发展需求，选择首次公开发行（IPO）或者借壳上市这两种主流路径。IPO更适合那些业绩稳健、增长前景明朗的企业，通过向公众发行新股募集资金，进一步壮大企业实力。而借壳上市则为那些希望快速登陆资本市场但暂时不满足IPO条件的企业提供了捷径，通过收购已上市公司，实现间接上市。

案例：

IPO融资案例：某科技创新企业，凭借领先的技术实力和广阔的市场应用前景，决定通过IPO筹集资金，以加速研发进程和市场扩张。该企业聘请了顶尖投行作为保荐机构，经过严格的财务审核和估值分析，最终在知名证券交易所成功上市，募集资金数亿元。这笔资金为企业注入了强大动力，推动了其研发团队的扩大、生产能力的提升以及市场版图的拓展。

并购上市案例：某传统制造企业，虽然业务稳定但受限于历史遗留问题和资本结构，难以满足IPO的严格要求。为实现资本市场的快速接入和转型升级，该企业选择了借壳上市的策略。经过精心筛选和周密谈判，该企业成功收购了一家已上市公司，并顺利完成了资产重组和业务整合。此次借壳上市不仅使企业获得了资本市场的资金支持，还促进了其业务模式的创新和产业链的升级。

策略：

第一，IPO策略要点。

价值定位与展示：明确企业的核心竞争力、市场地位和未来增长潜力，以吸引投资者的关注和认可。

上市地点与时机选择：结合企业实际情况和市场环境，选择最适宜的证券交易所和上市窗口。

专业团队组建：聘请具备丰富经验和专业能力的投行、律师和会计师团队，提供全方位的上市辅导和专业服务。

第二，并购上市策略要点：

标的筛选：选择符合企业战略规划和资本需求的已上市公司作为并购目标。

收购方案制定：精心策划收购计划，主要包括价格确定、支付方式选择以及后续整合策略等。

风险与合规管理：在收购过程中严格遵守法律法规，充分评估并应对潜在的法律、财务和监管风险。

无论是选择 IPO 还是借壳上市，企业都应根据自身条件和市场环境做出明智的决策。同时，注重风险控制和合规性管理，保障上市过程的顺利进行，并为企业带来长远的利益和发展机遇。

五、企业破产中的共益债融资：雪中送炭，助力企业绝境逢生

适用场景：

在企业深陷破产泥潭，面临生死存亡之际，共益债融资如同一根救命稻草，为企业带来一线生机。债务的发生是为了增加债务人可供分配的财产，从而对现有的全体债权人都有好处。这种特殊的融资方式是在人民法院受理破产申请后为企业提供紧急资金支持，以维持其日常运营、保障员工和债权人权益，同时为企业重整旗鼓、恢复生机创造宝贵的时间和空间。

《企业破产法》第 42 条明确规定了共益债务的范围，其中包括"为债务人继续营业而应支付的劳动报酬和社会保险费用以及由此产生的其他债务"。这为共益债融资提供了法律层面的保障和支持。

共益债务的清偿顺位仅次于破产费用，而优先于职工债权和普通债权。这意味着，在破产清算过程中，共益债务将优先得到清偿，从而保障了融资方（通常是投资人或债权人）的利益。

案例：

一家因市场突变和连续经营失误而陷入严重财务困境的制造企业，面临资金链断裂、债务缠身、生产停滞等多重困境。为避免企业走向彻底崩溃，破产管理人果断采取共益债融资策略，为企业注入急需的资金血液。

经过精心策划和艰苦谈判，破产管理人成功引入了一家有实力的第三方融资机构，为企业提供了一笔可观的共益债资金。这笔资金如同甘霖，迅速缓解了企业的燃眉之急。企业得以支付员工欠薪、稳定生产、恢复市场信心，并逐步走出困境，迈向新的发展阶段。

策略：

快速响应，精准施策：在破产初期，破产管理人应迅速评估企业财务状况和运营需求，制定切实可行的共益债融资方案，保障资金及时到位，发挥最大效用。

积极沟通，争取支持：与债权人保持密切沟通，充分阐述共益债融资的必要性和可行性，争取他们的理解和支持，为融资方案的顺利实施创造有利条件。

严格监管，保障专款专用：建立完善的资金监管机制，保障共益债资金严格按照既定用途使用，避免挪用或者浪费。同时，定期向法院和债权人报告资金使用情况，增强透明度和信任度。

借助专业力量，提升融资效率：聘请经验丰富的财务顾问和法律团队，为企业提供全方位的咨询和指导服务，帮助企业在复杂的融资过程中规避风险、提升效率。

着眼未来，制定长期发展规划：在解决短期资金困境的同时，企业应着眼未来，制定切实可行的长期发展规划。通过优化业务结构、提升核心竞争力、拓展市场渠道等措施，为企业实现可持续发展奠定坚实基础。

第四节　融资策略的选择与实施要点

困难型企业往往面临现金流紧张、信用状况不佳等问题，因此有必要在企业纾困重组领域专业服务机构的助力下，更加精准和灵活地选择融资方式，并制订详细的融资计划，同时注重风险管理，保障融资活动的安全性。

一、剖析企业实际状况，精准选择合适的融资方式组合

在为企业制定有效的融资策略时，首先需要深度了解企业的实际状况。这主要包括全面审视企业的财务状况、经营困境、现金流压力以及未来发展的潜力与机会。只有对企业的资产、负债、现金流等财务状况有深入地了解，才能准确地识别出融资的紧迫性和可能的融资渠道。

同时，还需要对企业经营进行全面的诊断，主要包括关键风险方面进行风险预判、统筹安排和辅导落地，找出导致困境的根本原因，为制定有效的融资策略提供依据，并确定纾困重组目标。

此外，对市场环境的敏锐洞察也是选择合适融资方式的关键。困难型企业应密切关注当前的经济形势、行业趋势和政策环境，寻找可能的融资机会和窗口。例如，关注政府对于困难企业的扶持政策、行业内的并购重组机会等，可以帮助企业发现更多的融资可能性。

基于对企业实际情况和市场环境的深入了解，我们可以为企业设计一套符合其短期纾困和长期发展需求的融资方式组合。这可能主要包括债务融资、股权融资、创新

融资方式等多种手段的综合运用。通过定制化的融资方式组合，可以最大限度地满足企业的资金需求，同时优化其资本结构，为企业的可持续发展提供强有力的支持。

二、为困难型企业量身定制的融资策略框架

（一）债务融资：寻求低成本、高效率的解决方案，优化成本，提升效率

对于陷入危困的企业，债务融资通常是一种相对迅速且经济的方式。企业可以积极寻求并利用政策优惠，争取低利率、长期稳定的政策性贷款。此外，与非银行金融机构如信托、租赁等合作，也能为企业提供更为灵活的融资方案。面对短期的偿债压力，企业可与债权人协商，对现有债务进行重组或者展期，以缓解资金流动性问题。

（二）股权融资：引入战略投资者，实现共赢，共谋长远发展

股权融资不仅能为企业提供无需偿还的资金流，还能吸引具有行业资源的战略投资者，为企业的长远发展注入动力。选择与企业业务具有协同效应的战略投资者是实现多方共赢的关键。同时，实施员工持股计划或者股权激励措施，可以进一步激发员工积极性，同时减轻企业的资金压力。

（三）创新融资：突破常规，探索新路径

除了传统的债务和股权融资，困难型企业还可以勇于尝试创新的融资方式。例如，利用供应链上下游关系开展应收账款质押、保理等供应链金融业务；通过资产证券化将未来的现金流或者特定资产打包出售，实现快速变现。这些创新融资手段能够为企业打开更多的融资通道，并有助于降低融资成本。

（四）建立风险防范机制

在融资过程中风险管理至关重要，主要包括市场风险、信用风险、操作风险等。为了应对这些风险，企业需要建立完善的风险管理制度和流程，设置风险预警指标和应对措施。同时，要对融资活动进行持续的监控和评估，及时发现并处理潜在风险，保障企业融资活动的安全稳定。通过加强风险管理可以降低企业在融资过程中的不确定性和风险，保障其稳健发展。

通过借助企业纾困重组领域专业服务机构的力量，对企业实际情况的深入了解，选择合适的融资方式组合，制订详细的融资计划并加强风险管理可以为企业带来稳定的资金支持，推动其走出困境。

三、融资方案、成本预算及资本最优化

为了保障融资活动的精准性、高效性和经济性，困难型企业必须深思熟虑、精心

策划，制订详细且切实可行的融资计划，以保障稀缺资源、资金用在刀刃上。根据企业恢复经营和盈利能力的预测，设定合理的融资期限以避免长期债务负担过重。

（一）精确锁定融资金额与用途

精确锁定融资金额和明确资金用途是融资计划的首要任务。企业应通过深入分析和评估，确定所需的融资金额，并保障资金能够用在最需要的地方，实现最大化的回报。

1. 金额精细化

企业在确定融资金额时，应综合考虑历史财务数据、市场趋势以及业务计划等因素。通过对企业过去的经营情况进行分析，可以了解企业的资金需求和流动状况。同时，结合市场趋势和业务计划，可以预测未来的资金需求。在这个过程中，企业可以借助专业的财务顾问或者咨询机构的帮助，以保障金额的精确度。

例如，一家制造业企业在面临生产线升级和扩大市场份额的需求时，通过对历史财务数据的分析，发现其自有资金无法满足全部投资需求。因此，企业决定寻求外部融资。在咨询了专业财务顾问后，企业根据生产线升级的成本、市场营销预算以及其他相关费用，精确计算出了所需的融资金额。

2. 用途明确化

明确资金用途有助于保障融资活动的针对性，避免资金的浪费和挪用。企业应根据业务需求和战略规划，清晰定义资金的具体使用方向和计划。这不仅可以提高资金的使用效率，还有助于向投资者和金融机构展示企业的专业性和责任感。

以一家零售企业为例，该企业计划通过融资来扩大线上销售渠道和提升品牌影响力。为了保障资金的有效使用，企业制订了详细的资金使用计划，主要包括电商平台建设、市场推广和品牌建设等各个方面的预算和时间表。这样的明确用途不仅有助于企业合理分配资金，还能增加金融机构对企业的信任度。

（二）设定合理且灵活的融资期限

设定合理且灵活的融资期限是保障融资活动与经济周期和企业经营需求相匹配的关键。企业应根据自身的恢复能力和市场状况，设定与之相适应的融资期限。

1. 期限匹配

企业应根据自身的经营周期和预测的恢复能力来设定融资期限。对于周期性行业的企业来说，融资期限应与行业周期相匹配；对于成长型行业的企业来说，融资期限则应足够长以支持其成长和扩张。同时，企业还需要考虑市场状况和金融机构的偏好等因素来设定期限。

例如，一家餐饮业企业在曾经疫情期间受到严重影响，经营陷入危困。为了渡过难关并恢复正常运营，该企业选择了一年期贷款作为融资方式。这样的期限设定，既考虑了企业的经营恢复周期也兼顾了金融机构的贷款政策，保障了贷款期限与业务恢复周期相匹配，降低了财务风险。

2. 灵活性考虑

在设定融资期限时，企业也应考虑一定的灵活性，以应对不可预见的市场波动和业务变化。通过与金融机构协商，企业可以争取到更为灵活的还款安排，如根据经营情况调整还款计划或者提前还款等选项。这样的灵活性有助于企业在面临市场变化时及时调整经营策略，保持稳健的财务状况。

（三）严格控制融资成本

融资成本是企业融资活动中不可忽视的重要因素之一。为了实现融资活动的经济性，企业必须全面考虑各种成本因素，并制定详细的成本预算。

1. 成本全面化

企业在制订融资计划时，应综合考虑各种成本因素主要包括利率、手续费、评估费、担保费、法律咨询费等附加成本。通过对不同融资方式的成本进行比较和分析，企业可以选择综合成本最低的方案，保障融资活动的经济性。同时，企业还应注意潜在的成本因素，如汇率风险、市场利率波动等，以便及时调整融资策略，降低财务风险。

2. 预算刚性执行

制定详细的融资成本预算并保障在实际操作中严格执行，是实现成本控制的关键。企业应建立有效的成本控制机制，监控融资成本的实际支出情况，并及时采取调整措施，以防止成本超支。此外，定期的成本审计和分析也有助于企业及时发现并解决潜在的成本问题，优化融资结构，降低财务负担。

（四）优化资本结构降低财务风险

优化资本结构是企业在融资过程中需要关注的重要问题之一。通过合理的融资安排，企业可以实现债务与权益资本的平衡，降低财务风险，增强企业的抗风险能力。

1. 债务与权益平衡

企业在制定融资策略时，应根据自身的发展阶段和市场环境，合理搭配债务和权益资本，实现资本结构的优化。对于初创期和成长期的企业来说，适当引入风险投资或者私募股权等权益资本，有助于满足其快速扩张的资金需求，同时降低财务风险；对于成熟期的企业来说，则可以通过债务融资来优化资本结构，降低融资成本，提高企业的盈利能力。

以一家初创科技企业为例，该企业通过引入风险投资机构作为战略投资者，获得股权融资，支持其技术研发和市场拓展活动。同时，为了保持适度的财务杠杆，企业也通过银行贷款等债务融资方式获取了运营所需的短期资金，实现了债务与权益资本的平衡，优化了资本结构，为企业的长期发展奠定了坚实基础。

2. 风险防控

在融资过程中，企业应建立完善的风险管理机制，以应对潜在的市场风险和挑战，保障企业的稳健运营。首先，企业应建立健全的内部控制体系，保障资金使用的合规性和安全性，防止内部舞弊和腐败行为的发生；其次，定期进行财务风险评估，及时发现并应对潜在风险，如汇率风险、市场利率风险等；最后，与金融机构保持良好的沟通与合作，共同应对市场风险和挑战，保障企业在复杂多变的市场环境中保持稳健的财务状况和发展势头。

第五节 案 例

资金短缺、市场变动、竞争激烈等问题可能使一些企业陷入危困，甚至面临生存危机。然而，困难并非绝境，通过合理的策略选择和有效的资源整合，企业完全有可能实现纾困重组，焕发新的生机。

一、供应链金融之光：某制造业企业短期资金缺口的解决之道

供应链金融作为一种创新的融资方式，在困难型企业救助中发挥着越来越重要的作用。某制造业企业就成功利用供应链金融工具解决了短期资金缺口，实现了经营的稳定与持续发展。

该企业是一家专注于机械制造的中小型企业，年销售额约为5亿元人民币。然而，由于市场波动和原材料成本上升，企业面临2000万元的短期资金缺口。传统的银行贷款审批流程长，且额度难以满足其即时需求。为了解决这个问题，企业决定尝试供应链金融。

通过与供应链金融机构合作，企业将未来6个月的应收账款共计3000万元质押给金融机构，获得了2500万元的贷款额度。这有效地解决了其短期资金问题，并保持了生产的连续性。同时，企业还通过供应链金融优化了现金流管理，提高了资金使用效率。实际数据显示，通过供应链金融的应用，企业的现金流周转天数从原来的60天缩

短至 40 天，显著提高了经营效率。

除了应收账款质押外，该企业还与上游供应商合作，通过保理业务将应付账款转化为现金流入，进一步缓解了资金压力。这些操作不仅为企业提供了及时的资金支持，还帮助其优化了供应链关系，提高了整体竞争力。

二、债权收购与股权投资并举：某上市公司违规担保引发债务违约的处置策略

（一）概况

一家上市公司遭遇了由其原控股股东引发的重大财务危机，该控股股东未经授权，擅自利用上市公司及其核心子公司的名义，涉足多项高风险金融活动，包括开具巨额商业承兑汇票、未经授权的对外担保及借款等，涉及金额总计高达数十亿元之多。此不当行为一年后逐渐浮出水面，随之而来的是一系列纷至沓来的法律纠纷与诉讼案件。

面对这突如其来的风波，上市公司紧急自查，经细致梳理董事会、监事会及股东大会的过往记录，发现并无任何直接关联或者批准此类高风险行为的官方文件。基于这一发现，上市公司坚称自己并非这些违规行为的责任主体，并对诉讼中原告的赔偿请求持有异议。上市公司已采取积极的法律应对措施，誓将通过法律途径捍卫公司及所有股东的正当权益。经过各方努力，部分债权已有和解方案。

与此同时，上市公司还面临另一棘手问题，即其曾为控股股东的关联企业发行的私募债券提供担保，而今这部分私募债出现了到期未能偿还的情况，进一步加剧了公司的财务困境与市场信誉风险。这一系列事件不仅考验着上市公司的危机应对能力，也凸显了加强内部控制、防范大股东不当行为对公司治理的重要性。

根据深交所《股票上市规则》（2018 年修订）第 13.3.1 条（四）规定即"公司向控股股东或者其关联人提供资金或者违反规定程序对外提供担保且情形严重的"，第 13.3.2 条的"向控股股东或者其关联人提供资金或者违反规定程序对外提供担保且情形严重，且提出解决方案但预计无法在一个月内解决"相关规定，该公司股票将被实行其他风险警示（ST）。

（二）方案

经过专业机构尽职调查和风险诊断，该项目总体思路是以"资金+资产方式"介入，通过收购债权或者注入资金的方式，同时引入相关的产业投资人，使上市公司债务诉讼消除，帮助上市公司消除特别风险警示处理，推动上市公司运转正常化，同步化解上市公司的资金占用及周转问题。待上市公司正常化后减持上市公司股票完成财务投资的退出。具体而言：

第一，通过不良资产收购的方式。在成功受让目标债权后，我们将着力消除上市公司面临的各项债务诉讼，从根本上解除其特别风险警示状态，为上市公司恢复正常运营秩序扫清障碍。同时，推动上市公司运转正常化，同步化解上市公司的资金占用及周转问题。针对所获取债权项下附带的抵押资产，我们将采取有效措施予以处置变现，保障投资资金的快速回笼。

第二，股权投资。我们将灵活运用包括大宗交易在内的多种资本市场手段，战略性地取得上市公司股份。待上市公司运营全面恢复正常，市场信心恢复，我们将在适当时机审慎减持所持股份，完成财务投资的退出，以实现投资收益最大化并圆满结束本轮财务投资周期。

（三）方案分析

问题明了与和解动态：该上市公司的控股股东过往违规利用公司进行担保的问题已被充分揭露，目前公司的债务状况较为清晰，且已出现积极的和解迹象。这意味着市场及投资者对于公司困境的认识更为透彻，为后续问题解决奠定了基础。

核心业务潜力：该公司主营业务聚焦于医药中间体的研发、生产和销售，这一板块被视为其核心竞争力所在。鉴于医药中间体业务的强大盈利能力和市场需求，一旦公司运营回归正轨，预期净利润将显著增长，带动公司市值的大幅提升。

项目价值与社会效应：此次风险化解项目旨在通过一系列重组与优化措施，不仅解决公司的即时财务危机，而且对提升公司治理水平、增强市场信心具有积极作用，预计会产生良好的社会反响。

同时，项目实施过程中需谨慎评估以下风险：

潜在违规风险重演：若后续发现更多原控股股东未披露的违规担保行为，可能会扩大债务和解的复杂度，进而影响整体重组进程的顺利进行。

监管政策变动风险：假如在债务承接后，遇到监管政策的不利变化，可能导致上市公司难以及时解除特别风险警示，延缓公司恢复正常运营的步伐，间接影响项目的最终成效。

第六章

困境型企业重组

在商业的大潮中，每个企业都可能遭遇风雨，陷入流动性困境，且随着困境的加深，企业如同踏入了一片逐渐显现的沼泽。这片沼泽虽仍可见天光，但土壤已变得黏稠湿滑，每一步前行都需要付出更大的力气。企业家开始察觉到常规手段的局限性，各种复杂问题交织涌现，如债务规模变大、资金链紧张、技术更新换代、"低效"资产弊端显现、应收账款坏账剧增、市场份额下滑等，使企业不得不投入更多人力资源进行应对。此时，虽然前行速度明显放缓，但企业仍在奋力挣扎实施资产重组、股权重组、债务重组、资产分割、资产置换、债转股、企业分立、企业合并、承债式收购等自救方式，试图通过创新改革、寻求外部合作等方式突破重围。笔者称该类企业为"困境型企业"。

困境型企业的危机程度比困难型企业更甚，在此生死存亡之秋，既是考验企业韧性和智慧的时刻，也是探索重组与再生之路的起点，既是对资产的重新配置，更是对企业生命力的一次重塑。无论是资产的优化、股权的调整，还是债务的重组、业务的重构，每一种自救方式都蕴含着无限的可能与机遇。

在本章中，我们作为企业纾困重组领域专业服务机构，将探讨资产、股权、债务等多种重组方式，将一同见证，通过合理的资产置换、债转股策略，或者是通过企业的分立与合并，如何助力企业走出困境，实现凤凰涅槃。

重组不仅是治愈伤痕的过程，更是向未来进发的起点。在这里，困境不再是终点，而是新生的开始。

第一节　重组与突破

当一家企业陷入危困，面临断裂和挤兑的压力时，如何有效地进行纾困和重组，以最大限度地保护其价值，成为一项紧迫而关键的任务。重组的目的不仅是修复濒临破产的公司的财务状况，更是为了重塑其未来的潜力和机会。

一、万物皆可重组

如黄奇帆所说，"重组"二字蕴含深意，重新组合，精妙绝伦。前者"重"，寓意千钧之重，既代表了空间的跨越与时间的深远，又暗含了对广阔背景和深厚历史的考量；后者"组"，由"丝"旁与"且"构成，象征以细丝编织，加之以力量，寓意精准把握核心，梳理纷繁复杂，寻找关键线索。两字联袂，不仅是智慧与策略的高台起舞，更是要求我们站于历史洪流与战略全局之上，运用非凡智识，紧握问题之纲，抓住"牛鼻子"，对事物的基本组成进行创新性地重新编排，以期达到最优化的解决方案构建。

重组过程涵盖了多元化的重组形式，诸如资产重组、债务重组、组织重组、管理重组、股权重组、资本重组、资源重组、要素重组、权利重组、产业重组、跨国重组等。它们共同追求的，是超越简单叠加的"1＋1＞2"效应，或者在精简中实现增值的"5－2＞3"奇迹，降本增效。可以说，在人类活动的广阔舞台——无论是经济、科技、社会、文化，还是生态环境领域，重组的身影无处不在，昭示着一个普适真理：世间万物，皆有重组的可能与需求。

重组的道路千万条，重组的方式千万种，但是在困境面前，如何在挑战中抽丝剥茧，精准辨析，迅速锁定那条通往问题破解与发展的快速通道，便成为关键所在。

唯有重组，才能破局，从根本上解决问题。

1. 重组思维与目的

在企业债务危机应对或者债权清收的场景下，重组策略的运用尤为关键，其本质是针对特定问题的定向解决工具。以下是五种典型情境，触发重组思维的应用：

追求超常发展：当企业意图迅速扩张规模、抢占市场份额，或者地方政府希望加速发展进程、实现超越式增长时，传统途径往往难以满足需求。此时，重组思维成为突破常规限制、捕捉战略机遇的关键。

化解遗留难题：长期悬而未决的历史遗留问题，如复杂的债务结构，往往在常规方法下难以找到答案。创新性重组方案能够跳出现有框架，为这些棘手问题提供全新的解决路径。

应对普遍性挑战：面对行业共性难题，如大规模的债务累积，如果沿用传统方法收效甚微，则需采取独特的重组策略，打破常规，实现集体困境的突围。

处理紧急危机：面对突发的金融危机或者企业债务危机，常规手段往往显得力不从心。重组思维在此时尤为重要，不仅能帮助企业有效应对危机，还能把握转瞬即逝的机遇，实现逆境重生。

全球资源配置优化：在全球化背景下，资源和资本跨越国界自由流动，重组思维成为地方或者企业在全球范围内优化资源配置、提升经济效益、实现可持续发展的核心策略。通过跨国界的资产整合与债务重组，可以更高效地利用全球资源，增强竞争力。

总之，重组并非无目的之举，为重组而重组，而是针对特定问题的策略选择，是问题导向，有明确目的的。

当面临超常规发展目标、历史遗留问题、普遍性行业挑战、紧急危机状况或者需在全球化中优化布局时，重组思维的激活显得至关重要。在实际操作中，应紧密结合具体情况，识别问题属性，灵活运用重组策略，以期达到最佳的解决方案。

2. 重组方法

在企业面临债务危机时，采取有效的重组方法至关重要。

环境边界重塑法：借鉴哲学中的内外因互动理念，这一策略的核心在于重新界定和调整企业的外部环境与内部结构。通过调整外部政策环境，如获得政府支持以减少成本负担，企业能够显著改善其经济结构和运营效能。同时，通过内部资产盘活、不良债务剥离等方式，企业可以重塑自身边界，为重生铺平道路。

资源配置优化法：在市场机制下，高效整合和配置资源是重组的关键。这包括通过企业上市、困境企业重组、集团合并或者强弱联合等方式，提升资源的使用效率和综合效益。这种方法保障各参与方的利益均衡，实现风险共担和成果共享，从而推动企业走出债务困境。

利益重构模式：为了激发重组的活力，需要重新分配和调整利益格局，简言之就是重新"切蛋糕"。通过改变分配方案或者比例，可以促使资源重新整合，以适应新的目标和市场环境。这种方法有助于缓解债务危机中的矛盾，推动问题的解决。

机制革新路径：深入企业内部，进行体制和机制的革新，是重组过程中不可或缺的一环。通过构建现代化企业治理结构、推动市场化转型等措施，可以保障重组不仅涉及外在的调整，还能实现内在机制的优化和升级。

管理优化与创新策略：这一策略关注管理层调整、引入市场导向型领导、管理方法现代化和政策创新等方面。通过激发团队活力和提升运营效率，可以更加有效保障企业在重组过程中保持高效和规范的运作状态。

在企业债务危机化解和重组的实践中，这些策略可以灵活运用于产业链整合、业务流程改造等多种经济活动之中。重要的是，每种方法的实施都需要根据企业的实际情况和市场环境进行量身定制，以保障重组行动具有针对性和实效性。

此外，企业应巧妙利用市场机制和政策环境，引导债权人从单纯的债务追讨者转变为积极参与企业转型和价值提升的合作伙伴。通过实施灵活的债务重组计划，如债转股、延期支付、折扣清偿等方式，企业不仅可以减轻即时的财务压力，还能为债权人开辟新的增值路径。这种转变实现了从简单的债权清收到共同创造价值的飞跃，有助于企业摆脱债务困境，实现可持续发展。

3. 重组方核心素质

在企业债务危机处理、债务重组及债权清收的领域，一个优秀的重组推动者应具备以下五项核心素质：

综合知识与灵活应变：优秀的重组者需具备广博的知识体系，理解世界现象背后的逻辑关联，并通过案例学习而非死记硬背来培养解决问题的能力。重组策略需灵活无定式，根据实际情况选取最佳方案，同时预估并防范可能的后遗症。

化繁为简的洞察力："大道至简"，重组高手懂得从复杂中提炼简单，将大问题分解为若干小问题逐一击破，保障每个步骤互为支撑，最终系统性解决整体难题。以银行重组为例，清晰区分资本充足、不良资产处理与战略投资者引进等环节，分别解决，逐个击破，避免问题交织导致的复杂化；在破产重整方案中，至关重要的组成部分包括债权清偿方案、出资人权益调整方案以及经营方案，这些方案共同保障了债务清偿的公平与合理性，有效平衡了出资人的利益，并为企业明确了未来的经营策略和发展方向，帮助企业恢复其盈利能力，涅槃重生。

政策与工具的巧用：深谙如何充分、恰当、创造性地利用国家政策、市场规则和金融工具，如同万花筒般根据实际情况变换策略组合，以达到最佳重组效果。如股权分置改革，需综合考虑各项政策与市场条件，保障改革后企业的正面发展预期。每个案例都有其独特的组合方式，但原理是相通的。

发掘与利用现有资源：重组应立足于现有资源、条件、信息和关键因素，洞察身边的潜在优势，通过敏锐分析，调整边界条件，实现资源的最优化配置。重组成功的关键不在于条件强弱、外在制约、运气好坏等外部因素，而在于重组者的正确认知与洞察力、操盘方系统性思维与决策，他们需要能够透过现象看本质，通过调整事物发展的边界条件，实现资源要素的最优配置和效用最大化。

底线思维与风险控制：在重组过程中坚守底线，避免短视行为带来的新问题，保障解决方案的长远可持续性，必须防止问题转移或者扩大化，保障解决方案不会引发新的问题或者危机。这需要重组者具备前瞻性的思考和全面的风险评估能力，防止问题转移与后遗症产生。

重组的最高境界就是，你已经把相关政策、法律约束、可调用的杠杆资源、各方能够接受的条件，都装在脑子里形成一个框，在这个框里对所有的东西像拼积木一样任意地组合，获得相对更加广泛的支持和认同。

重组的精髓在于资源的最优化配置与机制创新，其艺术在于"随心所欲而不逾矩"，在规则内创造无限可能，最终达成多方共赢的"柳暗花明"。

对于企业家来说，掌握了重组这个工具，就多了一把破除危机、摆脱困局、创造财富的钥匙。

二、企业危困与重组成本的考虑

当企业陷入危困时，如何有效地进行重组成为关乎企业生死存亡的关键问题，而重组成本更是一个不可忽视的重要因素。

重组成本是指企业在面临困境时，为摆脱危机、恢复经营活力而采取的一系列重组措施所需支付的成本。这些成本大致可以分为两类：直接成本和间接成本，既主要包括直接支付给第三方专业服务机构的费用，也主要包括因危困而导致的间接成本，如销售和利润损失、经营成本上升、核心员工流失等。具体来看包括以下内容。

（一）直接成本

直接成本主要指企业在重组过程中必须直接支付的费用，这些费用具体主要包括：

第三方专业机构服务费用：在重组期间，企业常需聘请如财务顾问、法律顾问及投资银行等专业机构来提供咨询与服务。这些机构会根据项目的复杂性和所需工作量来收取相应的咨询和服务费用。

会计师费用：会计师在重组中起着不可或缺的作用，他们承担财务报表的审计和税务咨询等任务。因此，企业需要为会计师的审计费、咨询费及其他相关服务支付费用。

重组顾问费用：重组顾问凭借丰富的行业经验和深厚的专业知识，为企业提供全方位的重组规划和执行建议。企业需要支付他们咨询和服务的相关费用。

法庭和其他诉讼费用：若企业选择通过法庭内的重组程序来摆脱困境，则需支付包括诉讼费等一系列相关费用。

（二）间接成本

间接成本是指那些不直接以货币形式支付，但对企业经营和财务状况产生影响的成本。这些成本通常主要包括：

销售和利润损失：在重组过程中，企业往往需要经历一段时间的业务调整和市场动荡，这可能导致销售额和利润下降。这种损失是企业必须承担的间接成本之一。

经营成本上升：重组可能导致企业需要重新配置资源、调整业务结构或者引入新的管理系统等，这些都可能导致经营成本上升。

核心员工流失：在重组过程中，企业的不确定性可能导致核心员工流失，这不仅影响企业的日常运营，还可能对企业的长期竞争力造成损害。企业需要投入更多的时间和资源来招聘和培训新员工。

市场声誉损害：如果企业因困境而进行重组，这可能会对企业的市场声誉造成负面影响，进而影响客户信任和业务合作。这种声誉损害也是一种难以量化的间接成本。

总之，企业在考虑重组时，需要全面评估直接成本和间接成本，并根据企业的实际情况制定合适的重组策略。通过合理的成本控制和资源优化，企业可以最大限度地降低重组过程中的成本支出，提高重组的成功率和企业的整体价值。

三、庭外重组的关键因素与专业指导

当企业陷入危困时，为了规避高昂的重组成本，私下谈判和庭外重组往往成为首选策略。这种方式避免了冗长和公开的法律诉讼程序，有助于企业在更短的时间内恢复稳定。

相较于正式的法庭程序，庭外重组提供了一种更为灵活、私密和高效的解决方式。其核心在于通过与债权人和其他利益方进行积极的私下协商，寻求对企业最为有利的重组条件。

债权人之间的协调与整合：在多数情况下，困境型企业往往面临多个债权人，而每个债权人的诉求和期望都可能存在差异。因此，如何有效地协调这些债权人，整合他们的诉求，成为庭外重组成功的关键。这需要企业具备高超的谈判技巧和深厚的财务、法律知识，以便在与债权人协商时能够争取到最有利的条件。

透明与坦诚的沟通：在庭外重组中，与所有利益方保持透明和坦诚的沟通至关重要。这不仅可以减少误解和猜疑，还有助于建立信任，使债权人和其他利益方更加相信企业具备恢复盈利的潜力。通过展示详尽的财务信息和未来发展规划，企业能够更有力地说服债权人接受重组方案。

专业指导的价值：在庭外重组的每一个环节，专业的财务顾问和法律顾问都发挥着不可或缺的作用。他们凭借丰富的经验和专业知识，为企业提供策略性的建议，协助制定详细的业务规划和可靠的财务预测，帮助企业制订并执行有效的重组计划。这些专业人士的参与，不仅提高了重组方案的可信度和可行性，也大大增加了重组成功的概率。

资产重组和债务重组是这一过程中的两大核心策略。通过改善运营、优化现金流、

重新配置资产以及降低资本成本，企业可以逐步摆脱困境，实现可持续的发展。

第二节　资产重组

困境型企业往往就像搁浅在沙滩上的巨轮，尽管其核心资产价值连城，但流动性不足却阻碍了它们破浪前行的步伐。背负着沉重的低效资产（含抵债资产），这些企业如同被锁链束缚，难以自由施展拳脚。特别是那些因为过往规划失误而造成的配套资产流动性受限问题，如华浦大厦——一栋楼只有一本权证的危困局面，更是加剧了企业的挑战。

在抵押资产后，许多企业会深陷困境：它们发现，尽管采取抵（质）押措施能暂时缓解现金流的压力，但随后而来的却是债务违约、资产交易的冻结。这时候，似乎抛售资产、出售股权成了唯一的出路，然而，潜在的负债问题如同隐形的暗礁，让投资者望而却步。幸运的是，专业的资产管理机构如同领航员，通过资产重组等策略为企业指明了方向，逐步解开困扰企业的"麻绳"，使它们在重组的迷雾中看到了希望的灯塔。

资产重组作为一种有效的企业战略手段，能够帮助企业优化资源配置，提升市场竞争力，实现可持续发展。资产重组是指企业通过对资产的重新配置和组合，达到优化资产结构、提高资产质量、增强企业盈利能力的过程。它可以通过剥离非核心资产、注入优质资产、整合内部资源等多种方式来实现。资产重组对于困境型企业来说具有重要意义，它不仅可以帮助企业摆脱困境，还可以为企业带来重新出发的新机遇。

一、资产重组的意义和目的

市场竞争越发激烈，一些企业由于经营不善、管理不当或者市场环境变化等原因从原来的轻微资金紧张等困难问题陷入了困境。这些困境型企业往往面临着市场份额下降、盈利能力减弱、资金链断裂等问题，迫切需要寻找有效的解决方案。

困境型企业往往面临核心资产流动性不足的问题。这主要表现为资金周转不灵、偿债能力不足等方面。由于经营不善或者市场环境变化等原因，企业的资金链紧张，难以满足日常经营和偿债需求，进而影响企业的正常运转。此外，流动性不足还可能导致企业错失市场机遇、无法及时应对突发事件等问题。

造成企业核心资产流动性不足的原因多种多样，主要包括市场环境的变化、企业经营策略失误、过度扩张、投资决策失误、内部管理不善、财务制度不健全等。

资产重组作为企业优化资源配置的重要手段，对于困境型企业来说具有特殊意义。通过资产重组，企业可以重新配置内部资源，提高资产使用效率，实现资源的最优配置。这不仅可以降低企业的运营成本，提高企业的盈利能力，还有助于企业适应市场变化，增强市场竞争力。

资产重组对企业价值具有显著影响。一方面，通过剥离低效资产、注入优质资产等方式，实现资产保值、增值以及长期保护。另一方面，资产重组可以改善企业的财务状况和经营成果，增强偿债能力，降低财务风险，增强投资者的信心，推动企业股权增值或者股票价格上涨，从而提升企业市场价值。同时，资产重组还可以为企业带来新的发展机遇和合作伙伴，拓展市场份额和业务领域，进一步提升企业价值。

二、资产重组产品介绍

针对企业在资产管理和资金融通方面所面临的各种挑战，专业机构精心打造的一系列金融服务解决方案。

（一）股权通

适用范围：适用于企业面临股权流动性不足、难以利用股权进行融资或变现的情况。

解决方案：当企业面临股权流动性不足、资金回笼困难时，我们可以提供全方位的股权管理服务。通过精准评估企业股权价值，我们为企业提供股权收购、转让及置换的专业建议与操作。此外，我们还可以策划股权质押融资方案，引入战略投资人，或提供股权托管与受托管理服务，从而有效实现企业资金的快速回笼、扩大融资渠道，并优化企业的资产结构。

案例：A科技公司持有一家初创企业的30%股权，但由于初创企业尚未实现盈利，这部分股权难以变现。通过我们的股权通服务，我们成功为A公司策划了股权质押融资方案，并协助其与一家知名投资机构达成了战略合作。最终，A公司不仅实现了资金回笼，还为企业未来的发展引入了强大的战略伙伴。

（二）账款通

适用范围：适用于企业有大量应收账款但资金回笼困难的情况。

解决方案：针对企业应收账款难以回收的问题，我们提供全面的账款管理服务。通过对应收账款的详细分析，我们为企业提供专业的账款收购、转让建议，并制定质押融资或受托管理清收方案。这些措施旨在帮助企业迅速将应收账款转化为流动资金，缓解企业的资金压力。

案例：B贸易公司存在大量长期未收回的应收账款，严重影响了公司的现金流。通过我们的账款通服务，我们成功收回了部分难以回收的账款，并为B公司策划了质押融资方案。最终，B公司不仅实现了资金回笼，还优化了其资金结构，为企业的持续发展注入了新的活力。

（三）房地通

适用范围：适用于企业拥有大量不动产但急需资金周转的情况。

解决方案：当企业面临房屋和土地使用权难以变现的问题时，我们提供全方位的房地产资产管理服务。通过对房地产资产的准确评估，我们策划房屋和土地使用权的收购、转让、抵质押融资等方案。同时，我们还可以引入合作方，共同开发或运营房地产项目，实现资产价值的最大化。

案例：C地产公司拥有多块闲置土地，但由于市场环境和资金限制，这些土地一直未能得到有效开发。通过我们的房地通服务，我们成功为C公司引入了战略合作方，共同开发这些闲置土地。最终，C公司不仅实现了资金回笼，还成功将闲置土地转化为具有市场竞争力的房地产项目。

（四）设备通

适用范围：设备通特别适合那些拥有众多生产设备、大型交通运输工具等固定资产，但面临资金流动性问题的企业。这些资产虽然价值高昂，但往往因为专用性强、市场流动性差而难以迅速变现。

解决方案：设备通服务通过提供灵活的设备收购、设备使用权转让、设备质押融资、设备融资租赁以及设备受托管理处置等多元化解决方案，有效地将企业的闲置设备转化为流动资金。

案例：对于一家拥有大量高精度机床但暂时闲置的制造企业，我们可以通过设备质押融资服务，帮助企业以设备作为抵押，从金融机构获得低成本的融资。同时，我们还可以提供设备使用权转让服务，将这些高精度机床的使用权转让给其他有需求的企业，从而为企业带来稳定的租金收入。通过这些方式，设备通不仅能够帮助企业实现资金回笼，还能优化企业的资产结构，提高企业的资金利用效率。

（五）债权通

适用范围：债权通主要针对那些持有大量民间借贷债权、合作权益以及投资权益等合同权益，但面临回收困难或资金变现问题的企业。这些合同权益往往因为各种复杂原因（如债务人违约、市场环境变化等）而难以实现资金回笼。

解决方案：债权通服务提供全方位的债权管理解决方案，包括民间借贷债权、合作权益以及投资权益等合同权益的收购、转让、质押融资以及受托管理处置等。

案例：对于一家因债务人违约而面临资金回收困难的企业，我们可以通过债权收购服务，以合理的价格收购其部分或全部债权，从而迅速为企业回笼资金。同时，我们还可以提供债权质押融资服务，帮助企业以债权作为抵押物获得融资支持。通过这些服务，债权通能够有效地帮助企业盘活合同权益资产，提高企业的资金流动性。

（六）政资通

适用范围：政资通主要服务于那些与政府及其下属部门有合同关系，但在合同履行过程中遇到资金回笼困难或融资变现问题的企业。这些企业在与政府合作过程中，往往因为政府支付延迟、项目周期长等因素导致资金占用过多，影响企业的正常运营。

解决方案：政资通服务专注于解决企业在与政府合作过程中遇到的资金问题。我们提供政府及下属部门作为合同义务方的项目资产的收购、转让、质押融资以及引入合作方和受托管理处置等多元化服务。

案例：对于一家因政府支付延迟而面临资金压力的企业，我们可以通过项目资产质押融资服务，帮助企业以项目资产作为抵押物获得金融机构的融资支持。同时，我们还可以引入有实力的合作方共同开发项目，分担企业的资金压力。通过这些服务，政资通能够有效地帮助企业在与政府合作过程中实现资金的高效利用和风险的合理分散。

三、抵债资产与低效资产剥离

1. 抵债资产的形成与处理

抵债资产是指企业因债务重组等原因取得的用于抵偿债务的资产。在困境型企业中，抵债资产的形成往往与债务重组密切相关。处理抵债资产时，企业需要对其进行全面评估，明确其价值和使用状况，并根据实际情况选择合适的处理方式。对于有价值的抵债资产可以通过出售、租赁等方式实现其价值最大化；对于无价值的抵债资产则应及时进行报废处理以降低企业负担。同时，在处理抵债资产过程中还需要注意相关法律法规的遵守和风险防范等问题。

2. 低效资产的识别与剥离

低效资产是指那些无法为企业带来足够收益或者运营效率较低的资产。困境型企业需要对自身资产进行全面梳理和评估，以识别出低效资产并对其进行剥离。剥离低效资产有助于减轻企业的运营负担、提高资产配置效率并改善财务状况。剥离途径的选择需要根据资产的性质和市场环境等因素综合考虑，可以选择出售、置换或者报废等方式。在剥离过程中，还需要注意相关法律法规的遵守和风险防范等问题，以保障剥离过程的顺利进行，并保障企业利益最大化。

3. 剥离过程中的注意事项和风险点

在剥离抵债资产和低效资产的过程中，企业需要注意以下事项和风险点：

首先，是法律风险识别和防范，保障剥离过程符合相关法律法规的规定，并履行必要的法律程序；其次，是员工安置和社会稳定考量，在剥离过程中要妥善安置受影响的员工，并保障其合法权益，以维护社会稳定；再次，还需要关注市场风险和价格波动风险等因素对剥离过程的影响，并采取相应的应对措施以降低风险损失；最后，还需建立完善的监督机制，保障剥离过程的公开透明，并接受各方监督，以避免潜在的利益输送和腐败行为的发生。同时，企业在剥离过程中，也需要保持与政府相关部门、监管机构等相关方的良好沟通和合作，以保障剥离过程的顺利进行，并获得必要的支持和帮助。

四、资产重组关键环节

（一）准备与评估

在进行资产重组之前，困境型企业需要充分准备和评估。首先，要对企业的资产状况进行全面的盘点和分析，主要包括固定资产、流动资产、无形资产等各个方面。通过了解企业资产的种类、数量、质量以及市场价值等信息，可以为企业制定合适的资产重组策略提供重要依据。其次，要对资产的价值和潜力进行专业评估。这可以通过市场调研、专业机构评估等方式来实现，以保障企业对资产的实际价值有准确地认识。最后，要明确资产重组的目标和策略，主要包括纾困、优化、转型等不同的方向，以及采用的具体手段和措施。

（二）资产剥离与优化

困境型企业往往存在大量的非核心资产和不良资产，这些资产不仅占用了企业的资金和资源，还影响了企业的经营效率和盈利能力。因此，梳理企业存量资产清单，保留核心资产，选择性地剥离非核心资产和处置不良资产是困境型企业进行资产重组的重要手段之一。具体来说，剥离非核心资产可以通过出售、租赁、托管等方式实现，以释放企业的资金和资源，并降低经营风险。处置不良资产则可以通过拍卖、转让、债务重组等方式进行，以减少企业的负债和损失，并改善资产质量。通过加强应收账款坏账回收等措施，快速回笼资金。同时，困境型企业还需要对现有的资产结构进行优化，以提高资产的使用效率和回报率。这可以通过调整资产配置、改进管理方式、引入先进技术等方式来实现,以促进企业内部资源的合理配置和高效利用。

(三) 资产注入与整合

除了剥离非核心资产和处置不良资产外,困境型企业还可以通过注入优质资产和整合内部资源来进行资产重组。具体来说,注入优质资产可以通过引入战略投资者、并购优质企业等方式实现,获得外部资金支持,以扩大企业的规模和市场份额,并提升企业的核心竞争力。整合内部资源则可以通过优化组织结构、调整业务流程、加强内部协作、优化企业内部管理、加强财务管理等措施进行,以实现企业内部资源的共享和协同效应的发挥。同时,困境型企业还可以积极探索资产证券化和资本运作等多元化手段来进行资产重组。这可以帮助企业实现资产的流动性和融资能力的提升,并为企业带来更多的发展机遇和空间。

五、案例

(一) 某钢铁公司通过资产重组成功战略转型

某钢铁公司曾是国内钢铁行业的领军企业,但随着市场需求的变化和环保要求的提高,公司陷入了经营困境。为了寻求出路,E公司决定进行资产重组。

在资产重组过程中,该公司首先对自身的资产进行了全面的清查和评估,发现了多处闲置、低效以及有巨大价值提升潜力的资产。随后,公司制订了一份详细的资产重组计划,通过出售非核心业务和资产,成功筹集到了资金,改造升级优质资产,并优化了资产配置。同时,该公司还积极引入新的技术和设备,提高了生产效率和产品质量。

经过一系列的资产重组和改革措施,该公司成功实现了战略转型,从传统的钢铁生产企业转型为高端特钢和新材料生产企业。公司的市场竞争力得到了显著提升,经营业绩也实现了稳步增长。

(二) 某房地产公司在资产重组中盲目扩张导致失败

某房地产公司曾是一家知名的房地产开发企业,为了追求快速增长和市场份额的扩大,公司进行了大规模的资产重组和扩张。然而,由于缺乏充分的市场调研和风险评估,该公司的扩张计划最终失败。

在资产重组过程中,该公司过于乐观地估计了市场需求和自身能力,盲目收购了多个项目并投入了大量资金。然而,随着市场环境的变化和政策的调整,房地产市场出现了波动和下滑。该公司的资金链断裂,多个项目陷入停滞状态,最终导致了公司的破产和重组失败。

这个失败案例告诉我们，在资产重组过程中应充分进行市场调研和风险评估，谨慎制定和执行策略避免盲目扩张和过度自信带来的风险。同时企业应保持对市场环境的敏感度和灵活性及时调整策略以适应变化的市场需求和政策环境。

（三）某企业既往规划问题导致配套建设资产无法流动

某大型制造业企业在五年前为了扩展生产线，投资数亿元建设了一个现代化的工业园区。然而，由于后来市场需求下滑和技术更新迅速，该企业发现原有的生产线已经过时，而新建的工业园区中的配套设施如仓库、物流中心等也变得冗余。这些资产不仅无法为企业带来收益，反而成为沉重的负担。

在进行详细的调查后，企业发现造成这一困境的主要原因主要包括：市场需求的快速变化、技术更新的加速以及企业内部决策失误等。这些因素共同导致了配套建设资产无法流动，成为"死资产"，亟须进行不良资产盘活。

针对这一问题，企业可以采取多种解决方案。首先，可以对工业园区进行重新规划，将冗余的配套设施改造为其他用途，如研发中心、展示中心等。其次，积极寻找潜在的买家或者租户，将这些资产出租或者出售给有需求的企业。最后，企业还可以考虑与政府或者相关机构合作，争取政策支持和资金援助，以减轻负担并优化资源配置。

（四）某房地产开发商因无法分割办证的问题陷入资产困境

一家房地产开发商在多年前购买了一块土地，并计划将其开发为住宅小区。然而，由于历史遗留问题，该土地的使用权证无法分割办理，导致开发商无法按计划进行开发和销售。

面对这一问题，开发商首先需要深入研究相关政策法规，了解无法分割办证的具体原因和可行的解决方案。同时，积极与政府部门进行沟通，争取政策支持或者特殊处理，最终盘活不良资产。例如，可以提出申请进行土地使用权证的分割办理，或者寻求相关政府部门的协调帮助，解决历史遗留问题。

关于与相关方的协商和合作途径，除了政府途径外，开发商还可以积极与土地的其他相关方进行协商和合作。例如，可以与土地使用权人或者相关权益方进行谈判，争取达成土地使用权分割或者转让的协议。通过合理的利益分配和合作机制建立与相关方的良好合作关系，为解决问题打下基础。

（五）某制造公司借助专业机构力量进行资产重组实现重生

某制造公司，作为一家历史悠久的机械制造企业，因市场竞争加剧与内部管理不善而陷入了严重的经营困境。为了找到脱困之道，该公司决定求助于专业机构，进行资产重组以实现企业重生。

在引入财务顾问后,专业服务机构首先对该公司的法律问题进行了系统梳理与分析。在他们的协助下,公司与相关债权人成功达成了和解协议,从而有效降低了法律风险。

接下来,服务机构为企业量身定制了资产重组方案。该公司对自身资产进行了全面的清查和评估,发现了多处闲置和低效资产。通过资产剥离、债务重组等方式,公司成功出售了非核心业务和资产,筹集到了必要的资金,并优化了整体的资产配置,有效缓解了财务压力。

此外,专业机构还进一步协助该公司改善了内部管理和运营效率,使其在市场竞争中逐渐恢复了地位。

作为专业的财务顾问,这些服务机构不仅提供了精准的资产估值、市场分析以及投资建议,更从法律层面出发,保障了资产重组的合法性与安全性。他们凭借深厚的专业知识和丰富的实践经验,为这家陷入困境的企业提供了全方位、个性化的服务,成功地帮助企业走出了困境。

第三节 债务重组

困境型企业如同在大海上搁浅的船只,面临债务压力、经营困境和未来发展迷茫的多重挑战。

债务重组,如同为这艘船注入新的动力,不仅能帮助企业恢复短期资金流动性,更能优化长期财务结构,助力企业摆脱财务困境,进而实现企业价值的最大化。

一、债务重组概述

(一) 定义

债务重组,这一策略性手段,简言之,就是对企业现有的债务进行全面梳理和合理优化。当企业在经营的道路上遇到偿债的沉重压力、资金的捉襟见肘或是财务结构出现不合理的扭曲时,这一手段就如同及时雨般降临。困境型企业在专业机构的帮助下依据不同债务阶段、不同债务类型和债务特点提供资金和融资安排,通过与债权人进行多轮的沟通与协商,对原本的债务条款进行灵活的修改或重新的安排,并通过削减债务本息等方式,对困境企业的债务规模及结构进行重新配置,解决资金短缺、信用危机、资源匮乏、司法纠纷等困境，从而优化企业负债结构、疏解债务困境化解、企业家个人法律风险，最终让企业的财务状况恢复健康、偿债能力得到提升。

在债务重组中，企业应制定详细的协议安排，明确各方权利与义务保障重组方案的顺利实施，保障与债权人的沟通畅通，及时响应其关切；与债权人积极合作，共同寻找最佳重组方案。同时，设立债权人委员会，代表债权人监督重组方案的执行情况，定期审查企业的财务状况和重组进展，提出意见和建议以保障债权人的利益不受损害。企业应定期向债权人委员会报告重组进展，并根据实际情况及时调整方案，以满足债权人利益最大化的要求。

（二）债务重组的常见类型与策略

在债务重组的广阔天地里，有着多种多样的方式与策略，每一种都蕴含着特定的智慧与考量。企业究竟选择哪一种，这完全取决于其自身的实际需求以及所处的市场环境。以下，便是几种在市场上广为流传且行之有效的债务重组类型与策略：

1. 债务和解与部分豁免

这是一种以和为贵的策略。通过前期运筹帷幄与方案设计，使得企业与债权人坐下来，平心静气地达成和解协议。通过部分债务的慷慨减免或者延期支付的善意安排，企业的短期偿债压力如同卸下了千斤重担。

而债务豁免，有时更涉及债权人的一种高尚姿态——自愿放弃部分权益，他们深知，这样做换取的是企业未来更加光明的偿债前景，或是更为丰厚的股权回报。

2. 债务抵销

这是一种"以彼之道，还施彼身"的策略。债务抵消，即当事人双方就相互之间的债务，在双方同意的基础上，按对等数额使其相互消灭的行为。这如同在财务的棋盘上，一步妙手将双方的债务清零，实现了简洁而高效的财务和解。这适用于那些双方互有债权债务的情境，特别是当双方都希望通过相互抵销来简化复杂的财务处理、提高资金运转效率时。

3. 融资减债

这是一种"借新还旧"的策略。融资减债，即企业通过开辟新的融资渠道来筹集资金，以此减轻或偿还现有的债务负担。这如同给企业注入了一股新鲜的血液，使其能够轻装上阵，更好地应对市场的挑战。当企业能够通过新的融资渠道，如银行贷款、股权融资等，以更低的成本或更长的期限获得资金。

4. 债转股

这是一种化债为股的巧妙转换，通过将债权转换为股权，可以降低企业的资产负债率、改善财务状况。债权人将其手中紧握的债权，灵活地转换为企业的股权，这样一来，不仅企业的偿债压力得到了实质性地减轻，而且债权人也摇身一变，成为企业的重要股东，与企业共同进退，参与企业的经营管理。这种方式，对于那些具有无限成长潜力但暂时在偿债道路上跌跌撞撞的企业来说，不啻为一剂良药。

在实施债转股策略时，企业应通过企业纾困重组领域专业服务机构的帮助，首先分析其对资本结构、股权结构的影响，对债转股方案进行全面评估，保障方案的合理性和可行性；在债转股过程中，注重保护中小股东利益，制定合理的股权转换价格和比例；完成债转股后，及时调整公司治理结构和管理层激励机制，保障新股东的权益得到充分保障。

5. 资产证券化

这是一种点石成金的魔法。通过资产证券化，企业可以盘活存量资产、拓宽融资渠道。企业将那些沉睡在账面上的、缺乏流动性的资产，通过一系列精妙的结构安排和信用增级的魔法手段，转化为可以在金融市场上自由流通的证券。就这样，企业成功地将存量资产变现，资金的流动性得到了极大提升，财务状况也随之焕然一新。

在实施资产证券化时，企业应选择适合证券化的资产并构建资产池，设计证券化产品的交易结构并完成定价、发行与交易流程。在此过程中，企业需要关注市场动态、评估风险并制定相应的风险防范措施。

6. 引入战略投资者

这是一种强强联合的智慧选择。通过向那些资金雄厚、产业资源丰富的战略投资者敞开大门，企业迎来了新的注资、优化治理结构和资源整合、业务协同的契机。这种方式的妙处在于，它不仅能迅速改善企业的财务状况和经营能力，更能在企业与投资者之间搭建起一座共赢的桥梁，共同书写企业更加辉煌的未来篇章。

在选择战略投资者时，企业应明确选择标准并设计合理的投资方案。完成与战略投资者的谈判与合作协议签署后，企业可以借力战略投资者的资源和优势实现自身的快速发展和转型升级。

7. 债务出售与置换

这是一种以新换旧的策略。通过这种方式，企业可以将部分或者全部债务转让给其他投资者或者机构以换取现金流或者更为有利的负债条件。企业将部分或者全部的债务，像传递接力棒一样，传递给第三方，让有偿还能力的第三方"债务加入"；或者以全新的债务条款，替换掉那些陈旧的、不合时宜的债务，同时添加增信条件。这样一来，企业的债务结构得到了优化，融资成本也随之降低，以便更好地适应企业当前的经营需求和市场环境。

在进行债务出售和置换时,企业需要分析市场环境评估交易的可行性并设计合理的交易结构,明确交易对手、交易价格、交割方式等关键要素。同时,企业需要制定风险防范措施,如交易对手的信用评估、合同条款的严谨性等,以降低交易风险、保障企业的利益不受损害。

以上主要策略,每一种都闪耀着智慧的光芒,它们并非孤立无援的存在,而是可以相互携手、相互补充、组合应用、共同作战。只要企业能够巧妙地组合应用这些策略,就一定能够实现最佳的债务重组效果,让企业在经营的道路上走得更远、更稳。

毕竟,"天下之事,因循则无一事可为;奋然为之,亦未必难。"在债务重组的道路上,只要企业勇于面对、积极寻求解决方案,就没有过不去的坎。

二、债务现状与全面评估

在进行债务重组之前,全面了解和评估企业的债务风险、资产风险、融资风险、应付账款风险等多个风险维度是至关重要的第一步。不是"头痛医头、脚痛医脚",而是全方位诊断、"一揽子"方案、"一站式"解决,这不仅有助于明确重组目标和具体策略,还能为后续的谈判和实施提供有力的数据支持。

(一)企业债务梳理

首先,需要对企业的债务、资产、债务等多个维度进行深度梳理。企业债务方面主要包括了解债务的总量、结构以及分类情况。具体来说:

债务规模:通过查看企业的财务报表和相关文档,可以了解企业当前的负债总额以及各类债务的占比情况。这有助于判断企业的偿债压力和财务风险。

债务结构:分析债务的期限结构、利率结构以及债权人的构成等,可以揭示企业债务的复杂性和多样性。例如,短期债务占比过高可能意味着企业面临短期偿债压力;而高利率的债务则可能增加企业的财务成本。

债务分类:根据债务的性质和担保情况,可以将债务分为短期、长期、有担保和无担保等类型。不同类型的债务在风险和成本方面存在差异,因此需要分类管理和评估。

(二)债务综合评估

在梳理了债务的基本情况后,接下来需要进行综合评估。这主要包括对债务的期限、利率以及偿付能力进行分析:

期限分析:评估企业各类债务的到期时间分布,以及是否存在集中到期的情况。这有助于预测企业未来的现金流需求和偿债压力。

利率分析：了解企业各类债务的利率水平及其与市场利率的比较情况。高利率的债务可能增加企业的财务负担，而低利率的债务则可能提供财务优化的空间。

偿付能力分析：通过比较企业的现金流、盈利能力以及资产状况等因素，评估其当前的偿付能力和未来可能的偿债风险。这有助于确定债务重组的必要性和紧迫性。

除了对债务本身的评估外，还需要考虑债务对企业经营的直接影响与潜在风险。例如，高负债可能导致企业财务费用增加、投资能力不足或者信用评级下降等问题；而短期偿债压力则可能影响企业的日常运营和资金周转。因此，在全面评估阶段，需要将债务状况与企业整体的经营环境和未来发展战略相结合进行考量。

（三）债务重组目标与原则设定

基于对企业债务的深入了解和综合评估结果，接下来需要设定明确的债务重组目标和原则。这些目标和原则将指导后续的重组方案设计和实施过程。

短期纾困与长期偿债能力提升：首要目标是解决企业当前的偿债压力和资金短缺问题，保障企业能够维持正常运营。同时，还需要着眼于提升企业的长期偿债能力，通过优化财务结构、降低综合融资成本等措施增强企业的财务稳健性。

债权人利益与企业发展平衡：在债务重组过程中，需要充分考虑和保护债权人的利益，保障重组方案不会对债权人造成过大的损失或者风险。同时，还需要平衡债权人利益和企业自身发展的需要，以实现"双赢"的局面。这有助于维护企业与债权人之间的良好关系，为未来的合作奠定基础（见表1）。

表1　债务评估

企业自救重组信息调查表		
一、基本情况		
1	公司名称	
2	所属行业	生产制造业　高科技行业　房地产相关行业　交通物流业　服务业　批发零售业　农牧业　其他
3	主营业务构成	
4	经营地址	
5	认缴注册资本	
6	实缴注册资本	
7	经营年限	
8	当前员工人数	
9	经营状态	正常经营　勉强维持　即将停工停产　已经停产

续表

10	是否有自救重组意愿	有　　无
11	是否有自救重组费用预算	有　　无
12	公司股东构成（实际控制人、代持股情况介绍）	
13	企业陷入困境原因（可多选）	债务危机　市场变化　管理问题　产品滞销　法律纠纷　技术落后　联保互保　银行抽贷断贷　应收账款坏账　其他
14	经营状况	历史最高年营业额 历史最高年净利润 最近一年总营业额 最近一年总净利润 最近三月平均每月营业额 最近三月平均每月净利润
二、财务状况		
15	财务成本	最近一年利息总支出 最近三个月平均月利息
16	未来三个月预计成本支出构成明细	

17. 债务清单

银行贷款、小额贷款、民间借贷、对外担保、含供应商与工程欠款等其他应付款、应交税费

主要债权人、本金余额、担保类型、抵押物、担保人、司法进度（未起诉、已起诉、审判阶段、执行阶段）

18. 资产清单

不动产、动产、应收账款等

三、债务优化策略与主要作用

（一）债务优化基础策略

第一，债务结构调整与优化路径。面对复杂的债务结构，企业应首先识别高成本债务，并通过再融资或者债务置换的方式降低财务成本。这不仅可以减轻企业的偿债压力，还能为企业的长期发展提供更为稳健的财务基础。同时，平衡短期与长期债务也是债务优化的重要环节。企业应保障债务期限与项目现金流匹配，实现长期债务的

合理增长。此外，利用低成本的融资工具也是降低财务成本、优化债务结构的有效途径。

关键操作是借助企业纾困重组领域专业服务机构的力量，对企业的债务结构、债务风险、应付账款等进行深度分析，精确识别高成本债务；同时，通过定制化的再融资方案，逐步替换高成本债务；结合企业业务周期和现金流预测，构建动态债务调整模型，实现债务期限与项目现金流的最佳匹配。

第二，与债权人的协商减免。企业应建立与债权人的有效沟通机制，及时披露企业财务与运营信息，增强债权人的信任和理解。在此基础上，双方可以探讨部分本金减免、利息优惠或者债务展期等债务重组方案。这些措施可以在一定程度上减轻企业的偿债负担，为企业恢复运营和寻求新的发展机会创造有利条件。同时，企业应对债务减免方案进行充分的财务分析和风险评估，保障方案的可持续性和对企业长期发展的积极影响。

关键操作是在企业纾困重组领域专业服务机构的帮助下，设立专门的债权人关系管理部门，负责与债权人建立和维护长期、稳定的沟通机制；定期开展债权人大会，及时、透明地披露企业财务和经营信息，增强债权人的信任；积极探索债务减免的创新模式，如债权转股权、债权转资产等，以最大限度地保障债权人利益。

第三，利用政策支持的债务优化措施。为了支持企业的发展和应对经济波动带来的挑战，国家和地方政府会出台一系列政策措施，如贷款展期、利率优惠等。企业应深入研究并合理利用这些政策，以降低自身的融资成本、优化债务结构。同时，关注政策变化并及时调整债务优化策略也是至关重要的。通过与政策导向保持一致，企业可以最大限度地享受政策红利，为自身的纾困和发展提供有力保障。

关键操作是在企业纾困重组领域专业服务机构的帮助下，设立政策研究团队，实时跟踪和解读国家及地方政府所宣导的贷款展期、利率优惠等政策；结合企业自身情况，制订针对性的政策利用计划，保障最大限度地享受政策红利；与政府相关部门建立良好关系，积极争取政策支持和专项资金扶持。

以上基础策略是通用型的，如遇复合型、高难度、长周期的企业债务问题，须具体问题具体分析。

(二) 债务重组主要作用

债务重组作为一种重要的金融手段，作为企业纾困的利器与长期价值的释放，可以帮助企业重新安排债务、恢复短期流动性，并实现长期财务结构的优化和盈利能力的提升。

第一，即时效果与短期流动性恢复。当企业面临短期偿债压力时，债务重组能够迅速改善现金流状况，保障企业维持正常运营。具体措施主要包括：债务展期，通过协商将债务到期日延后，为企业争取更多的时间来筹集资金；偿还方式调整，将原本的一次性大额还款转化为分期偿还，降低短期内的偿债压力；紧急融资安排，借助新的贷款、债券发行、私募融资、夹层融资等方式，为企业提供及时的资金支持。

第二，长期效益与财务结构优化。债务重组不仅着眼于解决眼前的流动性问题，更关注于企业的长期发展。其带来的长期效益表现在：融资成本降低，通过替换高息债务为低息贷款或者引入低成本融资方式，减少企业的利息支出；资本结构调整，通过增加权益资本比重、降低债务资本比例，提高企业的财务稳健性；资产质量提升，剥离或者重组不良资产，聚焦核心业务，提高整体资产质量。

第三，债权人关系维护与信任增强。债务重组不仅是企业与债权人之间的经济交易，更是一种信任与合作关系的建立与维护。在此过程中：建立主动沟通机制，积极向债权人展示重组计划和未来发展潜力，增强债权人的信心；保障债权人权益，保障债务重组过程中债权人的合法权益不受损害，如保障利息支付、提供必要担保等；寻求长期合作，通过债务重组与债权人建立长期稳定的合作关系，为企业未来融资提供便利。

第四，释放与提升企业价值。债务重组有助于解锁被高额债务束缚的企业潜在价值，具体表现在：释放运营资金，减轻高额债务负担，使企业能够将更多资金投入核心业务和市场拓展；提升投资能力，降低债务成本后，企业有更多自由现金流进行投资活动，把握市场机遇；改善市场形象，成功的债务重组有助于提升企业的市场声誉和投资者信心。

第五，经营策略灵活性的提升。通过债务重组增加投资灵活性，企业能够更灵活地调整投资策略，抓住市场机遇进行必要的扩张或者转型；优化运营策略，不再受高额利息负担所累，企业可以更专注于提升运营效率和创新发展；提升风险管理能力，债务重组过程中的全面财务梳理有助于企业提升风险管理水平，更好地应对未来经济波动和市场风险。

第六，股东权益的保护与提升。通过降低财务风险、避免企业破产，从而保护股东的投资价值；提升股价表现，成功的债务重组可能推动股价上涨，增加股东财富；增强股东话语权，股东可以积极参与债务重组决策过程，保障方案符合其长远利益。

第七，社会效益与责任展现。债务重组，不仅关乎企业和债权人的经济利益，也具有一定的家庭意义和社会影响。企业债务重组后，实现债务削减或者家庭成员担保剥离，促进家庭幸福；维护社会稳定，避免大规模裁员，有利于维护社会稳定和减少失业问题；展现企业社会责任，积极寻求债务重组解决方案展现了企业对社会的责任感和对未来发展的积极态度；有助于资源优化配置和经济结构调整，推动经济持续健康发展。

四、债务重组产品介绍

债务重组产品是为助力企业摆脱各阶段所面临的债务困境，而专门打造的一系列金融服务解决方案。其中，这些产品主要包括银债销、非银销、民贷销和账款销等，每一种都针对特定的债务难题，为企业提供量身定制的资金及融资策略。

（一）银债销

适用范围：

当企业面临银行债务压力，无法按时清偿贷款本息，或是企业资产受到银行诉讼威胁时，银债销将成为企业的得力助手。

解决方案：

第一，量身定制增信措施与融资计划，稳固企业的资金基础。

第二，与银行进行多轮磋商，争取减免部分债务本息，或是在合适时机收购银行债权，从而大幅减轻企业的债务重担。

第三，全方位保障企业的银行信用评级，保障企业在金融市场的信誉与融资能力不受损害。

第四，为企业构建强大的法律后援团队，在面临银行诉讼时提供有力的法律支持与应对策略。

案例：

某制造企业债务重组案例中，该制造企业因市场需求的短暂下滑及原材料价格上涨，导致资金链紧张，无法按期偿还5000万元的银行贷款。面临银行即将采取的法律行动，企业求助于银债销产品。

专业机构迅速介入，首先为企业提供了2000万元的过桥贷款，保障企业正常运营。随后，专业机构代表企业与贷款银行进行了密集磋商，成功说服银行将剩余3000万元贷款的还款期限延长两年，并降低了贷款利率。此外，专业机构还协助企业优化了财务结构，提高了偿债能力。最终，企业成功渡过了难关，银行信用也得以保全。

（二）非银销

适用范围：

针对那些因各种原因无法按时清偿非银行金融机构借款的企业。

解决方案：

第一，策划并落实有效的增信措施及融资方案，助力企业稳定现金流。

第二，与非银行金融机构进行深入交流，争取更为灵活的债务减免政策。

第三，在法律诉讼风险升高时，为企业提供及时、专业的法律援助。

案例：

某科技公司债务重组案例中，该科技公司在研发新一代产品时投入巨资，导致短期内无法偿还一笔来自私募基金的1亿元借款。随着还款期限的逼近，公司急需解决方案。

专业机构利用非银销产品，首先为企业筹集了5000万元的应急资金，保障研发活动不受影响。同时，专业机构与私募基金进行了多轮谈判，最终达成了新的还款协议：将原借款分为三期偿还，每期3000万元，且降低了每期还款的利率。此举不仅缓解了企业的短期偿债压力，还为企业未来的发展赢得了宝贵时间。

（三）民贷销

适用范围：

专为面临民间借贷及企业间借贷还款压力的企业设计。

解决方案：

第一，迅速调配资金，为企业提供必要的流动资金支持，降低其资金成本。

第二，介入与民间借贷方的谈判，争取减免不合理的债务本息及额外费用。

第三，在企业遭遇法律困境时，提供全方位的法律支持。

案例：

某餐饮集团债务重组案例中，该餐饮集团的营业收入受突发疫情影响而锐减，导致无法按时偿还一笔500万元的民间借贷。债权人多次催款，企业面临巨大的偿债压力。

通过民贷销产品介入，专业机构首先向企业提供了200万元的紧急流动资金，保障企业能够维持日常运营。随后，专业机构代表企业与债权人进行了多次协商，最终说服其同意将剩余的300万元借款展期一年，并减免了部分利息。最终，企业在专业机构的帮助下，逐渐恢复了元气，重新赢得了市场的信任。

（四）账款销

适用范围：

当企业因无法支付应付账款而导致项目停滞或面临法律纠纷时，账款销将成为其有力的后盾。

解决方案：

第一，迅速注入资金，保障企业能够继续推进关键项目。

第二，协助企业与供应商达成新的支付协议，减轻现金流压力。

第三，在面临法律诉讼时，为企业提供全面的法律援助。

案例：

某建筑公司债务重组案例中，该建筑公司在承建一大型商业项目时，因资金链断裂无法支付近千万的工程材料款。供应商多次催款未果，威胁要采取法律行动。

专业机构利用账款销产品，紧急为企业提供了500万元的资金支持，保障项目能够继续进行。同时，专业机构与主要供应商进行了多轮磋商，最终达成了分期支付协议，并将部分债务转化为长期合作协议中的优惠条款。此举不仅解决了企业的燃眉之急，还为其未来的发展奠定了坚实基础。

五、债务重组注意事项

债务重组如同一场复杂而精细的舞蹈，每个步骤、每个动作都需要精确到位。

例如，某大型化工企业曾经处于区域龙头地位，后来由于市场变动和内部经营问题，逐渐积累了巨额债务。面对压力，企业决定采取积极的债务重组策略。

（一）与债权人的深度沟通与动态关系管理

该企业首先认识到，与债权人的沟通是重组成功的关键。他们不仅建立了定期会议机制，保障信息的及时准确传递，还通过一对一的深度对话，了解债权人的关切和期望。这种沟通方式不仅增强了双方的信任，还为后续的方案制定打下了坚实基础。

关键操作是定期会议：每季度举行一次债权人大会，汇报经营和财务状况；一对一沟通：针对主要债权人，进行个性化的深度对话，解决特定问题；信息透明：保障所有与重组相关的信息都对债权人公开，增强信任。

（二）重组方案的灵活调整与持续可行性论证

初步方案出台后，该企业发现市场反应并不如预期。他们没有固守原计划，而是迅速进行市场调研，了解债权人和市场的真实需求，对方案进行了灵活调整。例如，原计划中的某些资产出售被调整为债转股或者债务展期，更好地满足了债权人的利益。

关键操作是市场调研：通过第三方专业机构进行市场调研，了解债权人和市场对方案的接受程度；方案调整：根据调研结果，对重组方案进行针对性调整，保障其市场接受度和可行性；持续论证：随着市场环境的变化，不断对方案进行再评估和调整，保障其持续有效。

（三）法律法规严格遵守与监管政策动态关注

在整个重组过程中，该企业始终将法律法规的遵守放在首位。他们设立了专门的法务团队，保障所有操作都在法律框架内进行。同时，密切关注国内外政策、法规的更新与调整，保障企业行为与政策方向保持一致。

关键操作是法务团队：设立专业法务团队，对重组过程中的所有法律问题进行把关；合规审计：定期进行合规性审计，保障企业行为合法合规；政策关注：建立政策监控机制，及时了解国内外政策、法规的更新与调整。

（四）多方利益的综合平衡与决策过程透明度提升

在处理债务问题时，涉及股东、债权人、员工等多方利益。该企业通过建立公开、透明的决策机制来保障各方参与权。例如，在制定重组方案时邀请了各方代表共同参与讨论和决策过程不仅增强了方案的合理性和可行性也提高了外部透明度和信任度。同时，该企业还积极平衡各方利益关系，如采取在保障债权人权益的同时优化股东结构、稳定员工队伍等措施，最大限度地减少了重组过程中的利益冲突和社会不稳定因素。

关键操作是公开透明：建立公开透明的决策机制邀请所有利益相关方参与决策过程；利益平衡：在制定方案时充分考虑股东、债权人、员工等多方利益保障方案的公平性和可行性；信息披露：定期向公众披露重组进展和相关信息增强外部信任度。

（五）全面风险识别、科学评估与有效防范机制的构建

债务重组过程中风险无处不在。该企业设立了风险管理部门全程监控潜在风险点并利用先进的风险识别与评估工具进行定期风险评估。例如，他们采用了压力测试情景模拟等方法对重组方案进行风险预测和应对准备。针对识别出的风险点，企业制定了详细的风险应对策略，如采取设立风险准备金、购买信用保险等措施，保障在遇到风险时能够快速响应，将损失降到最低。通过这些措施，该企业成功地将风险控制在可承受范围内，为重组的顺利进行提供了有力保障。

关键操作是风险识别：通过先进的风险识别工具对潜在风险进行全面识别；风险评估：利用科学方法如压力测试、情景模拟等对风险进行定期评估；风险应对：制定详细的风险应对策略并保障在遇到风险时能够迅速执行。

六、案例

在债务重组领域，既有通过巧妙策略成功实现债务优化的企业，也有在尝试重组过程中陷入更深困境的案例。

（一）成功案例：某集团企业的债务重组

某集团企业是一家多元化经营的综合性大型企业，因过于激进地扩张和不良投资，导致债务累积。然而，在危机初露之时，该集团便积极应对，最终成功实现了债务重组和企业的稳定发展。

其成功的关键要素主要包括：

早期预警与策略部署：在债务问题尚未恶化时，该集团便借助企业纾困重组领域专业服务机构的力量，与主要债权人建立了沟通机制，共同制定了长期合作和共赢的策略。

灵活的策略调整：根据市场变化，该集团及时调整了重组方案，如债转股、引入战略投资者等，使方案更加符合实际情况和债权人利益。

内外团队的协同合作：A集团内部的管理团队展现出了极高的团结性和执行力，同时积极寻求外部专业顾问的支持，保障了重组过程的顺利进行。

（二）失败案例：某地产公司的债务困境

某地产公司是一家知名的房地产开发商，在快速扩张中积累了巨额债务。但在尝试重组时，却由于盲目自大、不自量力，不相信专业机构的力量，陷入了更深的危困局面，"不见棺材不落泪"。其失败的原因主要有：

缺乏有效的沟通机制：该地产公司在危机中，手足无措、犹豫不决，未能及时与债权人建立有效的沟通机制，导致双方信任破裂，加大了重组的难度。

僵化的重组方案：该地产公司坚持自己一厢情愿制定的重组方案，未能根据市场变化和各方核心利益诉求进行及时调整，使方案失去了实际可行性。

内部动荡与外部压力：内部管理团队的分裂和外部政策的变动加剧了其困境，使该地产公司在重组过程中步履维艰。

从这两个对比鲜明的案例中，我们可以提炼出以下教训：首先，与债权人的早期、持续沟通至关重要，建立信任是成功重组的第一步；其次，重组方案应具有足够的灵活性和前瞻性，能够适应市场变化和政策调整；最后，团结的内部团队和专业的外部支持是成功的关键，只有形成合力才能应对复杂的债务问题。

（三）经验提炼与实操建议

在债务重组的实践过程中，积累了丰富的经验教训。以下是一线实践经验的提炼和具体实操建议：

建立快速响应机制：在债务危机初现时，应立即对接企业纾困重组领域专业服务机构，组建专业团队，制定应对策略。快速响应能够减少债权人的恐慌和不信任情绪，为后续的重组工作奠定良好的基础。

多维度评估重组方案：除了考虑财务因素外，还需综合考虑市场、政策、法律等多方面因素。一个全面而周密的评估能够保障重组方案的可行性和有效性。

强化内部培训和团队建设：提高债务企业经营管理团队成员对债务重组的专业认识和实践能力，增强团队的凝聚力和执行力。一个团结而专业的团队能够在复杂的债务问题中保持冷静和高效的工作状态。

积极寻求外部支持与合作：与企业纾困重组领域专业服务机构、政府相关部门等建立合作关系共同推动重组进程。外部的支持和合作能够提供更多的资源和信息支持提高重组的成功率。

总之，债务重组是一项复杂而艰巨的任务需要企业和相关方共同努力和合作才能实现成功。通过广泛吸取案例的教训和深度提炼实践经验，我们将为更多的企业提供更加具体和有效的指导，帮助推动企业在困境中实现转型和发展。

第四节　股权重组

面对市场的变化与挑战，困境型企业往往陷入资金短缺、管理不善、市场竞争力下降等困境。然而，股权重组作为有可能为困境型企业带来光明未来的重要手段，借助我们专业服务机构的力量，可以让困境型企业重新焕发生机，实现转型升级。

一、股权重组的意义及适用性

股权重组作为困境型企业摆脱困境的有效手段，具有深远的意义。

首先，通过股权重组，企业可以引入新的战略投资者或者合作伙伴，带来资金支持和管理经验的注入。这不仅可以解决企业的短期资金问题，还可以帮助企业改善治理结构，提升管理水平。

其次，股权重组有助于优化企业的股权结构，平衡各方利益，保障企业的稳定和发展。

此外，对于员工而言，股权重组可以激发其积极性和创造力，将个人利益与企业长期发展紧密结合。

在适用性方面，股权重组适用于各种类型和规模的危困局面型企业。无论是大型企业还是中小型企业，无论是传统行业还是新兴行业，只要企业面临经营困境或者需要转型升级等问题，都可以通过股权重组寻求新的发展机会。

二、股权重组多元策略与关键步骤

第一,股权转让与战略投资者引入。当企业需要快速筹集资金或者引入具有行业经验和资源的战略投资者时,股权转让成为一种有效策略。通过向战略投资者转让部分或者全部股权,企业可以获得所需的资金支持并引入新的管理理念和市场资源。例如,某家陷入危困的制造业企业通过向一家实力雄厚的产业集团转让控股权,成功实现了业务转型和市场份额的提升。

第二,股权融资与资本结构优化。股权融资是企业通过向投资者发行股份来筹集资金的一种策略。对于困境型企业而言,股权融资可以帮助其优化资本结构,降低负债水平,并为企业发展提供持续的资金支持。例如,一家初创科技公司在面临资金短缺时,通过向风险投资机构进行股权融资,获得了必要的研发资金和市场拓展支持,最终实现了技术的突破和市场的拓展。

第三,业务分拆及员工持股计划。员工持股计划是一种旨在激发员工积极性和创造力的策略。通过让员工持有公司股份,企业将员工利益与公司长期发展紧密结合在一起。这种策略可以激发员工的归属感和责任感,提高员工的工作效率和创新能力。例如,一家陷入危困的零售企业通过业务分拆、实施事业部制改革及员工持股计划,成功激发了员工积极性并改善了经营状况。在员工的共同努力下,该企业实现了销售业绩的提升和客户满意度的提高。

在股权重组的实践操作中,通常涉及以下关键步骤和细节:

第一,前期策划与准备。股权重组的第一步是充分的前期策划与准备。这要求企业对自身有深入的了解,主要包括财务状况、市场前景、股东结构等。同时,企业还需要明确重组的目标和策略,例如寻求资金支持、引入战略投资者,还是优化股权结构等。为了保障决策的科学性和准确性,企业应进行充分的市场调研和尽职调查。

第二,投资者筛选与接触。在明确了重组目标后,企业需要开始寻找和筛选合适的投资者。这通常涉及对投资者的行业经验、资源优势、管理能力以及合作意愿等进行全面评估。企业可以通过多种渠道接触投资者,如参加行业会议、委托中介机构、路演推介等。在与投资者初步接触后,企业应向其展示自身的潜力和价值,以激发投资者的兴趣。

第三,交易方案设计与协商。当企业与投资者达成初步合作意向后,双方需要共同设计交易方案。这主要包括确定投资金额、股份比例、对价方式、管理权分配等关键条款。在设计交易方案时,双方需要充分沟通和协商,保障方案既符合企业的战略需求，又能满足投资者的利益诉求。同时，为了提高交易效率，双方可以聘请专业的财务顾问和法律顾问协助完成交易方案的设计。

第四，尽职调查与协议签署。在交易方案基本确定后，投资者将对企业进行详细的尽职调查。尽职调查的目的是核实企业的实际情况是否与前期了解相符，以及评估潜在的风险。尽职调查通常涵盖财务、法律、业务等多个方面。如果尽职调查结果满意，双方将正式签署投资协议和其他相关文件。这些文件将详细规定双方的权利和义务，以及交易完成后的治理结构和合作机制。

第五，交易执行与后期整合。协议签署后，交易进入执行阶段。这主要包括资金注入、股权转让、管理层调整等一系列操作。在执行过程中，双方需要保持密切沟通和协作，保障交易的顺利进行。交易完成后，企业需要整合新股东的资源和管理理念，保障新老股东之间的顺畅合作。同时，为了保障企业的稳定发展，双方还需要建立有效的监管机制和完善的公司治理结构。

第六，风险防控与应对。在股权重组过程中，企业需要时刻关注风险防控。这主要包括防止信息泄露、保障交易合规性、处理潜在的法律纠纷等。为了应对可能出现的风险和挑战，企业应建立完善的风险防控体系，并制定相应的应对策略。同时，与投资者的沟通和协调也是至关重要的，以保障双方利益的平衡和交易的顺利进行。

三、挑战与风险应对

股权重组，作为助力困境型企业重塑生机、开辟新道路的战略性举措，尽管其潜在收益巨大，但在实际推进过程中却往往伴随一系列错综复杂的挑战与风险。这些挑战与风险不仅考验着企业的战略眼光和执行能力，更要求企业在法律、财务、管理等多个层面进行全方位的应对。不过，在我们专业服务机构的帮助下，皆可有条不紊地应对危机。

（一）法律与监管障碍

多重法律框架：股权重组涉及公司法、证券法、税法、反垄断法等多个法律领域，要求企业必须严格遵循各项法律规定，保障重组的合法性和有效性。

监管审批：重组过程中可能需要获得多个监管机构的批准或者备案，如证监会、交易所、行业主管部门等，这增加了重组的复杂性和时间成本。

应对策略：企业应尽早在企业纾困重组领域专业服务机构的帮助下组建专业的法律顾问团队，进行法律尽职调查，识别潜在的法律风险，并设计合规的重组方案。同时，与监管机构保持密切沟通，保障重组进程的顺利进行。

（二）财务与估值挑战

财务透明度：困境型企业往往存在财务不透明、会计信息失真等问题，这增加了外部投资者对企业真实财务状况的判断难度。

估值难题：如何准确评估困境型企业的价值是重组过程中的一大难题。估值过高可能让投资者望而却步，估值过低则可能损害原有股东的利益。

应对策略：企业应委托独立的第三方审计机构进行全面的财务审计，提升财务透明度。同时，聘请专业的评估机构进行企业价值评估，结合市场比较法、收益法等多种评估方法，保障估值的合理性。

（三）控制权与治理结构问题

控制权争夺：股权重组往往伴随着控制权的转移，可能引发原有股东与潜在投资者之间的控制权争夺战。

治理结构调整：重组后企业的治理结构需要进行相应调整，以适应新的股权结构和经营需求。

应对策略：企业应明确重组后的股权结构和控制权安排，通过友好协商或者引入战略投资者等方式解决控制权争夺问题。同时，完善公司治理结构，建立健全的董事会、监事会等内部监督机制，保障企业决策的科学性和有效性。

（四）员工与利益相关者管理

员工安置：重组可能导致企业业务调整、优化人力资源等问题，如何妥善安置员工是维护企业稳定和社会责任的重要方面。

利益相关者诉求：债权人、供应商、客户等利益相关者的诉求也需要得到妥善处理和平衡。

应对策略：应制订详细的员工安置计划，并与员工进行充分沟通，保障平稳过渡。同时，积极与利益相关者进行协商，寻求共赢的解决方案，维护企业的良好形象和信誉。

（五）市场风险与不确定性

市场变化：股权重组期间，市场环境可能发生变化，如行业政策调整、经济周期波动等，这可能对重组进程和结果产生重大影响。

不确定性因素：重组过程中可能存在诸多不确定性因素，如交易对手的信用风险、审批结果的不确定性等。

应对策略：企业应密切关注市场动态和行业趋势，与合作方进行深入的沟通，及时调整重组策略以适应市场变化。同时，制定灵活的风险应对方案，准备好重组的安全垫,以应对可能出现的不确定性因素。

四、案例

(一) 案例一:股权转让与战略转型——某传统制造业企业的重生之路

某传统制造业公司曾是一家在行业内颇具影响力的传统制造业企业。然而,随着市场竞争的日益激烈和行业产能的严重过剩,该公司的经营陷入了前所未有的危困局面。为了寻求突破,该公司痛定思痛,决定通过股权转让引入战略投资者,以期实现企业的转型升级。

经过深入的市场调研和多轮艰苦的谈判,该公司最终成功将控股权转让给了一家拥有先进制造技术和广阔市场资源的产业集团。这次股权转让不仅为该公司带来了资金上的支持,更重要的是为其注入了新的活力和发展动力。

在产业集团的全力支持下,该公司开始了全面的业务转型和技术升级。通过引进新技术、优化生产流程、拓展高端市场等一系列举措,该公司成功实现了从传统制造业向高端制造业的华丽转身。业绩的稳步增长和市场地位的显著提升,充分证明了股权转让和战略转型的巨大成功。

这一案例生动地展示了困境型企业如何通过股权转让引入具有优势资源的战略投资者,进而实现业务转型和升级、重获市场竞争力的过程。

(二) 案例二:股权融资与快速发展——某初创科技公司的崛起之路

某初创科技公司是一家充满创新活力、拥有领先的技术和产品极具市场前景的公司。然而,由于资金短缺和市场推广经验不足,该公司的发展一度受到严重制约。为了突破瓶颈,该公司明智地选择了股权融资这一发展路径。

通过向风险投资机构充分展示公司的技术优势、市场前景及未来发展规划,该公司成功吸引了众多投资者的关注,并顺利筹集到了所需的发展资金。这笔资金的注入犹如一场及时雨,为该公司的快速发展提供了强大的动力支持。

在风险投资机构的协助下,该公司加大了市场推广力度,拓展了销售渠道,并持续推动技术创新。短短几年时间,该公司的业绩便实现了爆发式增长,市场份额也大幅提升。最终,该公司成功上市,成为行业内的领军企业之一。

这一案例充分证明了股权融资对于初创科技公司的重要性。通过股权融资,初创企业不仅能够获得快速发展所需的资金支持,还能借助投资者的资源和经验实现技术的突破和市场的拓展。

第五节　资产分割

一、资产分割的目的与意义

资产分割作为一种有效的重组策略，通过剥离非核心资产和业务，企业可以将有限的资源集中在最具竞争优势和盈利潜力的业务上，从而优化资源配置，聚焦核心业务，进而提高整体的经营效率。同时，资产分割还有助于改善企业的财务状况，增强盈利能力，为企业的长期发展奠定基础。

具体来说，资产分割的意义主要体现在以下几个方面：

剥离非核心资产，优化资源配置：通过资产分割，企业可以识别和剥离那些非核心资产和业务，从而将资源重新分配给更具战略意义和盈利潜力的业务。这有助于企业实现资源的最大化利用，提高整体运营效率。

聚焦核心业务，提升经营效率：剥离非核心业务后，企业可以更加专注于核心业务的发展。通过集中精力和资源在核心业务上，企业可以进一步提升产品质量、提高客户满意度、扩大市场份额，从而提升经营效率。

改善财务状况，增强盈利能力：资产分割有助于改善企业的财务状况。通过出售或者剥离不良资产和低效业务，企业可以减轻财务负担，降低运营成本。同时，优化后的业务结构有助于提高企业的盈利能力，为企业的长期发展提供有力支持。

二、资产分割步骤

在实施资产分割策略时，企业需要遵循一定的步骤和方法来保障过程的顺利进行。

（一）识别与评估非核心资产和业务

首先，企业需要设定明确的标准来识别非核心资产和业务。这些标准可能包括业务盈利能力、市场前景、技术领先性、独立性、现金流稳定性等。通过全面的资产评估，企业可以确定哪些资产和业务符合这些标准，从而作出合理的剥离决策。

（二）制订资产分割计划

在识别出非核心资产和业务后，企业需要制订详细的资产分割计划。该计划应包括分割的目标、时间表、方式以及预期达成的效果等。企业可以选择出售、剥离或者关闭等方式来处理这些非核心资产和业务。同时，计划还应考虑到员工的安置、债权债务的处理等关键问题。

(三) 执行资产分割

为了保障资产分割的顺利进行，企业应建立专门的项目团队来负责执行过程。该团队需要具备丰富的经验和专业知识，以保障分割过程的合规性和效率。此外，企业还需要与法律、财务和税务等领域的专业人士紧密合作，保障所有操作都符合相关法律法规的要求，避免被认定为逃废债等情形。

三、资产分割注意事项与风险应对策略

在实施资产分割策略时，企业需要充分考虑以下因素以保障过程的顺利进行：

第一，法律法规与合规性。企业需要了解并遵守与资产分割相关的法律法规，以避免潜在的法律风险。这可能涉及公司法、证券法、税法等多个领域。因此，在实施资产分割前，企业应咨询专业的法律顾问以保障所有操作都符合法律要求。

第二，股东、债权人和员工的影响。资产分割可能会对股东、债权人和员工产生重大影响。企业需要平衡各方利益，保障平稳过渡。通过与相关方进行充分的沟通与协调，企业可以减少内部阻力，保障资产分割的顺利进行。

第三，分割后企业的运营策略。资产分割后，企业的业务结构将发生变化。为了适应新的业务结构，企业需要调整战略以保障运营的连续性和稳定性。这可能涉及市场定位的调整、产品线的优化、销售渠道的拓展等多个方面。

尽管资产分割可以为企业带来诸多好处，但实施过程中也存在一定的风险。为了降低风险并保障策略的成功实施，企业需要采取以下措施：

第一，识别并评估潜在风险。企业应全面识别并评估与资产分割相关的潜在风险。这些风险可能包括市场风险、财务风险、运营风险等。通过深入分析这些风险的成因和可能造成的后果，企业可以为后续的风险应对策略制定提供有力支持。

第二，制定风险应对策略。针对识别出的潜在风险，企业需要制定相应的应对策略。这些策略可能包括风险降低、风险转移、风险接受等。例如，对于市场风险，企业可以通过拓展市场份额、提高产品质量等方式来降低风险；对于财务风险，企业可以通过优化资本结构、加强内部控制等方式来应对。

第三，建立风险监控与报告机制。为了保障风险应对策略的有效性，企业需要建立风险监控与报告机制。通过实时监控风险状况并定期报告风险情况，企业可以及时发现并解决潜在问题，从而保障资产分割策略的顺利实施。

四、案例

某电子制造企业近年来受市场竞争加剧和成本压力上升的影响，陷入经营困境。为了摆脱困境并实现可持续发展，企业决定采取资产分割策略进行重组。

首先，该企业通过全面的资产评估识别出了一批非核心资产和业务，包括一些低效的生产线和不具备竞争优势的产品线。然后，企业制订了详细的资产分割计划，并选择通过出售和剥离的方式处理这些非核心资产和业务。

在实施过程中，企业与法律、财务和税务等领域的专业人士紧密合作，保障所有操作都符合相关法律法规的要求。同时，企业积极与股东、债权人和员工进行沟通与协调，以减少内部阻力并保障平稳过渡。

经过一段时间的努力，该企业成功完成了资产分割策略的实施。通过剥离非核心资产和业务，企业得以将有限的资源集中在更具竞争优势和盈利潜力的业务上。这不仅提高了企业的经营效率，还改善了财务状况并增强了盈利能力。最终，该企业成功摆脱了困境并实现了可持续发展。

从这个案例中，我们可以得到以下启示：

第一，勇于割舍：在面对困境时，企业应如"壮士断腕"般勇于割舍那些非核心资产和业务，以优化资源配置并聚焦核心业务。

第二，合规操作：在实施资产分割策略时，企业必须严格遵守相关法律法规以保障操作的合规性，不要"利令智昏"，踩到"红线"。

第三，沟通与协调：资产分割可能涉及多方利益相关者的调整，因此充分的沟通与协调至关重要。

第四，灵活调整：在实施过程中，企业需要根据实际情况灵活调整策略以保障最佳效果。

第六节 资产置换

资产置换作为一种灵活而有效的重组策略，不仅有助于企业优化资源配置，提高运营效率，还能缓解现金流压力，改善财务状况，甚至推动企业实现业务转型或者升级。

在实际操作中，企业需要充分评估自身情况和市场环境，谨慎选择合适的资产置换对象和方式，以保障重组的成功和企业的长期发展。

一、资产置换的概念

资产置换作为一种重要的企业资源重新配置手段,在现代经济活动中扮演着举足轻重的角色。

(一) 定义与分类

资产置换,顾名思义,是指企业通过交换各自持有的部分或者全部资产,以达到资源重新配置、优化组合的目的,"物尽其用,人尽其才"。这种交换可以发生在同一企业内部的不同部门之间,也可以发生在不同企业之间。根据交换资产的类型和性质,资产置换可分为同类资产置换和异类资产置换两大类。

同类资产置换:主要涉及相同或者相似类型的资产交换。例如,两家石油公司之间交换各自的油田资产,或者两家制造企业交换各自的生产线设备。同类资产置换有助于企业集中优势资源,提高生产效率和市场竞争力。

异类资产置换:涉及不同类型的资产交换。这种置换形式更为灵活多样,可以主要包括股权、债权、实物资产等多种类型。例如,一家房地产企业可能会用其持有的商业地产项目交换一家科技公司的专利技术。异类资产置换有助于企业实现多元化发展,拓展新的业务领域和市场空间。

(二) 经济学原理

资产置换的经济学原理主要基于比较优势理论和资源优化配置理论。比较优势理论认为,不同企业在不同资产上拥有不同的比较优势,通过交换各自具有比较优势的资产,双方都能获得更大的经济收益。这种交换不仅有助于提升企业的整体效益,还能推动社会资源的优化配置。

资源优化配置理论则强调市场机制在引导资源流向高价值领域中的作用。在市场经济条件下,资源总是趋向于流向能够产生更高回报的领域。资产置换作为一种市场行为,正是实现资源优化配置的重要手段之一。通过资产置换,企业可以将低效或者闲置的资产置换为高效或者急需的资产,从而提高资源的利用效率和企业的市场竞争力。

(三) 常见形式

资产置换在实践中呈现出多种多样的形式,以下列举几种常见的形式:

股权置换:股权置换是指企业之间通过交换各自持有的股权来实现资源重新配置。这种置换形式通常发生在企业并购、重组或者战略合作等场景中。股权置换有助于企业实现股权结构的优化和战略目标的调整。

债权置换：债权置换主要涉及债务重组和债权转让等方面。在债务重组过程中，债权人可能会同意接受债务人以其他形式的资产（如实物资产、股权等）来偿还债务。债权置换有助于减轻债务人的负担，改善其财务状况，同时也有助于债权人降低风险并实现资产多元化。

实物资产置换：实物资产置换是指企业之间直接交换各自持有的实物资产。这种置换形式广泛存在于各类企业中，如设备更新、库存清理等。实物资产置换有助于企业盘活存量资产，提高资产利用效率，同时也有助于降低交易成本和市场风险。

二、资产置换的价值体现

困境型企业重组是一个复杂而艰巨的任务，涉及多方面的因素和挑战，下面将从资源配置优化、现金流压力缓解以及业务转型与升级推动三个方面，探讨资产置换在困境型企业重组中的价值体现。

（一）资源配置优化与运营效率提升

困境型企业往往面临资源配置不合理、运营效率低下等问题。这些问题不仅影响了企业的市场竞争力，还可能导致企业陷入恶性循环。通过资产置换，困境型企业可以摆脱不良资产或者低效资产的束缚，获取优质资产或者高效资产，从而实现资源的优化配置和运营效率的提升。

具体来说，资产置换可以帮助困境型企业剥离那些无法产生经济效益或者效益低下的资产，如闲置设备、过时库存等。同时，通过引入具有市场竞争力和发展潜力的优质资产，如先进技术、知名品牌等，困境型企业可以迅速提升自身的核心竞争力和市场地位。这种资源配置的优化不仅有助于改善困境型企业的财务状况，还能为其长期发展奠定坚实基础。

（二）现金流压力缓解与财务状况改善

现金流紧张是困境型企业面临的另一大难题。在资金链断裂的情况下，企业很难维持正常的生产经营活动，更谈不上实现重组和转型。此时，通过出售非核心资产或者进行有利的资产置换，困境型企业可以获得宝贵的现金流流入，缓解短期资金压力。

更重要的是，合理的资产置换还可以改善困境型企业的长期财务状况。一方面，通过剥离不良资产和引入优质资产，困境型企业可以优化资产结构，提高资产质量；另一方面，通过与具有实力的企业进行资产置换，困境型企业还可以借助对方的信用和资源优势，提升自身的融资能力和偿债能力。这些改善不仅有助于困境型企业渡过难关，还能为其后续发展提供有力保障。

(三) 业务转型与升级推动

在快速变化的市场环境中，困境型企业需要不断适应市场需求并实现业务转型或者升级。然而，由于历史原因和资源限制，许多困境型企业往往难以凭借自身力量实现这一目标。此时，资产置换便成了一个重要的突破口。

通过与技术先进企业或者拥有关键资源的企业进行资产置换，困境型企业可以迅速获取新的技术、品牌、市场渠道等关键资源。这些资源的引入不仅可以为危困企业的业务转型或者升级提供有力支持，还能帮助其打破原有的发展瓶颈，实现跨越式发展。同时，通过与优秀企业的合作和交流，危困企业还可以借鉴对方的先进经验和管理模式，提升自身的整体实力和市场竞争力。

三、资产置换关键环节

资产置换的实施过程涉及多个关键环节和策略。为保障置换的成功和效益最大化，企业需要精心规划、周密安排，并注重每个环节的细节和执行。

(一) 精准资产评估与战略选择

在评估过程中，企业应结合自身的战略目标和市场环境，对资产的内在价值、增长潜力和市场吸引力进行深入分析。这主要包括评估资产的技术水平、市场竞争力、盈利能力等方面。同时，企业还需要对资产进行全面的清查和核实，保障资产的真实性和完整性。

在战略选择方面，企业应根据自身的业务发展和市场需求，精准选择适合置换的资产。这要求企业对自身的业务布局、市场需求和竞争态势有深入的了解和判断。通过选择具有战略价值的资产进行置换，企业可以实现资源的优化配置和业务协同，提升整体竞争力和市场地位。

(二) 市场洞察与置换对象定位

在寻找置换对象时，企业应充分利用市场研究和分析工具，深入了解潜在合作伙伴或者买家的需求和期望。这主要包括分析目标对象的业务领域、市场地位、财务状况等方面。通过深入了解目标对象的情况，企业可以更有针对性地制定置换方案，提高交易的成功率。

通过与目标对象建立有效的沟通渠道和合作关系，企业可以更好地把握市场机遇和降低交易风险。

(三) 交易结构设计与创新

设计交易结构时，企业应充分考虑税务、法律、财务等多方面因素，以降低交易成本并优化交易效益。这主要包括选择合适的交易方式、确定合理的交易价格、安排有利的支付条款等方面。通过精心设计交易结构，企业可以实现交易双方的利益最大化和风险最小化。

在创新方面，企业可以探索多种交易方式以满足不同交易方的需求。例如，"股权+债权置换、资产证券化"等新型交易方式可以为交易双方提供更多的选择和灵活性。同时，企业还可以借助金融科技等手段提高交易的效率和便捷性。

（四）监管合规与法律风险防范

在资产置换过程中，合规性和法律风险防范至关重要。企业应提前咨询企业纾困重组领域专业服务机构，在专业律师或者法律顾问的指导下，保障相关交易符合相关法律法规和监管要求。这主要包括了解并遵守相关法规、获得必要的审批和许可等方面。通过保障交易的合规性，企业可以降低法律风险并避免不必要的纠纷和损失。

同时，企业还需要建立完善的合规审查机制，对交易过程中涉及的各项文件进行审查和备案。这主要包括交易协议、资产评估报告、审计报告等方面。通过保障文件的齐全和合规性，企业可以保障交易的顺利进行并维护自身的合法权益。

（五）高效执行与后期整合

置换交易的成功不仅取决于前期的规划和准备，更在于后期的执行和整合。企业应借力于企业纾困重组领域专业服务机构，建立高效的执行团队，明确各成员的职责和任务分工，保障交易按照预定计划顺利进行。在执行过程中，企业还需要密切关注市场动态和交易进展情况，及时调整策略以应对可能的变化和挑战。

交易完成后，企业应及时进行资产和业务的整合工作。这主要包括对新置入的资产进行验收和评估、调整业务布局和人员配置等方面。通过整合工作，企业可以保障新置入的资产能够迅速融入企业运营体系并发挥协同效应。同时，企业还需要关注并处理好与原资产相关的问题和遗留事项，以避免影响企业的正常运营和发展。

（六）持续沟通与关系维护

在整个资产置换过程中，持续、有效地沟通至关重要。企业应与目标对象、监管机构、企业纾困重组领域专业服务机构等各方保持密切沟通联系，保障信息的及时传递和问题的及时解决。同时，企业还需要注重与目标对象建立长期稳定的合作关系，为后续的合作和业务拓展打下坚实基础。

为实现持续沟通与关系维护的目标，企业可以采取多种措施。例如，建立定期沟通机制、组织交流会议、共享信息资源等方式都可以促进各方之间的合作与协调。此外，企业还可以通过加强品牌宣传、提升服务质量等方式增强自身的吸引力和竞争力，从而吸引更多的合作伙伴和客户。

四、面临的挑战与解决策略

（一）法律与政策的严格遵循与灵活应用

在复杂的法律和政策环境中，企业如何做到既严格遵循又灵活应用，是资产置换过程中面临的首要挑战。

策略：

借助专业服务机构的力量，建立专门的法务团队或者外聘法律顾问，负责研究和分析相关法律法规及政策，为企业提供专业的法律意见和建议。

在决策过程中，保障所有行动都符合法律框架和政策要求，避免因违法违规而带来的风险。

灵活利用政策空间，寻求政策支持和优惠，以降低置换成本并提高效益。

（二）资产评估的准确性与公允性

资产评估是资产置换的基础，其准确性和公允性直接关系到交易的公平性和企业的利益。

策略：

选择独立、专业的评估机构进行评估，让专业评估师帮助我们把把关，保障评估结果的客观性和准确性。

结合多种评估方法，如市场法、收益法、成本法等，以获得更全面、准确的资产价值。

引入市场竞争机制，通过公开招标、竞价等方式确定资产价格，保障价格的公允性。

（三）置换对象的战略契合度与合作潜力

找到合适的置换对象是实现资产置换目标的关键，但如何判断对象的战略契合度和合作潜力却是一项复杂的任务，而不能勉为其难、搞"拉郎配"。

策略：

制定明确的置换标准和要求，主要包括资产类型、规模、质量、市场前景等方面。

积极利用市场资源、专业中介和网络平台，广泛收集和筛选潜在对象信息。

对潜在对象进行深入调查和分析，主要包括其财务状况、市场地位、竞争优势等方面，以确定其战略契合度和合作潜力。

（四）交易风险的有效识别与应对

在资产置换过程中，各种交易风险如影随形，如市场风险、信用风险、操作风险等。我们不能因为处处有风险就不干事，也不能"明知山有虎，偏向虎山行"。

策略：

构建全面的风险管理框架，明确风险识别、评估、监控和应对的流程和方法。

采用先进的风险管理工具和技术，如风险量化模型、压力测试等，对交易风险进行有效识别和评估。

针对不同类型的风险制定相应的应对措施，如风险分散、风险对冲、风险转移等，以降低风险对企业的影响。

（五）员工与文化的整合与协同

在重组过程中，如何保障员工队伍的稳定和企业文化的传承与创新是关系到重组成败的重要因素。

策略：

制定人性化的员工安置方案，关注员工的权益和福祉，提供必要的培训和职业发展机会。

加强与员工的沟通和交流，了解员工的需求和期望，增强员工的归属感和认同感。

积极推动企业文化的融合与创新，保留原有文化的精髓，同时注入新的元素和活力，打造包容、多元的工作环境。

一言以蔽之，危困企业重组是一场复杂而精细的舞蹈，需要企业在法律与政策、资产评估、置换对象选择、交易风险管理和员工文化整合等各个方面展现出高超的舞技。只有通过精心策划和有效执行，企业才可能跨越这些挑战，舞动重组的华彩乐章。

五、案例

资产置换的实施效果受到多种因素的影响。以下将通过两个成功典范和两个失败教训的案例分析，剖析资产置换的关键因素和成功之道，同时揭示可能导致失败的风险点。

（一）成功典范的启示

1. 案例：跨界资产置换助力某集团战略升级

背景：

一家传统制造业巨头面临市场竞争激烈、利润下滑的危困局面，急需寻找新的增长点。通过深入分析市场趋势和自身优势，该集团决定将低效资产与一家新兴科技公司的高增长资产进行跨界置换。

实施过程：

第一，深度挖掘资产价值：该集团对自有资产进行了全面评估，发现了一批具有潜在价值但当前利用率较低的资产。同时，积极寻找市场上的优质资产，锁定了目标新兴科技公司的高增长资产。

第二，强调长期战略价值：在谈判过程中，该集团不仅关注短期财务利益，更注重长期战略价值。通过多次沟通与协商，双方达成了共识，确定了置换方案。

第三，专业的交易结构设计：为了保障交易的顺利进行和双方的共赢，该集团聘请了企业纾困重组领域专业服务机构，设计了合理的交易结构，主要包括置换比例、支付方式、交割时间等关键条款。

成果与影响：

此次跨界资产置换为该集团带来了显著的成效。一方面，通过出售低效资产，集团获得了即时的现金流，缓解了资金压力；另一方面，引入新兴科技公司的高增长资产，为集团注入了新的活力，助力其向高科技领域转型。此次置换交易实现了业务的多元化和升级，提升了集团的市场竞争力和长期发展前景。

经验亮点：

深度挖掘资产价值，寻求跨界合作机会，是实现资产置换成功的重要前提。

强调长期战略价值而非短期财务利益，有助于保障交易的可持续性和企业的长远发展。

专业的交易结构设计是保障交易成功和多方共赢的关键环节。

2. 案例：精准置换助力上市公司聚焦核心业务

背景：

一家上市公司在发展过程中逐渐涉足多个领域，导致业务范围过于分散，核心业务不突出。面对市场竞争和业绩压力，该公司决定通过资产置换剥离非核心业务，聚焦核心业务的发展。

实施过程：

第一，对公司业务进行清晰定位和战略规划：该公司首先明确了自身的核心竞争力和战略发展方向，确定了需要保留和剥离的业务板块。

第二，通过资本市场高效执行置换交易：该公司充分利用资本市场的资源和平台优势，通过公开招标、竞价等方式寻找合适的置换对象。在交易过程中注重信息披露的透明度和规范性，保障交易的公平、公正和高效。

第三，重视置换后的资源整合和运营提升：完成置换交易后，该公司对保留的核心业务进行了全面的资源整合和运营优化，提升了核心业务的竞争力和市场地位。

成果与影响：

通过精准的资产置换交易，该公司成功剥离了非核心业务板块，实现了业务范围的精简和核心竞争力的提升。此举不仅有助于公司集中资源发展核心业务、提高市场份额和盈利能力；还有助于优化公司的资产结构和财务状况、降低经营风险；同时也有助于提升公司的市场形象和投资者信心。

经验亮点：

对公司业务有清晰的定位和战略规划是实现精准置换的前提和基础。

利用资本市场高效执行置换交易可以保障交易的公平性和效率性。

重视置换后的资源整合和运营提升是实现置换目标的关键环节。

(二) 失败教训的反思

1. 案例一：估值失准导致置换流产

背景：

某公司在资产置换过程中过于乐观地估计了自身资产的价值，与潜在合作伙伴在价格上存在较大分歧，最终导致交易破裂。

问题与原因：

该公司在资产估值过程中未能客观、中立地评估资产价值，而是受到了主观偏见的影响。同时，在交易初期与潜在合作伙伴的沟通不足，未能有效管理双方的预期和分歧。

教训提炼：

资产估值需客观、中立，避免主观偏见的影响。可以聘请独立的第三方评估机构进行评估，以保障评估结果的公正性和准确性。

在交易初期与潜在合作伙伴充分沟通，明确双方的期望和底线，管理预期分歧。通过充分的沟通和协商，可以增进双方的了解和信任，为交易的顺利进行奠定基础。

2. 案例二：忽视法规风险，置换受阻

背景：

一家企业在资产置换过程中未充分考虑法规限制和监管要求，导致交易在后期受到严格审查，进程严重受阻。

问题与原因：

该企业在资产置换前未进行充分的法律尽职调查，对相关法规和政策了解不足。同时，在交易过程中未能与监管机构保持有效沟通，导致交易受到不必要的阻碍和延误。

教训提炼：

前期充分的法律尽职调查不可或缺。企业应全面了解相关法规和政策要求，评估交易的法律风险和合规性。通过企业纾困重组领域专业服务机构的深入尽职调查，可以发现潜在的法律问题和风险点，为交易的顺利进行提供法律保障。

与监管机构保持沟通，保障合规操作。企业应主动向监管机构申报交易计划并接受审查和指导，保障交易的合规性和透明度。同时，通过与监管机构的沟通和合作，可以降低交易的法律风险和监管压力。

第七节 债 转 股

债转股，作为一种有效的危困企业重组策略，正逐渐受到许多面临高负债、资金链紧张等困境企业的广泛关注和运用。它通过将债权转化为股权，降低企业债务压力、改善资本结构，并引入新的战略投资者，帮助企业获得重组和再生的转机，为其注入新的活力和发展动力。

一、债转股的基本原理与适用条件

债转股，即将债权人手中的债权转化为企业的股权，从而赋予债权人股东的身份和权益。这一过程不仅改变了债权人的权益属性，更深远地影响了企业的资本结构和未来发展战略。

其基本原理在于，通过债权的股权化，企业能够降低负债水平，优化财务结构，同时引入新的战略投资者，为企业注入新的资金和发展动力。

（一）债转股的核心优势体现在以下几个方面

债务负担减轻：债转股直接减少了企业的债务规模，降低了偿债压力和利息支出，从而改善了企业的现金流状况。

资本结构优化：通过债转股，企业能够调整股东权益和债务的比例，使资本结构更加合理和健康。

战略投资者引入：债转股往往伴随着新的战略投资者的加入，这些投资者不仅能够为企业提供资金支持，还能带来管理经验、市场资源等宝贵的发展要素。

企业治理改善：新股东的加入有助于改善企业的治理结构，提高企业的决策效率和透明度。

(二) 债转股的适用条件

债转股并非适用于所有企业，其成功实施需要满足一定的条件和注意关键的实施要点。

适用条件：

企业具有高负债特征，且债务问题已成为制约其发展的主要"瓶颈"。

企业虽然暂时面临经营困难，但仍具备良好的市场前景和核心竞争力。

企业管理层有意愿且有能力进行债转股操作，并愿意接受新的战略投资者的加入。

二、债转股的实施步骤与注意事项

实施债转股需要经历一系列详细而严谨的步骤，下面将详细介绍这些步骤以及需要注意的事项。

(一) 尽职调查阶段

了解企业的财务状况：对企业的财务报表、资产负债表、现金流量表等进行全面分析，评估企业的偿债能力、盈利能力和运营效率。

评估市场前景：研究行业发展趋势、市场需求、竞争格局等，判断企业所处行业的前景以及企业自身的市场地位和发展潜力。

调查法律风险：审查企业的合同、协议、法律纠纷等，识别潜在的法律风险和问题。

注意事项：尽职调查需要全面、客观地评估企业状况，避免遗漏重要信息或者误导决策。

(二) 确定转股价格

协商确定转股价格：债权人和企业需要就转股价格进行充分协商，通常基于企业的净资产、市场估值、未来发展潜力等因素来确定。

考虑市场接受度：转股价格需要合理且被市场接受，过高的价格可能导致投资者缺乏兴趣，而过低的价格则可能损害债权人利益。

注意事项：合理确定债转股的比例和转股价格是债转股操作中的关键环节，需要综合考虑企业的实际情况、市场环境和债权人的利益诉求等多个因素，保障公平合理且符合市场规律。

(三) 签订协议

明确双方权利和义务：协议中应明确规定债权人和企业在债转股过程中的权利和义务，主要包括转股比例、股权权益、管理权等。

设定转股条件和期限：明确转股的触发条件、期限以及相关条款，如转股后的禁售期、股权回购权等。

注意事项：协议条款应清晰明确，充分保护各方利益，避免产生纠纷和争议。

(四) 完成转股操作

履行相关程序：根据协议和法律法规的要求，履行必要的批准、登记和公告程序，保障转股的合法性和有效性。

股权变更登记：完成转股后，及时更新企业的股东名册和工商注册信息，保障股权变更的准确性和可追溯性。

注意事项：转股操作需要遵守相关法律法规和监管要求，保障合规性和规范性。

三、债转股的挑战与应对策略

尽管债转股具有诸多优势，但在实际操作中也面临一些挑战。企业需要充分了解这些挑战并制定相应的应对策略以保障债转股的成功实施。

挑战一：债权人利益保护问题。在债转股过程中，如何保障债权人的合法权益是一个重要的问题。企业需要与债权人进行充分的沟通和协商，保障债转股方案公平合理且符合双方利益。

应对策略：建立公平合理的债转股方案，充分考虑债权人的利益诉求，并通过法律手段保障债权人的合法权益。同时，加强与债权人的沟通和协调，争取其对债转股方案的理解和支持。

挑战二：企业战略调整与整合问题。债转股往往伴随企业战略的调整和整合，如何保障新战略的有效实施和企业的稳定发展是一个关键问题。

应对策略：制订明确的企业发展战略和整合计划，保障新战略与企业的实际情况和市场环境相适应。同时，加强企业内部管理团队的建设和培训，提高管理层的执行力和决策水平。

挑战三：市场环境变化带来的风险问题。市场环境的变化可能会对债转股的效果和企业的未来发展产生不利影响。

应对策略：加强风险管理和内部控制体系建设，提高企业的抗风险能力。

四、案例

(一) 案例一：某钢铁制造企业的债转股实践

某国内知名的钢铁制造企业由于市场产能过剩、原材料价格波动以及环保法规日益严格等多重因素，陷入了严重的财务和经营困境。其负债沉重，偿债压力大，资金链紧绷，严重威胁到了企业的持续运营。

在这一背景下，该公司管理层果断决策，启动债转股战略重组。经过与主要债权人的多轮艰苦谈判，该公司成功达成了债转股协议。协议规定，部分债权将转化为该公司的股权，同时，该公司引进了一家具有全球视野和先进技术的战略投资者。

债转股实施后，该公司的财务状况显著改善。首先，企业的债务规模大幅降低，财务杠杆下降，偿债压力明显减轻。其次，新资金的注入增强了该公司的流动性，使其能够继续投资于核心业务和研发创新。更重要的是，新战略投资者的加入为该公司带来了国际化的管理经验、先进的技术支持和市场拓展能力。

在新股东和管理团队的共同努力下，该公司开始实施一系列转型升级措施。主要包括优化产品结构、提升环保标准、拓展海外市场等。这些举措使该公司成功实现了从传统钢铁制造向高端、绿色、智能化方向的转型，最终扭转了经营困境，走上了可持续发展的道路。

（二）案例二：某商业银行的债转股操作

有一家在本地区具有重要影响力的区域性商业银行，然而在后来受到国内外经济形势复杂多变、金融监管政策趋紧以及自身风险管理不善等多重因素影响，该银行的不良贷款率持续上升，资本充足率逼近监管红线，经营压力急剧增加。

为了稳定经营、化解风险，并寻求新的发展机会，该银行决定实施债转股策略。在全面评估风险、充分市场调研的基础上，该银行与主要债权人进行了深入沟通，并最终达成了一揽子债转股协议。根据协议，该银行将部分不良贷款转化为股权，同时引进了一家具有丰富金融行业经验和强大资本实力的战略投资者。

债转股的实施对该银行产生了深远的影响。首先，不良贷款率的降低直接提升了该银行的资产质量，释放了大量的风险准备金，增强了其抵御金融风险的能力。其次，新资本的注入使该银行的资本充足率得到了显著提升，满足了监管要求，为其未来的业务拓展提供了坚实的资本保障。

此外，新战略投资者的加入为该银行带来了先进的风险管理理念、完善的内部控制体系和创新的业务模式。在新股东的支持下，该银行开始全面推进风险管理体系的升级和业务结构的优化。通过引进高素质人才、加强信息系统建设、拓展中间业务等措施，该银行的整体运营水平和市场竞争力得到了显著提升。最终，该银行成功实现了经营状况的逆转，并为未来的稳健发展奠定了坚实基础。

第八节　企业分立：拆分与独立发展的策略

企业分立作为一种更精细化的重组方式，能够有针对性地解决困境型企业的核心问题，在保留母体的同时，实现业务优化、风险隔离和资源的合理配置，如将经营类资产与土地类资产分割为两个公司，通过设计恰当的风险隔离手段，保住经营成果，实现企业分业独立经营。

一、企业分立概述

困境中的企业在寻求重组策略时，企业分立作为一种独特且高效的手段，越来越受到关注。

(一) 企业分立的概念

"天下大势，分久必合，合久必分。"企业分立，恰如这句名言所蕴含的哲理，是企业根据自身的发展战略和市场环境，通过法律手段，将其内部的一部分业务、资产或者负债有针对性地分离出来，成立一个或者多个新的法律实体。这一过程不仅是对资产、负债、权益、合同和人力资源的全面重新配置，更是企业为应对复杂多变的市场、财务和运营挑战而采取的一种策略。分立后的企业，既可能与原企业保持着千丝万缕的联系，也可能如断线的风筝，完全独立地在商海中翱翔。

(二) 企业分立的适用情境

企业分立，这一策略并非放之四海而皆准，而是需要因地制宜、因时制宜。主要有以下几种典型的适用情境：

一是当业务多元化导致资源过于分散时。古人云："鱼和熊掌不可兼得。"企业若涉足多个不相关或协同效应不佳的业务领域，往往会顾此失彼。此时，分立有助于企业聚焦核心业务，提高运营效率，恰如"好钢用在刀刃上"，实现资源的优化配置。

二是当高风险业务可能影响整体稳健性时。"明者防祸于未萌，智者图患于将来。"若企业中某一部分业务面临高风险，及时通过分立隔离这部分风险，便是保护核心业务稳健发展的明智之举。

三是为释放隐藏价值时。"是金子总会发光的。"某些业务或资产在企业内部可能被低估或埋没，通过企业分立并分拆独立上市，便能让这些"金子"在市场中熠熠生辉，释放其真实价值。

四是应对法规限制或市场变化时。"兵无常势,水无常形。"特定的法规或市场环境可能要求或鼓励企业分立,以适应更精细化的市场或监管要求。此时的分立,便是企业顺应时势、灵活应变的体现。

(三) 企业与其他企业重组方式的比较

在企业重组的广阔领域中,除了企业分立外,还有兼并收购、资产剥离、债务重组等多种方式。这些方式如同不同的"器",各有独特的特点和适用范围。兼并收购如同"合纵连横",意在实现规模经济、市场扩张或资源互补;资产剥离则是"去粗取精",出售非核心业务或资产以优化资源配置;而债务重组则是"解债脱困",通过修改债务条款来减轻企业财务负担。相比之下,企业分立的独特优势在于它能够实现业务聚焦、风险隔离和价值释放等多重目标,可谓是"一举多得"。

在选择重组方式时,"量体裁衣"是关键。企业需全面评估自身的具体情况和市场环境,确定最合适的策略。而企业分立,正是一种更为精细和策略性的重组方法,为困境中的企业提供了新的出路。

二、企业分立应用策略

当企业陷入经营或财务困境时,传统的"一刀切""一招鲜"式重组往往难以满足企业复杂且多变的现实需求。而企业分立,作为一种更为精细和策略性的重组方法,如同"抽丝剥茧",能够帮助企业更灵活地调整业务结构、优化资源配置、隔离风险,并引入新的战略合作机会。从而实现困境中的转型与重生,"凤凰涅槃,浴火重生"。通过分立策略的应用,企业可以焕发新的生机与活力,迎接未来的挑战与机遇。

(一) 精准剥离:聚焦核心业务,释放隐藏价值

危困企业往往背负着沉重的非核心业务和不良资产,这些"包袱"不仅分散了管理层的精力,还可能掩盖了企业的真实价值。通过精准剥离这些非核心业务和不良资产,企业能够更好地集中资源于核心业务,从而提升整体运营效率和市场竞争力。更重要的是,剥离这些非核心业务和不良资产能够释放隐藏在企业内部的价值,提高市场对企业真实价值的认可度。

例如,X集团是一家多元化经营的企业,在经历多年的快速扩张后,企业负责人逐渐发现其房地产业务已成为拖累整体业绩的主要因素。在深入分析市场趋势和内部资源后,X集团决定通过分立的方式,将房地产业务独立出去,成立新的子公司"Z地产"。这一举措不仅使X集团成功剥离了不良资产,还让市场更加清晰地看到了X集团在其他领域的竞争优势和增长潜力,其市场估值得到了显著提升。

（二）风险隔离：保护核心业务，重塑市场信任

高风险业务或者巨额债务往往会对整个企业的信誉和运营造成威胁。通过分立，企业可以将这些业务或者债务与核心业务隔离开来，从而保护核心业务的稳健运营。这种风险隔离策略有助于企业稳定市场情绪、恢复投资者信心，并为后续的融资和发展创造有利条件。

例如，一家在行业内享有盛誉的企业因一项高风险投资失败而面临巨大的市场和财务压力。为了避免这一事件损害其稳健业务的声誉和运营，该企业将高风险业务分立出去，成立了新的子公司"某某风险公司"。这一举措有效地隔离了风险，使得原企业的稳健业务得以继续获得市场和投资者的信任和支持。

（三）资源重置：优化资源配置，激发创新活力

企业分立可以促使企业对内部资源进行重新配置和整合。通过分立不同业务单元或者子公司，企业能够保障资源流向最具增长潜力和竞争优势的业务领域。这种资源重置举措有助于提高资源利用效率、激发创新活力，并推动企业整体向更高层次的发展。

例如，一家以贸易为主业的综合性企业在经历一段时间的业绩下滑后，认识到其资源过于分散且利用效率低下。为了改变这一现状，该企业将不同业务单元拆分为独立的"A科技公司"和"B制造公司"。每个新公司都能更加专注于自己的核心领域，并根据市场需求灵活调整资源配置。这不仅提高了资源利用效率，还激发了各业务单元的创新活力，推动了整体业绩的回升。

（四）引入战略合作：开放视野，共创发展新机遇

分立后的新公司往往更容易吸引具有专长或者资源的投资者和合作伙伴的关注。通过引入战略合作方，企业能够获取新的资金、技术、市场渠道等资源支持，从而为企业带来新的发展机会。这种开放视野和合作共赢的策略有助于企业在困境中快速找到突破口，实现转型升级。

例如，一家在新兴行业中颇具潜力的企业受到资金和市场经验的限制，发展一直受到制约。为了突破这一"瓶颈"，该企业将其新兴业务分立出去，成立了新的子公司"V创新公司"。这一举措成功吸引了行业内领先的战略投资者的关注和支持。这些投资者不仅为"V创新公司"提供了必要的资金支持，还带来了丰富的行业经验和市场资源。在双方的共同努力下，"V创新公司"实现了快速发展，并成为行业内的佼佼者。

（五）员工赋能：共享发展成果，激发内在潜力

企业分立可以为员工提供更加多元的职业发展路径和更具吸引力的激励机制。通

过员工持股计划、股权激励、新增管理岗位等措施，企业能够让员工更直接地参与公司的成长，并分享到公司发展的成果。这种员工赋能策略有助于提升员工的工作满意度和忠诚度，激发其内在潜力，并为企业的长期发展注入新的活力。

例如，在某实业公司的分立过程中，管理层推出了员工持股计划和多项职业发展项目。这些举措使员工能够更积极地参与公司的决策和运营，并为公司的未来发展出谋划策。同时，员工持股计划让员工分享到公司发展的成果，增强了其对公司的信心和归属感。这些措施不仅提升了员工的工作满意度和忠诚度，还为该公司的长期发展奠定了坚实基础。

三、企业分立实施步骤

企业分立是企业从困境中重生、焕发新生的重要方式。下面笔者将探讨企业分立的步骤，揭示其内在逻辑和实践之道，帮助困境型企业找到重生之路。

（一）启动与评估：洞察现状，预见未来

在决定进行企业分立之前，借助第三方专业机构的力量，对企业现状进行全面而深入的评估是不可或缺的。这不仅是对企业现状的准确把握，更是对未来发展潜力的科学预测。

1. 业务深度洞察

通过详细梳理，企业的各项业务可以划分为核心业务、潜力业务和负担业务。核心业务是企业稳定盈利和现金流的主要来源，潜力业务具有较大的市场增长空间和竞争优势，而负担业务则可能是亏损或者增长乏力的领域。这种分类有助于企业清晰地认识到自身业务的优势和劣势，为后续的分立策略设计提供基础。

2. 法律与财务全面审查

在进行企业分立之前，企业需要进行详尽的法律与财务审查。法律审查旨在识别潜在的法律风险，保障分立过程符合相关法律法规的要求，避免可能的法律纠纷。财务审查则是对企业的资产、负债、现金流等财务状况进行剖析，揭示企业的真实价值和潜在风险，为企业分立的财务规划提供准确的数据支持。

3. 市场环境与竞争态势分析

了解企业所处的市场环境和竞争态势对于评估企业分立的可行性至关重要。通过对市场趋势、竞争格局、客户需求等方面的深入分析，企业可以判断企业分立后各业务单元的市场前景和增长潜力，从而制定出更加科学合理的企业分立策略。

（二）策略设计：绘制重生蓝图

在完成前期评估后，企业需要在第三方专业机构的指导下，着手设计企业分立策略。一个科学合理的企业分立策略能够为分立后企业的稳健发展提供明确的指导和保障。

1. 架构重塑与治理优化

设计新的公司架构和治理结构是企业分立策略的核心。企业需要根据未来发展战略和市场定位，规划适应性强、高效运作的公司架构，主要包括明确各业务单元的职责和权限，优化管理流程，保障决策的高效执行。同时，治理结构的优化也是关键一环，通过建立科学的决策机制和内部控制体系，保障分立后的公司稳健运营。

2. 资产与负债精细分割

资产与负债的分割是企业分立的关键环节。企业需要制订详细的资产和负债分割方案，保障分割过程公平、透明且符合法律法规的要求。这涉及对各项资产和负债的准确评估和价值判断，需要充分考虑各方利益和市场环境等因素。合理的资产和负债分割可以保护各方利益，降低企业分立的风险和纠纷。

3. 业务连续性全面保障

为保障企业分立过程中业务的平稳过渡和连续运营，企业需要制订全面的业务连续性计划，主要包括保障关键业务流程的无缝衔接、客户关系的维护、供应链的稳定性等方面的策划和实施。通过制订详细的业务连续性计划并配备必要的资源支持，企业可以最大限度地减少企业分立对日常运营的影响，保障业务的持续稳定发展。

（三）实施与执行：行动铸就重生

企业分立策略的实施与执行是企业分立最为关键的一步，只有将企业分立策略付诸实践，企业才能真正实现重生和蜕变。

1. 内部协同与决策落地

在实施企业分立策略之前，企业内部需要形成高度的协同和共识。这要求高层管理团队和董事会全力支持企业分立计划，并通过有效的内部沟通保障员工理解并认同分立的重要性和必要性。全员的参与感和责任感是推动企业分立成功实施的关键因素之一，建立完善的内部协同机制和信息交流平台也是保障决策有效执行的重要手段。

2. 外部监管沟通与合规达成

在实施企业分立策略时，企业需要与相关监管部门保持密切沟通和合作。提交必要的申请文件资料并获得监管部门的批准是企业分立的重要环节。通过与监管部门的积极互动和充分的信息披露，企业可以保障企业分立策略符合法律法规的要求并获得监管机构的认可和支持。同时，积极履行社会责任和环保责任也是提升企业公信力和维护企业形象的关键措施之一。

3. 股东与债权人共赢策略

股东和债权人作为企业的重要利益相关方，在企业分立中扮演着关键角色。企业应积极与股东和债权人沟通协商，制订共赢的策略方案，以获得他们的理解和支持。通过提供详细的分立策略和风险评估报告，增加透明度和信任度，争取股东和债权人的合作与支持，是企业分立的重要步骤之一。同时建立完善的投资者关系管理制度和债权人保护机制也是维护企业声誉和信誉的重要举措之一。

（四）后期整合与优化：释放企业分立价值

企业分立完成后，企业需要着手进行后期整合与优化工作，以保障分立后的企业迅速步入正轨并实现预期目标。

1. 运营与管理重塑

根据业务需求调整管理架构和流程是分立后企业的重要任务之一。通过优化组织结构、明确职责权限、提升管理效率等措施，保障企业高效运作并激发员工积极性，同时建立健全内部控制体系以防范风险保障企业稳健运营。

2. 资源再配置与优化

根据新的战略和业务重点重新分配人力、物力和财力资源是企业分立后实现价值最大化的关键步骤。通过全面评估各项资源的配置效率，调整投资方向和力度，优化资本结构，降低财务风险，提升投资回报率。此外，积极寻求外部合作与战略伙伴共享资源、开拓市场也是提升竞争力的重要途径。

3. 品牌与市场重塑

品牌与市场策略的调整是企业分立后重塑市场形象的关键环节。重新评估品牌定位和市场策略保障与分立后的企业战略相匹配是首要任务。在此基础上通过创新营销策略，加大市场推广力度，提升品牌知名度和影响力从而扩大市场份额实现持续增长。同时，密切关注市场动态和客户需求变化，灵活调整产品和服务策略，以满足不断变化的市场需求也是至关重要的。

（五）风险管理与应对：稳健驾驭重生之旅

企业分立不可避免地伴随各种风险和挑战。因此，建立健全的风险管理体系，并制定相应的应对措施，对于保障企业分立的成功实施至关重要。

1. 风险识别与评估

通过深入分析和评估这些风险的可能性和影响程度，企业可以制定相应的风险管理策略和应对措施。

2. 风险应对策略制定

针对不同的风险，企业应制定相应的应对策略。例如，对于市场风险，企业可以通过市场调研和分析，制定适应市场需求的营销策略；对于财务风险，企业可以优化资本结构，降低负债风险，并提高资金使用效率；对于法律风险，企业应保障企业分立过程符合相关法律法规的要求，并与专业法律机构合作，防范潜在的法律纠纷。

3. 风险监控与报告

建立有效的风险监控机制是保障风险管理策略有效实施的关键。企业应定期评估风险状况，及时调整风险管理策略，并向高层管理团队和董事会报告风险情况。通过持续的风险监控和报告，企业可以及时发现问题并采取相应的措施，保障企业分立的顺利进行。

（六）企业文化与人才队伍建设：激发内生动力

企业文化和人才队伍是企业持续发展的重要支撑。在分立过程中，重塑企业文化和加强人才队伍建设对于激发企业的内生动力具有重要意义。

1. 企业文化重塑

分立后的企业应塑造符合新发展战略的企业文化，主要包括明确企业的价值观、使命和愿景，培养员工的创新意识和团队精神，营造积极向上的工作氛围。通过企业文化的塑造，企业可以凝聚员工的共识和力量，为企业发展提供强大的精神动力。

2. 人才队伍建设

分立后的企业可能面临人才流失的挑战。因此，加强人才队伍建设是保障企业分立成功实施的关键环节之一。企业应制定完善的人力资源策略，主要包括人才招聘、培训、激励和保留等方面。通过吸引和留住优秀的人才，企业可以打造一支高素质、专业化的人才队伍，为企业的重生和发展提供强有力的人才保障。

（七）持续创新与发展：开启重生新篇章

企业分立的最终目的是实现企业的持续创新和发展。分立后的企业应积极探索发展机会，不断推动创新和变革，开启重生新篇章。

1. 市场拓展与产品创新

分立后的企业应积极拓展市场，寻找新的增长点和商机。通过深入了解客户需求和市场趋势，企业可以开发创新的产品和服务，满足市场的多样化需求。同时，企业还可以借助先进的技术手段和营销策略，提升品牌知名度和市场影响力。

2. 组织变革与流程优化

为适应不断变化的市场环境和客户需求，分立后的企业需要不断进行组织变革和流程优化。通过调整组织结构、优化业务流程、提升运营效率等措施，企业可以构建灵活高效的组织体系，提高企业的竞争力和适应能力。

3. 战略合作与联盟构建

分立后的企业可以积极寻求与其他企业或者机构的战略合作与联盟。通过资源共享、优势互补、共同研发等方式，企业可以拓展业务领域、提升技术水平、降低成本风险并实现共赢发展。战略合作与联盟的构建有助于企业在竞争激烈的市场环境中保持领先地位并实现持续增长。

四、企业分立注意事项

（一）法律合规性：保障企业分立的合法性

在企业分立过程中，法律合规性是最基本也是最重要的一环。首先，必须保障企业分立策略符合国家和地方的相关法律法规，主要包括公司法、证券法、税法等。这不仅涉及企业分立程序的合法性，也关系到分立后各个实体的法律地位和权益。

为保障法律合规性，企业应在分立前咨询第三方专业服务机构，进行全面的法律尽职调查，识别潜在的法律风险，保障分立计划符合法律要求，并获得必要的监管批准。

（二）财务处理与税务筹划：保障经济安全

财务处理是企业分立中的核心环节。企业分立需要对资产、负债、权益等进行全面梳理和评估，保障财务信息的准确性和完整性。同时，企业分立还需要对分立涉及的税务问题进行筹划，合理利用税收优惠政策，降低税务成本。

在财务处理方面，企业应聘请专业的服务机构进行审计和评估，保障资产分割的公正性和透明性。同时，企业应建立完善的财务管理制度，规范财务处理流程，保障财务信息的真实性和可靠性。

（三）人员安置与文化整合：维护组织稳定

人员安置和文化整合是企业分立中不可忽视的一部分。企业分立往往涉及员工的岗位变动、职业发展等问题，需要制订详细的人员安置计划，保障员工的合法权益不受损害。同时，企业分立还需要关注企业文化的融合与发展，培育新的企业文化，促进不同业务单元之间的协同合作。

在人员安置方面，企业应制定公平、透明的选拔和安置机制，为员工提供职业发展规划和培训机会，帮助员工适应新的工作环境和岗位要求。在文化整合方面，企业应提炼和传承原企业的优秀文化基因，培育新的企业文化，促进不同业务单元之间的文化融合与发展。

(四) 利益相关者沟通与协调：构建和谐关系

企业分立涉及众多的利益相关者，主要包括股东、债权人、供应商等。在企业分立过程中，需要积极与这些利益相关者进行沟通与协调，保障他们的权益得到保障。同时，还需要关注公众舆论和投资者关系管理，维护企业的市场形象和信誉。

在与利益相关者沟通方面，企业应建立完善的沟通机制和信息披露制度，及时向股东、债权人等披露企业分立计划和进展情况。同时，企业应积极与供应商、客户等合作伙伴进行沟通与协调，保障供应链的稳定性和连续性。在公众舆论和投资者关系管理方面，企业应注重品牌建设和危机公关能力培养，提升企业的市场形象和投资者信心。

(五) 风险识别与防范：保障企业分立顺利进行

为保障企业分立的顺利进行和企业的稳定发展，需要建立完善的风险识别与防范机制。

在风险识别方面，企业应借助第三方专业服务机构的力量，对企业进行全面的风险评估和预测，分析可能存在的风险因素和潜在风险点。在风险防范方面，企业应制定详细的风险应对策略和预案，以保障在风险事件发生时及时响应和有效应对。同时，企业还应加强风险文化建设，增强全员风险意识和风险管理能力，形成全员参与、全面覆盖的风险管理格局。

五、案例

(一) 案例一：某大型钢铁企业的成功分立与重生

在面对市场竞争加剧和行业产能过剩的压力下，某大型钢铁企业陷入了经营困境。为了寻求新的发展路径，该企业决定进行企业分立。在分立过程中，企业首先对资产进行了全面评估并制订了详细的资产分割方案。同时，企业与债权人、供应商等利益相关者进行了充分沟通并达成了共识。在人员安置方面，企业制订了完善的员工安置计划并提供了转岗培训机会。最终通过企业分立该企业成功实现了业务转型和重生，具体实践如下：

资产评估与分割：该企业聘请了专业的评估机构对整体资产进行了全面评估保障了资产价值的公正性和准确性。企业根据评估结果制订了详细的资产分割方案，将优质资产与不良资产进行了合理划分。

与利益相关者沟通：在企业分立过程中，企业与债权人进行了深入沟通，解释了企业分立的必要性并争取到了债权人的理解和支持。同时，企业与供应商也进行了充分沟通，保障了供应链的稳定，避免了因企业分立而导致的供应链中断风险。

员工安置与培训：该企业制订了完善的员工安置计划，对于受影响的员工提供了转岗培训、职业发展规划等支持，帮助他们适应新的工作环境和岗位要求，保障了员工队伍的稳定性和工作积极性。

业务转型与重生：通过企业分立，该企业成功剥离了不良资产，将优质资源集中于核心业务领域并引入了新的发展战略和市场定位，实现了业务的转型和重生，使企业焕发了生机与活力。

(二) 案例二：某跨国科技公司的分立与业务聚焦

为了更好地专注于核心业务并提升市场竞争力，某跨国科技公司决定进行企业分立。在分立过程中，该公司注重法律合规性，保障了分立计划的合法性并获得了监管机构的批准。同时，该公司对涉及分立的合同和协议进行了全面梳理和处理，避免了潜在的法律纠纷。在财务处理方面，该公司进行了全面的资产评估和规范的账务处理，保障了财务信息的真实性和准确性。此外，该公司还积极与股东、债权人等利益相关者沟通，保障了分立过程的顺利进行。最终通过企业分立，该公司成功实现了业务聚焦和市场竞争力的提升。具体实践如下：

保障法律合规性：某跨国科技公司对涉及的法律法规进行了深入研究，与监管机构进行了密切沟通和咨询，为分立的顺利进行提供了法律保障。

合同与协议处理：某跨国科技公司对涉及分立的合同和协议进行了全面梳理，与合作方就需要变更的合同核心条款进行了积极协商，达成了合同变更的一致意见，避免了潜在的法律纠纷，为公司的平稳运营提供了保障。

财务处理与信息披露：在财务处理方面，某跨国科技公司聘请了专业服务机构对企业分立涉及的资产、负债等进行了全面审计和评估，保障了财务信息的真实性和准确性。同时，该公司按照相关法律法规的要求，及时、准确地向股东和监管机构披露了企业分立的财务信息，保障了投资者的知情权和利益。

业务聚焦与市场竞争力提升：通过分立，某跨国科技公司将非核心业务剥离出去，集中资源于核心业务领域，实现了业务的聚焦和优化，提升了市场竞争力和盈利能力。同时，该公司还积极寻求新的市场机会和业务增长点，为公司的持续发展注入了新的动力。

(三) 启示与经验教训

第一，科学合理地分立策略是成功的关键。企业需要充分考虑市场环境、企业自身资源和能力以及与利益相关者的沟通和协调等因素，保障策略的科学性和可行性。

第二，法律合规性是企业分立的基石。企业必须严格遵守相关法律法规，与监管机构保持密切沟通，保障企业分立计划的合法性和顺利实施。

第三，财务处理与信息披露的规范性和透明性是保障企业经济安全的重要环节。企业需要进行全面资产评估和规范账务处理，及时、准确地向股东和监管机构披露财务信息。

第四，人员安置与文化整合是激发组织活力的关键措施。企业应制订详细的员工安置计划，提供必要的职业培训和文化融合支持，以保障员工的稳定性和工作积极性。

第五，利益相关者沟通与协调是构建和谐关系的重要环节。企业应积极与股东、债权人、供应商等利益相关者沟通，争取他们的理解和支持，为分立过程创造有利的外部环境。

第六，风险识别与防范是护航企业分立全程的必要措施。企业应制订详细的业务连续性计划和应急响应机制，密切关注市场动态和竞争对手情况，及时调整战略和业务模式，建立健全内部控制体系并定期进行风险评估和审计，以保障企业的合规经营和风险防范能力。

第七，企业分立不仅是一项复杂的组织变革，更是一次重生的机会。企业应充分利用企业分立带来的机遇，重新审视企业战略和市场定位，优化资源配置，实现业务的转型和升级，以提升企业的整体竞争力和市场地位。

第九节 企业合并

企业合并作为一种重组方式，绝非两家企业简单地相加，而是一次深度的融合与再生。它意味着资源的全面整合、优势的相互补充、风险的共同承担。通过这样的合并，困境型企业能够获取关键资源、强化自身的核心竞争力、推动产品与服务的创新、拓展更为广阔的市场，最终焕发新生，走上重生之路与持续发展。

一、企业合并价值与意义

在商业世界中，企业合并恰如这古老的智慧所言，是市场发展的必然趋势。对于陷入困境的企业来说，合并不仅是一条走出困境的有效途径，更是一种战略选择，蕴含着巨大的价值和深远的意义。

(一) 资源整合与优化

困境型企业往往资源分散，难以形成合力。通过合并，这些企业可以实现资源的互补和优化配置，从而提升整体竞争力。正如《孙子兵法》所言："合于利而动，不合于利而止。"企业合并正是基于共同的利益和目标，将分散的资源整合起来，形成更强大的竞争力。

例如，当两家陷入困境的制造业企业 A 和 B 选择合并时，它们正是基于资源整合与优化的考虑。A 企业拥有技术上的优势，而 B 企业则拥有广泛的销售网络。合并后，双方资源得到了有效整合，A 企业的技术得以通过 B 企业的销售网络快速推向市场，实现了资源的优化配置和竞争力的提升。

(二) 创新驱动发展

对于企业而言，创新同样是其持续发展的关键动力。困境型企业往往受制于资金、技术和人才等因素，难以进行创新。然而，通过合并，这些企业可以汇聚双方的技术优势和创新资源，推动产品与服务的升级换代。正如乔布斯所言："创新是区别领导者和追随者的唯一标准。"企业合并正是为了追求卓越和创新，以驱动企业的持续发展。

例如，一家陷入困境的互联网企业 C 与传统零售业企业 D 的合并，正是创新驱动发展的典范。双方通过合并，共同开发出线上线下融合的新零售模式，实现了技术与市场的完美结合。这种创新模式不仅提升了双方的核心竞争力，更为消费者带来了前所未有的购物体验。

(三) 市场拓展与共赢

困境型企业在市场拓展上往往势单力薄，难以取得突破。然而，通过合并，这些企业可以共享市场渠道、客户关系以及品牌价值等资源，实现市场拓展的共赢。这正应了古人所言："众人拾柴火焰高。"企业合并使双方能够携手共进，共同开拓更广阔的市场空间。

例如，食品企业 E 与饮料企业 F 的合并便是一个市场拓展与共赢的典范。双方通过共享分销渠道和客户资源，将优质产品推向了更广阔的市场。这种合并不仅实现了市场拓展的共赢，更提升了双方的品牌价值和市场影响力，真正体现了 "1＋1＞2" 的效应。

(四) 重塑竞争力与获取稀缺资源

在激烈的市场竞争中，困境型企业要想重塑竞争力，就必须获取稀缺资源以构筑核心优势。企业合并便为这些企业提供了获取稀缺资源的有效途径。通过合并，它们可以引进先进技术、优秀团队和独特市场渠道等关键资源，从而迅速提升自身竞争力。

这正印证了"他山之石，可以攻玉"的道理。

例如，制造企业 G 与技术先进的企业 H 的合并便是一个典型的案例。通过合并，G 企业成功引进了 H 企业的先进技术和优秀团队，从而迅速提升了自身的产品质量和生产效率。这种资源的整合使 G 企业在激烈的市场竞争中重新获得了优势地位。

（五）技术融合与产业升级

"科学技术是第一生产力。"对于困境型企业来说，技术创新是走出困境的关键所在。然而，受资金和人才等因素的限制，这些企业往往难以进行大规模的技术创新活动。企业合并则为它们提供了技术创新的契机和平台。通过技术融合，这些企业可以引领产业升级和变革，从而实现自身的蜕变和重生。这正体现了"工欲善其事，必先利其器"的道理。

例如，传统零售企业 I 与拥有先进电商技术的企业 J 的合并便是一个技术融合与产业升级的典范。通过合并，双方实现了线上线下的深度融合，并打造出全新的零售模式。这种模式的创新不仅满足了消费者多样化的购物需求，更推动了传统零售业的产业升级和变革。

（六）品牌重塑与市场扩张

对于困境型企业来说，品牌形象和市场份额的下滑是致命的打击。然而，通过企业合并，它们可以借助合并后的品牌效应提升自身的知名度和美誉度，进而实现市场的扩张和发展。这正应了"酒香也怕巷子深"的道理。通过合并，这些企业可以共同打造一个更加强大、更具影响力的品牌形象，从而在激烈的市场竞争中脱颖而出。

例如，汽车品牌 K 与国际知名汽车品牌 L 的合并便是一个品牌重塑与市场扩张的典范。通过合并，K 企业得以借助 L 企业的强大品牌效应提升自身的知名度和美誉度。同时，双方共同的技术研发和市场推广也进一步提升了产品的质量和市场份额。这种品牌的联合不仅有助于提升 K 企业的品牌形象和市场份额，更有助于其开拓国际市场和提升整体竞争力。

二、企业合并特殊考量

困境型企业合并往往比一般的企业合并更为复杂和敏感，涉及的问题也更加多样化。从估值、谈判到文化融合、法规遵从等，每一个环节都可能成为合并的关键。

（一）灵活的估值与谈判策略

在困境型企业合并中，估值是一个极具挑战性的问题。由于困境型企业往往存在财务困境、市场前景不明朗等问题，其估值难度相对较大。因此，需要借助第三方专业服务机构的力量，采取更为灵活和务实的估值方法。例如，除了传统的现金流折现、市场比较法等方法外，还可以考虑使用实物期权、蒙特卡罗模拟等更为先进的估值技术。

谈判策略方面，由于困境型企业合并往往涉及多方的利益诉求和复杂的利益关系，因此需要采取更为灵活和巧妙的谈判策略。例如，可以通过建立多方沟通机制、制订详细的谈判计划、运用有效的谈判技巧等方式来促进谈判的顺利进行。同时，还需要充分考虑谈判中的风险和问题，制定相应的应对策略和预案。

(二) 文化与管理的深度融合

企业文化和管理模式的差异是困境型企业合并中的另一个重要问题。为了实现合并后企业的文化融合和管理协同，需要采取一系列措施来促进双方企业文化和管理模式的深度融合。

首先，需要深入了解双方企业的文化特点和管理模式，识别潜在的冲突点和风险点，制订详细的文化融合计划和管理协同方案来促进双方的深度融合，如通过开展跨文化培训、建立共同的企业文化理念和行为准则、优化管理流程等方式来实现文化融合和管理协同。

其次，需要充分考虑员工在企业合并过程中的心理变化和情绪波动，采取相应的安抚和激励措施来保持员工的稳定性和积极性，如通过开展员工沟通会、制订员工激励计划等方式来增强员工的归属感和认同感。

(三) 法规遵从与监管合作

在困境型企业合并过程中，遵守相关法律法规和监管要求是非常重要的。这不仅可以保障合并的合法性和合规性，还可以为合并后的企业发展提供稳定的法律环境和监管支持。

要遵守相关法律法规和监管要求，首先需要全面了解并深入研究相关的法律法规和政策要求，保障企业合并过程符合法律程序和监管规定。其次，需要建立健全的内部合规机制和流程，加强合规培训和宣传，增强员工的合规意识和风险意识。

在与监管机构的合作和沟通方面，要主动与监管机构保持联系，及时了解和掌握政策动态和监管要求。积极参与相关行业协会和组织的活动和交流，分享经验和资源，共同推动行业的健康发展。此外，还可以考虑聘请第三方专业服务机构来提供法律支持和咨询服务，保障企业合并过程的合法性和合规性。

三、案例

（一）案例一：A公司与B公司的技术驱动合并

在科技日新月异的今天，技术的迅速革新与市场的快速变化要求企业必须保持高度的敏锐性和适应性。A公司一度以其卓越的市场洞察力和创新能力领先行业，但随着新技术的不断涌现，其传统产品线逐渐显得力不从心。B公司作为一家专注于技术研发的企业，积累了大量的前沿技术，但由于缺乏市场运作经验，这些技术的商业化进程一直受阻。

面对这样的危困局面，A公司与B公司选择了以股权交换的方式实现了资源的共享与整合。企业合并后，A公司迅速将B公司的技术应用到其成熟的产品线上，推出了一系列具有市场竞争力的新产品。同时，B公司也借助A公司的市场运作经验，成功将其技术商业化，实现了技术价值的最大化。

这次企业合并不仅让A公司重新获得了市场的领先地位，也为B公司突破了技术商业化的困局。更重要的是，它为整个行业树立了一个技术与市场相结合的成功典范，为其他企业提供了宝贵的借鉴经验。

（二）案例二：C公司与D公司的市场互补合并

在多元化的市场环境中，企业往往面临市场份额有限、品牌影响力不足等问题。C公司和D公司作为两家在不同细分市场领先的企业，也面临同样的问题。C公司虽然在某一细分市场拥有较高的市场份额，但受限于品牌影响力，难以进一步拓展市场。D公司虽然在另一细分市场拥有强大的客户关系网络，但受限于品牌知名度和市场资源，也难以实现跨越式发展。

在这样的背景下，C公司与D公司选择了通过吸收合并的方式实现强强联合。合并后，新公司充分利用了C公司和D公司在各自领域的优势资源，运用品牌联合推广、交叉销售等策略，成功提升了品牌影响力，扩大了市场份额。同时，新公司还通过整合双方的客户资源和市场渠道，实现了市场资源的共享和优化配置，进一步提升了市场竞争力。

这次企业合并不仅为C公司和D公司带来了市场份额和品牌影响力的双重提升，也为整个行业树立了一个市场互补合并的成功典范。预计在未来几年内，随着市场的进一步拓展和品牌力的持续提升，合并后的新公司将成为行业的领军企业。

（三）案例三：E公司与F公司的全产业链合并

E公司作为一家上游原料供应商，虽然在原料品质和成本控制上具有明显优势，但由于缺乏下游生产能力和市场销售网络，其原料难以转化为高附加值的产品和服务。F公司作为一家下游制造商，虽然拥有先进的生产技术和完善的市场销售网络，但受制于原料供应的不稳定和高成本，其市场竞争力受到了严重影响。

为了实现全产业链的整合与优化，提升竞争力，E公司与F公司决定通过资产收购的方式合并。合并后的新公司成功整合了双方的资源，涵盖了从原料供应到生产制造再到市场销售的全产业链环节。通过内部资源的整合和共享，新公司不仅降低了原料成本和生产成本，还提高了生产效率和市场响应速度。同时，凭借F公司原有的市场销售网络和品牌影响力，新产品迅速打开了市场局面，实现了销售业绩的快速增长。

这次全产业链合并为E公司和F公司带来了更广阔的发展空间和更多的市场机会。预计在未来几年内，随着产业链的进一步优化和升级以及新产品的不断推出，新公司将实现更加稳健和可持续的发展。同时，这次合并也为其他企业提供了全产业链整合的成功经验，为行业的转型升级提供了有益的借鉴。

第十节　业务重构

无数历史经验证明，成功的业务重构不仅能够帮助企业摆脱当前的危困局面，更能为企业打开全新的发展空间，实现质的飞跃。业务重构，作为企业重组策略中的关键一环，犹如一把锋利的手术刀，能够精准地剖析企业的病症，重塑企业核心竞争力，为其找到重生的契机。

一、业务重构概述

（一）业务重构的定义与核心思想

业务重构，是对企业现有业务进行的一场深刻的"手术"。它不仅是对表面的修剪和调整，更是对企业内部的深层次结构和运营模式的全面革新。业务重构的目标，绝非仅仅追求短期的效益提升或成本缩减，而是立足于企业长远发展，通过重新审视和塑造企业的商业模式、市场定位及发展战略，以图在未来的市场竞争中稳占先机，持续创造价值。

业务重构的核心，便是勇于打破陈规，寻求新的突破。它鼓励企业要有敢于向旧有模式挑战的勇气，有决心摒弃过时的路径，用前瞻性的视角和方法去构思和规划企业的宏伟蓝图。在这个过程中，创新是推动力，是引领企业走向新天地的明灯；而变革，则是企业凤凰涅槃、浴火重生的必经之路。

(二) 与传统业务调整的辩证关系

传统的业务调整，犹如对树木的枝叶进行修剪，虽能使树形更美，却难以改变树木的本质。这种在现有框架内的局部优化与提升，如提高生产效率、调整市场销售策略等，固然能够在一定程度上提高企业的运营效率和竞争力，但终究难以引领企业实现质的飞跃。

而业务重构，则更像是对树木的根系进行深层的滋养和改造。它触及企业的战略定位和商业模式的根本，要求企业不仅要在现有框架内寻求改进，更要敢于打破固有的思维定式和路径依赖，以全新的视角去洞察市场和竞争环境。这种深层次的变革，往往需要企业进行深入的市场分析和研究，制定出更为全面、系统的变革策略。

然而，传统业务调整与业务重构并非相互排斥，而是相辅相成、相得益彰。传统业务调整为业务重构奠定了坚实的基础，而业务重构则是传统业务调整在更高层次上的升华和突破。只有将这两者巧妙地结合起来，企业才能在变革的浪潮中稳步前行，实现持续、健康地发展。

二、业务重构基本原则

在进行业务重构的征途上，企业需要遵循以下几条基本原则，以保障变革的成功和企业的稳健发展。

首先，企业必须始终坚持以市场需求为导向，紧密关注市场的脉搏，时刻洞察消费者的需求和偏好变化。只有深入了解市场和消费者，才能精准地调整和优化业务结构，以满足市场的真实需求。

其次，企业要鼓励创新思维和模式创新，不仅要持续学习新知识、新技术，更要敢于思考、勇于实践。通过不断地技术创新、管理创新和市场创新，为企业注入新的活力，创造新的竞争优势。

再者，企业要充分整合内外部资源，实现资源的优化配置和高效利用。这不仅需要企业内部各部门的紧密协作，更需要与外部合作伙伴建立良好的合作关系，共同创造价值，实现共赢发展。

最后，在业务重构的过程中，企业要充分识别和评估潜在的风险，并制定相应的风险应对策略。只有做到未雨绸缪，才能在变革中保持稳健的步伐，实现企业的长远发展。

三、案例

（一）案例一：A 企业通过业务重构实现扭亏为盈

背景介绍：A 企业是一家在制造业领域具有多年历史的公司，由于市场环境的剧烈变化和内部创新能力的不足，连续数年出现亏损。

重构策略：一是产品创新：加大研发力度，推出具有自主知识产权和市场竞争力的新产品；二是市场定位调整：重塑品牌形象，专注于高端市场的拓展；三是组织优化：打破原有僵化的组织结构，提高决策效率和灵活性。

实施过程：A 企业成立了由多部门协同的业务重构小组，负责推进各项业务重构任务，并定期向高层报告进展。经过一年多的努力，新产品成功上市并获得市场认可，高端市场份额稳步提升，同时企业内部运营更加高效。

成果与影响：A 企业成功实现了扭亏为盈的目标，并为企业未来的可持续发展奠定了坚实的基础。

（二）案例二：B 企业——传统企业的现代化转型

背景介绍：B 企业是一家历史悠久的传统制造企业，面对市场环境的快速变化和消费者需求的升级，其传统业务模式逐渐失去竞争力。

重构策略：一是技术升级：引入先进技术和设备，提升生产效率和产品质量；二是产品与市场调整：重新定位产品结构和市场策略，更好地满足消费者需求；三是组织与文化变革：推动组织结构的扁平化和企业文化的现代化。

实施过程：B 企业在深入分析市场趋势和自身优劣势的基础上，制订了全面而具体的重构计划，并逐步推进实施。通过技术升级、产品创新和市场策略的调整，B 企业成功实现了从传统到现代的转型。

成果与影响：B 企业的转型得到了市场的积极响应，其产品质量和品牌影响力显著提升，市场份额稳步扩大。同时，企业内部运营效率也得到了显著提高。

（三）案例三：C 企业——开拓新市场领域的探索与实践

背景介绍：C 企业是一家专注于某一领域的科技企业，随着原有市场的饱和与竞争压力的增大，急需寻找新的增长点。

重构策略：一是新市场选择：基于自身技术优势和市场需求分析，选择具有潜力的新市场领域进行拓展；二是资源整合：构建新的业务平台，整合内外部资源以支持新市场的开拓；三是品牌与市场推广：加强品牌宣传和市场推广活动，提高在新市场中的知名度和影响力。

实施过程：C 企业在明确新市场目标后，通过资源整合和技术创新，成功推出了符合新市场需求的产品和服务。同时加强市场推广和品牌建设活动以吸引新客户并扩大市场份额。经过一段时间的努力，C 企业在新市场中取得了显著的成果。

成果与影响：C 企业成功开拓了新的市场领域并获得了市场份额的逐步提升，新产品和服务得到了消费者的认可和好评，品牌影响力得到了提升。企业内部运营效率和资源整合能力也得到了提高，为未来发展奠定了坚实基础。最终 C 企业通过业务重构实现了新市场的有效开拓和企业整体竞争力的提升，为企业的可持续发展注入了新的动力。

第七章

绝境型企业拯救

绝境中的企业，恰似濒死边缘奋力挣扎的猛兽，常规的援助与重组措施犹如滴水入海，难以遏制其沉沦之势。当庭外重组之径已然封闭，通过提前预判、未雨绸缪、做好准备之后进入破产程序，便成为可供选择为数不多的出路。然而，破产重整并非绝境企业的终结，反而是其浴火重生的全新起点。

本章旨在为绝境型企业提供一条出路，通过深入理解和巧妙运用一套精心策划的策略与工具，先立后破，破而再立，向死而生。

第一节 破产程序基础知识

一、破产概述

破产，作为市场经济体系中不可或缺的环节，具有深远的历史背景和重要的现实意义。在现代经济社会中，破产不仅关系到企业和个人的命运，更与整个经济体系的健康运行息息相关。

（一）破产的定义及相关基本概念

破产，这个源自拉丁语"fallitux"的词汇，直译为"失败"或"垮台"，但在现代经济法律体系中，它已被赋予了更为精确和专业的含义。它特指债务人在无力偿还到期债务时，依法进行的一种债务清偿程序。这不仅是一个法律程序，更是一个经济现象，一个市场自我调整的重要机制。

破产，这一复杂的法律与经济交织领域，涉及众多精细而重要的概念。每一个概念都像是构建这个法律体系的一块砖石，共同筑起了保护各方权益的坚固堡垒。以下

是对部分核心概念的简要解读:

1. 债务人

债务人,是指那些陷入财务困境,无法按时清偿到期债务的个人或企业。在破产的漩涡中,他们是寻求解脱与重生的主角,其命运将在破产程序的跌宕起伏中得以决定。"人生如戏,全靠演技;破产如战,全赖策略。"债务人需要在这个法律框架内,巧妙运用策略,以求得最好的结果。

2. 债权人

债权人,是指那些对债务人享有债权的人或机构,他们有权要求债务人按时偿还债务。然而,在破产程序中,他们的权益可能会受到一定程度的影响。"债权人的权利,如同悬在债务人头顶的'达摩克利斯之剑'。"在破产的博弈中,债权人需要审慎权衡,以维护自身的最大利益。

3. 破产宣告

破产宣告,是指法院对债务人无力清偿到期债务或资不抵债的正式法律确认。这一宣告如同判决书一般,标志着债务人正式踏入破产的法定程序。"破产宣告,不是终点,而是新生活的起点。"债务人应以此为契机,重新审视自己的财务状况,寻求重生之路。

4. 破产清算

破产清算,是指对债务人财产进行彻底清理、估价和变卖的过程。在这个过程中,债权人的权益将得到法律的最后保障。

5. 破产财产

破产财产,是指债务人在破产程序启动时名下的所有财产。这些财产将成为清偿债务的重要来源。"财富如水,破产时方知其流向。"在破产程序中,如何合理、公正地分配这些财产,是保障各方权益的关键所在。

6. 重整

重整,是指破产程序中的一剂良药。它旨在通过调整出资人权益、制定债权清偿方案、改变经营模式等手段,帮助债务人恢复财务健康并继续经营。"重整旗鼓,再战江湖。"经过重整的企业,往往能够焕发新的生机与活力。

7. 和解

和解,是指债务人与债权人之间达成的一种灵活解决方案。通过重新安排债务的偿还方式、金额或期限,双方可以避免破产清算带来的损失和风险。"和解是智慧的体现,也是双赢的选择。"在破产的困境中,和解往往能够为双方带来意想不到的转机。

8. 债权人会议

债权人会议，是指破产程序中各方利益博弈的重要平台。在这个会议上，所有已知债权人都有权参与讨论并决定有关破产财产的处理、重整计划的接受与否等重要事项。"会议是民主的体现，也是利益的较量。"债权人需要通过这个平台充分表达自己的诉求和意见以维护自身权益。

9. 破产管理人

破产管理人，是指破产程序中的守护者。他们负责管理破产财产、监督破产程序和执行破产计划，保障整个过程的公正、公平和高效进行。"管理人是程序的灵魂，也是公正的化身。"他们的专业素养和职业操守对于保障各方权益至关重要。

10. 优先债权与普通债权

在破产程序中，是指优先债权和普通债权享有不同的清偿顺序。这种设定体现了法律对特定群体的保护和对社会公共利益的考量。"债权有先后，公正自在人心。"优先债权的存在是为了保障那些更为弱势或者更为重要的权益得到优先满足。

（二）破产法的历史与发展

破产法，作为市场经济法律体系中不可或缺的一环，其深远的历史可追溯至古罗马的繁荣时期。在那个古老的年代，破产法如同初升的朝阳，虽然光芒尚显稚嫩，但已经显示出其对社会经济秩序维护的重要作用。

早期的破产法，仿佛一把锐利的剑，主要致力于保护债权人的利益，采用铁腕手段保障债务的严格追偿。那时的法学家们深知，信用的基石在于偿还，正如古罗马法学家乌尔比安所言："诚信是所有法律关系的基础。"这一时期的破产法，正是以此为准绳，坚定地捍卫着债权人的权益。

然而，历史的车轮滚滚向前，商品经济的蓬勃发展和资本主义的崛起为破产法注入了新的活力。人们逐渐认识到，单纯的债务追偿已无法满足日益复杂多变的经济环境。于是，破产法开始从单一地保护债权人利益，向更加全面地平衡债权人和债务人之间的利益关系转变。

这一转变，如同春风化雨，催生了现代破产法的崭新面貌。现代破产法不再仅仅关注债务的清偿，更致力于企业的挽救与重建，以及社会经济的稳定与繁荣。它像一座坚固的桥梁，连接着债权人与债务人，让他们在法律的框架内找到共同的解决之道。

在我国，破产法也经历了风雨兼程的历程。我国于 2007 年横空出世的《企业破产法》，它引入了重整、和解等创新制度，为企业提供了更多的挽救机会。这部法律如同一位明智的引导者，指引着困境中的企业走向光明。

同时，《企业破产法》也更加注重保护债权人和职工的合法权益，它深知每一个个体在经济大潮中都是不可或缺的角色，努力营造一个公平、公正的市场环境。正如罗马法学家西塞罗所言："法律是公正与善良的守护者。"

破产法的历史与发展，如同一部波澜壮阔的史诗，记录着人类社会经济秩序的变迁与进步。从古罗马的严格追偿到现代的综合平衡，再到我国的不断革新与完善，每一步都彰显着法律对公平正义的不懈追求。

(三) 企业破产法的主要作用

在现代复杂多变的经济环境中，破产法不仅用于解决债务问题，而且具有以下五种主要作用。

1. 经济风险的"减震器"

破产法通过提供一套系统化、标准化的债务处理机制，有效降低了因企业或者个人债务危机引发的连锁反应。这种机制减少了市场不确定性，避免了恐慌情绪的传播，从而维护了整体经济的稳定。

2. 权益保护的"金钟罩"

破产法精心设计了债权人和债务人权益保护的措施。它保障债权人在债务清偿过程中得到公平对待，也为债务人提供了合法、有序的债务重组或者减免途径。这种双向保护机制有助于维护社会公正和经济秩序。

3. 企业创新的"助推器"

现代破产法不仅关注企业的清算和退出，更重视企业的挽救和再生。通过引入重整、和解等灵活多样的制度工具，破产法为企业提供了在困境中寻求创新、转型的契机。这种制度设计有助于激发企业家的创新精神和市场活力。

4. 资源配置的"优化师"

破产程序中的资产管理和处置环节，实际上是一种市场资源重新配置的过程。破产法通过推动资产的有效流转和重组，促进了资源从低效率领域向高效率领域的转移，从而提升了整体经济的运行效率和竞争力。

5. 国际合作的"连接器"

在全球经济一体化的背景下，破产法的国际化趋势日益明显。我国积极参与国际破产规则的制定和交流合作，推动破产法的互认和执行。这不仅为跨境投资和贸易提供了更加稳定和可预测的法治环境，也促进了国际经济的深度融合和共同发展。

二、破产财产管理与处置

在破产程序中,破产财产的管理与处置是关乎债权人利益实现的重要环节。当债务人陷入财务困境,无法清偿其到期债务时,其资产将成为债权人追索权益的主要目标。因此,如何高效、公正地管理和处置这些资产,最大限度地满足债权人的清偿要求,成为破产程序中不可或缺的一部分。

(一)破产财产的识别和估值

管理人接管债务人破产财产后,首先需要对其进行详细的调查和识别,主要包括对固定资产、流动资产、知识产权等各种类型资产的清查和评估。对于不同类型的资产,需要采用不同的清查和评估方法。例如,对于固定资产,需要进行实地盘点和评估;对于流动资产,需要核查银行账户、应收账款等;对于知识产权等无形资产,则需要聘请专业机构进行评估。

在识别出所有破产财产后,需要经过专业的估值程序以确定其在市场上的公允价值。估值的准确性对于保障债权人公平受偿至关重要。因此,管理人需要聘请具有专业知识和经验的评估机构进行评估,并保障评估结果的公正性和准确性。评估过程中应充分考虑市场条件、资产状况、折旧情况等因素,以得出合理的估值结果。

(二)管理人的职责

管理人是法院指定的独立第三方,负责管理和处置破产财产。主要职责主要包括接管债务人财产、调查债务人财务状况、代表债务人进行诉讼或者仲裁等。管理人应以客观公正的态度,独立履行职责,维护债权人和债务人的合法权益。

具体而言,管理人需要全面接管债务人的所有财产,并对这些财产进行详细的调查和审计,保障债务人财产的安全和保值增值,防止财产被转移、隐匿或者损坏。同时,管理人还需要监督债务人的日常经营活动,保障债务人在破产程序中的行为符合法律法规的规定和债权人的利益。

在履行职责过程中,管理人需要遵守法律法规的规定,严格履行法定程序,向法院报告工作进展和重大事项,接受法院的监督和指导。同时,管理人也需要与债权人、债务人等相关方保持沟通和协调,保障破产程序的顺利进行。

(三)破产财产的变现和分配策略

根据破产法的规定和债权人的利益最大化原则,管理人需要制定并执行破产财产的变现和分配策略。这涉及如何有效地将债务人的财产转化为现金,并按照法定顺序进行分配的问题。

在制定变现策略时，管理人需要考虑市场条件和财产的性质，采取出售财产、追回债权、进行债务重组等多种方式来实现财产的变现。出售财产可能是最常见的方式之一，但这需要管理人在市场中寻找合适的买家并达成交易协议。在某些情况下，管理人可能还需要追回债务人的某些债权以增加可供分配的资产总额。

分配策略的制定则需要根据法定顺序进行。首先清偿具有优先权的债权人的债权（如员工工资、税款等），然后按照比例清偿其他普通债权人的债权。在分配过程中，管理人需要保障分配的公正性和透明度，避免出现任何形式的歧视或者偏袒。

除了制定并执行变现和分配策略外，管理人还需要与相关各方（主要包括债权人、债务人、法院等）保持密切沟通和协调，及时向相关方报告工作进展和遇到的问题，并寻求必要的支持和协助以保障破产程序的顺利进行和债权人权益的最大化实现。

三、纾困策略选择与启示

当企业陷入绝境时，如何有效地进行纾困重组，恢复生机，成为众多企业家和投资者关注的焦点。

（一）精准匹配纾困重组路径

在选择合适的纾困重组策略时，企业家和管理层需要结合企业的实际情况进行综合考虑。以下是一些建议：

第一，全面评估体检，精准定位企业状况：在策略制定前，企业需进行一次全面"体检"，涵盖财务审计、业务流程审查、市场趋势预测等，以识别问题根源、评估资产质量及潜在价值。运用 SWOT 分析法（优势、劣势、机会、威胁），明确企业重组的出发点。

第二，策略深研，定制方案：理解各种纾困工具，如债务重组、资产重组、资本结构调整、业务重组、引入战略合作伙伴等，每种策略都有其特定的适用场景和限制。企业应结合行业特性、企业规模、市场地位等因素，定制化设计重组方案。

第三，利益共商，共识构建：构建开放沟通平台，保障股东、债权人、员工等利益相关方能充分参与讨论。采用多方谈判、利益平衡机制，保障重组计划的公正性和可接受度，增强执行的协同效应。

第四，动态调整，灵活应对：市场环境和企业内部情况在重组过程中可能发生变化，因此，持续监控重组进展，灵活调整策略至关重要。建立快速响应机制，保障重组计划始终贴合实际，有效应对未知挑战。

（二）从相关成功案例中汲取经验与启示

第一，早谋划、早布局、早介入、早行动，抢占先机，速战速决：时间敏感性在企业危机管理中尤为重要。及时启动重组程序，借助专业机构力量，快速诊断、快速决策、快速执行，避免危机恶化，减少损失。

第二，开放合作，共赢未来：企业应打破封闭，积极寻求多方合作，包括吸引战略投资、协商债务重组、争取政策扶持等。通过构建广泛的"救援联盟"，汇集多方资源，共谋发展。

第三，内强素质，外塑形象：内部改革与管理升级是企业自我救赎的关键。通过优化管理架构、提升运营效率、强化风险防控体系，增强内在竞争力。同时，维护良好公共关系，保护各方权益，重塑企业品牌和社会信任。

第四，尊重和保护各方利益：在纾困重组过程中，企业家、管理层、财务顾问等需要尊重和保护股东、债权人、员工等各方利益相关者的合法权益与合理诉求，通过透明沟通和公正补偿，形成利益共同体。这有助于建立良好的企业形象和信誉，赢得各方的信任和支持，为企业走出困境创造更加有利的条件。

第二节　破产重整

破产重整其实就是新一轮招商引资。

一、破产重整概述

（一）破产重整概述

当企业遭遇狂风巨浪，深陷经营困境，面临破产的威胁时，如何寻找一线生机，实现逆境中的凤凰涅槃，这无疑是社会各界都为之瞩目的焦点。破产重整，不仅是一种法律制度，更是危困企业重新站稳脚跟的救命稻草，在风雨飘摇中为其指明方向。

1. 破产重整的定义

破产重整，顾名思义，即是在企业面临破产之际，通过法律途径对其进行全面的梳理与重塑。正如名言所说："危机就是转机"，破产重整正是企业在危机中寻找转机的过程。它针对那些虽陷入困境但仍有挽救余地的企业，通过法定程序，对企业的资产、债务和经营策略进行全面调整与优化，旨在恢复企业的生机与活力，保障债权人权益的最大化。这一制度的设立，不仅是为了保护债权人的合法权益，更是为了给予那些仍有潜力的企业一个重生的机会，从而实现社会资源的更加合理配置。

2. 破产重整的法律背景与依据

破产重整制度，作为现代企业法律体系中的关键一环，得到了各国法律的明确支持和规范。我国的企业破产法及其相关司法解释，为这一制度提供了坚实的法律后盾和明晰的操作指南。法律不仅为重整设定了明确的程序和条件，更对各参与方的权利和义务进行了详尽规定，从而保障整个重整过程的公平、公正与高效。正所谓"无规矩不成方圆"，有了法律的保驾护航，破产重整才能得以有序、有效地进行。

3. 破产重整在危困企业救助中的作用与意义

对于危困企业而言，破产重整具有以下重要作用和意义：

挽救企业生命：通过资产重组、债务调整等措施，帮助企业摆脱困境，恢复经营能力，实现重生。

保护债权人利益：通过法定程序对债务进行清偿和调整，最大限度地保障债权人的权益。

维护社会稳定：避免企业破产清算可能引发的员工失业、社会稳定问题等负面影响。

促进资源优化配置：通过重整实现资源的重新配置和优化组合，提高社会整体经济效益。

"天助自助者"，危困企业通过破产重整，不仅能够实现自我救赎，更能为社会带来更为深远的积极影响。

4. 危困企业寻求破产重整的动机与需求

危困企业在寻求破产重整时，主要基于以下动机和需求：

避免破产清算：通过重整避免直接破产清算带来的损失和负面影响。

挽救品牌价值：维护企业品牌形象和市场地位，避免品牌价值受损。

保留核心资产：通过资产重组保留核心业务和资产，为重生创造条件。

寻求新的发展机会：借助重整过程引入新的投资者或者合作伙伴，为企业带来新的发展契机。

5. 破产重整对危困企业产生的社会影响

保障就业：通过破产重整，企业可以避免直接破产带来的大规模失业，从而维护社会稳定。重整计划往往会主要包括对企业业务的重组和优化，可能涉及裁员，但相比直接破产清算，其影响通常较小且更为可控。

维护供应链稳定：大型企业在经济中往往占据着重要的位置，其一旦破产将对供应链造成巨大冲击，可能引发连锁反应。破产重整可以通过拯救危困企业，维护供应链的稳定，减少对整个经济的负面影响。

保护债权人利益：在破产重整过程中，债权人的利益会得到一定的保护。重整计划通常会考虑到债权人的权益，通过债务重组、资产出售等方式尽量保障债权人的回款。

促进经济恢复：破产重整可以使得有潜力但暂时陷入危困的企业得以重生，这对于整体经济的恢复和发展具有重要意义。同时，危困企业的重整也可以为市场提供新的投资机会。

完善市场退出机制：破产重整制度为市场提供了一种更为灵活和有序的退出机制。通过重整，危困企业可以在不引发社会动荡的情况下实现市场退出，有利于优化市场资源配置。

（二）破产管理人的角色与职责

在司法破产重整中，破产管理人发挥着核心作用。其主要职责主要包括：接管企业、调查企业财务状况、制订和执行重整计划等。具体来说：

接管企业：在被指定后需要立即接管危困企业的日常经营和管理工作保障企业的稳定运营和资产安全。这主要包括对企业资产进行清查、评估和管理对企业合同进行审查和处理对企业财务进行监督和控制等。

调查企业财务状况：需要对企业进行全面的财务调查，主要包括对企业的资产、负债、权益等进行详细的分析和评估，对企业的经营情况、市场前景等进行深入的了解和研究。这些调查结果将为制订重整计划提供重要依据。

制订和执行重整计划：在调查企业财务状况的基础上将制订一份详细的重整计划并提交给债权人会议进行表决。如果重整计划获得通过将负责执行该计划，主要包括对企业的资产进行处置和管理，对企业的债务进行调整和清偿，对企业的治理结构进行改善等。在执行过程中需要与各参与方进行沟通协调保障计划的顺利推进和实现企业的重生。

接受监督并定期报告：需要接受法院的监督并定期向法院报告工作进展情况保障重整过程的公正、透明和高效，维护各方利益的平衡和社会的稳定。同时还需要与债权人、债务人、股东等各方保持密切沟通保障他们的权益得到保障并争取他们的支持和配合。

二、中介机构角色与作用

1. 律师事务所

律师事务所在破产管理领域扮演着多重角色，既是法院指定的破产管理人，同时也是债务人或者债权人的法律顾问，以及在重整过程中的重要参与者。其职能的深度

与广度体现了法律专业性与实战经验的结合,具体包括但不限于以下几个方面:

(1) 破产管理人角色

全面接管与保管财产:在法院的指导下,全面接收破产企业财产,保障其安全保管,防止资产流失。

债权审查与确认:细致审查债权人申报的债权,包括破产企业的对外债权,保障债权的真实性与合法性。

财产界定与评估:界定破产企业财产范围,组织专业机构进行资产评估,保障公正估价。

财产处理与分配:制订破产财产的处理与分配方案,兼顾公平与效率,保障债权人的合法利益得到合理补偿。

法律与非法律事务:处理复杂的法律与技术性非法律事务,如合同履行、取回权审核、抵销权与别除权处理等。

沟通协调:与多方沟通,包括债权人、债务人、法院、政府机构、中介机构及重整方,保障破产程序的顺畅进行。

(2) 债权人或者债权人代理角色

破产申请:代表债务人申请破产或者协助债权人启动破产程序,提供专业的法律依据与程序指导。

债权人会议参与:代理债权人参加债权人会议,保障债权人的利益在会议中得到有效表达与维护。

法律咨询:提供全方位的法律咨询服务,包括破产法务解释、债权申报、权益保护策略等。

(3) 重整投资方法律顾问角色

协议审核:为重整投资方审核合作协议,保障条款合法、有利,避免法律风险。

策略支持:协助重整投资方与破产管理人沟通,就投资方案提出法律意见,保障策略的可行性。

法律指导:提供针对性法律意见,保障投资方的权益在重整过程中的合法合规性与最大化。

综上所述,律师事务所在破产管理与企业重整的法律服务中,不仅承担着管理与监督的重任,同时也扮演着法律顾问的角色,通过专业的法律服务,促进破产程序的有序进行,保障各方权益,助力企业通过重整实现重生。

2. 会计师事务所

会计师事务所在破产管理与财务顾问中的角色与作用解析。

依据《企业破产法》第 24 条的规定，管理人可由包括会计师事务所在内的专业机构、律师事务所以及清算组等社会中介机构担任。当会计师事务所经人民法院指定为破产管理人后，其职责与律师事务所在破产管理中的任务大致相同，但侧重点各有千秋。

尽管相较于律师事务所在破产法律事务处理方面经验丰富，会计师事务所可能显得较为新手，但其在财务领域的专业性与深度是无可比拟的优势。在破产程序中，会计师事务所的核心作用主要体现在以下几个方面：

资产审计与评估：对破产企业的流动资产与固定资产进行全面审核，核实清册，保障资产清单的准确性。

财务状况梳理：深入审查企业的财务状况，调整账目与报表，保障符合清算工作的严谨性与法律规定，提升财务透明度。

财产盘点：组织专业团队对破产企业的财产进行盘点，精确掌握资产状况，为后续处理提供基础数据支持。

坏账处理：专业处理呆账与坏账核销，保障财务健康，同时合理处理资产盘盈亏及报废，优化财务结构。

审计报告：综合审计工作完成后，向清算组提交详尽的尽职调查与审计报告，为破产程序提供权威的财务依据。

此外，会计师事务所在破产程序中还常扮演财务顾问角色，提供专项审计与财务咨询，保障破产过程中的财务处理合规且有效。通过其专业能力，协助企业与管理人理解复杂的财务状况，制定合理重组或者清算策略，有效保护债权人利益，保障破产程序的顺利进行。会计师事务所的这些专业技能与作用，对于破产程序的成功至关重要，是法律与财务领域间的桥梁，保障破产管理的公正与透明。

3. 评估公司

评估机构在破产程序中扮演着关键角色，其核心职责与功能主要涵盖两个层面：资产价值评估与持续经营能力的评估。

资产价值评估：资产价值的精准评估是破产程序的核心步骤，评估机构在此过程中的角色尤为重要。不仅需要从市场价值维度审视破产企业的各项资产，还需深入考虑清算价值，保障评估结果贴近实际状况。评估机构需为委托方提供详尽的尽职调查报告，明确企业的偿债能力，计算债权清偿比率，并在重整后为债权人准备《股权价值评估报告》，保障所有决策基于准确的财务基础。这一过程严格遵循《企业破产法》规定，其中第 19 条要求管理人在管理财产前进行全面评估，并向债权人会议报告，而第 14 条则强调债权清偿需依资产实际价值确定，凸显评估的法律基础性。

持续经营能力评估：在破产程序中，评估机构另一关键角色是判定企业的持续经营能力。通过综合分析企业的资产结构、负债状况及经营现状，评估机构需提供公正、全面的评估报告，旨在准确预测企业于破产过程中的持续经营潜力。这一步骤旨在预防不必要的经营性能下滑，为可能的重组或者资产优化提供战略依据，旨在最大化价值保留与恢复潜力。

综上所述，评估机构在破产程序中通过其专业评估，为资产价值的合理界定与企业经营潜力的科学预测提供坚实基础，是破产管理、重组决策的关键支持力量，直接关联着债权人利益的保护与企业重生的可能。

4. 证券公司

财务顾问：证券公司作为财务顾问，在重整程序中扮演着关键角色，其职责多元化且专业性强。一方面，它提供专业意见，指导并公开上市公司处理复杂的财务事项，例如发布《关于调整资本公积金转增股本除权价格计算结果的专项意见》《差异化权益分配与除息安排的专门意见》等，保障股东权益调整的透明度与合规性。另一方面，向债权人提交《重整后股权价值分析报告》，帮助债权人理解重组后的权益变化，促进决策制定。

重整投资策略顾问：证券公司利用其深厚的行业研究能力与市场资源，为债务企业重塑商业叙事，挖掘投资亮点。这包括精准把握行业趋势，提炼企业优势，设计吸引产业资本故事，从而引导并推荐适宜的产业投资者与财务投资人。通过此角色，证券公司不仅促进资金与项目的高效对接，还助力企业价值重估，加速其在资本市场的重生与未来发展。

5. 合并破产在纾困重组中的应用与展望

合并破产作为一种特殊的法律制度，为企业提供了一种在困境中寻求统一解决方案的途径。本部分将详细探讨合并破产在纾困重组中的应用、挑战及未来展望，并结合国内实践案例进行分析。

（1）合并破产的法律界定及依据

合并破产是指当两个或者多个企业在经济上存在紧密联系，且各自面临破产困境时，通过法定程序将它们的资产和负债合并处理，以实现整体债务清偿和资产重组的一种制度。在我国，《企业破产法》及其相关司法解释为企业合并破产提供了法律依据。这些法律法规明确了合并破产的适用条件、程序、权利与义务等各个方面，为企业和法院提供了明确的操作指南。

（2）合并破产的适用条件与实施流程

合并破产的适用需要满足一定的先决条件和核心要求。这些条件主要包括企业间存在经济上的紧密联系、单独破产清算难以实现整体债务的有效清偿，以及合并破产有利于维护社会公共利益等。在实施流程上，合并破产通常涉及申请、审查、批准等多个环节。应明确的是，需要由相关当事人向有管辖权的法院提出申请，并提交必要的证明材料。法院将对申请进行审查，评估合并破产的必要性和可行性，以及可能对社会、经济和法律等各方面产生的影响。如果法院认为符合条件将作出批准合并破产的裁定并指定管理人负责具体实施工作。

（3）合并破产在纾困重组中的战略价值与实践意义

合并破产作为一种特殊的纾困重组策略，在解决企业财务困境中具有独特的优势和实践意义。首先，通过合并破产程序，企业可以将多个经济实体的资产和负债进行整合和重新配置，实现资源的最大化利用和整体运营效率的提升。其次，合并破产能够避免单独清算带来的时间和成本浪费，提高债务清偿的效率，并通过债务重组和协商达成对债权人和债务人都有利的债务解决方案。再次，合并破产还能够维护各利益相关方的权益，主要包括债权人、债务人、员工和股东等，通过合理的利益平衡机制避免利益冲突和不公平现象的发生。最后，对于一些大型企业或者企业集团而言，通过合并破产可以避免企业倒闭带来的大规模失业、供应链中断等问题，从而维护社会稳定和促进经济发展。

三、破产重整基本流程

（一）申请与受理

当一家企业陷入严重的财务困境，无法清偿到期债务，但同时又具有重整价值和可能性时，该企业可以向法院提出破产重整申请。这是企业走出困境、恢复生机的重要途径之一。为了保障破产重整程序的顺利进行，申请与受理环节显得尤为重要。

1. 申请条件与资格审查

在正式启动破产重整申请之前，保障符合严格的准入标准是首要步骤。申请人应为具备法定资格的企业实体或者其合法代表，并需证实企业正面临严峻的财务危机，虽无法按时偿还债务，但拥有通过重整实现复苏的潜力与价值。这一步骤涉及提交详尽的财务记录，包括但不限于最新的财务报表、经审计的财务报告、债权与债务目录等关键文件，用以客观展示企业现状。法院将严格审核这些提交材料，以验证申请者的合格身份及重整可行性。

2. 申请材料准备与提交

申请人在准备破产重整申请材料时，需要详细梳理企业的基本情况、财务状况、债权债务清单、经营情况分析以及重整必要性与可行性评估报告等内容。这些材料是法院判断是否受理申请的重要依据，因此必须真实、准确、完整地反映企业的实际情况。申请材料应按照法院规定的格式和要求进行提交，保障信息的准确性和完整性。在提交申请材料时，申请人还需缴纳一定的申请费用。

3. 受理程序与时间要求

法院在接收到破产重整申请材料后，将进行形式审查，核实申请材料的完整性和规范性。

开展深度尽职调查是评估及启动破产重整程序的先决条件，是法律顾问制定精确法律意见及初步重整计划草案的基石。此调查超越了常规的财务或者法务审查范畴，专注于全面剖析上市公司的综合状况，包括但不限于资产分布、债权债务明细、财务健康度分析、陷入困境的深层原因、过往偿债记录、股东构成与能力评估、涉及的重大法律争议与行政处罚记录、员工状况摸底，并需拟订员工安置预案。其核心目标在于深入评估上市公司重组的可行性和潜在价值，保障重整决策基于全面而精准的信息基础之上。

对于符合要求的申请，法院将在法定期限内作出是否受理的决定。这个期限通常是根据当地法律法规的规定而设定的，以保障程序的及时性和有效性。如果申请材料存在不足或者不符合要求，法院将要求申请人在规定期限内进行补正。如果申请人未能在规定期限内补正或者补正后仍不符合要求，法院将不予受理该申请。

4. 保密与信息披露

在重整申请受理前，申请人应对相关信息进行保密，防止对企业经营造成不良影响。这涉及企业的商业秘密和敏感信息，如财务信息、客户信息、合同信息等。保密措施可以采取多种方式，如签订保密协议、限制信息知悉范围等。同时，申请人应保障保密措施不影响破产重整程序的公正性和透明度。

在受理后，申请人应按照法院的要求及时进行信息披露，保障当事人的知情权。这主要包括向债权人、债务人以及其他相关方提供必要的信息和资料，以便他们了解企业的财务状况和重整计划的内容和实施情况。信息披露的具体方式和范围应根据相关法律法规和法院的要求来确定。

(二) 管理人的选任与权利范围

在破产重整程序中，管理人的角色至关重要。他们负责接管企业、管理财产和营业事务、制订和执行重整计划等任务，是保障重整程序顺利进行的关键因素之一。因此，管理人的选任和职责的明确是破产重整程序中的重要环节。

1. 管理人资格要求与选任程序

管理人的资格要求通常主要包括具有破产清算或者重整工作经验、熟悉企业财务和法律事务等条件。他们应具备专业的知识和技能，能够独立、公正地履行职责。选任程序可由法院指定或者债权人会议选举产生，报法院批准。在选任过程中应充分考虑候选人的专业能力和经验，以保障他们能够胜任管理人的职责。选任程序的公开透明和公正性对于保障破产重整程序的顺利进行具有重要意义。

2. 管理人职责与权利范围

管理人的职责主要包括接管企业、管理财产和营业事务、制订和执行重整计划、代表企业参加诉讼等任务。他们应全面接管企业的经营管理权，对企业的财产和营业事务进行全面管理和监督。同时，管理人应根据企业的实际情况制订切实可行的重整计划，并报经法院批准后负责实施。在实施过程中，管理人应密切关注企业的经营状况和市场环境的变化及时调整和完善重整计划以保障企业的稳健发展和债权的最大化实现。

在履行职责的过程中管理人享有一定的权利范围，如代表企业参加诉讼、签订合同等法律行为以及决定企业的经营计划和投资方案等重大事项的权利。然而这些权利的行使必须遵守法律规定并维护各方当事人的合法权益不得滥用职权或者损害他人的利益。

3. 监督与考核机制

为了保障管理人能够公正、高效地履行职责，法院对管理人的工作进行监督保障其按照法律法规和重整计划的要求进行工作。监督方式可以主要包括定期听取管理人的工作报告、检查管理人的工作记录和资料等。同时债权人会议和社会公众也可对管理人的工作进行监督和评价，提出意见和建议以促进管理人工作的透明度和公正性。

除了监督之外还应建立对管理人工作的考核机制对其工作成果进行评价和考核。考核内容可以主要包括管理人履行职责的情况、重整计划的实施效果、债权人的满意度等方面。考核结果可以作为对管理人奖惩的依据也可以作为后续选任管理人的参考标准之一。通过监督和考核机制可以促使管理人认真履行职责提高破产重整程序的效率和质量，最终实现企业的重生和社会的和谐发展。

（三）债权申报与审查：关键环节的细致考量

在破产重整的复杂流程中，债权申报与审查无疑是最为核心的环节。这不仅涉及多方利益的平衡，更是重整计划能否得以顺利实施的基础。为保障这一环节的公正、透明和高效，以下是对前述内容的进一步优化和补充。

1. 设定合理的债权申报期限与程序

期限的合理性：债权申报期限的设置需充分考虑到债权人的权益和重整程序的效率。过短的期限可能导致部分债权人未能及时申报，而过长的期限则可能拖延整个重整进程。因此，应根据案件的具体情况，如债权人的数量、分布情况以及重整计划的紧迫性等，来设定一个合理的申报期限。

程序的规范性：除了设定合理的期限外，还应制定明确的债权申报程序，主要包括申报的方式、地点、所需材料等。这有助于保障债权人能够按照统一的标准进行申报，提高申报的效率和质量。

一旦法院正式受理破产申请，并在公告中清晰界定债权申报期限，此期限将不少于 30 天，但不超过 3 个月，以保障债权人有充足时间响应。在此期间，破产管理人将全面负责债权材料的接收与登记工作，仔细编纂债权申报记录，同时妥善保管债权人提供的所有证据资料，以备后续审计复核。根据严格的审查流程，管理人将据此编制详细的债权表，对于存有异议的债权项，管理人将迅速通知相关债权人，并引导其通过向管辖法院提起诉讼的方式解决争议。

值得注意的是，若破产重整期间允许债务人自主管理其财产及日常运营，债务人同样承担债权申报材料的接收与登记职责，负责债权审查并制作债权表，而破产管理人在此过程中扮演监督角色，保障债权处理的公正与透明。

2. 严谨细致的债权审查核实与异议处理

审查核实的专业性：管理人在进行债权审查时，应具备专业的财务和法律知识，能够对债权的真实性、合法性和有效性进行准确判断。对于复杂的债权关系或者存在争议的债权，可引入第三方专业机构进行辅助审查。

异议处理的公正性：当债权人对审查结果提出异议时，管理人应建立公正的异议处理机制。这主要包括明确异议的提出方式、时限、处理程序等，保障每一位债权人的异议都能得到及时、公正的处理。

在债权申报截止日期后 15 日内，法院将及时组织召开首次债权人会议，指派债权人参与，并审议是否设立债权人委员会。届时，破产管理人需向会议提交经整理的债权表，详细阐述债权记录的编制过程，并准备就债权人的询问给予解答。针对债权表中记载的任何异议，债权人保有向法院直接提起诉讼的权利，以维护自身权益，保障债权确认的公正性与准确性。

3. 强化信息披露与沟通机制

信息披露的透明度：管理人应及时、全面地向所有债权人披露债权审查的结果及异议处理情况。这有助于增强债权人对重整程序的信任度，减少不必要的误解和猜疑。

沟通机制的多元化：除了定期的信息披露外，管理人还应建立多元化的沟通机制，如定期召开债权人会议、设立专门的咨询窗口等，以便债权人能够随时了解重整进展并提出自己的意见和建议。

一旦债权人会议对呈交的债权表无异议，或者债权人未在法院设定的时间框架内发起诉讼，管理人则应将该债权表递交给法院进行最终确认。若债权人会议在审查过程中表达了异议，且异议债权人依规向法院提起了诉讼，法院须依法受理并作出判决以确认债权状态。据此，管理人需依据法院的判决结果对债权表作出相应调整。债权人将依据法院裁定确认的债权表中明确的债权内容，正式参与到重整流程中，并据此行使其应有的各项权利。

4. 其他补充措施

债权人教育与指导：考虑到部分债权人可能对破产重整程序不太了解，管理人可提供相关的教育和指导服务，帮助债权人更好地理解和参与重整程序。

建立债权人代表制度：在债权人数量众多的情况下，可选举产生债权人代表，代表广大债权人与管理人进行沟通和协商，提高决策效率。

引入监督机制：为保障债权申报与审查的公正性和透明度，可引入独立的监督机制，如由法院指定的监督人或者由债权人选举产生的监督委员会，对整个过程进行监督。

通过这些优化和补充措施的实施，可以进一步保障债权申报与审查工作的公正性、透明度和效率，为破产重整程序的顺利进行提供有力保障。

（四）重整计划的制定与批准

重整计划是企业破产重整程序中的核心环节，它旨在通过一系列的经营调整和债务重组措施，使企业恢复生机并实现持续经营。重整计划的制定与批准涉及多方当事人的利益诉求，需要遵循一定的法律程序和原则，保障计划的合理性和可行性。本部分将详细阐述重整计划的制定要求、内容构成、提交与审议程序、批准流程与异议处理以及变更与调整程序等方面。

1. 重整计划草案的核心意义与关键作用

重整计划草案是破产重整中的核心文件，由重整管理人或者相关方制定，旨在重组债务、重振企业，需经债权人会议同意及法院批准。其独特价值在于通过债务重组与业务重构，实现企业新生，与清算或者和解方案明显区隔。

作为破产重整的核心要素，该草案是程序顺利推进的基石，其可行性与通过情况直接决定重整成败。草案不仅是行动指南，更是程序中的关键节点。

草案设计必须强调债权人利益，保障其信服计划的可行性，及企业重生能力，防止重整期间债权人受损，避免程序受阻或者失败。实际上，充分保障债权人权益的草案更易获得通过，即使初次未通过，良好的债权人保护条款也为法院直接批准提供了可能，保障重整目标的最终实现。

2. 制定要求与内容构成

上市公司应在法院下达重整裁定之日起6个月内，向法院及债权人会议呈报重整计划草案。

重整计划的制定应立足于详尽的尽职调查，根据企业的财务状况和经营情况，全面分析企业的资产、负债、现金流等方面的情况，以及市场环境和行业趋势等外部因素，保障对债权人、债务人及出资人间利益调整的公正性和合理性，保障同组成员权利平等。特别地，草案需保障担保债权人的优先权益，保障其基于特定担保财产的全额偿付不受实质损害；同时，普通债权的清偿比例不得低于清算情形下的预期水平，维护债权人利益。在充分了解企业情况的基础上，制订符合企业实际情况的重整计划。

重整计划草案是一份全面且详细的文件，应包含下面内容：

债务人的经营方案，详细说明债务人在重整期间及之后的具体经营策略和目标，并分析市场趋势，以及债务人在行业中的定位和竞争优势。

债权分类，对债权进行详尽的分类，包括但不限于优先债权、普通债权等，并为每一类债权提供明确的定义和范围，以便债权人能够准确了解自己的权益。

债权调整方案，根据债权的分类，提出具体的债权调整方案，并解释调整方案的合理性和公平性。

债权受偿方案，详细说明各类债权的受偿顺序、比例和方式，并保障受偿方案的公平性和可操作性，以最大限度地满足债权人的合理利益。

重整计划的执行期限，设定明确且合理的重整计划执行期限，并解释执行期限内各项任务的时间节点和关键里程碑。

重整计划执行的监督期限，规定重整计划执行完成后的监督期限。

明确监督机构和人员的职责，以保障重整计划的持续有效执行。

有利于债务人重整的其他方案，提出可能有助于债务人重整的额外措施或者策略，并分析这些方案对债务人长期发展的潜在影响。

在制订重整计划时，应充分考虑各方当事人的利益诉求和社会公共利益。对于涉及重大利益调整的重整计划，应积极与各方当事人进行沟通和协商，寻求共识和妥协。同时，重整计划应符合法律法规的规定和法院的审查要求，保障其合法性和可行性。

根据法律规定，破产程序包括清算、和解、重整三种价值取向完全不同的程序。

若无明确的重整申请提出，程序上无法自动迈入重整阶段。按照法律规定，自破产申请提交至破产宣告前的窗口期，任何一方均有权提议重整。这一过程需经历申请人主动申请、法院审核合规性，并通过裁定宣布债务人进入重整阶段及公告，方视为正式步入重整时期。因此，在实务操作上，需精心规划，考量程序转换的时间效率，在初步重整方案成形后，紧锣密鼓地在第二次债权人会议召开前夕，促使申请人递交重整申请，并促成法院迅速做出重整裁定，保障顺畅过渡到破产重整的法定流程中，避免不必要的延误。

3. 提交与审议程序

重整计划制定完成后，应提交给债权人会议进行审议。债权人会议是企业破产重整程序中的重要组成部分，由企业的各类债权人组成。债权人会议可以按照不同类别的债权分组进行表决，以保障各类债权人的利益得到平等保护。

在债权人会议审议重整计划时，应充分保障债权人的知情权和表达权。管理人应向债权人会议详细介绍重整计划的制定过程和内容，回答债权人的提问和质疑。债权人会议应对重整计划进行充分讨论和审议，保障计划的合理性和可行性。

对于涉及重大利益调整的重整计划，应组织多次审议和讨论，保障各方当事人的充分参与和表达意见。同时，应积极引导债权人理性表达意见和诉求，推动债权人会议达成共识和通过重整计划。

一旦法院决定受理上市公司重整申请，随即需委派审计及评估机构对该公司进行全面审计与评估，旨在准确衡量其偿债能力，并据此估算破产清算情境下债权人的预计清偿比例。此审计评估结论需经由债权人会议的认可，但重要的是，审计及评估报告的最终确认权归属法院，而非债权人会议直接投票决定的议题。

为保障流程顺畅并维护债权人权益，避免因信息不透明或者误解导致的情绪对抗及对重整计划的反对，可借鉴债权核查程序的处理模式：债权人会议不具备直接确认审计评估报告的权力，但享有审查和质疑的权力。会议期间，债权人可对报告内容进行细致询问并提出疑问或者异议，而报告的确立权威仍在于法院。若遇到债权人因不接受评估结果而有意延宕重整进度，法院可适时介入，设定异议反馈期限或者要求补充材料的时限，逾期未成立的异议或者材料补正后，法院将依法强制确认报告，保障重整程序的有序进行。

4. 批准流程与异议处理

经债权人会议通过的重整计划提交法院审查批准。法院在审查重整计划时，应重点关注计划的合法性、合理性和可行性等方面。对于涉及社会公共利益或者重大利益调整的重整计划，法院可组织听证会等方式广泛征求意见后再作出裁定。

在法院审查过程中，对重整计划有异议的当事人可以在规定期限内向法院提出异议申请并提供相关证据材料。法院应及时进行审查并作出处理决定。对于合理的异议申请，法院可以要求管理人对重整计划进行修改完善；对于不合理的异议申请，法院可以予以驳回并说明理由。

5. 变更与调整程序

在重整计划执行过程中，因客观原因需要变更或者调整的应经过债权人会议审议通过并提交法院审查批准。变更或者调整的程序和要求应在重整计划中明确规定以保障程序的规范性和透明度。在变更或者调整过程中应注重保护各方当事人的合法权益避免造成不必要的损失和纠纷。

为保障重整计划的顺利执行和及时调整优化，建立相应的监督和考核机制至关重要。监督和考核机制应主要包括定期对重整计划执行情况进行评估和监督，对存在的问题及时提出改进措施和建议。同时应建立有效的信息反馈机制及时收集和整理各方当事人的意见和建议，为重整计划的调整和优化提供有力支持。

最终目标是实现企业的重生和持续发展以及保障各方当事人的合法权益得到最大化实现。通过制订合理的重整计划并经过充分的审议和批准程序可以为企业恢复生机创造有利条件。在执行过程中根据实际情况和需求的变化及时调整和优化重整计划有助于保障企业的稳定发展和各方当事人的利益得到有效保障。

（五）执行与监督

1. 执行主体与程序

重整计划作为企业破产重整程序中的核心环节，经过债权人会议的审议和法院的批准后，即进入执行阶段。在重整计划的实施环节，上市公司需严谨遵守承诺，对在规定时间内完成债权申报的债权人，严格按照重整计划确立的条款履行偿债责任。而对于未能在法定时效内申报的债权人，上市公司则需在重整计划圆满执行终结后，参照同类债权的处理标准，提供相应的清偿安排，保障所有债权人的待遇一致性和程序的公平性。

关于执行主体，重整计划的执行主体为管理人。管理人在重整程序中具有重要地位，负责重整计划的制定、提交、修改以及执行等工作。管理人的选任应符合法律规定，并具备相应的专业知识和经验，以保障重整计划的有效实施。

关于执行程序，具体如下：

（1）制订执行方案：管理人应根据重整计划的内容和时间表，制订详细的执行方案。执行方案应主要包括各项重整措施的具体实施步骤、时间节点、责任人等，以保障执行工作的有序进行。

(2) 组织实施：管理人应按照执行方案，组织相关人员和资源，积极推进重整计划的实施。在实施过程中，管理人应加强与债权人、债务人以及其他相关方的沟通和协调，保障重整计划的顺利推进。

(3) 定期报告：管理人应定期向法院和债权人会议报告执行情况，涉及重大事项的应及时报告。报告内容应主要包括执行进度、存在的问题、需要协调的事项等，以便法院和债权人会议及时了解重整计划的实施情况。

2. 执行监督与考核机制

为保障重整计划的顺利执行和保障各方当事人的合法权益，建立有效的执行监督与考核机制至关重要。

在监督期内，上市公司应当定期向管理人提交报告重整计划执行报告和债务人财务状况说明。

关于监督措施，主要包括债权人会议监督、法院监督。

(1) 债权人会议监督：债权人会议作为重整程序中的重要组成部分，有权对重整计划的执行情况进行监督。债权人会议可设立监督委员会，对重整计划的执行情况进行日常监督，发现问题及时与管理人沟通并报告法院。监督委员会的成员应具有专业知识和经验，能够客观、公正地履行职责。

(2) 法院监督：法院在重整程序中具有最终决定权，对重整计划的执行情况负有监督职责。法院可根据情况要求管理人提供执行情况的详细报告，并可视情况进行现场检查。对于发现的问题，法院可要求管理人及时采取整改措施，保障重整计划的顺利推进。

关于考核机制，为保障重整计划的有效实施和管理人的勤勉尽责，应建立对执行工作的考核机制。考核机制应主要包括以下几个方面：

(1) 执行进度考核：根据重整计划的时间表和执行方案，对管理人的执行进度进行考核。对于未按计划完成的工作，应分析原因并采取相应的补救措施。

(2) 执行成果评价：对管理人在执行过程中取得的成果进行评价。评价内容应主要包括资产处置、债务清偿、经营改善等方面的实际效果以及各方当事人的满意度等。

(3) 工作绩效考核：根据破产管理人在执行过程中的工作表现和实际效果，对其工作绩效进行考核。考核结果可作为破产管理人报酬的依据，并可对破产管理人的报酬进行调整。

3. 变更与终止程序

在执行过程中，因客观原因需要对重整计划进行变更或者终止的，应遵循一定的法律程序和原则。本部分将阐述变更与终止程序的相关要求。

在执行过程中，因客观原因需要对重整计划进行变更的，应经债权人会议通过并报法院批准。变更程序应符合法律规定和重整计划的约定，保障变更的合法性和合理性。同时，变更后的重整计划应继续符合各方当事人的利益诉求和社会公共利益的要求。

若重整计划无法继续执行或者执行结果不符合预期目标，经债权人会议决议并报法院批准，可终止重整计划。终止程序应符合法律规定和重整计划的约定，保障终止的合法性和公正性。在终止程序中，应妥善处理各方当事人的权益关系，避免产生不必要的纠纷和损失。

4. 执行完毕与终结程序

当重整计划执行完毕且达到预期目标时，即进入终结程序。监督期届满时，上市公司应当向管理人提交重整计划执行终结报告，并附有履行完毕重整计划的相关证据卷宗。管理人依据上市公司出具的报告，依法向法院提交监督报告后，重整监督期自动终止。

关于执行完毕申请与审查，当管理人认为重整计划已经执行完毕且达到预期目标时，应向法院申请终结重整程序。申请应附有相关证明材料，主要包括重整计划的执行情况报告、相关凭证和证明文件等，以证明重整计划的执行情况和结果符合法律规定和重整计划的要求。

关于法院裁定与公告，法院在收到管理人的申请后，应对相关证明材料进行审查。经审查认为符合条件的，裁定终结重整程序并公告。公告内容应主要包括终结裁定的主要内容、相关当事人的权利义务以及后续事项的处理方式等。同时，法院应将相关裁定和公告材料及时送达各方当事人和相关机构。

关于资料整理与归档，在终结程序中，还应做好相关资料的整理和归档工作。管理人应对重整计划执行过程中形成的各类文件、资料进行分类整理并按照档案管理的要求进行归档保存。这些资料不仅是对重整计划执行情况的历史记录，也是对后续企业运营和发展的有力支持。同时对于涉及法律诉讼或者争议解决的相关资料更应妥善保管以备查证之需。

(六) 后续管理与责任追究

1. 后续管理安排

在重整程序结束后，为保障企业稳定且持续地恢复和发展，必须有一套行之有效的后续管理安排。这不仅涉及企业日常运营的各个方面，更关乎企业未来的发展方向和市场竞争力。

生产经营的恢复与提升：企业应迅速而有序地恢复生产活动，保障供应链的稳定，以及产品和服务的质量。此外，还需根据市场反馈不断优化生产流程和产品创新，以满足客户需求，增强市场竞争力。

企业结构的优化与调整：基于重整过程中的经验和市场变化，企业应适时调整其组织架构和业务模式。这可能主要包括精简管理层级，提高决策效率，以及优化资源配置，降低成本等。

财务状况的持续改善：财务管理是企业稳定发展的关键。在重整后，企业应建立更为严谨的财务管理体系，提高资金使用效率，降低财务风险，并保障合规性。

内部管理机制的强化与完善：建立健全的内部管理机制是防范风险、保障持续发展的重要保障。企业应完善治理结构，强化内部控制，保障各项决策的科学性和有效性。

2. 责任追究机制的完善

在重整过程中及之后，若存在违法违规行为或者侵害他人权益的情况，必须有一套完善的责任追究机制来保障公正和公平。

明确的责任主体与界限：首先，应明确在重整过程中各参与方的责任与义务，主要包括管理人、债权人、债务人等。各自的权力和责任应清晰界定，避免模糊地带导致的追责困难。

多元化的追责方式：针对不同类型和严重程度的违法行为，应采取不同的追责方式。这可以主要包括民事赔偿、行政处罚以及刑事制裁等。同时，鼓励受损方通过法律途径维护自身权益。

加大监管与执法力度：为保障责任追究的有效实施，监管部门应加大监督力度，及时发现和查处违法行为。同时，法院和其他执法机构也应提高执法效率，保障违法者受到应有的法律制裁。

建立信用惩戒机制：除了法律制裁外，还可以通过建立信用惩戒机制来约束相关责任人的行为。例如，将违法违规记录纳入个人或者企业的信用档案，影响其未来的市场活动和社会声誉。

鼓励社会监督与公众参与：社会监督和公众参与是完善责任追究机制不可或缺的一部分。通过媒体曝光、公众举报等方式，可以揭露和打击违法违规行为，维护市场秩序和公平正义。

3. 信用修复与重建

信用是企业的生命线。在经历重整后，企业及其法定代表人的信用往往受到一定损害。因此，积极修复信用、重塑市场形象至关重要。

履行法定义务与社会责任：企业应认真履行各项法定义务和社会责任，如按时偿还债务、保障员工权益等。这是信用修复的基础和前提。

改善经营状况与提升信息披露透明度：通过改善经营状况、提高盈利能力来展示企业的实力和信誉。同时，加强信息披露透明度有助于消除市场的不确定性和疑虑。

寻求第三方认证与支持：积极寻求第三方机构如信用评级机构、行业协会等的认证和支持以提升企业信用评级和市场认可度。

4. 持续发展与风险防范

重整后的企业不仅应关注当前的运营状况更应注重未来的发展潜力和风险防范能力。

总结经验教训与加强风险防范意识：剖析导致困境的根源并总结经验教训有助于企业在未来发展中避免重蹈覆辙并提升风险防范意识。

建立健全的风险防范机制：构建完善的风险识别、评估、监控和应对体系保障企业在面临风险时能够及时作出反应降低损失并抓住机遇。

寻求持续发展的途径与合作：积极拓展新的市场领域寻求战略合作伙伴，增强自身实力和市场份额保障企业在竞争激烈的市场中保持领先地位并实现可持续发展。

四、重整计划草案设计要点

（一）债务重组：全面性与策略性的平衡

在复杂多变的经济环境下，企业遭遇债务危机已不是个案。为了实现可持续经营和健康发展，债务重组成为一项必要且紧迫的任务。债务重组不仅涉及对现有债务的梳理和分析，还需要根据债权人的不同诉求，设计出全面且具策略性的重组方案。下面将探讨债务重组的重要性，并提出在全面性与策略性之间找到平衡的方法。

1. 深入洞察：债务人识别的艺术

在债务重组与资产处置的复杂交易中，债务人识别如同寻找迷雾中的灯塔，需要敏锐的洞察力和丰富的经验。以下是我们应如何精准识别债务人的建议：详尽的尽职调查，在进入任何交易前，对债务人进行全面的背景调查是不可或缺的，主要包括但不限于对其财务状况、信用历史、行业地位等各个方面进行深入分析。利用先进技术进行信用评估，借助大数据和人工智能等先进技术，我们可以更快速、更准确地评估债务人的信用状况，挖掘出传统方法难以发现的风险。寻求专业机构的协助，专业的信用评级机构和征信机构拥有丰富的数据库和专业的分析团队，他们的意见可以为我们提供宝贵的参考。

2. 债务梳理：摸清家底

任何有效的债务重组策略，都必须建立在对现有债务清晰、准确地理解之上。因此，对企业债务的详细梳理是第一步。这主要包括列出所有债务的类型、规模、利率和到期日等关键信息。这些数据不仅揭示了企业的债务结构，也为后续的策略设计提供了坚实的数据支持。

具体来说，企业应全面收集各类债务的详细数据，主要包括贷款合同、债券发行文件、应付账款清单等。通过对这些数据的整理和分析，企业可以清晰地了解自身的债务状况，主要包括债务总额、各类债务占比、利率水平、还款计划等。这将为后续的策略制定提供有力支持。

在梳理企业债务时，应注意以下几点：对各类债务进行分类，如银行贷款、债券、应付账款等，以便针对不同类型的债务制定相应的策略；详细了解每笔债务的金额、利率、到期日等关键条款，以便评估企业的偿债能力和风险；分析债务的期限结构，了解短期和长期债务的占比，以及是否存在债务集中到期的情况；评估企业的偿债能力，主要包括现金流状况、资产变现能力等，以便确定债务重组的必要性和紧迫性。

3. 债权人分析：了解诉求与底线

债权人作为企业债务的直接承担者，其态度和诉求对债务重组的成败具有决定性影响。因此，对债权人进行深入分析是债务重组策略设计中的关键环节。这主要包括对债权人进行分类，了解各类债权人的主要诉求和底线。通过这样的分析，企业可以更有针对性地制定与不同债权人的沟通和协商策略。

在分析债权人时，企业应注意以下几点：对债权人进行分类，如银行、债券持有人、供应商等，以便针对不同类型的债权人制定相应的沟通策略；了解债权人的主要诉求，如回收本金、获取利息、维护合作关系等，以便在债务重组方案中加以考虑；评估债权人的底线，即其可接受的最低还款条件，以便在协商过程中把握分寸，避免触及债权人的敏感点；与债权人保持密切沟通，及时了解其意见和反馈，以便在方案设计和实施过程中作出相应调整。

4. 策略设计：综合施策，实现共赢

在全面梳理债务和深入分析债权人的基础上，企业应设计出一套综合且具策略性的债务重组方案。这可能主要包括多种策略的组合，如债务展期、部分债权减免、债转股等。这些策略应根据债务的具体情况和债权人的不同诉求进行灵活组合，以实现债务重组的最大效益和共赢结果。

在设计债务重组策略时，企业应遵循以下原则：首先，保障策略的全面性，即覆盖所有类型的债务和债权人；其次，注重策略的策略性，即根据不同情况采取灵活多变的措施；最后，努力实现共赢结果，即在保障企业利益的同时尽量满足债权人的合理诉求。通过综合施策，企业可以在复杂多变的债务环境中找到一条可行的出路。

在设计企业债务重组策略时，应根据债务的期限结构和企业的偿债能力，选择合适的债务重组方式，如债务展期、部分减免等；在设计债转股方案时，应充分考虑股权结构的调整、公司治理的完善以及未来资本运作的需求等因素；在制定债务重组方案时，应综合考虑法律、税务等方面的规定和要求，以保障方案的合法性和可行性；与债权人进行充分沟通和协商，争取其对债务重组方案的理解和支持，以保障方案的顺利实施。

（二）资产处置：最大化价值与降低风险

资产是企业价值的重要组成部分，但在某些情况下，过度的资产持有可能会成为企业的负担。为了实现资产的最优配置和提升整体运营效率，资产处置成为一项必要措施。这不仅涉及对企业资产的全面盘点，还需要通过专业评估确定资产价值，并选择合适的处置方式以最大化资产价值并降低风险。下面将探讨资产处置的重要性以及如何实现资产价值的最大化与风险的降低。

1. 资产盘点：详尽无遗

资产处置的第一步是对企业所有资产进行详尽的盘点。这要求企业对其固定资产、流动资产以及无形资产进行全面清查和登记。通过这一步骤，企业可以清晰地了解其资产构成和状况，为后续的价值评估和处置策略制定提供基础数据。

在进行资产盘点时，企业应保障数据的准确性和完整性。

企业应对各类资产进行详细登记和分类，主要包括固定资产（如土地、建筑物、机器设备等）、流动资产（如现金、应收账款、存货等）以及无形资产（如品牌、专利、软件等）；对每项资产的购买时间、原价、累计折旧（或者摊销）等信息进行详细记录；对资产的实物与账面记录进行核对，保障信息的准确性和完整性；对资产的使用状况进行评估和记录，以便了解资产的实际价值和潜在风险。

2. 价值评估：专业精准

在确定资产处置策略之前对资产价值的准确评估至关重要。企业应聘请专业的评估机构根据市场情况和行业标准对各类资产进行独立、客观的价值评估。这不仅可以保障评估结果的公正性和准确性也能增加潜在买家的信心从而有利于资产的顺利处置。

在进行价值评估时，企业应选择具有专业知识和丰富经验的评估机构或者专家团队进行价值评估，保障评估结果的准确性和公正性；提供完整的资产信息和相关资料，以便评估机构或者专家团队进行全面深入的分析和评估；关注市场行情和同类资产价格动态，及时调整售价或者底价，以适应市场变化，保障资产处置的效益最大化；在制定售价或者底价时，应综合考虑资产的实际情况、潜在风险以及处置成本等因素，避免过高或者过低的定价影响处置效果。

3. 处置策略：灵活多样

根据资产的性质、市场状况以及评估结果企业应选择合适的处置方式以实现资产价值的最大化并降低风险。对于固定资产可能采用拍卖、协议转让或者租赁等方式；对于流动资产可能通过出售、贴现或者质押等途径实现快速变现；对于无形资产可以考虑许可使用、出售或者作价入股等方式。在选择处置方式时企业应综合考虑时间、成本和风险等因素保障实现资产价值的最大化并降低处置风险。

为了选择合适的处置方式企业需要深入分析市场环境、潜在买家的需求和竞争状况等因素并结合自身实际情况制定具体的处置策略。例如，对于具有稀缺性或者高附加值的固定资产可以采用拍卖或者协议转让等方式以获取更高的价格；对于流动性较强的流动资产可以通过贴现或者质押等方式快速变现以缓解资金压力；对于具有潜在价值的无形资产可以考虑许可使用或者作价入股等方式以实现长期收益的最大化。同时企业还需要建立完善的决策机制和风险管理机制保障处置策略的顺利实施并有效控制潜在风险的发生和影响范围。

（三）业务重组与转型：明确方向与可执行性

业务重组与转型作为企业发展的重要手段，旨在通过对现有业务的深入分析和重新规划，以及对企业未来发展方向的明确和资源的重新配置，推动企业实现质的飞跃。

通过深入的市场分析、全面的内部评估和详细的规划制定与执行监控机制的建立等措施的实施和执行，将推动企业成功完成转型并实现长期繁荣发展。

1. 市场分析：洞察先机，把握趋势

市场是企业生存和发展的土壤，对市场进行深入的分析和研究是业务重组与转型的起点。企业需要关注以下几个方面：

（1）行业趋势分析：了解所在行业的发展阶段、增长潜力以及技术创新等方面的动态。通过收集行业报告、参加行业会议、与同行交流等方式，企业可以把握行业发展趋势，为自身发展制订合理的规划。

（2）市场需求洞察：紧密跟踪消费者需求、购买行为以及偏好的变化。通过市场调研、用户访谈、数据分析等手段，企业可以深入了解市场需求，为产品或者服务的创新提供有力支持。

（3）竞争对手研究：分析竞争对手的战略布局、产品创新以及市场表现等信息。通过对竞争对手的研究，企业可以了解市场竞争态势，制定针对性的竞争策略。

（4）政策法规关注：关注政策法规的变动和趋势，保障企业业务发展与政策环境相协调。及时了解政策法规的变化，可以帮助企业规避潜在风险，抓住政策机遇。

通过市场分析，企业可以洞察市场先机，把握发展机遇，为业务重组和转型提供决策依据。

2. 内部评估：认清自我，明确优势

在了解市场情况的同时，企业需要对自身进行深入全面地评估。这主要包括以下几个方面：

（1）识别核心业务与增长领域：通过对企业内部运营数据的分析，企业可以清晰地识别出自身的核心业务和优势领域。这有助于企业在转型过程中保持核心业务的稳定性和竞争优势，同时拓展新的业务领域和市场空间。企业应关注那些具有高增长潜力和市场前景的业务领域，并制定相应的发展策略。

（2）优化资源配置：内部评估可以揭示企业内部资源配置的不合理之处。通过对资源的重新配置和优化，企业可以提高资源的利用效率，降低运营成本，并为新业务的发展提供充足的资源保障。企业应建立科学的资源配置机制，保障资源能够流向最需要、最能产生效益的业务领域。

（3）激发创新活力：内部评估可以发现企业内部存在的问题和隐患，同时也可以激发企业的创新活力。企业应鼓励员工提出改进意见和建议，集思广益，发掘潜在的创新点和发展机遇。通过创新，企业可以打破传统束缚，探索新的商业模式和竞争优势，为转型提供新的动力和方向。

（4）持续改进文化：内部评估应成为企业持续改进文化的重要组成部分。企业应建立相应的持续改进机制，鼓励员工积极参与改进活动，不断提高自身的技能和素质。同时，企业应定期对改进成果进行评估和反馈，保障改进措施的有效实施和持续改进文化的深入人心。

通过内部评估，企业可以认清自身的优势和不足，为后续的重组和转型规划提供重要参考。同时，也有助于企业在转型过程中保持稳健的步伐和明确的方向。

3. 重组与转型规划：绘制蓝图，明确路径

基于市场分析和内部评估的结果，企业应制订详细的业务重组和转型规划。这涉及以下几个关键步骤：

（1）明确转型目标和愿景：设定清晰、可量化的转型目标和愿景，为全体员工提供明确的方向指引。转型目标和愿景应具有前瞻性和可实现性，能够激发员工的激情

和动力。

（2）设计新的业务模式和盈利模式：根据对市场趋势的洞察和企业自身能力的评估，设计适应未来发展的新业务模式和盈利模式。这可能主要包括产品创新、服务升级、渠道拓展等方面。新的业务模式和盈利模式能够为企业带来持续增长的收入和利润。

（3）调整组织结构和管理体系：根据新的业务模式和盈利模式的要求，调整企业的组织结构和管理体系。这可能涉及部门合并、岗位调整、流程优化等方面。通过调整组织结构和管理体系，企业可以保障资源的高效配置和业务的顺畅运行。

（4）重新配置资源：识别并获取支持新业务发展的关键资源，主要包括资金、技术、人才等。同时，对现有资源进行优化配置，提高资源使用效率。在资源重新配置过程中，企业应注重资源的整合和共享，避免资源的浪费和重复投入。

（5）建立监控和调整机制：为了保障转型规划的有效实施和及时应对市场变化，企业应建立监控和调整机制。这主要包括定期评估转型进展、监控市场动态和企业内部变化等方面。通过监控和调整机制的运行，企业可以及时发现并解决转型过程中的问题和挑战，保障转型目标的顺利实现。

在制定和执行重组与转型规划时，企业需要充分考虑潜在的风险和挑战，并制定相应的应对策略。同时，保持灵活性和适应性是关键因素之一。随着市场环境的不断变化和竞争态势的演变，企业可能需要对原计划进行调整或者优化以适应新的情况。因此，建立一个持续改进和学习的文化至关重要。这将有助于企业在转型过程中不断积累经验和智慧，提高决策质量和执行效率。

（四）投资者引入与战略合作：寻找最佳伙伴与共赢模式

随着市场竞争的日益激烈，企业为了保持竞争优势并实现可持续发展，往往需要引入外部投资者并建立战略合作关系。这种合作方式可以为企业带来资金、管理经验、市场资源和技术能力等关键要素，从而推动企业实现转型升级和快速发展。

1. 投资者筛选

为了保障引入的投资者能够为企业带来最大的价值，企业需要设定明确的投资者筛选标准，并对潜在投资者进行全面评估。以下是筛选投资者时需要考虑的关键因素：

（1）资金实力：投资者应具备足够的资金实力，以满足企业重整过程中的资金需求。评估投资者的资金来源和财务状况，保障其具备足够的投资能力和风险承受能力。

（2）行业经验：优先选择具有相关行业经验或者成功投资经验的投资者。他们更能够理解企业的运营模式和市场状况，为企业提供有价值的建议和支持。

（3）战略契合度：投资者的战略目标应与企业的发展战略高度契合。这有助于保障双方在合作过程中形成共同的目标和愿景，从而实现共赢。

（4）资源和网络：投资者应具备丰富的行业资源和人脉网络，这有助于企业在重整过程中拓展市场、寻找合作伙伴和引进优秀人才。

通过对潜在投资者的全面评估，企业可以筛选出最符合自身需求的投资者，为后续的合作方案设计奠定基础。

2. 合作方案设计

为了吸引优质投资者并保障双方合作的顺利进行，企业应设计具有吸引力的合作方案。合作方案应主要包括以下关键要素：

（1）股权结构：明确投资者和企业原股东在重整后的股权比例和权益安排。设计合理的股权结构以平衡双方利益，保障企业稳定发展。

（2）投资回报：设定投资者的投资回报方式和期限，如股息分配、股权转让等。根据企业盈利能力和市场需求进行合理规划，保障投资者的利益得到充分保障。

（3）治理机制：建立科学、高效的公司治理机制，明确双方在公司决策、管理和监督等方面的权利和义务。这有助于保障企业决策的合理性和透明度，维护企业和投资者的共同利益。

（4）合作内容与分工：明确双方合作的具体内容和分工，主要包括资金投入、技术支持、市场开拓等。通过明确各自的责任和期望成果，推动双方积极履行合作义务实现合作目标。

（5）风险分担与应对：对可能出现的风险进行充分预估并制定相应的风险分担和应对措施。双方应共同制订风险管理计划，明确各自的风险承担方式和应对措施。同时建立有效的沟通机制和应急响应机制有助于及时应对突发事件降低风险对企业的影响。

在设计合作方案时，企业应充分考虑投资者的需求和关切，保障方案既符合企业的战略发展目标又能为投资者带来合理的投资回报。同时合作方案应具有灵活性和可调整性以适应未来市场环境和企业经营状况的变化。

3. 谈判与签约

在确定合作方案后，企业应与选定的投资者进行详细的谈判。谈判过程中双方应就合作方案中的各项条款进行探讨和协商保障各自利益得到充分保障。在达成共识后双方应签订正式的合作协议明确各自的权利和义务为合作的顺利实施提供法律保障。

为了保障谈判的顺利进行和合作协议的顺利签订，企业需要做好以下准备工作：

（1）组建专业的谈判团队：主要包括财务、法务、业务等相关部门的人员，他们应具备丰富的经验和专业知识。谈判团队应充分了解企业的需求和投资者的关切以保障在谈判过程中能够为企业争取到最有利的条件。

（2）准备充分的谈判资料：主要包括企业财务状况、市场前景、竞争状况等相关信息。这些资料有助于投资者更好地了解企业状况为谈判提供有力支持。同时企业还可以准备一份详细的商业计划书展示自身的发展战略和市场潜力增强投资者的信心。

（3）明确谈判策略和目标：企业应明确自身的谈判策略和目标主要包括期望的投资金额、股权比例、合作期限等关键条款。同时制定相应的底线和备选方案以应对可能出现的僵局或者不利情况。

（4）注重沟通技巧和礼仪：在谈判过程中企业应注重沟通技巧和礼仪的运用。通过积极倾听、清晰表达、尊重对方等方式建立良好的沟通氛围，促进谈判的顺利进行，同时保持诚恳和专业的态度也有助于提升企业在投资者心中的形象，增加合作的成功率。

（5）细致审查合作协议：在签订合作协议前企业应组织法务、财务等相关专业人员对协议内容进行细致审查保障协议条款的合法性和合理性，防止未来可能出现的纠纷和风险。对于不明确或者存在争议的条款应及时与投资者进行沟通协商达成共识后再进行签订。同时合作协议中应明确双方的权利和义务主要包括投资金额、股权比例、管理权分配、违约责任等重要事项保障协议的完整性和有效性。

（6）建立后续沟通机制：合作协议签订后双方应建立有效的后续沟通机制定期就合作进展、遇到的问题等进行沟通交流以保障合作的顺利进行。同时双方还可以共同探讨新的合作机会进一步拓展合作领域实现更深层次的共赢。通过定期召开董事会或者股东大会等方式加强双方的沟通和协作及时发现并解决潜在问题推动合作不断向前发展。

（五）方案评估与优化：持续性与动态性的结合

随着企业重整方案的制定与实施，企业需要面对不断变化的市场环境和内部状况，这要求企业具备持续性和动态性的评估与优化能力。下面将详细阐述如何定期评估、动态调整和建立反馈机制，以保障企业重整方案的顺利推进和持续优化。

1. 定期评估

定期评估是企业重整方案实施过程中的重要环节，有助于及时发现问题，调整策略，保障方案的顺利推进。为实现定期评估的有效性，企业应设定固定的评估周期，如每季度或者每半年对重整方案的执行情况进行全面评估。

(1) 评估指标

为保障评估的全面性和客观性，企业应设定一套科学合理的评估指标。这些指标应主要包括财务指标（如营业收入、利润、现金流等）、市场指标（如市场占有率、客户满意度等）、内部运营指标（如生产效率、员工满意度等）等。针对不同方面的评估，可以设定具体的评估指标和权重，以便更准确地反映方案的实施效果。

(2) 评估方法

评估方法可采用定性和定量相结合的方式。定性评估可以通过专家访谈、内部员工调研等方式收集信息，对重整方案的实施情况进行描述和分析；定量评估则可以运用财务指标、市场占有率等数据，对重整方案的实施效果进行量化评价。此外，企业还可以采用对比分析、趋势分析等方法，对评估结果进行剖析。

(3) 评估报告

每次评估完成后，应形成详细的评估报告。报告应主要包括评估结果、存在问题、改进建议等内容，为决策者提供全面、客观的信息支持。同时，报告应以图表、数据等形式直观展示评估结果，方便决策者快速了解方案实施情况。

某汽车制造企业曾经一度有着辉煌的过去，由于受市场环境变化和竞争对手的压力，面临业绩下滑和市场份额减少的危困局面。为扭转这一局面，企业制定了一套重整方案，主要包括调整产品战略、优化组织结构、提高生产效率等措施。为了保障重整方案的顺利实施，企业设定了每半年进行一次全面评估的周期。

在第一次评估中，企业发现重整方案在调整产品战略方面取得了显著成效，新产品在市场上获得了良好反响，带动了销售业绩的提升。但在优化组织结构和提高生产效率方面，方案的实施效果并不理想。针对这些问题，企业及时调整了方案中的关键要素，如加强内部沟通协作、引进先进生产设备等。

经过持续的评估与优化，该汽车制造企业的重整方案在实施过程中不断适应市场变化和企业内部状况，最终实现了业绩的稳步提升和市场份额的扩大。

2. 动态调整

市场环境和企业内部状况的不断变化，要求企业重整方案具备相应的适应性。为实现这一目标，企业应根据定期评估的结果和市场变化，及时调整重整方案中的关键要素。

(1) 调整原则

动态调整应遵循针对性、灵活性和可持续性等原则。即针对评估中发现的问题和市场变化，对重整方案进行有针对性的调整；保持足够的灵活性，以便应对可能出现的各种情况；保障调整后的方案能够支持企业的长期发展。

(2) 调整内容

根据定期评估的结果和市场变化，动态调整的内容可能涉及战略目标、业务结构、组织结构、资源配置等方面。企业可以根据实际情况，对重整方案中的关键要素进行适当调整，以保障方案的适应性和有效性。

(3) 调整过程

动态调整过程主要包括分析问题、制订调整方案、实施方案和跟踪评估等步骤。企业应深入分析评估结果和市场变化，明确调整的需求和目标；制定具体的调整方案，明确调整的内容、方法和时间表；保障调整的顺利进行；对调整后的方案实施效果进行评估，以便及时发现并解决问题。

某电子商务公司在经历了一段时间的高速发展后，面临市场竞争加剧和用户需求多样化的挑战。为了保持竞争优势并满足用户需求，公司制订了一套重整方案，主要包括拓展产品线、提升用户体验、加强营销推广等措施。

在实施过程中，公司发现市场环境发生了重大变化，竞争对手纷纷推出新的营销策略和技术创新，导致公司原有的重整方案难以适应市场变化。针对这一情况，公司及时对重整方案进行了动态调整。首先，公司对竞争对手的营销策略进行了深入研究和分析，发现用户对于个性化推荐和社交互动的需求日益增强。于是，公司决定在原有的产品线基础上增加个性化推荐和社交互动功能，以满足用户需求并提升用户体验。同时，公司还加大了营销推广力度，通过线上线下相结合的方式提高品牌知名度和用户黏性。

经过动态调整后，该电子商务公司的重整方案重新焕发了活力，不仅成功应对了市场变化带来的挑战，还实现了业绩的持续增长和用户满意度的提升。

3. 反馈机制

为保障企业重整方案的持续优化和改进，建立内部和外部的反馈渠道至关重要。通过收集各方对重整方案的意见和建议，不断完善方案，提高企业应对市场变化的能力。

(1) 内部反馈渠道

企业应建立内部反馈渠道，鼓励员工积极参与重整方案的优化工作。可以通过设立内部论坛、定期召开员工座谈会等方式，收集员工对重整方案的意见和建议。同时，企业应建立有效的信息处理机制，对员工反馈进行及时响应和处理。此外，企业还可以设立奖励机制，对提出有价值意见和建议的员工给予适当奖励，激发员工的参与热情。

(2) 外部反馈渠道

企业还应关注外部利益相关者的意见和建议，以便更全面地了解重整方案的实施效果。可以通过客户满意度调查、供应商评价、行业协会交流等方式收集外部反馈。此外，企业还可以利用社交媒体、网络论坛等渠道与公众进行沟通和交流，获取更多有价值的反馈信息。对于收集到的外部反馈，企业应进行分类整理和分析提炼出有价值的信息和建议，并将其纳入重整方案的优化计划中。

（3）反馈处理与改进

收集到内外部反馈后，企业应对其进行分类整理和分析，提炼出有价值的信息和建议。针对反馈中提出的问题和建议，制定具体的改进措施，并将其纳入重整方案的优化计划中。通过持续改进和优化，保障企业重整方案能够适应不断变化的市场环境、企业内部状况以及各相关方的核心利益诉求，为企业实现重生和持续发展提供有力保障。同时，企业还应定期对反馈处理和改进措施的实施效果进行评估，保障各项措施的有效性和可行性。对于未能达到预期效果的措施，企业需深入分析原因并进行针对性调整，以保障改进措施的实施成效。在持续收集和处理内外部反馈的过程中，企业可以逐步建立起一套完善的自我修正和持续优化机制，少走弯路、避免踩坑。

此外，企业还可以通过与其他企业或者行业进行合作与交流，共享经验和资源，进一步提升自身的优化能力和市场竞争力。通过持续优化和改进，企业可以不断提升重整方案的质量和效果，为企业实现可持续发展奠定坚实基础。同时，这也是企业在面对复杂多变的市场环境和内部挑战时展现出的强大生命力和适应能力的体现。

（六）方案提交与审议：规范性与效率性的统一

在企业重整过程中，方案提交与审议环节至关重要。它既是企业向决策机构展示重整计划的关键时刻，也是获取批准和支持的必经之路。为了保障这一环节的顺利进行，企业应兼顾规范性与效率性，充分准备材料、设计审议流程并保持密切沟通。

1. 材料准备

在提交重整方案之前，企业应按照相关法律法规和公司治理要求，准备齐全、规范地提交材料。以下是一些具体的准备步骤和注意事项：

（1）编制重整方案说明书：详细阐述企业重整的背景、目标、计划、预期成果等内容。说明书应清晰明了，重点突出，以便决策机构能够快速了解方案的核心内容。

（2）收集财务报表及分析报告：提供企业近期的资产负债表、利润表、现金流量表等财务报表，同时附上财务分析报告。这些资料有助于决策机构评估企业的财务状况和经营成果。

（3）进行风险评估并编制报告：对重整过程中可能出现的风险进行评估和预测，并制定相应的应对措施。风险评估报告应详细列明潜在风险、发生概率及影响程度，为决策机构提供参考。

（4）准备法律法规遵从证明：证明企业在重整过程中已严格遵守相关法律法规，如公司法、证券法等。这有助于增强决策机构对企业的信任度。

（5）整理其他必要材料：根据企业实际情况和决策机构要求，提供其他相关材料，如企业章程、股东会决议、合同协议等。

在准备材料时，企业应保障内容的真实性、准确性和完整性，避免虚假陈述或者遗漏重要信息。同时，为了提高审议效率，企业还应尽量精简材料篇幅，突出重点内容，方便决策机构快速审阅。

2. 审议流程设计

为了提高重整方案的审议效率并保障其顺利通过，企业应设计简洁高效的审议流程。以下是一些具体的建议：

（1）明确审议机构及其权限：确定负责审议重整方案的决策机构，如董事会、股东大会等，并了解其审批权限和程序。保障所提交的方案符合该机构的审议范围和要求。

（2）提前与审议机构沟通：在正式提交重整方案之前，与审议机构的成员或者相关部门进行沟通，了解其关注点和审批要求。这有助于企业有针对性地完善方案，提高通过率。

（3）设定合理的审议时限：根据企业实际情况和审议机构的工作安排，设定合理的审议时限。保障方案能够在规定时间内得到审批，避免延误或者超期。

（4）安排现场答辩环节：在必要时，安排企业代表在审议现场进行答辩，解答审议机构成员的疑问，增强其对方案的理解和信任。现场答辩应提前做好准备，熟悉方案内容并准备应对可能的问题。

（5）做好后续跟进工作：在方案提交后，密切关注审议进展并及时回应审议机构的反馈意见。如有需要补充或者修改的内容，应尽快提供相关资料以满足审议要求。

通过设计合理的审议流程，企业可以保障重整方案在规范有序的环境中得到高效审批从而为企业实施重整计划创造有利条件。

3. 沟通协调

在方案提交与审议过程中与决策机构的沟通协调至关重要。以下是一些具体的沟通措施和建议：

（1）明确沟通目标和内容：在与决策机构沟通前明确沟通目标和内容保障沟通过程的针对性和有效性。明确企业需要传达的信息以及期望获得的支持和理解。

（2）选择合适的沟通方式：根据决策机构的特性和需求选择合适的沟通方式如书

面报告、电话会议、现场汇报等。保障沟通方式符合对方的习惯和偏好以便建立有效的沟通渠道。

（3）充分准备沟通材料：提前了解决策机构的关注点和疑虑并准备充分的解答和说明材料。对可能出现的问题进行预判并制定相应的应对策略以便在沟通过程中迅速应对各种问题。

（4）保持耐心和诚恳的态度：在与决策机构沟通时保持耐心和诚恳的态度积极解答疑问争取获得其信任和支持。尊重对方的意见和需求展现出合作和解决问题的诚意。

（5）及时跟进并反馈：在沟通结束后及时跟进决策机构的反馈意见和要求，对方案进行必要的调整和完善，保障方案能够顺利获得批准。同时保持与决策机构的持续沟通及时反馈实施进展和结果，以便获得持续的支持和理解。

通过以上沟通协调措施，企业可以与决策机构建立良好的合作关系为重整方案的顺利通过奠定坚实基础，同时也有助于提高企业在决策机构眼中的信誉和形象，为未来的合作和发展创造更多机会。

（七）实施计划与保障措施：具体性与可操作性的强化

为了保障企业重整方案的顺利实施并取得预期成果，制定具体可行的实施计划和针对性的保障措施至关重要。以下是一些具体的建议和措施来强化实施计划与保障措施的具体性和可操作性。

1. 详细实施计划制订

（1）时间表细化：将重整方案的实施过程分解为若干个阶段和子任务并为每个阶段和子任务设定明确的时间节点和完成期限。时间表应详细到具体的日期以便监控进度并及时调整。

（2）责任人明确化：为每个阶段和子任务指定具体的负责人并明确其职责和权限。建立责任追究机制保障每个责任人都能认真履行职责推动方案的顺利实施。

（3）资源配置优化：根据实施计划的需求合理配置人力、物力、财力等资源保障资源的有效利用和最大化效益。建立资源调配机制灵活应对资源需求的变化保障方案的顺利推进。

（4）监控与报告机制建立：设立定期报告制度要求每个阶段和子任务的负责人定期向管理层汇报进展情况和遇到的问题。同时建立监控机制，通过关键指标和数据跟踪实施进度及时发现并解决问题。

（5）风险应对措施制定：针对可能出现的风险和挑战制定相应的应对措施和风险管理计划以便在遇到问题时迅速做出反应降低损失和影响。定期评估风险状况及时调整应对措施以保障方案的顺利实施。

2. 风险应对预案制定与执行

（1）风险识别与评估：通过全面分析市场环境、政策走向以及企业内部状况识别潜在的风险因素并进行分类评估，确定风险的发生概率和影响程度，为制定应对措施提供依据。

（2）应对措施制定：针对不同类型的风险制定相应的应对措施如市场风险应对策略、政策调整应对方案等。措施应具有针对性和可操作性，能够降低风险对企业的影响并保障方案的顺利实施。

（3）紧急预案建立：针对可能发生的突发事件制定紧急预案，主要包括危机管理团队组建、紧急资源调配、公关策略等以保障企业在危机中能够迅速应对并恢复稳定降低损失和影响。

（4）定期评估与更新：定期对风险应对措施和紧急预案进行评估保障其适应性和有效性并根据实际情况进行必要的更新和调整，保持预案的时效性和有效性。

（5）培训与演练实施：对相关人员进行风险应对培训和预案演练增强团队的危机意识和应对能力保障在关键时刻能够迅速响应并有效执行预案保障企业的稳定运营和声誉维护。

3. 监控与调整机制运作

（1）监控指标设定：根据实施计划和关键任务设定合理的监控指标以便及时跟踪和评估实施进度和成果保障各项任务按照预定目标推进并实现预期成果。

（2）数据收集与分析进行：定期收集相关数据并进行深入分析以评估实施效果并发现潜在问题为决策提供数据支持，同时及时调整实施计划以保障目标的顺利实现。

（3）调整措施及时制定：根据监控结果和分析结论及时制定针对性的调整措施对实施计划进行优化以保障目标的顺利实现并降低潜在风险的影响和调整成本的增加。

（4）反馈机制建立与完善：鼓励员工和相关利益方提出改进意见和建议，不断完善实施计划和保障措施，实现持续改进和提高执行效果促进方案的持续优化和实施效果的提升。

（5）经验教训总结与分享：在项目结束后总结经验教训评估整体实施效果并将成功经验和改进措施分享给企业内部其他项目或者团队，为后续类似项目提供宝贵参考和经验借鉴促进企业整体管理水平的提升和优化。

五、案例

上市公司破产重整案例迅速增长主要归结为两个驱动因素：首先，相比直接破产清算，破产重整在挽救困境企业、优化资源分配上展现出更显著的效果，通过减轻债务、延期偿还、债转股等策略有效解决企业负债压力，改良企业管理，防止企业消亡和资源的无效损耗；其次，政策环境的持续优化，从《国务院关于进一步提升上市公司质量的意见》到沪深交易所出台破产重整指导文件，乃至《中共中央　国务院关于促进民营经济高质量发展的意见》，资本市场对上市公司破产重整的认识日益深化，官方、监管、司法及各界对推动困境企业进入重整程序的积极性显著增强。

（一）某有色金属集团合并破产案

1. 概况

某大型有色金属集团专注于铜、金、银等金属的生产，并涉足稀有金属提取、资源循环利用及技术研发等领域。该集团麾下核心企业包括但不限于某有色公司、某金属材料公司、某金属回收利用公司以及某有色科技公司等。该集团曾一度高歌猛进，直到时运不济，遭遇资金链紧张，导致产量下滑、业务收缩，财务状况急转直下，深陷债务危机。

在经营管理方面的问题主要有项目建设、日常经营所需的资金主要来自高息负债，企业财务费用较高，经营负担较重，经营利润难以覆盖融资成本，经营性现金流恶化；无自有矿山，原料保障性差，无法持续满负荷生产，导致盈利能力差；综合回收项目未顺利运转，较多的计价金属折价销售，造成较大的经济效益损失；原为家族企业，经营管理不规范，财务混乱，部分资金去向不明；未进行合理的套期保值，贵金属的市场价格波动对企业收入影响较大，在曾经一段时间急剧下行，导致堆积的原料和产品贬值严重。

在生产方面的主要问题有，现有生产系统环保绩效评级为 C 级，达不到行业规范条件及 A 级企业要求，在重大会议、重要活动时有限产风险；工艺落后导致产生较低，与先进工艺相比生产成本、综合能耗较高，较多限期淘汰设备无法长期运行，存在自动化程度低、劳动强度大、生产效率低等问题，缺乏竞争力；在建停工的新建设项目工序存在流程长、投资大，且没有工程实践案例，存在技术风险；建成停产的新建设项目存在流程长、产品结构复杂、金属回收率低、加工成本高等问题，需利旧改造；受盐碱环境、生产过程环境腐蚀等因素影响，部分设备及基础、厂房、桥架等存在不同程度的腐蚀情况，需进行加固及维护，消除安全隐患。

综上所述，该集团存在高息负债导致的财务负担重、无自有矿山导致的原材料保障性差、综合利用率低导致计价金属折价销售、现有生产体系环保等级低、能耗高、部分工艺落后需改造升级、部分设备老化有安全隐患等问题，急需通过破产重整摆脱沉重的债务负担，进行技术改造、整修和升级提升企业盈利能力。

两年后，面对上述集团子公司的无力偿债现状，银行向当地中级人民法院提出破产重整申请。后续，该中级人民法院正式受理了由银行提出的破产重整请求，并指派某律所为管理人。

考虑到上述集团公司对内采用"集团化"管理，在实际生产运营中核心企业与其他关联企业间的资产和人员高度混同，重整方案需整体化解约20家公司的债务问题，管理人于同年向法院提议将被申请破产的公司与其余关联企业实施实质合并重整，并获得中级人民法院裁定批准。

2. 方案

投资人首先确定投资范围，精心筛选出收购资产与不收购资产。

关于破产费用和共益债务，所涉破产案件受理费、管理人报酬、管理人聘请其他中介机构（评估机构、审计机构）的费用、管理人执行职务和聘用工作人员的费用以及管理、变价和分配债务人财产的费用等破产费用，根据相关法律规定随时支付。在重整期间发生的各项共益债务，包括为债务人继续营业而应支付的劳动报酬、社会保险费用、共益债融资、继续履行合同所产生的债务等，根据相关法律规定随时支付。

关于重整投资资产安排，主要采取"存续式重整"的模式。由核心子公司合并成立新的主业平台，主要考量标准有：一是产能指标、安环资质、行政许可等事项的平稳接续；二是解决部分资产在不同法人之间物理上的混同；三是保障专利技术的完整性。由重整投资人一次性现金支付取得非核心子公司的100%股权，该笔支付对价金额作为现金偿债资源，在重整计划裁定通过后，用于按照同类债权相同清偿的方式向相关债权人清偿。

关于出资人权益调整，参与实质合并重整公司各层级股权均全部予以调整，各股东（含代持股东）所持股权全部予以让渡。各股东所让渡出的各层级股权，由债权人根据重整投资方案的规定享有该等权益。

重整计划赋予了调整出资人权益的权限，其中包括对现有个别股东所持有股权实施必要的重新分配。具体而言，股权的强制转移机制作为重整计划的一部分，规定股东必须出让全部或者部分持股给公司的债权人，或者是基于特定条件向重整投资人转让股权，以此作为企业重建与债务重组的关键措施。

关于财务投资人引入，重整投资人作为产业投资人联合财务投资人共同实施本次投资，并督促和协助财务投资人依约实施本次投资并履行重整计划项下义务。除另有约定外，重整投资人不得向其他任何非关联第三方转让重整计划项下的任何权利、义务以及参与本次投资的资格。

关于债权调整及清偿方案，职工债权、社保债权、税款债权等债权金额不作调整，在重整计划获得法院裁定批准之日起 6 个月内一次性全额现金清偿，具体金额以法院裁定确认的无异议债权金额为准；有财产担保债权（含建设工程价款优先债权）优先受偿范围以担保财产的评估价值为限，未能受偿的部分按照普通债权清偿，优先受偿部分按 1∶1 的比例一次性现金清偿和留债分期的方式予以清偿，具体金额最终以法院裁定确认为准；每家债权人的普通债权金额在 50 万元以下（含 50 万元）部分，在重整计划获得法院裁定批准之日起 6 个月内以现金方式全额清偿，超过小额债权部分通过"一次性现金清偿 + 债转股清偿 + 信托计划"补充清偿，清偿率分别约为 7%、6%、3%；关联企业债权中，纳入合并重整范围的 20 家公司关联企业之间的债权债务归于消灭，而未纳入实质合并重整的关联企业享有的债权，按照《企业破产法》相关规定，如其债权系不当利用关联关系形成，则作为劣后债权，不占用偿债资源，不作清偿安排，具体以管理人的认定为准。

关于债权转让对清偿方式的影响，为公平保护债权人受偿利益，鼓励诚实守信行为，避免规避不得个别清偿的法律规定，在中级人民法院裁定受理重整前 6 个月内及重整受理后，公司债权人依法对外转让债权的，受让人按照原债权人根据重整计划规定就该笔债权可以获得的受偿条件及总额受偿；债权人向两个及两个以上的受让人转让债权的，偿债资源向受让人按照其受让的债权比例分配。若因债权转让导致受让人无法根据重整计划受偿的，由此造成的责任由债权人及其债权的受让人承担。

关于债务人财产保全措施的解除，根据《企业破产法》第 19 条的规定，法院受理破产申请后，有关债务人财产的保全措施应当解除。尚未解除对重整企业财产保全措施的债权人，应当在重整计划获得东营中级人民法院裁定批准后 30 日内协助办理完毕解除财产保全措施的手续。如相关债权人未能在前述规定期限内办理财产保全解除措施的，重整企业或者管理人有权向保全机关申请根据重整计划的规定予以强制解除。相关债权人未在上述期限内办理有关财产保全措施解除手续的，债务人或者管理人有权将相关债权人根据重整计划可获得的现金、债转股股权等偿债资源予以暂缓分配，待债权人配合解除财产保全措施后再行分配，因相关债权人不配合导致无法按期受领偿债资金和股票的，不视为重整计划未能执行完毕。如因债权人的原因未能及时解除重整企业有关财产保全措施而影响重整计划执行或者对重整企业造成损失的，由相关债权人向重整企业及相关方承担法律责任。

关于债务人财产担保措施的解除，根据审计机构出具的《审计报告》，破产企业大多处于资不抵债状态，股权已无价值。在法院裁定批准重整计划之日起 15 日内，债权人应配合债务人、管理人完成对原股权质押手续的解除。若债权人未在上述期限内配合解除股权质押手续，对重整计划执行造成阻碍，债务人或者管理人有权依法向法院申请强制解除原质押手续；且债务人或者管理人有权将相关债权人依重整计划可获分配的现金、股权等予以暂缓分配，待债权人配合解除股权质押手续之后再行分配。有财产担保债权人应在有关担保财产处置时积极配合解除抵质押登记，其有权要求就担保财产处置款在新持股平台公司留债金额范围内优先受偿。而新持股平台公司根据重整计划规定清偿完毕有财产担保债权人留债本息后，相关债权人的担保权或者优先权消灭且应积极配合解除担保措施。债权人不配合的，新持股平台公司有权向法院申请强制执行。融资租赁债权人对融资租赁物享有所有权。融资租赁债权人行使取回权的，扣除融资租赁物的评估市场价值后的剩余债权部分转入普通债权清偿。融资租赁债权人不行使取回权的，以融资租赁物评估清算价值为限按照有财产担保债权受偿，剩余债权转入普通债权清偿。根据重整计划规定清偿完毕后，融资租赁物的所有权归属于新持股平台公司或者其指定主体。

关于信用修复，重整计划获得法院裁定批准后，各债权银行应及时调整重整企业信贷分类，并上报人民银行征信系统调整债务人征信记录，保障重整后重整企业运营满足正常征信要求，对重整后公司的合理融资需求参照正常企业依法依规予以审批。重整计划执行完毕之后，重整企业资产负债结构将得到实质改善，并将恢复可持续的经营能力及盈利能力。因此，在符合相关法律规定和信贷条件的前提下，各债权银行应给予重整企业融资贷款公平公正的待遇及正常的信贷支持，不对重整企业再融资设定任何法律规定以外的限制。在法院裁定批准重整计划之日起15日内，相应债权人应申请解除对重整企业因负债被采取的信用惩戒措施，包括删除公司失信信息，并解除对债务人法定代表人、主要负责人及其他相关人员的限制消费令及其他信用惩戒措施等。债务企业有权根据债权人申请删除失信信息并解除信用惩戒措施的情况向该债权人支付偿债资金和股票，因相关债权人不配合导致无法按期受领偿债资金和股票的，不视为重整计划未能执行完毕。

关于债权人对担保人或者其他连带债务人权利的行使，根据《企业破产法》第92条第3款的规定，债权人对债务人的保证人和其他连带债务人所享有的权利，不受重整计划的影响；但债权人依本重整计划获得全额清偿后，为该笔债务提供担保的担保人将不再承担清偿责任。债权人在根据本重整计划获得清偿后，应协助解除对担保人财产的保全措施和抵质押登记。

3. 重整后经营方案

重整的核心在于保持债务人的持续运营，这是增加债务人资产、提升其偿债能力，并最终实现重整目标的基石。

债务人提出的经营方案，首先需明确业务运营的范围。无论是全面恢复运营，还是选择性地恢复部分业务、暂停部分业务，或者是开展新的业务线，都必须在方案中详细阐述。此外，如何有效运营也是方案中的关键环节。这涵盖了管理人员的配置、资金的筹集与运用，以及具体的经营策略等多个层面。而方案中最关键的部分，则是对未来经营收益的合理预测。只有当债权人看到执行此方案能显著增加债务人的资产，并提升其偿债能力时，债权人会议才有可能批准这样的经营方案。反之，若方案不能体现出对债务人财务状况的积极改善，将很难获得通过。

在该有色金属集团企业摆脱财务困境后，产业投资人按上市公司标准建立和完善内部控制制度，提高规范化管理水平；整合矿山、管理、资金、技术、人才、营销等资源，稳妥有序实施技术改造，提升盈利能力，实现高质量可持续发展。

经营管理措施：

第一，强化内控管理和风险管控。一是战略决策充分论证，全面控制投资风险；二是健全财务管理、融资管理制度，防范资金占用和超出偿付能力借贷，保障所有股东利益不受侵害；三是规范关联交易程序，杜绝转移定价、关联方资金占用，保障不损害全体股东利益；四是严禁对外担保。

第二，保障原料供应。注入旗下矿山资源，并与多个大型贸易商签订了大额矿产实物量供应协议。

第三，资金支持。产业投资人自身具有资产负债率较低、综合融资成本较低、自有资金相对充足，且拥有资本市场股权融资的天然优势，在新持股平台生产经营过程中，可提供重组的低成本流动性资金支持，进一步提升企业生产经营效率和抗风险能力。

第四，技术支持。产业投资人组建了顶尖的技术专家团队，会同企业现有专业技术人员，解决生产过程实际困难，推动技术持续创新，分近期、中期实施技术改造，全面提升技术装备水平、安全环保水平及盈利能力，保障提质增效。

第五，成立供应链公司，在原料采购、产品销售、套期保值等方面提供全方位专业服务，同时实现生产端和市场风险隔离，保障经营安全平稳，提升企业盈利能力。

经营管理模式与公司治理：

重整投资落地后，产业投资人发挥规范化运营经验丰富优势，依法设立新持股平台公司的股东大会、董事会、监事会和经理层，债转股股东同股同权，在股东大会、董事会、监事会拥有合法席位，依法享有参与重大事项、重大决策、重大投资、日常监督、提出生产经营建议等各项股东权利，切实保障中小股东合法权益。

组织架构：

重整投资人按照相关准则和管理要求优化组织架构：一是推进职能部门整合，设立经理层（领导层）、办公室及各个职能部室；二是减少决策层和操作层之间的中间管理层级，形成"车间→班组"两级管理模式；三是全面梳理部门职责和管理流程，定岗定编，实现人岗相宜、权责明确；四是成立利益相关者沟通委员会、安全生产紧急响应中心、技术提升专家委员会、环保内审委员会等，全方位化解历史遗留风险。

职工安置：

职工安置坚持"公开、公平、公正"的原则，兼顾国家、企业和员工三者利益。基本安置方案为：全员接收原公司现有在册员工，与员工重新签订劳动合同，保证在册员工的工龄及工作年限均连续计算；正确处理改革、发展、稳定之间的关系，充分考虑员工、企业、社会的承受能力，尽力创造就业岗位，原则上不裁员、不减员；依法合规经营，建立完善的激励机制，提升企业市场抗风险能力和竞争力，保证企业健康稳定高效经营，实现企业、股东、员工三方利益互相成就、共同发展。

企业文化与激励机制：

重整投资落地后，产业投资人帮助企业大力开展企业文化建设，利用以往通过文化融合实现境内外企业有效整合、后续高效运营的成功经验，植入自身独特、有竞争力的企业文化理念，让共创共享的理念成为全体员工的共同价值观。

同时，产业投资人积极履行社会责任，帮助企业建立健全薪酬考核激励机制，增强企业活力和竞争力：一是按照制度要求，重新梳理管理岗位、一线操作岗位，实现一体化管理；二是通过"外聘名师+高校学习、外部专业老师培训、专业技术授课+师带徒+团建拓展+订单式培养"等方式，打造高素质的管理团队和现代技术工人队伍；三是建立有吸引力、有竞争力的薪酬体系和考核激励机制；四是设立工会，涉及员工重大利益的问题，通过职工代表大会民主决策，保障员工权益。

（二）某环保科技公司破产重整案

1. 概况

某环保科技公司原拥有丰富的技术沉淀、完备的行业资质、优良的工程业绩和能够稳定产生现金流的基石业务。

近年来，受近年来PPP项目（政府—社会资本合作模式，指由社会资本承担设计、建设、运营、维护基础设施的大部分工作，并通过"使用者付费"及必要的"政府付费"获得合理投资回报；由政府部门负责基础设施及公共服务的价格和质量监管，以保证公共利益最大化）收缩、部分地方政府支付能力下降及金融市场整体紧缩等方面的影响，该环保科技公司PPP类项目新签合同额大幅下降，造成新中标合同额及营业收入大幅下降，逐步陷入生产经营困境，同时遭遇施工周期延长，项目结算周期也随之拉长，引发债务危机。

由于公司资金链紧张，加之地方政府审计及资金调度的时滞，公司为加速资金回笼，采取了妥协策略，导致项目结算金额大幅度核减。公司运营成本主要集中在分包环节，面临着支付延迟、工期拖延及成本上升的问题。

面对公司面临的严峻财务困境，包括到期债务无法偿还、总资产不足以覆盖债务总额及显著的偿债无能，当地中级人民法院基于其尚存的重组潜力，依循债权人的请求，正式颁布决定书，启动了预重整程序。此过程中，当地中级人民法院指定了临时管理团队，负责监管预重整阶段的所有活动，从债权登记至最终完成债权审核，每一步都严谨执行。

债权人申报的债权大致分为税款债权、职工债权、建设工程优先债权、有财产担保债权、普通债权等；又可以分为已经管理人初步审查确认的债权，以及债权人已申报债权，但因诉讼未决、工程未结算等原因暂缓认定的债权，以及经管理人初步审查，因债权不成立、申报金额不符合法律或者合同约定、诉讼时效已过等原因不予确认的债权。

该重组进程深受政府相关部门的高度重视与积极扶持，同时，债权人群体亦表现出了宝贵的认同与耐心。在中级人民法院的严密监管和《企业破产法》的框架内，管理团队双线并进：一边保障企业日常运营的安全稳定，维护员工队伍的稳定，为重组创造有利环境；另一边则全心投入重组核心事务，涵盖债权登记审核、资产摸底、员工债务核实、潜在投资者接洽、重组方案的构思与制定等。

在司法评估机构的专业估价及债务偿还能力分析基础上，管理团队审慎考量，综合法律风险、可行性预测及公司实情，精心编制了重组计划草稿，并启动了寻找合适的投资人。

为保障和促进重整后的上市公司健康、稳健发展，重整投资人招募方向如下：投资人需深刻理解公司历史、行业特性及现状，利用现有技术和资源，不仅优化现行业务，还能开拓新的增长点；投资人及其关联方与公司应在产业链上有互补优势，助力公司在环保或者新兴领域增强市场竞争力；投资人应能为公司带来持续运营与盈利增长的实质支持，如清晰的资产注入蓝图、具体合作方案、业务订单的引入、直接采用公司技术、市场拓展的资源或者政策扶持等。整个策略旨在通过科学严谨的重组路径，吸引能够激活公司潜力、强化市场定位、并保障长期可持续发展的战略合作伙伴。

该环保科技公司通过司法重整，以现金或者以股抵债方式清偿债务，并引入具有业务协同效应和资金实力的投资人，降低债务规模及财务成本，改善资产负债结构、支持业务发展。

2. 资产清算价值分析

债权人以公司不能清偿到期债务，资产不足以清偿全部债务且明显缺乏清偿能力，但具备重整价值为由，向法院申请对公司进行重整，并申请启动预重整程序。

公司司法重整涉及的资产清算价值分析的目的是反映公司预重整涉及的资产于评估基准日的清算价值，包括但不限于货币资金、往来款、长期股权投资、固定资产及无形资产等，为公司实施预重整方案提供价值参考。

各类资产具体情况包括：存货，如原材料、产成品等；设备类资产，机器设备，电子设备主要包括笔记本电脑、打印机、音响等日常办公用品，车辆等；专利权，包括发明专利、外观设计、实用新型、表外软件著作权、商标等。

在本次评估中，评估人员遵循了以下评估假设：

交易假设是假定所有待评估资产已经处在交易的过程中，评估师根据待评估资产的交易条件等模拟市场进行估价。交易假设是资产评估得以进行的一个最基本的前提假设。

清算假设是基于产权持有单位面临清算或者具有潜在的被清算的事实或者可能性，再根据相应数据资料推定被评估资产处于一种被迫出售或者快速变现的状态。清算假设下资产快速变现的评估值通常低于公开市场假设或者持续使用假设前提下同样资产的评估值。

根据本次破产重整的评估目的，以债务单位破产清算为假设前提，综合考虑债务单位所处的经济和市场发展状况、行业状态、资产权属状况、资产适用性、资产供求状况、资产价值特性及变卖时间约束等因素，对各类资产成本法评估值再乘以分别估算的快速变现系数，作为其清算价值。

流动资产的评估方法如下：

货币资金：

货币资金包括银行存款和其他货币资金。对银行存款账户，经评估人员核查银行存款对账单、检查有无未入账的银行存款，检查"银行存款余额调节表"中未到账的真实性，以及评估基准日后的进账情况，以核实后账面值确认为评估值。

其他货币资金为保证金的，可查阅保证金账户对账单及函证等，确认其他货币资金真实完整，以核实后账面价值确认为评估值。

货币资金流通性强，可直接用于支付结算，不存在变现风险，其快速变现系数确定为100%。

应收账款类：

评估人员在对应收款项核实无误的基础上，借助于历史资料和现场调查了解的情况，具体分析欠款数额、欠款时间和原因、款项回收情况、欠款人资金、信用、经营管理现状等，采用账龄分析法及个别认定方法估计风险损失，对控股公司往来款项等有充分理由相信全部能收回的，评估风险损失的可能性为0；对于控股公司有迹象表明款项不能收回的，按照控股公司的偿付率确定评估风险损失。

对参股单位以及外部单位可能收不回部分款项的，且难以确定收不回账款数额的，参考会计计算坏账准备的方法，根据账龄和历史回款分析估计出评估风险损失。

对于在评估基准日后已收回的款项，不考虑评估风险损失。

综上所述，以核实后的应收账款账面金额减去评估风险损失后的金额乘以快速变现系数确定清算评估值。同时，坏账准备按评估有关规定评估为零。

债务单位已被申请破产重整，考虑到对债务实现短期催收存在一定难度，综合考虑各项因素，考虑获取相应补偿所需的期限及对应的时间价值，同时参照《最高人民法院关于人民法院网络司法拍卖若干问题的规定》（法释〔2016〕18号）文件，确定应收账款中的非关联方部分的快速变现系数为40%~50%。对于非关联方为业务性质相同且账期较长，近一年无回款公司，考虑处置所需的期限及对应的时间价值，再确定快速变现系数。

应收款项融资：

对应收票据类的评估，评估人员应认真核实账簿记录、抽查部分原始凭证等相关资料，如核实结果账、表、单金额相符，以核实后的账面值乘以快速变现系数确定清算评估值。

应收票据主要为商业承兑汇票的。考虑到商业承兑汇票流通性强，有较强的信用保证，变现风险很低，且已背书，考虑回现期限及对应的时间价值，其快速变现系数可确定为90%~100%。

预付账款：

对预付账款的评估，评估人员在核实无误的基础上，依据历史资料和现场尽调获得的信息，具体分析数额、欠款时间和原因、款项回收情况、欠款人资金、信用、经营管理现状等，判断欠款人是否有破产、撤销或者不能按合同约定按时提供货物、服务等情况，在此基础上参照应收类账款的评估方法进行评估。

对项目终止的预付款项，经核查，无材料资产可用于其他项目相关款项无法收回，已全额计提评估风险损失；对于预付控股子公司的分包工程款，有迹象表明款项不能收回的，按照控股公司的偿付率确定评估风险损失。

应收股利：

评估人员应对利润分配相关文件进行核实，确认应收股利真实、金额准确，以清查核实后账面值乘以快速变现系数确定清算评估值。

对于在评估基准日后已收回的款项，不考虑评估风险损失。

对于企业日常常规支出或者结算对象为 500 强等大型企业的，折扣率可确定为 20%。对于应收内部项目公司的债权，考虑获取相应补偿所需的期限及对应的时间价值，再确定快速变现系数。

存货：

存货包括原材料、产成品（库存商品）等。考虑存货快速变现受市场需求情况、变现时间快慢、资产质量好坏、买家心理因素折扣率等因素的影响。原材料快速变现系数为 70%；产成品及工程施工快速变现系数可按照 0～40% 确定。

3. 偿债能力分析

根据公司预重整工作需要，以各类资产清算价值为基础，对公司重整清算假设下于某基准日偿债能力进行分析。其目的是反映公司于偿债能力分析基准日的普通债权清偿率，为公司预重整相关决策提供参考。

偿债能力分析确定的价值类型为清算价值。清算价值也称强制变卖价值，是指资产在强制清算或者强制变卖的前提下，变卖资产所能合理获得的价值数额。

偿债能力分析思路：

第一，对债务单位申报的纳入偿债能力分析范围内的资产和负债进行分析，在清查核实基础上，对资产价值的影响因素进行分析，最后确定价值分析范围内资产和负债的金额；

第二，剔除债务单位申报的纳入价值分析范围内的无效资产（如在基准日无法收回、不存在的资产），确定有效资产金额；

第三，剔除申报价值分析范围内的债务单位无效负债，确定有效负债金额；

第四，确定优先扣除项目，包括资产项优先扣除项目以及负债项优先扣除项目（有财产担保债权优先受偿部分、破产费用、共益债务、职工债权及税款债权等）；

第五，确定可用于偿还普通债权单位的资产：可用于偿还普通债权的资产＝有效资产总额－有财产担保债权优先受偿部分－破产费用－共益债务－职工债权－税款债权；

第六，确定普通债权总额：普通债权总额＝有效负债总额－有财产担保债权优先受偿部分－破产费用－共益债务－职工债权－税款债权；

第七，确定普通债权清偿率：普通债权清偿率＝可用于偿还普通债权的资产/普通债权总额。

债务企业的有效资产价值分析：

债务单位的有效资产是公司于评估基准日的全部资产。本次评估以基准日公司全部资产为基础进行偿债能力分析。企业偿债资产的价值按清算价值确定。

在假设清算的前提下，资产的变现和债务的确认皆存在一定的不确定性，这主要是受到以下主要因素的制约：有限市场因素，即地方经济的繁荣程度以及同类资产的市场需求程度；处置时间因素，即加速变现对交易时间的特殊要求，或者处置时间与一般时间的差异；处置费用因素，即资产处置前可能发生的资产维护、存放保管以及补办手续方面的各项费用开支等；使用状态因素，即资产的使用功能与同类资产的比较；资产质量因素，即资产与市场同类资产的品质比较；处置方式因素，即批量处置相对于拆零处置的差异；资产产权因素，即资产产权手续的完善程度；买方心理因素，即买方对处置资产的预期价格；其他导致变现价格低于公允市场价的因素。

受上述因素的制约，资产变现额将低于以持续经营和公开市场为假设前提的评估值。在考虑了上述因素和企业具体的实际情况后，确定各类资产的变现率。

最后，考虑变现折扣率及有财产担保债权评估市场价值的影响后，得到公司的资产清算价值总额。

债务企业的有效负债价值分析：

负债数据系采用预重整期间已申报并审核确认、已申报待确认、账面挂账但未申报的债务总额、预留债权、有财产担保债权优先受偿部分以及预重整期间的破产费用、共益债务、职工债权和税款债权。

破产费用为开展破产工作所必需的费用；共益债务主要为继续履行合同产生的支出；职工债权为调查结果；有财产担保债权为贵司评估的担保物清算价值；剩余普通债权包括已申报的欠付金融机构借款本金及利息罚息、欠付供应商设备工程材料款及违约金，未申报的公司账面记载负债、未申报的公司为子公司项目贷款提供担保形成的担保负债、公司股权转让合同纠纷产生的潜在回购义务或者违约责任。以上负债数据均为截至基准日债权申报或者产权持有单位统计、预估的破产清算状态下预计的债务。

根据《企业破产法》第109条的规定："对破产人的特定财产享有担保权的权利人，对该特定财产享有优先受偿的权利"，担保债权享有优先受偿权；根据《企业破产法》第43条的规定，"破产费用和共益债务由债务人财产随时清偿"。依据以上法律条款来确定各类债权的偿付顺序。

关于有财产担保债权优先受偿部分，根据规定，对涉及抵押资产应作为有财产担保债权扣除，评估分析人员根据提供的相关资料，确定具体扣除额。

关于破产费用和共益债务，估算公司破产清算状态下需支付的破产费用及共益债务。破产费用主要包括重整辅助机构报酬及相关费用、其他中介机构费用及法院案件受理费。共益债务主要包括共益债借款、继续履行合同所产生的债务、重整期间继续营业产生的税费、重整期间继续营业产生的职工债权、重整期间继续营业产生的其他必要支出。

关于职工债权，根据《企业破产法》的规定，职工债权包括公司所欠职工的工资和医疗、伤残补助、抚恤费用，所欠的应当划入职工个人账户的基本养老保险、基本医疗保险费用，以及法律、行政法规规定应当支付给职工的补偿金。公司进入破产清算后，不仅需支付欠付的工资、补助等费用，还应承担解除所有在职员工劳动合同所需花费的补偿金和安置费用。

根据笔者过往经验，通常在假设强制清算前提下，经实施清查核实、实地查勘、市场调查和估算分析等程序，在限定的时间内对破产财产分别处置，并不考虑购买方整体或者组合购买相关财产对变现价值的影响，也未考虑外部因素对财产转移的相关限定，多数非上市企业的普通债权受偿率在1%~20%不等。

企业偿债能力分析通常是以委托人及债务单位提供的债权相关资料为基础，经分析估算而得出的价值分析结果。所提供资料的真实性、合法性、有效性、完整性由委托人和债务单位负责；如果债务单位有意隐匿资产，增加负债，可能会造成价值分析结果低于债权的客观价值，债权人应声明保留剩余债权的追索权利。

企业偿债能力分析因现场尽职调查等程序受企业财务管理水平等影响，分析的深度和精确度使得个案中偿债能力分析结果的准确度可能会有一定的偏差，在相关方作出相关决策时同时参考其他资料或者信息。

企业偿债能力分析基于分析目的和债务企业的具体情况，采用假设清算前提下进行评估，应用价值类型为清算价值，考虑了债权资产在处置时的影响因素，并以此分析结果作为相关方制定破产重整相关决策的参考依据。但是由于债务企业的资产情况复杂，实物资产变现有一定的难度，相关方应充分考虑上述情况对债务人还款能力的影响。

偿债能力分析无法考虑影响债权资产价值的所有因素，资产处置方案及资产处置时资产状况和市场状况等因素都会直接影响债权价值的实现。因此，偿债能力分析结论与债权处置实现可能会出现一定差距。

如果公司最终实际破产清算，考虑破产财产的实际变现能力可能会降低，且破产财产的处置过程一般会比较漫长，破产费用可能会增加等因素，实际清算时一般债权的受偿率可能会低于甚至大幅低于偿债能力分析报告的分析结论。

4. 投资方案

重整投资人通过"技术＋资本＋资源"的三重驱动策略，利用双方在技术、地方资源、过往业绩、资质认证及团队管理上的独特优势，组建协作联盟，共享市场信息，互补区域人力资源，建立深层次的业务合作架构。预期在成功重整后，该企业将摆脱约百亿元的债务重负，恢复信誉与业务关系，轻装前进。

重整投资的投资报价由两部分组成，一是受让转增股份支付的现金对价，二是为本次重整提供的借款。

在受让股份方案中，重整投资人股份受让价格的合理性分析主要基于多元化对价构成、投资风险考量、股份锁定期承诺、公平性与透明性等。

多元化对价构成：除直接现金补偿外，部分重整投资人具有较强的产业背景，能与公司现有业务产生高度协同效应，同时助力公司向新兴领域如新能源、人工智能等赛道进行战略转型。这些支持措施预期将促进公司恢复运营活力与盈利性，改善基本面，间接增加股东权益和企业估值。

投资风险考量：该公司股票正面临退市威胁，参与重整的投资人需承受较高的投资不确定性风险，这表明其愿意承担较大风险以助公司渡过难关。

股份锁定期承诺：重整投资人同意自获得增发股份起至少12个月内不予转让，自愿接受股份锁定，此举区别于短期交易行为，显示了投资的长期承诺和稳定性。

公平性与透明性：重整投资人的选定经过公开程序，保障了公正性，投资协议平衡了债权人、公司及原股东等多方利益。重整投资人支付的对价是公司未来重整计划的一部分，公司重整计划系在法院和管理人的监督和指导下，兼顾债权人、公司和公司原股东等各方利益的基础上制定，并将在法院裁定批准后执行。公司重整以化解债务风险、实现公司良性发展为目标，重整投资人受让转增股票所支付的对价将用于支付重整费用、清偿债务、补充流动资金等。通过重整，公司沉重的债务负担得以化解，资产负债结构得到优化，资金实力得到增强。而公司一旦破产清算，出资人权益基本归零，公司股票将直接被终止上市，中小股民将面临重大损失。本次重整投资人支付的对价是公司重整计划的一部分，重整计划将在法院的批准后执行，重整计划的执行有利于推动公司化解债务风险，维护上市地位，维护中小股东利益。

关于借款方案，主要是用于向投资人或者其指定方清偿本次重整中的债务，通常利率在8%～15%，要求足额抵质押提供担保，还款计划为按季付息，每年还本。

5. 出资人权益调整方案

公司现有股本为基础股本数为 X 股，其中包括 Y 股因特定原因需回购注销的限制性股票，注销后，公司股本将调整为 Z 股。预设的重整方案以调整后的股本 Z 股为基数，按照每 1 股转增 N 股的比例实施资本公积金转增股本，合计转增 B 股。转增后，公司总股本将达 C 股（最终转增股数以实际登记为准）。转增的 B 股不向原股东分配，其中 D 股用于引入重整投资人并由其提供资金受让，资金专项用于支付重整费用、清偿债务及补充流动资金等；剩下的 E 股用以抵偿公司债务。

具体分配如下：

D 股用于引入特定投资人，投资人承诺提供必要的重整资金用于清偿债务。若重整投资人向管理人和债务人申请豁免重整借款义务，则管理人可以在约定的受让标的股份价格之上重新确定受让标的股份的价格和重整投资款，以满足重整中债务清偿的实际现金需求。重整投资人支付的资金可用于支付破产费用、清偿部分债务、补充公司流动资金等。根据《上海证券交易所上市公司自律监管指引第 13 号——破产重整等事项》的规定，投资方自取得转增股票之日起 12 个月内不得转让或者委托他人管理其直接和间接持有的股份。E 股专门用于债务抵偿。

按照此方案资本公积转增股份完成后，原股东的持股量不会因重整减少。重整实施后，随着债务危机、经营困境的化解以及重整投资人对公司的支持，公司基本面发生根本好转，恢复持续经营及盈利，股东及债权人所分得的股份将增值，有效保护了出资人的合法利益。

6. 偿债方案

优先受偿留债方案：

留债期限为 5 年，自重整计划获得中级人民法院裁定批准之日起满 12 个月为第 1 年，依次类推计算 5 年的留债期间；

关于留债利率，就尚未偿还的留债本金，按同期全国银行间同业拆借中心公布的五年期贷款市场报价利率（LPR）计算利息；

关于还本付息方式，可灵活约定，如第 1 年只付息不还本，第 2 年至第 5 年偿还本金的比例分别为 10%、30%、30%、30%，利息自重整计划获得中级人民法院裁定批准之日起每 6 个月支付一次；

关于担保方式，留债期间，原有的财产担保关系继续存续。在留债主体履行完毕有财产担保债权清偿义务后，有财产担保债权及担保物权消灭，债权人不再就担保财产享有权利，原担保物权人应注销抵质押登记。未及时注销的，不影响债权人就担保财产享有的权利的消灭。

普通债权受偿方案：

30万元以下的小额债权在重整完成后现金一次性清偿。

普通债权每家债权人30万元以上部分提供两种清偿方案选择权，债权人可以在以下两种方案中任选一种进行受偿，实现对除债务人全资子公司享有的债权外的普通债权的100%全额清偿。

采用"方案一"清偿的普通债权上限金额为n元，即：如选择"方案一"的普通债权金额未超过上限，则选择"方案一"的债权人以其确认的债权金额按照"方案一"进行清偿；如选择"方案一"的普通债权金额超过上限的，则选择"方案一"的债权人按照其债权金额的相对比例在n元额度内按照"方案一"进行清偿，能够按照"方案一"受偿的普通债权金额＝该家普通债权人在30万元以上的债权金额÷选择"方案一"受偿的普通债权总额×n元，选择"方案一"但未能在"方案一"受偿的部分按照"方案二"进行清偿。如债权人未在重整计划草案表决的最终期限前向管理人书面确认选择的清偿方案或者选择方式不符合重整计划规定及要求的，则均视为选择"方案二"进行受偿。

方案一："现金＋以股抵债"清偿

普通债权每家债权人30万元以上部分，10%在重整计划获得中级人民法院裁定批准后的一个月内一次性现金清偿完毕；90%按照m元/股的价格通过资本公积转增股票抵偿。即，普通债权每家债权人（债务人全资子公司债权除外）超过30万元的部分，每100元可获得10元现金和（92/m）股转增股票。抵债过程中，若债权人可分得的股票存在不足1股的情形，则该债权人分得的股票数量按照"进一法"处理，即去掉拟分配股票数小数点右侧的数字后，在个位数上加"1"。

方案二："留债＋以股抵债"清偿

普通债权每家债权人30万元以上部分，20%留债清偿，80%按照m元/股的价格通过资本公积转增股票抵偿。即，普通债权每家债权人（全资子公司债权除外）超过30万元的部分，每100元可获得20元留债份额和（80/m）股转增股票。抵债过程中，若债权人可分得的股票存在不足1股的情形，则该债权人分得的股票数量按照"进一法"处理，即去掉拟分配股票数小数点右侧的数字后，在个位数上加"1"。

留债清偿具体安排如下：

留债期限为7年。

关于还本付息方式，在留债期间，第1年至第7年偿还本金的比例分别为3%、7%、10%、15%、20%、20%、25%；第1年至第2年只还本不计息，从第3年开始计息付息，利息自重整计划获得中级人民法院裁定批准后第3年起每6个月支付一次。

首个还本日为自法院裁定批准重整计划之日起满 1 年的次日；首个起息日为中级人民法院裁定批准重整计划之日起满 2 年的次日，首个结息日为首个起息日起满 6 个月的当日，结息日的次日为付息日。

特殊债权受偿方案：

对于因债权确认条件未满足、涉诉、仲裁等原因导致的暂缓确认的债权，将根据各债权的性质，依照债权申报金额或者管理人合理估算的金额预留相应的偿债资源，其中现金受偿部分提存至管理人银行账户，股票抵债部分提存至管理人证券账户。该类债权在依法确认后按重整计划规定的受偿方式予以清偿。

未申报但仍受法律保护的债权将根据债权性质、账面记载金额、管理人初步调查金额预留偿债资源。未申报债权在重整计划执行期间不得行使权利；在重整计划执行完毕后，该类债权在申报并依法确认后按重整计划规定的同类债权受偿方式予以清偿。对该部分债权人，自重整计划获裁定批准公告之日起三年内或者至该部分债权的诉讼时效届满之日（以孰早为准），未主张权利的，债务企业不再负有清偿义务。未申报的债权中，如债权的成立按照相关法律法规或者公司章程的规定应当履行相应的决议程序或者披露要求而实际未履行的，债务企业就该等债权不承担相关法律责任。

7. 低效资产盘活方案

在业务运营历程中，该公司累积了若干笔应收账款记录，其中多数面临回收难题：有的已超诉讼时效限制，有的遭对方否认或者对债务金额有重大争议，还有的因资料遗失或者人员变动等缘故，导致直接追讨清收和法律途径成本高昂，难以见效，我们视之为低效资产。

在对这些低效债权实施打包处置的过程中，应确定其原始账面值、净值、评估值及预计转让底价等信息，处置途径优先选取线上平台京东网络拍卖、阿里资产拍卖等方式进行，并预估处置周期。

8. 重整后经营方案

在完成重整之后，该公司成功削减了近百亿元的高额债务负担，资产负债结构得到极大改善，打开业绩提升空间，信用与融资渠道得以重建，质地优良，获得重生，估值得以修复和提升。公司以全新面貌运营，不再单一依赖 PPP 项目作为业务扩张的核心，而是转向新能源等领域的全新战略。

通过重整程序，公司引入具有资金实力和产业整合能力的重整投资人，向公司提供融资和业务支持，公司预计经营将得到改善并实现盈利。

第三节 破产重整中相关问题

破产重整作为市场经济下拯救危困企业、推动经济复兴的关键手段，其在实际操作中面临着一系列复杂且具有挑战性的难题。从目标公司的精准筛选到破产申请的细致审查，从债权优先级的公正划分到资金筹措策略的科学制定，每一个环节都需要我们深思熟虑、审慎决策。

一、目标筛选与评估

（一）目标公司筛选问题

在面临众多困境公司时，如何制定一套有效的筛选标准，以保障选中值得重整的公司？这些标准是否应主要包括产业前景、财务状况、政策导向等因素？

为了有效识别并筛选出值得进行破产重整的公司，需要制定一套科学、合理且全面的筛选标准。

1. 筛选标准概览

有效的筛选标准应遵循全面性、可操作性和适应性的原则，保障能够全面评估公司的各个方面。这些方面主要包括但不限于产业前景、财务状况、政策导向、管理团队能力、资产质量和价值、债务结构和债权人意愿、市场前景和竞争优势、法律风险和合规情况、技术实力和创新能力，以及重整计划的可行性。

2. 准入主要考量因素

在制定筛选标准以识别值得进行破产重整的公司时，每一种考量因素都具有其独特的重要性和详细性。以下是对每种考量因素的详细描述。

（1）上市公司破产重整或者重要子公司破产重整？

在处理上市公司合并报表中涉及资不抵债的情况时，应细致分析资不抵债的根本原因，采取针对性策略。特别是对于那些控股型上市公司，如果其几个重要子公司资不抵债是导致整个集团合并报表呈现资不抵债状态的主因，可以考虑以下策略。

资产剥离策略：不一定立即诉诸破产程序，而是通过资产剥离问题子公司，将这些亏损或者资不抵债子公司从集团中分离出去，以此来净化母公司的财务报表，保持上市公司壳资源的纯净度。这种做法相较于破产重整，可能更为温和，能更快实现资产结构优化，同时减少对市场信心的冲击。

重点重整特定子公司：若确认几个关键子公司是资不抵债的核心，可针对性地对这些子公司单独进行重整，而不是母公司层面的全面破产重整。保持控制权不变，通过破产重整程序对这些子公司进行财务和业务重组，旨在改善其资产负债状况，同时利用破产保护减少债务压力，减轻财务负担。

通过上述策略，上市公司可以更灵活地处理资不抵债问题，同时减少对行政程序的繁复性：

简化行政审批：相比整体破产，针对特定子公司层面的重整或者资产剥离往往涉及较少的行政手续，审批流程更为简便，能更快推进实施。

司法介入程度：局部的司法介入较轻，主要集中在特定子公司层面，避免了整个集团的司法程序复杂性。

信息披露与透明度：虽然仍需遵循相关法规进行必要的信息披露，但针对个别子公司的操作相比集团层面的信息公布要求可能更为集中和有限，减少对市场波动影响。

（2）产业前景

产业前景评估是对公司所在行业未来发展潜力和增长机会的综合分析。这主要包括考虑以下几个方面。

市场需求：评估目标市场对公司产品或者服务的需求情况，主要包括当前需求和未来预测。这涉及了解市场规模、增长率以及潜在客户的需求和偏好。

竞争格局：分析行业内的竞争状况，主要包括主要竞争对手、市场份额分布以及进入和退出市场的难易程度。了解竞争格局有助于判断公司在市场中的地位和竞争优势。

技术创新：评估行业的技术创新速度和趋势，以及公司是否能够跟上这些变化。技术创新可以为公司带来新的增长机会，也可能对行业格局产生重大影响。

法规和政策：考虑政府对行业的监管政策以及未来可能的政策变化。政策因素可能对行业的增长和公司的经营环境产生重要影响。

（3）财务状况

财务状况评估是对公司财务健康状况和绩效的全面审查。这主要包括以下关键指标。

流动性和偿债能力：通过评估公司的流动比率和速动比率等指标，了解其短期偿债能力。同时，审查公司的债务结构和还款计划，以评估其长期偿债能力。

盈利能力和效率：分析公司的盈利能力指标，如毛利率、净利率和资产回报率等，以评估其盈利能力和运营效率。此外，还需考虑公司的成本控制和费用管理能力。

财务稳健性：评估公司的财务结构和稳健性，主要包括资产负债率、权益比率和利息保障倍数等指标。这些指标有助于判断公司的财务风险和稳定性。

现金流状况：审查公司的现金流量表，了解其经营活动、投资活动和筹资活动的现金流情况。健康的现金流是公司持续经营和成功重整的关键因素之一。

(4) 政策导向

政策导向考虑涉及政府对行业的支持和限制政策以及相关法律法规的变化。这主要包括以下几个方面。

行业政策：评估政府针对特定行业的支持或者限制政策，如税收优惠、补贴、市场准入规定等。这些政策可以直接影响公司的盈利能力和竞争地位。

环保政策：随着对环境保护的重视增加，政府可能加大对环保法规的执行力度。因此，需要评估公司是否符合环保标准以及是否存在潜在的环保风险。

法律法规变化：关注与公司业务相关的法律法规的变化情况，如劳动法、税法、贸易法等。这些变化可能会对公司的运营成本和业务模式产生重大影响。

国际贸易政策：对于涉及国际贸易的公司，还需考虑国际贸易政策的变化，如关税、贸易协议和汇率波动等。这些因素可能会影响公司的成本结构和市场竞争力。

(5) 管理团队能力

管理团队能力的评估涉及对公司领导层和关键管理人员的专业经验、技能和战略的考察。具体主要包括以下几个方面。

专业经验和技能：评估管理团队在相关行业或者领域的专业经验和技能水平。具备丰富经验和专业知识的团队更有可能制定并执行有效的重整计划。

领导能力和团队协作：考察管理团队的领导能力，主要包括决策能力、沟通能力以及激发员工积极性的能力。同时，了解团队成员之间的协作和合作情况，以保障团队能够有效地应对挑战并实现目标。

战略眼光和规划能力：评估管理团队是否具备长远的战略眼光和制定可执行计划的能力。他们需要能够识别并利用市场机会，同时有效管理风险和不确定性。

对重整的承诺和动力：了解管理团队对公司重整的承诺和动力，以及他们是否愿意为实现重整目标付出努力和时间。一个积极投入并致力于公司重整的团队更有可能取得成功。

(6) 资产质量和价值

资产质量和价值的评估涉及对公司资产组合的全面分析，以确定其潜在价值和变现能力。具体主要包括以下几个方面。

固定资产：评估公司的固定资产，如设备、厂房和土地等的质量和市场价值。这些资产的质量和状况直接影响公司的运营能力和潜在价值。

无形资产：审查公司的无形资产，如品牌、专利、商标等的质量和价值。这些资产可能为公司带来竞争优势和额外的收入来源。

存货和应收账款：分析公司的存货和应收账款的质量和可变现性。过多的过时存货或者高风险应收账款可能会对公司的财务状况产生负面影响。

投资组合：对于拥有投资组合的公司，还需评估其投资组合的质量和潜在价值，主要包括持有的股票、债券和其他金融资产等。

(7) 债务结构和债权人意愿

债务结构和债权人意愿的评估涉及对公司债务状况以及与债权人的关系的全面审查。具体主要包括以下几个方面。

债务种类和期限：了解公司债务的种类（如银行贷款、债券等）以及债务的到期期限分布。这有助于判断公司的债务负担和偿债压力。

利率和还款条件：审查公司债务的利率水平和还款条件，以评估其偿债成本和灵活性。高利率或者严格的还款条件可能增加公司的财务风险。

债权人的支持和合作意愿：了解债权人对公司重整的支持程度和合作意愿。债权人的合作对于成功实施重整计划至关重要，因此需要与他们建立积极的沟通和合作关系。

债务重组的可能性：评估公司债务重组的可能性和条件，主要包括与债权人的谈判空间和潜在的债务减免或者延期等方案。这有助于制定实际可行的重整计划并降低财务风险。

(8) 市场前景和竞争优势

市场前景和竞争优势的评估涉及对公司所在市场的未来趋势和竞争格局的深入分析。具体主要包括以下几个方面。

市场增长潜力：了解目标市场的增长潜力和趋势，主要包括市场规模、增长率以及新兴市场的机会等。这有助于判断公司在市场中的增长前景和拓展空间。

竞争格局和市场份额：分析行业内的竞争格局以及公司自身的市场份额和地位。了解竞争对手的实力和市场策略有助于判断公司的竞争优势和市场地位。

客户需求和偏好：深入了解目标客户的需求和偏好以及市场趋势的变化情况。这有助于公司调整产品策略和市场定位以满足客户需求并保持竞争优势。

营销和销售能力：评估公司的营销和销售能力，主要包括品牌知名度、市场推广策略和销售网络等。强大的营销和销售能力有助于公司在市场中获得更多的份额和利润。

(9) 法律风险和合规情况

法律风险和合规情况的评估涉及对公司潜在的法律诉讼、监管问题和合规管理的全面审查。具体主要包括以下几个方面。

潜在的诉讼和仲裁：了解公司是否存在潜在的法律诉讼或者仲裁案件以及其可能的结果和影响。这些法律纠纷可能会对公司的财务状况和声誉产生重大影响。

合规管理结构：审查公司的合规管理结构和政策，主要包括内部控制制度、合规培训以及合规官员的角色和责任等。一个健全的合规管理体系可以降低公司面临法律风险的可能性。

监管问题和处罚记录：了解公司是否存在过去的或者当前的监管问题或者处罚记录以及其严重程度和影响范围。这些问题可能会对公司的经营和声誉造成损害并影响投资者信心。

知识产权保护：评估公司对知识产权的保护情况，主要包括专利、商标和版权等的管理和维护情况。保障知识产权得到充分保护对于保持竞争优势和避免法律纠纷至关重要。

合同执行和商业纠纷：了解公司在商业交易中的合同执行情况以及是否存在未解决的商业纠纷或者争议问题。这些问题可能会对公司的财务状况和业务运营产生负面影响并增加法律风险敞口。

3. 风险规避主要考虑因素

(1) 勿选"纯壳类"投资标的

在退市规则调整前，清算式重整策略曾盛行一时，即重组方在获得壳资源后，彻底清理原公司低效资产并注入新资产。然而，随着新退市政策的出台，此类清算式重整模式已不再受到政策鼓励，转而推崇存续式重整。存续式重整侧重于保留上市公司核心资产，仅对少量不良资产进行剥离，保持企业运营连续性。自 2020 年以来，众多破产重整案例均采用此模式，尤其在制造业领域，多数企业在重组后维持原有主营业务不变。

纯壳性质的上市公司在当前环境下，若采取仅为保壳目的的重整策略，易被监管机构视为"保壳式"或者"忽悠式"重组，存在操纵市场和内幕交易风险，极难获得证监会审批，进而无法得到法院受理。可见，此类传统壳重组路径日益受限。

反观市场表现，整合成功的案例多集中于具有实质产业支撑的上市公司，而非单纯壳资源载体。针对纯壳公司，考虑到其特性，采用庭外重组或承债式并购模式会更为妥当。在这种模式下，重组方通过清偿上市公司及其控股股东的债务，能够更为灵活地间接获取公司控制权。相较于庭内重组，虽然庭外重组的法律效力和强制性可能稍逊一筹，但在纯壳公司债务规模较小、债权人数量有限且金额可预测的情况下，它展现出更高的效率和实用性。通过这一途径，重组方不仅可以迅速解决债务问题，还能更平稳地接手公司运营，为公司的后续发展奠定坚实基础。因此，在纯壳公司的背景下，庭外重组或承债式并购成为更为合理且高效的选择，既要合法合规，又要兼顾重组效率与公司长远发展，尤其是选择适合的重组路径至关重要。

(2) 勿选"没有重整价值"的标的

在选择投资标的时，避免涉足"无重整潜力"的项目至关重要。投资者在获得潜在投资对象时，需从破产原因、财务状况（包括资产负债表和利润表）、行业特征等多个维度进行全面审视，以评估该上市公司的重整潜力。在当前"应退尽退"的监管环境下，缺乏重整价值的项目很难获得证监会的批准，即使勉强通过重整程序，也可能因后续经营不善而最终走向退市。

如何粗略评判重整价值？

第一步：审视资产负债表。核心资产：关注公司是否拥有品牌价值、核心技术、特许经营资质、独有的资源等难以复制的优势。资产质量：分析这些资产是否有助于公司在重整后迅速恢复竞争力，实现价值提升。

第二步：深入利润表分析。真实盈利状况：在剔除应收账款减值、商誉和长期股权投资减值等非经常性项目后，关注主营业务的盈利能力。核心运营能力：主营业务收入减去成本及管理销售费用后的盈利情况，是判断公司内在运营实力的关键。即便短期账面不佳，但若核心运营健康，通过财务调整后有望快速扭亏为盈，此为"败絮其外、金玉其中"。

第三步：行业周期考量。评估所处行业是否接近周期底部，即便短期内表现不佳，但优质资产和行业反转潜力可为投资创造抄底机会。

有研究指出，国有企业相较于民营企业，在某些情况下展现出更高的重整价值潜力，而主板市场相比创业板和科创板，更易于发现具有重整机会的标的。这主要是因为国有企业背后可能有更强的政府支持和资源协调能力，主板市场企业则通常规模较大，根基更为稳固，具备更强的抗风险和复苏能力。

总之，投资决策需全面评估，不仅要关注表面数字，还要厘清底层逻辑，更要透视商业本质，识别那些虽暂时困境但有潜力通过重整焕发新生的项目。

(3) 谨慎选择存在"交易类"退市风险的标的

当上市公司经营状况持续恶化时，其股市价格表现往往会同步下滑，众多公司因宏观经济逆境触达交易类退市的门槛，尤以市值庞大（超百亿）、流通盘大、散户密集、单价偏低的公司为甚，稍有不利消息，敏感的散户群体便急于抛售，相互踩踏下股价极易跌破 1 元底线。

在此前股票市场低谷期，部分产业投资者和财务投资者或者在破产重整前，尝试通过司法拍卖、债务承担式协议转让、二级市场购股等手段预先积累股份，一方面旨在保障重组投票时出资人组能顺利通过，另一方面，部分二级市场操作则隐含内幕交易之嫌，但因未充分评估"交易类"退市风险，最终导致重大损失。

面对潜在"交易类"退市风险的标的，若计划重组前累积股份，需详询大股东是否有股份回购或者增持股计划以支撑股价，或者是否委托外部进行市值管理。若均无，再探讨产业投资者是否愿意资助此类操作，若投入产出比不合算，最好放弃此标的，除非重整方纯粹追求产业整合价值，不计壳资源，在整理期大举购入股票亦可行。

笔者建议倾向选取小市值上市公司作为目标，因其增值潜力较大。

（4）谨慎选择存在"营收类"退市风险的标的

在考虑涉及"营收类"退市风险的项目时，务必采取审慎态度，尤其是在重整前一年已因收入不足等缘由收到退市警告的公司。此类型投资需格外留意以下几点。

破产重整的局限性：破产重整虽能解决净资产转正问题，但短期内难以快速提升营业收入。市场对破产的负面印象可能导致供应商和客户望而却步，进一步加剧营收困境。

现金流紧张：企业现金流状况堪忧，连现有供应商款项都难以按时支付，开展新业务面临重重困难。

监管态度：若证监会评估破产重整无法有效解除营收类退市风险，很可能不会给予必要的审批，增加投资不确定性。

针对特定情况下，如地方国企受政府指示必须进行投资的特殊情况时，解决方案主要参考如下：

非重大资产重组：通过收购子公司合并收入，但需注意监管趋严，收购的业务需稳定且与上市公司有协同效应，或者原业务收入超 1 亿元。事先与交易所沟通至关重要。

业务平移：与上市公司联合或者提前平移业务，需保障协同效应，预先与交易所沟通确认认可。

供应商关系维护：破产程序中维护好关键供应商关系，优先清偿货款，采用债务人自行管理模式，保障经营连续性。

资金保障：通过共益债投资保障运营资金充足，避免资金链断裂。

资产处理：考虑剥离全部资产的破产重整案例稀少，多倾向于保留部分或者全部资产，保障有足够时间注入优质资产避免终止上市风险。

提前规划与准备：在考虑收入集中于破产重整当年的 10 月至 12 月的情况时，特别需要注意，交易所可能会对这部分营业收入的商业合理性质疑。

(5) 谨慎选择存在"重整前一个年度被出具无法表示审计意见"的标的

在选取投资项目时，应谨慎避开那些在重整前一年度被出具了"无法表示意见"审计报告的标的。这类报告通常预示着公司可能存在严重的财务失真问题，而这些问题往往旨在掩饰以下几种关键风险：一是营业收入不足以维持上市资格的危机，二是净资产转为负值的退市威胁，三是控股股东资金占用。一旦这些被揭露，不仅会大幅增加投资者的财务负担，还可能触碰规范性或者重大违法行为的退市红线，风险深不可测。此外，这类公司在完成破产重组后股价表现通常欠佳，显示出资本市场对它们的未来并不持乐观态度，故而投资时应慎之又慎。

(6) 谨慎选择"资本公积不足且大股东股份被质押冻结"的标的

在甄选投资项目时，需特别留心那些"资本公积欠缺且大股东股权被质押冻结"的情形。此类标的面临复杂情况：大股东股权在被质押冻结的状态下，破产受理法院是否能直接将相应股权变更至投资人或者债权人名下，目前在法学理论与司法实践中尚未形成统一意见。加之，若公司资本公积不足，偿债资金来源将面临瓶颈，这就要求通过创新途径充实资本公积，比如债务减免、大股东或者重整方以现金、非现金形式捐赠注入资本公积，随后将新增股本分配给重整投资人或者债权人，以换取他们对重整的资金支持、债务清偿或者流动资金补充。这一系列操作无疑增加了重整方的资金负担，同时加大了与债权人及大股东协商的复杂度和挑战。

(7) 谨慎选择存在"大股东占款""违规担保"的标的

在筛选投资项目时，对存在"大股东占款"及"违规担保"问题的标的应持谨慎态度，这并非意味着绝对排除此类投资，而是需将解决上述问题的费用充分计入重整方的总成本考量中。以往，证监会审批时对此类问题严格要求不得存在，而今虽有所放宽，除江苏、浙江等地明确要求在破产重整前必须解决"大股东占款"和"违规担保"问题之外，其余地区则更侧重于审查解决方案的可行性，即可获得证监会的无异议批准。

在实际操作中，除了直接使用自有资金或者非现金资产清偿债务、解除违规担保的传统途径外，多数情况演变为由上市公司债权人、重整投资人等第三方代替责任方履行偿债责任。大股东占款问题常因大股东无力偿还而复杂化，解决方案或者是由重整方承担额外资金解决，或者是通过牺牲债权人利益，如将上市公司对大股东的债权用于抵销债务，这不仅增加了重整方的财务负担，也加大了与债权人间谈判的难度，可能阻碍重整进程。因此，面对含有大股东占款的项目，必须审慎评估，若解决方案难以达成或者成本过高，及时放弃不失为理智选择。

二、破产申请与初步程序

(一) 破产申请与审查问题

谁具有申请公司破产的资格？法院在审查破产申请时，如何统一标准，特别是在"资不抵债"和关联债务规模等关键指标上存在争议时？

(1) 关于破产申请资格，根据《企业破产法》的规定，具有申请公司破产的资格的主体主要包括债权人、债务人和依法负有清算责任的人。

债权人：当债务人不能清偿到期债务时，债权人有权向人民法院提出对债务人进行重整或者破产清算的申请。

债务人：当债务人出现资不抵债的情形，或者有明显丧失清偿能力可能的，可以向人民法院提出重整、和解或者破产清算的申请。

依法负有清算责任的人：企业法人已解散但未清算或者未清算完毕，资产不足以清偿债务的，依法负有清算责任的人应当向人民法院申请破产清算。

(2) 关于破产申请审查标准，法院在审查破产申请时，主要关注企业的资产状况、债务状况以及是否存在资不抵债的情况。

为了解决破产申请审查中的争议问题，可以采取以下措施。

明确"资不抵债"的判断标准：法院在审查破产申请时，应以企业的财务报表为基础，结合审计机构出具的审计报告，对企业的资产和负债进行全面评估。同时，应建立统一的财务评估标准和方法，保障不同主体在评估企业财务状况时能够得出相对一致的结论。对于存在虚假记载、误导性陈述或者重大遗漏的财务报表，法院应不予认可，并要求申请人提供真实、准确的财务资料。

规范关联债务的处理：在审查破产申请时，法院应对关联债务进行严格审查，保障关联交易的公平性和透明度。对于存在不公平关联交易或者利益输送行为的关联债务，法院应认定为无效，并追究相关责任人的法律责任。同时，应要求申请人提供关联交易的详细信息以及关联方的财务状况等资料，以便对关联债务进行全面评估。

引入专业机构进行评估：针对复杂、疑难的破产申请案件，法院可以委托专业机构对企业的资产和负债进行评估。专业机构具备专业知识和方法，能够对企业的财务状况进行深入分析，为法院提供客观、公正的评估结果。这有助于法院在审查破产申请时作出准确的判断。

完善法律法规和司法解释：针对破产申请审查中存在的争议问题，应完善相关的法律法规和司法解释。例如，可以制定具体的操作指南或者解释性文件，对"资不抵债"的判断标准、关联债务的处理原则等问题进行明确规定。这将为法院审查破产申请提供统一的法律依据和标准，减少争议和不确定性。

（二）关联企业合并处理问题

对于存在关联关系的多家企业，是否应强制进行合并破产处理？如何避免合并处理中可能出现的利益输送和不公平现象？

当存在关联关系的多家企业陷入经济困境时，是否应强制进行合并破产处理成了一个值得探讨的问题。

1. 关联企业合并处理的必要性

整体性考虑：关联企业之间往往存在紧密的经济联系和相互依赖关系。当其中一家企业陷入危困时，其他关联企业可能也会受到影响。因此，从整体性角度出发，对关联企业进行合并处理有助于全面评估企业的财务状况和偿债能力，保障破产程序的公正性和效率。

避免利益输送：在关联企业中，可能存在通过关联交易等方式进行利益输送的情况。如果不进行合并处理，这些不公平交易可能会被掩盖，损害债权人和其他利益相关方的利益。通过合并处理，可以揭示这些不公平交易，保障各方利益的公平分配。

2. 关联企业合并处理的风险

复杂性增加：关联企业之间的经济联系可能非常复杂，涉及多个主体和多种交易类型。合并处理可能会增加破产程序的复杂性和难度，导致程序拖延和成本增加。

不公平现象：在合并处理中，可能存在一些不公平现象。例如，某些关联方可能利用其在关联企业中的特殊地位，通过不公平交易等方式谋取私利，损害其他利益相关方的利益。

3. 避免合并处理中的利益输送和不公平现象的措施

完善法律法规：建立健全相关法律法规，明确关联企业合并处理的原则、程序和标准。通过法律手段规范关联企业的行为，防止利益输送和不公平现象的发生。

强化信息披露：要求关联企业充分披露其财务状况、关联交易等信息，保障信息的透明度和真实性。这有助于揭示可能存在的利益输送和不公平交易，保护债权人和其他利益相关方的利益。

引入独立机构监督：在关联企业合并处理过程中，可以引入独立机构进行监督。这些机构可以对关联企业的财务状况、关联交易等进行全面审查和监督，保障程序的公正性和公平性。

建立责任追究机制：对于在合并处理中发现的利益输送和不公平交易行为，应建立有效的责任追究机制。对相关责任人员进行严肃处理,并追究其法律责任,以维护市场秩序和公平正义。

(三) 破产管理人选定机制问题

在选定破产管理人时,应如何权衡协商指定、竞争性谈判和法院随机指定等方法的优缺点,以保障选定的管理人具备专业能力和公信力?

破产程序的顺利进行,关键在于选定一位既专业又具公信力的破产管理人。尽管协商指定、竞争性谈判和法院随机指定等方法各有优缺点,但通过细致的规划和实际操作方案的制定,最终选定出的管理人通常能够满足程序的要求。

协商指定的实施建议:制定明确的协商流程和时间表,保障所有核心利益相关方有足够的时间参与讨论和决策,并要求参与协商的候选管理人提供详细的专业背景和经验介绍,以便利益相关方做出明智的选择。

竞争性谈判的实施建议:制定详尽的招标文件,明确候选管理人的资格要求、评选标准和服务范围。设立独立的评标委员会,由行业专家、律师和会计师等专业人士组成,以保障评标过程的公正性和专业性。引入保证金制度,要求候选管理人在提交竞标文件时缴纳一定比例的保证金,以保障其认真履行后续职责。

法院随机指定的实施建议:建立动态的管理人名单数据库,定期更新和审核管理人的资格和经验信息。根据案件的具体性质和复杂程度,制定分类的随机指定规则,以保障选定的管理人与案件需求相匹配。设立一个监督机构,对随机指定过程进行监督和记录,保障过程的透明度和公正性。

综合实施建议:加强破产管理人培训,提高其专业能力和道德水平。建立管理人绩效评估机制,定期对其工作表现进行评价和反馈,以保障其持续提供优质服务。完善相关法律法规,明确管理人的权利和义务,为其提供必要的法律保障和支持。

三、债权与资金问题

(一) 债权优先级与认定问题

在处理债权时,如何清晰界定和划分债权的优先级?特别是对于那些刚刚出现财务困境就要求认定为共益债的情况,应如何合理处理?

在破产程序中,债权的认定与优先级的划分不仅影响债权人和债务人的权益,还关系到整个破产程序的公正性和效率。

1. 债权优先级的清晰界定

法定优先权:劳动债权、税收债权等法定优先权应根据相关法律法规进行严格认定，保障其权益不受损害。合同约定优先权：尊重并依据债权人与债务人之间的合同约定来确定债权的优先级。担保物权：认真审查担保合同的效力和担保物的实际价值，保障担保物权人的合法权益。

2. 共益债的合理认定与处理

严格标准：对共益债的认定应坚持严格标准，保障其真正符合全体债权人的共同利益。公开透明：共益债的认定和处理过程应公开透明，充分披露相关信息，接受各方监督。优先级确定：在保障共益债合理认定的基础上，应根据其性质和重要性，合理确定其优先级。

3. 法律制度与监管的完善

法律法规的完善：建议进一步完善相关法律法规，为债权优先级和共益债的认定提供明确的法律依据。加强监管：监管部门应加强对破产程序的监管，保障债权认定和优先级划分的公正性。司法审判水平的提升：法院在审理破产案件时，应提高审判水平，保障案件处理的公正、高效。

（二）资金筹措策略问题

在重整过程中，企业应如何制定有效的资金筹措策略，主要包括纾困融资、共益债发行、引入财务或者产业投资者等多种方式？

破产重整是企业走出财务困境、恢复生机的重要途径。在这个复杂而敏感的过程中，如何有效地筹措资金成为重整成功的关键。

在企业破产重整的紧要关头，一定额度的资金注入成为维系日常运营、化解债务压力、推动业务重构的命脉。然而，资金筹集面临重重挑战，主要源于企业信用度在此时多半已大幅滑坡，传统融资路径往往闭塞不通，无法有效满足其迫切的资金需求。

下面我们探讨企业在破产重整过程中，如何综合运用纾困融资、共益债发行、引入财务或者产业投资者等策略，以最大化地筹措所需资金，推动企业重整成功。

1. 多元化资金筹措策略的构建

关于纾困融资的精准运用，纾困融资作为短期流动性支持的重要手段，在破产重整中具有不可替代的作用。企业应结合自身的资产状况、债务结构和市场信誉等因素，精准选择融资工具和合作伙伴。通过合理的贷款结构设计、担保措施安排以及利率和期限的协商，保障纾困融资既能满足短期流动性需求，又不会增加长期债务负担。

关于共益债筹集，通过对重整方案及破产资产的充分的信息披露和投资者沟通，可提升共益债的市场认可度和投资价值，降低融资成本。

关于财务投资人与产业投资者的战略引入，重整投资人招募方式有公开招募、非公开招募（协商引入）两种方式。

产业投资人通常追求控股，旨在通过破产重整实现产业链上下游的扩展和战略整合。他们的焦点在于如何通过投资来优化产业结构，获取特有资源或者资质，并在重整后亲自掌舵企业的运营，利用自身的行业优势推动企业的产品革新、市场拓展及技术引进，助力公司长远发展。

相比之下，财务投资人的核心目标在于资本增值，他们通过折价认购资本公积转增股份，在规定的锁定期满后择机退出，实现投资回报。财务投资人根据参与深度和角色的不同，可分为两大类。

（1）操盘型财务投资人

此类投资人在破产重整中扮演多重角色，不仅是资金的提供者，更是战略规划师和资源整合者。他们具备深厚的行业洞察力，从评估重整价值、标的筛选到方案设计、政府协调、产业与财务资源整合，乃至后续资产重组，全程主导，展现出高度的专业性和实战经验。操盘型财务投资人因长期专注此领域，相比偶尔参与的产业投资人，拥有更丰富的实战智慧，尽管此类人才稀缺。

（2）纯财务投资人

与操盘型不同，纯财务投资人倾向于被动参与，依赖于产业投资人或者操盘型财务投资人的引领，加入投资联合体共享投资机会。他们往往是通过购买专项基金或者有限合伙的份额，委托操盘型财务投资人管理资金，扮演资金提供者的角色，享受投资收益而不直接参与决策过程。

引入财务投资人或者产业投资者不仅可以为企业提供资金支持，还能带来战略资源和管理经验等附加价值。在选择投资者时，企业应注重投资者的行业地位、资源优势以及与被投资企业的协同效应。通过股权合作、资产重组等方式，企业可实现与投资者的深度绑定和利益共享，共同推动企业价值提升和长期发展。

截至目前，根据上海证券交易所与深圳证券交易所的规定，上市公司在实施重组时，若产业投资人取得控股股东或者第一大股东之位，其股份锁定期将被严格设定为至少 36 个月；而对于财务投资人，其股份锁定期则不少于 12 个月。然而，若将来财务投资人的锁定期进一步延长至 24 个月，这无疑将增加时间成本与不确定性风险，导致风险水平上升，预期会有大量纯财务投资人因此转变策略，从直接持股转向通过投资操盘型投资人设立的基金或者有限合伙企业份额。这样做的双重好处在于：一方面实现了"专人做专事"的效率与专业性，另一方面，操盘型投资人通过汇集资金后能多元化投资组合，有效分散风险，实践"不把所有鸡蛋放在同一个篮子"的投资智慧。

2. 实施路径与保障机制

制定全面而具体的资金筹措计划。企业应结合重整目标和实际情况，明确各阶段的资金需求、筹措方式和时间表等关键要素，全面模拟推演各个环节，以验证计划的逻辑合理性与实际操作可行性。同时，建立动态调整机制，根据市场变化和企业发展需要及时调整计划，保持灵活性和适应性。

强化风险防控与合规管理。在资金筹措过程中，企业应高度重视风险防控和合规管理。建立健全风险识别、评估和应对机制，对潜在风险进行及时预警和有效处置。同时，严格遵守相关法律法规和监管要求，保障资金筹措活动的合规性和透明度。

加强内外部沟通与协作。资金筹措涉及多方利益主体，企业应加强与金融机构、投资者、监管机构等相关方的沟通与协作。通过定期的信息披露和交流活动，增进相互了解和信任，为资金筹措创造良好的外部环境。同时，加强内部部门之间的协作与配合，形成工作合力，保障资金筹措策略的高效实施。

（三）资本公积转增股票操作问题

在处理资本公积转增股票时，应遵循怎样的操作程序？是否需要经过债委会的审核和法院的批准？

在破产程序的复杂背景下，资本公积转增股票作为一种可能的资本运作手段，具有其特殊性和敏感性。为了保障此过程合法、透明，并最大限度地保障各方利益，下面我们探讨资本公积转增股票在破产程序中的操作策略与规范。

1. 资本公积转增股票的核心概念与意义

资本公积作为所有者权益会计科目，其主要来源可归纳为以下几个关键方面：首先是资本（或者股本）溢价，体现为企业投资者实际投入资金超出其在注册资本中所占份额的部分；其次是企业接收非现金资产捐赠或者现金资产捐赠所形成的准备金；最后包括债权人的债务豁免，即债权人同意部分或者全部免除企业的债务义务。这些构成了资本公积增加的主要动因，反映了企业净资产的增值部分，却不直接来源于所有者的直接投资。

资本公积转增股票，简言之，是将公司的资本公积转化为股本的过程。资本公积和股本作为所有者权益的重要组成部分，资本公积向股本的转换实质是在所有者权益内部实施的一种结构调整。这一过程涉及将资本公积科目中的资金转移至股本或者实收资本账户，并依据股东各自的持股比例，将转入的资本等比例增加到每位股东的持股账户中。此举在提升各股东持股数量的同时，保持了原有的持股比例不变，是一种权益结构的内部优化方式。

在破产程序中，此举可能为公司带来资金注入，助力公司走出困境。然而，这也可能对债权人的权益造成影响，因此必须谨慎行事。

2. 资本公积转增股票的操作流程与注意事项

决策阶段：公司应首先通过股东大会或者董事会进行决策，保障决策过程符合公司章程和法律规定。

财务评估：聘请专业机构进行财务审计和评估，保障资本公积数额的准确性，并预测转增股票后公司的财务状况。

信息披露：保障及时、全面地向公众和债权人披露相关信息，主要包括转增的数额、目的、对公司和债权人的影响等。

债权人权益维护：在决策过程中，应充分考虑并保护债权人的权益，避免对其造成不利影响。

3. 债委会与法院的角色与职责

债委会审核：在破产重整程序中，债委会作为债权人的代表，应对涉及债权人权益的重大决策进行审核。对于资本公积转增股票的方案，债委会应评估其对债权人权益的影响，并提出专业意见。

法院批准：在某些情况下，如破产清算程序中涉及资产处置，资本公积转增股票可能需要获得法院的批准。法院将审查该方案的合法性和公平性，保障各方权益的平衡。

（四）实控人担保责任豁免条件问题

在何种情况下可以豁免实控人的担保责任？是否应设定明确的豁免条件，并在重整方案中进行明确说明？

实控人在企业破产重整中，常常面临着巨大的担保责任压力。这种责任在特定条件下能否得到豁免，对于实控人、债权人以及整个重整过程的顺利进行都至关重要。下面我们探讨实控人担保责任豁免的条件设定标准，并讨论如何在重整方案中更明确、更合理地说明这一问题。

1. 实控人担保责任豁免的条件设定标准

合法性标准：实控人的担保行为必须基于合法、有效的担保合同。若合同存在违法、欺诈等情形，则无法享受豁免。

无过错标准：实控人在提供担保时，应保障自身无主观过错，未参与任何不当行为或者违规操作。

债务履行情况：债务人（主债务人）在重整过程中的表现也是考虑豁免的重要因素。若债务人积极配合重整，努力恢复清偿能力，实控人的担保责任可相应减轻。

债权人利益保护：豁免实控人的担保责任不应损害债权人的合法权益。因此，在设定条件时,应保障债权人的利益得到充分保障。

公平与合理性:豁免条件的设定应遵循公平、合理原则,平衡各方利益,保障重整过程的公正性和可持续性。

2. 优化实控人担保责任豁免策略的建议

完善法律法规:通过立法或者司法解释,进一步明确实控人担保责任豁免的条件和标准,为实践操作提供有力依据。

强化信息披露:提高实控人担保行为的透明度,保障债权人和其他利益相关方能够充分了解相关信息,从而做出合理决策。

建立多元化担保机制:鼓励企业建立多元化的担保机制,降低对单一实控人担保的依赖,从而减轻实控人的担保压力。

加强监管与指导:监管机构应加强对实控人担保行为的监管和指导,保障其行为符合法律法规和监管要求,防止违规行为的发生。

3. 在重整方案中的明确说明

详细阐述豁免条件:在重整方案中,应详细列明实控人担保责任豁免的具体条件,主要包括合法性、无过错、债务履行情况等标准,以便各方全面了解并评估。

明确豁免程序:方案应规定豁免申请的程序、审核机构及决策流程,保障豁免过程的公正、透明和高效。

充分披露信息:重整方案应充分披露与实控人担保责任相关的信息,主要包括担保金额、期限、债务人清偿状况等,以便债权人和其他利益相关方进行全面评估。

风险提示与应对措施:方案应分析豁免实控人担保责任可能带来的风险,如债权人信心下降、市场波动等,并提出相应的应对措施和预案。

四、利益相关方权益与管理

(一) 利益相关方权益平衡问题

破产重整过程中,如何精妙地平衡债权人、债务人、股东等各方利益相关者的权益,尤为重要。处理不当可能会引发利益冲突,进而影响重整的效率和成功率。

鉴于上市公司重整及后续运营所涉及的广泛利益相关群体,包括司法部门、证券监管、地方政府、上市公司、债权人、管理团队、原股东、合作伙伴等,一个高效且成功的重整计划有赖于所有相关方的协同努力。因此,作为投资人,积极参与沟通协调,争取各方支持、减少障碍,直至形成共识性的重整计划,是至关重要的策略。

在投资人的选定阶段,管理人通常要求提交详尽的投资提案。这份提案不仅影响投资人的评选，也常成为制订重整计划的基石。尽管部分投资人可能误以为重整计划的制定仅由管理人和债务人主导，因而对计划内容不够重视，但实际上，计划内容如出资人权益调整、后续经营策略、债权分类与清偿安排等，均与投资目标紧密相连，不容忽视。

值得注意的是，在某些项目中，由地方政府代表组成的清算组作为管理人展现出较强控制力，即使在第三方担任管理人的情况下，地方政府也常试图通过多种途径影响地方法院及管理人的决策过程。地方政府的干预可能促使通过缺乏可行性的重整计划，甚至对司法裁决施加影响，同时限制投资人对重整计划的议价空间，要求无条件接受管理组设计的方案，否则可能直接引入地方国企替代原产业投资人。尽管前期投入颇丰，但对这类项目务必审慎考虑，以免最终接手的是一个难以收拾的局面。

下面有两个避免利益冲突的具体建议。

1. 权益平衡的核心策略

明确权益边界：对各利益相关者的权益进行明确界定，保障每个人都清楚自己的权利和责任。充分信息披露：保障所有与重整相关的信息都能及时、准确地传达给各方，减少因信息不对称造成的误解和冲突。引入中立第三方：考虑邀请中立的企业纾困重组领域专业服务机构或者资深专家参与，对重整计划进行公正评估，提供独立意见。建立有效沟通机制：促进各方之间的定期沟通，及时解决问题，防止小问题演变成大冲突。

2. 深化避免利益冲突的建议

早期预警系统：建立一个能够识别潜在利益冲突的早期预警系统，以便在问题变大之前采取行动。培训与教育：加强对各利益相关者的培训和教育，增强他们的权益意识和冲突解决能力。调解与仲裁机制：在出现利益冲突时，可以考虑引入调解和仲裁机制，以更和平、高效的方式解决问题。持续监督与反馈：设立一个独立的监督机构，对重整过程进行持续监督，并提供定期反馈，以保障各方权益得到持续保障。

总之，破产重整中的利益相关方权益平衡不仅是一种经济行为，更是一种艺术。通过深化策略、强化沟通、建立预警机制等多方面的努力，我们可以更加有效地避免利益冲突，推动重整工作的顺利进行。

（二）大股东侵占问题应对策略问题

当发现大股东存在侵占公司资产行为时，应采取哪些有效措施进行追责和挽回损失？是否需要引入政府等外部力量进行干预？

大股东侵占公司资产是一个复杂而敏感的问题，它不仅涉及经济利益，还涉及公司治理、法律法规和道德伦理等多个方面。

上市公司进入重整程序时，往往伴随大股东不当行为，比如资金占用、违规担保等问题，这些问题在重整规划中必须得到妥善处理，否则很难获得监管层面的批准。一般的解决策略是要求原股东纠正错误，或者由新加入的投资人承担相应的成本。

在重整框架内，投资人获得的股份通常是通过资本公积金转增的方式，而资本公积金本质上属于原股东的权益，正常情况下应按持股比例分配给原股东。因此，将资本公积金专门用于向重整投资人转增股份，实际上是先进行一次对原股东的分配，随后原股东再将这部分权益转让给投资人。如果转增股份的平均价格不低于市场价，原股东的利益不仅不受损，还可能有所增益；反之，若转增价格低于市场价，原股东的权益份额就会被稀释。

面对大股东侵占这一问题时，企业需要全面而深入地分析，制定并执行一系列具体而有效的策略。下面提出具体的建议和操作指南。

第一，加强内部治理与风险防范。完善内部控制体系：企业应建立健全的内部控制体系，保障财务报告的准确性和透明度，减少大股东侵占的机会。强化董事会职能：董事会应加强对大股东的监督和管理，保障其行为符合公司利益和法律法规。增强员工风险意识：通过培训和宣传，提高大众对大股东侵占行为的风险意识，鼓励员工和相关知情人积极举报可疑行为，举报有奖。

第二，积极寻求法律救济。聘请企业纾困重组领域专业服务机构，组织相关领域资深经验的律师团队，协助处理大股东侵占问题，提供专业的法律建议和支持。充分利用证据：企业应充分收集和保存与大股东侵占行为相关的证据，以便在法律程序中使用。寻求和解或者调解：在某些情况下，通过和解或者调解方式解决争端可能更为高效。企业应评估各种选项的成本和效益，选择合适的解决方式。

第三，寻求外部力量的支持与干预。向监管机构报告：企业应及时向相关监管机构报告大股东的侵占行为，请求其进行调查和干预。监管机构具有专业的调查能力和执法权，可以对大股东形成有效制约。呼吁政府力量的介入：在严重情况下，企业可以呼吁政府力量的介入。政府相关部门可以通过行政手段、法律手段甚至经济手段对大股东进行制裁，维护市场秩序和公平正义。利用社会舆论压力：通过媒体和公众舆论对大股东侵占行为进行曝光和谴责，可以形成强大的社会压力，促使问题得到更快更好的解决。企业可以与媒体合作，积极传递正面信息，引导公众关注和支持问题的解决。

第四，建立长期预防机制。加强股东权益保护：通过公司章程、股东协议等方式明确股东权益和义务，防止大股东利用优势地位侵占公司资产。定期审计与监督：企业应定期进行内部审计和外部审计，保障财务报告的准确性和透明度，同时加强对大股东的监督和管理，保障其行为符合公司利益和法律法规。加强企业文化建设：建立诚信、公平和负责任的企业文化，通过培训和教育提高员工对大股东侵占行为的认识和防范意识，鼓励员工积极参与公司治理和监督工作。

（三）小股东权益保护机制问题

在重整过程中，如何保障小股东的知情权和参与权得到充分保障？是否需要设立特殊的保护机制或者平台？

破产重整过程中，小股东因其股份较少，往往处于弱势地位，其知情权和参与权易受到忽视。然而，作为企业的组成部分，小股东同样享有基本的权益。为保障这些权益得到妥善保护，专门的保护机制和平台显得尤为重要，尤其要保障其知情权、参与权等。具体保障措施如下：

知情权保障。强化信息披露：企业应制定严格的信息披露制度，保障所有股东均能及时、全面地获取重整的最新动态，主要包括但不限于定期发布的重整进度、财务报告和重大事项公告等。规范股东会议：定期召开的股东会议应成为保障小股东知情权的有力工具。管理层需在会议上详细汇报重整计划的实施情况，积极回应股东的疑问，并主动接受监督。引入独立审计：为保障信息的准确性和可靠性，应聘请独立审计机构对重整过程进行审计，审计报告应公开透明，供所有股东查阅。通过引入专业的、独立的第三方机构进行审计，可以提高信息的透明度和公信力，增强股东对企业的信任度。

参与权保障。确立股东投票机制：在重整计划的制定和执行阶段，应确立股东投票机制，保障小股东在决策过程中的参与权，在重大事项如重整计划的批准、资产处置等的决策上，应通过股东投票进行决策。设立小股东代表：建立小股东代表制度，通过选举产生代表小股东利益的代表，直接参与重整计划的制定和实施，从而增强小股东的话语权。构建有效申诉途径：针对小股东在重整过程中可能遇到的问题或者不满，应建立快速响应的申诉机制，如设立独立的申诉委员会或者专门的申诉热线。

特殊保护机制与平台。设立小股东权益保护委员会：在企业内部成立专门的小股东权益保护委员会，负责监督并约束管理层行为，以防止小股东权益受到侵害。搭建投资者教育平台：通过搭建投资者教育平台，提供破产重整、股东权益保护等方面的培训课程和资料，增强小股东的自我保护意识和能力。提供法律援助服务：当小股东权益受到侵害时，及时提供法律援助服务，保障他们能够获得专业的法律支持和帮助。

上市公司陷入财务困境，大股东往往承担主要责任，故而在资本公积转增股本环节，常见做法是大股东不予分配，而中小股东则照常享受分配权利。同样，在调整股东权益结构时，通常仅对大股东权益进行调整，避免触及中小股东的权益。尽管中小股东在重整计划表决中表现得不够活跃，但明智的做法是避免触动他们的利益，尤其是当重整后产投持有股权比例较低，且股权结构分散时，得罪中小股东可能导致他们与大股东及重整后公司的矛盾升级，影响重整计划的顺畅执行，并在之后诸如重大资产重组等关键经营决策的股东大会表决中遭遇中小股东的持续反对。

对于在上市公司重整过程中有所贡献的中小股东，其权益应得到适当补偿。虽然原则上，对同类别股东权益调整应平等对待，但必须认识到，部分股东可能为公司重整做出了显著贡献，包括提供偿债资金、为公司担保或者豁免债务等行为。因此，在调整权益结构时，应考量对这些贡献突出的股东给予适当补偿，以保障重整完成后能团结更多股东共同参与和支持公司的经营发展。

（四）员工权益维护与社会稳定问题

在重整过程中如何保障员工的合法权益如工资、社保等以维护社会稳定减少社会冲突的风险？

破产重整是企业面临财务危机时的一种策略，旨在通过重组和改革恢复其经济活力。然而，在这个过程中，员工的权益可能会受到威胁，进而对社会稳定造成潜在风险。本书旨在探讨如何在破产重整过程中有效保障员工的权益，以维护社会稳定并减少冲突的可能性。

第一，破产重整对员工权益的影响。经济权益受损：企业陷入财务困境时，往往无法按时支付员工工资和社保等福利，导致员工经济权益受损。职业发展受阻：重整可能导致企业组织结构调整和岗位变动，使员工职业发展路径受到干扰，进而影响个人发展。心理压力增加：破产重整过程中的不确定性可能导致员工心理压力增加，出现焦虑、不安等情绪。

第二，保障员工权益的策略。优先保障员工经济权益：在重整计划中，应优先考虑员工的工资、社保等经济权益的支付，通过合理调配资金和资源，保障员工的基本生活需求得到满足。建立健全沟通机制：与员工保持密切沟通，及时通报重整进展和相关信息，减少信息不对称带来的恐慌和误解，同时积极听取员工的意见和建议，保障他们的声音在重整过程中得到充分体现。提供职业培训和转岗支持：针对因重整而面临岗位变动的员工，提供必要的职业培训和转岗支持，帮助他们提升技能、适应新岗位的要求，实现职业发展的平稳过渡。设立员工援助基金：设立专门的员工援助基金，用于在特殊情况下为员工提供经济援助和心理支持，通过减轻员工的经济和心理负担，维护他们的身心健康。完善法律法规和监管机制：政府相关部门应加强对破产重整过程中员工权益保护的立法和监管工作，保障相关法律法规得到严格执行，为员工提供法律援助和维权服务，同时建立有效的监管机制，监督企业在重整过程中是否充分保障员工权益。

第三，员工权益保障与社会稳定的内在联系。员工稳定是社会稳定的基础：员工是企业的重要组成部分，他们的稳定直接关系到社会的和谐与安定，保障员工权益可以减少社会矛盾和冲突的风险，为社会的稳定发展创造有利条件。员工满意度与社会信任：员工权益得到充分保障将提高员工的满意度和忠诚度，进而增强社会对企业的信任和支持，有助于企业在困境中赢得更多的理解和帮助，促进社会资源的优化配置。公平正义与社会责任：保障员工权益是企业履行社会责任的重要体现，通过维护员工的合法权益，企业可以彰显其公平正义的价值观，树立良好的企业形象，从而赢得社会的尊重和支持。

五、法律与风险

(一) 企业刑事风险对重整影响评估问题

当企业存在刑事风险时，如何全面评估这些风险对重整过程的影响？应采取哪些措施来降低这些风险？

在破产重整过程中，不少企业及其管理者因刑事风险而陷入更深的危困局面。这类风险的存在不仅可能损害企业的声誉和日常运营，更可能对整个重整计划带来深远影响。

举个最近的案例，某公司在重整期间因高层涉嫌财务欺诈被立案调查，导致重整计划受到严重阻碍，投资者信心大幅下滑，可见全面评估和管理刑事风险在重整过程中的重要性。下面通过实际案例的分析，探讨如何全面评估企业刑事风险对重整过程的影响，并提出相应的措施来降低这些风险。

1. 识别与分类：企业刑事风险的初步探索

举例，B公司因涉及虚假财务报告被监管机构调查，随后曝出多起高管贪腐案件。在识别风险方面，独立审计机构通过对YY公司财务报表的仔细审查，发现了多处异常交易和资金流动，进而揭示了潜在的欺诈行为。

通过此案例，我们强调对企业财务状况的深入调查是识别刑事风险的关键步骤。同时，分类评估也是必不可少的环节。根据YY公司案例中的风险性质，可以将其归类为财务报告欺诈和高管贪腐两大类别，每类风险都有其特定的影响范围和应对措施。

2. 全面评估：刑事风险对重整的多维度冲击

举例，C公司在重整过程中，因涉及环境违法行为被环保部门处以巨额罚款，并责令停产整治。除了直接的经济损失外，ZZ公司的声誉也遭受重创，导致投资者和客户纷纷撤离，重整计划陷入僵局。

这个案例凸显了刑事风险对重整过程的多维度影响。除了直接的财务损失外，还主要包括运营中断、声誉受损以及法律诉讼等方面。因此，在全面评估阶段，必须综合考虑各种潜在影响，并制定相应的风险管理策略。

3. 应对策略：多维度降低刑事风险的影响

面对企业可能遭遇的刑事风险，采取多维度的应对策略至关重要。以下是一系列具体的措施，旨在帮助企业全面降低刑事风险对自身的影响。

（1）建立全面且实时的刑事风险防范机制

风险识别：企业应通过定期的内部审查和外部咨询，识别潜在的刑事风险。这可能主要包括对财务记录、管理层决策、员工行为等多方面的监测。

风险评估：识别风险后，应对其进行量化评估，以确定可能性和潜在影响。这有助于企业优先处理最严重的风险。

实时监控与报告：通过持续的风险监控和及时的风险报告，保障企业对任何潜在问题保持警觉。

（2）加强内部合规体系与程序

内部调查与审计：企业应定期进行内部调查和审计，以检查是否存在违规行为。这主要包括对所有业务部门的定期审查，以保障合规性。

纠正措施：一旦发现违规行为，应立即采取纠正措施，主要包括纪律处分、改进内部控制等，以防止问题再次发生。

（3）积极应对外部调查与诉讼

合作与透明：当企业面临外部调查或者诉讼时，应积极与执法机关合作，提供所需的信息和文件。

外部法律顾问的参与：企业应寻求外部法律顾问的帮助，以保障在应对调查和诉讼时采取的策略是合法且有效的。

（4）提升员工合规意识与培训

合规培训计划：企业应定期为员工提供合规培训，保障他们了解并遵守相关法律法规和内部政策。

意识提升：通过案例分享、模拟演练等方式，提高员工对刑事风险的认识和警觉性。

（5）制定并执行应急预案

预案制定：针对可能引发刑事风险的突发事件，企业应提前制定应急预案，明确应对措施和责任分配。

演练与更新：定期对应急预案进行演练和更新，保障其在实际应用中能够发挥作用。

（6）加强与法律顾问的沟通与协作

持续沟通：企业应与法律顾问保持密切沟通，保障在面临刑事风险时能够得到及时、专业的法律建议。

共同应对：法律顾问可以协助企业评估风险、制定应对策略，并在必要时代表企业与执法机关进行沟通。

（7）优化信息披露与公关策略

信息披露机制：企业应建立有效的信息披露机制，保障在面临刑事风险时能够及时、准确地向相关方进行披露，以维护企业的声誉和信誉。

公关策略：积极与媒体和公众沟通，解释和说明企业面临的刑事风险及应对措施，争取他们的理解和支持。

通过采取上述多维度的应对策略，企业可以显著降低刑事风险对自身的影响，保障业务的持续稳定运营。

（二）财务造假应对与索赔处理问题

一旦发现企业在重整过程中存在财务造假行为并面临索赔时，应如何迅速应对并妥善处理相关索赔事宜？

财务造假不仅是企业内部管理失控的表现，也可能导致企业陷入严重的经济困境，面临破产风险。在这种情况下，如何处理由财务造假引发的索赔问题，成为企业在破产申请与初步程序中必须面对的挑战。

1. 预防与识别财务造假

内部控制体系建设：建立健全的内部控制体系，主要包括明确的财务报告流程、审批制度、职责分离等，保障财务信息真实可靠。在处理完当前的财务造假和索赔问题后，企业应认真总结经验教训，加强内部管理制度建设。

风险识别与评估：定期开展风险评估，识别潜在的财务造假风险点，并采取针对性措施进行防范。

审计监督：强化内部和外部审计的监督作用，定期对财务报表进行审计，保障财务信息的准确性。提高内部审计人员的专业技能和合规意识，保障他们能够有效地发现和防止财务造假行为。

2. 破产申请前的准备

财务梳理与自查：在破产申请前，对企业财务状况进行全面梳理和自查，发现并纠正可能存在的财务问题。

法律咨询与评估：寻求具有相关领域资深经验的专业律师团队的帮助，对企业破产申请的法律程序、风险等进行全面评估。

信息披露计划：制定详细的信息披露计划，明确需要向监管机构、债权人和投资者等披露的信息内容和时间节点，以减少信息不对称和市场恐慌。与主要债权人和投资者保持密切沟通，及时告知他们企业的真实财务状况和采取的应对措施。

3. 破产申请中的应对策略

快速响应机制：建立快速响应机制，对债权人、监管机构等的询问和调查给予及时回应。

信息披露透明度：按照相关法律法规的要求，及时、准确、全面地披露财务信息，提高信息披露的透明度。

债权人关系管理：积极与债权人沟通，解释企业财务状况及破产申请的原因和计划，争取债权人的理解和支持。设立债权人委员会，为债权人提供一个监督和参与决策的平台，保障他们的声音在重整过程中被充分听取。

4. 初步程序中的关键问题处理

保护债权人权益：在破产申请的初步程序中，应保障债权人的合法权益得到充分保障，主要包括债权登记、确认等程序。

证据保全与收集：妥善保存与财务造假相关的证据材料，为可能的索赔诉讼做好准备。同时，积极收集有利证据以证明企业财务行为的合法性和合理性。

法律程序配合：积极配合法院和监管机构的工作要求，提供必要的文件和信息以推进法律程序的顺利进行。

5. 与索赔方的沟通与协商

坦诚沟通：面对索赔方的诉求时，应坦诚地表达自身的观点和立场，并展示解决问题的诚意。

寻求和解可能：在合理范围内探讨和解的可能性，通过谈判达成双方都能接受的解决方案以降低企业损失和法律风险。

记录与协议签订：详细记录沟通过程和结果，并在达成和解时签订正式协议以明确双方的权利和义务。

6. 法律救济途径的利用

诉讼准备与应诉策略：若和解无望或者无法达成满意的和解协议时企业应着手准备应诉主要包括选聘具有相关领域资深经验的专业律师团队、收集有利证据等并制定详细的应诉策略。

法律武器运用：充分利用法律赋予的权利如反诉、上诉等维护企业的合法权益并在法律框架内追求最有利的结果。

判决执行与后续管理：在获得有利判决后积极执行判决结果并持续关注后续动态防止类似问题的再次发生。

7. 合作与寻求外部支持

与监管机构、行业协会等外部组织保持密切合作，共同打击财务造假行为。寻求专业咨询机构的帮助，如会计师事务所、律师事务所等，为企业提供专业的指导和支持。

（三）豁免权缺失下法律应对策略问题

在没有豁免权的情况下，企业应如何应对可能出现的法律诉讼和索赔？是否需要寻求专业的法律援助或者咨询？

在破产申请与初步程序中，豁免权的缺失无疑将企业置于了更高的法律风险之下。从法律诉讼到赔偿要求，每一个环节都可能对企业造成严重的经济压力和声誉损失。在这样的背景下，一个精细化的风险管理策略和专业的法律建议变得尤为关键。

1. 深入理解豁免权及其缺失的风险

豁免权的基本概念：豁免权通常是指能够减少或者避免某种法律后果的特定权利。在企业经营中，豁免权往往能够为企业提供一定的法律保护。

豁免权缺失的后果：当企业没有豁免权时，任何小的法律失误或者疏忽都可能引发大的法律纠纷，导致企业面临巨大的经济损失和声誉损害。

2. 构建全面的风险预防与应对机制

加强内部法务团队建设：企业应保障内部法务团队具备足够的专业知识和经验，能够及时发现并应对潜在的法律风险。

定期进行法律风险评估：企业应定期邀请外部法律顾问进行全面的法律风险评估，保障企业的经营策略与法律要求保持一致。

建立快速响应机制：在面临法律诉讼或者索赔时，企业应能够快速集结内部和外部资源，制定应对策略，保障在最短时间内做出有效反应。

3. 精细化应对法律诉讼和索赔的策略

深入研究案件细节：企业应深入研究每一个法律案件的细节，保障对案件有深入、全面的了解，为制定有效的应对策略打下基础。

积极准备应诉材料：企业应提前准备所有可能的应诉材料，主要包括证据、合同、邮件等，保障在法庭上能够有力地为自己辩护。

灵活运用和解、调解等手段：在某些情况下，和解或者调解可能是更为经济、高效的选择。企业应灵活评估各种解决方案的成本与收益，选择最合适的应对策略。

4. 专业法律援助与咨询的重要性

专业知识的支持：专业的法律顾问拥有深厚的法律知识和丰富的实践经验，能够为企业提供定制化的法律建议。

降低风险：通过专业的法律援助和咨询，企业可以大大降低因不了解法律而导致的风险。

维护企业利益：在面对复杂的法律环境时，专业的法律援助能够保障企业的权益得到最大程度地保护。

（四）跨境破产重整合作与协调问题

对于涉及跨国经营的公司进行破产重整时，如何协调不同国家/地区的法律、监管和货币差异以推进重整计划？

随着全球化的深入发展，企业的跨国经营已成为常态。然而，当这些企业遭遇财务危机并需要进行破产重整时，他们不仅面临国内市场的复杂性，还要应对跨国环境中的多重挑战。本书旨在更深入地探讨如何在跨境破产重整中有效合作与协调，保障重整计划的顺利实施。

1. 法律层面的深度协调与合作

法律尽职调查：在跨境破产重整的初期，进行全面的法律尽职调查至关重要。这主要包括对涉及国家的公司法、破产法、税法等进行深入研究，保障重整计划不违反任何法律规定。

利用国际私法工具：为解决法律冲突，可以运用国际私法中的工具，如国际商事仲裁和国际民事诉讼。这些工具可以为跨境争议提供中立、有效的解决方案。

跨国法律团队的合作：组建主要包括各相关国家法律专家在内的跨国法律团队，保障在每个阶段都有专业的法律指导，避免因不熟悉他国法律而导致的风险。

2. 监管层面的协同与合作

早期与监管机构沟通：在重整计划初期，主动与相关国家的监管机构沟通，了解他们的期望和要求，保障重整计划能够得到监管机构的支持。

统一监管框架的探索：国际社会可以努力探索建立统一的跨境破产监管框架，为跨境重整提供明确的指导和规则。

信息共享与协同监管：通过建立跨境监管信息平台，各国监管机构可以实时交换信息，保障监管决策的一致性和有效性。

3. 货币与金融层面的策略性协调

货币风险管理：考虑到汇率波动可能对重整计划造成重大影响，企业应制定详细的货币风险管理策略，如货币对冲和汇率锁定等。

跨境资金流动的优化：在遵守各国资本管制和外汇管理制度的前提下，优化资金流动路径，降低资金成本，保障重整计划的资金需求得到满足。

国际金融机构的合作与支持：积极寻求与国际金融机构如世界银行、国际货币基金组织等的合作与支持，他们可以为跨境重整提供必要的资金和技术援助。

六、信息披露与公众关系

（一）信息披露透明度提升问题

如何提高重整过程中的信息披露透明度以增强利益相关方的信心和信任并减少信息不对称带来的风险？

在破产重整的复杂过程中，信息披露的透明度对于维护利益相关方的信任、保障公平交易以及降低风险具有至关重要的作用。本书将探讨如何提升信息披露透明度，以建立更加稳健和可信赖的重整环境。

1. 信息披露透明度的核心价值

建立与利益相关方的信任桥梁：及时、准确的信息披露有助于消除误解和疑虑，增强利益相关方对企业的信心。

降低信息不对称风险：提升信息披露透明度可以减少市场中的信息不对称现象，防止不公平交易和利益冲突。

优化决策环境：高质量的信息披露为所有相关方提供了更加全面、准确的数据支持，有助于做出更加合理的决策。

2. 提升信息披露透明度的关键策略

完善信息披露制度：制定详细、全面的信息披露政策，明确披露标准、流程和时间表，保障信息的及时性、准确性和完整性。

强化内部管理与协调：优化企业内部的信息收集和传递机制，加强部门间的沟通与协作，保障信息的顺畅流通。

引入独立监督与审计：借助独立的第三方机构进行信息审计和监督，提高信息的公信力和可信度。

利用科技赋能：运用大数据、人工智能等先进技术手段，实现信息的实时更新、快速传播和精准分析，提升信息披露的效率和质量。

（二）市场预期管理与舆论引导策略问题

在重整过程中，如何积极引导和管理市场预期和舆论，以增强市场信心和支持重整计划的顺利实施？

在破产重整过程中，市场预期和舆论的引导对于维护市场信心、保障重整计划的顺利推进至关重要。本书将探讨如何有效管理市场预期和积极引导舆论，为重整计划的成功实施提供有力支持。

1. 市场预期管理的核心意义

稳定市场情绪：在破产重整期间，市场情绪往往波动剧烈。通过积极管理市场预期，可以减少市场恐慌和不确定性，稳定投资者和利益相关者的情绪。

保障重整计划的顺利推进：通过合理引导市场预期，可以使市场更加理解和接受重整计划，降低市场阻力，为重整计划的顺利实施创造有利条件。

重塑企业形象：有效的预期管理有助于企业在重整过程中重塑积极、稳健的形象，增强市场对企业的信任和支持。

2. 市场预期管理的关键策略

建立及时、透明的沟通机制：企业应建立与投资者、债权人等利益相关者的定期沟通机制，及时传递重整进展和相关信息，保障信息的公开透明，减少误解和猜测。

设定明确的重整目标和时间表：企业应清晰阐述重整计划的目标和时间表，为市场提供明确的预期，增强市场的信心和理解。

积极回应市场关切：针对市场上可能出现的担忧和疑问，企业应主动回应，解释重整计划的合理性和可行性，消除市场的疑虑和不安。

利用专业机构进行预期管理：企业可以聘请专业的财务顾问、公关公司等机构，协助进行市场预期管理，提供更加专业、全面的支持。

3. 舆论引导的挑战与应对策略

挑战来源：在破产重整过程中，舆论可能受到多种因素的影响，主要包括媒体报道的偏向性、社交媒体的快速传播以及利益相关者的不同立场等。这些因素可能导致舆论的复杂性和不确定性增加。

建立媒体合作关系：企业应主动与主流媒体建立良好的合作关系，保障信息的准确传递，减少误导性报道的出现。通过与媒体的有效沟通，可以引导舆论向着积极的方向发展。

运用社交媒体平台：企业应积极运用社交媒体平台发布官方信息，及时回应网络上的疑问和误解。通过社交媒体的互动功能，可以与公众进行直接对话，掌握舆论引导的主动权。

培养意见领袖：企业可以与行业专家、学者等意见领袖进行合作，借助他们的专业知识和影响力，为企业的重整计划提供更多的专业支持和舆论引导。意见领袖的积极发声可以有效影响公众的认知和态度。

4. 实践案例分析

通过深入分析成功引导市场预期和舆论的案例，我们可以发现一些共同的成功因素。例如，某知名企业在面临破产重整时，通过积极与媒体沟通、定期发布官方信息、邀请专家解读等方式，成功引导了市场预期和舆论，赢得了市场的理解和支持。这些实践经验为其他面临破产重整的企业提供了有益的参考和借鉴。

七、社会与环境责任

在制定和执行重整计划时如何保障兼顾企业的经济责任、社会责任和环保责任以实现可持续发展的目标？

在破产重整的复杂过程中，企业面临着一系列的经济、社会和环保责任。如何在这三个维度之间找到平衡点，以实现企业的可持续发展，是一个具有挑战性的课题。下面探讨如何在制定和执行重整计划时，保障企业能够全面、均衡地考虑其经济责任、社会责任和环保责任，从而为企业的长期成功奠定坚实基础。

1. 多维度责任兼顾的重要性

在破产重整过程中，企业不仅面临着经济压力，还必须应对社会和环保方面的挑战。因此，兼顾经济、社会和环保责任具有以下重要意义。

综合风险管理：全面考虑多方面责任有助于企业识别和管理潜在的风险，避免因单一维度的决策而引发其他维度的问题。

增强利益相关方信任：通过展示对多维度责任的重视，企业能够赢得投资者、债权人、员工和社区等利益相关方的信任，为重整计划的顺利实施创造有利条件。

推动可持续发展：兼顾经济、社会和环保责任是企业实现可持续发展的关键。通过平衡短期经济利益与长期社会和环境目标，企业能够保障自身发展的可持续性。

2. 制定重整计划时的多维度责任考虑

在制定重整计划时，企业应充分考虑经济、社会和环保三个维度的责任，具体措施主要包括以下内容。

经济责任的平衡：在制定重整计划时，企业需要评估自身的经济状况，并合理规划资金的使用。这主要包括保障足够的资金用于企业的运营和偿债，同时保留一部分资金用于履行社会责任和环保义务。

社会责任的承担：企业应关注员工权益、消费者保护和社区发展等社会问题。在重整计划中，可以主要包括保障员工权益的措施，如提供培训和转岗机会；关注消费者需求，保障产品质量和服务水平；以及积极参与社区活动，支持当地经济发展。

环保责任的履行：企业应将环保理念贯穿于整个重整过程中。首先，进行环境影响评估，识别潜在的环境风险。其次，制定具体的环保措施和行动计划，如减少资源消耗、降低污染排放、提高废弃物回收利用率等。同时，积极采用环保技术和创新手段，推动企业向绿色、低碳方向发展。

3. 执行重整计划时的多维度责任落实

在执行重整计划时，企业需保障经济、社会和环保责任的全面落实。具体步骤主要包括以下内容。

建立责任追踪机制：明确各项责任的具体负责人和执行团队，保障责任到人、执行有力。同时，建立定期报告制度，及时追踪和评估各项责任的履行情况。

加强内部沟通与协作：企业内部应形成良好的沟通与协作氛围，保障各部门之间在履行多维度责任时的协同配合。通过定期会议和信息共享平台等方式，促进信息的流通和资源的共享。

寻求外部合作与支持：企业可积极寻求政府相关部门、行业协会、非政府组织等外部机构的合作与支持。这些机构可以提供政策指导、技术支持和社会资源等方面的帮助，推动企业更好地履行多维度责任。

八、重整计划与执行

（一）重整投资方选择标准问题

在破产重整的复杂过程中，选择合适的重整投资方是实现企业重生和可持续发展的关键步骤。在招募重整投资方时，应设定哪些明确的选择标准，以保障引入的投资方不仅符合产业发展趋势，还能为重整带来稳定性和确定性？

1. 理解产业发展趋势

在选择重整投资方时，首先需要对所在产业进行深入的趋势分析。这主要包括但不限于：

市场前景：评估目标产业的市场规模、增长率和未来潜力。了解市场的主要驱动因素和制约因素，以及行业内的竞争格局。

技术进步：考察产业内技术发展的速度和方向，以及新技术对企业经营模式和竞争力的影响。优先选择对新技术有深刻理解和积极应用的投资方。

法规与政策：分析影响产业的法规和政策环境，主要包括环保、税收、行业监管等方面的政策趋势。选择能够适应政策变化，甚至在政策变革中能够找到机遇的投资方。

2. 保障稳定性和确定性

除了产业趋势的契合度，投资方的稳定性和确定性也是重要考虑因素。这主要包括：

资金实力和融资能力：详细评估投资方的资金状况，主要包括其自有资金、负债结构、现金流状况以及融资渠道和融资成本等。一个资金实力雄厚的投资方能够为企业重整提供持续、稳定的资金支持。

经营和管理经验：考察投资方过往的经营和管理经验，特别是在类似行业或者市场环境下的表现。具备丰富经验的投资方更有可能为企业提供有效的战略指导和运营支持。

风险应对能力：了解投资方在面对市场波动、政策变化等外部风险时的应对策略和表现。一个能够灵活应对风险的投资方将为企业带来更多的稳定性和确定性。

3. 合作潜力和协同效应

在选择重整投资方时，还应考虑双方的合作潜力和协同效应，这有助于企业在重整后实现更快地发展。具体主要包括：

资源共享能力：评估投资方在供应链、销售渠道、客户关系等方面的资源，以及是否愿意与企业共享这些资源。资源的共享可以为企业带来成本节约和市场拓展的机会。

技术创新合作：探讨投资方是否愿意与企业在技术研发和创新方面进行合作，以及是否能够为企业的技术创新提供必要的支持和资源。技术创新合作有助于企业提升核心竞争力并实现差异化发展。

文化和价值观契合度：了解投资方的企业文化和价值观，判断其与企业的契合程度。文化和价值观的契合有助于双方建立长期稳定的合作关系，并在共同发展过程中减少摩擦和冲突。

(二) 重整投资方案设计要点问题

在设计重整投资方案时，应注意哪些核心要素？如何保障方案既能满足各方利益诉求，又能保证重整的顺利进行？

破产重整是企业面临财务困境时的一种重要解救措施，通过重新组织企业结构、调整经营策略、引入新的投资等方式，使企业恢复生机并实现可持续发展。在重整过程中，设计一份全面、合理且被各方接受的重整投资方案至关重要。该方案需要详细考虑资金筹措、管理层调整、法律合规等多个方面，以保障重整过程的顺利进行。下面探索重整投资方案设计的核心要素与利益平衡之道。

1. 核心要素详解

(1) 投资规模与结构

在设计重整投资方案时，首先需要明确投资规模与结构。投资规模应根据企业的实际需求和重整计划来确定，主要包括所需的资金总额、资金分配以及投资方式（如股权、债权等）。同时，投资结构也需要考虑不同投资者的权益和利益分配，以保障投资者在重整过程中的权益得到保障。例如，对于债权人而言，他们可能更倾向于通过债权投资方式参与重整，而股东则可能希望通过股权投资方式保持对企业的控制权。

(2) 估值与定价

估值与定价是重整投资方案设计中的关键环节。企业的估值需要基于其当前资产、负债、市场前景等因素进行科学合理的评估。在估值过程中，需要充分考虑市场环境、行业趋势以及潜在风险等因素，以保障估值结果的准确性和公正性。同时，定价策略也需要根据市场情况和投资者的要求来制定，既要保证投资者的回报，也要保障企业的持续发展。

(3) 资金来源与使用计划

资金来源与使用计划是重整投资方案中的重要组成部分。资金来源可以主要包括自有资金、银行贷款、第三方融资等多种方式。在选择资金来源时，需要考虑不同融资方式的成本、期限以及对企业财务状况的影响等因素。同时，资金使用计划也需要详细规划，明确资金的具体用途和支出计划，以保障资金的有效利用和合规使用。

(4) 管理层调整与激励

在破产重整过程中，管理层的调整与激励也是不可忽视的环节。根据企业的实际情况和重整计划的需要，可能需要引入新的管理团队或者调整现有管理层的职责和权力。同时，为了激发管理层的积极性和创造力，可以设计合理的激励机制，如股权激励、业绩奖励等。此外，还需要建立完善的考核机制，对管理层的绩效进行评估和奖惩，以保障管理层的责任和义务得到落实。

（5）法律与合规

在设计重整投资方案时，必须充分考虑法律和合规因素。方案需要符合相关法律法规的要求，特别是涉及债权人权益、员工安置等方面的规定。为了保障法律合规性，可以聘请专业的法律顾问团队进行指导和协助。同时，还需要关注税务、环保等方面的合规要求，保障企业在重整过程中的合法经营和可持续发展。

（6）退出机制

退出机制是重整投资方案设计中的重要环节之一。投资者在参与重整时通常会关注退出路径和时间表。因此，在设计方案时需要提前规划好投资者的退出方式，如上市、股权转让、回购等。同时，还需要考虑市场环境和政策变化对退出机制的影响，制定灵活的退出策略以适应不同情况的需要。

2. 利益平衡策略

在重整投资方案设计中，利益平衡是至关重要的原则之一。以下是一些利益平衡策略的建议。

（1）充分沟通协商：与债权人、员工代表、股东等各方进行充分沟通和协商是保障方案顺利实施的关键。通过召开会议、听取意见等方式了解各方的诉求和期望，并在方案设计中予以合理考虑和平衡。

（2）保护债权人利益：在重整过程中应优先保障债权人的合法权益。通过债务重组、债务减免等方式减轻企业偿债压力的同时保障债权人的权益得到保障。此外还可以设立债权人委员会等机构加强债权人的参与和监督。

（3）关注员工权益：员工是企业的重要利益相关者之一，在重整过程中应关注员工的权益保障。保障员工工资的按时发放提供必要的培训和发展机会维护员工队伍的稳定和积极性。同时积极与员工代表沟通了解员工诉求并予以合理解决。

（4）平衡股东权益：在调整股权结构和管理层安排时应充分考虑股东的权益和诉求。既要保障股东的基本权益也要激发其对企业未来发展的信心和支持。可以通过制定合理的股权分配方案、引入战略投资者等方式实现股东权益的平衡和调整。

（5）积极履行社会责任：在重整过程中企业应积极履行社会责任关注环境保护、公益事业等方面的问题，加强与政府部门的沟通和协作，争取政策支持和资源整合优势，实现经济效益与社会效益的"双赢"。

（6）建立监督与约束机制：为保障方案的顺利实施和各方利益的平衡可以建立有效的监督与约束机制，如设立独立董事、审计委员会等机构对方案的执行情况进行监督和评估，保障方案的公平性和透明度。同时还可以通过签订协议等方式明确各方的权利和义务，约束各方的行为保障方案的顺利实施和各方的利益得到保障。

（三）重整失败后果与风险防控问题

如果重整失败，企业应如何应对可能出现的各种后果和风险？是否需要提前制定风险防控和应对计划？

随着企业面临日益复杂的市场环境和经济波动，破产重整逐渐成为一种常见的纾困手段。然而，重整失败的风险不容忽视，一旦失败，后果严重。因此，制定全面、前瞻性的风险防控和应对策略至关重要。本文将从多个维度深入分析重整失败的风险，并提出一系列切实可行的应对方案。

1. 重整失败的多维度风险分析

财务风险：资金流断裂、债务违约等财务风险是重整失败的核心原因。

法律风险：违反法律法规、合同违约等可能引发法律诉讼，影响重整进程。

运营风险：市场变化、供应链中断等运营风险可能导致重整计划难以实施。

声誉风险：重整失败可能损害企业声誉，影响投资者和消费者信心。

2. 全面风险防控与应对策略

（1）建立综合风险评估体系

构建涵盖财务、法律、运营等多方面的风险评估模型，定期进行全面风险评估，保障及时发现潜在风险。

（2）财务稳健策略

多元化融资渠道：综合运用银行贷款、股权融资、债券发行等手段，保障资金来源多样化。

严格成本控制：精细管理企业成本，优化支出结构，降低运营成本。

现金流管理：建立现金流预测和监控机制，保障企业现金流稳定。

（3）法律合规策略

强化法律团队建设：组建专业法律团队，保障企业决策和行动符合法律法规要求。

合同管理：严格审查和管理企业合同，避免合同违约引发的法律风险。

应对诉讼策略：预先制定应对法律诉讼的策略和流程，降低法律风险对企业的影响。

（4）运营优化策略

市场调研与分析：持续关注市场动态和竞争对手情况，及时调整重整计划以适应市场变化。

供应链管理：优化供应链管理，保障原材料供应稳定，降低运营中断风险。

创新与转型升级：积极探索新技术、新市场机会，推动企业创新和转型升级，增强企业竞争力。

（5）声誉管理与公关策略

积极的信息披露：及时、准确地向公众披露重整进展和相关信息，增强公众信任。

危机公关准备：制定危机公关预案，快速响应并妥善处理可能出现的负面舆论和事件。

品牌重塑与传播：通过品牌重塑和传播活动，提升企业形象和品牌价值。

（6）合作与资源整合

政府合作与支持：积极争取政府相关部门支持和政策优惠，为企业重整创造有利环境。

行业合作与联盟：寻求与同行业或者跨行业的合作伙伴建立合作关系，共同应对市场风险和挑战。

资源整合与利用：充分利用企业内部和外部资源，提高资源使用效率，降低成本支出。

（7）持续监测与调整

建立持续的风险监测机制，根据市场变化和企业实际情况调整风险防控策略和重整计划。

（四）重整计划执行监督与调整机制问题

在重整计划获得批准后如何建立有效的监督机制保障计划的顺利执行并根据实际情况进行及时调整？

在破产重整中，计划的制定与批准只是起点，真正的挑战在于如何保障计划的顺利执行并根据实际情况进行灵活调整。有效的监督机制和调整机制是重整成功的关键。本文将探讨如何构建这些机制，保障重整计划的有效实施。

1. 构建全方位监督机制

（1）监督机构的组成与职责

设立由债权人、股东、独立专家等多方组成的监督机构，保障多方利益的均衡。

明确监督机构的职责，主要包括审查重整计划执行情况、评估风险、提出建议等。

（2）定期与不定期报告

要求重整企业定期提交详细的执行报告，主要包括财务、运营、法律等方面的数据。

监督机构可要求企业提交不定期的特别报告，以应对突发事件或者满足特定的信息需求。

（3）现场监督与调查

监督机构应有权进行现场检查，核实报告的真实性，深入了解重整计划的执行情况。

在必要时，监督机构可聘请外部专家进行专项调查，以保障信息的准确性和完整性。

（4）信息披露与透明度

建立完善的信息披露制度，保障所有重要的重整信息和进展都能及时、准确地传达给利益相关方。

提高重整过程的透明度，增强公众对重整的信心和信任。

2. 灵活且响应迅速的调整机制

（1）预设调整触发条件

在制定重整计划时，明确预设的调整触发条件，如市场变化、法律政策调整等。

当触发条件满足时，自动启动调整程序，保障重整计划能够迅速适应新的环境。

（2）市场动态监测与响应

建立市场动态监测机制，实时跟踪市场变化，评估其对重整计划的影响。

根据市场监测结果，及时调整重整计划，保障其与市场趋势保持一致。

（3）债权人委员会的参与

充分发挥债权人委员会的作用，让其参与重整计划的调整过程中。

债权人委员会可提出调整建议，与监督机构和企业共同协商，保障调整方案符合各方利益。

（4）法院的角色与支持

在必要时，向法院申请支持，利用其专业知识和权威对重整计划进行调整或者提供指导。

法院可根据实际情况，对重整计划进行灵活的司法调整，保障其合法性和可行性。

（五）债权人委员会作用发挥问题

如何充分发挥债权人委员会在重整过程中的作用协调各方利益推动重整计划的顺利实施？

在破产重整中，债权人委员会是债权人利益的代表和守护者。随着市场环境和法律制度的不断变化，债权人委员会的角色和职责也在逐渐深化和拓展。本文将通过细化细节、补充内容，探讨债权人委员会在重整过程中的作用，以及如何更好地协调各方利益，推动重整计划的顺利实施。

1. 债权人委员会的组织构成与职权范围

成员组成：债权人委员会的成员通常由债权人代表选举产生，主要包括主要债权人、中小债权人代表等，以保障委员会的决策能够广泛反映债权人的意愿。

职权范围：债权人委员会的职权范围主要包括参与重整计划的制定、审议和监督执行；代表债权人与债务人、股东等其他利益相关方进行协商；以及在必要时，向法院或者监管机构报告情况等。

2. 债权人委员会在重整过程中的核心作用

参与制定重整计划：债权人委员会有权参与重整计划的制定过程，对计划草案进行审议并提出修改建议。他们可以从债权人的角度出发，对计划的可行性、公平性等进行评估，保障计划符合债权人的利益。

监督重整计划的执行：一旦重整计划获得批准，债权人委员会有责任监督计划的执行情况。他们可以要求债务人定期报告计划的实施进展，并对计划执行过程中出现的问题及时提出解决方案。

协调各方利益：在重整过程中，债权人委员会需要积极协调债权人与债务人、股东等其他利益相关方的关系。他们可以通过协商、调解等方式，平衡各方利益，推动重整计划的顺利实施。

3. 优化债权人委员会作用的策略与实践

完善组织建设：建立高效、专业的债权人委员会组织架构，主要包括选举具备专业知识和经验的成员、设立专门的工作小组等，以保障委员会能够高效运作。

加强信息沟通与透明度：建立定期会议制度、信息披露平台等，保障债权人能够及时获取重整过程中的重要信息，增强债权人对委员会的信任和支持。

深化参与重整计划：鼓励债权人委员会积极参与重整计划的制定和执行过程，提出建设性意见和解决方案，推动计划的顺利实施。

强化与其他利益相关方的协调与合作：加强与债务人、股东等其他利益相关方的沟通与协调，寻求共同利益点，推动重整计划的顺利实施。

4. 应对挑战与未来展望

尽管债权人委员会在重整过程中发挥着重要作用，但仍面临一些挑战，如何保障委员会的决策能够反映广大债权人的真实意愿、如何处理与其他利益方的复杂关系等。未来，随着市场环境和法律制度的不断变化，债权人委员会的作用和职责可能会进一步演变。因此，持续研究、探索和创新成为必要，以适应不断变化的市场和法律环境。同时，加强债权人委员会的培训和教育，提高其专业能力和素质，也是保障其有效发挥作用的重要措施。

（六）政府角色定位与干预边界问题

在破产重整中，政府应扮演怎样的角色？如何合理界定政府的干预范围以保障市场机制和法治原则的有效运行？

破产重整是企业面临财务困境时，通过法律程序进行资产重组和债务调整，以恢复经营能力的一种制度。在这个过程中，政府的角色定位与干预边界是一个备受关注的问题。本文将详细探讨政府在破产重整中的角色定位、合理界定政府的干预范围，并提出优化政府行为的建议，以保障市场机制和法治原则的有效运行。

1. 政府在破产重整中的角色定位

在破产重整中，政府的角色定位应涵盖协调者、监管者、公共服务提供者三个方面。

（1）协调者：政府应积极协调各方利益，主要包括债权人、债务人、股东以及其他利益相关方，推动重整计划的制定和实施。通过搭建沟通平台、组织协商会议等方式，政府可以促进各方之间的合作与共识，减少利益冲突，推动重整的顺利进行。

（2）监管者：作为市场监管者，政府有责任保障破产重整过程的公平、公正和透明。政府应制定和执行相关法律法规，监督重整计划的制定和执行过程，保障计划的合法性和公平性。同时，政府还应加强对重整过程中可能出现的违法违规行为的查处和惩罚，维护市场秩序和法治原则。

（3）公共服务提供者：政府应提供必要的公共服务，以支持破产重整的顺利进行。这主要包括提供法律咨询、财务审计、资产评估等专业服务，帮助企业和相关方更好地理解和参与破产重整过程。此外，政府还可以提供信息交流平台，促进各方之间的信息沟通和协商，提高重整的效率和成功率。

2. 合理界定政府的干预范围

在破产重整中，政府的干预范围应该受到合理地界定，以避免对市场机制和法治原则的干扰。以下是一些建议。

（1）尊重市场机制：政府应尊重市场规律，避免对市场机制的过度干预。在重整计划的制定和执行过程中，政府应鼓励市场力量发挥作用，通过市场竞争和价格机制实现资源的优化配置。同时，政府应避免对市场价格的直接干预或者设定不合理的限制条件。

（2）维护法治原则：政府的行为应严格遵守法律法规，不得超越法定权限进行干预。政府应加强对重整过程的监管，保障各方遵守法律规定，维护法治秩序。对于违反法律规定的行为，政府应依法进行查处和惩罚，保障市场竞争的公平性和透明度。

（3）提供必要的支持和指导：在尊重市场机制和法治原则的前提下，政府可以为企业和相关方提供必要的支持和指导。这主要包括提供法律咨询、财务审计等公共服务以及协助企业和相关方解决重整过程中遇到的问题和困难。同时，政府还可以引导社会资本参与破产重整为企业提供更多的资金和资源支持。

（4）建立有效的监督机制：为保障政府的干预行为合法、合规且有效应建立有效的监督机制。这主要包括设立独立的监督机构对政府的干预行为进行监督评估以及鼓励社会公众和媒体对政府的行为进行监督和评价。通过监督机制的建立和完善可以及时发现和纠正政府在破产重整中的不当行为，保障市场机制和法治原则的有效运行。

3. 优化政府行为的建议

为了更好地发挥政府在破产重整中的作用并保障其行为的合理性和有效性，以下是一些优化建议。

（1）加强法律制度建设：进一步完善破产重整相关的法律法规，明确政府在破产重整中的职责和权限，为政府行为提供明确的法律依据。同时加强对法律法规的宣传和培训，提高企业和相关方对法律法规的认知和理解程度。

（2）提高政府干预的透明度和可预测性：建立公开透明的决策程序和信息发布制度，及时公开政府在破产重整中的决策依据、过程和结果，提高政府干预的透明度和可预测性。这有助于减少市场的不确定性和风险，增强企业和相关方对政府的信任和支持。

（3）加强与其他利益相关方的沟通与协作：政府应积极与其他利益相关方进行沟通和协作，共同推动破产重整的顺利进行。通过建立有效的沟通机制和协作平台，政府可以及时了解各方诉求和关切协调解决利益冲突和摩擦，促进各方之间的合作与共赢。

（4）强化监督和问责机制：建立健全的监督和问责机制对政府在破产重整中的行为进行监督和评估，保障其行为合法、合规且有效。对于违反法律规定或者不当干预的行为应依法追究相关责任人的法律责任形成有效的威慑力，保障市场机制和法治原则的有效运行。

（七）专业机构建设与人才培养问题

如何加强破产重整领域专业机构和人才队伍的建设提高重整工作的专业性和效率以适应日益复杂的重整需求？

随着全球经济的深度融合和市场竞争的日趋激烈，企业破产重整事件逐渐增多，其复杂性和专业性也日益凸显。在这一背景下，专业化的机构和人才在破产重整领域的作用越发重要。本文将探讨如何加强破产重整领域专业机构和人才队伍的建设，以适应和满足该领域日益增长的专业性和复杂性需求，进而推动行业的健康稳定发展。

1. 专业机构：破产重整的中坚力量

服务与资源整合：专业机构，如企业纾困重组领域专业服务机构、律师事务所、会计师事务所等，在破产重整过程中提供法律咨询、财务审计、资产评估等全方位服务，保障程序的合规性和高效性。

应对复杂性与不确定性：随着企业结构和交易模式的复杂化，破产重整案件涉及多方利益、跨境交易等问题，对专业机构提出了更高的要求。专业机构需要具备处理复杂问题的能力，为客户提供定制化的解决方案。

信任与公信力建设：作为独立的第三方机构，其公正性和专业性是赢得市场信任的关键。建立严格的服务质量标准和监管机制，提升行业整体形象和发展水平。

2. 人才培养：塑造破产重整领域的未来

知识与技能培训：培养掌握法律、财务、经济等多学科知识的复合型人才，能够应对破产重整案件中的复杂问题。

实践经验积累：通过参与实际案例的处理，培养人才的实践能力和问题解决能力，使其在实践中不断成长。

职业道德与责任感：注重人才的职业道德教育，培养其对社会、对行业的责任感，保障其在工作中坚守职业操守和道德底线。

3. 实施策略与建议

加强行业规范与标准建设：制定和实施统一的行业标准和规范，保障专业机构的服务质量和专业水平。同时，建立行业自律组织，对违反规范的机构进行惩戒和公示。

强化监管与评估机制：建立有效的监管机制，对专业机构进行定期评估和审查，保障其合规经营和优质服务。同时，鼓励社会公众对机构的不当行为进行监督和举报。

促进机构间合作与交流：鼓励专业机构之间的合作与交流，共同应对行业挑战，提升行业整体水平。可以定期举办行业研讨会、交流会等活动，促进机构间的经验分享和合作。

构建多元化培训体系：结合学历教育、职业教育和在职培训等多种形式，构建多元化的人才培训体系。同时，鼓励高校与专业机构合作，共同培养适应市场需求的专业人才。

推动国际交流与合作：积极参与国际交流与合作，引进国际先进的破产重整理念和技术方法，拓宽人才培养的国际视野。可以通过参加国际会议、访问学者交流等方式加强与国际同行的交流与学习。

4. 专业机构在破产重整中的实践案例

案例一：某大型企业集团破产重整

在该案例中，一家大型企业集团因经营不善陷入财务困境，面临破产风险。此时，一家专业的律师事务所介入，协助企业进行破产重整。他们首先对企业的财务状况进行全面审计和评估，然后制定了一份详细的重整计划，主要包括债务重组、资产处置、经营改善等方面。经过一段时间的努力，企业成功实现了重整目标，恢复了经营能力。

案例二：某上市公司破产重整

该案例涉及一家上市公司，因市场变化和内部管理问题导致严重亏损，面临退市风险。此时，一家专业的会计师事务所介入，协助公司进行破产重整。他们通过对公司财务报表的深入分析和调查，发现了潜在的财务问题和风险，并提出了相应的解决方案。同时，他们还协助公司与债权人进行沟通和协商，最终成功达成了债务重组协议，使公司得以继续经营。

(八) 历史遗留问题与风险处置策略问题

在重整过程中如何应对和处理历史遗留问题和风险以保障重整计划的顺利推进和企业的稳定发展？

破产重整是企业面临严重财务困境时，通过法定程序调整其财务结构、恢复经营能力的重要手段。然而，在此过程中，历史遗留问题往往成为阻碍重整计划顺利推进的难题。这些问题可能涉及法律、财务、资产等多个方面，处理不当不仅会影响重整的进度和效果，还可能对企业的未来发展造成不良影响。因此，如何有效应对和处理历史遗留问题，保障重整计划的顺利推进和企业的稳定发展，是每一个参与重整工作的专业机构和人才必须面对的挑战。

1. 全面识别与评估历史遗留问题

在破产重整初期，首要任务是全面识别和评估历史遗留问题。这需要专业机构如律师事务所、会计师事务所等深入参与，通过对企业法律事务、财务状况、资产状况等方面的全面审查，发现和梳理存在的历史遗留问题。同时，还需要对这些问题的影响程度和解决难度进行评估，为后续制定针对性的处置策略提供依据。具体来说，识别与评估工作应主要包括以下几个方面：

尽职调查：通过深入调查和审查企业的相关资料，全面了解企业的历史沿革、经营状况、财务状况、法律事务等情况，为识别和评估历史遗留问题提供基础数据。

问题分类：根据问题的性质和涉及领域，对历史遗留问题进行分类，如法律问题、财务问题、资产问题等，以便后续有针对性地制定解决方案。

影响评估：对各类历史遗留问题的影响程度进行评估，主要包括对企业经营、财务状况、声誉等方面的影响，以及可能引发的法律风险。

解决难度评估：分析各类历史遗留问题的成因和背景，评估其解决的难易程度和时间成本，为后续制定处置策略提供参考。

2. 制定针对性处置策略

针对不同类型和影响程度的历史遗留问题，需要制定针对性的处置策略。以下是一些可能的处置策略。

法律风险化解：对于涉及法律风险的历史遗留问题，应积极与相关当事人进行协商和沟通，寻求合理的解决方案。同时，可以寻求专业律师或者法律顾问的帮助，通过法律途径维护企业的合法权益。

财务问题解决：对于财务方面的历史遗留问题，如财务报表不实、财务违规等，需要进行深入的财务审计和调查，查明问题的真相和原因。在此基础上，可以采取相应的财务调整措施，如追溯调整、补充披露等，以恢复企业财务状况的真实性和公允性。

资产问题处置：对于资产方面的历史遗留问题，如资产权属不清、资产质量差等，需要进行详细的资产评估和清查工作。根据评估结果，可以采取相应的资产处置措施，如资产剥离、资产重组等，以优化企业的资产结构和提高资产质量。

引入专业机构协助：在处理历史遗留问题的过程中，可以引入专业机构如律师事务所、会计师事务所等协助工作。这些机构具有专业的知识和经验，能够为企业提供专业的意见和帮助，推动问题的解决。

3. 构建精细化且高效的多方协作机制

在破产重整的复杂环境中，涉及的利益主体多样，如债权人、债务人、股东、政府相关部门等，他们各自有着独特的利益诉求和角色定位。因此，在处理历史遗留问题时，构建一个精细化且高效的多方协作机制显得尤为关键。这样的机制不仅能促进各方之间的信息交流和理解，更能协调各方的利益诉求，共同推动问题的解决。

以下是一些具体的建议和实施步骤。

第一，明确协作目标与原则：在开始构建多方协作机制之前，首先需要明确协作的目标和原则。例如，可以确立"公平、透明、有效"等原则，以保障各方的权益得到平等的对待和保护。同时，明确的目标也有助于各方形成共同的努力方向。

第二，设立多方沟通会议制度：定期召开多方沟通会议，为所有相关方提供一个面对面交流的平台。会议的频率可以根据问题的复杂性和紧迫性来确定，可以是每周、每月或者每季度一次。在会议上，各方可以分享信息、讨论问题、提出解决方案，并协调行动。

第三，建立信息共享平台：利用现代技术建立一个在线信息共享平台，如使用云技术或者区块链技术来保障信息安全和透明度。这个平台可以用于发布重要的文件、更新进度、分享数据等，以保障所有相关方都能及时获取准确的信息。

第四，引入中立第三方协调：在某些情况下，引入一个中立的第三方机构来协助协调可能会更加有效。这个机构可以是一个专业的咨询公司、律师事务所或者会计师事务所，它们具有丰富的经验和专业知识，可以帮助各方更好地沟通和解决问题。

第五，政府监督与支持：政府在破产重整中应发挥积极的监督和支持作用。它可以制定相关的政策和法规来规范各方的行为，同时也可以提供必要的资源和支持来帮助企业解决历史遗留问题。

第六，建立反馈与调整机制：多方协作机制在运行过程中可能会遇到各种挑战和问题。因此，需要建立一个反馈和调整机制，允许各方提出改进建议，并根据实际情况对机制进行调整和优化。

第七，培训与指导：为参与多方协作机制的人员提供必要的培训和指导，以保障他们具备足够的知识和技能来有效地参与协作过程。这可以主要包括法律知识、财务知识、沟通技巧等方面的培训。

第八，建立信任与合作关系：在多方协作过程中，建立信任与合作关系至关重要。各方可以通过诚信沟通、积极解决问题和展示合作精神来增进彼此之间的信任。这将有助于创建一个更加和谐和富有成效的协作环境。

第九，定期评估与审查：定期对多方协作机制的运作情况进行评估和审查，以保障其有效性和适应性。这可以通过收集各方的反馈意见、分析数据和评估成果来实现。根据评估结果，可以对机制进行必要的调整和改进。

通过构建这样一个精细化且高效的多方协作机制，可以保障在破产重整过程中各方的利益得到充分的平衡和协调，从而推动历史遗留问题的有效解决，为企业的稳定发展和重生创造有利条件。

第八章

出清型企业资产盘活

对于那些濒临市场淘汰边缘、身处危机核心而艰难求生的企业,它们面临市场出清的压力,激活沉淀资产成为企业自救的关键一步。对于长期陷于亏损泥潭、负债超出资产价值、失去自我复苏动力及增长潜能的企业而言,至关重要的是采取有效策略与措施,转化那些效率低下甚至闲置无用的资产。

出清型企业资产剥离、变现等相关操作,旨在将其资产转化为流动资金,解锁并重新部署这些被束缚的资源至更高效益的领域,进而促进社会经济资源的合理再分配与优化利用。

第一节 出清型企业概述

在市场经济的浪潮中,总有一些企业如同搁浅在沙滩上的船只,它们因市场变化、经营困难或者政策调整等因素而陷入危困。这些被称为"出清型"的企业早期持有各类资产,但是随着资金紧张、债务重重、市场份额不断流失,面临着被市场淘汰的严峻风险。一旦无法找到出路,即被视为"无药可救",这些企业的核心生产要素可能会被拆散,不得不面临主动出售或者被动出售他们的资产,以较低的价格重新流通到市场,为更为审慎的投资者提供了难得的机遇,实现资产自身价值和资源优化配置。正所谓"废物利用,变废为宝"。

投资者以较少的资金购入这些资产,实则是在进行一场资源的重新配置。他们像精明的棋手,将每一颗棋子放在最合适的位置,使这些原本可能沉睡在账本上的资产,重新流动起来,流向那些更具生产力和创新力的领域,从而提升了资本效率,避免资源的闲置和浪费。

一、出清型企业识别与评估

要进行有效的资产盘活,首先需要对出清型企业进行深度识别和多维度评估。这要求建立一套综合考量财务状况、市场地位、技术创新能力、管理水平、社会责任等多个维度的评估体系。对于"无可救药"的出清型企业,在各方面的特征可能包括以下几点。

财务状况评估:通过分析企业的财务报表、现金流、债务状况等指标,判断企业的盈利能力和偿债能力。如财务报表显示连续多年或长期的亏损状态,现金流入远不足支撑企业的日常运营和债务偿还,债务状况严重,严重资不抵债,等等。

市场地位评估:考察企业的市场份额、品牌影响力、客户关系等因素,评估企业在市场中的竞争地位。如企业在相关市场中的份额持续减少,表明其产品或服务已失去竞争力;品牌知名度和美誉度大幅下降;与主要客户的关系紧张或疏远,难以维持业务合作,等等。

技术创新能力评估:分析企业的研发投入、专利数量、新产品开发等情况,判断企业的技术创新能力和未来发展潜力。如企业在技术创新上的无资金可供投入,停止研发活动;企业获得的专利数量大幅减少;企业没有新的产品或服务推出,等等。

管理水平评估:考察企业的组织结构、决策机制、人力资源配置等管理要素,评估企业的管理水平和运营效率。如经营管理层成为"光杆司令",人才流失严重,关键岗位维护人员流失殆尽,一人多岗,等等。

社会责任评估:关注企业在环境保护、社会就业、公益慈善等方面的表现,评估企业的社会责任感和可持续发展能力。如企业在生产过程中可能忽视环保法规,对环境造成破坏;自救尚且不暇,基本无力或无心参与社会公益活动;等等。

通过以上多维度的评估,可以全面深入了解企业的实际状况。

当债务企业已无可救药时,关注其核心资产要素是至关重要的。这些要素可能包括:

不动产:如土地、厂房等,这些资产可能仍具有较高的市场价值,可以通过出售或租赁来回收资金。

动产:包括机器设备、生产线、库存商品等。这些资产可能可以出售给同行业其他企业,或者用于抵押融资。

无形资产:如品牌、专利、商标等。这些资产在某些情况下可能具有极高的价值,尤其是当它们仍具有一定市场影响力或技术独特性时。通过许可、出售或合作开发等方式，这些无形资产可以转化为实际的经济利益。

通过对这些核心资产要素的评估和利用，企业或债权人可以制定更有效的资产盘活策略，以最大限度地减少损失并回收资金。

二、低效无效资产处置与变现

在识别出出清型企业后，需要对其低效或者无效的资产进行精细化处置和多元化变现。这要求根据资产的性质、价值和市场需求，采取灵活多样的处置方式，实现资产价值的最大化。具体主要包括以下策略。

资产出售：对于仍具有一定市场价值的资产，可以通过公开拍卖、协议转让等方式寻找合适的买家进行出售，实现资产的快速变现。

股权转让：通过向战略投资者或者财务投资者转让部分或者全部股权，引入新的资本和管理理念，改善企业的股权结构和治理结构。

租赁经营：对于无法直接出售的资产，可以考虑通过租赁经营的方式盘活，将资产的使用权让渡给有经营能力的企业或者个人，获取稳定的租金收益。

破产清算：对于确实无法挽回的资产，应及时进行破产清算，通过法律程序公平合理地分配剩余财产，保护债权人的合法权益。

在资产处置过程中，需要充分考虑市场需求和竞争状况，制定合理的定价策略和交易结构，保障资产处置的公平性和有效性。同时，还需要关注税务、法律等风险因素，保障资产处置的合规性和安全性。

三、释放资源的优化配置

通过低效无效资产的处置和变现，企业可以成功释放占用的资源，主要包括资金、土地、设备、人力等。这些资源的优化配置和高效利用是实现资产盘活目标的关键环节。具体主要包括以下措施。

资金资源的优化配置：将释放的资金投向更具市场前景和盈利潜力的项目或者业务，提高企业的资金利用效率和盈利能力。

土地资源的重新开发：对闲置或者低效利用的土地资源进行重新规划和开发，引入新的产业或者业态，提升土地资源的利用价值和经济效益。

设备资源的更新升级：对老旧或者技术落后的设备进行更新升级或者淘汰替换，提高企业的生产效率和产品质量。

人力资源的重组优化：对现有人力资源进行重新配置和优化组合，发挥各类人才的潜力和优势，提高企业的整体运营效率和创新能力。

业务订单资源的隔离发展：原主体内的相关业务资源可能因为账户被查封、冻结，主体声誉风险等原因，导致开展业务不顺利。将新业务放到新主体后，虽然站在债权人角度属于"金蝉脱壳"，但站在债务企业和投资人的角度，可充分发挥业务潜力，"留得青山在，不愁没柴烧"。再者，从社会的层面出发，此举还有利于维护就业稳定、保障税收收入以及促进社会的整体稳定。

在资源配置过程中，需要充分考虑企业的发展战略和市场需求，制定科学合理的资源配置计划和实施方案。同时，还需要关注资源配置的效益和风险，保障资源配置的可持续性和稳定性。

第二节　核心生产要素识别、保留与出清

充分识别、评估核心生产要素是出清型企业实现资产盘活的关键。

一、核心生产要素

（一）核心生产要素识别

针对现代企业，核心生产要素除了常规的不动产资产、动产资产、存货、应收账款等之外，还可进一步细化为以下几点。

1. 知识产权与独特技术

专利：企业所拥有的独特技术或者发明，受到法律保护，保障企业在特定领域内的独家优势。

商标与版权：独特的标识、设计或者创意作品，用于区分企业的产品或者服务。

商业秘密：非公开的、具有商业价值的信息，如独特的制造过程、机密配方、客户名单或者市场策略。

独特工艺：特殊的生产方法、工艺或者技术，使得产品具有独特性或者更高的性能。

2. 品牌与声誉资产

品牌认知度：消费者对企业或者产品的熟悉程度，是否在某个群体内尽人皆知

客户忠诚度：客户对品牌的持续偏好和重复购买行为，如独特认知。

行业口碑：企业或者产品在行业内因其创新和高品质等特点所赢得的声誉和评价。

品牌扩展能力：品牌在其他产品或者市场中的延伸潜力，如某运动品牌成功将其

品牌影响力扩展至服装、鞋履和配件等多个领域。

3. 组织与人才优势

高效的组织结构：能够迅速响应市场变化、灵活决策的组织架构。例如，某互联网公司的扁平化管理和快速决策机制。

独特的企业文化：吸引和留住人才的企业文化，鼓励创新和团队合作。例如，某创意设计公司注重员工个人成长和创造力的文化氛围。

高素质与专业化人才：拥有特定技能、知识和经验的"老师傅"人才队伍。例如，某生物科技公司虽然面临破产清算，但曾经聚集的一批顶尖的生物技术研发人员仍是备受期待的成建制人才团队，遭到各家相关行业巨头哄抢。

强大的培训体系：持续培养和发展员工能力的培训计划和资源。例如，某跨国企业为其员工提供的全球轮训和职业发展路径。

4. 数据与信息技术及相关商业模型

大数据分析能力：处理和分析海量数据以提取有价值洞察的能力。例如，某电商公司利用大数据分析用户行为以优化产品推荐。

云计算与存储技术：提供灵活、可扩展的计算和存储资源的技术能力。例如，某金融机构采用云计算来支持其交易处理需求。

人工智能与机器学习：模拟人类智能进行决策、学习和优化的技术能力。例如，某自动驾驶公司利用机器学习算法训练其车辆自动识别和应对交通环境。

网络安全与防护：保护企业数据和信息系统不受外部威胁的能力。例如，某银行采用先进的网络安全技术来保护客户资金和交易数据的安全。

随着市场和技术的变化，核心生产要素也可能发生变化。

为保障核心生产要素不被遗漏，企业应借助企业纾困重组领域专业服务机构的力量，利用其专业知识和资源来增强企业的识别和评估能力。同时，企业建立跨部门识别团队，集合市场、技术、财务等多部门的专业意见，运用先进的分析工具，如 SWOT 分析、价值链分析等，保障识别的全面性和准确性，挖掘真正的价值源泉。在与专业服务机构合作时，明确双方的合作目标、范围和工作计划，以确保合作的效率和效果。

（二）核心生产要素保留

在资产剥离和盘活过程中，保留并发挥核心生产要素的价值至关重要。投资人应在收购企业相关剥离资产后，通过精细化管理和持续创新，保障核心生产要素在资产剥离后依然保持竞争优势并实现价值增值。具体如下：

第一，明确保留要素：应明确哪些核心生产要素应当在资产剥离过程中予以保留。这些要素可能是核心不动产资产、动产资产、关键技术、品牌资产或者高素质人才等。如明确保留的核心资产为厂房不动产抵押物，则可以通过设计交易结构等多种方式，最终保护该厂房资产，避免拍卖给第三方。

第二，持续投入研发和技术创新：对于明确保留的关键技术要素，应不断提升核心生产要素的技术水平和附加值，从而保持其在市场中的竞争优势。

第三，加强品牌建设和市场营销：品牌是企业的无形资产，对于提升产品附加值和市场竞争力具有重要作用。通过加强品牌建设和市场营销工作，提高品牌知名度和市场份额。

第四，寻求合作机会，实现资源共享和优化配置：让企业有机会积极寻求与产业链上下游企业的合作机会，将有助于企业实现资源共享和优势互补，提升核心生产要素的价值。通过合作，企业可以共同开发新技术、拓展新市场实现互利共赢。因此，应根据核心生产要素的特性和市场需求，合理调整资源配置，保障核心生产要素得到充分且高效的利用。对于稀缺或者高价值的资源，应优先分配给能够产生最大经济效益的产品或者项目。

第五，运营效率提升：提高运营效率是盘活核心生产要素的重要手段。投资人通过收购核心资产，引进先进的生产技术，降低单位产品的生产成本，提高生产效率。同时，优化生产流程和管理制度，减少资源浪费和无效劳动，为核心生产要素创造更大的价值。

二、出清策略制定与执行

在识别并评估了核心生产要素之后，企业需要有针对性地制定出清策略。出清策略的制定应综合考虑企业的战略目标、市场定位以及核心生产要素的特点和价值。通过合理制定并执行出清策略，可以实现企业资产的有效盘活，提高运营效率和市场竞争力。

第一，明确出清目标：企业在制定出清策略时，首先要明确出清的目标。这主要包括确定需要出清的资产类型、数量和预期收益等。明确的目标有助于企业在执行过程中保持清晰的方向，保留核心资产，剥离非核心资产。

第二，选择合适的出清方式：根据资产的性质和市场环境，企业可以选择不同的出清方式，如资产剥离、股权转让、租赁等。选择合适的出清方式有助于最大化资产的价值并实现企业的战略目标。

第三，制定详细的执行计划：在确定了出清目标和方式后，企业需要制定详细的执行计划。这主要包括确定时间表、责任人、资源需求等，以保障出清策略的顺利执行。

第四，建立监督机制并调整策略：在执行出清策略的过程中，企业需要建立有效的监督机制，保障各项工作的顺利进行。同时，根据市场变化和执行情况，及时调整策略以适应不断变化的市场环境。

三、资产剥离

（一）资产剥离的内涵

资产剥离，是企业战略重组的重要手段，指的是企业将非核心或者低效资产从主体业务中有序分离的过程。如同修剪繁枝，让树木更好地生长，资产剥离也是为了让企业更加健壮、高效。

名人巴菲特曾说："成功的投资需要有所为，有所不为。"这正是资产剥离的核心理念。通过剥离非核心资产，企业能够卸下包袱，轻装上阵，降低运营成本，让资源流向更有价值的领域。同时，集中优势力量发展核心业务，从而在激烈的市场竞争中脱颖而出，实现"精兵简政，高效运营"的企业美好愿景。

作为一种高效的资产优化策略，实施双非剥离，如同对企业进行一场精细的手术，需要严谨的操作流程和精湛的技艺。从资产评估、交易结构设计，到寻找合适买家、谈判及交易完成，每一个环节都至关重要。在此过程中，企业应牢记"细节决定成败"的道理，特别注意保护自身核心利益，保障交易的公平性和合理性。同时，要秉持"以人为本"的原则，妥善安置受影响的员工和利益相关者，实现企业和社会的和谐发展。

双非剥离，不仅有助于企业实现业务聚焦，更能提升运营效率，让企业轻装上阵，迎接市场的挑战。正如管理大师彼得·德鲁克所言："效率是做好工作的灵魂。"通过剥离非主业、非优势资产，企业能够降低经营风险，增强市场适应性，为未来的发展奠定坚实基础。同时，获取的资金可用于核心业务的发展或新的投资机会，从而实现企业价值的最大化。

（二）案例

在商海中，一艘大船若要稳健前行，必须时刻调整航向，轻装上阵。某大型制造企业正是领悟了此道理，在面对多元化扩张带来的种种问题时，果断选择了资产剥离，以优化资源配置，提高运营效率。企业在面对市场变化时，必须灵活调整战略，以适应不断变化的商业环境。

1. 资产剥离之前的情况

在资产剥离的决策之前，该企业身陷多重困境，具体表现在：

资源配置的迷思：企业过度扩张导致资源分散，"贪多嚼不烂"，非核心业务如沉重的包袱，拖累了核心业务的发展步伐。

运营效率的滞后：管理层试图面面俱到，却往往力不从心。如古人所云"心无二用"，分散的精力导致整体运营效率大打折扣。

财务风险的累积：部分非核心业务成为财务黑洞，吞噬着企业的利润。如不及时止血，恐将危及企业整体健康。

市场竞争力的流失：在多元化的迷雾中，企业逐渐迷失了方向，核心竞争力被削弱，市场份额遭受蚕食。

2. 资产剥离的明智抉择

面对困境，企业痛定思痛，决定进行资产剥离。此过程犹如壮士断腕，需要极大的勇气和决心。企业进行了如下关键步骤：

深思熟虑地识别与评估：通过"去粗取精、去伪存真"的细致分析，明确了哪些业务是真正的累赘。

精心设计的剥离方案：借鉴"因地制宜、因时制宜"的智慧，为非核心业务量身定制了合理的剥离方案。

果断执行的剥离计划：在保障"公平公正、互利共赢"的原则下，与买家进行了多轮磋商，最终顺利达成剥离协议。

3. 剥离后的崭新局面

资产剥离后，企业焕然一新，具体成效如下：

资源配置的焕然一新："船小好调头"，轻装上阵的企业在资源配置上更加灵活高效，核心业务得到了前所未有的支持和发展。

运营效率的显著提升：管理层如释重负，能够专心致志地推动核心业务的发展。如俗语所说："一心不能二用"，专注带来了运营效率的质的飞跃。

财务风险的有效降低：剥离了财务包袱后，企业的财务风险得到了根本性的降低。"防患于未然"，企业的财务状况更加稳健。

市场竞争力的重塑与提升：企业在核心业务上重拳出击，产品创新和市场拓展能力得到了显著提升。"磨刀不误砍柴工"，企业在市场上的竞争力日益增强。

"有舍才有得"，在企业发展的道路上，只有敢于舍弃、善于调整、推陈出新，才能迎来更加广阔的天地。

四、资产盘活

（一）资产盘活的内涵

资产盘活，即通过重新配置、优化运营、引入新资源等手段，使现有资产产生更大的经济效益。它是企业实现价值最大化、增强盈利能力的关键途径，同时也是推动企业转型升级、实现可持续发展的重要手段。

在企业纾困重组的过程中，资产盘活的作用尤为重要。通过盘活资产，企业可以获取更多的现金流，以应对日常运营和扩张的需求；可以优化企业的资产结构，降低财务风险，提高资产质量；可以提升企业的运营效率，更加合理地利用资源，提高生产效率和管理效率，进而提升整体竞争力。因此，对于陷入危困或者寻求更大发展的企业来说，资产盘活都是一项不可忽视的重要策略。

（二）多元化资产盘活策略与方法

为了实现资产的有效盘活，企业需要灵活运用多种策略和方法。以下是几种常用的资产盘活策略。

资产出售：通过出售非核心资产或者低效资产，企业可以快速获得所需的资金，缓解财务压力。同时，出售资产也有助于企业集中精力发展核心业务。在实施资产出售时，操盘方需要谨慎选择出售的资产，合理评估其市场价值，以保障获得最佳的经济效益。

租赁：对于具有长期稳定收益的资产，如商业地产、设备等，操盘方可以通过租赁的方式获取稳定的租金收入。租赁不仅可以将固定成本转化为可变成本，降低经营风险，还能产生稳定的现金流支持。在选择租赁策略时，操盘方需要选择合适的承租人和制定合理的租金水平，以保障租赁关系的稳定性和收益性。

重组：重组是一种更为复杂的资产盘活方式，涉及对企业内部资产的重新配置和整合。通过重组，可以让企业优化资产结构，提高资产质量；同时，还可以引入新的战略投资者或者合作伙伴，为企业带来新的发展动力和资金支持。重组的方式多种多样，主要包括资产置换、债务重组、股权合作等。然而，重组的实施难度较大，需要充分考虑各方利益和相关法律法规的限制；同时，重组过程中的不确定性和风险也相对较高。因此，企业在实施重组前需要进行充分的尽职调查和风险评估，保障重组的顺利进行并实现预期的效果。

除了上述传统策略外，企业还可以探索更多创新性的盘活方式。例如：

证券化：通过将资产打包成证券产品并出售给投资者，企业可以实现资产的快速变现和风险的分散。证券化不仅可以为企业提供更多的融资渠道，还能提高资产的流动性和市场认可度。比如，商业不动产可以发行 REITs，用租金收益覆盖资金成本，实现稳定套利。

产融结合：通过与金融机构合作，企业可以实现产业与金融的深度融合，从而获取更多的资金支持和金融服务。产融结合可以为企业提供更灵活的融资方式和更全面的金融服务，推动企业实现跨越式发展。

（三）案例

在激烈的市场竞争中，传统的资产盘活方式可能难以满足企业的需求。因此，创新盘活方式显得尤为重要。

1. 数字化转型案例

随着互联网和大数据技术的不断发展，数字化转型已成为企业提升竞争力的重要手段。通过数字化转型，企业可以实现资产的智能化管理和精准化营销，提高资产的运营效率和市场竞争力。

例如，某零售企业在过去的运营中，库存管理一直是一个令人头疼的问题。由于缺乏科学的预测手段，库存量经常与市场需求脱节，导致库存成本居高不下，同时也影响了销售额的提升。然而，该企业通过引入大数据和人工智能技术，开启了一场库存管理模式的革新。

在资产盘活之前，该企业面临着两大难题：一是库存积压，造成大量资金占用和额外的仓储管理费用；二是缺货现象频发，导致客户流失和销售额下滑。这两个问题严重制约了企业的发展。

为了扭转这一局面，该企业决定采用大数据和人工智能技术来优化库存管理。通过引入这些先进技术，企业构建了一个智能库存管理系统。该系统能够实时收集并分析销售数据、客户行为数据以及市场动态，利用算法模型精准预测各类商品的未来销售趋势。

在资产盘活过程中，企业依据这些预测结果对库存进行了科学调整。通过智能采购和库存管理，企业保障了库存量与市场需求的高度匹配，有效避免了库存积压和缺货现象。

盘活后的效果显而易见：首先，库存成本得到了大幅降低。由于库存量更加合理，资金占用和仓储管理费用大幅减少。其次，销售额实现了显著提升。缺货现象的减少意味着更多的销售机会被捕捉，客户满意度和忠诚度也随之提高。最重要的是，通过引入大数据和人工智能技术，该企业不仅实现了对库存的精准预测和优化管理，成功地将库存管理从一项烦琐的任务转变为推动企业增长的关键动力，实现了降低库存成本和提高销售额的双重目标，还为企业的长远发展注入了新的活力。

2. 共享经济模式案例

共享经济模式是一种新兴的商业模式，通过将闲置或者低效的资产共享给他人使用并收取一定的费用来实现资产的增值。这种模式不仅可以降低企业的运营成本还能提高资产的利用率和市场竞争力。

举例，某商业地产公司，长期以来在商业地产租赁市场上占有一定的份额。然而，随着市场竞争的加剧和客户需求的变化，公司发现其传统的整层或大面积租赁模式逐渐失去了吸引力。许多初创企业、小微企业以及自由职业者对于大面积、长期租赁的需求并不高，他们更倾向于灵活、短期的办公空间解决方案。

在推出"联合办公"模式之前，该公司的写字楼存在着不少空置的办公空间。这些空间因为面积大、租期长、配套设施不够灵活，难以满足市场上日益增长的短期、灵活租赁需求。空置率的上升不仅导致了资源的浪费，也影响了公司的收益和资产回报率。

为了应对这一挑战，公司决定创新租赁模式，推出了"联合办公"的概念。这一模式的核心是将整栋写字楼划分为多个小型、独立的办公空间，每个空间都配备了完善的办公设施和高速网络。此外，公司还提供了灵活的租期选项，从几天到几个月不等，以满足不同客户群体的需求。

为了进一步提升吸引力，公司还在联合办公空间内设置了共享的休息区、会议室和咖啡厅，营造出一个充满活力与创意的办公环境。这样的环境不仅鼓励了租户之间的交流与合作，也大幅提升了工作效率和创造力。

自推出"联合办公"模式以来，该公司的写字楼出租率显著提升。这一创新模式成功吸引了大量初创企业、小微企业和自由职业者的入驻。这些新客户群体为写字楼带来了稳定的租金收入和人气。

同时，联合办公空间的灵活性和完善的配套设施也受到了租户们的广泛好评。许多租户表示，这样的办公环境不仅提升了他们的工作效率，还为他们提供了与其他创业者交流合作的机会。

从财务角度看，该公司的资产收益水平得到了显著提升。通过盘活闲置的办公空间，公司成功地将资源转化为实际的收益，实现了资产的增值。

总的来说，这一创新模式不仅提升了公司的市场竞争力，还为公司带来了可观的经济效益。该案例充分展示了企业在面对市场变化时，应积极创新经营模式和服务模式以满足不同客户群体的需求，从而提升资产的盈利能力。

第三节　司法拍卖

司法拍卖作为一种公正、公开、透明的资产处置方式，逐渐受到了社会各界的广泛关注。

一、司法拍卖概述

（一）定义及背景

司法拍卖是指人民法院在民事执行程序中，对被执行人的财产进行公开拍卖，以实现债权人的权益。它既是法治建设的产物，也是市场经济发展的必然要求。

（二）在资产处置中的作用

实现资产快速变现：通过司法拍卖，可以快速将被执行人的财产变现，满足债权人的清偿要求，提高资产处置效率。

维护市场公平竞争：司法拍卖遵循公开、公平、公正的原则，保障债权人能够在平等竞争的环境下实现权益最大化。

推动市场经济发展：司法拍卖有助于推动市场资源的优化配置，提高市场活力，促进经济健康发展。

二、司法拍卖主要流程

第一，拍卖公告。人民法院在决定进行司法拍卖后，应在指定媒体和法院公告栏上发布拍卖公告，同时还可以通过互联网等渠道广泛传播信息。公告内容应主要包括拍卖标的的基本情况、拍卖时间、地点、竞买人资格要求、登记方式等相关信息。为保障充分的信息披露和竞买人的参与机会，公告期限一般不得少于一定天数。

第二，竞买登记。竞买人需在规定时间内报名，并缴纳一定比例的保证金，以保证其诚信和履行能力。保证金数额一般根据拍卖标的的价值确定。

第三，拍卖实施。司法拍卖可以采用现场竞价、网络竞价等方式进行。具体方式由人民法院根据拍卖标的的特点和实际情况确定。在拍卖过程中，竞买人应遵循相应的竞价规则，如加价幅度、竞价时限等。人民法院应保障拍卖过程的公开透明和秩序井然，并指派专人负责监督拍卖过程，对关键信息进行记录。此外，还可以邀请公证机构对拍卖过程进行公证以保障其公正性。

第四，拍卖结果确认与结算。在拍卖结束后，人民法院应宣布最高出价者为买受人，并出具成交确认书。买受人需在规定时间内支付剩余价款并办理相关手续。买受人按照约定支付价款后，人民法院将协助完成标的物的交付工作。同时买受人还需承担相关税费和费用。对于未竞得标的的竞买人其缴纳的保证金将在一定期限内予以退还；对于买受人而言保证金将抵作部分价款。

三、司法拍卖注意事项

司法拍卖作为资产处置的一种方式，虽然在保障公平、公正、公开方面有着显著的优势，但在实际操作中，仍然面临着诸多风险和挑战。

流拍现象：流拍是指拍卖标的在规定的拍卖期限内未能成功拍出的情况。流拍可能由多种因素导致，如定价过高、市场需求不足、信息披露不充分等。流拍不仅影响资产处置效率，还可能损害债权人和被执行人的利益。因此，应加大对恶意竞拍、虚假报价等行为的打击力度，维护市场秩序，保障司法拍卖的公正、公平、公开。对损害自身权益的未果拍卖行为及时申诉。

法拍资产隔离问题：在司法拍卖过程中，保障法拍资产与其他资产的清晰隔离至关重要。然而，在实际操作中，由于管理不善、监督不力等原因，法拍资产可能与其他资产发生混淆或者被挪用，从而损害相关当事人的权益。因此，应加强对拍卖标的的信息披露，保障竞买人能够充分了解拍卖标的的真实情况，减少信息不对称带来的风险。

法拍配资风险：法拍配资是指投资者通过借入资金参与司法拍卖的行为。虽然法拍配资可以提高投资者的购买力，但同时也放大了投资者的风险。一旦投资者无法按时还款，不仅面临资金损失的风险，还可能承担法律责任。因此，应加强对参与各方的风险意识培训，提高其对潜在风险的识别和防范能力，降低风险事件的发生概率。

企业和个人在参与司法拍卖时应充分了解相关规则，谨慎评估自身风险承受能力，合理规划参与策略，以实现安全稳健的投资回报。同时，不断总结经验教训，持续改进和优化司法拍卖制度，以适应不断变化的市场环境和社会需求，为资产处置提供更加高效、公正、透明的解决方案。

四、案例

某公司房产成功拍出案例：通过充分的信息披露和广泛的宣传吸引了众多潜在竞买人参与最终该房产以高于评估价的价格成功拍出实现了债权人的权益最大化。这一案例的成功得益于合理的定价策略、充分的信息披露以及有效的市场竞争机制。

大型机械设备司法拍卖案例：在一起涉及大型机械设备的司法拍卖案件中由于设备专业性强、市场需求有限导致初次拍卖流拍。针对这一情况人民法院及时调整策略在二次拍卖前进行了更加详细的信息披露和专业解读吸引了专业领域的潜在买家参与最终成功拍出。这一案例表明针对特定类型的资产需要采取更加精细化的管理和营销策略以提高拍卖成功率。

某上市公司股票司法拍卖案例：在司法拍卖的场景下，上市公司股权的转让往往源自大股东面临的债务困境，导致其股票遭遇司法冻结，继而债权人诉诸法院，请求通过公开司法拍卖途径处置这些股份以偿付债务。这为潜在投资人开启了一扇门，使他们能借助竞拍平台公平竞争，争取购得上市公司的股份。然而，司法拍卖的局限性在于它缺乏议价弹性——起拍价通常设定为近20个交易日收盘均价的7—8折，这意味着相较于私下协商，投资人在价格上可能享受不到更多优惠，并且能否成功拍得股份存在一定的变数。

投资主体选择经由司法拍卖途径获取既有股权，背后动因颇丰：首先，此举有助于保障在重整计划的表决环节，出资人组能够顺利达成赞同决议；其次，在原控股股东或者实际控制人对破产重整路径持反对立场时，特别是在上市公司濒危之际，通过司法拍卖收购股权成为一种策略，即联合中小股东集权，重组董事会实现控制权的"和平演变"，进而在新任控制人或者控股股东的主导下，上市公司可被有效引导进入破产重整流程，重启生机。

第四节　清算程序

当企业无法继续经营或者面临破产时，清算程序便成为保障各方权益、维护经济秩序的重要环节。清算不仅涉及资产的核算、评估和处置，更关系到债权人、股东等多方利益的平衡与保护。因此，深入了解清算程序与实务操作，对于维护市场秩序、促进资源优化配置、保障各方权益具有重要意义。

一、清算概述

清算，又称结业清算或者公司清算，是指企业或者组织在面临终止经营、解散或者破产等情况时，通过一定的程序和规定，对其资产、负债及所有者权益进行全面核算、评估和处理的过程。

清算的主要目的是保障企业终止经营后，其资产能够按照法定顺序和比例公平地分配给债权人、股东等相关方，同时保障各方权益不受损害，维护经济秩序和社会稳定。

根据触发原因和主导方的不同，清算可分为自主清算和强制清算。自主清算通常由企业或者股东主动发起，适用于企业或者组织正常解散或者自愿终止经营的情况；而强制清算则由法院或者其他法定机构依法进行，适用于企业或者组织因违法、破产等原因被强制解散的情况。

清算过程中的资产评估，不仅是对企业资产价值的全面认识，更是一个发现潜在价值、实现资产保值增值的过程。通过专业评估，可以识别出被低估或者忽视的资产，进而采取适当的措施，如资产重组、拍卖等，实现资产的最大化利用，从而最大限度地保护债权人和股东的利益。

二、清算程序关键步骤

第一，债权登记：在清算过程中，首先需要对债权人进行登记，核实债权种类、金额及优先顺序。这一步骤的目的是保障债权人的合法权益得到保障，避免因信息不准确或者遗漏而导致的纠纷。

第二，资产评估：在清算过程中，需要对企业资产进行全面清查和评估。这主要包括对固定资产、流动资产、无形资产等各类资产进行评估，确定资产的实际价值和可变现能力。资产评估的结果将作为后续债务清偿的依据，因此必须保障评估的准确性和公正性。

第三，债务清偿：在资产评估完成后，清算组将根据评估结果和企业负债情况，按照法定顺序和比例使用企业资产清偿债务。债务清偿的原则是优先保障债权人的权益，保障债权人能够得到最大程度地偿还。

第四，剩余财产分配：在清偿债务后，如果企业还有剩余财产，清算组将按照股东出资比例或者公司章程规定的顺序进行分配。剩余财产分配的过程需要遵循公平、公正的原则，保障各方利益得到平衡。

第五，清算报告编制与审查：在清算过程中，清算组需要编制详细的清算报告，记录清算工作的全过程和结果。清算报告将提交给法定机构进行审查，以保障清算工作的合法性和规范性。同时，清算报告也是相关方了解企业清算情况的重要途径。

三、清算的挑战与解决方案

（一）挑战

资产变现困难：某些资产由于其特性或者市场条件，可能难以在短时间内找到合适的买家或者以合理的价格出售。

优化债权人利益协调：清算进程中，需谨慎处理各债权人之间可能存在的利益差异与目标分歧，通过精细的协调机制化解冲突，保障利益平衡与清算工作的顺畅推进。

法律法规不完善：在某些情况下，现有的法律法规可能无法完全覆盖清算过程中出现的所有问题，给清算工作带来不确定性。

（二）解决方案

积极参加相关行业协会，参与建言献策，参与制定行业标准和行为准则。在业务实操过程中，积极争取维护自身权益。

加强债权人权益保护，建立有效的债权人沟通机制，保障债权人的合法权益在清算过程中得到充分保障，减少利益冲突。

提高资产评估和变现能力，引入专业的资产评估和处置机构，利用其专业知识和经验，提高资产的评估准确性和变现效率。

加强跨部门协作和信息共享，建立跨部门协作机制，加强信息共享和沟通协作，降低清算工作的复杂性和难度，提高执行效率和透明度。

第五节　破产清算

破产清算，不仅是企业退出市场的关键机制，也直接影响多方利益相关者。

破产清算，作为市场经济中企业退出市场的一种关键机制，对于优化资源配置、维护市场秩序具有不可或缺的意义。

破产可以让人更加珍惜和利用资源。

一、破产清算概述

破产清算，作为市场经济下的一种法律制度，旨在通过法定程序对无法偿还到期债务的企业进行资产出售，并按照法定顺序对债权人进行清偿。它是维护市场经济秩序、保障债权人权益的重要手段，在《公司法》《企业破产法》等相关法律法规中，破产清算具有明确的法律定义和程序规定。

（一）定义及法律背景

破产清算是指当企业因经营不善、市场变化等原因导致无法偿还到期债务时，由法院依法介入，对企业财产进行清理、评估和出售，并按照法定顺序清偿债权人的过程。其最终目的是保障债权人的公平受偿，维护市场经济秩序。

在《公司法》中，破产清算作为企业解散的一种方式，具有明确的法律地位。同时，《企业破产法》对破产清算的程序、条件、债权人权益保护等方面进行了详细规定，为破产清算提供了全面的法律保障。

(二) 目标与原则

破产清算不可避免地会带来一定的社会影响，如员工失业、相关产业链受冲击等。因此，在实施破产清算时，需要兼顾经济效率和社会公平，采取必要的保障措施，如优先保障员工权益、合理安置失业人员等，以减轻其对社会带来的负面效应。

破产清算的主要目标主要包括以下内容。

保障债务清偿的公平性与合法性：此过程旨在通过严格的法律程序，对破产企业的资产进行全面盘点、评估和变现，所得资金按照法定的优先级顺序，公平分配给各个债权人。这一做法能够有效防止部分债权人利用非正常手段优先获取偿付，或者出现一小部分债务人恶意逃避债务的情况，保证了清算过程的公正与透明。

优化资源配置与市场净化：破产清算机制通过依法关闭那些无法继续维持经营、资不抵债的企业，即通常所谓的"僵尸企业"，有效释放其占用的土地、资金、人力资源等宝贵的社会经济资源，使之能够被重新配置到更具生产力和增长潜力的领域中。破产清算能够保障无法偿债的企业依法退出市场，防止其继续经营并可能产生的进一步债务违约行为。这不仅有助于市场机制的自我修复，促进健康的市场竞争环境，还能避免不良企业的负面溢出效应，维护整体经济的稳定与活力。

强化债权人权益保护机制：在破产清算过程中，建立一套完善的债权人权益保护体系至关重要。这包括但不限于：保障债权人能够及时、准确地获取企业的财务状况、清算进展等关键信息；设立债权人会议机制，让债权人有机会直接参与讨论并决定与自身利益密切相关的事项；以及通过法律途径为债权人提供追偿权利的保障。通过这些措施，债权人能够积极参与清算过程，有效监督清算活动，保障自身权益不受侵害，同时也促进了清算活动的顺利进行。

促进企业重组与重生机会：在某些情况下，破产清算程序还可能与企业重组并行或者作为其前置步骤，为那些尚有挽救可能的企业提供一个重新整合资源、调整经营策略的机会。通过破产清算的威慑与激励作用，促使债务人、债权人及投资者探索和解、重组等替代方案，有时甚至能够使企业脱胎换骨，以更健康的姿态重新进入市场。

维护法律权威与信用体系：破产清算的严格执行，展示了法律对市场行为的规范作用，增强了商业交易的可预见性和稳定性，对于构建和维护良好的商业信用环境至关重要。它传递了一个明确信号：无论企业规模大小，都必须遵守契约精神，负责任地处理债务问题，这对于防范金融风险、促进经济长期稳定发展具有深远意义。

在破产清算过程中，应遵循公正、公开、公平的原则。公正原则要求清算过程不偏袒任何一方利益，保障各方权益得到平等保护；公开原则要求清算过程公开透明，接受社会监督；公平原则要求按照法定顺序对债权人进行清偿，保障清偿结果的公平性。

（三）基本程序与步骤

破产清算的基本程序主要包括申请、受理、成立清算组、债权申报、资产处置、清偿分配等步骤。具体流程如下：

第一步，申请。当企业无法偿还到期债务时，债权人或者企业本身可以向法院提出破产申请。

第二步，受理。法院对申请进行审查，符合受理条件的将依法受理并启动破产程序。

第三步，成立清算组。法院指定或者选任清算组成员，成立清算组接管企业并负责清算工作。

第四步，债权申报。清算组发布债权申报公告，债权人应在规定期限内向清算组申报债权。

第五步，资产处置。清算组对企业资产进行评估、变现和处置，以获取最大价值用于清偿债务。

第六步，清偿分配。根据法定顺序对债权人进行清偿分配，首先保障员工工资、税款等优先权益。

二、破产清算注意事项

在破产清算过程中，存在许多关键问题和风险需要关注和解决。以下将重点分析债权人权益保护、资产管理与处置以及风险防范与控制等方面的问题。

（一）债权人权益保护

债权人是破产清算过程中的重要利益相关方之一。在破产清算过程中，应充分保障债权人的知情权、参与权和受偿权。具体措施主要包括以下内容。

建立完善的信息披露机制：保障债权人能够及时获得与破产清算相关的信息如企业财务状况、资产处置情况等以便其做出合理决策。

建立债权人会议制度：允许债权人通过会议形式参与讨论和表决与破产清算相关

的重要事项如资产处置方案、清偿顺序等。这有助于保障债权人的参与权和表达权。

加强法律保障：依法追究侵害债权人权益的行为如逃废债务、虚假债权等以维护市场秩序和公平正义。

（二）资产管理与处置

资产管理与处置是破产清算过程中的核心环节之一。为保障资产价值最大化并保障清偿能力需采取以下措施：

建立健全的资产管理制度：对企业资产进行全面清查、评估并建立详细的资产管理台账保障资产不流失或者被侵占。

合理选择资产处置方式：根据资产性质和市场情况选择合适的资产处置方式如整体出售、分割出售、租赁经营等以实现资产价值最大化。

加强与相关专业机构的合作：借助专业机构的力量如评估机构、拍卖机构等对资产进行评估和处置提高资产处置的效率和公正性。

（三）风险防范与控制

在破产清算过程中可能面临各种风险如逃废债务、虚假债权、内部交易等。为防范和控制这些风险需采取以下措施：

加大监管力度：相关部门应加强对破产清算过程的监管，保障清算程序的合法性和规范性防止违法违规行为的发生。

完善法律制度：通过不断完善相关法律法规提高法律制度的针对性和可操作性为防范风险提供有力的法律保障。

引入第三方监督：引入独立的第三方机构对破产清算过程进行监督保障清算结果的公正性和公平性。

加强内部管理：清算组应建立完善的内部管理制度，规范自身行为防范因内部管理不善导致的风险。

三、案例

下面我们通过对某公司破产清算案例的深入分析，总结经验教训，提供实践参考。

（一）背景

某公司是一家在行业内具有一定影响力的企业，主要从事电子产品生产和销售。后来，由于市场竞争激烈、经营不善等原因，导致资金链断裂，无法偿还到期债务。债权人纷纷向法院申请对某公司进行破产清算。

（二）过程

在法院正式受理并委派专业的清算组后，针对某公司的破产清算工作随即进入了细致而严谨的实施阶段。具体过程如下：

第一步，资产的彻底清查与精确评估。清算组首先对某公司的资产进行了全方位、无遗漏的清查，这一步骤是整个破产清算过程的基石。资产清查覆盖了三大类别：

固定资产：包括但不限于生产流水线、机器设备、办公场所及其装修、运输车辆等，每一项资产均经过现场勘查，并记录其状态、使用年限、折旧情况等关键信息。

流动资产：详细核对库存商品的数量、品质与市场价值，以及应收账款的账龄、回收可能性，保障每一笔资产的准确性。

无形资产：如品牌商标、专利权、软件著作权等，聘请知识产权专家进行评估，确定其市场价值和潜在的转让价值。

评估工作则由独立第三方评估机构执行，运用行业标准和市场数据，保障评估结果的客观性和公正性。

第二步，债权债务的精细梳理与合理安排。清算组与每一位已知债权人进行一对一沟通，收集并核实债权凭证，保障债权债务记录的完整性和准确性。在此基础上，制定了一套周密的债务清偿计划，该计划旨在平衡各债权人的利益，保障清偿顺序的合法性，并对可能存在的或者有负债（如对外担保）进行了审慎处理，防止遗漏任何潜在的债务负担。

第三步，资产处置的公开透明与价值最大化。

资产处置环节，清算组秉持"三公"原则，即公开、公平、公正，保障整个过程的透明度和效率。对于不同类型的资产，采取了灵活多样的处置方式：

普通资产：通过拍卖或者直接变卖的方式快速变现，拍卖过程中广泛邀请潜在买家参与，保障竞争性报价。

特殊资产：对于具有独特价值或者市场需求较小的资产，则采取定向招标的方式，寻找最合适的买家，以实现资产的最大价值。

信息公告：所有资产处置前，均通过官方渠道发布详细的资产清单和处置方式，鼓励社会各界参与，增加资产处置的透明度和竞争性。

（三）结果

债权人权益得到保障：通过破产清算程序，债权人的债权得到了依法确认和清偿。在清偿过程中，优先保障了职工工资、社会保险费用等职工权益的支付。对于普通债权的清偿率也达到了预期水平，满足了债权人的合理诉求。

市场秩序得到维护：通过某公司的破产清算案例的处理，市场秩序得到了有效维护。避免了因企业无序退出市场而引发的恶性竞争和市场混乱现象的发生。同时，也提醒了其他企业在经营过程中要遵守市场规则和商业道德，加强风险管理和内部控制。

（四）经验教训与启示

第一，强化风险预警与内部控制体系：企业应将风险管理和内部控制视为生命线，构建一套覆盖全业务链的风险识别、评估、监控与应对机制。这包括但不限于财务风险、市场风险、运营风险和法律风险等，通过定期审计、风险评估会议及实时监控系统，保障企业能够提前察觉并有效应对潜在危机，避免危机累积至不可控的程度。

第二，坚守市场伦理与商业诚信：在激烈的市场竞争中，企业应坚守商业道德底线，拒绝参与任何形式的不正当竞争，如虚假宣传、商业贿赂等，树立良好的企业形象和品牌信誉。同时，通过培训和文化建设，提升全体员工的伦理意识和诚信水平，构建基于诚信的合作网络，为企业的长远发展奠定坚实的社会基础。

第三，构建债权人权益保障机制：破产清算期间，破产管理人接管企业后应将保护债权人利益放在首位，建立健全债权人沟通机制，保障信息的透明度与及时性，让债权人充分了解企业现状及清算进展。通过设立债权人委员会、召开债权人大会等措施，保障债权人的知情权、参与权和合理受偿权，同时积极探索债务重组等创新解决方案，力求实现债权人利益最大化。

第六节　承债式收购

当企业面临严重资不抵债，企业家决定彻底放弃企业并净身出户时，他们可能会选择卖掉企业。在这种情境下，承债式收购成为一种值得考虑的选项。承债式协议转让，作为股权转让的一种高级形式，融合了股权变更与债务转移两大要素。

一、承债式协议转让概述

承债式收购，是一种特殊的收购方式，其中收购方在购买企业股权的同时，还会承担企业的部分或全部债务。这种方式为卖方提供了一个清理债务并顺利退出经营的机会，同时也让买方能够接手企业的控制权，继续运营并发展企业。

承债式协议转让，作为承债式收购的一种细化形式，涉及原控股股东通过协议，将其所持有的股份转让给新的投资者，这样的转让常常导致公司控制权的更迭。值得注意的是，这种股权转让多以产业投资人为核心进行，他们通常拥有深远的商业视野和战略规划，重视企业的长远价值和增长潜力，而非仅仅追求短期的经济回报。

承债式协议转让的动机与司法拍卖有一定的相似性，都牵涉到债权债务的处理以及企业控制权的移交。但与司法拍卖不同的是，承债式协议转让在操作上更为灵活和高效。它允许交易的双方在转让条件上进行充分的磋商和谈判，以达成双方均可接受的交易条件。

在承债式协议转让中，转让方在出让股权的同时，也会将相关的债务责任一并转交给受让方。这种转让方式下，股权转让的价格往往涵盖了股权本身的价值和所承担的债务价值。为了保障交易的明确性和安全性，交易双方需要签署详尽的股权转让协议，明确规定债权债务的转让方式、转让价格等核心条款。

二、承债式协议转让的动因及实施条件

（一）动因

1. 企业家个人因素

对于企业家而言，随着年龄的增长和健康状况的变化，他们逐渐意识到人生不仅有事业，还有更多值得追求的东西。因此，他们开始寻求一种既能保障个人及家庭经济安全，又能保障未来生活品质的退出机制。承债式协议转让便为他们提供了一个理想的平台，使他们能够在减轻工作压力的同时，保障个人和企业的平稳过渡。

此外，"家和万事兴"，家庭和谐与财富传承对于企业家而言同样重要。为了保障家族财富和企业的长久发展，他们希望通过承债式协议转让，将企业控制权有序地过渡给值得信赖的接班人，从而保障家族事业的薪火相传。

同时，"天高任鸟飞"，每个人都有追求自己梦想的权利。当企业家希望投身于其他行业或领域时，承债式协议转让便成为他们释放资源和精力、追求新职业目标的桥梁。

2. 企业经营与市场考量

"船小好调头"，但对于大型企业而言，面对市场环境恶化、成本上升等挑战时，调整并非易事。承债式协议转让便成为企业摆脱债务危机、避免破产清算的救命稻草。通过这种方式，企业可以迅速引入新的资金和资源，缓解财务压力，自身摆脱风口浪尖的同时让企业重获新生。

"人无远虑，必有近忧"，企业家深知优化资本结构对于企业长远发展的重要性。通过承债式协议转让引入战略投资者，企业可以降低负债率、提高财务健康度，为未来的市场竞争奠定坚实基础。

"适者生存，不适者淘汰"，这是市场竞争的残酷法则。为了应对激烈的市场竞

争，企业可能需要通过股权转让来寻求更强大的合作伙伴、实现战略转型或扩张。承债式协议转让为企业提供了这样一个机会，使他们能够迅速适应市场变化、抓住发展机遇。

同时，"逆水行舟，不进则退"，面对行业变革和技术迭代，企业必须不断进行业务转型和技术升级。承债式协议转让可以快速引入所需资金和资源、加速转型进程，帮助企业在变革中立于不败之地。

(二) 实施条件

出清型企业要保障承债式协议转让的顺利进行，必须从基础做起、满足一系列严格的实施条件。

第一，清晰无争议的产权结构与股权是转让的基础。所有股权和债权的权属必须明确、无法律纠纷，以便在转让过程中进行尽职调查和后续的法律手续办理。这需要企业提前进行详细的法律审查、解决任何潜在的权属争议。

第二，"细节决定成败"，详尽的财务审计与评估是不可或缺的环节。这要求对企业的资产、负债、盈利能力和市场价值进行全面、准确的审计与评估，为确定合理的转让价格和承担债务额度提供重要依据。只有经过严格的财务审查，才能保障转让价格的公平性和合理性、避免后续纠纷。

第三，"人心齐，泰山移"，交易双方的共识与互信是承债式协议转让成功的关键。双方必须在交易条件、价格、债务承担等方面达成明确共识，并建立稳固的互信关系。这需要双方进行充分的沟通和协商、坦诚相待、密切配合，共同推动交易的顺利完成。

第四，"英雄不问出处"，但受让方的资质和能力却至关重要。除了雄厚的资金实力外，受让方还需具备相关的行业经验和管理能力，以便在接管企业后能够有效改善经营状况、推动企业持续发展。为了保障受让方的资质和能力符合要求，转让方必须对其进行严格的筛选和评估。

第五，"没有规矩，不成方圆"，政策与法规的遵守也是必不可少的。承债式协议转让必须严格遵循相关法律法规及地方政策的规定，如反垄断审查、外资准入限制等。只有在合法合规的前提下进行转让，才能保障交易的合法性和有效性、避免后续法律风险。

第六，"路遥知马力，日久见人心"，透明的转让流程和后续支持与过渡安排同样重要。建立透明公正的转让程序可以保护各方利益免受损害、避免内幕交易和不公平竞争现象的发生；而明确的后续支持与过渡安排则可以保障企业在转让过程中实现平稳过渡、保障企业的正常运营和员工的权益。这需要双方在转让协议中明确合作与支持条款、制定详细的交接计划和员工安置方案等。

三、承债式协议转让的操作流程

承债式协议转让是一项复杂且细致的交易过程，涉及多个环节和多方利益。为保障转让的顺利进行并降低潜在风险，以下将详细阐述每个步骤的操作流程及注意事项。

（一）前期准备与确定交易意向

操作流程：转让方明确退出意向，开始寻找潜在受让方；通过市场调研、行业网络或专业中介机构等途径，接触并筛选合适的受让方；与潜在受让方进行初步沟通，了解其背景、资金实力和行业经验；确定几家有意愿且符合条件的受让方，进入深入洽谈阶段。

在此过程中，相关方应保持信息的保密性，避免敏感信息泄露导致的不利影响，同时充分了解受让方的信誉和财务状况，保障交易的可靠性。

（二）尽职调查与资产评估

操作流程：受让方派遣团队对转让方进行财务、法律和业务方面的尽职调查；聘请专业的资产评估机构，对企业的各项资产进行全面评估；分析调查结果和评估报告，识别潜在的风险和问题。

在此过程中，相关方应保障尽职调查的全面性和深入性，不遗漏任何重要信息，同时对评估机构的资质和独立性进行审查，保障评估结果的客观性。

（三）交易结构设计与谈判

操作流程：双方基于尽职调查和资产评估结果，设计交易结构；就股权转让比例、债务承担、交易价格等核心条款进行多轮谈判；协商并确定交易的具体流程和时间表。

在此过程中，相关方应保持谈判的灵活性和耐心，寻求双方的共赢点，同时保障交易结构的合法性和合规性，避免潜在的法律风险。

（四）合同起草、签署与交割

操作流程：聘请律师起草详细的股权转让协议，明确双方的权利和义务；双方对协议进行仔细审阅和修改，达成一致后正式签署；按照协议约定的时间和方式，完成交割手续和资金支付。

在此过程中，相关方应保障合同条款的清晰性和明确性，避免后续争议，同时严格遵守交割时间和支付方式等约定，保障交易的顺利进行。

(五）后续整合与过渡管理

操作流程：受让方接手企业后，进行人员、业务和文化等方面的整合；设立过渡期管理团队，保障企业的平稳过渡和持续发展；监控并评估整合效果，及时调整管理策略和运营模式。

在此过程中，相关方应重视员工的感受和需求，保障人员稳定和业务连续性，同时建立有效的沟通机制，及时解决整合过程中出现的问题和矛盾。

四、案例

某一家在行业内有着一定知名度的制造企业出现严重资不抵债情形，企业家选择卖企净身出户。在近年来由于市场环境的变化和内部管理的问题，企业逐渐陷入了严重的资不抵债的困境。面对无法扭转的财务状况和沉重的债务压力，公司创始人兼首席执行官做出了一个艰难的决定：彻底放弃企业，并选择卖掉公司以净身出户。

（一）决策与准备

在认识到企业已经无法继续经营下去之后，该企业家开始与公司的核心团队和财务顾问商讨卖掉企业的计划。他们评估了企业的剩余价值和债务情况，并制定了详细的出售策略。该企业家的目标是尽快找到一个合适的买家，以便能够一次性解决企业的债务问题，并让自己能够重新开始。

（二）寻找买家与谈判

该企业家通过行业内的专业中介机构和商业网络发布了出售企业的信息。在接到多个潜在买家的咨询后，他开始与这些买家进行初步的沟通和洽谈。经过几轮的筛选和比较，该企业家最终选择了一家有资金实力和行业经验的公司作为潜在的买家。

双方进入了深入的谈判阶段，就企业的出售价格、债务处理、员工安置等关键问题进行了详细的讨论。该企业家在谈判中明确表示，他愿意接受较低的出售价格，以换取买家承担企业的全部债务，并保障员工的合理安置。

（三）达成协议与交割

经过多轮的谈判和协商，双方最终达成了一致意见，并签署了正式的出售协议。协议中明确规定了买家将承担债务企业的全部债务，并负责员工的安置和补偿。该企业家则承诺在交割后不再参与企业的任何经营活动，并实现了净身出户的决策。

交割过程在双方的律师和财务顾问的监督下顺利进行。买家支付了约定的出售价格，并接管了企业的所有资产和债务。该企业家则彻底离开了这个他一手创办并经营多年的企业。

(四) 后续影响

虽然该企业家对债务企业的出售感到心痛和不舍，但他也意识到这是解决企业困境和自己重新开始的最佳方式。在交割完成后，他开始投身于新的创业项目，并希望能够在未来再次创造辉煌。

而债务企业在买家的接管下，也开始了全面的重组和改革，谋求保护资产、保护现金流、削减债务。虽然面临的挑战依然艰巨，买家毅然决然地投入了大量的资金和资源来改善企业的运营状况，并寻求新的发展机会。

第九章

脱困型企业固本开新

在当下充满挑战与不确定性的经济环境中,企业面临的压力和困境日益凸显。其中,那些身陷危困之中的企业更是如履薄冰,不仅要应对外部市场的剧烈波动,还需解决内部管理的重重难题。这样的背景下,如何引导这些企业走出困境,实现"脱困企业固本开新",无疑成了一个时代课题。

本章不仅详细系统地剖析了危困企业当前所处的复杂环境,更强调了脱困之后固本开新的极端重要性与紧迫性,还为危困企业提供了一套全面而有效的脱困方案,从公司治理的优化、信用体系的重建,到策略性脱困路径的选择、内部控制的加强,再到利益相关者的协同与共赢,等等。毕竟,只有成功转型、创新发展的企业,才能在未来的市场竞争中立于不败之地,避免重蹈覆辙。

对于那些已经初步脱困的企业而言,如何在稳定现有业务的基础上,进一步开拓新的市场领域、创新业务模式,从而提升核心竞争力,防止再次陷入危困,将是它们未来发展的关键所在。

第一节 脱困型企业概述

那些陷入危困的企业,它们不仅要应对外部市场的剧烈波动,还需解决内部管理的重重难题。这些问题的解决,与企业的公司治理结构和治理效能有着密切的关系。因此,为了实现脱困,优化公司治理结构、提升治理效能显得尤为重要。

一、公司治理问题

(一) 股权结构失衡与决策效率低下

在危困企业中,股权结构失衡是一个普遍存在的问题。一股独大或者股权过度分散都可能导致决策效率低下和缺乏有效的监督机制。一股独大的情况下，小股东的声音容易被淹没，大股东可能为了自身利益而忽视公司的长远发展。而在股权过度分散的企业中，股东之间难以形成合力，公司决策拖沓，效率低下。这种不合理的股权结构会严重影响公司的治理效能和长期发展。

（二）董事会运作不规范与内部人控制

董事会作为公司治理的核心机构，其运作的规范性对公司的决策质量和长远发展至关重要。然而，在危困企业中，董事会往往存在运作不规范的问题。具体表现为董事会成员缺乏独立性，受大股东或者管理层控制；董事会会议不频繁，决策效率低下；以及董事会未能充分发挥监督职能，导致公司内部管理混乱，决策失误频发。这些问题使得董事会难以发挥应有的作用，进一步加剧了企业的危困局面。

（三）激励机制缺失与员工动力不足

激励机制是激发员工积极性和创新精神的重要手段。在危困企业中，由于种种原因，如资金紧张、管理不善等，往往缺乏有效的激励机制。这导致员工缺乏工作动力和创新精神，企业整体业绩下滑，进一步加剧了企业的危困局面。此外，不完善的激励机制还可能引发员工的道德风险和短期行为，损害公司的长期利益。

（四）信息披露不透明与信任危机

信息披露是企业与外部世界沟通的桥梁，对于维护投资者信心和企业声誉至关重要。在危困企业中，由于财务状况不佳、内部管理混乱等原因，往往存在信息披露不透明的问题。这使得投资者难以准确判断企业的真实状况和风险水平，加剧了企业与投资者之间的信任危机。不透明的信息披露还可能引发市场的不确定性和恐慌情绪，进一步加剧企业的危困局面。

二、优化公司治理策略

（一）优化股权结构以提高决策效率

为了调整股权结构以提高决策效率，危困企业可以采取以下措施：首先，积极引入战略投资者或者机构投资者，通过增资扩股或者股权转让等方式改善股权结构；其次，实施员工持股计划或者股权激励计划，让员工成为公司的股东之一，形成员工与企业的共同利益体；最后，加强股东权益保护机制建设，保障小股东的合法权益不受侵害。这些措施有助于形成多元化的股权结构、提高决策效率和监督效果。

（二）规范董事会运作以增强独立性

规范董事会运作是提升公司治理效能的关键环节。危困企业可以采取以下措施来规范董事会运作：首先，增强董事会独立性，减少大股东或者管理层对董事会的控制；其次，引入外部董事和独立董事，为董事会带来新的视角和专业经验；再次，建立健全的董事会会议制度和决策流程，保障董事会的决策科学性和公正性；最后，加强董事会对公司管理层的监督职能，防止内部人控制现象的发生。这些措施有助于提高董事会的决策质量和监督效果。

（三）完善激励机制以激发员工活力

完善激励机制是激发员工积极性和创新精神的有效途径。危困企业可以采取以下措施来完善激励机制：首先，建立与业绩挂钩的薪酬体系让员工的收入与企业的业绩紧密相连；其次，实施股权激励计划让员工成为公司的股东之一共享公司的发展成果；再次，设立奖金池和专项奖励用于表彰在工作中表现突出的员工；最后，提供培训和晋升机会帮助员工实现个人职业发展目标。这些措施有助于形成员工与企业的命运共同体推动企业走出困境并实现可持续发展。

（四）加强信息披露以提升透明度

加强信息披露是提升公司治理透明度和信任度的关键措施。危困企业可以采取以下措施来加强信息披露：首先，建立健全的信息披露制度和内部控制体系保障信息的准确性和完整性；其次，积极与投资者进行沟通和交流解答投资者的疑问和关注；再次，利用现代科技手段如互联网和社交媒体等拓宽信息披露的渠道提高信息的传播效率；最后，加强对信息披露的监管和违规行为的惩处力度保障信息披露的公正性和公平性。这些措施有助于重建投资者对企业的信心并推动企业走出困境。

三、案例

当企业深陷重重困境时，通过全面优化公司治理结构，可以有效地助力企业摆脱困境。这一过程中，积极调整股权结构、规范董事会运作、完善激励机制以及加强信息披露等措施，成为企业扭转乾坤的关键。

（一）案例一：某科技公司的股权结构调整与战略引资

某科技公司曾因其不合理的股权结构而陷入经营困境。原先，公司大股东持有过高的股份比例，这使得小股东的意见往往被边缘化，严重影响了公司的决策效率和民主性。为了彻底改变这种不利的局面，公司高层果断决定对股权结构进行深度改革。

改革的第一步就是引入战略投资者。这不仅可以实现股权的多元化，还能有效提高公司的决策效率和内部监督力度。更重要的是，这些战略投资者不仅为公司注入了急需的资金，还带来了他们在行业内丰富的管理经验和广阔的市场资源。这些新元素的加入,使该科技公司迅速重拾了市场竞争力,并为其后续的稳健发展奠定了坚实基础。

(二) 案例二:某制造企业的董事会治理与激励机制革新

该制造企业则因为董事会功能弱化、运作不规范,加之激励机制的缺失,导致了公司内部管理的严重混乱。员工普遍缺乏工作热情和创新意识,企业整体运营效率受到严重影响。

为了彻底改变这一状况,公司从两个方面入手进行了大刀阔斧的改革。首先,公司决定加强董事会的建设,通过引入外部董事和独立董事来增强董事会的独立性和专业性。这一举措有效地提高了董事会的决策质量和监督能力,使得公司战略更为明晰、执行更为有力。

其次,公司在激励机制上也进行了全面的完善。公司建立了一套与业绩紧密挂钩的薪酬体系,并推出了股权激励计划,让员工能够真正分享到公司成长的成果。这些措施极大地激发了员工的工作热情和创新精神,公司内部管理逐渐规范化,整体业绩也随之实现了显著提升。

第二节　信用恢复与融资重生

当今,商业信用已然成为企业的黄金名片。它是企业稳健经营、持续发展的基石,也是获得市场、供应商、金融机构等各方信任的关键。但商业的海洋中,总有企业因为种种原因触礁,导致信用受损,陷入融资的冰冷深海。对于这些企业来说,信用恢复不仅是为了重新浮出水面,更是为了再次扬帆起航,实现融资重生。

一、企业信用不良与恢复

当企业陷入信用危机时,其经营活动的各个方面都会受到严重影响,具体表现为:

融资难以为继:信用是金融机构考虑是否给予贷款的重要因素。一旦信用受损,企业可能会发现从银行或者其他传统融资渠道获得资金变得极其困难。这可能会导致企业资金链紧张,甚至无法支付日常运营费用。

供应链压力增大:供应商通常会对信用不佳的企业提高警惕。他们可能会要求更严格的付款条件,如缩短账期或者要求预付款项。这不仅增加了企业的运营成本,还可能影响到生产计划和交货时间。

市场与客户的信任缺失:信用的丧失可能会导致市场和客户对企业的产品或者服

务产生怀疑。他们可能会转向竞争对手，从而导致销售业绩下滑，市场份额减少。

股价波动与投资者信心下滑：对于上市公司来说，信用危机往往会导致股价剧烈波动，通常是大幅下跌。这会损害现有投资者的利益，同时使潜在投资者对企业的未来前景持怀疑态度。

信用恢复对于陷入危困的企业而言至关重要，其重要性体现在以下几个方面。

第一，重建信任关系：恢复信用是企业与各方利益相关者重建信任的第一步。这主要包括与供应商、客户、金融机构以及公众之间的信任关系。

第二，稳定经营环境：通过信用恢复，企业可以稳定其供应链、销售渠道以及员工队伍，从而创造一个更加稳定的经营环境。

第三，拓宽融资渠道：随着信用的逐渐恢复，企业将更容易获得金融机构的贷款或者其他形式的融资支持，从而满足其资金需求。

第四，增强抵御风险能力：一个健康的信用状况可以增强企业在面对市场风险、经济波动等不确定性因素时的抵御能力。

二、恢复信用融资能力

企业通过灵活多变的债务重组、精准高效的资产优化、引入战略投资者与合作伙伴、完善沟通机制等信用恢复手段后，需要重新获得融资能力以支持其持续发展。

（一）创新融资工具探索

供应链金融：利用供应链上的合作关系，通过供应链金融平台获得短期融资，以支持原材料采购、生产和分销等环节。资产证券化：将企业的资产（如应收账款、租赁收入等）转化为可交易的证券，从而在资本市场上筹集资金。

（二）重塑银企桥梁

积极与银行沟通：定期与银行沟通，展示企业在信用恢复、经营改善和风险管理等方面的成果，增强银行对企业的信心。透明化财务信息：向银行提供准确、全面的财务信息，以便银行更好地评估企业的信用状况和还款能力。

（三）融资渠道多元化

主要包括：与风险投资机构合作，吸引风险投资机构投资企业的创新项目或者扩张计划，为企业提供资金支持和战略指导。与私募股权基金合作，通过私募股权融资，引入具有专业知识和资源的投资者，帮助企业实现快速增长和转型升级。

（四）内功修炼

提升经营效率：通过优化生产流程、降低运营成本等方式提高企业的经营效率，从而增强企业的盈利能力和竞争力。增强盈利能力：关注市场需求，开发高附加值的产品或者服务，提高企业的盈利水平，从根本上增强投资者和债权人的信心。

三、案例

下述企业均曾面临信用危机，但通过一系列精心策划和实施的策略，成功实现了信用的恢复和融资的重生。

（一）案例一：A 科技公司

1. 详细分析

A 科技公司是一家在人工智能技术领域有着深厚积累的企业。但在其快速发展的过程中，由于大量的研发投入以及日趋激烈的市场竞争，公司的资金链出现了问题，进而导致了信用受损。

债务压力：A 科技公司原本与多家金融机构有借贷关系。但当其资金链紧张时，部分债务出现了违约风险。这进一步加剧了公司的信用危机，导致更多的金融机构对其持谨慎态度，不愿继续提供贷款。

研发投入与回报不成正比：尽管 A 科技公司在人工智能技术上有着明显的优势，但技术的商业化进程较慢，导致前期的大量研发投入未能及时转化为经济回报。

市场竞争加剧：随着人工智能技术的日益成熟，越来越多的企业进入这一领域，市场竞争变得尤为激烈。这使得 A 科技公司的市场拓展难度增加，进一步压缩了其利润空间。

面对这些困境，A 科技公司果断采取了一系列策略来恢复信用和融资能力。

2. 策略实施

债务重组：公司高层与主要债权人进行了多轮谈判，详细阐述了公司的技术优势和未来市场前景。经过努力，成功实现了债务的展期和利率调整，从而为公司赢得了喘息之机。

引入战略投资者：为了迅速补充资金，并引入有助于公司发展的资源，A 科技公司积极寻找战略投资者。最终，一家知名风险投资机构看中了公司的技术潜力，不仅投入了大量资金，还帮助公司拓展了市场渠道和合作伙伴关系。

资产优化：为了更加聚焦核心业务，A 科技公司将部分非核心技术的研发项目进行了转让。这不仅为公司带来了一笔可观的收入，还使得公司能够集中优势资源，加速核心技术的研发和市场应用。

透明度提升：为了重塑市场信心，A 科技公司加强了与公众和投资者的沟通。定期发布详细的财务报告和业务更新,使外界对公司的经营状况有了更加清晰的了解。这一举措成功重建了投资者对公司的信任。

3. 成效

经过上述一系列策略的实施,A科技公司的信用状况得到了显著改善。多家金融机构看到了公司的决心和努力,纷纷表示愿意继续为其提供贷款支持。此外,随着公司业绩的逐渐回升和技术的突破性进展,A科技公司在人工智能领域的市场地位也得到了进一步巩固。更重要的是,公司成功吸引了众多合作伙伴和客户的关注,为其未来的发展奠定了坚实的基础。

(二)案例二:B制造公司

B制造公司是一家传统的制造业企业,因市场需求下滑和内部管理问题导致连续亏损,信用严重受损。

1. 详细分析

B制造公司,一度是行业内的佼佼者,但受到市场环境变化和内部管理不善的双重打击,陷入了连续亏损的危困局面。市场需求下滑使得公司的销售额大幅减少,而内部管理的不规范则导致了成本上升和效率低下。这些问题共同导致了公司资金链的紧张,进而触发了信用危机。

市场需求下滑:随着行业竞争的加剧和消费者需求的变化,B制造公司的主打产品逐渐失去了市场优势。新产品的开发又未能及时跟上市场步伐,导致销售额持续下滑。

内部管理问题:公司内部存在诸多管理漏洞,如生产流程不规范、成本控制不力、员工激励不足等。这些问题不仅影响了公司的运营效率,还增加了不必要的成本开支。

面对这些挑战,B制造公司没有选择坐以待毙,而是积极寻求变革和突破。

2. 策略实施

供应链整合:B制造公司通过与供应商和经销商的紧密合作,实现了供应链的优化。利用供应链金融工具,如供应链融资、应收账款保理等,成功缓解了短期资金压力,并获得了更有利的采购条件。

生产线调整与产品创新:在分析市场需求后,公司果断关闭了部分不盈利的生产线,将资源集中于有市场潜力的产品上。同时,加大研发力度,推出更符合市场需求的创新产品,重新激发市场活力。

内部管理提升:公司引入先进的管理理念和方法,如精益生产等,对生产流程进行全面优化。同时,加强成本控制和预算管理,降低浪费和不必要的开支。这些举措显著提高了公司的运营效率和盈利能力。

3. 成效

经过上述策略的实施，B 制造公司成功扭转了亏损局面，实现了盈利。公司的市场份额稳步提升，品牌影响力得到加强。更重要的是，通过内部管理的提升和供应链的优化，公司的运营效率显著提高，成本得到有效控制。这使公司的财务状况得到显著改善，信用状况也随之提升。银行和其他金融机构对公司的信心逐渐恢复，纷纷提供贷款和其他金融支持。这为 B 制造公司的未来发展注入了新的活力，实现了融资重生和持续发展的良性循环。

第三节　内部控制与风险管理

一、内部控制核心作用

内部控制，作为现代企业管理的核心组成部分，建立和完善内部控制体系对于脱困型企业而言具有尤为突出的重要性。

（一）内部控制的定义与重要性

内部控制是企业为达成经营目标、保障资产安全、保障财务信息准确可靠、提高运营效率而实施的一系列措施和程序。这些措施和程序涵盖企业的各个层面，如财务、运营、合规等，旨在保障企业活动的合规性、资产的安全性以及财务信息的准确性。对于任何企业而言，有效的内部控制都是稳定发展的基石，它有助于预防错误和舞弊行为，保障企业资源的有效利用，进而推动企业目标的顺利实现。

（二）内部控制在危困企业中的特殊意义

对于危困企业而言，内部控制的重要性更为凸显。由于资金紧张和资源匮乏等问题，这类企业往往处于更加脆弱的境地，面临的风险和挑战也更为严峻。因此，建立和完善内部控制体系对于危困企业来说具有至关重要的意义。具体来说，通过实施内部控制，危困企业可以实现以下目标。

风险防范与化解：通过识别和评估潜在风险，制定相应的应对措施，从而降低风险发生的可能性和影响程度。这对于资金紧张、资源匮乏的危困企业而言尤为重要，可以帮助其避免陷入更加困难的境地。

资源优化配置：在资源有限的情况下，通过合理的资源配置和利用，提高资源的使用效率，降低成本开支。这对于危困企业来说具有重要意义，有助于其在困境中保持竞争力并实现可持续发展。

运营效率提升：通过规范的业务流程和明确的岗位职责，提高企业的运营效率和管理水平。这对于危困企业而言同样关键，可以帮助其在激烈的市场竞争中保持优势地位。

企业韧性增强：通过强化内部控制体系，提高企业的抵御能力和适应能力，以应对外部环境的不断变化。这对于危困企业来说尤为重要，可以帮助其在面临困境时保持稳健并寻求新的发展机会。

二、建立和完善内部控制体系的方法与工具

对于危困企业而言，建立和完善内部控制体系是实现稳定发展的基石。

（一）构建内部控制框架

内部控制框架是危困企业构建有效内部控制体系的基础。该框架应主要包括控制环境、风险评估、控制活动、信息与沟通以及监督等关键要素。这些要素相互关联、相互作用，共同构成了一个完整的内部控制体系。在构建内部控制框架时，危困企业应注重灵活性，以便根据内外部环境的变化进行及时调整和优化。

（二）明确控制目标，识别关键风险点

明确控制目标和识别关键风险点是构建内部控制体系的关键步骤。首先，危困企业需要明确自身的业务目标和流程，然后通过对业务流程的全面分析，识别出可能存在的风险点和漏洞。这些风险点和漏洞可能涉及资金筹集、使用、监管等方面，也可能涉及资源配置、利用和保护等方面。在识别风险点时，危困企业应注重全面性和准确性，保障不遗漏任何潜在的风险。

（三）风险评估的工具和方法

在识别出关键风险点后，危困企业需要运用相应的工具和方法进行风险评估。以下是一些常用的风险评估工具和方法：

风险评估矩阵：这是一种常用的风险评估工具，可以帮助企业对识别出的风险进行量化和排序。通过风险评估矩阵，危困企业可以确定各风险的优先级和相应的应对措施。在构建风险评估矩阵时，企业应考虑风险的概率和影响程度等因素。

敏感性分析：这是一种通过改变关键参数来评估风险影响程度的方法。通过敏感性分析，危困企业可以了解不同参数变化对业务目标的影响程度，从而有针对性地制定相应的风险控制措施。

蒙特卡洛模拟：这是一种基于概率统计的模拟方法，可以模拟各种不确定性因素

对业务目标的影响。通过蒙特卡洛模拟，危困企业可以对复杂的风险进行定量评估，并制定相应的风险控制策略。

专家评估法：这是一种基于专家经验和知识的风险评估方法。通过邀请具有相关经验和知识的专家进行评估，危困企业可以获得更加准确和全面的风险评估结果。

（四）设计控制措施，制定控制流程

在完成风险评估后，危困企业需要设计相应的控制措施，并制定详细的控制流程。这些控制措施可以主要包括审批流程、岗位职责分离、定期审计等，旨在保障企业的各项业务活动都在有效地控制之下。

在设计控制措施时，应注重实际操作性和可执行性，保障控制措施能够真正落地并发挥作用。同时，控制流程应清晰明了，便于员工理解和执行。

（五）具体工具与技术应用

在建立和完善内部控制体系的过程中，危困企业可以借助一些具体的工具和技术来提高效率和准确性。例如：

风险评估矩阵：通过风险评估矩阵对识别出的风险进行量化和排序确定优先处理的风险点以及相应的应对措施。这有助于企业集中资源应对重大风险避免风险扩散和影响扩大。

内部控制自我评估（CSA）：通过内部控制自我评估企业对自身的内部控制体系进行全面检查和评估及时发现和解决问题。CSA可以帮助企业了解自身内部控制的优缺点从而有针对性地进行改进和完善。

流程图和控制矩阵：流程图和控制矩阵是企业描述和记录内部控制流程的重要工具可以帮助企业清晰地展示各项控制活动和责任分配。通过这些工具企业可以更加直观地了解业务流程中的关键环节和控制点便于后续的管理和监督。

三、反向风控理念与应用

反向风控作为一种新兴的前瞻性的风险管理方法，在危困企业中发挥着至关重要的作用。它强调从传统的"事后处理"向"事前预防"转变，以风险为导向，帮助企业实现全面风险管理。通过应用反向风控，危困企业能够更有效地识别和管理潜在风险，避免或者减少损失，从而加速脱困进程。

（一）反向风控的理念与原则

反向风控的核心理念是"预防为主"，即通过对潜在风险的提前识别和评估，制定相应的应对策略，将风险控制在萌芽状态。它遵循全面性、主动性、预防性、动态性和适应性的原则。这意味着企业需要在全面考虑各种风险因素的基础上，主动出击，以预防为主，并根据内外部环境的变化及时调整风险管理策略和方法，保持风险管理的动态性和适应性。对于危困企业而言，实用性和经济性也是应用反向风控的重要原则，即在保证风险控制效果的同时，尽量降低风险管理成本，提高风险管理效率。

（二）反向风控的实施步骤

实施反向风控需要遵循一定的步骤。

风险识别与评估：全面梳理业务流程，识别潜在的风险点，并对其进行评估和排序，确定风险的性质、来源和影响程度。这需要利用历史数据和信息的收集和分析，以便更好地预测未来可能发生的风险事件。通过风险评估，企业可以为制定风险应对策略提供依据。

风险应对策略制定：根据风险评估结果，制定相应的风险应对策略，如规避、降低、转移或者接受等。在选择应对策略时，要综合考虑风险的性质、影响程度以及企业的实际情况和资源条件，选择最合适的应对策略。同时，要注重应对策略的可操作性和可执行性，保障应对策略能够真正落地并发挥作用。

风险监控与报告：建立风险监控机制，定期报告风险状况，以便及时调整风险管理策略和方法，保持风险管理的动态性和适应性。在监控过程中，要注重数据的收集和分析，及时发现和处理潜在的风险事件，防止风险扩散和影响扩大。同时，要注重与相关部门的沟通和协作，共同应对和处理风险事件，形成风险管理的合力。

（三）反向风控在企业脱困中的作用

反向风控在危困企业脱困过程中具有重要的作用。首先，通过反向风控，企业可以及时发现和应对潜在风险，避免或者减少损失的发生，从而保护企业的利益和声誉。其次，反向风控可以帮助企业优化资源配置，提高运营效率，降低成本开支，从而为企业的脱困重生提供有力支持。最后，反向风控可以提升企业的风险管理能力和水平，增强企业的抵御能力和竞争力，为企业的可持续发展奠定坚实基础。具体而言，反向风控在危困企业脱困过程中的作用可以体现在以下几个方面。

风险预警与应对：通过反向风控的风险识别与评估机制，危困企业能够及时发现潜在的风险探针和漏洞，并采取相应的应对措施，防止风险事件的发生或者降低其影响程度。这有助于企业在面临挑战时保持稳定和韧性。

流程优化与效率提升：通过对业务流程的全面梳理和优化，反向风控可以帮助危困企业提高运营效率和管理水平。这主要包括简化流程、减少冗余环节、优化资源配置等方面，从而降低企业的成本开支并提升盈利能力。

决策支持与战略规划：反向风控提供的数据和信息可以为危困企业的决策提供支持。通过对历史数据和信息的收集和分析，企业可以预测未来可能发生的风险事件并制定相应的应对策略。这有助于企业在制定战略规划时，更加准确地评估风险和机会，做出更加明智的决策。

增强风险管理能力和竞争力：通过实施反向风控，危困企业可以提升自身的风险管理能力和水平。这将增强企业的抵御能力和竞争力，使其能够更好地应对外部环境的变化和不确定性因素，为企业的可持续发展奠定坚实基础。

第四节　引入产业资本与战略投资者

为了彻底突破困境，寻求新的发展机遇，引入产业资本和战略投资者成为脱困型企业的重要策略。企业需精心筹划，方能成功引入外部资本，助力企业腾飞。

瞄准上市目标，引入产业资本，对脱困型企业而言，不仅意味着即时的资金注入，更代表着先进的管理经验、专业知识、市场资源、资本资源等全方位资源的汇聚。这种深度的合作，无疑将为企业带来转型升级的强大动力，显著提升运营效率和市场竞争力。

一、引入产业资本的意义和价值

（一）资金援助与市场拓展

对于身处困境的企业来说，资金短缺往往是其发展的最大桎梏。产业资本的及时介入，如同久旱逢甘霖，能够迅速缓解企业的现金流压力，保障其正常运营与持续发展。同时，产业资本所带来的市场网络和品牌影响力，将成为企业开拓市场、提升品牌知名度的有力武器。

（二）产业链整合与效率提升

产业资本通常深耕于某一特定行业，拥有丰富的资源和深厚的专业知识。与之合作，企业将能够更有效地整合产业链上下游资源，优化运营流程，从而提升整体效率。这种合作模式，有助于企业实现规模经济效应，降低成本，提高市场竞争力。企业通过与产业资本的合作，可以更好地了解行业动态和竞争态势，为自身的决策提供有力支持。

（三）管理经验与专业知识输入

除了资金和市场资源外，产业资本的投资者还常常拥有丰富的管理经验和专业知识。他们的加入，可以为企业提供宝贵的战略指导和运营管理建议。企业应虚心学习，汲取投资者的智慧和经验，不断提升自身的管理水平和运营效率。同时，这些投资者还能在技术研发、产品创新等方面为企业提供有力支持，推动企业不断迈向新的高度。

（四）风险共担与长期发展

与产业资本的合作，意味着双方将共同承担风险，携手共进。这种长期的合作关系，不仅能够为企业提供稳定的资金支持，还能在关键时刻为企业提供必要的帮助和支持。在市场竞争日益激烈的今天，企业需要与投资者建立紧密的合作关系，共同抵御风险，实现长期稳定发展。

然而，引入产业资本并非易事。企业在选择合适的投资者时，必须明确自身的需求和目标，进行深入的市场调研和投资者筛选。同时，双方还需在合作过程中建立有效的沟通机制和协作模式，保障合作的顺利进行。

二、选择合适的产业资本和战略投资者

选择合适的产业资本和战略投资者，是企业发展中至关重要的一环。这不仅仅是为了解决资金短缺的问题，更是为了找到一个可以共同进退、携手发展的伙伴。

（一）明确企业需求与目标

企业在寻求外部资本之前，首先要对自身有一个清晰的认识。这包括明确自身的资金需求、期望的合作模式、希望从投资者那里获得的资源与支持等。只有明确了这些，企业才能在众多的投资者中，找到那个最适合自己的合作伙伴。

企业在明确自身需求的同时，也是在为未来的合作奠定坚实的基础。此外，企业还需要深入了解投资者的行业背景、投资策略以及合作意愿，保障双方的合作能够产生"1+1>2"的协同效应。

（二）投资者筛选与尽职调查

在明确了自身需求后，企业接下来要做的就是进行投资者的筛选与尽职调查。这一过程中，企业需要全面了解投资者的投资策略、历史业绩、行业专长以及市场声誉等。同时，对投资者的财务状况、法律合规性等方面进行深入的尽职调查也是必不可少的。

企业在选择投资者时，也应如此细致地观察和了解对方，以保障合作的稳定性和安全性。通过深入地分析和比较，企业可以选择出那些与自身业务相契合、具有共同愿景的投资者作为合作伙伴。

（三）评估协同效应

选择投资者并不仅仅是看其资金实力，更重要的是要看双方是否能在资源、技术、

市场等方面产生互补效应。通过深入分析双方的业务模式、市场定位和资源优势，企业可以判断出合作是否能带来长期的竞争优势和市场份额的提升。

企业与投资者只有双方齐心协力，才能实现共赢和长期发展。因此，在评估协同效应时，企业还需要考虑双方在文化、价值观等方面的契合度以及合作过程中的沟通和协作能力等因素。

（四）合同条款谈判

在确定了合作意向后，接下来就是双方坐下来进行合同条款的谈判。这一过程中，企业需要保障合同条款的明确性和具体性，并充分保护自身的权益。这包括投资金额、投资方式、回报要求、管理权和控制权分配等关键条款的明确。

在谈判过程中，企业需要充分了解市场行情和法律法规的要求，以便合理制定合同条款并争取到最有利的条件。同时，保持灵活性和开放性也是非常重要的，以便在谈判中达成共识并建立稳定的合作关系。

（五）建立长期合作关系

最后，企业在选择投资者时还应注重双方的理念契合度、合作潜力和共同愿景等因素。为了实现长期的合作关系，双方需要建立有效的沟通机制和协作模式，保障在合作过程中能够及时解决问题和调整策略。

企业与投资者之间的合作也是如此，双方应在保持各自独立性的基础上寻求共同的发展目标。通过共同努力和不断深化合作，双方可以共同应对市场挑战并实现共同成长和发展。同时，双方还应共同制定明确的发展规划和目标，保障合作能够持续稳定地推进并实现共同的利益最大化。

三、案例

某科技公司是一家专注于技术研发和创新的初创企业。然而，由于市场竞争日趋激烈和技术更新换代的加速，公司逐渐陷入了资金短缺、技术瓶颈和市场份额缩减的危困局面。为了摆脱困境并实现可持续发展，公司决定引入产业资本进行转型升级。

（一）关键步骤

第一，明确目标与期望。该科技公司在面临市场竞争和技术更新的双重压力下，明确其引入产业资本的目标：解决资金短缺，突破技术瓶颈，扩大市场份额。

第二，市场调研与投资者选择。该公司进行了深入的市场调研，最终选择了一家在相关行业内具有丰富经验和资源的产业资本公司。进一步保障了双方的合作基础坚实，能够形成有力的互补。

第三，沟通与谈判。该科技公司准备了详尽的商业计划书和市场分析报告，以展现其潜力和投资价值。在与产业资本公司的谈判中，双方就投资金额、股权结构、回报期望等关键条款达成了共识。

第四，合同条款审查与签订。在专业法律顾问的协助下，科技公司对投资协议进行了细致的审查，保障所有条款均符合公司利益和发展战略。随后，双方正式签署了投资协议。

第五，资金注入与后续合作。产业资本公司按照约定及时注入了资金，并提供了必要的技术支持和市场资源。科技公司则定期向投资者汇报经营和财务状况，保持信息的透明度和沟通的顺畅。

（二）注意事项

谨慎选择：不是所有的资金都适合企业，选择与自身发展战略相契合的产业资本至关重要。

尽职调查：对投资者的财务状况、投资策略和市场声誉进行全面了解，以减少合作风险。

保护核心利益：在谈判和签约过程中，坚守企业底线，保障长远发展不受损害。

合规操作：遵循相关法律法规，保障资金引入过程的合法性和合规性。

（三）结语

通过上述步骤和注意事项的严谨执行，该科技公司成功引入了产业资本。

在资金的支持和技术的助力下，公司成功突破了技术瓶颈，开发出了一系列具有市场竞争力的新产品。同时，利用产业资本公司的市场渠道资源，科技公司的产品销售网络迅速扩张，实现了销售收入和市场份额的显著提升。最终，这家科技公司从困境中崛起，走向了可持续发展的新篇章。

引入产业资本不仅是资金的注入，更是资源、经验和战略的融合。通过精心策划、严谨执行和持续沟通，企业可以借此机会实现转型升级，迈向更广阔的市场和未来。

第三篇

特殊机遇投资

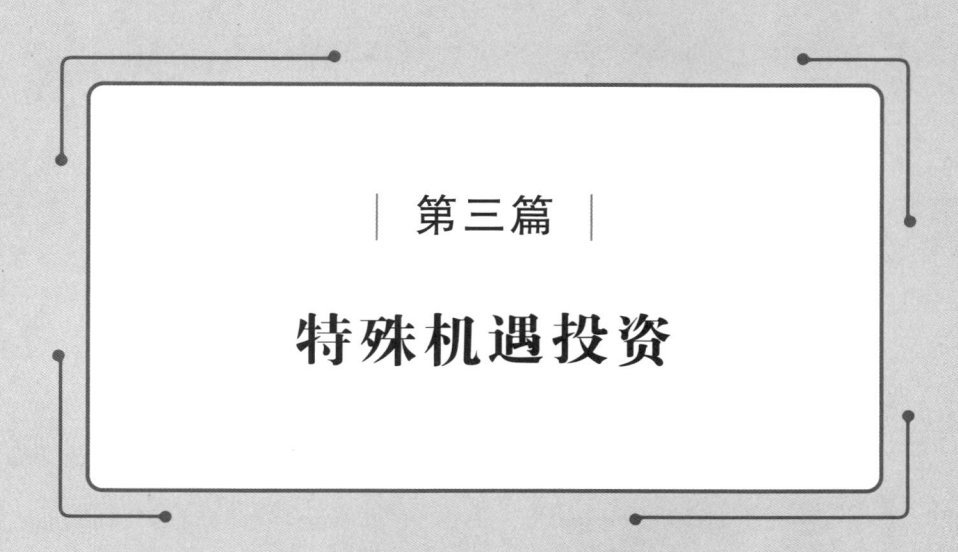

在风云变幻的经济大潮中,危困企业如同搁浅之舟,亟待拯救。此刻,特殊机遇投资如同白衣骑士般降临,不仅带来资金上的援助,更传递着和解与共赢的智慧。

第十章

企业纾困中的特殊机遇投资

特殊机遇投资,作为一种独特的另类投资方式,在企业纾困中扮演着关键角色。

本章探讨特殊机遇投资对于危困企业的价值,同时详细解析了多种主要的特殊机遇投资策略,从债权收购到债务重组、股权投资、破产重整,到组建产业基金救助企业,到协助企业进行产业链并购、投资核心资产,再到复杂的"股加债"投资等,每一策略都配以实际案例进行说明。

第一节 不良资产投资业务模式与企业纾困

企业陷入债务危机后,由投资人通过不良资产投资,以一定折扣收购企业债权并帮扶企业债务重组,能够有效纾解企业危困局面。

一、不良资产投资主要业务模式

在复杂多变的金融生态系统中,不良资产投资已逐渐成为投资者眼中的"香饽饽"。它不仅为金融机构和企业提供了处置不良资产的有效渠道,同时也为投资者开辟了新的价值创造空间。

(一)债权投资

债权投资主要涉及对不良债权的购买和管理。这种投资方式的风险和回报潜力巨大,但需要投资者具备高超的风险识别和管理能力。

风险识别:在债权投资中,对债务人的全面尽职调查至关重要。这主要包括对债权的真实性、完整性等方面翔实尽调,以及对债务人的信用记录、还款能力、抵质押物价值、财产线索等进行深入分析。投资者还需要关注宏观经济环境、行业趋势等外部因素，以评估债权投资的整体风险。为了降低投资风险，投资者可以采取分散投资的策略，将资金分散到多个不同行业和地区的债权项目中。

回报预期：在确定债权投资的回报率时，投资者需要综合考虑风险水平、市场利率、债务人的还款计划以及抵押物处置价格与周期等因素。为了获取更高的回报，投资者可能会采取一些积极的债权管理措施，如债务重组、与债务人协商延长还款期限、降低利率、调整增信措施、削减债务本息等。

平衡艺术：债权投资中的风险与收益总是相伴相生。投资者需要在这两者之间找到最佳的平衡点。为了实现这一目标，投资者可以采取多种策略来优化债权投资组合，如银行对公不良资产、金融机构个贷不良资产、破产重整项目、房地产不良资产、资产证券化产品、实物类不良资产等，从而提高回款稳定性并降低风险。

（二）股权投资

股权投资在不良资产投资中扮演着重要角色。通过获取企业的所有权或者经营权，投资者不仅能够以"捡烟蒂"的价格抄底企业资产，更能够有机会深度参与企业的改革和重组，释放潜藏价值。

策略制定：投资者在制定股权投资策略时，会综合考虑企业家的态度、企业的行业地位、市场前景、管理团队、技术实力以及宏观政策环境等因素。对于陷入危困但具有核心竞争力的企业，投资者可能会采取控股策略，以获取更大的决策权和收益潜力；而对于那些仅需要短期资金支持来渡过难关的企业，参股策略可能更为合适，以平衡风险与收益。

估值技巧：在确定股权投资价格时，投资者会运用多种估值方法，如市盈率（P/E）、市净率（P/B）、现金流折现（DCF）等，来评估企业的真实价值。此外，投资者还会结合行业的平均估值水平、企业的成长潜力以及市场供需状况等因素进行综合判断。为避免估值陷阱，投资者还需对企业财务报表进行深度分析，识别潜在的风险点。

退出路径：投资者在进入股权投资时就会考虑如何退出。常见的退出方式主要包括企业上市、股权转让给第三方、管理层回购、股东回购、获取分红等。为了实现顺利退出并获取最大收益，投资者需要在投资协议中明确退出条款、回购价格等关键要素，并密切关注市场动态和潜在买家的需求。

（三）"债权+股权"结合模式

"股加债"模式是指投资者在提供资金支持的同时，获得企业的部分股权和债权。这种模式既能为企业提供急需的资金支持，又能通过股权合作引入战略投资者，实现资源共享和优势互补。其主要优势主要包括降低投资风险、优化资本结构、提升治理水平等。

在特定项目中，同时进行债权与股权投资，既通过债权快速稳定企业现金流，又以股权形式深度参与企业治理，促进企业价值重塑。这种模式能在控制风险的同时，最大化投资回报。

"股加债"模式的设计与实施。

第一，交易结构设计：根据企业和投资者的实际情况，设计合理的股权和债权比例、价格、支付方式等交易条款。

第二，资金使用规划：明确资金的用途和还款计划，保障资金的有效利用和企业的稳健发展。

第三，治理结构调整：根据股权变动情况，相应调整企业的治理结构和管理团队，提升企业的决策效率和市场竞争力。

协同效益：面对一家因短期现金流问题而陷入债务危机，但拥有良好市场基础和技术潜力的制造企业，投资者可以采用"债权+股权"的综合投资方案。

首先，通过债权投资，以较低折扣购买企业的部分逾期贷款或者提供急需的运营资金，保障企业能维持日常运营，此过程中实施严格的尽职调查及风险评估，设定合理的利率与还款安排，甚至包含转股条款，以增强债权的安全边际和灵活性。同时，进行小部分股权投资，参与企业的经营管理，利用自身的行业资源和管理经验，协助企业进行内部改革，优化成本结构，开拓市场，提升其长期盈利能力。

风险对冲：债权投资提供稳定的现金流保障，而股权投资则在企业复苏后带来高额回报，两者结合，既抵御了单一投资方式的局限性，又实现了风险的有效对冲。

灵活操作：在企业重组过程中，结合债权转股权、优先股转换等灵活机制，根据企业实际情况适时调整投资结构，既保护了投资者利益，也为企业提供了更灵活的资本运作空间。

退出路径则设计为，一旦企业经营状况好转，通过增加的现金流逐步偿还债务，债权可按约定条件转换为股权，或者在市场好转时，寻找战略投资者转让部分或者全部股权，实现投资回报最大化。此外，若企业成功实现扭亏为盈，公开上市亦成为一种理想的退出途径。

(四) 资产证券化

资产证券化是一种创新的融资方式，通过巧妙的结构设计，将原本流动性较低但拥有稳定现金流的资产转变为市场上可自由交易的证券，实现了资产风险与收益的重新分配及有效转移，为金融市场注入了新的活力与可能。

资产证券化的精髓在于构造一个"隔离墙"——特殊目的载体（Special Purpose Vehicle，SPV），以此为中介，原资产所有者（发起人）将选定的资产转让给 SPV，实现了基础资产与发起人其他资产及信用风险的法律隔离。

这一过程不仅提升了资产的信用等级，也为投资者提供了多样化的投资渠道。通过精细化的结构设计，如分层结构（将证券分为不同优先级，以满足不同风险偏好投资者的需求）、信用增强措施（内部如超额抵押、现金储备账户，外部则涉及保险公司、担保公司提供的信用担保等），资产证券化产品得以在保持资产池整体风险可控的同时，实现了融资成本的降低和市场吸引力的提升。

资产证券化的操作流程是一个环环相扣的系统工程，主要包括以下几个核心步骤。

资产筛选与评估：这是整个流程的起点，要求严格挑选具有稳定现金流、风险可预测的资产作为基础资产，如住房贷款、汽车贷款、应收账款等。评估过程中需考虑资产的历史表现、违约率、回收率等因素。

组建资产池：将符合条件的资产打包形成资产池，资产池的构建需考虑资产的同质性、分散性以及现金流的稳定性，以降低整体风险。

设立特殊目的载体：成立 SPV 作为资产证券化的法律主体，承担资产购买、证券发行等职能，实现风险隔离。

信用增级：通过内部结构设计（如设置优先级和次级证券分层）和/或外部担保、保险等方式，提升证券信用评级，吸引更多投资者。

证券设计与发行：设计证券的期限、利率、支付方式等条款，并通过承销商向市场发行。

后续管理与服务：包括资产池的日常管理、现金流的收集与分配、信息披露等，保障证券化产品的持续运作与合规。

以某商业银行为例，面对大量不良贷款的压力，该行采取资产证券化策略，成功转化了一批量的不良贷款。具体操作中，银行将这部分不良贷款打包设立为资产池，通过 SPV 发行了不同层级的证券。这一举措不仅有效缓解了银行的资本压力，减少了不良贷款对资产负债表的直接影响，降低了风险加权资产比例，优化了资本结构，还使得银行能够集中资源于更优质的资产投放。

对于投资者而言，虽然投资于此类证券面临较高的信用风险，但通过分层设计，优先级投资者获得了相对稳定的回报，而愿意承担更高风险的投资者则通过投资次级证券寻求更高的收益。这一案例生动展现了资产证券化在解决金融机构资产质量问题、拓宽融资渠道及优化资源配置方面的强大效能。

二、不良资产投资对企业纾困的作用

不良资产投资在企业纾困中发挥着日益重要的作用。它不仅为企业提供资金支持，更能优化财务结构、推动战略转型。

（一）独特优势彰显

不良资产投资在企业纾困中的独特优势主要体现在以下几个方面：一是不良资产投资主体广泛，资金来源广泛且稳定，能够满足企业不同阶段的资金需求；二是投资决策相对其他"顺周期"金融机构而言相对独立，不受其他利益相关方的干扰，有助于实现客观公正的投资决策；三是风险收益特性与企业的实际需求相匹配，有助于实现双赢局面。

（二）短期与中长期价值并重

不良资产投资对企业的价值不仅体现在短期内的现金流改善和财务稳定上，更体现在中长期的战略转型和增长推动上。

在短期内，通过注入新的资金和资源，不良资产投资可以帮助企业迅速恢复正常的生产经营活动，缓解资金压力，解决燃眉之急，提升市场竞争力。

在中长期内，则通过优化资产结构、改善财务状况、推动战略转型等措施为企业创造持续的价值增长动力。这种长短结合的投资理念有助于实现企业的可持续发展。

（三）财务结构与战略转型的双重影响

不良资产投资对企业财务结构和战略转型的影响是深远的。

在财务结构方面，通过剥离无效或者低效资产、注入优质或者高效资产等措施，优化企业的资产结构和负债结构，降低企业的负债率和提高资产质量，从而改善企业的财务状况，提高企业的偿债能力和抗风险能力。这些措施有助于提升企业的整体运营效率和盈利能力，为企业的长远发展奠定坚实基础。

在战略转型方面，不良资产投资机构利用其丰富的行业经验和市场洞察力，为企业提供战略转型的建议和支持，推动企业实现由传统向现代、由低端向高端的转型升级。这种转型不仅有助于企业提升市场竞争力，还有助于实现可持续发展。同时，不良资产投资机构还可以通过引入新的管理理念和技术手段等方式，推动企业的管理创新和制度创新，进一步提升企业的核心竞争力。

三、案例

通过对某光伏科技公司的不良资产投资从而实现企业纾困。

(一) 概况

某光伏科技公司主营业务为金属屋面围护系统、智能金属屋面系统和分布式光伏实体经营及科技研发等。

近年来，受经济下行压力不断加大、融资政策不断趋紧、建筑市场项目垫资需求量大及垫资回收滞延、公司陷入诉讼风波等多重不利因素的影响，公司业绩下滑，现金流趋于紧张，资金缺口扩大、融资成本增高，优质业务板块业务利润不断被侵蚀，后续公司自身债务负担越发沉重，资金链断裂，陷入严重的经营困境和债务危机。

结合各方面情况分析，解决业绩补偿以及债务问题，恢复公司信用情况，方能使主营业务回到正轨，完成破产重整是最佳出路。因公司不能清偿到期债务且明显缺乏清偿能力，当地中级人民法院根据债权人申请裁定受理破产重整。

经与管理人、意向产业投资人、公司、公司原实控人等各方洽商获悉，通过司法重整途径，旨在合法解决其面临的债务负担、剥离非高效资产及处理原控股股东的业绩承诺相关事宜。此过程中，公司拟引入具有强劲产业背景的战略投资者。重整财务投资人招募主要要求如下：(1) 愿意积极配合和推进公司重整工作顺利完成的意向投资人；(2) 需出资收购以公司最大股东为债务人或者保证人的有关债权；(3) 需为产业投资人认可的财务投资人提供资金支持。

投资人参与本次重整的投资估价（包含综合投资成本）相比其在二级市场的股价而言，存在显著折让。若重整顺利实施，该公司不仅有望实现业务的重振，其市场估值亦将得到修复和显著提升。

上市公司本身业务资质较好，即便陷入经营困境，其技术水平和行业知名度，在业务领域仍然处于领先位置。若重整成功、有实力的投资人入主，将极大地规范上市公司的管理，核心业务团队稳定且精明强干、干劲十足，料公司业务规模、行业地位将得到进一步的提升。

(二) 交易结构

在重整期间，管理人通过公开招募和遴选，引入了具备业务资源和资金实力的重整投资人，重整投资人根据各自的产业背景、资金实力的不同划分为产业投资人、财务投资人，经管理人与各重整投资人协商一致，不同的重整投资人将有条件受让不同份额的资本公积转增股票（见表2）。

表 2　重整投资意向

	重整投资当事人
1	联合体名称	
2	具体成员名称	可与其他重整投资人组成联合体投资
2.1	牵头投资人/联合体成员	
2.2	具体投资主体	
2.3	投资主体形式	
2.4	是否与其他联合体成员构成一致行动人关系	
	投资方案核心要素
3	（意向）转增方案	按每 m 股转增不超过 n 股的比例实施资本公积金转增股本
4	拟投资金额（元）	不超过人民币____亿元
4.1	拟用于协助解决合规问题金额（元）	不超过人民币____亿元
4.2	拟用于认购股票金额（元）	不低于人民币____亿元
4.3	愿意承担的留债规模及留债条件	
5	是否拟取得重整后债务企业的控制权	
6	拟取得持股比例（%）（如股比、股数存在差异，以股比为准）	根据最终执行的《重整计划》及《重整投资协议》确定
7	拟认购股数（股）	不低于×亿股
8	承诺锁定期（月）	×个月
	投资款支付及资金安排
9	协议生效条件	通常在重整投资协议经各方加盖各自公章之日起成立并生效

续表

10	交割前提条件	通常为《重整计划》获得相关法院裁定批准
12	资金用途安排（债权清偿/补充流动资金等各项具体金额及比例）	通常按照经法院裁定批准的重整计划使用资金
其他投资安排（如有）		
13	后续资金支持	
14	业绩承诺	
15	公司治理	
其他条款		
16	违约条款	1. 重整投资协议及其补充协议（如有）签署后，除出现协议约定的不可抗力事件外，协议各方中任何一方不履行或者不及时、不适当、不完整履行其在协议项下的义务和安排，或者其在协议中所作出的陈述、保证或者承诺失实或者严重有误的，该方应被视为违约； 2. 除重整投资协议另有约定外，违约方应当根据守约方的要求继续履行义务、采取补救措施或者向守约方支付全面和足额的违约金
17	陈述与保证	
18	解除合同的情形（如有）	举例如下： 重整投资协议签署后，出现如下情形之一时，各方均有权单方解除合同，且各方无须承担违约责任： 1. 法院裁定不予受理债务重整； 2. 债务企业重整计划（草案）未被法院裁定批准，导致公司被法院宣告破产； 3. 申请人撤回重整申请获得法院批准，或者法院决定终结债务企业预重整程序且不予受理重整的； 4. 非因投资人原因导致法院裁定终止债务企业《重整计划》的执行并宣告债务企业破产的； 5. 法院作出确认《重整计划》执行完毕的裁定前，债务企业被实施退市处理的； 6. 产业投资人退出或者更换产业投资人，且各方无法就该等变化达成一致并签订相关补充协议； 7. 因最高人民法院、中国证监会、地方中级人民法院、交易所等有权部门对协议约定的重整投资方案提出修改要求等原因，导致协议约定的重整投资方案发生重大变化，且各方无法就该等变化达成一致并签订相关补充协议

续表

19	投资人认为应当添加的协议条款	1. 在法院裁定批准执行《重整计划》之后，各重整投资人应同时支付全额重整投资款； 2. 在债务企业预重整和重整程序中，若为推进预重整和重整程序，而需要根据实际情况和法院裁定对投资方案进行调整的，各方可对协议约定的投资方案另行协商并签署相应的补充协议； 3. 债务企业应在约定时间内完成将标的股份登记至投资人指定的证券账户的手续

其中，产业投资人出资受让转增股票的条件如下：

产业投资人向公司支付转增股票现金对价；产业投资人向公司支付现金，用于代替相关孙、子公司股东完成相关业绩补偿义务；产业投资人承诺本次受让的股份自登记至其名下之日起 36 个月内不减持；产业投资人承诺将优化上市公司整体资产质量。在重整程序中通过司法拍卖的方式公开处置部分不良资产时，产业投资人承诺，如相关不良资产在经过 3 轮及以上公开拍卖后仍然流拍且流拍价低于特定价格的，产业投资人或者其指定的主体将以不低于特定价格的资金购买标的不良资产。该应收账款大部分账龄较长，回收难度大，其真实性难以核实。

对于财务投资人来说，该企业纾困重组项目共包含三项不良资产相关业务内容：

第一，投资人与债务企业、管理人签订《重整投资协议》。重整投资人中的财务投资人依据经法院批准的重整计划，以现金作为对价受让上市公司通过重整程序对外转让的股票，交易对手为上市公司或者/及上市公司破产管理人。重整财务投资部分的获股成本通常为某基准日股价的四至六折，锁定期通常不超过 12 个月。

第二，购债转股。为获取债权人会议投票权益或者以股抵债权益或者其他利益安排筹划，投资人收购债务人或者其保证人或者其股东的相关债权。"购债转股"部分所获股票通常无锁定期。

投资人签订《重整投资协议》后，向标的债权的债权人出具"附条件的收购承诺函"，对满足相关条件的债权进行收购：①债权真实、合法、有效、可转让且已经过管理人或者法院裁定进行确认；②重整计划草案已获得法院裁定批准执行；③标的债权收购价格≤标的债权在债务企业司法重整程序中受偿获得的相关股票数量×股票单价+标的债权在司法重整程序中受偿获得的现金；④标的债权收购对价的支付时间为："标的债权在司法重整程序中受偿获得的相关股票和现金"到达投资人指定账户之日后 5 个工作日内；⑤收购上述债权对价总金额在一定范围内。

第三，投资人与委贷银行、借款人等相关方签订股票质押等相关配套融资的有关法律文件。为产业投资人认可的、能参与并协助产业投资人处置上市公司低效资产的特定重整财务投资人或者其指定第三方提供股票质押等相关配套融资，资金用途为助其参与公司重整投资。融资期限可设定为2—3年，前12个月融资利率在年化12%～15%，后续融资利率在年化15%～18%。还款来源为融资方参与处置公司低效资产所获得的收益及其关联方的其他收入或者替换融资。

关于股票质押融资，针对已质押的股票应设置预警线和平仓线，其中预警线通常要求为融资本金的180%，平仓线通常要求为融资本金的160%。如质押股票市值（按交易日收盘价计算）连续5个交易日低于该笔融资本金的180%，需在10个交易日内通过补仓将质押率降至40%以下｛融资本金/［补仓当天股票收盘价格×（质押股票数+补仓股票数）］≤40%，或者：融资本金/（补仓当天股票收盘价格×质押股票数+现金）≤40%｝，补仓形式可采用股票补仓或者现金补仓，如果没有在规定时间内补仓，投资人有权要求融资方提前还款。

上述三项业务都以重整计划得到法院批准为前提，且上市公司引入的重整投资人实力雄厚，不存在该笔投资遭遇重整失败的风险。监管部门已就上市公司的违规问题出具了结论性意见，且历史遗留问题将通过司法重整程序有效解决，新进投资人作为未来股东将不承担上述问题带来的风险（见图3）。

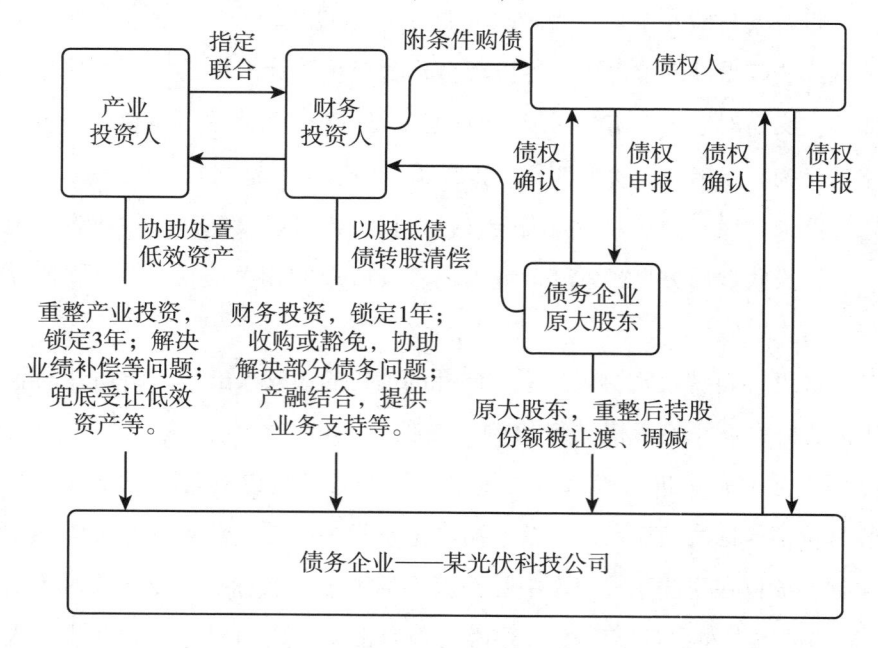

图3 交易结构

总之，投资人的上述资金用途主要包括：重整财务投资，通过破产重整司法重整程序，受让上市公司新增股票，而上市公司获得的资金后将用于偿债及后续生产经营；购债转股，购债资金支付给原债权人，获取相关股票并成为重整投资人、参与重整财务投资；股票质押等融资，所获资金专项用于相关融资方支付参与重整投资的投资款。

投资人资金的退出渠道主要包括：重整财务投资锁定期满后，通过集中竞价交易、大宗交易或者协议转让方式减持退出；购债转股获股后，通过集中竞价交易、大宗交易或者协议转让方式减持退出；股票质押等融资，担保方式包括股票质押及股东个人连带责任保证等，借款人还款后退出。

（三）重整成功后公司经营方案

债务企业将通过重整程序引入在企业管理、资源支持等方面具有明显背景优势的重整投资人。在实现重整投资人对公司的战略投资之后，公司将保留原主营业务，通过重整投资人业务资源支持、注入流动资金、加强内部管控、降低成本费用、完善激励约束机制等一系列措施，从根本上改善公司生产经营，实现高效有序的经营状态，维持并进一步提升债务企业在行业内的竞争力，使公司成为经营稳健、运营规范、业绩优良的公司。

第一，整体解决公司及核心子公司的债务危机

公司作为持股平台，主要通过核心子公司开展业务经营，为彻底化解公司的退市风险，并维持和提升公司的持续经营能力，需要同步整体化解公司核心子公司的债务危机。因此，在依法依规且不损害债权人利益的前提下，在重整过程中，债务公司将通过提供"现金＋股票"的方式用于清偿子公司债务。

第二，债务企业业务、财务、内控及市场情况。在技术层面，公司高度重视产品和技术的创新、研发和应用，在国内外经验交流和实地实践过程中，不断积累和研发创新技术；在运营层面，公司采用轻资产的运营模式，实行全过程、精准化、细节可控、结果可追溯的全方位管理，通过提高质控水平提升核心竞争力，且具有长期合作的专业制造和施工队伍，具备同时实施多项大型、特大型项目的能力；在财务层面，重整完成后，公司将继续加强财务管理工作，强化风险控制，做好财务预算和成本控制，建立健全有效的公司内控制度，同时，还将根据业务运营和扩张的实际资金需求及自有资金状况决定是否进行再融资以及再融资的方式，为公司发展提供资金支持；在市场层面，公司在巩固自身原有区域市场优势地位的同时，积极开拓海外市场，深度挖掘当地市场，在境外市场形成优势和业界口碑。

第三，未来经营规划及盈利预测。重整后，公司将不再背负有息负债，同时拥有

数亿的流动资金，用于尽快恢复正常经营。公司重新梳理未来三年定位，保持主营业务不变，通过企业的努力与拼搏回归到行业头部企业地位，通过技术先行的经营理念来回归市场。另外，通过技术输出获取企业的收入及利润，围绕技术体系不断进行升级改造，为社会建造更多、更好、更优质的产品，为社会、为股东、为中小投资者做出贡献，让公司更良性地发展，在合规合法的基础上稳健发展。

重整完成后，公司计划在技术开发与创新计划、市场与营销网络建设、人力资源扩充计划、财务管理计划等诸多方面协调发展，努力实现营业收入和经营利润的持续健康增长，为股东创造良好稳定的回报。

同时，产业投资人最终成为公司控股股东，重整完成后，产业投资人将全面参与公司日常管理，公司内部控制与治理结构将得到极大改善。包括但不限于：规范上市公司及各子公司规章制度，加强各岗位工作流程标准化、制度化建设，强化公司内控监督管理体系，保障上市公司内部控制有效、内部控制实施与评价工作有序进行。届时，公司将以更加规范、高效的模式运行。

重整完成后，公司资产质量、财务状况、盈利能力和持续经营能力都得到显著改善与恢复，公司资产负债结构将得到极大改善，打开业绩提升空间。公司销售、盈利、回款、现金流量均趋于稳定增长，能够使用市盈率方法进行估值。同时，通过重整程序，公司将引入具有资金实力和产业整合能力的产业投资人和财务投资人，向公司提供融资和经营管理支持，公司预计经营将得到改善并实现盈利，公司经营将步入正常状态。

第二节　危困企业债权收购与资产盘活

在商业世界的复杂棋局中，危困企业的债权收购与债务重组成为一枚重要的棋子。它既是投资者在特殊机遇中寻找价值的锐利工具，也是危困企业寻求自救和重生的关键路径。

一、收购债权

（一）危困企业的潜在价值

危困企业往往因市场环境、管理失误或者债务压力等原因陷入危困，但其资产和业务仍可能具有潜在价值。在慧眼识得特殊机遇时，通过价值发现、收购债权，投资者可以以较低的成本介入这些企业并建立链接，进而通过债务重组、管理改进和战略调整等手段释放其潜在价值。这种价值发现的过程需要投资者具备敏锐的市场洞察力、深入的行业知识和丰富的投资经验。

（二）策略性收购的关键要素

成功的债权收购并非简单的交易行为，而是需要精心策划和执行的策略。

首先，投资者需要明确收购目标，即选择具有潜在价值的危困企业。这需要对目标企业的股东构成、经营管理人员、财务状况、市场前景、竞争地位等进行全面分析。

其次，投资者需要制定合理的收购价格和时间表，以保障收购成本的可控性和交易的成功性。

最后，投资者还需要考虑如何与债权人、企业管理层和其他利益相关方进行有效沟通和协商，以保障收购过程的顺利进行。

（三）收购后的债务重组与管理改进

收购完成后，投资者将面临债务重组和管理改进的挑战。债务重组可能涉及与债权人的谈判、债务结构的优化、还款计划的调整等。管理改进则可能主要包括引入新的管理团队、改进经营策略、提升运营效率等。这些举措的成功实施将有助于危困企业摆脱困境，实现价值重塑和可持续发展。

二、债权受让"托管+回购"

（一）债权受让托管的运作机制

债权受让托管是一种创新的投资模式，它将债权的收购与托管相结合。投资者通过收购债权，获得危困企业债权的控制权，然后将债权委托给专业的托管机构进行管理，利用托管机构的专业能力和资源优势来降低管理风险和提升债权价值。

这种模式下，投资者可以专注于战略决策和资本运作，而托管机构则负责具体的债权管理和处置工作，形成分工明确、优势互补的合作模式。

（二）回购机制的激励效应

回购是债权受让托管模式中的另一个重要环节。

在托管期间，投资者与托管机构会约定一个回购价格区间和时间表。当达到约定的回购条件时，投资者有权按照约定的价格回购债权。这种设计可以为投资者提供一个安全的退出机制，同时也可以激励托管机构更加努力地管理债权，以实现更高的回购价格。

此外，回购机制还可以为危困企业提供一定的资金流动性，有助于其稳定经营和持续发展。

这种回购机制的设计，不仅保障了投资者的资金安全，更在无形中形成了一种对托管机构的激励机制。为了获得更高的回购价格，托管机构必须更加努力地管理债权、提升企业价值。这种良性的互动和循环，正是回购机制的魅力所在。

（三）风险与收益的平衡考量

在债权受让托管与回购的整个过程中，投资者始终面临着风险与收益之间的微妙平衡。一方面，他们需要准确评估目标债权的真实价值和潜在风险，以保障收购价格的合理性；另一方面，他们还需要与托管机构建立起互信、合作的良好关系，共同制定和执行有效的债权管理计划。

以某家陷入危困的房地产企业为例。一家投资基金在对其债权进行深入分析后，认为该企业虽然短期内面临较大的资金压力，但其土地储备和品牌影响力仍具有较大的市场价值。因此，他们决定以相对较低的价格收购该企业的债权，并将其托管给一家有着丰富房地产行业经验的资产管理公司。通过双方的共同努力和协作，该企业的运营状况逐渐得到了改善，债权的价值也得到了大幅提升。最终，投资基金在回购债权时实现了可观的投资收益。

在这个过程中，投资者不仅需要对市场有着敏锐的洞察力和判断力，更需要具备丰富的投资经验和精湛的风险管理技能。只有这样，他们才能在风险与收益之间找到那个最佳的平衡点，从而实现投资收益的最大化。

三、案例

司法拍卖作为处置不良资产的经典且核心的方式，近年来随着不良资产问题的日益凸显、处置盘活需求日益旺盛，其市场地位越发稳固。与此同时，为增强司法拍卖的流动性与灵活性，物权配资业务（法拍配资业务）应运而生，逐渐成为市场的新宠。然而，法拍配资业务的非标特性、烦琐的操作流程、高难度的风险管理、紧迫的时间要求以及较大的不确定性，使其在实际操作中面临诸多挑战。

（一）项目背景

标的资产为一处优质的商住公寓，坐落于繁华且极具潜力的区域。其周边办公环境浓厚，人口密集，且公共服务配套设施一应俱全，满足了居民和企业的日常需求。此外，该区域交通网络发达，多条支路与公交线路交织成网，形成了便捷的立体交通系统，极大地提升了该地区的可达性和便利性。

标的周边汇聚了众多商场和办公楼，形成了成熟的商业氛围。同时，教育、医疗和休闲等资源丰富多样，为居民提供了高品质的生活体验。值得一提的是，标的物目前处于空置状态，已完成清场工作，不存在任何违法违章情况，为潜在买家提供了一个干净、整洁的交易环境。

关于标的的原产权人，系该房地产开发商的实际控制人。然而，受房地产市场波动及自身经营管理不善等多重因素影响，该房地产公司陷入了严重的债务困境。实控人因无法履行还款义务而被列入失信被执行人名单。在此背景下，标的资产作为某商业银行对房地产公司债权项下的抵押物，被转让给了资产管理公司。

由于债务人无力偿还债务，抵押物被迫进入司法拍卖程序。这一变化为市场提供了新的投资机会，同时也体现了司法拍卖在不良资产处置中的重要作用。无论是债务企业实控人，还是不良资产管理公司，都期待通过此次拍卖，为标的资产找到一个有实力、有远见的买家，将其重新盘活并发挥更大的价值。

（二）项目运作过程

1. 捕捉与锁定项目机遇

在标的资产尚未进入司法拍卖程序之前，投资人与标的的抵押权人已经展开了多轮紧密而深入的沟通洽谈。投资人对于不良资产管理公司在法拍配资方面的专业能力表示高度认可，并表达了强烈的合作意愿。在双方签署合作协议之后，不良资产管理公司迅速组织专业团队对标的资产展开了全面而细致的尽职调查。

调查团队不仅深入研究了标的资产本身的各项情况，还前往现场对标的周边同类物业的售价、流动性等进行了详细的比对分析。同时，为保障投资决策的科学性和准确性，不良资产管理公司还特意聘请了外部评估机构对标的资产的价值进行了独立评估。经过综合评估分析，考虑到项目的安全垫足够厚实且风险相对较小，不良资产管理公司最终决定参与该项目。

2. 交易结构巧妙设计

为保障项目的顺利推进和资金的安全退出，双方经过多次协商和讨论，最终确定了一套科学合理的交易结构方案。具体来说：

优先与劣后级投资人的协同作战：优先级投资人与劣后级投资人共同设立有限合伙企业作为竞拍主体参与拍卖竞价。这种结构设计既能够充分发挥优先级投资人的资金优势，又能够调动劣后级投资人的积极性和责任心。

GP 份额的巧妙安排：配资方指定其关联方认购有限合伙企业的普通合伙人（GP）份额，但采取认缴不实缴的方式。这样既保证了配资方在合伙企业中的主导地位和控制力，又避免了其实际出资的压力和风险。

多重增信措施的保障：为保障优先级投资人资金的安全退出，劣后级投资人及其实控人、第三方保证人共同对合伙企业全部优先级有限合伙人（LP）的出资份额、投资收益及违约金等承担差额补足义务。这种设计不仅增强了项目的信用等级和还款保障能力，也进一步提升了优先级投资人的信心和参与度。

竞价成功后的紧密衔接：一旦竞价成功，各方将迅速签署相关协议并支付剩余成交价款。这将保障项目的顺利推进和资金的及时到位，为后续的资产管理和处置工作奠定坚实基础。

（三）全面细致的处置方案策划

在深入分析和评估标的公寓的实际情况后，我们明确了处置方案的核心目标：在保障优先级出资本息安全的同时，实现标的货值的最大化，为投资人创造可观收益，并有效盘活资产。

为了实现这一目标，我们根据市场趋势、潜在买家需求以及公寓的特点，设计了三套具有针对性的处置方案。

方案一：精装升级，散售增值——打造高品质居住体验

策略详解：此方案的核心在于通过高品质的装修升级，提升公寓的整体品质和市场价值。我们将聘请专业的设计团队和施工队伍，对公寓的公共空间、室内布局、装修风格等进行全面升级。装修预算设定在数千元/平方米，旨在打造高品质的居住体验，吸引高端买家群体。

市场分析：当前市场上，高品质、高装修标准的公寓产品受到越来越多买家的青睐。通过装修升级，我们可以将公寓的售价提升至竞品之上，从而获得更高的销售收益。

预期效果：装修后的公寓将实现售价的大幅提升，预计增值幅度可达××%。这将显著提高优先级出资本息的保障倍数，为投资人带来丰厚的回报。同时，高品质的装修也将提升公寓的市场口碑和品牌形象，有助于后续的销售和出租。

方案二：现状销售，稳健回报——满足多样化市场需求

策略详解：此方案主张保持公寓现状不进行装修，直接进行散售。我们将根据市场需求和潜在买家的偏好，制订合理的销售策略和定价方案。

市场分析：市场上存在一部分买家对公寓的装修要求不高，更注重价格和性价比。通过现状销售，我们可以满足这部分买家的需求，实现快速销售。

预期效果：预计销售周期将相对较短，能够快速回笼资金。销售价格将与市场上竞品相当，为优先级出资本息提供中等水平的保障。虽然增值空间有限，但风险也相

对较低。

方案三：快速变现，降低风险——实现资金高效利用

策略详解：此方案旨在通过快速变现的方式，尽快回收投资本金和利息。我们将根据预评估报告确定的快速变现值，制订销售策略和定价方案。

市场分析：在某些情况下，市场可能处于下行趋势或者流动性紧张状态，此时快速变现成为首选策略。通过低于市场价的定价方式，我们可以吸引对价格敏感的买家群体，实现快速销售。

预期效果：虽然销售价格较低可能导致部分收益损失，但能够快速回收资金并降低风险。这对于优先级出资人来说是一个重要的考量因素。同时，快速变现也有助于提高资金的利用效率，为其他投资项目腾出资金空间。

经过与投资人的充分讨论和综合分析比较，我们最终决定优先实施第一套方案——精装升级、散售增值。这一决策不仅基于对市场和潜在买家的深入了解和分析，也体现了我们追求高品质、高回报的投资理念。我们相信，通过精心策划和执行这一方案，将能够为投资人带来丰厚的回报并实现标的资产的全面增值。

（四）过程风险管控细化方案

鉴于该项目的核心策略是对标的资产进行深度装修升级，进而通过销售实现其市场价值的最大化，因此，在拍得资产后的每一个环节——主要包括后续资金投入、装修施工管理、销售策略制定、现金流管理等——都显得尤为重要。为保障整个流程的顺利进行并最大限度地降低风险，不良资产管理公司为该项目量身定制了一套严格的管控措施。

1. 银行账户及资金流向的严密监控

为保障项目资金的安全与合规使用，我们专门设立了项目公司销售回款专用账户。这一措施旨在实现资金的专款专用，防止资金挪用风险。同时，我们设置了不良资产管理公司的前置审批节点，任何资金流动都需经过不良资产管理公司的预先审核，保障每一笔支出都符合项目预算和规划。此外，为加强资金安全，该账户的网银复核权限密钥将由资产管理公司负责保管和使用，实现双重保险。

2. 章证照使用的严格管理

为防范潜在的合规风险和操作风险，我们指定了专人负责保管和使用平台公司的所有印章、证件和执照。该负责人将接受严格的培训和监督，保障其充分理解印章、证件和执照的重要性，并严格按照公司规定进行使用。同时，为提高工作效率，我们对平台公司的印鉴及证照使用情况进行了分类管理，区分为"报备类"与"审批类"。

对于"报备类"事项，负责人需在使用后及时向上级进行报备；而对于"审批类"事项，则需在使用前获得上级的明确批准。这种分类管理方式既保证了流程的灵活性，又保障了风险的可控性。

3. 装修施工与质量监督

装修升级作为该项目实现价值增值的关键环节，其施工质量和进度直接关系到项目的最终效果。为此，我们将聘请专业的装修团队，并设立专门的质量监督小组，对施工过程进行全程跟踪和监督。同时，我们还将定期组织项目进度评审会议，及时发现问题并调整方案，保障项目按计划推进。

4. 销售策略与市场动态调整

在销售环节，我们将根据市场情况和潜在买家的需求，制定灵活多变的销售策略。同时，我们将密切关注市场动态，定期进行市场调研和分析，以便及时调整销售策略和定价方案。此外，我们还将充分利用不良资产管理公司的资源优势和网络渠道，进行广泛的市场推广和宣传，提高项目的知名度和吸引力。

5. 现金流管理与预算控制

现金流作为企业的生命线，其管理好坏直接关系到项目的成败。为此，我们将设立专门的现金流管理团队，负责项目的现金流预测、规划和监控。同时，我们将制定详细的预算方案和控制标准，对每一笔支出进行严格把关。此外，我们还将定期进行现金流状况评估和分析，及时发现并解决潜在的资金问题。

(五) 项目成果与启示

随着该项目的完美收官，我们不仅守护了基金投资本金与收益的安全，更凭借专业策略让一度停滞的不良资产重现生机，达成了多方共赢的优异成果。

1. 成果亮点

第一，司法进程助推与资产盘活：不良资产管理公司运用其技术专长和雄厚资金，协助投资人顺利竞得目标资产，并推进了后续的升级改造和市场销售工作。此举有效推进了原标的的司法流程，不仅释放了沉睡的资产潜能，还引领其成为市场焦点，极大提升了资源利用效率。

第二，业务版图拓展与创新：此次项目成功助力不良资产管理公司在不良债权、物权、股权领域稳固地位的同时，开辟了新的业务模式。其间积累的方案设计与风险管理智慧，为法拍物权配资业务的未来发展铺设了坚实基础。

第三，团队实战能力飞跃：项目实操为团队提供了宝贵的法拍物权配资经验，不仅锤炼了专业技能，更提升了公司整体的市场竞争力。

2. 主要启示

第一，调研先行，决策有据：法拍配资业务的核心在于对底层标的的深入了解。考虑到法拍标的的多样性和复杂性，详尽的尽调和精准的价值评估是项目成功的先决条件。

第二，产业资本联盟，共赢之道：与具备市场深度和广度的产业资本紧密合作，是项目成功的关键。此次与投资人的协同作战，充分利用了其在属地市场的经验和实力，共同推动了项目的顺利进展。

第三，过程监管，退出无忧：项目的顺利退出离不开对竞得标的一系列环节的严格监管。从产权过户到销售完成，每一环节都设置了严密的管控措施，保障了资金的安全与货值的最大化，为项目的完美收官提供了坚实保障。

第三节　上市公司纾困重组

上市公司纾困重组，即通过外部资本的引入和内部资源的整合，重塑企业的市场形象和竞争力。其中，为产业投资人提供融资支持和实施产业链并购策略是两大核心举措。产业投资人作为专业的投资机构，不仅拥有雄厚的资金实力，还具备丰富的行业经验和资源网络。通过吸引产业投资人的关注和资本投入，上市公司可以获得稳定的资金支持和发展动力。而产业链并购则可以帮助企业快速获取优质资源，提升市场份额和盈利能力，实现跨越式发展。

一、特殊机遇投资者的角色与作用

（一）特殊机遇投资者的角色

国内困境资产投资机构起源于20世纪90年代末，其背景是为了应对亚洲金融危机导致的银行业不良资产率飙升。为此，财政部特设立四家国有金融资产管理公司，专门负责处理国有银行累积的万亿规模不良贷款。随后，这些机构经历了商业化转型，同时政策也放宽，允许地方设立资产管理公司，银行系也成立了投资公司，这一变革还吸引了一部分民间资本的积极参与。

时至今日，国内的困境投资机构已经形成了一个多元化的体系，主要包括持牌的不良资产经营机构（涵盖全国性金融资产管理公司、地方资产管理公司和银行AIC）、非持牌的民间投资者、产业机构、券商以及私募等。这一体系的形成为有效地处置和盘活困境资产提供了坚实的组织基础。

特殊机遇投资者在上市公司重整中发挥着举足轻重的作用，其作用可以概括为"治、智、资"三个方面。

首先，"治"即参与公司治理。困境投资者在成为重整上市公司的股东后，会积极利用股东会、董事会等公司治理机构，行使其股东权利，以推动上市公司治理结构和机制的改善，为公司的长远发展奠定坚实基础。

其次，"智"是指为上市公司提供重整和脱困的专业智慧。上市公司重整是一个涉及经营、金融、财务、法律等多个领域的复杂系统工程。困境投资机构凭借其在这些领域的深厚积累和专业能力，为上市公司量身定制脱困方案。这些方案能够针对性地解决复杂的债权债务关系，协调现有股东和潜在投资者的利益，诊断经营困境，并提供业务和资产的优化、重组或者剥离等策略。

最后，"资"代表提供资金支持。困境投资者通过多种方式灵活地为重整上市公司注入必要的资金。他们可能会收购上市公司的债权，以便在重整后通过现金清偿或者债转股的方式实现回报。同时，他们也会直接认购上市公司调整后的权益，如资本公积转增股本等，或者提供共益债等债务融资方式，支持上市公司的重整进程。此外，他们还会为其他投资机构提供资金支持，或者收购并处置上市公司在重整过程中剥离的低效资产，以优化公司的资产结构。

总之，困境投资策略的核心在于通过"治、智、资"三个方面的综合作用，推动上市公司的重整进程，实现公司的长期稳健发展。这一策略涵盖了重整财务投资、不良债权的收购与处置、为相关方提供专业服务以及低效资产的收购与处置等多个层面，体现了困境投资者在上市公司重整中的全方位参与和贡献。

（二）融资方案与长期合作关系

为了吸引产业投资人的目光并引导其资本投入，上市公司必须精心策划一份吸引力十足的融资方案。该方案需综合考量企业现状、市场需要以及投资人的风险承受力。具体来说：

（1）确定合理的融资规模，以平衡企业真实需求与投资人的出资意愿；

（2）慎重选择融资方式，如股权、债权或者股加债组合融资，旨在符合投资人的收益预期与风险偏好；

（3）规划恰当的融资时长与偿债方式，以保障资金的安全与流动性；

（4）强调方案的实操性与说服力，深入展现企业的市场未来与成长潜能。

投资的基本策略为"债权+股权+收益权"构成的多种金融投资工具组合。

特殊机遇投资者为上市公司及其产业投资人提供的资金支持，其作用远超过解决短期的财务需求。其更深远的意义在于能够促成长期稳定的合作关系。为此，上市公司应与产业投资人保持积极的对话，深入理解其投资理念和风险承受能力，全面展现自身的核心竞争力与广阔的市场前景。双方还应共同探讨并规划未来的发展战略与合作蓝图。通过这种长期稳定的合作，上市公司可以获得持续的资金注入，为自身发展注入不竭动力，同时，产业投资人也能从企业的成长中分享到丰厚的回报，并共同把握市场中的新机遇。

（三）加强风险控制与资金管理

在融资过程中，上市公司需要采取一系列有效的风险控制措施，以降低投资人的风险。

1. 强化风险控制体系

深化尽职调查的广度与深度：上市公司在融资前，应委托独立第三方或者内部专业团队，对企业的财务健康状况、业务模式、市场竞争力、管理团队背景、法律合规性进行全面而深入的尽职调查。这包括但不限于审查财务报表的真实性、评估市场及行业趋势、分析供应链稳定性以及考察公司治理结构的合理性，保障所有信息的透明与准确。

构建多层次风险预警系统：设立综合风险评估模型，涵盖市场风险、信用风险、操作风险等多维度，通过大数据分析和人工智能技术实时监测企业运营数据，一旦发现异常指标，立即触发预警机制，为管理层提供及时的决策依据，实现风险的早识别、早预警、早应对。

制订全面应急响应计划：应急计划需覆盖各种可能的风险场景，包括市场突变、信用违约、法律诉讼等，明确应急流程、责任人、资源调配方式等，保障在危机发生时能迅速启动预案，最小化损失并尽快恢复正常运营状态。同时，定期进行应急演练，以检验计划的有效性和团队的应对能力。

2. 优化资金管理流程

实施严格的资金监管制度：成立专门的资金管理委员会，负责审批和监控资金的流入流出。设立专用账户管理融资所得资金，采用银行托管或者第三方支付平台监管等手段，保障资金流向清晰、合规，防止资金被非法挪用，保障资金安全。

推行精细化财务管理：引入先进的财务管理软件，实现资金流的实时监控和高效调度，优化现金流管理。通过预算管理、成本控制、资金集中管理等手段，提升资金使用效率，保障资金能够精准投入到关键项目和业务发展上。

加强信息透明度与投资者沟通：定期发布详尽的财务报告和资金使用情况说明，不仅满足监管要求，更要主动向投资者和社会公众披露资金运作的详细情况，包括投资回报率、资金投向、风险管理措施等，以增强透明度，提升市场和投资者的信任度。

构建长期资金规划：结合企业发展战略，制定长期资金需求与供给计划，合理安排债务结构与股本结构，平衡短期流动性与长期资金需求，通过多元化融资渠道降低融资成本，保障企业发展的资金需求，同时防范过度负债带来的风险。

二、实施产业链并购策略的路径与影响

（一）明确并购方向与目标

在实施产业链并购策略时，上市公司首先要明确并购方向与目标。这需要根据企业的战略规划和市场需求来确定。横向并购可以实现规模经济效应，提高市场份额和盈利能力；纵向并购则可以整合上下游资源，提升产业链整体竞争力和抗风险能力。同时，上市公司还要设定明确的并购目标，主要包括获取优质资源、拓展市场份额、提升技术水平等。在设定并购目标时，要充分考虑企业的实际情况和市场需求等因素，保障目标的可行性和可实现性。

（二）筹措资金与制定配资策略

并购活动需要大量的资金支持。因此，上市公司需要制定合理的资金筹措和配资策略。这主要包括通过银行贷款、发行债券、引入战略投资者等方式筹措资金；根据并购进度和资金需求进行动态配资；保障资金能够及时、有效地投入到并购项目中。在制定配资策略时，上市公司要充分考虑资金的安全性和流动性等因素；同时要注重降低融资成本和提高融资效率。

（三）评估并购风险与收益

在实施产业链并购策略时，上市公司需要全面评估并购风险与收益。这主要包括对目标企业进行全面的尽职调查；深入了解其财务状况、经营情况和发展前景；分析并购后可能产生的协同效应和潜在风险；制定相应的风险应对措施和收益提升计划。通过全面评估并购风险与收益，上市公司可以更加理性地做出并购决策；保障并购活动的成功实施并为企业带来长期稳定的收益。

（四）加强并购后的整合与管理

并购活动完成后，上市公司需要加强并购后的整合与管理。这主要包括制定详细的整合计划和管理方案；加强与目标企业的沟通与协调；推动企业文化融合和业务流程整合；加强人才引进和培养等。通过加强并购后的整合与管理，上市公司可以更好

地实现并购目标；提升企业的整体竞争力和市场地位；为企业的持续发展奠定坚实基础。

三、案例

(一) 概况

某商业连锁上市公司主要经营活动为超市、百货、电器等生活消费品的销售，其在商品、物流、仓储、分销等方面建立了完整的供应链体系。公司曾经一度采取激进投资策略，短时间内连续启动了数个大型购物中心建设，累计投入资金数十亿元，挤占了公司大量经营活动现金。另外，其短期债务规模在短时间内攀升1倍，短债长投问题突出，长短期债务结构比例失衡，资产负债结构不合理，流动资产占比较小，而流动负债占比过大。伴随着经济持续疲软及传统零售行业转型等因素，公司陆续出现现金流异常情形，超市板块出现铺货困难情况，并开始调整策略逐年关停经营质量较差门店。后续又面临银行抽贷、商务卡挤兑、银行账户冻结等情况，供应商等合作方信心较低，公司面临着巨大的偿债及经营压力，彻底陷入流动性危机。

该商业连锁上市公司所处行业涉及民生，行业具有特殊性，其普通债权人分布广，体量大，多为小额供应商，且公司目前仍有超过万名员工，如果重整失败进入清算，则波及面广，后果严重，省市两级政府将面临大量维稳问题。公司在其所在地的行业地位根深蒂固、产业优势大，省市两级政府重视度高并对其重整事项有支持性批示，且前期已通过多个政府平台对其进行纾困，投入较多，自救需求较为迫切。

该商业连锁上市公司作为当地消费零售业务的龙头企业之一，具有纾困重组、挽救和重生的可能，拟通过司法重整，以现金或者以股抵债方式清偿债务，并引入具有业务协同效应和资金实力的投资人，降低债务规模及财务成本，改善资产负债结构、支持业务发展。

(二) 交易结构

投资方案围绕两个核心环节展开：重整财务投资与共益债投资，旨在多方位促进项目价值提升。

共益债投资策略：初期重点推进共益债投资，投资额上限设为5亿元人民币，期限结构为灵活的"1+1"年，采取半年度付息、到期一次性返还本金模式。此投资提供了灵活的退出通道：投资人可选择维持8%的年化固定回报直接退出，或者在项目重整成功后，将共益债投资转化为财务投资股权，享受更高水平的12%年化收益。

重整财务投资评估：在财务投资层面，应保障投资估值较之二级市场有合理的折扣，以反映投资的增值潜力。参与公司重整财务投资的前提是重整计划得到债权人、公司股东的同意，重整计划受到法院裁定生效，重整计划对各方均具备约束力。是否实施从共益债到财务投资的转换，将基于对重整计划的深入分析、合作产业投资方的实力、转股价格的合理性，以及公司未来发展战略的综合评判，力求投资决策的科学性和前瞻性。

其中，在共益债投资方面，该商业连锁上市公司以往营收绝大部分来源于其超市业务，该板块已全面陷入流动性困境，超市货柜空货率高企，客流量锐减，绝大部分超市均出现拖欠供应商货款、欠付租金及员工工资等情况。由于其在营 100 多家超市中，绝大部分为租赁类物业，因此持续面临业主方诉讼并丧失门面的情况，若该情况持续恶化无法得到缓解，则将从根本上影响其后续重整基本盘。

在保障民生供给稳定的前提下，一项旨在稳固某商业连锁上市公司超市业务根基的预重整计划浮出水面，计划筹集总计约 10 亿元的共益债资金，专款专用以强化商品采购、清偿门店租金债务及解决员工薪资拖欠问题。为加固共益债投资的安全壁垒，以下关键条件需逐一落实。

第一，官方认可与司法背书：共益债融资方案须先取得金融债权委员会的审批，并通过中级人民法院的审核及管理人的确认，最终凭借法院的正式批复函，认定该笔融资及享有优先清偿权，为资金注入奠定法律基础。

第二，严格的财务管理与监督：临时管理团队将担起监管重任，全权负责公司资产运营及财务管理。共益债资金将专户存储于临时管理人账户下，每一笔支出均需经过经营管理委员会审慎审批，保障资金流向透明、合规。在重整执行期间，公司销售回款在预留必要的生产及经营费用外，优先清偿共益债出资本息，在共益债清偿完毕前不得用于清偿其他债权。

第三，投资顺序的谨慎安排：投资人的资金注入将在公司高管团队完成其对共益债承诺出资之后进行，以此体现责任共担的原则。

第四，转股安排的明确界定：共益债投资协议需清晰阐明，在遵循重整草案并经债权人或者出资人会议通过，以及法院裁决的前提下，投资人可享有优先转为财务投资人的权利，转股比例严格依据投资金额与设定转股价格计算，上限不超过公司扩股后总股本的 5%。若转股需求超出预定额度，将按各投资人申请转股金额占比公平分配，保障过程公正透明。

以上措施的实施，不仅为共益债投资构筑了坚固的保护网，也为参与各方明确了清晰的权益保障路径，是推动该商业连锁上市公司顺利重整、重焕生机的关键步骤。

关于共益债投资的退出路径，若共益债部分转股，则锁定期满后，通过竞价交易、大宗交易等方式减持退出。若不转股，则直接通过重整引入其他投资方资金退出，或者按照《企业破产法》及相关司法解释关于共益债务的规定清偿。

关于共益债投资的担保方式，明确根据《企业破产法》第43条的规定清偿。破产费用和共益债务由债务人财产随时清偿。债务人财产不足以清偿所有破产费用和共益债务的，先行清偿破产费用。债务人财产不足以清偿所有破产费用或者共益债务的，按照比例清偿。债务人财产不足以清偿破产费用的，管理人应当提请人民法院终结破产程序。人民法院应当自收到请求之日起15日内裁定终结破产程序，并予以公告。

（三）展望

该商业连锁上市公司凭借在超市、百货等零售领域的深厚积淀，历经多年精耕细作，不仅积累了丰富的运营管理经验，还在多个区域市场占据了显著份额。公司已构筑起坚实的供应链体系，背后是一批长期稳定合作的供应商伙伴，为业务的顺畅运转提供了有力支撑。

从全局审视，公司坐拥高质量资产，其核心优势显著。若能通过有效的重整策略破解流动性瓶颈，激活闲置或者低效资产，充分发挥其内在价值，这将不仅是对公司资产结构、债务状况及业务布局的一次全面优化，更意味着能够卸下沉重的财务负担，扭转亏损局面，重塑经营策略，重启正常运营。在此基础上，公司可继续深化与供应商的合作关系，为业务的持续增长开辟新的动力源泉，重归良性发展轨道。尤为重要的是，作为民生消费领域的关键参与者，公司所处行业具有不可或缺的社会功能与广阔的发展潜力，其振兴具有深远意义。

展望未来，随着重整计划的圆满落地，以及新引入的产业投资方与国资股东的强力加持，公司将秉持稳健经营的原则，立足本土，深挖区域市场潜力，致力于打造一个虽小而精致、却在当地具有标杆意义的行业领军者。这不仅预示着一次成功的蜕变，更是公司向更高层次发展的坚实一步。

第四节　不良资产基金管理与投资

随着企业破产、信贷违约等事件的频发，大量不良资产被释放到市场中，急需有效地处置和管理。在这一背景下，不良资产投资基金作为专业投资机构，凭借其独特的优势，在不良资产市场中扮演着越发重要的角色。

不良资产投资基金在大众印象中通常具备深厚的行业知识、敏锐的市场洞察力和丰富的投资经验。它们能够准确识别不良资产中的潜在价值，通过专业的处置和管理手段，实现资产价值的最大化。同时，不良资产投资基金还能够为企业提供必要的资金支持和战略指导，帮助企业渡过难关，实现可持续发展。

一、不良资产投资基金的核心功能与优势

不良资产投资基金在不良资产投资中的核心功能与优势主要体现在以下几个方面。

专业评估与定价能力：不良资产投资基金拥有专业的评估团队和完善的评估体系，能够对不良资产进行准确的价值评估。这有助于保障投资决策的合理性，并降低投资风险。

灵活多样的投资策略：不良资产投资基金可以根据不良资产的具体情况和市场需求，制定灵活多样的投资策略。例如，可以采取债权转股权、资产证券化、债务重组等方式，实现不良资产的有效处置和价值提升。

资源整合与协同效应：不良资产投资基金通常与产业链上下游企业、金融机构等建立了紧密的合作关系。通过整合各方资源，不良资产投资基金能够为企业提供全方位的支持和服务，实现协同效应和共赢发展。

风险管理与控制能力：不良资产投资基金在不良资产投资过程中，注重风险管理与控制。通过建立完善的风险管理体系和内部控制机制，不良资产投资基金能够及时发现和应对潜在风险，保障投资安全。

二、不良资产投资基金实操流程

不良资产投资基金处置不良资产的全流程主要包括以下几个环节。

第一，项目筛选与立项：不良资产投资基金通过市场调研、渠道合作等方式，筛选出具有投资价值的不良资产项目。在立项阶段，不良资产投资基金会对项目进行初步评估，并确定投资意向和策略。

第二，尽职调查与评估：不良资产投资基金组建专业的尽职调查团队，对项目进行全面的尽职调查。这主要包括对项目的法律权属、财务状况、市场前景等方面进行深入分析和评估。通过尽职调查，不良资产投资基金能够更准确地了解项目的实际情况和风险状况。

第三，交易结构设计与谈判：在尽职调查的基础上，不良资产投资基金与项目方进行交易结构的设计和谈判。这主要包括确定收购价格、支付方式、退出机制等关键

条款。不良资产投资基金会充分利用其专业知识和谈判技巧，争取最有利的交易条件。

第四，资金筹集与交易完成：不良资产投资基金根据项目需求和自身资金状况，筹集足够的资金以支持交易的完成。这可能主要包括向投资者募集资金、与其他金融机构合作等方式。在资金筹集完成后，不良资产投资基金与项目方正式签署交易协议，并完成交易。

第五，资产管理与运营提升：不良资产投资基金收购不良资产后，将进行全面的资产管理和运营提升。这主要包括改善企业的治理结构、优化经营策略、引入专业管理团队等。通过这些措施，不良资产投资基金能够提升企业的运营效率和盈利能力。

第六，退出机制与收益实现：不良资产投资基金在投资初期就设定明确的退出目标和路径。常见的退出方式主要包括企业上市、股权转让、资产证券化等。在退出阶段，不良资产投资基金将积极寻找合适的退出时机和渠道，以实现投资收益的最大化。

三、案例

(一) 概况

K药业公司是一家以中药饮片生产、销售为核心，以"智慧+"大健康为服务平台，实施中医药全产业链一体化运营的上市公司，此外包括西药业务、保健食品及食品业务、物业租售及其他业务。

作为一家知名中药企业，K药业公司曾经一度立于行业潮头、享受高光时刻，后来因受自身财务报表造假，以及金融去杠杆、医药行业政策频繁调整等多重因素影响，陷入严重的财务和经营困境，最终爆发严重债务危机，并在某年审计报告中被披露净资产为负值且被出具无法表示意见。

债权人某商业银行向当地中级人民法院申请对K药业公司破产重整，同年6月法院裁定受理重整申请并进入重整程序。

在K药业公司的初步重整方案中计划引入重整投资人某知名医药国企G集团，由其联合多家财务投资人、中医药企业等作为LP（有限合伙人）组建不良资产投资基金，对K药业公司进行了全面而深入的救助。该重整方案由省政府和当地政府出面与K药业公司债权人进行沟通，政府推进重整方案的力度和决心较大。

(二) 交易结构

K药业公司重整草案主要内容如下：

K药业公司的法人主体资格、企业性质及证券市场主体资格不变，仍是一家上市公司。

K药业公司现有总股本包含了涉及员工股权激励需回购注销的股票。本重整计划以K药业公司扣除上述股票后的股数为基数，按照每10股转增18股的比例实施资本公积金转增股票，转增后K药业公司总股本大幅增加。前述转增股票中，部分股票用于解决部分资金占用问题；部分股票向中小股东进行分配；部分股票由重整投资人有条件受让，重整投资人作为受让股票条件之一所支付的现金对价，专项用于根据本重整计划支付重整费用、清偿债务、补充公司流动资金；部分股票将通过以股抵债的形式用于清偿K药业公司的债务。

有财产担保债权对应的担保财产未处置变现的，有财产担保债权在担保财产的评估价值范围内优先受偿，由K药业公司在本重整计划执行期限内以现金方式一次性清偿；有财产担保债权对应的担保财产公开处置变现的，以担保财产处置变现收入受偿；超过财产评估价值部分或者按照处置变现收入未能受偿部分作为普通债权，按照普通债权组的受偿方案获得清偿。

职工债权、税款债权在本次重整计划执行期限内以现金方式一次性全部清偿。

普通债权以债权人为单位，每家债权人普通债权金额50万元以下（含50万元）的部分，由K药业公司在本重整计划执行期限内以现金方式一次性清偿完毕。超过50万元的债权部分，将按照以下方式进行清偿：每家普通债权人按照每100元普通债权根据既定股票抵债价格分得若干股股票，或者分得若干现金，或者分得若干份信托受益权份额。

该重整计划执行完毕后，全体债权人的债权将得到有效清偿，公司的财务状况将得到根本改善，在减轻债务负担的同时，公司可以有效提升经营效率和盈利能力；在最大限度保护债权人合法权益的同时，公司可以最大限度化解退市的风险，全体投资者的利益可以得到有效保护。

为给债权人表决重整计划提供参考，管理人委托评估机构对K药业公司在假设破产清算条件下的清偿能力进行了分析，并出具偿债能力分析报告。以重整受理日为基准日，K药业公司如实施破产清算，假定全部有效资产能够按预计的资产清算价值变现，按照《企业破产法》规定的清偿顺序，担保财产变现所得将优先用于偿还有财产担保债权（担保财产变现所得不足以清偿有财产担保债权部分，将转化为普通债权进行清偿），剩余其他资产变现所得，在支付破产费用、共益债务、职工债权、税款债权后，普通债权的清偿率为约22%。而且，这一比例仍存在较大的不确定性。如K药业公司破产清算，能够达到上述普通债权清偿率的前提，一方面为破产财产均能够按照清算价值变现；另一方面为重整费用、共益债务等能够控制在评估机构预测的范围内。考虑到K药业公司缺少可快速变现的资产，其主要资产为其他应收款、应收账款、长期股权投资，以及其他应收款主要体现为面临无法回收的子（孙）公司的资金往来款项，以及长期股权投资资产在拍卖中快速变现可回收价值较低，以及司法实践中破产清算程序耗时非常漫长，可能会产生远超偿债能力分析预期的费用，则普通债权实际清偿率可能比上述偿债能力分析报告预计的清偿率更低。

相比之下，采取重整路径显然更为有利，旨在为债权人提供更为优化的偿债解决方案与更高的清偿潜力。

关于K药业公司在重整完成后的未来经营计划，一方面，为整合优势资源，调整、优化业务结构，提高核心竞争力，强化规模商业，融通聚拢渠道网络，盘活潜力产业，把握行业资源抓手。通过加快清理库存、加速关闭或者转让非主营业务，加快回笼资金；尽快清理及处置投入大、周期长、见效慢、与当前形势不匹配的冗余业务及投入大、分布散、管理难度极大的医疗业务，为主营业务腾空间、让资源。

另一方面，全面改善公司经营，优化公司治理结构与决策机制，强化财务审批流程，严控成本，并优化管理团队，提升公司治理水平。

K药业公司将按照《证券法》《公司法》《上市公司治理准则》等法律法规要求，进一步完善《公司章程》《内部控制制度》《财务管理制度》《信息披露管理制度》等制度。同时，结合公司业务发展规划和经营现状，整合冗余业务，优化并明确公司组织架构，建立各层管理团队的管理运行机制，清晰各级管理机构管理责权和决策范围，健全决策审批程序，保障经营决策的科学性与合理性。

公司将通过划分财务审批权限，建立内部会计稽核制度，强制要求财务人员持续进行财务职业素质培养，严格执行部门预算和收支管理，重视财务预算工作，严格执行"收支两条线"的基本制度，进而加强资金审批控制，严控成本，并规范资金使用。

公司将推行"利益引导、绩效考核、持续培训"等方针，不断优化管理团队，提升公司治理水平。公司将通过年度、季度或者月度的绩效考核，建立明确的奖惩机制；将通过对管理团队长期进行定期或者不定期培训，提升管理团队的管理水平、专业水平、知识水平、道德水平，进而提升公司治理水平。

（三）小结

K药业公司的困境重生之路深刻展示了不良资产投资基金在复杂市场环境中如何发挥积极作用，尤其在中医药这一关乎民生健康的敏感行业中，其救助行动不仅挽救了一家具有历史沉淀的企业，也为行业生态的稳定贡献了力量。

第一，救助背景与动因：K药业公司遭遇的财务困境，凸显了企业在高速扩展中易犯的错误：过度投资、内控失灵与外部环境的剧烈变化。G集团，作为行业内的领航者，其参与救助不仅基于战略眼光，意在扩大市场份额、巩固行业地位，更是社会责任感的体现。G集团主导的不良资产投资基金的成立，旨在快速介入，利用其国企背景、资金实力和行业资源，重塑K药业公司的市场信誉与价值，为行业树立了信心的灯塔。

第二，救助过程与策略实施：G集团的救助行动是多层次、全方位的，展现了其深厚的行业洞察力和资源整合能力。首先，通过不良资产投资基金的资本注入，直接缓解了K药业的资金流动性危机，为后续改革争取了宝贵时间。其次，债务重组与资产优化策略并行，既解决了债务负担，又通过资本公积金转增股票等手段，在一定程度上平衡了各方利益，有效提升了债权人的清偿率。此外，G集团还深度介入K药业的管理升级与业务调整，通过优化治理结构、精简非核心业务、强化财务纪律等措施，为企业的长远发展奠定坚实基础。

第三，救助成效与启示：K药业的案例证明，精准的资本运作与有效的管理变革相结合，是企业走出困境的关键。公司的财务状况明显改善，不仅债务压力减轻，还通过业务优化和管理提效，重获市场竞争力。尽管未来还需持续符合监管要求以保障持续上市资格，但其转型路径为同类企业提供了宝贵借鉴。此案例强调：迅速而精确的诊断、定制化的救援方案、资源整合与持续的管理跟进是企业危困转机的关键要素。同时，政府与市场力量的有效协作，特别是地方政府的积极介入，对推动此类复杂重组起到了不可忽视的催化作用，展现了政府与市场合力在处理企业危机中的积极作用。

最终，通过不良资产投资基金纾困该中医药行业K上市公司，不仅是企业自救的胜利，也是行业生态日益优化和市场机制不断成熟的表现。

第十一章

特殊机遇投资风险识别与控制

特殊机遇投资，顾名思义，是针对那些非常规、高风险但可能带来高回报的投资机会。这种投资策略可能涉及股票、债券、房地产、私募股权等多种资产类别。在当前全球经济环境下，这类投资日益受到关注，但同时也伴随着巨大的风险。为了保障投资的安全与回报，我们必须对特殊机遇投资中的风险进行剖析，并构建一套完善的风险识别与控制体系。

第一节 风险识别与控制

一、风险识别框架的细化与扩展

在特殊机遇投资中，风险识别是保障投资成功的关键步骤。以下是对各类风险的进一步细化和扩展：

（一）宏观经济风险

除了全球或者区域性的经济衰退，投资者还需关注经济周期的变化，以及不同经济阶段对投资项目的影响。通货膨胀或者紧缩不仅影响消费者购买力，还可能改变投资项目的成本结构和市场需求。利率和汇率的波动会直接影响投资项目的财务成本和收益，特别是在涉及跨境投资时。

（二）地缘政治风险

投资者应密切关注投资所在国的政治稳定性，主要包括政府更迭、政治派系斗争等，这些都可能影响投资项目的稳定性和可持续性。国际贸易政策的变化，如关税壁垒、贸易协定的签订或者废除，也可能对投资项目的运营和供应链产生影响。

（三）法律与合规风险

投资者需要深入了解投资所在国的法律法规，特别是与投资、税收、劳动、环保等相关的法律条款。合规风险不仅限于反腐败和反洗钱，还主要包括对知识产权保护、数据隐私保护等方面的合规要求。

（四）技术风险

技术更新换代的速度在不同行业和地区可能有所不同，投资者需要评估投资项目的技术生命周期和竞争优势。网络安全和数据保护不仅是技术问题，也是日益重要的法律和声誉问题。投资者需要保障投资项目具备足够的安全措施和数据保护能力。

（五）人力资源风险

人才短缺和劳动力成本上升是普遍问题，投资者需要评估投资项目的人力资源需求和供给情况，以及劳动力市场的变化趋势，降本增效。企业文化和管理团队的稳定性对投资项目的长期成功至关重要。投资者应关注企业文化的建设和管理团队的激励机制。

（六）环境与社会风险

环保法规的严格执行不仅增加运营成本，也可能限制投资项目的运营方式和市场扩张。投资者需要评估投资项目的环保合规性和可持续性。社会舆论和公众意见对投资项目的影响越来越大。投资者应关注社会责任和公众关系管理，以建立良好的企业形象和品牌形象。

（七）流动性风险

特殊机遇投资往往涉及非流动性资产，如房地产、私募股权等。投资者需要评估这些资产在需要时能否以合理价格快速变现。市场深度和交易对手方的可靠性对流动性风险有重要影响。投资者应关注市场的成熟度和交易对手的信用状况。

（八）估值风险

特殊机遇投资中的资产可能难以准确估值，尤其是在市场不活跃或者信息不透明的情况下。投资者需要采用多种估值方法并谨慎评估其真实价值。估值方法的选择和假设的合理性对投资决策有重要影响。投资者应对估值过程进行充分披露和审计，以保障估值的准确性和公正性。

二、风险控制策略与措施

在识别风险的基础上，采取有效的风险控制策略与措施是保障投资成功的关键。以下是对风险控制策略与措施的进一步扩展。

（一）建立多层次的风险预警系统

通过收集和分析宏观经济、行业、市场、企业等各方面的信息，及时发现和预警可能的风险事件。利用现代技术手段，如大数据分析、人工智能等，提高风险预警的准确性和时效性。

（二）加强与各方的沟通与协作

与当地政府保持良好关系，了解政策动向和监管要求，争取政策支持和资源保障。与行业协会和合作伙伴建立紧密的合作关系，共享信息和资源，共同应对行业风险和市场挑战。

（三）优化投资组合和分散投资

通过多元化投资来分散风险，主要包括行业多元化、地域多元化、资产类别多元化等。优化投资组合的配置比例和结构，以提高整体回报率和稳定性。

（四）提升风险管理能力

加强内部风险管理团队的建设和培训，提高风险识别、评估和控制的专业能力。引入外部专业机构进行咨询和认证等，借助外部力量提升风险管理水平。

（五）制定应急预案和快速响应机制

构建全面的应急管理体系与高效响应机制是维护企业稳定运营和市场信誉的关键环节。

1. 风险识别与评估

首先，企业应建立一套系统化的风险识别机制，利用历史数据分析、行业趋势预测、外部环境监测等方法，定期进行风险评估，明确可能面临的各类风险，如市场风险、信用风险、操作风险、法律合规风险等，并对其潜在影响程度和发生概率进行量化。

2. 预案编制与细化

针对识别出的关键风险点，制订详尽的应急预案。预案应包含但不限于以下几个核心部分。

风险处置流程图：清晰定义从风险预警、确认、上报到决策、执行、反馈的每一步流程，保障在紧急情况下，每个环节的责任人、行动步骤和时间节点明确无误。

资源调配方案：预先规划好在紧急状态下的资源动员和分配机制，包括财务资源、人力资源、技术支持、物资供应等，保障关键资源能够迅速集中到风险应对一线。

危机公关策略：制定对外沟通的统一口径和策略，包括媒体应对、客户沟通、合作伙伴通知等，维护企业品牌形象，减轻负面舆论影响。

业务连续性计划：保障在风险事件发生时，关键业务功能能够持续运作，包括备用系统启用、关键岗位人员备份、临时运营场地安排等。

3. 模拟演练与评估优化

定期组织应急演练，模拟不同情景下的风险事件，检验预案的实用性和团队的响应速度、协同作战能力。演练后进行复盘分析，评估应急响应的效果，识别预案中的不足和漏洞，及时修订完善。利用演练数据和反馈，持续优化应急流程，提高响应效率。

4. 培训与意识提升

对全员进行风险意识教育和应急响应培训，保障每位员工都了解自己在应急响应中的角色和责任，掌握基本的应对知识和技能。特别加强对关键岗位人员的专项培训，提高其处理紧急情况的能力。

（六）建立风险共担机制

与合作伙伴、投资者等建立风险共担机制，通过合同条款明确各方的风险承担比例和方式。利用保险、担保等金融工具进行风险转移和分散。

（七）加强合规管理和法律风险防范

建立完善的合规管理体系，保障投资项目的合规性和合法性。加强与法律机构的合作，及时获取法律咨询和法律援助，防范法律风险。

（八）持续监控和评估

对投资项目进行持续监控和评估，及时发现和解决潜在问题。定期对风险控制策略和措施进行回顾和调整，以适应市场变化和投资项目的实际情况。

第二节 不良资产管理公司风控实操指引

一、上市公司破产重整投资风控要点清单

（一）债务风险

法院虽然在受理破产后给予各债权人设置了充足的申报期限进行债权申报，仍存在债权人不在本次重整程序中申报债权的可能。重整完成后，上市公司仍面临本次重整程序中未申报的债权人主张债权的风险。

缓释方案：一方面，在债权分类中，包括但不限于管理人已确认的债权、暂缓确

认的债权、重整正式受理前新产生的利息罚息、未申报的债权（报表有记载）、未申报的债权（报表无记载）和子公司未申报但由公司提供保证担保的债权等；另一方面，在重整过程中将在上市公司层面预留较多的现金和用于清偿普通债权的股票，考虑到未申报债权的性质很可能是普通债权，基于目前的重整框架性方案下的债务清偿方案，该部分现金可预留解决或者有债务问题，相关预留股票可"以股抵债"。

（二）重整困境之非经营性资金占用问题

关于资金占用问题，监管通常要求重整计划中要有切实可行的解决方案。通常主要通过如下较为可行的方式解决：一是控股股东以其对上市公司提供的财务资助冲抵等额资金占用；二是关联方代债务企业清偿债权冲抵等额资金占用；三是剩余部分由投资人提供现金协助上市公司解决。

《关于审理上市公司破产重整案件工作座谈会纪要》（法〔2012〕261号）、《国务院关于进一步提高上市公司质量的意见》（国发〔2020〕14号）均要求"上市公司实施破产重整的，应当提出解决资金占用、违规担保问题的切实可行方案"。

部分上市公司被实施其他风险警示（ST），主要原因通常为：

非经营性关联资金占用。控股股东及其关联方通过非经营性资金占用、担保等方式违规占用上市公司资金。上市公司可能因为该关联资金占用事项，连续年度内控审计报告均被审计师出具否定意见。

连续三年亏损持续经营存在不确定性。连续年度审计报告被审计师出具带有"存在可能导致对上市公司持续经营能力产生重大疑虑的重大不确定性"而被实施的其他风险警示，存续经营能力存在不确定性。

除以上被实施其他风险警示情形外，上市公司还可能存在如下常见问题：业绩补偿义务未履行、债务逾期需要削减等。

（三）重整失败转清算的风险

部分处于预重整阶段的上市公司，由于尚未正式进入司法重整程序，未来是否可以重整成功仍然处于较大不确定性。若出现极端情况，上述重整事项无法推进，上市公司经营持续恶化而后转为破产清算，共益债投资部分的受偿率存在不确定性。

（四）暂时找不到产业投资人的风险

在破产重整过程中，不良资产管理公司需要时刻关注重整投资方报名情况，尽管破产管理人会陆续收到多家产业投资人的报名方案，但是可能都属于正在磋商中的方案，存在没有产业投资人参与后续重整投资的风险。

（五）二级市场价格波动风险

上市公司在重整完成后，公司总股本通常会大幅增加，考虑到债权人转股后有退出诉求，以及大股东质押的股份将在重整完成后被其自身债权人处置，并最终在二级市场变现退出。在重整完成后的未来一段时间内将有大量流通股主要通过二级市场减持退出。上述股份若集中在一段时间内减持退出将会对上市公司二级市场价格产生重大不利影响，股价料将承压，未来如果股价大幅下跌，极端情况下存在导致每股价格低于1元而导致面值退市的风险。

破产重整后的公司作为已经有或者预计未来有较强基本面支撑的投资标的，相关方将全力推动公司生产经营恢复正常，提升上市公司的市场份额和盈利能力。在上市公司生产经营恢复正常的情况下，其二级市场价格将最终取决于公司盈利能力及行业估值水平，重整完成、产业投资人入主后的上市公司，股票基本面有支撑。短期股价可能承压，但出现超过1年以上的大幅下跌或者超低位运行的风险较小。

重整完成后，公司的资产负债率将大幅下降，融资能力将逐渐恢复，有能力通过回购股份等方式减少市场的流动性，维持公司股票价格的稳定。

撤销退市风险有利于提振信心。在破产重整之后，上市公司的净资产将转正，持续经营能力得以恢复，合规问题得以解决，上市公司可能择机申请撤销退市风险警示，有利于提振二级市场信心，因此预计不会因为财务或者合规问题导致出现面值退市。

协调上市公司进行回购：通常在重整完成后，上市公司的资产负债率将大幅下降，且留存有充足的现金，有能力通过回购股份等方式减少市场的流动性，维持公司股票价格的稳定。

产业投资人有动力进行增持：产业投资人作为资金投入最多的一方，若实际情况下出现可能面值退市的风险，相信其会有一定的动力实施增持以稳定股价。

一旦上市公司成功摘星摘帽，即摆脱了退市风险警示和其他风险提示，其股票交易将回归常态，市场流动性显著增强。原先根据交易所规则，被实施退市风险警示的股票在交易上存在诸多限制，比如深圳交易所规定，这类股票的日累计买入上限为50万股，且普通投资者首次涉足此类投资前，必须签署风险揭示书，同时，个人投资者参与退市整理板股票交易，还需满足50万元以上的资产规模及至少两年的投资经验要求。随着摘星摘帽的实施，这些交易壁垒被解除，股票的流通性和活跃度随之大幅提升。

（六）除权风险

通常情况下，不良资产管理公司应预先计算是否会发生除权，但实际操作中重整企业在重整过程中对是否除权具备一定弹性，如最终企业确定除权，上市公司可能发生除权的情况。考虑到财投成本与重整时股价为50%～70%的折扣率，极端情况下可能会跌破财务投资人的成本线造成浮亏。

考虑到重整后所解决的资金占用、债务逾期等问题和产投提供的产业配套支持公司发展经营，公司股价最终将会得到修复。

（七）持牌资产管理公司作为重整投资人向上市公司提供借款

根据《中国银保监会办公厅关于加强地方资产管理公司监督管理工作的通知》（银保监办发〔2019〕153号）第二条第（一）项，地方资产管理公司收购处置的不良资产应当符合真实、有效等条件。

另根据《中国银监会关于印发商业银行委托贷款管理办法的通知》（银监发〔2018〕2号）第七条，商业银行不得接受委托人为金融资产管理公司和经营贷款业务机构的委托贷款业务申请。根据《中国银保监会办公厅关于加强地方资产管理公司监督管理工作的通知》的规定，"地方资产管理公司不得以收购不良资产名义为企业或者项目提供融资"，就该"以收购不良资产名义"所指的具体情形，现行法律法规尚未有明确规定，故在实践认定中可能存在一定争议。

持牌资产管理公司作为重整投资人向上市公司提供借款，应避免被监管部门认定为向企业或者项目提供融资支持，导致可能承担行政责任的法律风险。

（八）被监管部门认定为与相关上市公司股东为一致行动人的风险

根据《上市公司收购管理办法》第八十三条第（五）款的规定，如无相反证据，银行以外的其他法人、其他组织和自然人为投资者取得相关股份提供融资安排，构成一致行动人。我司因向相关上市公司股东发放融资款，有可能将被监管部门认定为其一致行动人，不良资产管理公司的持股比例将会与相关上市公司股东合并计算超过5%，进而延长所持有的股票的减持期。

如公司持股比例不超过5%，不受"减持新规"的限制，股票锁定期满后，通过集中竞价交易、大宗交易或者协议转让方式减持股票退出。在不考虑上市公司现金分红的前提下，减持股票所获价款即为项目回款。

首先，不良资产管理公司向相关上市公司股东提供股票质押融资服务收取固定收益，不参与融资人的任何生产经营活动、亦不参与其任何决策。各方独立经营、独立决策，实际上无一致行动关系；其次，不良资产管理公司、相关上市公司股东将在与破产管理人签订的重整投资协议中通过相关条款，约定排除一致行动关系，并由上市公司于重整完成后发布公告解除一致行动关系（如需）；最后，笔者发现某不良资产管理公司曾投资的多家上市公司重整项目均有向其他重整投资人配套提供股票质押融资业务，上述两项股票质押融资行为，均未被监管机构认定为出借人与融资人构成一致行动关系。

二、其他纾困重组项目风控要点清单

（一）房地产纾困项目无法办理抵押，不良资产管理公司的投资资金存在资产悬空风险

通过向部分地区的房管局了解，当地政策要求抵押权人必须为金融机构，房地产开发企业以建设用地设定抵押权的，在办理商品房预售许可前必须注销建设用地使用权抵押登记，且当地金融机构不得接受开发企业已办理的预售许可的商品房作为抵押物。因此，该房地产企业利用项目本身在建工程抵押给第三方进行融资的可能性近乎为零。

不良资产管理公司通常可以在项目公司层面添加其指定人员为董事成员，在公司章程内约定董事会为公司最高权力机构，资产管理公司指定的董事成员对企业融资、对外资产转让等事项具有一票否决权，参与公司主要决策，防止企业对外再融资；派驻专人进行现场监管，监控项目建设进度；监管项目公司章证照及资金使用情况和销售进度，关注项目公司销售回款、所有对外签署合同，防止企业挪用销售回款或者通过现有资产再融资，防御资产对外抵押；密切防范由于项目公司股东方债务导致资产被查封的风险。

（二）房地产项目销售不达预期、抵押物不足值可能导致的交易对手违约风险

房地产宏观环境的变化，会影响项目的销售回款。如果房地产市场出现波动，存在销售不达预期的风险。如果抵押物处于非核心城市的非核心区位，存在抵押物是否足值的风险。

不良资产管理公司通过现场尽调，尽可能选择位置优越、地价获取成本合理、盘量较小的项目，有较强的去化能力；同时，要求有偿还能力和偿还意愿的关联方提供连带责任担保，以便有效地保障投资人的本金及收益；密切关注、沟通和跟踪交易对手未来经营状况以及发展的各种因素，如管理能力、财务状况、市场前景、人员素质、技术能力等，要求交易对手定期提供相关财务报表以了解其最新的经营情况，定期预判其盈利和运作能力；项目销售回款均应用于项目还款。

（三）二手房交易相关操作风险

在房地产企业纾困重组过程中，经常出现物权资产剥离的情形，这在实际上属于二手房交易行为，存在二手房交易解除权利负担、网签、过户环节的操作风险。在项目收购资产完成后，新的产权方需要通过施工完成升级改造，过程中存在大量的操作风险，需要接受市政、建委等相关机构的监管。

不良资产管理公司应在尽职调查过程中，重点调查拟收购资产上是否设定权利负担，且是否已对外出租。关于网签过户环节，通过与转让方签署相关协议条款，通过在支付安排上设置交易回撤机制、分期支付条件、设立共管账户等方式防止纠纷发生、降低操作风险。

关于拟聘请的施工主体，我们可以通过市场化招标方式进行，聘请实力强大、经验丰富的施工主体，要求对方在相关手续办理、与建委、消防等相关部门对接沟通上有充足的操作经验。该项目施工前，可要求施工主体与物业、政府相关部门等做好沟通，取得施工许可等所有施工手续后，方可实施。

（四）项目融资信用及担保风险

在房地产纾困重组项目中，融资人的经营状况以及发展的各种因素，如管理能力、财务状况、市场前景、人员素质、技术能力等，可能影响其盈利和运作能力，从而影响其还款能力。

融资人可能因经营管理不善、利润减少、资产价值降低，或者其分支机构或者控股公司因无法取得相关证照等原因无法正常经营，导致融资人经营状况发生不利变化，可能最终影响投资人受偿。

若融资人不履行相关债务清偿义务，或者担保人履约能力、履约意愿发生变化，或者因其他任何原因发生重大信用风险，甚至破产，未能履行保证责任的，将可能造成对项目重大损失的风险。

通常情况下，重新启动困境房地产项目复工、复产、复销的前提：一是需要完成项目前期建设销售中产生的工程款偿付及可能存在的业主退房；二是总包的更换；三是完成项目规划的相关调整。

优先挑选地理位置较优、经济发达、房地产市场持续活跃的区域项目，对项目未来去化有较好的保障。同时，抵押率较低，对投资人的本息保障情况更高。预计未来项目销售回款对信托投资本息的保证倍数较高，保障程度良好。

优先挑选主营业务稳步持续发展、资金实力雄厚、有较高信用评级和良好市场口碑的担保人，他们信用能力及担保能力较强，违约风险较低。

投后管理过程中，不良资产管理公司应积极关注融资方、债务人（如有）及担保人、增信方的经营管理和财务状况。

（五）项目存在或有负债风险的

项目管控方面，项目公司与投资人建立共管机制，主要包括债务人章、证、照、网银等均处于共管状态，所以资金收付、协议签署均由严格流程约束并做完备记录。

项目驻场共管每周均提交投后周报，对当周项目施工、资金收付、印章使用等情况进行总结，项目公司与其所属集团公司有较为完善的风险隔离机制，不要出现资金、资产方面受到集团债务危机影响的情况。

定期分析项目财务报表和具体科目，让项目财务情况清晰明了，资金来源、资产形成均比较准确呈现，任何科目和数据财务均能够提供详细台账和快速明了的解答，经过对财务数据和工作人员表现综合判断，公司财务报表基本真实准确，避免出现有意隐瞒重大事项的迹象。

不良资产管理公司可通过调取项目公司自成立以来的所有银行流水或者回单，重点关注公司成立初期的资金收付情况，逐笔核查项目资金来源并与流水或者回单、财务报表核对。对项目公司财务和资金盘查，审核报表、资金、项目之间是否呈现良好的钩稽关系，除了股东和集团资金进入外，是否有其他异常大额资金进入。

如无以上异常情形原因，不良资产管理公司可暂时认为项目公司存在或有负债的风险较低。

（六）项目公司资金被挪用风险

不良资产管理公司可对项目公司采取严格的监管，委托专业第三方驻场管理，所有的资金收付、合同签署均被严格现知监管，大额资金被挪用风险较低。同时，可重点关注项目公司及其所属母公司是否与相关业务合作银行保持较好的合作关系，如关系如初，则表明挪用该项目资金的倾向不大，或者资金被挪用的风险在可控范围之内。

强化项目管控，继续保持项目公司原来存在的章、证、照、网银共管程序，梳理项目原管控程序安排情况，进一步优化和提升项目物理管控的有效性。

保持原投资人对项目在建工程的查封和股权冻结。举个例子，如项目公司债权人的两个信托计划均由原债权人管理，协议约定两个信托的债权统一管理，在保留原来首封情况下，未来处置资产回款可优先归还不良资产管理公司债权。

与项目公司及股东协议约定，不良资产管理公司有权参与项目销售策略的制定，参与主要包括营销推广、销售定价等。在债权本金及利息违约的情况下，不良资产管理公司享有对项目在售货值的定价权，可通过加强营销推广、折价促销等方式妥善实现项目回现，并按约归还不良资产管理公司本息。

积极参与项目投后管理。不良资产管理公司应每周关注项目开发和销售情况，及时掌握销售去化、开发进度、资金收付等信息。每季度撰写投后报告，对项目投后管理情况进行总结。不良资产管理公司项目团队每季度至少到现场调查走访一次，访谈项目销售、工程和财务相关人员，了解现场人员的工作情况。

第四篇

特殊行业/企业纾困重组

鉴于不同行业与企业所面临的独特挑战,我们应避免采取一刀切的策略,而应深入细致地进行尽职调查、风险诊断,量身定制纾困重组方案,以确保精准施策,助其尽快摆脱危困局面,立竿见影,实现可持续发展。

第十二章

危困地产项目纾困重组与盘活

第一节 房地产危困成因与主要纾困盘活模式

房地产企业陷入危困的成因错综复杂，既有市场供需失衡，又有政策调控影响，这些因素相互交织。通过剖析企业陷入危困的成因及特点，以期找到纾困盘活的有效模式，灵活运用包括资产重组、债务重组、管理创新等在内的多样化纾困策略。

一、常见地产类型及其陷入危困成因

不同类型的地产项目如住宅类、商业类、工业类及文旅类地产，因其独特的属性与市场需求，呈现出多样化的特征。然而，在这些特征背后，也隐藏着各自的危困局面与挑战。

（一）住宅类地产

住宅类地产作为满足人们居住需求的基础性物业，其显著特点之一便是资产流动性强。这主要得益于住宅市场的庞大需求和快速交易能力。无论是新房市场还是二手房市场，住宅物业往往能够迅速完成交易，实现资金的快速回笼。然而，这种强流动性也带来了市场波动的风险。当市场供需关系发生变化时，住宅物业的价格可能会出现大幅波动，从而影响投资者的收益。

在开发过程中，住宅类地产注重标准化。这不仅能够实现规模经济效益，降低单位成本，还能提高设计与施工的效率。然而，标准化也带来了个性化需求难以满足的挑战。随着消费者对居住品质的要求不断提高，对个性化、定制化的需求也在增加。如何在保证效率与成本的同时满足消费者的个性化需求，成为开发商需要解决的难题。

危困成因分析：抛开资产负债表的超级周期等宏观因素，住宅类地产的危困局面

主要源于市场供需关系的不平衡以及消费者需求的多样化。随着城市化进程的加速和人口增长，住宅需求不断增加，但土地资源的有限性使得供需矛盾日益突出。同时，消费者对居住品质的要求也在不断提高，对房屋的户型、装修、配套设施等方面提出了更高的要求。这使开发商在满足市场需求的同时，也要面临成本控制和品质保证的双重压力。

此外，政策调控也是影响住宅类地产发展的重要因素。曾经一段时期，相关部门为了稳定市场、控制房价上涨过快，采取限购、限贷、土地供应等调控措施。这些措施虽然能够在一定程度上抑制房价上涨，但也会对市场需求产生抑制作用，从而影响开发商的销售和资金回笼，进而引发一系列连锁反应。

为了应对这些问题，开发商需要不断创新与调整。一方面，可以通过市场调研了解消费者的真实需求，推出符合市场需求的住宅产品；另一方面，可以通过技术创新和工艺改进提高施工效率和质量水平；同时，还需要关注政策动向和市场变化，及时调整开发策略和销售策略以适应市场变化。

(二) 商业类地产

商业类地产是满足商业活动需求的物业类型，其显著特点之一便是地段位置要求高。商业活动的成功与否往往与地段位置密切相关，好的地段能够吸引更多的人流和车流，从而提高商业物业的租金和售价。然而，这种高要求也带来了高昂的开发成本和运营成本。同时，市场竞争的激烈也使商业物业的租金和售价受到压力。

在商业类地产的运营过程中，商业模式的快速变化与消费者行为的转变也给商业类地产带来了挑战。随着互联网的普及和电商的兴起，传统商业模式受到冲击，实体店面临转型压力。如何在快速变化的市场中保持竞争力并吸引消费者，是商业类地产需要思考的问题。

危困成因分析：抛开资产负债表的超级周期等宏观因素，商业类地产的危困局面主要源于市场竞争的激烈和消费者行为的转变以及高昂的开发成本和运营成本。在市场竞争方面，随着商业物业数量的增加和同质化竞争的加剧，商业类地产面临着租金和售价下降的压力。在消费者行为方面，随着互联网购物的普及和消费者购物习惯的改变，传统商业模式受到冲击，商业类地产需要适应新的市场需求和消费趋势。

为了应对这些问题，商业类地产需要采取创新措施。首先，可以通过差异化定位避免同质化竞争；其次，可以通过引入新业态和创新商业模式吸引消费者；最后，还需要关注消费者需求变化和市场趋势变化，及时调整经营策略以适应市场变化。

(三) 工业类地产

工业类地产是满足工业生产需求的物业类型，其显著特点之一便是产业类别受限和约束条件多。由于工业生产对土地、水电等基础资源的需求较大且对环保和能耗要求较高，因此政府在土地供应和产业政策方面会对工业类地产进行一定的限制和约束。这使工业类地产在开发与运营过程中面临着诸多困境。

首先，在土地资源方面，随着城市化进程的加速和土地资源的日益稀缺，工业用地的获取变得越来越困难且成本越来越高昂；其次，在环保和能耗方面，政府对高污染、高能耗的产业进行限制或者禁止发展，这使部分产业难以获得发展空间；最后，在产业集聚与园区规划方面，政府为了推动产业升级和集群发展往往会制定一系列的规划和政策引导措施，这使工业类地产需要符合政府的规划和政策要求才能获得更好的发展机会。

危困成因分析：工业类地产的危困局面主要源于土地资源的有限性、环保与能耗限制以及产业集聚与园区规划的要求。这些因素限制了工业类地产的开发规模与速度，增加了开发与运营的难度与成本，同时也对工业类地产的产业升级和集群发展提出了更高的要求。

为了应对这些问题，工业类地产需要采取创新措施。首先，可以通过技术创新和工艺改进降低能耗和减少污染排放，以满足政府的环保要求；其次，可以通过合作与共享策略提高土地资源的利用效率；最后，还需要关注政府的产业政策和园区规划动向，积极参与政府的产业集聚和园区建设项目以获得更好的发展机会。

(四) 文旅类地产

文旅类地产是满足人们旅游、休闲、文化等需求的物业类型，其显著特点之一便是运营能力要求高。文旅类地产需要提供吃、住、行、游、购、娱等全方位的服务，同时还要应对因季节性波动带来的市场变化。这使文旅类地产的运营需要具备敏锐的市场洞察力和高效的运营管理能力。然而，这种相对较高的要求也带来了高昂的运营成本和较长的投资回报周期。

在文旅类地产的运营过程中，资产流动弱也是其面临的一个重要困境。由于文旅类地产的投资规模较大且回收周期较长，因此其资产流动性相对较弱。这使文旅类地产在面临市场变化或者经营困难时难以快速调整经营策略或者退出市场。

危困成因分析：文旅类地产的危困局面主要源于市场需求的多样化与季节性波动以及投资回报周期较长且风险较高。在市场需求方面，随着消费者需求的多样化和个性化发展，文旅类地产需要不断推出新的产品和服务以满足市场需求；在投资回报方面，由于文旅类地产的投资规模较大且回收周期较长，因此需要承担较高的资金压力和风险。

为了应对这些问题，文旅类地产需要采取创新措施。首先，可以通过市场调研了解消费者的真实需求和消费趋势，推出符合市场需求的产品和服务；其次，可以通过多元化投资和分散化经营降低投资风险；最后，还需要加强品牌建设和营销推广提高市场知名度和美誉度以增加客流量和收入来源。同时，与当地政府和其他相关机构建立良好的合作关系也是文旅类地产成功运营的关键因素之一。通过与当地政府相关部门和其他相关机构的合作可以获得更多的政策支持和资源优势，从而为项目的成功运营提供有力保障。

二、地产项目资金短缺情形与纾困盘活模式

资金短缺问题已然成为众多地产项目的共同难题，不仅影响项目的正常推进，还可能引发一系列连锁反应，对整个行业造成深远影响。

（一）地产项目资金短缺的情形分析

1. 土地出让款拖欠：市场与信贷的双重夹击

土地出让款是地产项目启动的首要资金支出，然而，在市场下行和信贷收紧的双重压力下，越来越多的开发商面临土地出让款拖欠的危困局面。市场下行导致销售回款减缓，开发商的资金链日益紧张；而信贷收紧则使得开发商通过传统融资渠道获取资金的难度加大。这种局面下，即使开发商有意尽快支付土地出让款，也往往因资金不足而束手无策。

2. 未建设土地的闲置：规划与市场预判的失误

在地产项目开发过程中，部分项目在获取土地后长时间未动工建设，形成"烂尾地块"。这种闲置现象的背后，既有规划调整的原因，也有市场预判失误的因素。规划调整可能导致原有土地用途发生变化，使开发商不得不重新调整项目规划；而市场预判失误则可能导致开发商对市场前景过于乐观，从而在获取土地后由于各种意料之外的原因，导致未能及时开工建设。无论哪种原因，未建设土地的闲置都意味着大量资金的沉淀和浪费，进一步加剧了地产项目的资金短缺问题。

3. 建设过程中的资金链断裂：预售资金监管与融资渠道的限制

地产项目的建设过程需要大量的持续资金投入，然而，在建设过程中因资金链断裂导致的停工现象屡见不鲜。这既与预售资金监管不力有关，也与融资渠道受限有关。预售资金监管不力使部分开发商通过违规手段挪用预售资金，导致后期建设资金不足；而融资渠道受限则使开发商在面临资金短缺时难以通过外部融资及时补充建设资金。在这种局面下，即使项目已经开工建设，也可能因资金链断裂而被迫停工，形成"烂

尾地产"。

4. 原有融资难题的延续：高杠杆与高利息的恶性循环

在地产项目的开发过程中，融资难题一直是一个难以回避的问题。一些项目在前期融资过程中就存在高杠杆、高利息等问题，这些问题在项目后续开发中得以延续并加剧资金短缺困境。高杠杆经营使开发商的资产负债率居高不下，偿债压力巨大；而高利息负担则随着市场利率的上升和融资成本的增加逐渐加重。在这种恶性循环下，地产项目的资金短缺问题越发严重。

（二）融资纾困盘活模式

面对资金短缺困境，地产项目需要寻求有效的融资纾困和盘活模式以推动项目的顺利进行。以下将详细介绍六种常见的模式。

1. 项目融资借款：传统融资方式的优化与创新

项目融资借款是一种常见的融资方式，但在当前环境下，传统的融资方式已经难以满足地产项目的资金需求。因此，开发商需要优化和创新项目融资借款方式，通过向金融机构申请项目贷款、发行债券等方式获取建设资金。同时，开发商还可以积极探索新的融资渠道，如利用信托、基金等金融工具进行融资创新。在申请项目融资借款时，开发商需要充分展示项目的盈利能力和还款来源，以获得金融机构的信任和支持。此外，开发商还需要注意贷款期限和利率等条款的设置，以保障借款成本与项目收益相匹配。

2. 引入投资伙伴：风险共担与资源共享的共赢之道

引入投资伙伴是另一种有效的融资方式，适用于希望通过合作共同开发项目的开发商。通过引入战略投资者或者合作伙伴，开发商可以实现风险共担和资源共享，从而缓解资金压力并提升项目整体竞争力。在引入投资伙伴时，开发商需要充分评估潜在合作伙伴的实力和信誉，并明确合作方式和利益分配机制以保障合作的顺利进行。同时，开发商还需要注意与合作伙伴的沟通和协调，以保障项目的顺利推进。

3. 资产剥离出售：优化资产结构与回笼资金的策略选择

资产剥离出售是一种通过出售部分非核心资产或者项目以获取现金流的融资方式。这种方式适用于需要快速回笼资金以缓解资金紧张局面的开发商。通过剥离出售非核心资产或者项目，开发商可以集中资源于核心业务并优化资产结构。在实施资产剥离出售时，开发商需要充分评估拟出售资产或者项目的价值和市场需求，并选择合适的交易时机和方式以保障交易效益最大化。同时，开发商还需要注意与买方的谈判和协议签订，以保障交易的合法性和公平性。

4. 债务重组与配资策略：平衡财务健康与项目推进的"双赢"之道

债务重组与配资是开发商在面临财务挑战时，采取的一种综合性融资策略，旨在通过优化债务结构和引入外部资金，实现减轻即时偿债压力与保持项目持续发展的双重目标。这一策略的具体实施细节如下：

债务重组策略定制化：开发商需与债权人进行深入谈判，依据项目现状和未来现金流预测，量身定制重组方案。这可能包括但不限于调整债务结构（如将短期债务转换为长期债务）、延长还款期限、降低利率、减免部分债务或者以资产置换债务等。在此过程中，清晰的财务透明度和对未来盈利能力的合理预期是赢得债权人支持的关键。

外部配资的多元探索：除了传统的银行贷款和债券发行，开发商应积极探索多元化配资途径，包括但不限于私募股权基金、夹层融资、结构化融资等。与外部配资方的合作需基于明确的商业条款，包括资金成本、使用条件、股权或者债权结构安排等，保障双方利益一致。

风险管理与利益共享：在配资过程中，开发商需建立完善的风险评估机制，明确与配资方的风险分担机制，如设置绩效挂钩的利润分配条款，既保护自身利益，又激励外部资金的积极参与。同时，保持与配资方的持续沟通，保障资金使用的透明度和效率，维护长期合作关系。

5. 房地产投资信托基金（REITs）

房地产投资信托基金作为一种成熟的投资工具，为房地产项目融资开辟了新天地，其独特优势在于：

资金汇聚与成本优化：通过公募或者私募形式，REITs 能够吸引广泛的投资者群体，包括个人和机构投资者，汇集大量资金。由于资金规模大且来源稳定，REITs 通常能够以较低的融资成本获取资金，进而降低项目整体的资本成本。

资产流动性的增强：REITs 使非流动性的房地产资产转化为流通性强的证券，为投资者提供了退出机制，同时也为开发商提供了灵活的资产管理和再融资渠道。

风险分散与收益共享：投资者通过 REITs 投资于多个不同的房地产项目，实现了风险的分散。同时，REITs 必须将大部分收入作为分红派给投资者，这不仅保证了投资者的稳定收益，也促使基金管理者更加注重资产的运营效率和盈利能力。

专业化管理与增值：REITs 通常由专业团队进行管理和运营，专注于房地产投资领域的深耕细作，通过专业的物业管理、资产优化和适时的收购与处置策略，实现资产组合的增值。

6. 合作开发策略：共创价值与资源共享的"双赢"模式

合作开发模式作为一种先进的地产项目实施策略，强调的是多方合作的力量，通过与具有互补优势的企业或者个人携手，共同投入资源与智慧，推动项目向更高层次发展。这种模式的核心价值在于：

资本与资源的高效整合：合作开发首先为地产项目注入了新鲜血液，外部合作伙伴不仅带来资金支持，还可能导入先进的技术、管理经验、市场渠道等稀缺资源，显著降低单一开发商的资金压力，加速项目推进步伐。

风险共担与利益共享：通过合作，项目风险在合作伙伴间得以分散，降低了单一实体承担的风险敞口，同时，各方依据贡献与协议公平分享项目收益，形成风险与收益相匹配的激励机制，促进了合作的稳定性和持久性。

优势互补与协同创新：合作各方能够将各自的专长和优势深度融合，比如一方擅长土地获取和政府关系，另一方在项目设计、营销或者运营管理上有独到之处，这种互补性合作能够激发出项目更大的创新潜力，提升项目的市场竞争力和品牌影响力。

明确权责与沟通协调：成功合作的关键在于前期的充分沟通与权责划分。清晰界定合作框架内的权利义务，制定详尽的合作协议，保障决策机制高效运作，同时建立常态化的沟通机制，及时解决合作过程中可能出现的分歧，维护良好的合作氛围。

灵活合作模式探索：合作开发的形式多样，包括但不限于股权合作、契约合作、品牌联合等，开发商可根据项目特点与市场需求，灵活选择最适宜的合作模式，实现合作形式与项目需求的精准匹配。

（三）案例

1. 概况

2018年前后某住宅房地产项目作为一家小型地方性房企在异地首次开发项目，由于市场下行和信贷收紧、融资难度较大，以及企业自身开发经验不足且资金实力有限等原因，导致项目销售不及预期、资金周转困难、欠缴施工款，项目公司预售商品房系统被当地房管局冻结，导致预售搁置，项目濒临"烂尾"。

该项目地理位置优越，区位优势良好，占地约140亩，已拿到土地证，规划总建筑面积约30万平方米，整体由11栋高层住宅组成，其中2栋已封顶，另外有6栋在建，3栋未开工。项目计划总投资约14亿元，已累计投入7亿元，剩余计划所需投入去化50%，剩余可售货值约13亿元（住宅12亿元，车库1亿元）。

为解决资金问题并推动项目顺利进行，开发商采取了多种措施进行融资纾困和盘活实践。

首先，通过引入战略投资者共同开发项目，进行特殊机遇投资。开发商与一家具有丰富经验和实力的房地产企业（某TOP20房企）达成合作协议，共同注资开发项目并实现风险共担和资源共享。某TOP20房企与该小型地方性房企签署合作协议，由前者以增资扩股形式持有项目公司60%股权，项目公司董事会为最高权力机构，该TOP20房企拥有3/5投票权。这一举措不仅缓解了资金压力，还提升了项目的整体竞争力。在具体操作中，开发商与某TOP20房企共同设立了项目公司，明确各自的出资比例和权益分配机制；同时建立了完善的公司治理结构和决策机制以保障合作的顺利进行。

其次，某TOP20房企与该小型地方性房企采取了精简非核心资产的策略，将部分非核心资产剥离出售以获取现金流，优化了项目公司的资产配置。某TOP20房企成为项目的主操盘方后，对项目进行盘整、更名，更换项目总包方，解决前期因项目施工产生的纠纷，缴清前期施工欠款，与当地政府洽谈解冻了预售房屋系统，重新启动预售。这一过程实现多方共赢，所有操作均严格遵循法律法规，维护了交易的合法性与公正性。

在债务管理方面，各合作方展现出了高度的策略性和灵活性。通过与债权人的深入沟通和多轮协商，成功实施了债务重组计划，这不仅延长了还款期限，减轻了短期偿债压力，还通过利率调降有效降低了融资成本。与此同时，项目公司积极拓展外部融资渠道，引入配资伙伴，为项目注入了新的资金"血液"。这一系列举措要求开发商在谈判桌上展现出极高的技巧与耐心，保障重组方案既实际可行又有利于长期发展。在寻求外部资金支持时，开发商不仅重视资金的及时到位，更着眼于建立稳固而持久的合作关系，为项目的持续推进构筑了坚实的财务后盾。这些综合措施的执行，不仅缓解了项目面临的资金短缺，还为项目的顺利施工与未来发展奠定了坚实的基础。

为解决现金流短缺、项目建设难以正常推进的问题，某TOP20房企迫切需要与不良资产管理公司合作投资，共同参与投资、盘活存量问题资产，保障项目后续顺利完工，避免项目"烂尾"。

2. 交易结构

不良资产管理公司通过设立有限合伙企业作为SPV，以1亿元受让项目公司15%股权，待股权转让后向项目公司发放借款，借款总额4亿元用于项目开发建设。

在方案设计上，SPV通过持有项目公司15%股权、剩余85%股权质押、某TOP20房企全额担保、派驻专人成为项目公司董事，参与项目公司重大决策、销售资金监管和销售还款控制多种风控手段相结合的方式，降低了不良资产管理公司出资风险。

在不良资产管理公司所设有限合伙企业层面项目方案要素（见表3）。

表3　有限合伙企业层面项目方案

合伙企业	有限合伙公司，作为 SPV
合伙企业规模	4亿元
出资方及出资额	GP（普通合伙人）认缴出资1万元； LP（有限合伙人）实缴出资4.9亿元
投资安排	专项投资项目公司：1亿元用于受让项目公司15%股权；4亿元用于项目后续建设投入
投资决策	合伙企业不再设立投决会，非经全体合伙人一致同意，合伙企业不再进行其他项目的投资
收益分配	分配频率：按季分配，每季度所收到项目公司返还合伙企业借款本金及利息或者某TOP20房企股权回购款后，应在10个工作日内将所收到资金后向LP进行分配； 分配顺序：支付合伙企业承担的税费和必要费用；向LP进行分配
投资退出安排	退出时点：投资届满日或者项目网签销售达到的80%；合伙企业出资日起满6个月，某TOP20房企选择提前回购合伙企业所持项目公司股权且项目公司提前还款；某TOP20房企或者项目公司违约、违反承诺事项之日。 退出方式：由某TOP20房企回购项目公司股权及债权；项目公司返还合伙企业股东借款，同时某TOP20房企回购项目公司股权

股东借款层面要素（见表4）。

表4　特殊机遇投资交易结构

股东借款规模	总规模不超过4亿元
期限	24个月，满6个月可提前结束
股东借款利率	第一年12%，第二年8%
用途	用于项目建设
担保方式	某TOP20房企保证担保； 项目公司85%股权质押
其他要求	第一，项目公司章证照监管：安排专人派驻企业，对企业的章证照使用进行监管； 第二，监管企业所有银行账户的资金使用，与企业共管银行账户预留印鉴、并保管企业网银授权角色UKey（如有）： (1) 股东借款资金的使用监管：仅限用于项目公司正常经营开支； (2) 企业销售回款监管：企业按月报送月度用款计划，每笔资金使用接受不良资产管理公司监管； 第三，企业重大决策层面管控：在项目公司董事会成员内加入合伙企业指定人员，公司章程内约定该指定董事成员对项目公司对外融资（含股东借款）、对外转让资产、重组决策具有一票否决权； 第四，项目销售进度监管：派驻专人跟进企业销售进度，每周统计销售情况，企业每周汇报销售情况，项目组成员、驻场专员每周通过网签系统、企业银行账户回款核实销售情况

在上述交易结构中，SPV 通过持有项目公司 15% 股权并通过将剩余 85% 股权质押的形式间接实现了对项目公司全部股权的控制力，如发现极端风险可直接通过处置项目公司股权实现资产的快速变现。规避了通过处置资产而产生的高额税费问题。

3. 交易步骤

下面阐述完成交易具体的实施步骤和具体节点。

第一，办妥将项目公司 15% 股权过户至合伙企业名下。

第二，办妥将项目公司章程进行调整，在项目公司章程内约定股东会为公司最高权力机构，合伙企业作为项目公司股东成员，对公司以下事项具有一票否决权：①增加或者减少注册资本；②合并、分立、解散、清算或者变更公司形式；③对外融资和对外担保；④对外转让资产；⑤制定和修改公司章程。

第三，办妥项目公司 85% 股权质押给合伙企业，完成股权质押协议签署。

第四，某 TOP20 房企与 SPV、项目公司等相关方签署协议，对 1 亿元股权对价提供回购担保义务，要求在违约后平价回购项目公司股权，或者由 SPV 另行处置；对 4 亿元股东借款提供保证担保义务，签订保证担保协议。

第五，签署相关监管协议，SPV 与项目公司做好章证照及银行预留印鉴、网银 UKey 共管交接。

第六，不良资产管理公司向合伙企业进行出资，合伙企业以 1 亿元受让项目公司 15% 股权；在合伙企业成为项目公司股东后（以工商登记信息为准），合伙企业向项目公司发放股东借款不超过 4 亿元，借款期限不超过 24 个月。

第七，出现以下情形时，SPV 有权宣布该项目提前终止：①因原股东未履行或者未全面履行出资义务即转让股权导致的法律纠纷；②项目公司、项目公司股东被债权人提起诉讼（除已披露诉讼事项外）；③相关方因为财务造假、虚增销售收入等事项被立案调查；④项目公司建设规划进度未达约定目标，且协商推进未果。

第八，退出路径。按照时间进度和销售进度两个维度来确定退出，以孰先为原则：

（1）时间进度：SPV 出账满 12 个月，项目公司还款应不低于 2 亿元；满 18 个月，项目公司累计还款不少于 3 亿元；到期项目公司应偿还合伙企业全部借款，同时，某 TOP20 房企应以 1 亿元回购项目公司股权。

（2）销售进度：项目销售进度（项目存续期间网签销售面积/总面积）达 50% 时，项目公司应偿还借款 50%；当销售进度达 80% 时，项目公司应偿清全部借款，某 TOP20 房企同时应回购项目公司的股权。

该项目投资满 6 个月，项目公司可申请提前还款。

股权投资款将要求与最后一笔企业股东借款同时退出。某 TOP20 房企在项目公司偿还完 SPV 最后一笔借款的当日履行股权回购义务,且未经 SPV 同意,不得提前回购。

三、商业资产流动性困境与纾困盘活模式

随着市场环境的不断变化和行业竞争的加剧,地产项目面临着越来越大的资金压力和资产流动性困境。下面将从商业资产流动性困境的原因剖析入手,探讨破产纾困盘活模式及其在实践中的应用,以期为地产行业的可持续发展提供有益借鉴。

(一) 商业资产流动性困境的原因剖析

商业资产流动性困境的产生并非偶然,而是多方面因素错综复杂、相互交织、共同作用的结果。要破解这一困局,需要从多个角度入手,综合施策。只有通过剖析困境产生的原因,才能找到有效的解决之道,帮助地产项目走出困境,实现可持续发展。其中,租赁合同的束缚、股东间的纷争以及市场下行的重压,构成了困境最为核心的三个方面。

首先,租赁合同对商业资产变现能力的掣肘不容小觑。在商业地产的运营过程中,租赁合同通常具有长期性和稳定性,这在一定程度上保障了项目的持续收益。然而,当市场环境发生剧烈变化时,这种长期稳定的租赁合同却可能成为资产变现的绊脚石。由于租金水平被长期锁定,资产的实际价值无法在市场波动中得到充分体现,导致资产在急需变现时难以获得合理的市场价格。此外,租赁合同的长期性还可能限制资产的灵活运作,使地产项目在面对突发情况时无法及时调整经营策略,进一步加剧流动性困境。

其次,股东间的纷争对项目资产处置的梗阻效应不容忽视。在地产项目的开发过程中,股东间的利益分配和决策权争夺往往成为引发纷争的导火索。一旦纷争升级,不仅项目的正常推进会受到严重影响,资产处置也可能陷入僵局。在这种情况下,即使项目资产具有较高的市场价值,也可能因为股东间的纷争而无法顺利变现。更为严重的是,股东纷争还可能引发连锁反应,导致项目的融资渠道受阻、合作伙伴信心丧失等一系列负面后果,进一步加剧流动性困境。

最后,市场下行对商业资产价值的冲击具有深远影响。在经济周期的下行阶段,市场需求萎缩、消费者信心下降,商业地产首当其冲受到影响。租金收入减少、空置率上升、资产价值贬值成为常态。这种市场下行的趋势不仅直接削弱了地产项目的盈利能力和偿债能力,还间接影响了潜在买家对商业资产的购买意愿。在市场前景不明朗的情况下,潜在买家往往会采取观望态度,导致资产变现的难度进一步加大。

除了上述三大核心原因外，商业资产流动性困境的形成还受到诸多其他因素的影响。法律法规的变动可能改变资产处置的游戏规则，增加处置难度和不确定性；税务问题可能在资产交易过程中产生额外的成本和风险；信息不对称则可能导致潜在买家对商业资产的价值和风险做出错误判断。这些因素虽然单独看起来可能并不起眼，但它们相互交织、相互作用，共同构成了商业资产流动性困境的复杂画卷。

（二）破产纾困盘活模式

面对严峻的资产流动性困境，破产纾困盘活模式成为地产项目的重要自救手段。该模式通过法律与市场的双重手段，旨在恢复项目的运营活力，消除资产流动障碍并提升资产的市场价值。

1. 破产重整与资产优化

破产重整是破产纾困的核心环节。在此阶段，项目方需积极与债权人沟通协商，争取通过债务重组、延期偿付等方式减轻财务压力。同时，借助法律手段对租赁合同进行重新谈判或者解除，以释放被束缚的资产价值。此外，通过引入战略投资者或者进行资产证券化等操作，可以进一步优化项目的资本结构，提升资产的流动性。

2. 创新营销策略与市场再定位

在资产盘活过程中，创新营销策略至关重要。项目方需对市场进行深入调研，重新定位目标客户群体，并通过个性化的产品和服务吸引消费者。例如，可以通过打造特色主题商场、引入新兴业态等方式提升商业资产的吸引力。同时，利用互联网和大数据技术，精准推送营销信息，提高营销效率。

3. 寻求政府支持与政策利用

在破产纾困过程中，政府的支持与引导不可或缺。项目方应积极与政府部门沟通协作，争取在税收优惠、融资便利等方面获得政策支持。此外，密切关注政策动态，及时调整经营策略以适应市场变化也是关键所在。

（三）案例

破产纾困盘活模式为地产项目提供了有效的自救途径。通过破产重整优化资产、创新营销策略提升市场竞争力以及寻求政府支持与政策利用等策略与实践相结合，地产项目可以逐步摆脱流动性困境并实现可持续发展。

案例一：某大型购物中心的破产重整与资产盘活

某大型购物中心，位于城市繁华商圈，曾是该地区的商业地标。然而，随着市场竞争的加剧和消费者需求的变化，购物中心逐渐陷入经营困境，最终不得不申请破产保护。

在破产重整过程中，项目方首先与债权人进行了长达数月的艰苦谈判。通过债务重组、资产抵押等方式，最终达成了减轻财务负担的协议。这一步骤为购物中心的后续盘活奠定了重要基础。

接下来，项目方对购物中心进行了全面的市场调研和重新定位。他们发现，传统的零售业态已经无法满足消费者的需求，体验式购物、休闲娱乐等新兴业态正成为市场的新宠。于是，项目方决定对购物中心进行业态升级，引入更多具有市场竞争力的品牌商户和新兴业态。

同时，为了提升购物中心的整体形象和吸引力，项目方还投入巨资进行了硬件设施的改造和升级。他们打造了多个特色主题区域，如儿童游乐区、美食广场等，为消费者提供更加丰富多元的购物体验。

在营销策略上，购物中心也进行了全面创新。他们利用大数据技术对消费者行为进行深入分析，精准推送个性化的营销信息。同时，通过线上线下融合的方式，扩大营销渠道，提高品牌知名度和美誉度。

经过一系列努力，购物中心成功恢复了运营活力，并实现了资产价值的提升。如今，它已经成为该地区新的商业地标，吸引了大量消费者前来观光购物。

案例二：某地产项目的股权收购与后续开发

某地产项目，由于前期开发不当和市场定位失误，导致销售不畅、资金回笼困难。小股东利用手中的否决权阻挠大股东的资产处置计划，使项目开发陷入僵局。

为了打破这一局面，大股东决定通过法律途径解决小股东问题。他们聘请了企业纾困重组领域专业服务机构及具有相关领域资深经验的专业律师团队，对小股东的股权进行了详细调查，并发现其存在违规行为。于是，大股东以此为突破口，向法院提起了诉讼。

经过一系列复杂的法律程序，大股东最终成功收购了小股东持有的项目股权。这一步骤不仅消除了内部障碍，还为项目的后续开发创造了有利条件。

在获得完整控制权后，大股东对项目进行了重新规划和定位。他们聘请了专业的市场调研团队，对项目所在区域的消费者需求和市场趋势进行了深入分析。基于调研结果，大股东决定调整项目的产品定位和营销策略，以满足市场需求。

同时，为了提升项目的开发效率和品质，大股东还引入了新的开发团队和管理团队。他们具有丰富的行业经验和创新能力，为项目的顺利推进提供了有力保障。

在后续开发过程中，大股东还积极与政府相关部门沟通协作，争取在土地供应、税收优惠等方面获得政策支持。这些举措进一步降低了项目的开发成本，提高了市场竞争力。

经过一系列努力，该地产项目成功实现了盘活，并获得了可持续发展的动力。如今，它已经成为该区域的明星楼盘，吸引了众多购房者前来选购。

四、政策限制下的地产运营与产业纾困模式

政策限制、市场变化、竞争加剧等因素交织在一起，给地产企业的运营带来了巨大压力。如何在这样的背景下找到新的突破口，实现产业纾困和地产盘活，成为摆在地产行业面前的重要课题。

（一）政策限制对地产运营的影响分析

1. 土地合同产业约束对工业地产的制约

工业地产作为地产行业的重要组成部分，其开发运营受到土地合同产业约束的显著影响。这些约束主要来自于政府在土地出让时对产业类型、投资强度、环保标准等方面的规定。对于工业地产企业来说，如何在满足这些约束条件的同时，实现项目的盈利和可持续发展，是一大挑战。

首先，产业类型的约束限制了工业地产项目的招商对象和运营模式。例如，某些地区可能只允许发展特定的产业，如高新技术产业、环保产业等。这就要求工业地产企业在拿地前对项目未来的产业规划有清晰的认识，并提前做好相关产业布局和招商准备。

其次，投资强度的约束对项目的盈利能力提出了更高要求。政府通常会规定单位面积土地上的最低投资额度，以保障土地的集约利用和产出效益。这就要求工业地产企业在项目开发过程中注重提高投资效率，通过引入高附加值产业、优化空间布局等方式提升项目整体价值。

最后，环保标准的约束对项目的环保设施建设和运营管理提出了严格要求。随着环保政策的不断加码，工业地产项目必须达到相应的环保标准才能通过验收并投入运营。这就要求工业地产企业在项目开发过程中注重环保设施的建设和运营管理，保障项目在环保方面达到政府要求。

2. 规划类型限制对资产开发的局限性

规划类型限制是地产开发中另一重要的政策因素。不同类型的用地有着不同的规划要求，这些规划要求直接决定了项目的建筑形态、空间布局和功能定位。

对于住宅用地来说，规划要求通常主要包括容积率、建筑密度、绿化率等指标。这些指标直接影响了住宅项目的建筑形态和居住环境。如果规划指标过于严格，可能会导致项目无法实现预期的经济效益；如果规划指标过于宽松，则可能会影响项目的居住品质和市场竞争力。

对于商业用地来说，规划要求则更加注重商业设施的布局和交通配套等方面。商业项目的成功与否往往取决于其地理位置和交通便捷性等因素。因此，在商业用地规划中，政府通常会注重商业设施的合理布局和交通配套的完善程度。

对于工业用地来说，规划要求则更加注重产业布局和环保设施等方面。工业项目的特殊性要求其必须具备完善的产业配套和环保设施才能保障项目的顺利运营。因此，在工业用地规划中，政府相关部门通常会注重产业布局的合理性和环保设施的完善程度。

3. 政策调整对地产市场的影响与趋势

政策调整是地产市场变化的重要驱动力之一。政府的宏观调控政策、土地政策、税收政策等都会对地产市场产生深远影响。

首先，宏观调控政策对地产市场的整体走势具有决定性影响。例如，当政府采取紧缩的货币政策时，地产市场的资金链会受到较大压力；而当政府采取宽松的货币政策时，地产市场则可能迎来新一轮的发展机遇。

其次，土地政策对地产市场的供求关系产生直接影响。例如，当政府增加土地供应时，地产市场的竞争程度会降低；而当政府减少土地供应时，地产市场则可能出现供不应求的局面。

最后，税收政策对地产市场的交易成本和盈利空间产生重要影响。例如，当政府提高房产税征收标准时，购房者的持房成本会增加；而当政府降低房产税征收标准时，则可能刺激购房者的购房需求。

（二）产业纾困与地产盘活模式

面对政策限制和市场困境，地产行业需要积极寻求产业纾困与地产盘活的新模式。这些模式旨在通过创新、合作和政策对接等方式，激活存量资产、优化资源配置、提升项目价值。

1. 创新运营模式

创新运营模式是地产行业应对市场变化的重要手段之一。通过引入新技术、新业态、新服务等创新元素，地产企业可以打破传统运营模式的束缚，提升项目的吸引力和竞争力。

例如，在商业地产领域，越来越多的购物中心开始引入体验式消费模式，通过增加娱乐设施、文化元素等方式提升消费者的购物体验。在工业地产领域，一些企业开始尝试将传统工业园区转型为科技创新园区，通过引入科技企业和创新团队打造科技创新生态链。

2. 合作发展模式

合作发展模式是地产行业实现资源共享和优势互补的重要途径之一。通过与其他产业、企业、机构等建立合作关系，地产企业可以拓展业务领域、降低运营成本、提升市场竞争力。

例如，在文旅地产领域，地产企业可以与旅游企业合作开发旅游地产项目，实现资源共享和互利共赢。在科技地产领域，地产企业可以与科技企业合作打造科技创新园区，共同推动科技创新和产业升级。

3. 政策对接模式

政策对接模式是地产行业获取政策支持和资源整合的重要方式之一。通过与政府相关部门沟通对接，地产企业可以了解政策动态、争取政策支持和资源整合，降低项目开发成本和风险。

例如，在土地政策方面，地产企业可以与政府相关部门协商争取更优惠的土地出让条件和延长土地使用年限等政策支持。在税收政策方面，地产企业可以争取更优惠的税收减免和财政补贴等政策支持。在金融政策方面，地产企业可以争取更宽松的融资环境和更优惠的贷款利率等政策支持。

（三）案例

地产行业需要在满足政策要求的前提下，不断创新运营模式、拓展合作领域、对接政策支持，以实现产业纾困和地产盘活。

1. 广州某工业地产转型升级案例

广州某工业地产项目由于市场定位不准确、产业约束过严等原因，导致销售不畅、资金回笼困难，面临"烂尾"风险。为了摆脱困境，项目方积极与政府相关部门沟通，争取到了鼓励产业的政策支持，并制定了替代策略，将原有的工业地产项目转型为科技园区。

在转型过程中，项目方对原有建筑进行了改造和升级，提供了更加适合科技企业发展的空间和设施。同时，积极引进优质科技企业和创新团队，打造了集研发、孵化、加速、产业化于一体的科技创新生态链。通过这一系列措施，项目成功实现了工改工增值和产业升级，吸引了更多的投资者和合作伙伴。

此外，项目方还充分利用政策优势，对剩余写字楼进行了重新定位和销售策略调整。针对市场需求和客户特点，推出了符合市场需求的住宅产品，并注重社区配套设施的建设和物业服务质量的提升。通过这一系列措施的实施，项目成功实现了延续开发，缓解了资金压力和市场风险。

2. 写字楼改住宅延续开发案例

某写字楼项目由于市场供过于求、竞争激烈等原因导致销售不畅。同时，由于写字楼市场的特殊性，项目开发面临诸多难题。为了解决问题并延续开发，项目方积极与相关政府部门沟通，并争取到了调整规划和改为住宅以及"打证分小证"等政策支持。

在改为住宅后，项目方针对市场需求和客户特点推出了符合市场需求的住宅产品。在户型设计、装修品质等方面进行了全面升级以满足客户的居住需求。同时，加大了对住宅部分的开发力度并注重社区配套设施的建设和物业服务质量的提升。

此外，在项目销售方面，项目方也采取了多种策略以提升销售业绩。例如，加强与渠道合作伙伴的合作以扩大销售渠道；制定灵活的定价策略以吸引不同需求的客户；加强品牌宣传和推广以提升项目知名度和美誉度等。通过这些措施的实施，项目成功实现了延续开发并获得了良好的市场反响。

第二节　地产盘活的核心关键要素与策略

地产盘活的过程中，专业能力、资本运作、资产流动性以及政策环境等都是不可或缺的核心要素，不仅是对资源的重新整合，更是对专业能力的全方位考验。在这个过程中，如何精准评估资产价值，高效运作资本，成为决定项目成败的重要因素。同时，政策的指引与扶持，为地产盘活提供了有力的外部支持，也为企业指明了方向。

因此，下面将探讨地产盘活中的专业能力建设、资产流动性提升、资本运作策略以及政策环境应对等核心问题，旨在为企业和个人提供有益的参考和启示，期望能够助力地产行业在变革中寻找到新的增长点和发展动力。

一、专业能力与团队建设

在地产盘活的过程中，专业能力与团队建设是首要考虑的因素。一个具备高度专业素养和协作精神的团队，能够在复杂的地产项目中迅速找到问题的症结，并制定出切实可行的解决方案。

首先，专业团队的建设需要注重人才的选拔和培养。地产行业是一个高度专业化的领域，需要具备地产策划、市场分析、财务管理、法律事务等多方面的专业人才。

因此，在组建团队时，需要注重人才的多元化和互补性，保障团队具备全面的专业知识和技能。同时，还需要建立完善的人才培养机制，通过定期的培训、分享会和实战演练，提升团队成员的专业素养和应对复杂问题的能力。

其次，专业团队需要充分发挥其核心作用。在地产盘活过程中，专业团队需要对项目进行全面的分析和评估，制定出符合市场趋势和项目特点的盘活策略。这需要团队成员具备敏锐的市场洞察力和创新思维，能够准确把握市场动态和项目需求。同时，团队还需要与各方利益相关者进行有效地沟通和协调，保障盘活方案的顺利实施。这需要团队成员具备良好的沟通能力和协作精神，能够妥善处理各种复杂关系和问题。

最后，持续学习机制的构建也是专业团队建设的重要环节。地产行业是一个不断变化的领域，新的政策、新的市场趋势和新的技术不断涌现。为了保持团队的专业竞争力，需要建立完善的学习和交流平台，鼓励团队成员之间的知识分享和协作。这可以通过定期的学习会议、行业研讨会和外部培训等方式实现，帮助团队成员及时了解行业动态和最新研究成果，提升团队的专业水平和创新能力。

二、资本运作与风险管理

在地产项目的激活与转型过程中，资本运作与风险管理扮演着举足轻重的角色，它们是保障项目顺利推进、提升资产价值并实现财务安全的双翼。这一过程不仅要求精细的操作技巧，还需对市场动态有敏锐的洞察力，以及对风险的深刻理解与应对策略。

（一）优化资本结构：精细布局，稳中求进

资本结构的优化是提升项目抗风险能力的基石。开发商应根据项目特性、市场周期及宏观经济环境，采取灵活多样的策略调整资本结构。除了常规的引入战略投资者、发行债券、股权融资等手段外，还可以考虑资产证券化（ABS）、房地产投资信托基金（REITs）等创新金融工具，以吸引更多元化的资本参与。优化过程中，应注重长期资本与短期资金的合理搭配，保障资本结构既能支撑项目的长期发展，又能应对短期流动性需求，同时维护各利益相关者的均衡利益，保障方案的稳健性与可持续性。

（二）风险管理的深化：前瞻预警，灵活应对

风险管理不仅涉及传统意义上的财务风险，还应涵盖市场风险、政策风险、法律风险等多维度考量。构建一套全方位的风险管理体系至关重要，这包括运用先进的风险评估模型进行量化分析，设立风险预警系统，以及建立风险事件的快速响应机制。

通过定期的风险审计和压力测试,提前识别潜在风险点,并制定相应的风险缓释,如风险对冲策略、保险安排、合同条款设计等,以分散和降低风险。此外,建立良好的内外部沟通机制,保障信息的透明与及时传递,也是风险管理中不可忽视的一环。

(三) 多元化融资渠道:拓宽路径,降低成本

在当前复杂多变的金融市场环境中,单一融资渠道已难以满足地产项目多元化的资金需求。因此,构建多元化融资体系成为必然选择。这包括但不限于国内外银行贷款、私募股权基金、夹层融资、绿色债券、互联网金融产品等。开发商应根据自身信用评级、项目进度、资金需求的紧迫性等因素,灵活选择融资工具,同时关注国际国内政策导向,适时利用政策红利,如绿色金融支持政策,以更低的成本和更高效的流程获得资金支持。此外,建立长期稳定的银企关系,以及与各类金融机构的深度合作,也是提升融资效率和降低成本的有效途径。

三、资产流动性强化策略

资产流动性的显著提升,对于地产项目的高效激活与价值最大化至关重要。这不仅要求策略上的精妙布局,还需在市场细分、金融创新、品牌塑造等多个维度上深挖潜力,以实现资金的快速循环与项目价值的全面释放。

(一) 细分市场,精准定位策略

针对不同地产类型的特性,制定个性化的流动性提升策略尤为关键。住宅地产,作为市场流动性较高的类别,需聚焦于产品创新与生活品质的提升,如智能家居集成、绿色建筑认证等,以差异化的产品优势吸引买家,缩短销售周期。商业地产,则应深入分析市场需求趋势,实施定制化招商策略,如引入体验式消费、跨界融合业态等,以增强商业吸引力,提高租赁率和租金回报,从而加速资产周转。至于工业地产,重点在于打造产业"集群效应",通过提供定制化厂房、研发支持、供应链服务等,吸引高附加值企业入驻,提升资产价值和流动性。

(二) 金融创新,拓宽融资渠道

资产证券化(ABS)和房地产投资信托基金(REITs)作为金融创新的两大支柱,为地产资产流动性带来了革命性的提升。资产证券化通过将稳定的现金流资产转化为高流动性的证券产品,不仅实现了资产的快速变现,也为开发商提供了灵活的融资选择。而 REITs 则以其特有的资产组合化、收益稳定性和高透明度,为投资者提供了低门槛、高收益的投资渠道,同时为地产企业开辟了新的资本退出路径,促进了资产流动性的大幅提高。此外,探索区块链技术在地产金融的应用,如通过 Token 化资产,

进一步提高资产的分割性与交易效率,也是未来趋势之一。

(三)品牌与营销,构建市场磁力场

在品牌建设与市场营销方面,打造独特且有吸引力的品牌形象是提升项目知名度与市场认可度的关键。这包括但不限于线上线下的整合营销策略,如运用大数据分析进行精准营销,举办主题鲜明的社区活动,以及利用社交媒体、KOL合作等新型营销手段,提升项目的公众曝光度与互动性。同时,构建可持续的绿色建筑理念和社会责任项目,如环保节能设施、社区公益等,亦能有效提升品牌形象,吸引更多注重社会责任感的投资者与租户,从而加速资产的市场接纳度与流动性。

(四)数字化转型,优化资产管理

数字化技术的应用是提升资产流动性的另一重要途径。通过建立智能资产管理平台,整合项目信息、市场数据、租户管理等多维度信息,实现资产的高效运营与维护。利用大数据分析预测市场趋势,辅助决策制定;应用物联网技术于物业管理,提升服务效率与租户满意度;甚至开发虚拟现实看房等技术,跨越地域限制,吸引更多潜在买家与租户,从而缩短交易周期,提高资产流动性。

四、把握纾困政策与市场趋势

在地产盘活过程中,需要密切关注政策环境和市场趋势的变化,并制定出相应的应对策略。

首先,政策环境的分析与应对策略是地产盘活的重要前提。政策环境对地产盘活具有重要影响,主要包括土地政策、产业政策、金融政策等。因此,在制定盘活策略时,需要对政策环境进行全面地分析和评估,了解政策的变化趋势和潜在影响。同时,还需要根据政策环境的变化,及时调整盘活策略,以降低政策风险。例如,在土地政策趋紧的情况下,可以通过调整项目规划和用地性质等方式,适应政策要求并降低土地成本;在金融政策收紧的情况下,可以通过优化融资结构和降低财务杠杆等方式,降低财务风险并提升资金安全性。

其次,市场趋势的预判与机遇把握是地产盘活的关键环节。市场趋势的预判主要包括对宏观经济形势、行业发展趋势和市场竞争态势等方面的分析和判断。通过对市场趋势的准确预判,可以及时发现并抓住市场机遇,从而提升项目的市场竞争力和盈利能力。例如,在预判到某一区域或者某一类型的地产市场将出现供不应求的情况时,可以提前进行布局和开发,以抢占市场先机;在预判到某一政策或者某一技术将对地产行业产生深远影响时,可以积极进行研究和应用,以提升项目的创新能力和竞争优势。

最后，纾困房地产企业的特殊政策也是当前地产盘活的重要机遇。针对当前部分房地产企业面临的危困局面，政府相关部门出台了一系列纾困政策，如延期缴纳土地出让金、阶段性减免税费、提供信贷支持等。这些政策为房地产企业提供了喘息的机会，也为其盘活存量资产创造了有利条件。在利用这些政策时，房地产企业需要充分了解政策的具体内容和适用范围，并结合自身实际情况制定出切实可行的盘活方案。例如，可以通过延期缴纳土地出让金等方式缓解资金压力；通过阶段性减免税费等方式降低成本负担；通过信贷支持等方式拓宽融资渠道并降低融资成本。同时，还需要注重与政府相关部门的沟通和协调，保障盘活方案的顺利实施并争取更多的政策支持。

此外，"工业上楼"和"旧改"、"工改工"等也是当前地产盘活的重要方向。这些方向不仅符合政府推动产业升级和城市更新的政策导向，也为房地产企业提供了新的发展机遇。在实施这些项目时，房地产企业需要注重项目规划和定位的准确性，保障项目符合市场需求和政策导向；同时还需要注重后期运营管理的专业性，提升项目的运营效率和盈利能力。通过这些措施的实施，可以有效地提升地产项目的价值和市场竞争力，实现地产的高效盘活。

第三节 困境地产纾困投融资方式与策略

为了有效应对这些问题，地产企业需要不断探索和创新融资方式，以保障项目的顺利推进和企业的稳健发展。从传统的举债融资到现代化的资产证券化，从股权并购到债务重组，每一种融资方式都有其独特的优势和适用场景。

一、项目举债融资

(一) 融资细节及流程

第一，确定融资需求：评估项目所需资金，主要包括土地购置、建设成本、营销费用等。

第二，选择合适的贷款机构：根据项目特点和融资需求，选择适合的银行、信托公司或者其他金融机构。

第三，贷款申请与审批：提交贷款申请及相关材料，主要包括项目可行性研究报告、抵押物评估报告等，并接受贷款机构的审查和评估。

第四，签订贷款合同：明确贷款金额、利率、期限、还款方式等条款，并办理相关抵押、担保手续。

第五，资金发放与使用：贷款机构审核通过后，按约定发放贷款，企业需按合同约定使用资金。

（二）优势详解与实操建议

优势：举债融资通常具有较高的灵活性，企业可以根据自身需要调整融资额度和期限。有利于保持企业的控制权，避免股权稀释带来的管理权争夺问题。利息支出可作为财务费用在税前扣除，降低企业税负。

实操建议：在申请贷款前，充分做好项目可行性研究和市场调研，提高贷款审批成功率。关注市场利率走势，选择合适的固定利率或者浮动利率贷款产品。合理安排还款计划，保障按期偿还贷款本息，维护企业信用记录。

（三）风险点剖析与应对措施

风险点：

偿债风险：若项目收益不足以偿还贷款本息，可能导致企业陷入财务困境。利率风险：市场利率波动可能影响企业的融资成本。流动性风险：贷款到期时，企业可能面临资金周转困难。

应对措施：建立健全风险预警机制，定期评估项目的偿债能力和现金流状况。通过多元化融资渠道降低单一融资方式的风险。提前做好资金安排和再融资计划，保障贷款到期时能够顺利偿还。

（四）适用情境与案例分析

项目举债融资适用于短期资金需求较大、项目收益预期稳定且企业信用记录良好的情况。例如，某地产企业为开发新楼盘，通过向银行贷款筹集了部分建设资金，成功实现了项目的快速推进。

二、股权并购融资

（一）融资细节及流程

第一，确定融资需求与出让比例：评估企业价值及未来发展潜力，确定合适的融资额度和愿意出让的股权比例。

第二，寻找潜在投资者：通过市场调研、中介机构介绍等方式寻找潜在的战略投资者或者财务投资者。

第三，尽职调查与估值谈判：潜在投资者对企业进行尽职调查，双方就企业估值、投资条款等进行谈判。

第四，签订投资协议：明确双方的权利义务、股权转让价格、增资扩股方式等关键条款。

第五，完成股权变更与资金注入：办理相关工商变更登记手续，投资者按约定注入资金。

（二）优势详解与实操建议

优势：股权融资能够降低企业的资产负债率，改善财务结构。引入战略投资者可以带来资金以外的资源支持，如品牌、技术、市场渠道等。有利于提升企业的市场认知度和估值水平。

实操建议。在寻找投资者时，注重考察其行业背景、投资经验和资源整合能力。在谈判过程中，充分展示企业的竞争优势和发展潜力，争取更有利的投资条款。在签订投资协议前，对关键条款进行仔细审查和评估，避免潜在的法律风险。

（三）风险点剖析与应对措施

风险点：

控制权风险：出让过多股权可能导致企业控制权旁落。股东利益冲突：新股东的加入可能引发原有股东间的利益纷争。信息披露风险：引入投资者可能涉及敏感信息的披露和保密问题。

应对措施：在确定出让比例时，充分考虑企业的战略规划和未来发展需求。建立完善的公司治理结构和股东沟通机制，保障各方利益的平衡与协调。制定严格的信息披露管理制度，明确信息披露的范围和程序。

（四）适用情境与案例分析

股权并购融资适用于企业需要大量资金且愿意出让部分控制权的情况。例如，某地产企业为扩大市场份额，引入了一家知名地产企业作为战略投资者，通过股权转让获得了大量资金支持，并借助战略投资者的品牌影响力实现了业务的快速扩张。

三、资产剥离出售融资

（一）融资细节及流程

确定剥离资产范围与估值：评估企业资产组合，确定拟剥离的非核心资产范围并进行合理估值。寻找潜在买家：通过市场推介、招标等方式寻找潜在买家。谈判与签订出售协议：就资产售价、支付方式、交割时间等关键条款与买家进行谈判并达成一致。完成资产交割与资金回收：办理相关资产过户手续，保障资金按时回收。

（二）优势详解与实操建议

优势：通过剥离非核心资产，企业可以集中资源于核心业务的发展；出售资产可以快速回收资金，改善企业的现金流状况；有利于优化企业的资产结构和提升整体运营效率。

实操建议：在确定剥离资产时，充分考虑其市场价值和未来发展潜力。在寻找买家时，注重考察其行业地位和支付能力。在签订出售协议前，对关键条款进行仔细审查和评估，保障交易的合法性和合规性。

（三）风险点剖析与应对措施

风险点：定价风险主要为若资产估值过高或者过低，可能影响交易的顺利进行；资产交割过程中可能出现法律纠纷或者过户障碍；剥离资产后可能需要对剩余业务进行重新整合和调整。

应对措施：委托专业机构进行资产评估和定价，保障交易价格的合理性。在出售协议中明确交割条件和责任划分，降低交割风险。制订详细的后续整合计划，保障企业的稳定运营和持续发展。

（四）适用情境与案例分析

资产剥离出售融资适用于企业拥有多元化资产，且部分资产与核心业务关联度不高的情况。例如，某地产企业为优化资产结构，决定将旗下的一处商业地产项目出售给一家专业商业地产运营商，通过这一交易成功回收了资金并实现了业务的聚焦发展。

四、委托代建融资

委托代建融资是一种有效的项目融资方式，它允许企业将项目的建设和管理风险转移给专业代建方，从而专注于自身的核心业务。

（一）融资优势的具体体现

降低资金压力：通过委托代建，企业可以在不投入大量自有资金的情况下启动项目，从而实现轻资产运营。

利用专业经验：代建方通常具备丰富的建设和管理经验，能够有效控制项目进度、质量和成本，降低项目的实施风险。

锁定收益：通过与代建方签订固定价格或者收益分成的合同，企业可以在项目开始前就锁定未来收益，有助于稳定现金流和预测财务表现。

（二）潜在风险的深入分析

选择合适的代建方：选择合适的代建方是成功实施委托代建融资的关键。企业需要全面评估代建方的专业能力、信誉和财务状况，以保障其能够按时、按质完成项目建设。

监管与质量控制：虽然代建方负责项目的建设和管理，但企业仍需要建立有效的监管机制，对项目的进度、质量和成本进行持续监控。同时，双方应明确各自的权利和义务，避免在合作过程中出现纠纷。

法律风险：在委托代建过程中，可能会涉及复杂的合同和法律问题。企业需要与代建方明确合同条款，并在合同中约定争议解决方式，以防范潜在的法律风险。

（三）适用情境与案例分析

委托代建融资适用于自有资金不足但拥有优质土地资源或者项目的企业，或者希望借助外部力量提升项目品质的企业。例如，一家房地产开发商计划开发一个新的住宅项目，但自有资金不足以支持整个项目的建设。通过委托代建融资，该公司可以与一家具有丰富经验的建筑公司合作，由后者负责项目的建设和管理。这种方式不仅降低了该公司的资金压力，还保障了项目的顺利实施和品质提升。

五、资产证券化融资

资产证券化是指将一组流动性较差的资产（如应收账款、房地产等）进行打包，通过结构化设计，将其转化为可在市场上交易和流通的证券。如公司持有大量不动产商业物业，可将部分物业资产转化为流动性更强的证券，从而更容易地进行资金运作和扩张。

（一）物业资产证券化的具体操作

第一，确定要证券化的资产。首先对其持有的物业资产进行评估和筛选，选择出适合进行证券化的资产组合。

第二，组建特殊目的载体（Special Purpose Vehicle，SPV）并实现真实出售。将筛选出的物业资产以真实出售的方式转移给这个 SPV，实现资产的风险隔离，保护投资者的利益。

第三，设计交易结构并进行评级：SPV 会与银行、券商等金融机构合作，设计出合理的交易结构。同时，会请信用评级机构对交易结构进行评级，以供投资者参考。

第四，发行资产支持证券。在完成上述步骤后，SPV 会发行资产支持证券，并在证券市场上进行销售。投资者购买这些证券，从而获得物业资产未来产生的现金流的收益权。

（二）融资优势的具体体现

提高资产流动性：通过资产证券化，企业可以将部分物业资产转化为流动性更强的证券，从而更容易地进行资金运作和扩张。

降低融资成本：相比于传统的银行贷款等融资方式，资产证券化可以提供更低的融资成本，因为证券化的资产通常具有更高的信用评级。

优化资产结构：通过资产证券化，重资产企业可以调整其资产结构，降低对特定物业的依赖，提高整体资产的抗风险能力。

（三）潜在风险的深入分析

复杂的交易结构：资产证券化涉及多个参与者和复杂的交易结构，主要包括发起人、SPV、信用增级机构、评级机构和投资者等。这增加了交易的复杂性和管理难度。

市场风险与信用风险：证券化产品的价值受到市场供求关系、宏观经济环境等多种因素的影响，可能出现大幅波动。同时，如果证券化资产的质量下降或者违约率上升，将直接影响证券的信用评级和市场表现。

监管挑战：资产证券化受到严格的监管要求和信息披露标准的约束。企业需要保障证券化过程符合相关法律法规的要求，并及时、准确地进行信息披露。同时，监管政策的变化也可能对证券化市场产生重大影响。

（四）适用情境与案例分析

资产证券化融资适用于拥有稳定现金流资产并希望通过证券化实现资产盘活和融资的企业。例如，某地产开发商开发了一个大型商业地产项目，该项目包括购物中心、写字楼和公寓等多种业态。在项目开发初期，地产开发商投入了大量资金用于土地购置、建设和装修等。随着项目的完工和招商工作的推进，该项目开始产生稳定的租金收入。然而，地产开发商面临着资金回笼的压力和后续开发项目的资金需求。为了解决这个问题，地产开发商决定将其商业地产项目的未来租金收入进行资产证券化。通过设立 SPV，地产开发商将商业地产项目的未来租金收入真实出售给 SPV，并由 SPV 发行资产支持证券。这些证券在资本市场上受到投资者的欢迎，因为投资者看到了稳定的租金收入所带来的吸引力。

六、债务重组式融资

当企业面临偿债困难时，债务重组式融资成为一种可行的解决方案。通过与债权人协商调整债务条款或者进行债务减免，企业可以寻求财务上的喘息之机，甚至实现财务状况的根本性改善。

（一）概念界定

债务重组式融资是指企业通过与债权人协商，对原有的债务条款进行修改、补充，实现延期、展期、借新还旧或者部分豁免等成效，以达到改善企业财务状况、增强偿债能力、避免破产风险的目的。这种融资方式不涉及新的资金注入，而是通过重新安排债务来减轻企业的财务负担。

（二）融资优势

第一，减轻债务负担，改善财务状况。通过债务重组，企业可以延长偿债期限、降低利率、减少本金支付、本金分期等方式，减轻即期偿债压力，从而改善现金流状况和整体财务结构。这有助于企业恢复正常的经营活动，提高盈利能力。

第二，避免破产风险，保护企业信誉。债务重组往往是企业避免破产清算的重要手段。通过积极与债权人协商并达成重组协议，企业可以维护其商业信誉，避免因破产而带来的声誉损失。这有助于企业在市场上保持良好的形象，吸引更多的客户和合作伙伴。

第三，为企业重生和发展创造有利条件。重组后的债务结构更加合理，企业的财务状况得到改善，这为企业后续的经营活动和投资计划创造了更加有利的环境。企业可以借此机会调整经营策略，加强内部管理，提高市场竞争力，实现可持续发展。

（三）潜在风险

第一，谈判和协商过程复杂。债务重组需要得到所有或者大部分债权人的同意，这通常需要经过复杂的谈判和协商过程。在某些情况下，还可能涉及法院裁定和法律诉讼等程序。企业需要投入大量的时间和精力与债权人进行沟通和协调，以达成满意的重组协议。

第二，可能影响企业信用评级和未来融资能力。虽然债务重组可以改善企业的短期财务状况，但长期来看，它可能会对企业的信用评级产生负面影响。信用评级机构可能会对企业的还款能力和信誉进行重新评估，从而降低其信用等级。这会增加企业未来融资的难度和成本，限制其发展空间。

第三，重组后仍需面对市场竞争和经营风险。即使债务重组成功，企业仍需面对激烈的市场竞争和不断变化的市场环境。如果企业不能有效应对这些挑战，重组带来的利益可能只是昙花一现。企业需要制定切实可行的经营计划和市场策略，加强内部管理，提高核心竞争力，以应对市场竞争和经营风险。

（四）适用情境与案例分析

债务重组式融资主要适用于那些出现暂时性偿债困难但仍有重组价值的企业。例如，某家因市场环境变化导致销售下滑的企业，通过与债权人协商延长偿债期限、降低利率等方式进行债务重组，成功减轻了财务负担并恢复了市场竞争力。此外，一些突发事件导致资金链紧张的企业也可以通过债务重组来避免破产风险。

在实际操作中，企业可以根据自身情况和债权人需求制定灵活的债务重组方案。例如，可以采用延期还款、利息减免、债务转换等方式进行重组。同时，企业还可以借助德赛集团等专业机构的力量进行谈判和协商，以提高重组成功率和效果。

七、共益债务融资

在企业面临破产或者重整的危困局面时，共益债务融资作为一种特殊的融资手段，为企业的再生和持续运营提供了新的可能。与传统的融资方式相比，共益债务更注重在企业危机时期保护各方利益，促进企业的稳定与发展。

（一）概念界定

共益债务是指在破产或者重整程序中，为了全体债权人的共同利益而承担的债务。这些债务通常用于支付重整期间的运营成本、维护企业资产价值、保障职工权益等。

（二）融资优势

第一，为企业提供持续运营的机会。通过共益债务融资，企业可以获得在重整期间继续运营的资金支持。这为企业争取了宝贵的时间和空间，以便寻找新的市场机会、调整经营策略、改善管理结构等，从而实现企业的再生和持续发展。

第二，保护债权人利益。共益债务融资有助于保护债权人的整体利益。通过将部分债务转化为共益债务，企业可以优先支付对债权人有益的费用，如维持企业运营的必要支出、职工工资等，从而避免企业资产价值的进一步贬损。同时，共益债务的承担也有助于提高债权人对企业的信心和支持度，为企业再生创造良好的外部环境。

第三，促进社会稳定和经济发展。共益债务融资不仅关乎单个企业的命运，还对社会稳定和经济发展具有积极意义。通过支持具有重整价值的企业继续运营，可以避免大量失业和社会资源的浪费，有助于维护社会稳定和促进经济发展。同时，政府相关部门和企业纾困重组领域专业服务机构等相关机构也可以通过引导和协调共益债务融资活动，发挥宏观调控和资源配置的作用。

（三）潜在风险与应对策略

1. 利益协调难度大

在共益债务融资的实践操作中，一个核心挑战凸显于如何有效协调来自企业自身、债权人、员工及众多其他利益相关者的多元化需求与期望。由于各利益主体所持立场与追求的目标各不相同，协调工作极易陷入意见分歧与冲突之中，这对融资计划的顺利推进乃至最终成效构成了直接威胁。针对这一复杂情况，一系列被验证为行之有效的策略应运而生，旨在巧妙应对利益协调的艺术。

首先，强化沟通机制是解决分歧的基石。企业应致力于构建一个开放透明的沟通环境，保障信息的自由流通与各方认知的一致性。这包括定期组织会议，广泛邀请所有相关方参与，就融资蓝图、企业发展愿景及可能产生的影响进行深入交流。沟通渠道应多样化，既要涵盖正式的会议讨论，也不忽略非正式的反馈与建议收集，以全面把握各方关切。

其次，共同愿景的构建是凝聚共识的关键。企业需在纷繁复杂的利益差异中发掘共通之处，确立一个既满足各方基本利益又能促进企业长期发展的共同目标。通过倡导共赢而非对抗的思维模式，鼓励利益相关方从整体利益出发，共同为实现这一长远愿景努力。

策略还包括灵活调整融资方案以适应反馈变化，显示出企业对问题解决的灵活性和对各方意见的尊重。在必要时，引入第三方如政府机构、专业顾问或者行业协会作为调解力量，借助其专业性和中立性平衡各方利益，提出新的解决路径，促进冲突和解。此外，建立一套利益共享机制，如设定绩效挂钩的奖励体系、发行优先股或者可转债等，保障所有参与者都能从企业成功融资与复苏中得到合理回报，增强了他们的归属感与支持动力。

2. 融资效果受限

在实施共益债务融资的过程中，企业需面对融资成效可能受阻的现实挑战。这主要源于企业重组计划的可行性和债权人支持程度两大关键因素。为突破这一瓶颈，企业应精心设计并验证重组计划的每一个细节，保障其既符合市场逻辑又具有实际操作性。同时，深化与债权人的沟通策略至关重要，通过建立透明高效的沟通机制，明确展示重组计划的价值与债权人利益的一致性，增强互信合作。此外，拓宽融资视野，探索包括股权融资、政府补助在内的多元化资金来源，构建稳健的融资组合，以对冲单一融资渠道的不确定性，保障融资战略的灵活性与成功率。

3. 重组后仍需面对市场竞争和经营风险

成功完成共益债务融资并实现企业再生后，迎接企业的将是持续的市场竞争和动态的经营环境考验。

为此，企业必须采取前瞻性的策略，不仅需要制定出细致入微的经营计划和灵活多变的市场策略，锁定目标市场和核心客户群体，更要不断强化内部管理，提升运营效率，加大创新投入，以构建难以复制的核心竞争力。在此基础上，建立一套动态适应市场变化的机制，时刻关注行业趋势、竞品动态和消费者行为，保障企业能够迅速调整战略方向，优化产品结构和市场定位，以适应瞬息万变的市场需求。同时，建立健全风险预警和应对系统，对各类风险进行有效识别和管理，为企业的持续健康发展筑起坚实的防线。

（四）适用情境与案例分析

共益债务融资主要适用于那些具有重整价值且暂时陷入危困的企业。这些企业可能因市场环境变化、经营不善或者其他突发事件导致严重财务困境但通过重整有望恢复其市场竞争力和社会价值。例如，某家因经营不善导致资金链断裂的企业在破产重整过程中成功与债权人达成共识将部分债务转化为共益债务。通过重整计划的实施和经营管理的改善该企业成功实现了重生并恢复了市场竞争力。

在实际操作中企业需要充分评估自身的重整价值和市场需求制定切实可行的重整计划和共益债务融资方案。同时企业还需要加强与政府、债权人等利益相关方的沟通和协调争取更多的支持和合作。通过精心策划和组织实施共益债务融资活动企业可以为实现再生和发展创造有利条件。

八、项目司法重整融资

在商业领域中，项目运营常常面临各种挑战和风险，其中一些因素可能导致项目陷入危困，甚至面临破产的威胁。在这样的背景下，项目司法重整融资作为一种有效的解决方案，逐渐受到广泛关注。

（一）概念界定

项目司法重整融资是指在法院的主导和监督下，对陷入危困的项目进行财务和运营上的全面重整，并通过融资手段为项目注入新的资金，以恢复其盈利能力并保护各方利益。这种融资方式的核心在于利用法律程序的严谨性，保障重整过程的公正、透明和有效。它不仅关注项目的短期财务问题，更着眼于项目的长期发展和价值创造。

（二）融资优势

1. 法律程序的严谨性

项目司法重整融资在法律程序的严谨性方面表现出显著优势。在法院的监督和指导下，重整计划的制定、审议、批准和执行等各个环节都必须严格遵守相关法律法规。这种严谨的法律程序有助于防止重整过程中的欺诈、偏袒和不当交易等行为，保障各方利益的公平和最大化。

2. 促进项目重生和持续发展

通过司法重整融资，项目可以获得新的资金来源，用于清偿债务、改善运营条件、引进先进技术或者扩大市场份额等。这些措施有助于恢复项目的盈利能力，实现可持续发展。与传统的破产清算相比，司法重整融资更注重项目的再生价值，通过综合性的重整计划和管理层的改善，有望使项目重新焕发生机并实现长期盈利。

3. 提升项目信誉和市场竞争力

成功的司法重整融资案例往往能够显著提升项目的信誉和市场竞争力。一方面，重整计划的成功执行向外界传递了项目具备良好发展前景和盈利能力的积极信号；另一方面，通过重整过程中的债务调整和管理改善，项目的财务状况和治理结构也会得到优化，从而提高其在市场上的竞争力和吸引力。此外，项目的成功重整还可能吸引更多的投资者和合作伙伴，为项目的进一步发展提供有力支持。

（三）潜在风险

1. 重整过程的复杂性和漫长性

司法重整融资的过程是一场马拉松式的复杂战役，不仅考验着项目方的法律知识与耐心，还涉及对多方利益的细腻平衡。该过程通常伴随冗长的法律程序，要求项目方对相关法律法规有深刻地理解，并与法院、债权人、股东等各方进行频繁而深入的沟通。这不仅需要法律团队的专业素养，还考验管理层的协调与谈判能力。应对这一挑战，项目方应当：

组建专业团队：包括法律顾问、财务顾问及行业专家，保障每个环节的专业性与合规性。

预先筹划与模拟：在正式进入重整程序前，开展多轮模拟，预判可能遇到的法律纠纷，准备应对策略。

持续沟通与透明度：保持与所有利益相关方的开放沟通，及时公布进展，增强信任，减少误解。

2. 重整计划的批准和监管限制

司法重整计划的成功不仅取决于其经济合理性，还需通过法院的严格审查与监管机构的许可。这一过程可能遭遇严格的条款限制，影响计划的灵活性与效率。项目方在制定计划时，应：

预审与反馈循环：在提交正式计划前，先行与法院和监管机构进行非正式沟通，获取初步反馈，及时调整策略。

创新与合规并重：在合规框架内寻求创新解决方案，利用法律和监管允许的最大灵活性，设计出既符合监管要求又能最大化利益相关方利益的计划。

建立监管沟通机制：保持与监管机构的持续沟通，解释计划的创新点和益处，争取理解与支持。

3. 重整后的市场竞争和经营风险

尽管司法重整融资的顺利完成为项目注入了新生机，重获盈利能力，但这仅是挑战的开始。项目必须直面持续激烈的市场竞争与日新月异的经营环境考验。若无法有效应对这些挑战，司法重整所带来的积极影响恐难以为继，项目未来的可持续性将受到严重威胁。因此，项目方在司法重整的征程中，需前瞻性地构建以下策略。

市场策略与经营规划的精密布局：在重整阶段初期，项目方就应着手制定一套既符合市场实际又富有前瞻性的市场策略和经营计划。这包括深入分析目标市场的最新动态与潜在需求，明确自身市场定位，以及设计灵活多变的产品与服务策略，以保障项目在竞争中保持优势。

内部管理与核心竞争力的强化：加强内部管理机制，提升运营效率，优化成本结构，是巩固项目核心竞争力的关键。项目方需引入先进的管理模式，强化人才队伍建设，提升技术研发和创新能力，保障企业能够高效响应市场变化，持续输出高质量的产品与服务。

动态监测与策略调整机制的确立：面对瞬息万变的市场环境，项目方需建立一套高效的信息收集与分析系统，密切跟踪行业趋势、政策动向及竞争对手动态。基于实时数据，项目方需灵活调整经营策略，快速适应市场变化，无论是产品迭代、市场扩张还是合作联盟的构建，都要保障决策的时效性和准确性。

（四）适用情境

项目司法重整融资主要适用于因法律纠纷或者经营不善而陷入危困但具有挽救价值的项目。这些项目通常具备以下条件：一是项目本身具有长期盈利能力和市场前景；二是项目的危困局面主要是由于暂时的资金短缺、管理不善或者法律纠纷等可解决的问题所导致；三是项目方愿意积极配合法院和监管机构进行重整工作并承担相应的责任和义务。

在实际操作中，项目方需要充分评估自身的实际情况和市场需求，制定切实可行的重整计划和融资方案。这主要包括对项目的财务状况、市场前景、债权债务关系以及法律风险等方面进行全面分析和评估。同时，项目方还需要加强与法院、监管机构、债权人等利益相关方的沟通和协调，争取更多的支持和合作。通过精心策划和组织实施司法重整融资活动，项目方可以为实现项目的再生和发展创造有利条件。

此外，项目方在考虑是否采用司法重整融资时还需要注意以下几点：一是要保障重整计划符合相关法律法规和政策要求；二是要充分考虑债权人和其他利益相关方的利益诉求并与之进行充分沟通和协商；三是要对重整后的经营策略和市场策略进行深入研究并制定切实可行的实施方案；四是要加强内部管理和风险控制以提高项目的整体运营效率和抗风险能力。

第四节　困境房地产纾困盘活主要模式

一、小股东操盘与融资代建的探索

在房地产市场日趋复杂且竞争激烈的今天，许多项目由于各种原因陷入了困境。其中，资金短缺、管理不善以及市场变化等问题尤为突出，如何有效盘活这些困境项目成为业界关注的焦点。其中，"小股东操盘+融资代建"模式作为一种创新的解决方案逐渐受到市场的青睐。本文将对这一模式进行探讨，分析其核心概念、操作方式、适用场景以及潜在风险，并结合实例加以阐述。

（一）小股东操盘的核心概念与优势

小股东操盘，顾名思义，是指通过引入有经验的小股东团队对项目进行全面的管理和运营，以实现项目的盘活。在这种模式下，小股东团队通常具有丰富的房地产开发和管理经验，能够有效地整合资源、优化运营，并提升项目的市场价值。其优势主要体现在以下几个方面。

专业性强：小股东团队往往由经验丰富的房地产专业人士组成，具备强大的项目管理和运营能力。

灵活性高：由于小股东团队规模相对较小，因此在决策和执行方面更加灵活高效。

资源整合能力强：小股东团队善于整合各方资源，主要包括资金、人力、技术等，为项目提供全方位的支持。

（二）融资代建的操作方式与关键要素

融资代建是小股东操盘模式中的重要环节，主要涉及以下几个步骤。

资金引入：当原项目方资金不足时，可以引入外部资金方，通过融资的方式解决资金问题。这通常需要纾困基金或者外部资金方受让项目的部分股权（采用明股实债的方式），为项目提供必要的资金支持。

代建团队指定：为了保障项目的顺利推进，资金方往往会指定专业的代建团队进行项目的开发和管理。代建团队的选择至关重要，直接关系到项目的成败。

项目开发与销售：在代建团队的领导下，项目进行开发并在完成后进行销售。销售回款将用于清偿融资并转回股权给原项目方。

在选择融资代建模式时，需要注意以下几个关键要素。

代建品牌团队的选择：一个优秀的代建团队不仅能够提升产品的溢价力，还能够保障项目的顺利推进和品质保障。因此，在选择代建团队时，需要充分考虑其品牌实力、过往业绩以及团队能力等因素。

代建成本与融资成本的评估：这是保障项目经济效益的重要因素。需要对代建费用和融资利息等成本进行合理估算，并与项目收益进行比较分析，以保障项目的盈利性。

沟通与决策机制的建立：由于小股东与资金方、代建团队之间可能存在利益冲突，因此需要建立完善的沟通机制和决策流程，以避免纷争的发生。这主要包括定期召开项目会议、明确各方职责和权限、制定争议解决机制等。

（三）适用场景与操作流程

"小股东操盘+融资代建"模式主要适用于以下场景。

第一，资金缺口项目：该模式特别适合那些具有初步资金积累但遭遇后续开发瓶颈的项目，如土地已购入、部分前期工程完成，但后续建筑、营销等资金链断裂的项目。

第二，市场潜力大：项目需位于有明显增长潜力的区域，市场调研显示有强劲的住宅或者商业地产需求，且项目的地理位置、周边配套等硬性条件优越。

第三，债务清晰：原项目债务结构简单，无或者有较少复杂债权关系或者法律纠纷，便于新进资金方快速介入并实施资金注入及重组。

操作流程大致如下：

第一，初步接洽与意向确立：项目方与潜在资金方通过行业会议、中介引荐或者直接接触，进行初步沟通，表达合作意愿，共享项目基本信息。

第二，尽职调查与评估：资金方派遣专业团队，对项目进行全面的尽职调查，包括但不限于财务审计、市场调研、法律尽调，以评估项目可行性及风险。

第三，协议签署：基于尽职调查结果，双方协商确定合作框架，包括资金投入规模、成本控制、代建管理费、利润分配、风险分担机制等，并正式签署合作协议。

第四，资金注入与团队部署：资金方按协议注入资金，同时指定或者组建专业代建团队，团队负责项目后续的施工管理、营销策划等工作。

第五，项目执行与监控：代建团队执行项目开发，资金方与项目方共同监督进度与质量，保障项目按计划推进。

第六，销售与结算：项目完工后，营销团队启动销售，回收资金。根据合同约定，优先清偿融资，完成财务结算后，按照事先协议恢复或者重新分配项目股权，比如可转回股权给原项目方。

（四）潜在风险与防范措施

虽然"小股东操盘＋融资代建"模式具有诸多优势，但也存在一定的潜在风险。主要包括以下几个方面。

市场风险：市场突变可能导致项目销售困难或者价格下跌，销售受阻可能会影响融资的清偿和股权的转回，因此，应建立市场预警机制，灵活调整销售策略，必要时可考虑持有部分物业等待市场回暖。

代建团队风险：选择代建团队时，需进行严格背景调查、业绩审核，设立阶段性考核指标，并建立违约责任追究机制。如果代建团队未能如期完成项目或者品质不达标，可能会给项目方和资金方带来损失。

法律风险：由于房地产行业的法律法规较为复杂且不断变化，因此可能存在合规性风险。因此，建立完善的法律风险防范机制并聘请专业法律顾问，定期进行法律合规审查，保障项目全程合法合规，及时应对政策变动。

（五）实例分析与经验教训

以清远城区某项目为例，该项目引入了某品牌融资代建旨在解决资金问题并提升项目价值。然而，在实际操作过程中由于代建团队与项目方之间的纷争导致项目二次停工，错失了黄金销售周期，最终陷入"烂尾"困境。这一案例揭示了在小股东操盘＋融资代建模式中选择合适的代建团队、建立有效的沟通机制和决策流程的重要性。同时也提醒我们在实际操作中需要充分考虑项目的实际情况和市场环境谨慎选择合作伙伴和团队。

团队匹配度：代建团队的选择需基于其专业能力与项目匹配度，且注重团队合作精神与沟通能力。

沟通机制：建立高效、透明的沟通机制，定期召开项目会议，保障各方信息同步，及时解决分歧。

决策流程：明确决策权责，设立快速响应机制，保障重要决策的高效执行，避免延误。

总之，"小股东操盘＋融资代建"模式作为一种创新的房地产纾困盘活方式具有一定的市场前景和应用价值。但在实际操作中需要充分考虑项目的实际情况和市场环境，选择合适的合作伙伴和团队，并建立完善的管理机制和风险控制体系，以尽可能保障项目的成功盘活和各方利益的平衡及最大化。

二、"转股+招募实力开发商+联合开发"方式

许多大型房地产公司面临着资金短缺、开发能力不足等问题，导致手中优质的土地资源无法得到有效利用。为了摆脱这种困境，一种名为"转股联合开发"的模式一度受到青睐。

（一）模式概述

转股联合开发，即原项目方通过股权转让的方式，引入有实力的开发商作为合作伙伴，共同进行项目的开发和运营。这种模式的核心在于整合双方的优势资源，实现互利共赢。实力开发商通常具备雄厚的资金、先进的管理经验和强大的品牌影响力，能够有效弥补原项目方的不足，推动项目的顺利进行。

（二）适用场景与条件

该模式主要适用于以下场景：原项目方拥有优质的土地资源，但缺乏足够的开发资金和开发能力；项目的市场价值较高，具有较大的盈利潜力；同时，项目的债务情况相对清晰，没有复杂的法律纠纷和财务问题。在满足这些条件的情况下，转股联合开发模式能够充分发挥作用，实现项目的快速盘活。

（三）操作流程与细节

1. 前期评估与合作意向沟通

原项目方首先需对自身项目进行全面评估，包括土地位置、潜在价值、开发潜力、市场分析等，明确合作需求。随后，通过行业会议、中介推荐或者直接接触，与潜在开发商建立联系，共享项目概况，表达合作意向。

2. 尽职调查与评估

双方意向明确后，开发商将对项目进行全面尽职调查，涵盖法律、财务、市场、技术和管理等多个维度，以科学评估项目风险与价值。此阶段可能包括土地使用权状态、规划许可、环保要求、潜在的法律诉讼、财务报表真实性等。

3. 股权转让的精细规划与实施

在启动股权转让阶段，原项目方与意向实力开发商首先需展开深入的商务洽谈，这一过程不仅包括股权交换比例、估值定价、资金注入方式、管理架构、收益分配等核心条款，还需细致评估项目的市场定位、现有资产状况、未来增值潜力及潜在市场风险等多维度因素。双方可聘请第三方专业机构进行资产评估，保障估值的客观性和公允性。

同时，考虑到税务规划与法律合规性，建议在律师和会计师的指导下设计转让架构，规避可能的法律风险与税费负担，保障交易的公平合理与合法性。

4. 合作协议的严谨制定与签署

股权转让完成后，双方应立即着手准备并签订一份详尽的合作协议。该协议应涵盖但不限于以下几个核心条款：明确双方的责任边界、权利义务分配，保障双方对合作框架有清晰的认识；设定合作的具体期限，以及续期或者提前终止的条件；确立利润分配机制，包括分配比例、计算方式、分配时间点等；建立决策机制，定义重大决策的决策流程和决策权归属，保障合作过程中的高效决策；同时，加入争议解决条款，为未来可能出现的分歧预设解决路径，包括调解、仲裁或者诉讼等选项。协议的每一条款都应经过双方法律团队的严格审阅，保障其严谨性和可执行性。

5. 共同开发运营的高效协同与管理

进入共同开发运营阶段，双方需建立高效的沟通机制与协同作业流程，保障项目管理的透明度与执行力。这包括但不限于：设立联合管理委员会或者项目指导小组，定期召开会议，讨论项目进展、预算执行情况、市场反馈及调整策略；明确分工，原项目方可能在土地获取、地方关系处理上更有优势，而实力开发商则在项目规划、建设管理、营销推广等方面提供专业力量；实行资金共管制度，保障资金的合理使用与安全；同时，重视项目质量管理，引入第三方监理，保证工程质量符合标准，按时交付。此外，双方还需关注市场动态，灵活调整营销策略，以应对市场变化，共同推动项目价值的最大化。

6. 项目运营与收益分配

项目完成并进入销售或者运营阶段后，根据协议分配收益，完成财务结算，保障双方利益的兑现。

（四）关键要素与风险点

1. 精准合作方甄选：强强联手的基石

在转股联合开发模式中，合作方的选择是决定项目成败的首要关键。

项目方需进行深入的尽职调查，不仅考量合作方的财务实力，包括但不限于资产规模、现金流状况和融资能力，还需评估其开发经验和历史项目成功率，保障对方具有成功运作类似项目的能力。品牌影响力同样不容忽视，强大的品牌背书能够为项目吸引更多的市场关注和消费者信赖，加速销售进程。此外，合作方的企业文化、管理风格以及过往合作案例的评价，也是评估其是否适合作为合作伙伴的重要参考指标。各方应保持持续的透明沟通机制，保障信息对称，及时解决合作中出现的任何误解或者分歧。

2. 灵活合作模式定制：契合需求的"双赢"策略

合作模式的选定需基于项目方的具体需求和现状，灵活设计合作框架。现金+增资扩股模式可在项目急需资金注入的同时，通过稀释股份引入战略投资者；纯增资扩股则适合项目资金压力不大，但需引入资源或者品牌提升的场景；而转让部分项目股权则适用于希望快速回收部分投资、降低自身风险的情况。

每种合作模式的优劣需综合分析，包括对控制权的影响、资金成本、税务考量以及长期合作潜力等，通过专业的财务和法律咨询，保障选择最适合项目发展的合作方式。

3. 合作期间精细化管理：保障项目与资金的双安全

合作期间，项目方应实施精细化管理，保障合作顺畅进行。首先，建立高效的决策机制，明确双方在项目决策中的权限和责任，保障决策迅速且有效。其次，加强财务监督，实施共同监管的财务体系，定期进行财务审计，保障资金流向透明，有效防控财务风险。此外，规范销售资金管理，设立专户管理销售回款，保障资金安全，合理分配利润，保障双方利益的公平与透明。

项目方应聘请专业法律和财务顾问，保障所有交易合法合规，财务结构稳健，避免潜在的税务问题。

4. 风险识别与应对机制：未雨绸缪的风控体系

转股联合开发模式的风险管理至关重要，项目方需建立全面的风险识别与应对机制。一方面，通过合同条款明确双方的权利义务，设置违约条款及赔偿机制，预防合作方违约行为。另一方面，持续监测市场环境变化，如政策调整、经济波动等，建立风险预警系统，制订应急计划，如灵活调整营销策略、成本控制措施等，以应对市场不利变化。同时，加强与合作方的沟通与协作，共同应对不可预见的外部风险，保障项目稳健推进。

项目方可实施第三方监督和定期审计，保障资金合理使用，项目质量与进度符合预期。

（五）佛山某地产项目"转股+联合开发"案例

在房地产行业，转股联合开发模式作为困境项目重生的创新策略，其成功与否在很大程度上依赖于合作双方的精准匹配与高效协同。佛山某地产项目的经历，无疑为这一模式的应用提供了深刻而具体的镜鉴。

该项目原计划通过引入知名品牌地产商，以转股形式实现困境逆转，但最终却陷入开发停滞、资金流失、股东负债累累的泥潭。核心问题在于，项目方在合作初期过分看重潜在伙伴的品牌光环和市场影响力，而忽略了对其实质的深度审查，特别是财务健康度和信用记录。合作过程中，合同的签订与执行漏洞百出，如权利义务界定模糊、条款不够严谨，导致项目方在合作中被动，无法有效把控局面，资金流向不明，项目管理混乱。

这一案例为我们提供了宝贵的教训：在选择合作方时，绝不能仅凭表面光环，深入的背景调查、全面的风险评估是前提，一定要审慎考虑对方的实力和信用等因素；在签订合作协议时要尽可能明确双方的权利和义务等关键条款，合同的严谨性、操作的规范性是合作安全的保障；在合作期间要加大管控力度以保障项目的顺利进行和资金的合理使用，项目管理的透明度、沟通的高效是合作顺畅的桥梁。每一个环节都需谨慎对待，任何一个疏忽都可能成为合作的致命伤。

最终，转股联合开发模式的成功不仅在于模式本身的优势互补，更在于合作双方的智慧选择、策略的周全、管理的精细化。这要求房地产企业具备更强的市场洞察力、风险预判力及精细化运营能力，通过不断学习与实战，提升合作的艺术，实现共赢的局面，让转股联合开发模式成为困境项目再生的强有力推手。

三、债务重组盘活模式

为了解决房地产项目债务问题，业界不断探索新的解决方案，其中债务重组盘活模式逐渐受到市场的青睐。

（一）模式概述与背景

债务重组盘活模式是指通过纾困基金或者资产管理公司（AMC）等专业机构介入，以折价收购项目债权为起点，与项目方达成债务重组和解，进而指定专业开发商代建，最终通过销售回款清偿重组债务并实现项目利润分配的盘活方式。这一模式旨在解决困境项目中的债务问题，释放项目的潜在价值，推动房地产市场的健康发展。

（二）适用场景与条件分析

债务重组盘活模式主要适用于以下场景：一是原项目方债务较重但清晰，这是进行债务重组的前提条件；二是项目本身具有可散售回现的能力，这意味着项目具有一定的市场吸引力；三是项目的后续开发具有商业价值，这是保障债务重组后项目能够持续盈利的关键。同时，该模式还要求项目方、债权人、纾困基金或者资产管理公司以及代建开发商之间能够建立良好的合作关系，共同推动项目的盘活。

（三）操作流程与关键要素解析

第一，债权收购与尽职调查：纾困基金或者资产管理公司首先对困境项目进行尽职调查，评估项目的潜在价值和风险。在确认项目符合债务重组条件后，以折价方式收购项目债权，降低债权人的损失，为后续的债务重组和解创造条件。

第二，债务重组和解与方案设计：在债权收购完成后，纾困基金或者资产管理公司与项目方进行深入的谈判和协商，达成债务重组和解。和解方案的设计需要充分考虑项目的实际情况、债权人的利益诉求以及市场的接受程度，保障方案的合理性和可行性。常见的和解方式主要包括债务减免、延期还款、部分项目分红等。

第三，指定开发商代建与品质保障：为了保障项目的顺利推进和品质保障，纾困基金或者资产管理公司会指定专业的开发商进行项目的代建。代建开发商需要具备丰富的开发经验和市场信誉，能够保障项目的按时交付和品质达标。同时，在代建过程中还需要加强与项目方的沟通和协作，保障项目的顺利进行。

第四，销售回款与债务清偿：在项目代建完成后，通过制定合理的销售策略和价格体系，实现销售回款。销售回款将优先用于清偿重组后的债务，保障债权人的利益得到保障。同时，还需要加强与金融机构的合作，保障销售资金的及时回笼和合规使用。

第五，利润分配与风险共担：在清偿完重组债务后，剩余的项目利润将按照约定的比例进行分配。利润分配需要充分考虑各方的贡献和风险承担情况，保障公平合理。同时，还需要建立风险共担机制，共同应对可能出现的市场风险和经营风险。

（四）债务重组模式下的广州某地产项目再生之路案例

广州某地产项目，作为一个经典的债务重组盘活案例，通过精心策划的债权收购、债务重组、精准的代建销售策略，成功地完成了项目再生，为行业提供了丰富的实践智慧和启示。以下是该案例的深入分析：

操作细节与策略制定：项目之初，项目方通过深入分析市场趋势和项目现状，识别出债务重组的关键点。在此基础上，精心设计了债权收购策略，有针对性地整合了分散的债权，有效集中了债务结构。这一过程要求对市场有敏锐的洞察力和对项目的深入理解，保障收购成本控制在合理范围内，同时避免不必要的法律纠纷。

多方协调与沟通：在整个重组过程中，项目方高度重视与债权人、新引入的投资方、代建团队、销售代理机构及政府部门等多方的沟通与协作。通过定期召开协调会议，透明化重组进展，及时解决各方关切，保障利益一致性，这极大促进了重组方案的平稳推进。特别是与债权人的沟通，通过透明化重组计划，获得了理解和支持，为后续债务重组安排奠定了良好的基础。

法律法规遵守与市场适应性：面对不断变化的法律法规环境，项目团队保持高度敏感性，聘请专业法律顾问，保障每一项操作符合最新法规要求，避免法律风险。同时，市场环境的波动也没被忽视，项目方动态调整销售策略和价格策略，抓住市场窗口期，最终实现快速去化。

关键经验总结。

第一，策略定制化：深入分析项目特性和市场环境，制定定制化重组策略，保障方案的可行性和有效性。

第二，沟通机制：建立健全沟通协调机制，保障多方信息对称，协同一致行动，降低项目执行阻力。

第三，法律合规：严格遵守法律法规，适时调整策略以适应法律变更，规避法律风险。

第四，市场敏感性：灵活调整销售策略，利用市场波动，加速资产变现，实现项目价值最大化。

通过这一系列周密部署和灵活应对，广州某地产项目不仅成功地解决了债务问题，还激活了资产价值，为行业内的债务重组提供了宝贵的操作范例，证明了在复杂市场环境下，合理的债务重组策略和有效地执行是实现项目再生的关键。

四、司法拍卖出售盘活模式

随着房地产市场的不断演进，部分项目因债务、管理或者市场等多重因素陷入危困。在这些困境中，司法拍卖出售盘活模式作为一种独特的解决方案，逐渐显现出其效力和价值。下面将剖析这一模式的适用场景、操作流程、关键要素，并结合实例进行详细解读。

（一）适用场景：债务重压下的破局选择

司法拍卖出售盘活模式主要适用于以下三类项目：

第一，债务复杂巨大：当项目方背负着沉重且错综复杂的债务时，传统融资或者销售手段往往难以奏效。此时，通过司法途径对项目进行拍卖出售，成为一种有效的债务解决方式。

第二，项目具有继续开发潜力：尽管项目陷入危困，但其本身可能仍具备优越的地理位置、良好的市场前景或者未被完全挖掘的价值。这些因素为新投资方提供了接盘并继续开发的动力。

第三，可司法执行：项目已进入司法执行阶段，意味着其已经通过了法律程序的初步筛选和评估，具备了进行司法拍卖的基本条件。

（二）操作流程：从司法执行到拍卖成交

第一，推进法院司法执行：项目方需与债权人、法院等各方进行充分沟通，保障项目顺利进入司法执行程序。法院将对项目进行查封、评估等前期工作，为后续拍卖做好准备。

第二，启动司法拍卖程序：在法院的主导下，启动司法拍卖程序。这主要包括发布拍卖公告、确定拍卖时间地点、组织竞拍者报名等环节。为保障拍卖的公正性和透明度，整个过程需严格遵循法律规定。

第三，招商引入新投资方竞拍：通过拍卖公告等渠道，广泛招商引入潜在的新投资方。这些新投资方可能是房地产开发商、投资机构或者其他具备实力的企业。他们将对项目进行尽职调查和价值评估，以确定是否参与竞拍。

第四，后续开发：竞拍成功后，新投资方将接手项目并进行后续开发。这可能涉及重新规划、建设、销售等多个环节。新投资方需充分发挥自身优势，保障项目顺利推进并实现价值最大化。

（三）关键要素与考量

第一，司法拍卖的风险隔离：通过司法拍卖程序，项目与原项目方的债务得以有效隔离。这意味着新投资方在接手项目后不会受到原债务的影响，从而降低了投资风险。

第二，交易成本的精细测算：在司法拍卖过程中，土地增值税、过户费、拍卖佣金等交易成本不可避免。为保障项目的经济效益，新投资方需对这些成本进行精细测算和控制。

第三，拍卖定价的市场化考量：拍卖起拍价的设定对于拍卖结果具有重要影响。为避免起拍价与市场价相差过大导致流拍或者无法成功处置，法院在设定起拍价时需充分考虑市场因素，保障价格合理且具备吸引力。

（四）广州某"烂尾楼"项目的成功盘活实例

广州某在建"烂尾楼"项目因原项目方债务问题陷入停滞多年。在深入市场调研和评估后，项目方决定采用司法拍卖出售盘活模式进行处置。在整个操作过程中，有几个关键环节值得关注。

审慎的司法评估定价：为保障拍卖成功并最大化项目价值，项目方与法院、评估机构等进行了充分沟通，最终确定了既符合市场规律又体现项目实际价值的起拍价。

设条件招商拍卖：在招商环节，项目方设置了合理的竞拍条件，如付款方式、开发周期等，以筛选出真正具备实力和诚意的新投资方。

高效的后续开发：竞拍成功后，新投资方迅速接手项目并启动复工建设。凭借丰富的开发经验和市场资源，新投资方成功将"烂尾楼"项目转型为高品质住宅小区，实现了项目的华丽转身。

五、地产项目破产清算拍卖式盘活

在房地产市场的风云变幻中，一些地产项目因债务缠身、资金链断裂等原因陷入危困。然而，即使面临重重挑战，这些项目仍可能蕴藏着巨大的开发价值。地产项目破产清算拍卖式盘活，便是一种挖掘这些价值、实现项目重生的有效路径。

（一）适用场景剖析

地产项目破产清算拍卖式盘活主要适用于两大场景：其一，项目债务复杂且巨大，传统融资或者销售手段难以解决；其二，项目本身具备独特的地理位置、市场前景或者潜在价值，值得进一步开发。当这两个条件同时满足时，破产清算拍卖式盘活便成了一种可行的解决方案。

（二）操作流程细节展现

第一，向法院申请破产清算：这是整个流程的第一步。项目方需向法院提交详细的破产申请材料，主要包括项目背景、债务情况、自救措施及失败原因等。法院在受理申请后，将进行初步审查，以判断项目是否符合破产条件。

第二，法院裁定破产清算并指定管理人：若法院裁定项目符合破产条件，将正式启动破产程序，并指定管理人负责清算工作。管理人通常由具备专业能力和经验的律师事务所、会计师事务所等机构担任。

第三，管理人组织清算拍卖：在管理人的主导下，项目将进入清算拍卖阶段。管理人将制定详细的拍卖方案，主要包括拍卖时间、地点、竞买人资格条件等，并通过公开渠道发布拍卖公告。竞买人在报名参拍前，需对项目进行充分的尽职调查和价值评估。

第四，竞买人成功竞拍后接手项目：经过激烈的竞拍，最终胜出的竞买人将获得项目的所有权。竞买人需按照拍卖成交价格支付款项，并承担项目后续开发的全部责任。在此过程中，政府平台公司的参与往往能为项目提供更有力的支持和保障。

（三）松日总部大楼再生之路案例

松日总部大楼的破产清算与拍卖转手，是地产行业一个生动且富有启发性的项目盘活实例。该项目曾承载着宏伟愿景，却不幸陷入建设中断，工程进度停摆，尽管已推进至80%，但其背后的债务负担之重、结构之复杂，迫使原项目方回天乏术，最终不得不向法院提交破产申请，经法定程序后，项目正式步入清算轨道。

清算阶段，松日总部大楼的评估价值被谨慎定格于2.63亿元，这反映出其潜在的市场价值和地段优势。然而，破产拍卖并非一帆风顺，经过激烈竞价，最终以一个引人注目的51%折扣，即13.1亿元成交，这标志着市场对项目困境的真实反映及潜在投资者的精明判断。

接手松日总部大楼的，是一家政府背景的平台公司，这不仅展示了政府在处理不良资产、激活城市建设项目中的角色，也预示了其对城市规划和经济发展的长远考量。该公司不仅通过竞拍获得了项目控制权，更承诺承担起未来开发的全部责任，包括完成建设、营销、运营等系列挑战，以项目重生为目标。

这一案例彰显了破产清算拍卖在地产项目盘活中的作用——在原有业主无力继续运营情况下，通过法律程序合理评估、公开拍卖，吸引新的投资主体介入，实现资产价值重估和项目重启。松日总部大楼的转手，不仅是一次资产的转让，更是资源再分配与市场活力的重新激活，为类似困境项目提供了可借鉴的解决范例。

六、"破产重整+共益债融资"盘活地产

在复杂的房地产市场环境中，一些项目因资金链断裂、债务积累等多种原因而陷入停滞，甚至面临烂尾的风险。针对这些困境项目，尤其是那些债务结构复杂、规模庞大的案例，破产重整与共益债融资相结合的模式逐渐显现出其独特的优势。

（一）适用场景细化分析

破产重整结合共益债融资的策略，特别适用于以下几类复杂且具有挑战性的房地产项目情境。

多层债务结构与巨额债务负担：这类项目通常牵涉多级债权人结构，债务链错综复杂，总债务规模庞大，常规融资手段难以有效解决资金链断裂问题。共益债融资以其特殊性质，为解决此类项目提供了一条可行路径。

半途而废的开发项目：已进行一定规模投资但因市场波动、政策调整、管理不善等因素中断的项目，面临着复工资金短缺和市场信任度下降的双重挑战。破产重整加共益债融资的模式，可重新激活项目，恢复市场信心。

司法拍卖难题与高额税负：在某些情况下，司法拍卖程序复杂、周期长，加之土地增值税等高额税费，使项目难以通过拍卖快速回笼资金。共益债融资绕过这一难题，直接为项目注入亟须的流动性。

（二）操作流程细节展现

破产重整的启动与法律程序：项目方在确信无法通过常规途径解决债务危机时，

向法院提交破产重整申请。法院经严格审查，确认项目具有重整价值后，予以受理并指派专业机构如律所或者会计事务所为管理人，负责整个重整过程的规划与执行。

共益债投资方的招募与资金注入：管理人在法院指导下，积极寻找并筛选有实力的共益债投资方。共益债资金专项用于支付重整期间的运营费用、维持企业基本运转及推动项目继续开发。这一融资方案需经法院审核批准，并保障其在破产清算中的优先偿付地位，以降低投资风险。

专业开发商的引入与项目重启：获得共益债资金后，管理人将优选有丰富经验和良好市场口碑的开发商进行项目代建。代建方全面接手项目开发工作，从规划设计、施工管理到市场营销，凭借其专业能力与市场资源，快速推进项目重建，恢复市场活力。

房产销售与债务清偿机制：项目完成并成功销售后，所得收益首先用于清偿共益债，保障共益债投资方的优先利益。随后，按照法律规定顺序逐步清偿其他各类债务。任何剩余收益将依据重整计划中的约定，合理分配给原项目方、债权人及可能的股权持有者，实现多方利益的平衡与项目的最终救赎。

（三）"破产重整＋共益债融资"模式下的某广场烂尾楼盘活案例

某广场项目，原是一个充满活力的商业与住宅并举的综合型房地产开发项目，却不幸突然遭遇资金链断裂，被迫停工，负债总额超过了惊人的数亿元。在这样巨大的债务压力和错综复杂的债权交织之下，项目方勇敢地采取了破产重整与共益债融资相结合的创新策略，寻求项目新生。

在当地中级人民法院的权威裁定下，某广场项目正式踏上了破产重整的征程，并在这一过程中成功吸纳了近亿元的共益债投资。这笔至关重要的资金不仅覆盖了重整期间的所有必需开销，更为项目的后续建设提供了强有力的后盾与推动力。同时，项目管理人深思熟虑，精心引入了一家兼具丰富经验与实力的开发商，通过代建模式，有力保障了项目的稳步向前推进。

历经数年的不懈努力，某广场项目终于涅槃重生，部分房产成功推向市场并顺利完成销售。遵照着精心规划的重整蓝图，共益债务率先得到了妥善清偿，而其他债务亦在有序解决中，逐步减轻了项目的负担。这个案例不仅为困境中的房地产项目点亮了一盏灯，更是生动展示了破产重整与共益债融资结合模式的独到之处及其高效应用性。

某广场"烂尾楼"的华丽转身，不仅美化了城市景观，提升了居民的生活质量，更在房地产领域书写了宝贵的篇章，为处理类似困境项目提供了鲜活的参照范本：

破产重整模式的创新引领：此案例显著表明，创新地将破产重整与共益债融资联姻，为复杂债务结构的大型房产项目铺设了重生的可行之道。它在法律框架下绝妙地隔离旧债，利用金融创新激活新资源，为市场重塑了信心，展现了在复杂债务与大规模烂尾项目面前，法律智慧与金融创新并用的破冰之力。

共益债融资的独到之处：共益债在项目中的运用，凸显了其优先受偿特性，不仅有效降风险，吸引资本注入，还平衡了债权人利益，为项目再生搭建了共赢桥梁。共益债融资的引入，犹如一股清流，为项目注入了活力，降低了风险预期，提高了投资吸引力，促成了各方的共同进退。

代建模式的力量：项目成功之处还在于引入了实力派开发商代建，他们的专业管理、市场敏锐度和资源整合能力，不仅解决了"烂尾"项目的运营真空，还通过专业提升项目品质，最终实现了资产的增值，是项目重生的关键一环。

综上所述，某广场项目通过破产重整与共益债融资的巧妙结合，加之实力开发商的代建模式，不仅实现了自我救赎，更为业界提供了一个在困境中寻求突破的鲜活样本，展现了创新破产重整模式的实用价值与共益债融资的优越性，以及专业代建模式的必要性与成效。

七、"破产重整 + 招募重整投资方"盘活地产

在房地产市场的长河中，一些项目因资金链断裂、市场变化、政策调整等多重因素陷入危困，成为烂尾或者停滞项目。这些项目背负着沉重的债务负担，传统手段往往难以有效盘活。然而，破产重整结合招募重整投资方的策略，为这些困境房地产项目提供了一条可行的出路。下面将详细解析这一模式的操作细节、关键要素，并结合实际案例，展示其在实际应用中的成效与启示。

（一）适用场景与项目特点

破产重整结合招募重整投资方主要适用于以下几类具有特点的房地产项目：

债务结构错综复杂：项目涉及多个债权人，主要包括银行、信托、供应商等，债务关系错综复杂，难以通过简单协商达成一致。

已开发但陷入"烂尾"：项目已完成部分开发，但因各种原因导致工程停滞，无法按时交付，造成大量资源浪费。

司法拍卖受阻或者税负沉重：项目面临司法拍卖流程复杂、时间长、成本高的问题，或者需承担高额的土地增值税等税负，导致价值大幅缩水。

（二）操作流程与关键要素

第一，破产重整申请与法院裁定：项目方向法院提出破产重整申请，法院经审查认为符合重整条件的，裁定受理并指定破产管理人。管理人负责全面接管项目，维护

债权人利益，推动重整进程。

第二，招募重整投资方与资产管理公司等机构参与：管理人通过公开、透明的方式招募重整投资方，引入具有资金实力和开发经验的战略投资者。同时，鼓励资产管理公司等机构参与重整投资，提供配资融资、债务重组等专业服务。

第三，制定与实施重整方案：管理人根据项目实际情况制定重整方案，主要包括债务清偿计划、后续开发策略、销售策略等。方案需经债权人会议审议通过，并报法院批准后实施。在此过程中，管理人需与各方密切沟通，保障方案的科学性和可行性。

第四，盘活开发与价值回归：在重整投资方的支持下，项目重新启动开发工作，完成烂尾部分的建设，进行市场推广和销售。通过引入优质资源和创新运营模式，实现项目的价值提升和回归。同时，管理人需持续监督项目的运营情况，保障债权人的利益得到最大化保障。

（三）某新城"烂尾楼"案例剖析

某新城"烂尾楼"项目是一个典型的通过破产重整结合招募重整投资方成功盘活的案例，生动诠释了困境项目重焕新的可能性。该项目自 20 世纪末起始，不幸经历了漫长的停滞，在 20 年后仍留下大片未开发土地与巨额债务悬而亟待解决。面对如此困境，法院适时介入，裁定项目进入破产重整程序，并委任命了专业管理团队，以此为项目重启奠定坚实基础。

管理团队在重整进程中，发挥关键作用，通过公开透明的招标机制，精心筛选并成功吸引了拥有雄厚开发经验和广泛市场资源的重整投资方。同时，不良资产管理公司的介入成为关键助力，为项目提供全面的金融策略与服务支持，包括但不限于资金结构优化、融资方案设计等，为项目注入了强心脉动。

在重整投资方的积极推动下，项目不仅重启了开发引擎，更在策略上勇于创新，采用新颖的市场营销与运营模式，包括灵活的预售策略、社区营造、特色主题营销等，有效激活了市场关注与购买力。几年间，项目不仅完成了"烂尾"部分的圆满建设与顺利销售，更实现了项目整体价值的显著提升与品牌形象的重塑。

此案例中，债权人的利益得到了充分保障，通过有效的债务重组方案与资产升值，大部分债权人获得了超出预期的清偿，重建了市场信心。此外，项目的成功激活还为当地社区带来积极影响，推动了城市更新，带动周边经济活力，改善居民生活环境，提升了公共设施，为城市的可持续发展贡献了一份力量。此案例充分展示了破产重整加招募投资方模式在激活"烂尾楼"项目中的高效与深远价值，为同类困境项目提供了宝贵经验借鉴。

第十三章

上市公司纾困

第一节 上市公司危困成因

自沪深交易所建立以来，我国资本市场经历了迅猛的发展。截至目前，包括主板、中小板、创业板和科创板在内的上市公司数量已达到相当规模，稳坐全球第二大资本市场的宝座。然而，在这股发展热潮中，也不乏上市公司因市场环境的变迁、经济周期的波动、政策调整的影响或者内部管理的疏漏等多重因素，遭遇经营困境。这些公司不得不选择通过并购重组、破产重整，甚至面临强制退市等路径来寻求出路。

资本市场中对困境资产的定义主要依据交易所发布的《证券交易所股票上市规则》。该规则通过实施风险警示、退市风险警示等措施，对那些出现经营难题、财务状况恶化或者内部控制不合规等问题的企业进行特别标注。这样的做法旨在提醒投资者注意风险，帮助他们更好地识别并应对潜在的投资风险。

上市公司陷入危困往往并非单一原因所致，而是多种因素交织的结果。

（一）外部环境的变化

宏观经济波动主要包括全球经济形势、国内经济政策等方面。在全球化背景下，上市公司往往受到国际经济环境的影响。例如，全球性的经济危机或者金融市场动荡可能导致投资者信心下降，资本市场融资难度增加，进而影响公司的运营和扩张计划。国内货币政策、财政政策等经济政策的调整也会对公司经营产生影响。如紧缩的货币政策可能导致企业融资成本上升，影响盈利能力。

行业环境方面，著名战略家迈克尔·波特提出的五种竞争力模型为我们提供了深入的分析框架。这五种力量——行业内竞争、新进入者威胁、替代品威胁、买方议价能力和卖方议价能力——共同决定了企业在行业中的盈利潜力。而这一切又都与宏观经济状况、政策法规等因素紧密相连。

政策法规的变动，特别是环保、安全生产以及数据保护和隐私法规的加强，正成为上市公司必须面对的新挑战。随着社会对这些问题的关注度提升，相关法规日趋严苛。为达到新的环保和安全标准，企业需要增加投入，这无疑会抬高运营成本。在数字经济蓬勃发展的今天，数据保护和隐私法规的加强也要求企业加大合规投入，甚至可能需要对业务模式进行相应调整。

技术变革，尤其是新技术应用和数字化转型，正在重塑企业生态。人工智能、大数据、云计算等技术的迅猛发展，要求上市公司不断跟进，以免被市场淘汰。数字化转型虽是企业发展的必由之路，但其所需的资金支持和人才储备对许多上市公司而言都是一项艰巨的挑战。部分企业未能跟上技术迭代的步伐，导致产品没有竞争力，主营业务的销售规模日益下降，库存量增大，单位成本上升，收入和净利润下滑，市场占有率下降，致使公司连续发生亏损，最终陷入财务困境。

最后，不可抗力因素，如自然灾害（地震、海啸、洪水、传染病等）和社会事件（战争、地区冲突、政变等），也可能对企业造成重大影响。历史上的"9·11"事件和疫情就是明证，这些事件给全球航空业和众多行业带来了空前的财务压力。

（二）内部管理问题

债务与担保风险。上市公司虽然可以通过适度负债来获取财务杠杆的收益，但过重的债务会成为企业的沉重负担，可能导致公司资金链紧张，增加融资成本，甚至引发支付危机和信用危机。同时，对外担保作为一种隐性债务，尤其是当担保额度接近或者超出公司净资产时，会极大增加公司的财务风险。一旦发生被担保人违约，公司可能需要承担连带责任，面临资产被冻结或者划扣的风险，甚至可能导致公司破产。

战略规划的失误。制定战略规划时的市场调研不足或者风险管理疏忽，可能导致产品定位不准确或者市场拓展策略失误，这将直接影响公司的销售业绩和市场占有率。同时，对潜在风险的忽视可能使公司在面临突发事件时措手不及，造成供应链中断、成本上升或者市场份额下降，对公司的长期稳定发展产生不利影响。

资产质量与结构问题。资产质量低下和资产结构不合理将直接影响公司的运营效率和盈利能力。货币资金短缺可能导致公司运营资金不足，影响日常经营活动的正常进行；应收账款过多可能增加坏账风险，影响公司现金流；存货积压且质量较差将占用大量资金并可能导致库存减值损失；固定资产老旧将影响生产效率和产品质量。这些问题都将对公司的财务状况和经营成果产生负面影响。

公司治理结构的混乱。公司治理结构混乱将严重影响公司的决策效率和透明度，可能导致公司资源分配不公、内部人控制和利益输送等问题。这将削弱公司的整体竞争力，损害中小股东的利益，甚至可能引发法律纠纷和监管风险。长期来看，公司治理结构的混乱将阻碍公司的健康发展和市场信任度的提升。

盲目扩张的风险。盲目和过度的扩张可能使公司陷入资金链断裂的境地。背离主营业务的多元化扩张可能导致公司资源分散、管理难度增加，甚至在新业务领域面临激烈的市场竞争而难以立足。这将严重损害公司的财务状况和股东利益，可能导致公司股价下跌、信誉受损甚至破产清算。

产品竞争力的缺失。产品缺少竞争力将直接导致公司市场占有率下降，销售收入减少，进而影响公司的盈利能力和现金流。长期来看，产品竞争力的缺失将使公司在市场竞争中处于不利地位，难以吸引和留住客户，对公司的生存和发展构成严重威胁。

组织结构的僵化。组织结构的僵化将阻碍公司的创新能力和市场响应速度。烦琐的决策流程可能导致公司错失市场机遇，降低客户满意度；同时，僵化的组织结构可能抑制员工的创新意识和工作积极性，影响公司的整体竞争力和长期发展潜力。

人力资源管理的问题。人力资源管理问题将导致公司人才流失严重，难以吸引和留住优秀人才，进而影响公司的核心竞争力和创新能力。同时，缺乏对员工的持续培训和发展计划的支持将使员工技能逐渐过时，无法满足市场和客户需求的变化，对公司的业务发展产生不利影响。

违法违规行为的后果。违法违规行为将严重损害公司的声誉和形象，降低市场信任度。一旦被证监会立案调查或者受到法律制裁，将导致公司股价大幅下跌、投资者信心丧失、合作伙伴解除合作关系等严重后果。此外，违法违规行为还可能使公司面临巨额罚款、赔偿甚至破产的风险。

（三）财务状况的恶化

流动性风险主要包括资金回笼困难、库存管理不善等方面。在应收账款管理不善或者客户信用状况恶化的情况下，资金回笼可能变得困难，进而影响公司的现金流和运营。库存积压过多不仅占用大量资金，还可能面临过时或者贬值的风险。

负债过高主要包括资本结构不合理、再融资困难等方面。过高的负债可能导致公司的资本结构不合理，增加财务风险。高负债可能影响公司的信用评级和再融资能力，进一步加剧财务困境。

（四）行业竞争加剧与市场需求变化

新兴竞争者往往具有更强的创新能力和灵活性，能够快速响应市场变化并抓住新的商业机会。新兴竞争者的涌入加剧了市场竞争，往往会对老牌公司形成冲击，上市公司需要投入更多资源来维护品牌和市场份额。

随着互联网技术的发展，消费者的个性化需求日益增加，购物渠道和支付方式发生巨大变化，上市公司需要不断创新、紧跟这些变化以保持市场竞争力，否则将面临被淘汰的风险。

总之，危困企业普遍面临类似的困境：现金流紧张，收支失衡，且在应对债务违约等风险时策略选择受限。这些企业通常会采取两种主要路径来脱困：一是通过清算流程，变卖企业资产以清偿累积债务；二是积极与债权人沟通，寻求债务减免、延期偿付或者新融资，以保持企业运营价值并力图扭转局面。

对于深陷财务或者经营危机的 A 股上市公司而言，破产重整往往成为它们重寻生机的关键途径。在此情境下，债权人或者相关利益方会向法院提出破产申请，并附带破产重整的请求。法院将指定重整管理人，由其牵头与各方利益代表进行深入协商，精心制订重整计划。这些计划详细规划了债务清偿、债权股权结构调整以及员工安置等核心环节，旨在引领危困上市公司走出困境，迎接新的生命周期。

第二节　上市公司危困应对方式

在当前经济发展面临多重不确定因素，如需求收缩、供给冲击及预期转弱的复杂环境下，上市公司作为商业企业界的佼佼者，其如何应对危困局面并实现涅槃重生的策略，无疑值得我们剖析与总结。

上市公司陷入危困后的主要应对策略包括融资策略、并购重组策略、经营管理策略等三方面。

一、融资策略

（一）融资策略的核心地位

融资策略在上市公司应对危困局面时具有核心地位。一方面，通过融资，公司可以迅速获取资金，以应对运营、扩张、研发或者偿债等需求，保持公司的竞争力和市场地位。另一方面，合理的融资安排可以降低公司的财务成本和风险，优化公司的资本结构和治理结构，提升公司的市场价值和股东回报。

（二）股东再投资策略

股东再投资策略是上市公司在面临资金困境时的重要选择之一。具体而言，这一策略主要包括权益增发和优先股发行两种方式。

1. 权益增发的操作要点与风险防范

权益增发，即通过向现有股东发行新股来筹集资金。这种方式的优点在于可以快速增加公司的股本和资本金，提升公司的偿债能力和抗风险能力。同时，权益增发还可以优化公司的股权结构，增强公司的治理效能。然而，权益增发也可能导致股权稀释，损害现有股东的利益。因此，在实施权益增发时，公司需要谨慎确定发行价格、发行数量和发行对象，保障增发活动的公平性和合理性。

2. 优先股发行的优势与局限

优先股发行是另一种股东再投资策略。优先股具有固定的股息率和优先受偿权，对投资者而言具有较高的安全性。对于公司而言，发行优先股可以筹集稳定的长期资金，且不会稀释普通股股东的权益。然而，优先股的发行也存在一定的局限性。例如，优先股的股息支付可能会增加公司的财务负担；同时，优先股的投票权限制也可能影响公司的决策效率和治理结构。因此，在发行优先股时，公司需要综合考虑自身的财务状况、融资需求和治理结构等因素。

（三）直接融资策略的多元化应用

直接融资策略是指公司直接向资金提供者筹集资金的方式。这种策略具有融资速度快、成本低等优点，是上市公司常用的融资方式之一。具体而言，直接融资策略主要包括银行贷款、债券发行、租赁融资和股票质押融资等多种方式。

1. 银行贷款的操作技巧与风险管理

银行贷款是上市公司最常用的融资方式之一。通过与商业银行建立信贷关系，公司可以获取短期或者长期贷款，以支持日常运营或者长期投资。在申请银行贷款时，公司需要充分了解各家银行的贷款政策、利率水平和还款方式等信息，选择最适合自己的贷款方案。同时，公司还需要注意贷款合同中的各项条款，保障自身权益不受损害。在贷款使用过程中，公司需要合理安排资金用途和还款计划，避免出现逾期或者违约等风险事件。

2. 债券发行的市场选择与信用评级

债券发行作为上市公司筹集长期资本的核心渠道，不仅涉及多样化的金融工具，如公司债、企业债及可转换债券等，还深刻影响企业的资本结构与市场形象。在这一复杂过程中，精准的市场定位与积极的信用评级管理是保障成功融资的两大关键要素。

企业在选择债券发行市场时，应进行深度的市场分析，包括但不限于市场规模、流动性水平、投资者构成及其偏好。对于寻求大规模融资的企业，大型且流动性强的国际市场可能是首选，它们能吸引全球范围内的机构投资者，提高发行效率。而对于希望维持本土投资者关系或者规避汇率风险的企业，国内债券市场则更为适宜。同时，考虑市场对特定类型债券的接受度，如绿色债券在环保意识强的市场可能更受欢迎，也是关键一环。企业还需评估不同市场的监管环境，选择监管政策稳定且有利于债券发行的地区。

信用评级是影响债券利率和发行成本的关键因素。企业应主动与国际知名及国内权威的信用评级机构如穆迪、标准普尔、惠誉以及联合资信等建立联系，通过提供翔实的财务数据、清晰的发展战略、稳健的偿债计划等，争取获得更高的信用评级。此外，展示公司的财务透明度、良好的治理结构、历史信用记录以及应对市场变动的能力，都是提升信用评级的重要方面。值得注意的是，信用评级并非一成不变，企业应持续关注市场反馈，及时调整策略，维护和提升评级，以实现融资成本的持续优化。

在整个债券发行过程中，企业必须严格遵守国内外相关法律法规，包括信息披露要求、投资者保护条款以及反欺诈与操纵市场的规定。保障发行文件的准确无误，以及路演、定价和配售环节的公平透明，是维护企业声誉与市场信心的基础。同时，建立有效的内部控制机制和风险管理体系，预防和应对发行过程中可能出现的合规风险，是保护投资者利益、促进市场健康发展的重要保障。

3. 租赁融资的灵活运用与风险控制

租赁融资是一种较为灵活的融资方式。通过租赁方式获取资产使用权，公司可以降低初期投资成本，减轻资金压力。在选择租赁融资时，公司需要充分了解租赁市场的行情和租赁公司的信誉状况等信息，选择最适合自己的租赁方案。同时，在签订租赁合同时，公司需要注意合同中的各项条款和租金支付方式等细节问题，避免出现法律纠纷或者财务风险。在使用过程中，公司还需要合理安排资产的使用和保养计划，保障资产的正常运转和价值保值。

4. 股票质押融资的风险评估与防范策略

股票质押融资是一种将持有的股票作为质押物获取贷款的方式。这种方式不稀释股东权益，且融资速度较快。然而，股票质押融资也存在较高的风险。例如，股价波动可能导致追加质押或者强制平仓等风险事件；同时，质押股票的流动性也可能影响公司的还款能力和信誉状况。因此，在进行股票质押融资时，公司需要充分评估自身的风险承受能力和质押股票的价值稳定性等因素，并制定相应的风险防范策略。例如，公司可以设定合理的质押率和警戒线，以控制风险敞口；同时，公司还可以积极与质权人沟通协商，争取更有利的融资条件和还款安排。

（四）间接融资策略的巧妙运用

间接融资策略是指公司通过中介机构或者金融市场筹集资金的方式。这种策略具有融资渠道广泛、投资者众多等优点，可以为上市公司提供更多的融资选择和机会。具体而言，间接融资策略主要包括股票增发和配股等方式。

1. 股票增发的时机把握与定价策略

股票增发是上市公司通过向新投资者或者现有投资者增发新股来筹集资金的方式。在进行股票增发时，公司需要准确把握市场时机和投资者需求等信息，确定最合适的增发时机和发行规模。同时，为了提高增发的成功率和降低融资成本，公司还需要制定合理的定价策略。例如，公司可以根据市场行情和同类公司的估值水平等因素来确定发行价格区间；同时，公司还可以采用询价、竞价等市场化定价方式来保障发行价格的公平性和合理性。

2. 配股的比例确定与股东权益保护

配股是上市公司向现有股东按一定比例配售新股的融资方式。在确定配股比例时，公司需要充分考虑股东的认购意愿和能力以及公司的融资需求等因素。为了保障配股的公平性和合规性，公司还需要严格遵守相关法律法规和监管要求，制定详细的配股方案和操作流程。同时，在配股过程中，公司还需要积极保护股东的权益，避免出现损害股东利益的行为。例如，公司可以设定合理的配售价格和数量限制条件来保障股东的认购权益；同时，公司还可以采用网上发行、网下发行等多种方式来提高配股的便利性和效率性。

（五）创新融资及债务转换方式的探索与实践

随着金融市场的不断创新和发展，上市公司还可以积极探索和实践一些新型的融资方式和债务转换方式来应对资金困境。

1. 供应链融资的模式创新与风险控制

供应链融资是一种基于供应链管理的融资模式。通过整合供应链上的信息流、物流和资金流等资源，公司可以将供应链的信用资源进行最大化利用，降低融资成本和风险。在实践中，公司可以积极探索和创新供应链融资的模式和机制。例如，公司可以与供应链上的核心企业合作建立供应链金融平台来实现信息共享和信用传递；同时，公司还可以采用预付款融资、存货融资等多种方式来满足不同环节的融资需求。在风险控制方面，公司需要加强对供应链上各参与方的信用评估和监控管理，保障融资活动的安全性和稳定性。

2. 资产证券化的流程设计与市场选择

资产证券化作为一种创新的融资策略，涉及将非流动但具稳定现金流的资产转化为高流动性证券的核心过程。此过程需精密规划，涵盖资产池的精心构建以保障现金流的稳定性与风险分散，信用增级策略与积极争取权威信用评级以提升证券吸引力，以及证券结构设计、发行与后续的严格管理，同时，信息披露的透明度亦是关键。在市场选择上，深入分析全球各市场的特性，包括规模、流动性、投资者构成及监管环境，以找到最适配的发行平台与交易方式，至关重要。实施全过程须严格遵守相关法律框架与监管指引，保障合规公平，最终实现资产的有效转化与融资成本的优化，为企业开辟新的增长路径。

3. 绿色金融产品的创新与发展趋势

绿色金融产品是指支持环保和可持续发展项目的融资产品。随着全球环保意识的日益增强和可持续发展战略的深入实施，绿色金融产品将成为未来金融市场的重要发展方向之一。上市公司可以积极关注绿色金融产品的创新和发展趋势，结合自身的环保和可持续发展战略需求，发行绿色债券、绿色基金等金融产品来筹集专项资金。这不仅可以降低公司的融资成本和提高融资效率，还可以提升公司的社会责任感和品牌形象。

4. 债转股的实施条件与风险控制

债转股是指将公司的部分或者全部债务转换为股权的融资方式。通过债转股，公司可以减轻偿债压力、改善资本结构和引入新的战略投资者或者改善公司治理结构。然而，债转股的实施也需要满足一定的条件和风险控制要求。例如，公司需要保障债权人的利益和转股价格的公平合理性；同时，公司还需要充分考虑转股后的股权结构和管理层安排等问题。在风险控制方面，公司需要加强对转股过程和转股后企业的监督和管理，保障债转股活动的顺利进行并实现预期目标。

二、并购重组策略

上市公司往往要面对营收增长压力、市场竞争加剧、技术创新挑战等诸多难题，为了突破这些发展"瓶颈"，并购重组成为上市公司实现跨越式增长、优化资源配置和提升综合竞争力的重要途径。

（一）并购重组：上市公司发展的核心引擎

并购重组在上市公司应对挑战时扮演着举足轻重的角色。它不仅能够帮助上市公司迅速获取外部资源，主要包括先进技术、广阔市场、知名品牌等，从而快速提升自身的市场地位，还能助力上市公司优化资源配置，剥离低效或者非核心业务，集中力量发展核心业务，实现经营效率和盈利能力的双提升。同时，并购重组还能带来规模效应和协同效应，降低生产成本和运营成本，提升公司的风险抵御能力和市场竞争力。

（二）资产重组：优化资源配置的关键步骤

资产重组是上市公司并购重组策略的重要组成部分，通过调整和优化资产结构和业务布局，实现资源的高效配置和利用。

1. 资产收购：快速扩张的捷径

资产收购是指上市公司通过购买其他公司的部分或者全部资产，以达到快速扩大业务规模、进入新市场或者获取技术优势等目的。这种策略能够使上市公司在短时间内获得目标资产，避免漫长的建设或者研发周期，从而迅速占领市场先机。在实施资产收购时，上市公司应明确收购目标，保障其与公司的长期发展战略相契合；同时，应进行充分的尽职调查，评估目标资产的真实价值及潜在风险；最后，制定合理的收购价格和交易结构，以实现公司利益的最大化。

2. 资产剥离：聚焦核心业务的明智之举

资产剥离是指上市公司将非核心业务或者资产出售，以便更加专注于核心业务的发展。这种策略有助于上市公司优化资源配置，提高资产质量和经营效率。在实施资产剥离时，上市公司应明确剥离的目标和范围，保障剥离的资产符合公司的战略规划；同时，要进行充分的评估和定价，保障获得合理的市场价格；最后，制订详细的剥离计划，保障整个过程的顺利进行。

3. 资产注入与置换：提升整体质量的有效途径

资产注入和资产置换是上市公司通过引入优质资产或者与其他公司进行资产交换，以提升公司整体质量和竞争力的策略。这两种策略均有助于上市公司改善资产质量、实现业务协同和规模效应。在实施过程中，上市公司应关注注入或者置换资产的质量、盈利能力和与公司现有业务的协同效应；同时，要进行充分的评估和定价，保障交易的公平性；最后，制订详细的实施方案，保障整个过程的顺利进行。

4. 吸收合并：实现强强联合的战略选择

吸收合并是指一家上市公司吸收其他公司的全部资产和业务，从而实现业务规模的快速扩大和市场份额的提升，通常被认为是推动行业集中度提升、构建行业领先地位的有效路径。除规模经济外，更重要的是合并后的企业能否实现管理、技术、市场的深度融合，形成较难复制的竞争优势。因此，合并后的整合规划至关重要，包括组织架构优化、文化融合策略以及信息技术系统的整合等，以保障协同效应最大化，同时妥善处理人力资源整合，维护团队稳定性和积极性。

在执行吸收合并策略之际，上市公司必须实施严谨、全面且深入的尽职调查，剖析财务健康状况、法律合规性、运营效能及潜在隐患，辅以周密的风险评估矩阵，精准把控合并后可能浮现的整合挑战与日常运营风险，保障风险应对措施适时到位，预估双方战略协同效应，制定合理的合并价格和交易结构，以实现公司利益的最大化。

（三）债务重组：化解财务困境的重要手段

债务重组是上市公司应对财务困境、优化债务结构和降低财务风险的重要手段。通过债务减免、债务展期或者债务转换等方式，上市公司可以减轻财务负担、改善财务状况并提高偿债能力。在实施债务重组时，上市公司应与债权人进行充分沟通，制定切实可行的重组方案；同时，要关注重组后的现金流状况和偿债能力，保障公司的稳健运营。

（四）股权重组：优化公司治理的必由之路

股权重组是上市公司通过调整股权结构和股东关系，提升公司治理水平和市场价值的重要手段。股权转让、股权回购和交叉持股等策略均有助于上市公司引入战略投资者、改善股权结构和提高决策效率。在实施股权重组时，上市公司应明确重组目标和战略规划，保障重组符合公司的长期发展需要；同时，要进行充分的尽职调查和风险评估，保障重组后的整合风险和运营风险可控；最后，关注重组后的公司治理结构和股东权益保护，以实现公司的可持续发展。

（五）跨国并购与重组：迈向国际化的关键一步

跨国并购与重组是上市公司实现国际化发展的重要途径。通过收购境外优质资产或者企业、拓展国际市场和技术合作等方式，上市公司可以获取国际市场份额、先进技术和管理经验，提升国际竞争力和品牌影响力。在实施跨国并购与重组时，上市公司应关注目标国家的政治、经济、法律和文化环境，进行充分的尽职调查和风险评估；同时，制定合理的并购价格和交易结构，保障交易的公平性和合规性；最后，关注并购后的整合和运营风险，制订详细的整合计划和实施方案，以保障跨国并购与重组的成功实施。

三、经营管理策略

在面临困境时，上市公司需要灵活应用各种策略以维持稳定并实现可持续发展。除了融资和并购重组等传统手段外，还有一系列其他策略值得考虑。这些策略涵盖了成本控制、管理优化、业务创新、合作联盟以及政策利用与风险控制等多个方面。

（一）成本控制与管理优化

成本控制与管理优化是上市公司提升盈利能力的基础。在激烈的市场竞争中，降低成本、提高效率成为企业生存和发展的关键。

1. 精益管理

精益管理强调以最小的资源投入获得最大的运营效益。上市公司可以引入精益管理理念和方法，更加精确地识别并消除生产过程中的浪费、优化生产流程、提高员工技能和工作积极性等措施来降低成本。

2. 供应链管理

供应链管理对于降低采购成本、减少库存积压和降低物流成本至关重要。上市公司可以通过优化供应商选择、建立长期合作关系、共享信息和技术等方式来提高供应链管理效率。此外，采用先进的物流管理系统和技术手段，如物联网（IoT）和大数据分析等，可以实现实时库存监控和智能配送规划，进一步降低物流成本和提升客户满意度。

（二）业务创新与转型

业务创新与转型是上市公司应对市场变化和挑战的重要途径。通过研发创新和业务转型，企业可以不断提升自身竞争力和市场地位。

1. 营销管理创新

随着数字技术的飞速发展，自媒体营销和互联网电商营销已成为企业拓展业务收入的新渠道。

自媒体营销方面，企业可借助抖音、微信公众号、视频号、微博等社交平台，积极构建品牌形象，与消费者建立更紧密的联系。通过发布高质量内容、互动活动等方式，吸引粉丝关注，进而将粉丝转化为忠实客户。

在互联网电商营销方面，企业可利用淘宝、京东、拼多多、美团等电商平台，开设官方旗舰店，拓展线上销售渠道。通过优化产品详情页、提升客户服务质量、开展促销活动等手段，提高产品销量，实现业务收入的增长。

2. 业务转型

业务转型是上市公司应对市场变化的重要战略选择。企业需要根据市场趋势和自身条件，调整业务结构和发展方向。例如，传统制造业企业可以向智能制造、绿色制造等方向转型；传统零售企业可以发展电子商务、线上线下融合等新模式。通过业务转型，企业可以拓展新的增长点、提升盈利能力，并降低对单一业务的依赖风险。

3. 研发创新

研发创新是上市公司保持市场竞争力的关键。企业需要加大研发投入，引进新技术和人才，不断开发新产品或者改进现有产品。通过研发创新，企业可以提升产品质量、性能和功能，满足不断变化的市场需求，并树立品牌形象和市场份额。同时，建立与高校、科研机构等合作机制，加强产学研合作，可以加速技术创新和成果转化。

（三）合作与联盟

合作与联盟是上市公司实现资源共享、优势互补和风险共担的重要方式。通过与其他公司建立战略合作关系或者加入产业联盟，企业可以提升整体竞争力并应对市场竞争和技术变革。

1. 战略合作

战略合作可以帮助上市公司实现资源共享和互利共赢。企业可以积极寻找具有互补优势的合作伙伴，共同开发新产品、拓展新市场或者共享技术和市场渠道等资源。通过战略合作，企业可以降低研发和市场拓展成本，提高产品质量和市场竞争力。同时，建立长期稳定的合作关系有助于增强供应链的可靠性和灵活性。

2. 产业联盟

产业联盟是上市公司应对市场竞争和技术变革的重要手段之一。企业可以加入或者组建产业联盟，与同行业或者跨行业的企业共同研发新技术、制定行业标准或者应对市场变化等挑战。通过产业联盟，企业可以共享技术资源、降低研发成本并提高行业整体竞争力。此外，产业联盟还可以促进企业间的交流与合作，推动产业链上下游的协同发展。

（四）政策利用与风险控制

政策利用与风险控制是上市公司应对困境的重要保障措施。通过充分利用政策优势和建立健全风险管理体系等方式，企业可以降低经营成本并应对各种潜在风险和挑战。

1. 利用政策优势

政策优势是上市公司降低经营成本和提高盈利能力的重要途径之一。企业需要密切关注政府发布的各项政策措施，如税收优惠、财政补贴、产业扶持等，并结合自身实际情况进行申请和利用。通过合理利用政策优势，企业可以降低税负、获得资金支持并提升市场竞争力。同时，与政府相关部门保持良好的沟通与合作关系有助于企业及时了解政策动态并争取更多支持。

2. 风险控制与防范

风险控制与防范是上市公司稳健经营的重要保障措施之一。企业需要建立健全风险管理体系，主要包括风险识别、评估、监控和应对等环节。通过定期进行风险评估和审计，企业可以及时发现潜在风险并制定相应的应对措施。同时，加强内部控制和合规管理等工作可以保障企业经营活动的合法合规性和稳健性。此外，建立应急预案和危机管理机制有助于企业在面临突发事件时迅速做出反应并降低损失。

第三节 上市公司司法重整

根据前文所述，受多种因素影响，上市公司有时可能陷入严重的经营与财务危机，甚至面临破产风险。此时，司法重整作为一种有效的救济措施，对于恢复公司持续经营能力、保护投资者利益和维护市场稳定具有重要意义。

司法重整是一种在法律框架内对陷入危困的企业进行重组和再生的过程。通过规范、严谨且透明的重整程序与方法，可以平衡各方利益、化解矛盾纠纷、优化资源配置、提升企业价值。

一、上市公司司法重整的触发因素

上市公司走向司法重整的道路，往往是由多种内外因素交织作用所致。这些触发因素不仅可能源于公司内部经营管理的失当，也可能与外部市场环境、法律法规的变化密切相关。以下将对这些触发因素进行剖析，以揭示其背后的复杂性和关联性。

首先，经营与财务困境是上市公司陷入危困的直观体现，也是最为直接的触发因素。这种困境通常表现为连续亏损、资金链断裂、债务违约等严重问题，直接威胁到公司的正常运营和生存。这些问题的产生往往源于公司内部管理不善，如决策失误、投资过度、成本控制不力等。同时，市场竞争的加剧、宏观经济的波动以及消费者需求的变化等外部因素，也可能对公司的经营和财务状况产生重大影响。一旦公司无法依靠自身力量扭转颓势，就可能面临破产清算或者司法重整的选择。

其次，法律与合规问题也是导致上市公司陷入危困的重要因素。一些公司因违反信息披露规定、进行财务造假或者内幕交易等违法行为，不仅损害了投资者利益，也严重破坏了市场秩序。这类违法行为往往涉及公司治理结构的失衡和内部监控机制的失效。一些公司的高管人员可能利用职权之便，通过虚报利润、隐瞒负债等手段操纵公司股价，以谋取个人私利。这些违法行为一旦被发现，公司将面临严厉的行政处罚和刑事责任追究。同时，民事诉讼和仲裁的围攻也可能接踵而至，导致公司资产大幅缩水，信用评级下降，融资渠道受阻等连锁反应，进一步加剧公司的危困局面。

此外，上市公司还可能因涉及重大诉讼和仲裁而陷入危困。在商业活动中，合同纠纷、知识产权侵权、反垄断等问题往往难以避免。一旦公司被卷入这些复杂的法律纠纷中，就需要投入大量的时间和金钱进行应对。一些案件的结果甚至可能对公司的生死存亡产生决定性影响。例如，一旦公司在知识产权案件中败诉，就可能面临巨额赔偿和核心技术被剥夺的风险。这些不确定性因素不仅影响公司的正常运营，还可能引发投资者和债权人的恐慌，导致公司股价暴跌、融资渠道受阻等连锁反应。

除了上述因素外，还有一些其他因素也可能触发上市公司的司法重整程序。例如，公司的股东之间可能因利益分配不均或者管理权争夺而产生严重分歧，导致公司治理结构失衡。这种情况下，一些股东可能会寻求通过司法途径来维护自身权益，从而引发公司的司法重整程序。此外，宏观经济环境的突变也可能导致一些公司陷入危困。例如，金融危机的爆发可能导致市场信心丧失、信贷紧缩等问题，使一些原本经营稳健的公司也面临资金链断裂的风险。在通胀环境下，原材料、人工等成本上升，可能迫使企业提高售价，进而影响其市场竞争力；在通缩环境下，消费者预期价格下降，可能推迟购买决策，"节衣缩食"的消费习惯，导致企业库存积压和资金周转困难。

总之，上市公司司法重整的触发因素具有多样性和复杂性的特点。这些因素既可能源于公司内部管理的不善和违法违规行为，也可能与外部市场环境的变化和法律法规的调整密切相关。因此，对于上市公司而言，要防范和避免陷入司法重整的危困局面，就需要从加强内部管理、提高决策水平、遵守法律法规等方面入手，建立健全的风险防范和应对机制。

二、上市公司破产重整要点

（一）上市公司破产重整投资的理念

1. 洞悉先机，主动布局

重组的结果和成本可能会随着时机的不同而有所变化。在某个时间点，重组或许能够顺利且低成本地完成；然而，换一个时间点，虽然重组仍然可行，但所需成本可能会翻倍。更甚至，在某些时机下，相同的重组方案可能会以失败告终。

在破产重整的股权投资领域，领先一步是成功的关键。许多投资者因经验不足，在尽职调查阶段未能预见重大风险，如隐性债务、财务不实报告，导致后续遭遇"意外"损失。滞后参与重整流程，往往意味着尽调时间紧迫，投资方案草率，难以周全。

更有甚者,由于他人提前布局,新进者面临隐形门槛,错失良机。因此,抢先行动,方能占据主动。

2. 深度介入,精准挖掘价值

预见到公司破产的先兆并立即介入,可深度挖掘其潜在价值。这不仅包括通过参与日常管理识别风险,更是直接与控制层对话,共谋重整蓝图,抢占战略高位。此阶段,组建投资联盟,为正式重整铺路,更易获证监会、地方政府及管理人的信任,把握最佳时机。如同棋局高手,预先布局优质资产,以债权人身份启动重整,占据战略高地。

3. 协同领导,共创多赢

近年来,操盘型财务投资人的早期介入与主导作用,在诸多优质资产的破产重整案例中凸显成效。他们与管理人密切协作,制定详尽时间表,协调多方资源,有序解决各类问题,保障重整顺利,同时引入产业资本,稳固财务投资人的地位,为最终的利润退出奠定基石。

重组涉及四方主体:首先是经营不善的原大股东,其次是新的战略投资者或大股东,即战略重组方,再次是散户股民,最后是ST企业的债权人。在重组过程中,这四方的利益需得到平衡,以实现共赢。首先,不能让战略投资者独自承担所有坏账,否则会影响他们的重组意愿。其次,银行也不应被要求承担全部坏账,这是不现实的。再次,我们不能损害股民的利益,以免影响社会稳定。最后,我们也要保护原大股东的股权,如果公司重组价值较高,他们可能还想留口吃的;如果公司重组价值所剩无几,他们可能想要彻底摆脱连带责任,只求彻底出局。在这个过程中,关键在于充分调动各方面的积极性,共创多赢。

4. 全局视角下的利益均衡

破产重整是涉及证监会、地方政府、股东、债权人、管理人、投资方等多元主体的复杂系统,各自追求利益且冲突难免。主导型投资人需具备全局观,平衡各方需求,寻找共同利益点,而非单方面压榨,避免低成本投资后的激活困境,保障合理回报。

我们的工作必须在公开透明的环境下进行,始终坚守法律底线,严格遵守市场规范,并致力于维护社会公共利益。我们绝不容许任何有权力的人利用阴谋诡计谋取一己之利,这种行为不仅违背了公平正义,更损害了社会的整体利益。我们追求的是合法合规、公平公正的商业行为,坚决抵制任何损害社会公共利益的行为。

5. 时间维度的前瞻部署

在破产重整的准备阶段,前瞻性策略至关重要。投资人需提前在标的甄选、公司运营参与、尽职调查、解决大股东问题等方面下功夫,并深度参与重整计划的制定。

每一步决策都应以公司未来的复兴为目标，保障重组后能顺畅运行。选择与投资人协同性弱的标的，可能增加盘活难度；明确哪些资产应剥离、哪些核心资产保留、哪些供应链和股东关系需维护，以保障重组后快速重组、恢复生产，是实现长远价值的关键。

6. 加强风险意识，强化双向尽调与极端情境分析

从投资者的视角审视，那些经历重组后仍不免遭遇负面事件并最终退市的企业，普遍存在一个共性：缺失了产业资本的深度参与。产业投资者凭借其行业洞察力和财务真伪辨识的专业优势，能更精准地评估投资价值。相比之下，部分财务投资者则倾向于追求投资份额的抢占及短期套利机会，忽视了尽职调查的重要性，这一策略上的偏颇成为风险的"温床"。另外，如果不能"量力而行"却倾尽所有资产，甚至借助高杠杆和高负债来进行重组，那么最终可能会得不偿失。这种做法不仅无法解决当前的问题，反而可能引发更多新的困扰，甚至可能陷入无法预料的债务危机之中。

在监管日益严格的背景下，即便是拥有雄厚资历的 *ST 博天财务投资者，也难以幸免于"触雷"，揭示了在当前环境下单纯依赖财务投资策略的局限性。对于规模较小的财务投资者而言，如果缺乏进行彻底尽职调查的能力与专业知识，要识别目标企业埋藏的各种风险更是难上加难。现状往往是，众多投资者直到公开选拔阶段才开始介入尽职调查流程，这直接导致了尽调周期紧张、与上市公司管理层沟通不足以及重整方案草率制定等一系列问题，进一步加剧了投资决策的不确定性与风险。

反过来讲，重整管理人需强化对潜在产业投资方的反向尽职调查，尤其警惕那些行业理解浅薄或者资金实力不明的意向投资者，以保障引入真正有实力的合作伙伴。从实际控制权稳定性角度审视，那些重整后实际控制人未变更的公司，往往更容易再次陷入困境。上市公司之所以步入破产重整，常与违规担保、资金被占用等问题紧密相关，而当控股股东存在侵害上市公司利益的历史行为时，即便借助重整获得短暂缓解，上市公司也很可能再次陷入类似危机。因此，对于此类重整案例，深入了解公司破产的深层运营原因、评估实际控制人扭转逆境的能力，以及查证是否存在利用破产重整逃避债务的动机，显得尤为关键，这些都是保障重整成功并促进企业长远健康发展的基础。

总之，破产重整投资的精髓在于通过前瞻性的布局与深度参与，构建协同共赢的重组生态，在复杂挑战中稳取投资回报。

（二）上市公司破产重整的必要性与多重价值

上市公司因其独特的资源与平台优势，若能成功完成重整，不仅经营绩效将获得

显著提升，其融资功能亦会逐步恢复，从而极大增强其投资吸引力。此过程，既关乎众多债权人、职工及投资者的切身利益，也承载着重要的经济与社会效益，成为市场经济体系下不可或缺的重组模式。

1. 保障运营价值，激活再生潜能

破产重整的核心在于精准识别并维护上市公司的运营价值，这是判断是否启动重整程序的基石。通过重整路径，企业能够在避免清算的同时，为债权人提供更优的清偿方案，并通过债务重组清除破产根源，使企业走出困境，重焕生机。

2. 强化债权人权益保护

鉴于上市公司涉及广泛的利益相关者，尤其是大量个人债权人，重整机制的引入为债权人权益维护提供了更为全面的保障。相较于清算，重整减少了资产浪费与流失，提高了债权人获得更高清偿比例的可能性，维护了交易安全和信用体系的健康运行，成为保护债权人利益更为有效的策略。

3. 维护职工利益，促进社会稳定

多数陷入困境的上市公司与国有企业改革紧密相连，职工群体庞大且年龄结构偏高。破产清算可能导致大规模失业，引发社会不稳定。而通过重整，公司重组后继续运营，需妥善安置原有职工，通过竞聘上岗、内部退养等多种方式缓解就业压力，有效预防社会矛盾与群体事件，如兰宝股份、沧化股份的案例所示，破产重整成功解决了长期悬而未决的职工债权问题，实现了良好的社会效益。

4. 保障股民利益，维护市场信心

上市公司若走向破产清算，将面临退市风险，对所有利益相关方造成重大打击。而破产重整不仅提升了债权人的受偿预期，也为上市公司减负，为新的投资方入场铺路，最终实现企业重生、各方共赢的积极局面，有效维护了股市稳定，增强了投资者信心，促进了地方经济与社会的和谐发展。

总之，上市公司破产重整不仅是经济理性的选择，更是社会责任的体现，通过这一机制，能够有效平衡各方利益，激活企业潜力，促进社会稳定与经济发展。

（三）上市公司破产重整投资中的股份定价与转增比

在2022年3月之前，中国证监会针对破产重整中的定价问题，主要遵循《关于破产重整上市公司重大资产重组股份发行定价的补充规定》（证监公告〔2008〕44号）中的指导原则。该规定明确指出，当上市公司经历破产重整并计划通过重大资产重组发行股份以购买资产时，其股份发行价格应由相关各方通过协商达成一致，并最终由股东大会审议决定。这一规定凸显了在破产重整背景下，股份发行定价过程中的灵活性与协商机制为核心要素。

2022年3月发布的《上海证券交易所上市公司自律监管指引第13号——破产重整等事项（征求意见稿）》与《深圳证券交易所上市公司自律监管指引第14号——破产重整等事项（征求意见稿）》（合称为《指引》），对股份转让价格设定了监管基准，明确若转让价格低于协议签署日公司股票收盘价的80%，上市公司必须聘请财务顾问出具关于定价合理性的专项意见并公开披露。尽管《指引》设立了这样的门槛，众多实例中仍常见通过聘请财务顾问背书以符合规定的做法。这一现象的根本原因在于，破产重整中的定价本质上是一个市场行为，是投资人与债权人深思熟虑、充分协商的产物。如果定价偏高，减弱了投资人的安全保障，将严重影响项目的吸引力，进而可能导致重整难以吸引必要的投资者参与，无法顺利实施。因此，适当的灵活性在保障重整进程的市场化运作与保护各利益方间寻找平衡点至关重要。

在破产重整框架下，转增股份的价值由相关方通过协商确定，证监会虽强调定价需合理公正，避免损害中小投资者利益，且对低于市价80%的转让需财务顾问出具意见并公开，但在实践中，不少案例的定价偏低，反映监管对协商结果持宽松态度，不倾向于过度干预价格设定。这是因为破产重整的定价是市场化的产物，基于投资人与债权人的充分协商，过高的定价会削弱项目对投资人的吸引力，影响重整进程。

破产重整中的投资者群体主要可划分成两个大类：首先，是债转股投资人，这部分本质上是从债权人群体转化而来，特点是以超出市场价值的溢价转换其债权为股权。尽管在企业破产清算场景下，债权人可能仅能回收不到20%的债权额，但在破产重整框架下，通过较高溢价换取股票看似短期内承受损失，实则蕴含潜力——一旦企业重整成功且股价攀升，债权人最终的清偿比例有望显著提升，甚至超越100%，实现利益反转。其次，是新引入的重整投资人，他们通常以低于市价的折扣购入股份。在这类投资人内部，还可细分为产业投资人与财务投资人。简言之，产业投资人是指携产业资源入场，旨在通过战略整合创造长期价值的战略型投资者；而财务投资人则聚焦于资本增值，追求直接的财务回报。两者虽有概念上的区分，但在实际操作中界限灵活，经常相互融合，共同致力于企业的重生与价值提升。

通常，产业投资人的新股认购价格最低，在市值的3—6折，理由包括长达36个月的锁定期伴随高不确定性；破产管理人可能要求产业投资人以低价投资外，还需承担不良资产或者收购债权，补充流动资金；注入新资产、承诺经营业绩的责任；参与后续重整，面临未知支出及整合挑战。

财务投资人的价格定位中等，在市价的5—7折，其策略在于锁定初期低价股权，保障安全边际，期待锁定期满后市场价格差带来的收益。

重整后的上市公司，通过产业投资人的积极干预（如恢复经营、资产注入）实现价值重估，部分公司市值甚至翻番，财务投资人由此受益。而以资本公积转增股份抵偿债务时，定价偏高，有时甚至高达市价的 3 倍，名义清偿率虽达 10%，实际清偿效果仍依赖股价表现。

随着投资资金对该领域的聚焦及证监会信息透明度要求的提升，估值难题得以缓解，套利空间缩减，促使投资者更加审慎行事。

关于转增比，根据 2023 年 2 月 17 日起实施的《证券期货法律适用意见第 8 号》规定，上市公司定向增发股份的数量原则上不得超过发行前总股本的 30%。同年 8 月 27 日，证监会为进一步完善市场逆周期调节机制，强调合理调控 IPO 与再融资节奏，鼓励上市公司合理确定融资规模并遵守融资间隔期，旨在平衡融资活动对市场的影响，既防止过度抽离 IPO 或者二级市场流动性，也旨在提升上市公司融资行为的合理性和资金使用效率。

在市场实践中，转增比例大多维持在 10 转 10 至 10 转 20。实际上破产重整的本质是通过资本公积转增股本来筹集偿债资源，核心在于债转股以减轻债务负担。破产重整中的转增股份多数无实际资金流通，因此不会抽取 IPO 或者二级市场的资金，与监管层对再融资的审慎管理意图并无冲突。

（四）与监管机构互动环节

1. 识别潜在风险的早期对话

目的阐述：通过初步访谈，旨在发现上市公司是否潜藏"规范性或者重大违法行为导致的退市风险"。例如，某 ST 上市公司的不幸结局——重整后因财务欺诈退市，理论上能在与证监会的早期深入交流中预警，市场传闻显示，在申请程序阶段，证监会内部已对相关财务不实及欺诈发行问题有所关注。

额外考量：即便不触及重大违法标准，财务不实行为亦可能导致证券虚假陈述诉讼，间接加重产业投资人的负担。与证监会及交易所的沟通，能有效识别这类潜在的财务风险信息。

2. 方案沟通与"无异议函"获取

时间敏感性：若预重整接近完成且临近年底，获取"无异议函"的难度陡增，可能导致地方法院拒绝重整申请。故投资方需在每年 7 月 30 日前与上市公司接洽，保障重整保壳的时间窗口充足。

方案设计时机：预重整结束时，数据完备，部分企业甚至已招募意向投资人，是提出初步重整方案的理想时机。

证监会核心关切：保护中小股东权益，方案设计不得损害中小股东利益；合规性审查，审视控股股东是否存在违规行为，如资金占用或者违规担保及其解决方案；方案可行性与质量提升，重点关注方案的实践性、公司未来运营恢复能力及能否实质提升上市公司品质。

请注意："可行性"是证监会评估的关键，过于理想化的方案不仅难获认可，还可能负面影响监管印象，强调实际操作性和正面影响的展示是关键。

（五）与地方政府协作的多维度策略

1. 维稳预案沟通

与地方政府的合作始于沟通详细的"维稳计划"。地方政府常担忧破产重整引发的社会稳定问题，故产业投资人需提出具体可行的员工安置和分流方案，以获取地方政府的支持和"维稳同意函"，这是获得地方法院受理及后续证监会"无异议函"的前提。

2. 产业定位与迁址议题

与地方政府探讨"原址保留"与"产业升级"需求至关重要。地方政府倾向于保留当地产业基础，若产业投资人计划迁址，可能影响地方税收，从而阻碍合作。此外，须契合地方政府的产业发展目标，包括特定产业升级需求，因为破产重整被视为一种特殊招商形式，地方政府会对产投方提出具体要求，如投资额、特定项目投资、业绩指标等，不符合则谈判难以推进。

3. 税收优惠与扶持政策协商

与地方政府协商"税收减免"、"财政补助"及"信用修复"等事宜，对于降低重整成本至关重要。地方政府协助通过税务筹划减少债务重组税负，提供财政补贴减少失败风险，同时帮助解决企业信用问题，包括银行信用修复、税务信用升级及工商信用正常化，这些都是保障重整后企业正常运营的重要因素。

4. 深化合作框架

投资资源对接：借助地方政府的招商平台资源，如招商局、商务局等，寻找合适的产业和财务投资人，特别是地方国资，它们通常资金实力雄厚，信誉良好，能有效推动重整进程，同时为地方经济和就业提供保障。

国资角色多样性：地方国资既可以作为产业投资人，促进地方产业优化和资源留存，也能作为财务投资人，展现政府支持姿态，吸引其他资本，或者在特定情况下，为未来转手创造条件，实现政企"双赢"。

政府全方位支持：从案件立案、关键债权人协调到与法院、证监会及各级政府部门的沟通，地方政府的全面支持是推动重整顺利进行的关键。

专项工作组与资产接手：在必要时，地方政府会组建专门小组应对大型企业债务危机，或者直接参与低效资产处置，协助上市公司资产盘活，保障区域经济和金融稳定。

总之，与地方政府的有效合作涵盖了从维稳预案到政策扶持、资源对接乃至专项支持的全链条，是上市公司破产重整成功不可或缺的一环。

（六）投资人公开招募阶段尽职调查的局限性与解决方案

近年来，多个案例显示，在公开招募投资人阶段，因尽职调查不足，导致产业与财务投资人蒙受重大损失。这些企业多在完成重整后暴露出大规模或者有负债及财务不实或者欺诈发行等问题，最终走向退市。困境企业，尤其是大型上市公司和多元化集团，往往面临复杂负债、资产受限、业务停滞等难题，加之管理层频繁变动，使实际情况难以核查。非经营性资金占用、违规担保等历史遗留问题隐藏深沉，加上破产管理人不尽职，导致尽职调查不彻底。

破产管理人可能因保密要求，不允许投资人代理律师深入查阅原始文件，仅提供最终汇总报告，投资方难以全面验证潜在风险。同时，管理人不提供类似并购交易中的陈述与保证，投资安全网缺失。管理人尽调时可能忽视企业未来运营环境、团队评估及重要子公司的深入调查，影响后续规划与成本预测。

另外，管理人对投资人的反向尽职调查可能因时间紧迫而草率，且投资人自我认知不足，导致引入的投资实力有限。

建议其主要解决方案如下：

1. 提前介入与深度合作

参考成功案例，产业投资人应尽早参与到目标企业的经营中，全面了解潜在风险与经营潜力，为后续策略奠定基础。最迟在预重整阶段介入，建立与管理人、地方政府等多方的信任与合作框架。

2. 精心挑选破产管理人

依据对市场中管理人能力、风格的深入了解，预先安排经验丰富且可靠的管理人，在预重整阶段即介入，保障其在正式重整中继续担任角色，从而提高尽职调查的质量与合作效率，保障投资人在重整计划设计和协议谈判中拥有更大发言权。

3. 审慎态度与灵活策略

对于在正式重整阶段仍未吸引产业投资人的企业，应保持警惕，探究背后原因。

此时，可尝试与管理人协商，在签署保密协议并支付保证金的前提下，有限度地现场审查尽职调查资料，尽管查阅范围可能受限，但仍可作为风险评估的补充。

4. 强化协议保障

通过细致设计重整计划与投资协议条款，弥补尽职调查的不足，保障投资人的利益。包括设定合理的业绩对赌、灵活退出机制和风险分担安排，形成全面的风险控制体系，减少对单一尽职调查的过度依赖。

通过这些策略，即使在公开招募阶段尽职调查存在局限性，也能通过提前布局、精心合作、审慎评估及强化协议保障等措施，为产业投资提供更为稳健的决策支持。

尽调问题不一定非要通过尽调全部解决，否则就陷入了"头痛医头，脚痛医脚"的误区，可以通过协商设计重整计划、重整投资协议保障投资人的权益。

（七）重整投资人的策略与合作模式优化

1. 产业投资人的自我定位与能力评估

产业投资人在涉足破产重整时，首先需有深刻的自我认识，不可随波逐流。部分破产管理人在招募投资人时操之过急，未能全面评估其资质，致使部分产业投资人既无相关行业背景、雄厚资金，又缺乏必要资源和战略规划能力。此情况不仅阻碍上市公司的复苏进程，还可能引入新的运营风险。因此，产业投资人应深刻自省，保障具备足够的实力和明确的商业愿景，以胜任大股东的角色。

2. 重视协同效应，避免"隔行如隔山"

若上市公司在重整后未能显著恢复活力，这通常源于产业投资人与公司之间未能形成良好的协同效应。秉持纯正投资动机的产业投资人应寻求与自身资源相契合的项目，避免仅为获取壳资源而投资，从而陷入另一重困境。在选择项目时，长远规划和产业协同应是首要考虑因素，而非短期利润。

3. 构建投资联合体以共担风险

鉴于破产重整投资的高风险和高资金需求，构建投资联合体成为分散风险、集中资源的重要手段。该联合体通常由产业投资人和财务投资人共同组成，前者贡献管理经验与战略导向，后者提供资金支持，以此形成优势互补，共同降低投资风险，并保障业务整合的灵活性和效率。

新设投资主体模式：此模式下，通过成立新的投资主体来整合多元化的投资人。其中，固定收益财务投资人作为有限合伙人，产业投资人则担任普通合伙人。这种结构不仅有助于隔离风险，而且通过巧妙的设计，能够保障投资人的长期合作，防止财务投资人因短期利益而抛售股份，从而影响股价的稳定。

协议组团模式：在此模式下，明确财务投资人和产业投资人的权利与义务，并设立相应的违约责任和替换机制。同时，努力达成一致行动协议，以保障控制权的稳定。即使无法达成一致行动，也要保障财务投资人的行为不会威胁到控制权的安全。

4. 国资与民营资本的深度融合

具有国资背景的产业投资人在某些情况下能够推动重整流程的顺利进行，并提升市场信心，但在运营灵活性和专业性方面可能稍显不足。相比之下，民营资本在这些方面更具优势，但可能在政府资源和资金规模上受到限制。因此，国资与民营资本的混合所有制合作模式应运而生，旨在结合双方的优势并保障稳定性。在实施合作时，双方应精心策划合作框架与规则，以防范合作破裂的风险，保障实现长期的共赢局面。

（八）重整投资协议关键风险与优化策略

在重整投资过程中，存在多个关键风险点，需要制定相应的优化策略以保障投资人的权益。

1. 重整计划未通过风险

风险描述：重整投资协议一般约定"投资人出资时间及出资方式设定为正式签订重整协议之后由各投资人以保证金方式全额支付至管理人账户，在重整方案正式经人民法院裁定通过后，该保证金依据重整方案正式转为投资款，若重整方案未能经人民法院裁定通过，则保证金由管理人无息退还至各投资人"。

在重整当年12月30日前，若重整计划未获债权人会议表决通过或者未得到法院裁定，上市公司保壳任务将无法完成。

优化策略：协议中应明确规定，若在上述时间点前重整计划未通过，破产管理人必须立即无息退还投资人提供的保证金。

2. 协议与计划内容冲突风险

风险描述：重整投资协议可能与后续出台的重整计划内容不一致，影响投资人权益。

优化策略：协议中加入条款，一旦两者内容冲突，投资人有权无条件退出且不构成违约，保证金及投资款应在3个工作日内全额退还。

投资人有权"无条件退出本次投资且不构成违约，破产管理人应在收到投资人书面通知之日起三日内退还保证金及投资款"。

3. 执行期间退市风险

风险描述：在重整计划执行期间，上市公司可能出现触发交易类、规范类、重大违法类等退市条件的情形。

优化策略：协议中应明确，在此类情况下，投资人有权单方面解除协议且不构成违约，同时要求破产管理人在规定时间内退还保证金及投资款。

4. 产业投资人违约风险

风险描述：若重要的产业投资人未签订、未履行或者违反投资协议，将影响整个重整计划的实施。

优化策略：在协议中预设详细的退款和赔偿机制，以应对产业投资人的可能违约行为，保障财务投资人的利益。

如果该产投未签订投资协议、未履行投资协议或者违反投资协议，则财务投资人也将选择退出。

5. 重整计划执行滞后风险

风险描述：重整计划执行进度缓慢、执行不力可能导致上市公司面临退市风险。

优化策略：设定明确的执行时间表，并规定若执行不力或者公司无法维持上市状态，投资款需按约定退还，包括本金及利息的优先受偿。如前述重整投资款已按重整计划的规定使用的，则未返还重整投资人重整投资款的本金及利息，在后续破产程序中作为共益债务优先受偿。

6. 重整后潜在退市风险

风险描述：重整程序已经执行完毕，重整完成后仍可能出现触发退市条件的情况，此时重整程序已结束，共益债务不再存在。

优化策略：目前尚无完美解决方案，但财务投资人可通过多元化投资分散风险，产业投资人则应提前布局和深入介入，以尽早识别和规避风险。

通过上述优化策略，我们可以更有效地保护投资人的利益，降低重整过程中的不确定性和风险。

三、案例

（一）某造纸企业 B 公司的破产重整案例

1. 概况

某造纸企业 B 上市公司是一家集新闻纸、胶版纸生产销售于一体的上市企业。由于连续两年财务报告显示净亏损，公司股票在某年被实施退市风险警示。

因无力偿还到期债务且资不抵债，一家债权人向当地中级人民法院申请对公司进行重整。同年年底，法院裁定启动重整程序并指定了管理人。截至债权申报日，一共有约 300 位债权人申报债权，总额约 15 亿元，其中普通债权占比最大。评估显示，如按破产清算处理，普通债权人可能无法获得任何清偿，因此走上破产重整之路。

2. 过程

公司 B 召开债权人会议，各组债权人一致通过了重整计划草案。该计划包括：业务重组，即退出亏损的传统造纸业务，专注于有潜力的溶解浆和化工产品；引入战略投资者提供资金支持及资产注入；调整股东权益，大股东至第四大股东分别调减持股比例，同时进行资本公积金转增股本；债权调整方案保障优先债权、职工债权和税收债权得到全额清偿，普通债权按一定规则部分清偿。

之后，法院批准了该重整计划，同年 12 月，经管理人报告并审查，确认重整计划执行完毕。

3. 启示

此案例展示了上市公司在面临财务困境时，如何通过业务重组、资本结构调整及债权重组实现自我救赎的路径。公司通过聚焦盈利业务、吸引外部投资、合理调整债权人与股东利益，不仅解决了债务危机，还为公司未来发展奠定了基础。这种模式被视为在保持主营业务基础上实现企业重生的有效策略，对于同类困境中的上市公司具有重要的参考价值。通过剥离不良资产、让渡原股东权益以引入新资金，实现了真正意义上的企业重整，是资本市场中挽救陷入困境企业的又一成功案例。

（二）某制造企业 C 上市公司的司法破产重整与涅槃重生案例

1. 概况

C 上市公司，作为国内知名的制造企业，一度以其高品质的产品、广泛的市场覆盖和卓越的技术创新在行业中占据领先地位。公司凭借严格的管理体系、先进的生产设备和研发实力，赢得了消费者和投资者的广泛信赖，市值一度达到行业前列，成为业界的佼佼者。

然而，由于市场环境的变化、竞争加剧以及内部管理问题等多重因素的叠加，C 上市公司陷入了严重的经营困境，面临着前所未有的挑战。连续几年的亏损、资金链断裂、债务违约等问题接踵而至，公司的股价暴跌，市值大幅缩水，声誉严重受损。同时，公司还面临着多起法律诉讼和债权人的追讨，生存岌岌可危。

2. 启动与过程

在困境中，C 上市公司选择了司法破产重整作为挽救公司的最后手段。经过法院裁定受理，公司进入了破产重整程序，开始了艰难的纾困之路。

在重整过程中，C 上市公司采取了以下关键措施：

全面资产清查与评估：在法院的指导和监督下，公司对所有资产进行了全面清查和评估，主要包括固定资产、存货、无形资产等。这为公司后续制定重整计划提供了准确的数据支持。

剥离非核心资产与业务重组：为了优化资源配置和提高盈利能力，C上市公司剥离了非核心资产和亏损业务。同时，通过业务重组和资源整合，将优势资源集中在核心业务上，打造更具竞争力的产品线和服务体系。

引入战略投资者与资本注入：为了补充公司资金实力和引入新的管理理念和技术，C上市公司积极寻找战略投资者。经过多轮谈判和筛选，最终成功引入了一家具有行业经验和资金实力的企业作为战略投资者。这不仅为公司注入了新的资本和活力，还带来了先进的生产技术和市场渠道等资源。

债务清理与债权人协商：在重整计划中，C上市公司对债务进行了全面清理和分类处理。通过与债权人进行多轮谈判和协商，达成了债务减免、延期还款、债转股等协议。这不仅降低了公司的债务负担，还为公司的恢复和发展创造了有利条件。同时，公司也最大程度地保障了债权人的利益，实现了"双赢"。

加强内部管理与治理改革：在重整期间，C上市公司对内部管理体系进行了全面的改革和完善。建立了规范的治理结构、有效的内部控制机制和严格的监督机制，提高了公司的管理效率和透明度。同时，加强了员工培训和技术创新投入，提升了公司的核心竞争力和市场响应速度。此外，公司还建立了风险预警和防范机制，及时发现和应对潜在风险，保障公司经营的稳健性和可持续性。

经过艰苦的努力和有效地实施，C上市公司的司法破产重整取得了显著的成效：

经营状况明显改善：在重整计划的推动下，C上市公司的业务逐步恢复并实现了快速增长。公司的营收和利润指标均呈现出稳健的增长态势，市场份额也得到了有效提升。同时，公司的现金流状况得到了显著改善，偿债能力得到了增强。这为公司后续的发展奠定了坚实的基础。

债权人利益得到充分保障：通过债务清理和协商处理等方式，C上市公司最大限度地保障了债权人的利益。这不仅增强了债权人对公司的信任和支持，也为公司未来的融资和发展奠定了良好基础。同时，公司与债权人建立了长期稳定的合作关系，为公司的持续发展提供了有力保障。

市场反应积极与股价稳步回升：随着重整计划的成功执行和公司业绩的逐步改善，市场对C上市公司的信心逐渐恢复。公司股价在重整期间逐步回升并保持稳定增长态势。这充分证明了市场对C上市公司重整成果的认可和期待其未来发展前景的信心。同时，公司的市值也得到了显著提升，重新赢得了投资者的关注和青睐。

3. 启示与展望

C 上市公司的司法破产重整之路，不仅为其自身重获新生奠定了基础，更为行业内其他面临挑战的上市公司提供了宝贵的镜鉴与思考方向。

风险管理体系的前瞻性构建：C 公司的经历凸显了建立健全风险预警与防范机制的极端重要性。企业应将风险管理纳入战略高度，采用先进的数据分析工具和技术，持续监控内外部环境变化，保障风险识别的及时性和准确性。通过构建多层次的风险评估体系、实施定期的财务健康检查和危机模拟演练，企业能够提前布局，防患于未然，保障长期稳健运营。

危机管理与外部资源的智慧整合：面对困境，C 公司展示了积极求变、借力外部资源的重要性。未来，上市公司应建立一套高效、灵活的危机应对机制，包括但不限于与政府、金融机构、行业伙伴及专业咨询机构的紧密合作，及时引入战略投资、债务重组等策略。同时，开放合作心态，吸纳外部先进理念与技术，不仅能够为公司注入新的活力，还能在危机中寻找转机，实现逆境成长。

利益平衡与社会责任的双重担当：C 公司案例强调了在重组过程中维护各方利益与社会稳定的关键作用。上市公司应将利益相关者理论融入企业治理，通过透明沟通、公正协商来平衡股东、债权人、员工等多方利益，保障重组过程的和谐与公正。同时，将社会责任融入企业战略，关注环境保护、员工福祉和社会公益，不仅能提升企业形象，还能为企业长期发展积累社会资本。

跋

随着书页的最后一缕墨香渐渐飘散，我们的心灵也仿佛经历了一场深远的旅行。《企业纾困重组之道》不仅是一部关于企业纾困、解困的作品，更是一部蕴含着智慧、勇气和希望的实践指南。

在商海的浮沉中，企业如同航行在大洋上的巨轮，时而遭遇风浪，时而面临迷雾。债务危机，是每一个企业都可能遭遇的挑战，即便是在最艰难的时刻，依然有无数企业凭借着坚韧不拔的毅力和智慧，成功脱困，迎来了新的生机。正如"孤舟蓑笠翁，独钓寒江雪"所描绘的孤独与坚韧，企业在逆境中也必须展现出同样的毅力和智慧。

这本书告诉我们，企业纾困不是一场孤独的战斗，而是需要各方共同努力、协同作战的过程。在这个过程中，法律、资本、资源、资产和产业等要素相互交织，共同构成了企业纾困的五行大阵。只有善于运用这些要素，才能在复杂多变的市场环境中找到出路，实现企业的涅槃重生。

阅读这本书，我们不仅能够学到企业纾困的方法和策略，更能够感受到那些曾经深陷困境的企业家们的坚韧和勇气。他们面对困境不屈不挠，积极寻求解决方案，最终带领企业走出了困境。他们的故事，如同一盏盏灯、一束束光，照亮了前行的道路。

正如诗中所言："沉舟侧畔千帆过，病树前头万木春。"

当然，企业纾困并非一蹴而就的事情。它需要时间、耐心和智慧。但只要我们坚信"万事皆有法""明天的太阳会照常升起"，只要我们坚信"山重水复疑无路，柳暗花明又一村"，积极向专业机构寻求帮助，汇聚各方资源，制定出有效的解决策略方案，就一定能够战胜困境，迎来新的曙光。

最后，我要感谢本书的笔者。他们常年深耕在企业纾困与重组的领域，用自己的专业知识和丰富经验为我们提供了这样一部宝贵的作品。他们的智慧和努力，是企业战胜困境的重要武器。同时，我也要感谢每一位读者，是你们的支持和鼓励，让我们有动力继续前行，为企业纾困事业贡献更多的力量。

让我们携手共进，助力企业纾困重组，实现企业固本开新。在这个充满希望和挑战的时代，愿每一位企业家都能如凤凰涅槃般重生、在逆境中绽放出光芒！